PEENEMÜNDE

Johannes Erichsen und
Bernhard M. Hoppe (Hg.)

PEENEMÜNDE

Mythos und Geschichte der Rakete 1923 – 1989

Katalog des Museums Peenemünde

nicolai

Inhalt

Inhalt

Vorwort der Herausgeber

Peenemünde ist geprägt von der Ambivalenz der Entwicklungen, die dort in der Zeit der nationalsozialistischen Herrschaft im Auftrag des deutschen Militärs betrieben wurden. Peenemünde war der Ort eines bahnbrechenden technischen Fortschritts, der sich im ersten erfolgreichen Start einer Großrakete am 3. Oktober 1942 manifestierte, und gleichzeitig der Ort, an dem sich Weltmachtstreben und Menschenverachtung des Nationalsozialismus in der Entwicklung und Produktion seiner modernsten Waffe wie an wenigen anderen Plätzen konkretisierten. Peenemünde ist ein Ort, an dem sich noch heute Träume von der Eroberung des Weltraums festmachen. Peenemünde war aber eine Forschungsanstalt für den Krieg, deren Zerstörung durch den Krieg zeichenhaften Charakter besitzt – weit über die Symbolkraft anderer Ruinenfelder jener Zeit hinaus.

Die Janusköpfigkeit Peenemündes erschließt sich dem nationalen und internationalen Publikum, das diesen Ort seit der deutschen Vereinigung in großer Zahl aufsucht, im Museum, das im Kraftwerk eingerichtet ist. Mit dem Erwerb dieses letzten noch nutzbaren Gebäudes der Heeresanstalten schuf die Gemeinde Peenemünde 1996 die Voraussetzungen für den Ausbau des Museums, der in den folgenden Jahren mit maßgeblicher Beteiligung des Landes Mecklenburg-Vorpommern sowie der Bundesrepublik Deutschland, des Landkreises Ostvorpommern und der Gemeinde konzipiert und begonnen werden konnte. Am 24. März 2001 eröffnete der Ministerpräsident des Landes Mecklenburg-Vorpommern, Dr. Harald Ringstorff, den ersten Abschnitt »Raketenentwicklung« zu den Einrichtungen Peenemündes in der Zeit des Nationalsozialismus und deren Vorgeschichte, der von Dr. Johannes Erichsen erarbeitet worden ist. Seit dem 7. Dezember 2001 ist auch der zweite Abschnitt »Die Erben« zugänglich, der sich mit der Weiterentwicklung und der Nutzung der Peenemünder Raketentechnik in den Siegerstaaten des Zweiten Weltkriegs befasst. Er wurde vor allem von Dipl. Ing. (FH) Anita Kuisle (München) konzipiert. Die Gestaltung beider Teile erfolgte durch das Büro Rutsch + Rutsch InnenArchitektur (Drieberg).

Das Museum im Kraftwerk dokumentiert und vermittelt heute die wichtigsten Aspekte des Ortes Peenemünde. Gleichzeitig sind jedoch eine Vervollständigung und Erweiterung der Ausstellung, eine Intensivierung der Bildungsarbeit und die Zugänglichmachung der über ein weites Areal verstreuten Ruinen dringend erwünscht und für die nächsten Jahre vorgesehen.

Im Auftrag des wissenschaftlichen Beirates für das Museum legen die Herausgeber mit diesem Band den Katalog zu beiden Teilen der Ausstellung vor. Ein derartiges Werk kann nicht ohne die Kooperation vieler Personen und Institutionen entstehen. Wir danken deshalb – neben den Autoren sowie den Mitarbeiterinnen und Mitarbeitern des Historisch-Technischen Informationszentrums Peenemünde – insbesondere dem National Air and Space Museum in Washington, dem Imperial War Museum in London, dem Deutschen Museum in München, dem Bundesarchiv in Koblenz, dem Hermann-Oberth-Raumfahrt-Museum in Feucht und der KZ-Gedenkstätte Mittelbau-Dora in Nordhausen für vielfältige Formen der Unterstützung und Zusammenarbeit. Zum großen Kreis der privaten Ratgeber und Helfer zählen Wissenschaftler und Sammler, Filmemacher und Journalisten und ehemalige Mitarbeiter der Versuchsanstalten gleichermaßen wie Fremdarbeiter und KZ-Häftlinge. Dass sie alle im Interesse der Erinnerung an diesem Projekt mitwirkten, weckt Hoffnungen darauf, dass Peenemünde künftig ein Ort gemeinsamer Reflexion über Krieg und Frieden, über Menschlichkeit und verantwortungsbewussten Umgang mit der Technik sein kann.

München und Schwerin, April 2004
Dr. Johannes Erichsen, Dr. Bernhard M. Hoppe

Teil I: Aufsätze

Zeichnung von Andreas Rulle in der *Ostsee-Zeitung* vom 30. September 1992

Peenemünde. Ein Beitrag zur deutschen Erinnerungskultur

Bernhard M. Hoppe

Der Eklat

Am 3. Oktober 1942 gelang zum ersten Mal der Start einer Rakete des Typs A 4, der später, als man diese Waffe aus propagandistischen Gründen als »Vergeltungswaffe« bezeichnete, V 2 genannt wurde. Am 3. Oktober 1992 jährte sich dieses Ereignis zum 50. Mal.

Der 1. Vorsitzende der Deutschen Gesellschaft für Luft- und Raumfahrt e.V. (DGLR) und der Präsident des Bundesverbandes der Deutschen Luftfahrt-, Raumfahrt- und Ausrüstungsindustrie (BDLI) luden aus diesem Anlass zusammen mit dem, wie es damals hieß, »Historisch-Technischen Informationszentrum für Raumfahrt und Raketentechnik« in Peenemünde zu einem Festakt »50 Jahre Raumfahrt. Erbe – Verpflichtung – Perspektive« in den Festsaal des Kraftwerk-Anbaus. Die Schirmherrschaft hatte der Koordinator der Bundesregierung für Luft- und Raumfahrtangelegenheiten, der Parlamentarische Staatssekretär Dr. Erich Riedl, übernommen.

Gefeiert werden sollte »die Geburtsstunde der Raumfahrt. ... Diese hervorragende wissenschaftliche und technische Pionierleistung leitete eine Entwicklung ein, die den Menschen – nach anfänglich tragischer Nutzung der neuen Technik im Zweiten Weltkrieg – in das All und auf den Mond brachte sowie weitreichende zukünftige Nutzungspotentiale eröffnete.«[1] Damit, dass in Großbritannien die Erfahrung des Terrors, den die Raketenwaffen verbreiteten, die Erinnerung an die Opfer der Einschläge und das Wissen um die Opfer der Raketenproduktion noch höchst lebendig waren, hatte man nicht gerechnet. Nicht zuletzt aufgrund einer entsetzten Reaktion von Winston Churchill, einem konservativen Parlamentsabgeordneten und Enkel des englischen Premierministers während des Zweiten Weltkriegs, entwickelte sich ein heftiger öffentlicher Protest, der auch in der britischen Presse einen breiten Widerhall fand. Erst als die Gefahr weitreichender Verstimmungen zwischen London und Bonn drohte und sich auch die italienische Presse kritisch mit der Veranstaltung zu befassen begann, erkannte die deutsche Öffentlichkeit, dass dieser Tag kein Anlass zum Feiern war. Die Presse titelte »Ein Sektempfang für 20 000 Tote?«[2] und *Der Spiegel* schrieb: »Wer die V 2 feiert, der ist nicht ganz bei Trost. Er muss sich fragen, ob er lieber Hitler und Wernher von Braun als Sieger des Zweiten Weltkrieges gesehen hätte.«[3]

Am 28. September 1992 erfolgte seitens der Initiatoren die Absage: »Die geplante wissenschaftlich-technische Veranstaltung zur Erinnerung an den 50. Jahrestag der Entstehung der Raumfahrt am 3. Oktober 1992 in Peenemünde findet nicht statt. Der Präsident des Bundesverbandes der Deutschen Luftfahrt-, Raumfahrt- und Ausrüstungsindustrie (BDLI), Karl J. Dersch, erklärte ..., er bedaure sehr, daß die bahnbrechende wissenschaftliche Leistung deutscher Raumfahrtpioniere nicht angemessen gewürdigt werden könne. Diese Leistung, so Dersch, sei heute noch Basis aller Raumfahrttechnologien in der Welt, wie z. B. der amerikanischen Mondmission oder der erfolgreichen europäischen Ariane-Rakete. Einziges Ziel der Veranstaltung sei es gewesen, an den erfolgreichen Start des Aggregates 4 zu erinnern, mit dem erstmals auf der Welt ein Vorstoß ins All gelungen sei. Dersch: ›Diese Veranstaltung ist jetzt leider Gegenstand einer politischen Diskussion geworden, die den wissenschaftlichen Fakten nicht gerecht wird, zumal die Entwicklung der deutschen Raketentechnologie bereits vor 1930 begonnen hat.‹ Er habe aber Verständnis für Emotionen, die offenkundig bei vielen Menschen und Politikern durch die Veranstaltung geweckt würden.«[4]

Die für den 3. Oktober 1992 in Peenemünde geplante Veranstaltung ist an dem Versuch gescheitert, eine technische Leistung zu würdigen, ohne deren zeitgeschichtlichen Hintergrund, die Absichten der Denker und ihrer Finanziers, die Umstände ihrer Realisierung und vor allem die Folgen dieser Entwicklung zu berücksichtigen. Das Weltbild der Veranstalter postulierte eine autonome wissenschaftliche Forschung, für die jeder Hinweis auf Fakten außerhalb ihres eigenen Gedankengebäudes nichts als eine unfruchtbare politische Diskussion und unqualifizierte Emotion bedeutet. Staatssekretär Riedl betrachtete deshalb auch die Kritik aus dem Ausland als »absurde hysterische Reaktion«.[5]

Dem Denken der Männer, die in der Zeit der nationalsozialistischen Herrschaft in Peenemünde Verantwortung trugen, sind die Planer der Feier damit sicher gerecht geworden. Übersehen haben sie, dass der Blick des über Jahrzehnte Zurückschauenden ein anderer ist als der des Zeitgenossen, dass er sich naturgemäß einer weiteren Perspektive bedienen kann, aber auch bedienen muss, wenn er seiner Verantwortung gerecht werden will. Der Eklat von 1992 hat aber auch gezeigt, dass Peenemünde nicht den Aktivitäten einzelner Interessengruppen überlassen werden darf, sondern die Beschäftigung mit diesem Ort und seiner Vergangenheit eine öffentliche Aufgabe ist.

Abgesehen von zwischenzeitlichen Aktivitäten des Bundesministers der Forschung und Technologie sowie der Luft- und Raumfahrtindustrie, in Peenemünde einen Raumfahrtpark zu errichten, an denen sich zwischen 1992 und 1994 auch die Gemeinde Peenemünde, der Förderverein des Informationszentrums, die örtliche Sparkasse und der Landkreis Ostvorpommern beteiligten, gibt es seither einen breiten gesellschaftlichen Konsens zumindest darüber, wie dieser Ort in der Öffentlichkeit *nicht* vermittelt werden kann und welche Veranstaltungen in Peenemünde *nicht* stattfinden sollen. Konkrete Vorschläge, wie Peenemünde gestaltet und welche Themen dort auf welche Weise dargestellt werden sollen, gab es jedoch noch nicht. Ausgangspunkt für die Umgestaltung und Erweiterung des Museumsstandortes Peenemünde wurde deshalb die in den Koalitionsvertrag der sich im November 1994 konstituierenden zweiten Landesregierung des Landes Mecklenburg-Vorpommern aufgenommene Absicht des Landes, für Peenemünde gemeinsam mit der Region ein Konzept zu erarbeiten, das die hier erbrachte technische Leistung, aber auch die Umstände ihrer Realisierung und ihrer Folgen aufarbeitet. Zur Durchführung dieses Vorhabens wurde 1996 beim Landkreis Ostvorpommern eine durch das Land finanzierte *Projektgruppe zur Neugestaltung und Erweiterung des Museumsstandortes Peenemünde* installiert. Die Gemeinde Peenemünde schuf im Mai 1996 mit dem Kauf des seit April 1990 stillgelegten Kraftwerks die Voraussetzungen für den Umbau des Areals zu einem Museum mit den erforderlichen Nebeneinrichtungen, in den bis zum Februar 2004 öffentliche Mittel in Höhe von rund 7,3 Millionen Euro geflossen sind. Seit der Eröffnung der Ausstellung »Raketenentwicklung 1920 – 1945« im März 2001 und des zweiten Ausstellungsabschnitts »Die Erben 1945 – 1989« im Dezember 2001 stellen sich die Ergebnisse dieser Bemühungen um eine angemessene Vermittlung der Peenemünder Themen der öffentlichen Diskussion.

Täterort und Opferort

Vorbilder und allgemein anerkannte Formen und Maßstäbe der Vermittlung standen für das Projekt Peenemünde kaum zur Verfügung. Dies ist vor allem eine Folge davon, dass die Ereignisse des Nationalsozialismus und des Zweiten Weltkriegs in den vergangenen Jahrzehnten sehr unterschiedlich wahrgenommen wurden: Während in den ersten Jahrzehnten nach 1945 Verdrängen und Verschweigen eine Auseinandersetzung mit der Zeit der nationalsozialistischen Herrschaft zugunsten eines schnellen Aufbaus und einer Integration aller Deutschen in die neue Gesellschaft weitgehend verhinderten und allenfalls ritualisierte Formen des Gedenkens gepflegt wurden, ist in den letzten Jahrzehnten die Erinnerung an die Opfer eine selbstverständliche Aufgabe der Überlebenden und der Nachgeborenen geworden. Die gesellschaftliche Etablierung des Erinnerns hat dabei in Schüben stattgefunden, die durch kalendarische Ereignisse, öffentliche Skandale und vor allem durch Hollywooderzeugnisse wie den Film *Holocaust*, den bei seiner Erstsendung im westdeutschen Fernsehen im Januar 1979 zwanzig Millionen Menschen sahen, und *Schindlers Liste*, der 1993 sechs Millionen Menschen in die deutschen Kinos zog, ausgelöst wurden. Die Erinnerung hat sich neben und nach dem Versuch der Bewältigung der nationalsozialistischen Vergangenheit mit den Mitteln der Justiz zur selbstverständlichen politischen und pädagogischen Aufgabe der Gesellschaft entwickelt. Nachdem 1965 auf dem Gelände des ehemaligen Konzentrationslagers in Dachau die erste bedeutende Ausstellung zu den nationalsozialistischen Verbrechen in der Bundesrepublik eingerichtet worden war, folgte in den siebziger Jahren allmählich die flächendeckende Umgestaltung der historischen Orte zu Gedenkorten und Dokumentationsstätten. In der DDR wurden die Orte der ehemaligen Konzentrationslager bereits früher als im Westen als Erinnerungsorte genutzt. Nach der Tilgung der Spuren, die an die zwischenzeitliche Nutzung als so genannte Speziallager der Sowjetischen Militäradministration erinnerten, spielte vor allem Buchenwald seit den späten fünfziger Jahren als Nationale Mahn- und Gedenkstätte eine wichtige gesellschaftliche Rolle. Im letzten Jahrzehnt des 20. Jahrhunderts kam diese Entwicklung im Zusammenhang mit der deutschen Wiedervereinigung besonders schnell voran: Damals galt es auch, zwei unterschiedliche Konzepte des Umgangs mit der Zeit des Nationalsozialismus, über die sich die beiden Gesellschaften auch ganz wesentlich definierten und voneinander abgrenzten, miteinander in Einklang zu bringen. Seither findet Gedenkstättenarbeit endgültig nicht mehr am Rande, sondern in der Mitte der Gesellschaft statt. Ein Paradigma hierfür ist die Diskussion um die Errichtung eines Denkmals für die ermordeten Juden Europas in Berlin. In den Alltag der Deutschen ist eine Normalisierung im positiven Sinn eingezogen: Die Gedenkstätten und andere Einrichtungen zur Erinnerung an die Opfer des Nationalsozialismus sind in der Gegenwart breiter als je zuvor gesellschaftlich akzeptiert. Über das »Ob« des Andenkens an die Opfer des Zweiten Weltkriegs und der nationalsozialistischen Gewaltherrschaft wird nicht mehr gestritten, allenfalls über das »Wie«. Die Geschichtsvergessenheit wurde zuweilen geradezu durch eine Geschichtsversessenheit[6] abgelöst.

Bezüglich des Umgangs mit den Tätern des Nationalsozialismus konnte dagegen bisher noch kein Konsens gefunden werden. Die Erinnerung an die Täter wurde zunächst im Osten wie im Westen auf einen anonymen Macht- und Propagandaapparat in Staat und Partei sowie auf wenige prominente Einzelpersönlichkeiten der nationalsozialistischen Elite reduziert, die als entmachtet galten. Individuelle Täter kamen in der wissenschaftlichen Bearbeitung des Nationalsozialismus wie in der öffentlichen Diskussion der Thematik erst sehr spät in den Blick.[7] Noch langsamer etablierte sich ein verantwortlicher Umgang mit den Plätzen, an denen sich das Handeln der nationalsozialistischen Täter eindrücklich manifestiert. Auf dem Berchtesgadener Obersalzberg wurde im Oktober 1999 erstmals eine Ausstellung eröffnet, auf dem Reichsparteitagsgelände in Nürnberg gibt es seit dem November 2001 ein Dokumentationszentrum.

Alfred Döblin betonte schon 1946 mit Blick auf die Angeklagten des Nürnberger Prozesses und deren Verbrechen: »Feige, käufliche und ebenso entartete Intellektuelle aus unserer Mitte haben ihnen dabei geholfen.«[8] Dennoch interessierte sich die Öffentlichkeit für die beteiligten Wissenschaftler noch viel weniger als für die deutschen Täter im Allgemeinen. Dass dies bis in die Gegenwart nicht nur für die Peenemünder Ingenieure, sondern im Besonderen für die ganze Berufsgruppe der Techniker gilt, machen die Auseinandersetzungen deutlich, die im Jahre 2002 in der Hansestadt Rostock um die Frage geführt wurden, in welcher Form man an den Flugzeugbauer Ernst Heinkel, einen der berühmtesten Söhne der Stadt, erinnern solle.[9] Wie den Künstlern, die nach dem Krieg den Mythos der unpolitischen Kunst pflegten und vor allem Theater und Film als politikfreie Zone in Erinnerung hatten, war es auch den Technikern ein Leichtes, sich hinter einem unpolitischen Forscherethos zu verstecken. Durch die Behauptung, sie seien von den nationalsozialistischen Machthabern getäuscht und für deren Zwecke missbraucht worden, konnten sie sich sogar zu Opfern des Regimes stilisieren, zu Idealisten, die die Nationalsozialisten mit der Übertragung großer und verlockender Aufgaben verführten. Für die Täter von Peenemünde war dies besonders einfach, weil sie eine technische Leistung vollbracht hatten, die nicht nur das Denken und Handeln bis in die Gegenwart, sondern auch die Zukunftsträume der Menschheit prägt. Der erste Schritt eines Menschen auf dem Mond wäre ohne Peenemünde so wenig denkbar wie die apokalyptisch anmutenden Pläne für die Weltraumrüstung des 21. Jahrhunderts und die prestigeträchtigen Projekte der weiteren Erforschung des Weltraums. Wie kaum einem der nationalsozialistischen Täter gelang es deshalb Wernher von Braun, sich nach 1945 zum Inbegriff des unpolitischen Technokraten zu stilisieren und ein Sympathieträger der deutschen Nachkriegsgesellschaft und der ganzen westlichen Welt zu werden.

Die weit verbreitete Abstraktion von der Realität der deutschen Täter fand einen ihrer Höhepunkte in der allgemeinen Widmungsformel »Den Opfern von Krieg und Gewaltherrschaft«, mit der im Jahre 1993 die Neue Wache in Berlin zur zentralen Gedenkstätte der Bundesrepublik Deutschland umgestaltet wurde. Jeder ursächliche Zusammenhang zwischen verantwortlichen Tätern und deren Opfern wurde damit ebenso ausgeblendet wie der unüberbrückbare Gegensatz zwischen beiden Gruppen. Der Präsident des Volksgerichtshofes Roland Freisler kann aber nicht als Bombenopfer undifferenziert neben vergasten Juden, gefallenen Wehrmachtssoldaten und im Bombenkrieg getöteten Frauen und Kindern stehen. Dieses Vergessen der Täter in der Erinnerungskultur erlaubt »normalen Deutschen« immer noch eine fatale Distanzierung von den Verbrechen der Nationalsozialisten und den Aufbau eines Geschichtsbildes, das die Unterscheidung zwischen Deutschen und Nazis ermöglicht. Schon der Nürnberger Prozess wurde weithin im Sinne einer solchen schuldentlastenden Differenzierung zwischen den Angeklagten und dem Rest der Bevölkerung missverstanden. Der Versuch der Vergangenheitsbewältigung durch systematisches Durchleuchten eines ganzen staatlichen Gemeinwesens und seiner jeweiligen Verantwortlichkeiten ist deshalb gescheitert und konnte nicht als der intendierte großangelegte »Nürnberger Lehrprozess«[10] zum Gründungsakt eines geläuterten Gemeinwesens werden, auf den sich die neue Gesellschaft beziehen sollte. Eine Selbstdefinition der Deutschen als Erinnerungsgemeinschaft der Täter hat, obwohl dies die wichtigste Erinnerungsgemeinschaft wäre, ganz im Gegensatz beispielsweise zur Erinnerungsgemeinschaft der Vertriebenen nicht stattgefunden. Eine der wichtigsten Voraussetzungen zur Institutionalisierung und damit zur Aufrechterhaltung dieses Aspektes der Erinnerung über einen langen Zeitraum war deshalb nie gegeben. Schuld und Scham wurden weithin einfach durch Schweigen überdeckt.

Es existiert keine allgemeingültige Trennungslinie zwischen Hitler und seiner kriminellen nationalsozialistischen Führung auf der einen und den gutgläubigen, in ihrem Pflichtbewusstsein missbrauchten Deutschen auf der anderen Seite. Aus der politischen Verantwortlichkeit der Deutschen ergibt sich deshalb, dass nicht nur der Opfer gedacht werden darf, sondern auch an die Taten und die Täter erinnert werden muss. Insofern unterscheidet sich die deutsche Gedenkkultur von der anderer Länder wie etwa der USA oder Israels. Sie befindet sich in einer grundsätzlich anderen Situation und benötigt andere Konzepte, sie muss mehr sein als die »Remembrance of the Victims of Public Crimes«, mit der die Aufgabe der Gedenkstättenarbeit international definiert wird.[11] In Deutschland muss nicht nur erlittenes Unrecht erinnert werden, sondern auch begangenes und zu verantwortendes. Beide Erinnerungen scheinen sich zunächst gegenseitig auszuschließen. In Wirklichkeit verbindet sie aber das Geschehen, das von den Tätern hervorgerufen wurde.

Peenemünde ist ein Ort der Täter insofern, als die Opfer, die das Handeln dieser Täter gefordert hat, zumindest in ihrer weit überwiegenden Mehrzahl, diesem Tun nicht hier zum Opfer gefallen sind. Diese nur räumliche Trennung von Tätern und Opfern hat dazu verführt, die lokale Abwesenheit Letzterer mit deren realer Nichtexistenz zu verwechseln – und folglich in Peenemünde nur an die Leistung des Raketenstarts zu erinnern, während man die Produktion der Raketen und deren Einschläge samt ihren Opfern allzu leicht vergaß. Selbstverständlich hat aber das Handeln der Verantwortlichen von Peenemünde – wie das aller Täter – Opfer gefordert. Einen ausschließlichen Täterort kann es deshalb keinesfalls geben (oder allenfalls dann, wenn die Vermittlung dieses Ortes so konzipiert ist, dass sie die Kausalitäten zwischen den jeweiligen örtlichen Ereignissen und deren mehr oder minder weit entfernten Folgen außer Acht lässt). Gleiches gilt, unter umgekehrten Vorzeichen, auch für einen »ausschließlichen« Opferort.

Als der dort vorbereitete und organisierte deutsche Angriffskrieg nach Peenemünde zurückkehrte, wurde auch dieser Täterort zu einem Ort der Opfer. Dabei kann es nicht darum gehen, Taten gegeneinander aufzurechnen. Jede Tat lässt sich nur für sich und aus sich selbst heraus bewerten und ist nicht ungeschehen zu machen. Aber das Leben als Täter und der Tod als Opfer stehen oft nah beieinander. »Es liegt in der Natur von Brandbomben, dass sie keinen Unterschied zu machen pflegen. Sie trafen fanatische Nazis ebenso wie aufrechte Regimegegner.«[12] Beim Großangriff britischer Bomber auf Peenemünde in der Nacht vom 17. auf den 18. August 1943 kamen 735 Menschen, darunter 557 zur Zwangsarbeit eingesetzte Ausländer und 178 Deutsche, die an den Raketenwaffen arbeiteten, und deren Familienangehörige ums Leben. Am stärksten getroffen wurden die Wohnsiedlung und die Barackenlager in Trassenheide, der Windkanal und die Gebäude des Versuchsgeländes hingegen blieben unbeschädigt. Die

Entwicklung der Waffen konnte daher nahezu ungestört weitergeführt werden, während die Produktion der Raketen als Konsequenz aus dem Angriff in unterirdische Industrieanlagen des Lagers »Dora« bei Nordhausen im Harz verlagert und unter unmenschlichen Bedingungen fortgeführt wurde.

Die öffentliche Aufgabe des Erinnerns

Erst mit der Reflexion der Zeit des Nationalsozialismus wurde der deutschen Erinnerungskultur eine gestaltende Kraft zugeschrieben. Zuvor haftete jedem Gedächtnis von Verlusten und Niederlagen der Verdacht einer revanchistischen Intention an, weil gerade von der Erinnerung an eine verletzende und demütigende Erfahrung zu erwarten war, dass sie im Laufe der Zeit das Bedürfnis nach Rache hervorruft. Mit diesem Ziel nutzte auch die nationalsozialistische Propaganda den Kult um die Toten des Ersten Weltkriegs sehr offensiv als Argument zur Rechtfertigung des Zweiten Weltkriegs.[13] Erst nach 1945 ist das Erinnern im gesellschaftlichen Bewusstsein für gut befunden worden; vorher war es – im Bewahren von Ressentiments – schlecht, und das Vergessen galt als friedensstiftend und zukunftsgerichtet.

Ein Begraben des Kriegsbeils und Vergessen der Gräueltaten, wie es der Westfälische Frieden nach dem Dreißigjährigen Krieg gefordert hat, sind nach Auschwitz als Möglichkeiten des Umgangs mit der Vergangenheit indes nicht mehr vorstellbar. Angesichts der Absurdität des Nationalsozialismus versagt jede Vorstellung von Gerechtigkeit. Eine Sinnstiftung, die die Taten rückwirkend erklären könnte, ist nicht denkbar. Als einzige Alternative bleibt das Erinnern. Es hat zahlreiche Versuche gegeben, die durch den Nationalsozialismus ausgelöste Katastrophe religiös zu deuten, mit der christlichen Leidens- und Hoffnungsgeschichte zu verbinden und auf diese Weise zu einer Interpretation zu gelangen, die dem Leiden und den Opfern einen Sinn gibt und ein Weiterleben im Jenseits ermöglicht. An vielen Orten hat dies anstelle einer eindringlichen Veranschaulichung des Entsetzens, des Schmerzes, des Kummers und der Wut der Menschen zu einer Verharmlosung des Geschehenen geführt. In Peenemünde verbietet sich diese Interpretation von selbst, weil an der Oberfläche der Ereignisse nicht das Leid der Opfer sichtbar wird, sondern eine scheinbar rationale Technik. Doch sind die Themen von Peenemünde die zentralen Menschheitsthemen von Krieg und Frieden, von der Verantwortung für Leben und Tod und der Möglichkeit, mittels der modernen Technik Chaos zu schaffen oder zerstörerische Kräfte zu bewältigen.

»Vergangenheitsbewältigung – das ist ein ebenso populäres wie umstrittenes Wort. Ungenau ist es auch. Denn was geschehen ist, kann nicht mehr bewältigt werden. Bewältigt werden können allerdings – oder müssen sogar – die für die Nachlebenden belastenden Folgen eines vergangenen politischen Ereignisses. Insoweit weist das Wort auf eine unangenehme und unausweichliche Aufgabe hin. Es tritt vieldeutig und gewichtig auf, gilt als typisch deutsch, ist kaum übersetzbar und in jedem Fall erläuterungsbedürftig.«[14] Aufgabe der Erinnerungsarbeit ist es, »das Unausdenkliche denken zu müssen, das Unaussprechbare aussprechen [zu] lernen und das Unvorstellbare vorzustellen versuchen«[15]. Eine Vergangenheits*bewältigung* als eines Tages abgeschlossene Aufgabe kann es dann nicht mehr geben, sondern nur noch eine Vergangenheits*bewahrung* in der permanenten Erinnerung. Angesichts der Schuld, die die Täter des Nationalsozialismus auf sich geladen haben, angesichts der Opfer, die sie zu verantworten haben, gibt es keine Wiedergutmachung und keine Versöhnung, sondern nur eine Solidarität in der Erinnerung und der beharrlichen Bemühung um die Wahrheit.

In Peenemünde kann es nicht darum gehen, den Verantwortlichen und deren Taten ein unkritisches Denkmal zu setzen. Es ist ihnen aber auch kein Schuldvorwurf im rechtlichen Sinne zu machen, schon weil nach dem rechtsstaatlichen Grundsatz »nulla poena sine lege« ein rechtswidriges Verhalten nur vorliegen kann, wenn es Rechtsnormen verletzt, die zur Tatzeit galten. Angesichts der Folgen, die die Peenemünder Entwicklungen ausgelöst haben, ist an diesem Ort von den Nachgeborenen aber die Frage nach einer politischen, moralischen und ethischen Schuld, die jenseits des Justitiablen liegt, zu stellen. Und da eine Sühne der Tat und die Begleichung der Schuld nicht mehr möglich sind, muss diese Schuld als Erinnerungsposten stehen bleiben, muss sie offen bleiben im Verhältnis zwischen Täter und Opfer. Sie ist ein kommunikatives Problem, ein Gedächtnisimperativ, den Nietzsche mit der Feststellung »Nur was nicht aufhört, weh zu thun, bleibt im Gedächtniss«[16] umschrieben hat. Auch die heute lebenden Deutschen tragen natürlich gegenüber den

Geschehnissen der Zeit des Nationalsozialismus keine strafrechtliche Schuld. Wie die Täter tragen sie aber eine moralische Verantwortung. Gerade weil sie über den Verdacht persönlicher Verstrickung erhaben sind, erfreuen sie sich eben nicht einer Gnade der späteren Geburt, sondern sind, im Gegenteil, einem Auftrag der späteren Geburt verpflichtet. Und so können auch sie sich durchaus schuldig machen, indem sie diesem Auftrag nicht nachkommen. Ralph Giordano hat dieses Phänomen »die zweite Schuld«[17] genannt. Jede Form des Vergessens ist auch den Nachgeborenen moralisch vorzuwerfen. »Damit aber über Auschwitz kein Gras wächst, werden sich die kommenden Generationen vor allem mit der Entstehungsgeschichte des Nationalsozialismus auseinandersetzen und immer wieder die eine beunruhigende Doppelfrage stellen müssen: warum Hitler nicht verhindert werden konnte, und warum die Gewaltverbrechen gerade in Deutschland geschehen sind.«[18]

Sinn dieser Erinnerung kann nicht ein bedrücktes Leben im Schatten der Vergangenheit sein, sondern das Wachhalten des Bewusstseins, dass die Demokratie und der Rechtsstaat in Deutschland nicht ungefährdet sind. »Für die bundesdeutsche Vergangenheitsdebatte war immer charakteristisch, dass sie Gegenwart und Zukunft zugleich betraf. Das Verhältnis zum Nationalsozialismus sollte ein Prüfstein für die politische Moral in Deutschland sein, für seine innere Liberalität wie für seine Friedfertigkeit und Verlässlichkeit nach außen.«[19] Es besteht ein ursächlicher Zusammenhang zwischen wahrhaftiger Auseinandersetzung mit der Vergangenheit und der Verankerung und Bewahrung der Demokratie in Deutschland. Die Orte der politischen Verfolgung und der nationalsozialistischen Verbrechen in Deutschland sind aber nicht nur Orte der deutschen Geschichte. Die Nationalsozialisten deportierten Menschen aus vielen Teilen Europas nach Deutschland zur Zwangsarbeit und beraubten sie in Lagern und Gefängnissen ihrer Freiheit. Aus dem von früheren Generationen Erlebten und dem für die Zeitgenossen Erinnerten müssen deshalb auch Wertmaßstäbe gewonnen werden, die für ein rechtsstaatliches vereintes postmodernes und postnationales Europa konstitutiv sind. Dabei wird es dann weniger um die Diskussion der Polarität von Tätern und Opfern gehen als um das gemeinsame Ziehen von Konsequenzen aus der Vergangenheit, weil die Bereitschaft der Nation der Täter, ihre eigene Schuld anzuerkennen, als »eine Zweite Aufklärung sozusagen«[20] als selbstverständlich vorausgesetzt werden kann. Versöhnung wird es nicht über die Gräber hinweg und nicht im Verwischen der Unterschiede geben, sondern, ganz im Gegenteil, wenn die gemeinsame Forderung zur Humanität und zur moralischen Verantwortung der demokratischen Bürgergesellschaft aus der Kenntnis der unterschiedlichen Erfahrungen der Vergangenheit heraus begründet wird. Wenn sich die Zukunft in der postmodernen Gesellschaft nicht mehr homogen aus der Vergangenheit entwickelt, kann die Vergegenwärtigung des Nationalsozialismus nicht mehr primär ein Mittel des Gedenkens an Ereignisse sein, sondern muss ein integraler Bestandteil europäischer Politik sein, die darin ihre Wertediskussion begründet und deren Ziele definiert. Aus der gemeinsamen Geschichte werden »zukunftsweisende Erinnerungen«[21] lebendig erhalten. Die Erklärung des 27. Januar als Tag der Befreiung von Auschwitz zum neuen europäischen Gedenktag über nationale Grenzen hinweg könnte zum Prototypen für die Vermittlung von Historie im neuen Europa nach dem Ende des Kalten Krieges werden.

Die Geschichte von Peenemünde ist ein Lehrstück in Sachen Verführbarkeit von Individuen und eines ganzen Volkes und deshalb eine bleibende Mahnung zu Aufklärung und Mündigkeit. »Negatives Gedenken zielt letztendlich auf die Gewahrwerdung der radikalen Unselbstverständlichkeit des (gesellschaftlich) Guten, über dessen Verständnis und Grad an Verwirklichung – etwa als Freiheit, Solidarität, Toleranz, Menschenwürde, Menschenrechte, Demokratie – immer wieder neu, historisch informiert zu sprechen wäre. Es ist in seinem Kern nichts anderes als willentliche und bedachte Selbstbeunruhigung, die in politische und mitmenschliche Verantwortung umschlagen soll.«[22]

Ausgehend vor allem von den USA hat sich die Diskussion in den letzten Jahren nahezu ausschließlich auf den deutschen Massenmord an den europäischen Juden fokussiert, der zweifelsfrei das Zentralverbrechen des Nationalsozialismus ist. Der Begriff »Holocaust« wurde dabei für den gesamten heterogenen Komplex nationalsozialistischer Verbrechen terminologiebildend, ungeachtet der Tatsache, dass er irreführend und dafür unangemessen ist, weil er traditionell ein liturgisches Brandopfer bedeutet und einem jüdisch-christlichen Traditionszusammenhang entnommen ist. Mit der Vermittlung Peenemündes wie auch anderer Orte der nationalsozialistischen Verbrechen kann und muss der Entwicklung entgegengetreten werden, dass Auschwitz im Zeitalter der Globalisierung als Metapher für alles Böse in der Welt steht und aus der Ortschaft Auschwitz eine ortlose Erinnerung wird, die man allenthalben instrumentalisiert und auch kommerzialisiert. Anstelle der Interpretation von Auschwitz als Bild für die Ambivalenz der Moderne und für die Gefährdung der Zivilisation durch eben diese Moderne kann Peenemünde mit dem Aufstieg und dem Einschlag der Rakete die wörtliche Geschichte dieser Ambivalenz erzählen.

In einer Gesellschaft, die nicht mehr von linearen Wahrnehmungen, sondern von ständig wechselnden konkurrierenden, sich gegenseitig segmentierenden und relativierenden Eindrücken geprägt ist, ist Aufmerksamkeit das wichtigste und am stärksten umkämpfte Gut – und Unterhaltsamkeit das am weitesten verbreitete Mittel zur Gewinnung derselben. Am Beginn des 21. Jahrhunderts haben die so genannten Neuen Medien endgültig zu einer Zersplitterung und Neuorientierung der Aufmerksamkeit geführt. In einer so organisierten Gesellschaft kann sich auch die Vermittlung der Ereignisse der Zeit des Nationalsozialismus, zumindest wenn sie für eine breitere Öffentlichkeit wirksam werden soll, nicht mehr auf eine gesinnungsethisch motivierte Erhabenheit über den gesellschaftlichen Diskurs zurückziehen. Sie muss sich vielmehr dem Wettbewerb um die Aufmerksamkeit stellen, indem sie ihrem Publikum ein konkurrenzfähiges Maß an Attraktivität bietet. Ein gesamtgesellschaftlich akzeptiertes »Dogma«[23] des Inhalts »Erinnern ist gut, Vergessen ist schlecht« funktioniert nicht mehr. In der geschilderten »Patchwork-Textur«[24] des öffentlichen Diskurses muss sich auch das Erinnern um Aufmerksamkeit bemühen. Angesichts der heterogenen Besucherstrukturen in Peenemünde ist es dazu unabdingbar, dass die Ausstellung, so widersprüchlich das in diesem Zusammenhang klingen mag, nicht zuletzt auch berechtigten Ansprüchen an die Unterhaltsamkeit genügt, und zwar nicht in dem Sinne, dass sie zum Bestandteil einer allgemeinen Spaßkultur wird, sondern dahingehend, dass sie zumindest in dem erforderlichen Mindestmaß nicht langweilig ist, um ihre Zielgruppen überhaupt erreichen und deren Aufmerksamkeit hinreichend lange fesseln zu können. Der Besuch in Peenemünde soll auch einen Erlebniswert haben und auch über die primär intendierte Botschaft hinaus Phantasien freisetzen.

Die Frage der Darstellbarkeit

Die Wirksamkeit öffentlicher Denkmäler und anderer Erinnerungszeichen ist weithin eher gering einzuschätzen. Die größte gesellschaftliche Relevanz, und das Denkmal für die ermordeten Juden Europas in Berlin wird dabei keine Ausnahme machen, hat die jahrelange kontroverse öffentliche Debatte, die solchen Denkmalsetzungen in der Regel vorausgeht. Historische Orte wie Peenemünde haben erfahrungsgemäß die viel größere Nachhaltigkeit in der Wirkung, schon weil sie sich im Gegensatz zu vielen Erinnerungssymbolen wie dem Mahnmal der Bücherverbrennung am Berliner Bebelplatz, das buchstäblich niemandem im Wege steht, aus eigenem Interesse nicht verstecken, sondern Aktivitäten unternehmen, um möglichst viele Besucher anzulocken. Geschichtsbilder, historische Kenntnisse und weit verbreitete Meinungen zu zentralen Fragen des Nationalsozialismus werden durch die real wahrnehmbaren Ereignisse und den durch einen Gedächtnisort initiierten Austausch der Argumente geprägt. Entscheidend für den Erfolg und die Qualität dieses Prozesses sind aber das inhaltliche Niveau der Auseinandersetzung und die Glaubwürdigkeit der dabei vorgetragenen Standpunkte.

Die Vermittlung der Geschichte des Nationalsozialismus scheitert jedoch vielfach an der Unvorstellbarkeit und damit an der Unmöglichkeit der Darstellung des Geschehenen. Dies hat zu der berühmten Aussage Adornos, nach Auschwitz ein Gedicht zu schreiben, sei barbarisch[25] und zum Postulat eines Bilderverbotes[26] geführt. Erinnerung dürfe nur in den Köpfen hervorgerufen, nicht aber durch Bilder inszeniert werden. Die Erinnerungskultur hat dem kreativ, aber vielfach auch in einer Weise widersprochen, die eine breite Rezeption verhinderte, und es ist ihr deshalb im Allgemeinen nicht gelungen, ihre authentischen Bilder beziehungsweise deren didaktische Brechungen in der Öffentlichkeit nachdrücklich zu vermitteln. Die Bilder in den Köpfen der Menschen sind daher bis heute einerseits die Propagandabilder des Nationalsozialismus und andererseits die der Spielfilmhandlungen zu diesem Thema.[27] Die Peenemünder Bilder bieten dagegen die Möglichkeit, diesem Defizit abzuhelfen, weil eine besondere Kompatibilität des hier zu Vermittelnden mit den Seh- und Aufnahmegewohnheiten des 21. Jahrhunderts besteht.

Das Peenemünder Bild und das Symbol der Erfolge des 20. Jahrhunderts schlechthin ist der Raketenstart.

In der öffentlichen Wahrnehmung ist es uneingeschränkt positiv konnotiert, weshalb es auch häufig ebenso unkritisch wie zusammenhanglos als Werbemotiv eingesetzt wird. Die startende Rakete ist aber ein Symbol der Ambivalenz, ist ihr doch nicht anzusehen, ob sie in friedlicher Mission zum Mond oder als feindliche Waffe in Richtung London startet. Die Bilder sind deshalb besonders leicht uminterpretierbar, und aus demselben Grund ist es den Peenemünder Tätern besonders leicht gefallen, ihre Täterschaft zu verharmlosen und umzudeuten. Die ehemals in Peenemünde Verantwortlichen erzählen ihre Erlebnisse mehrheitlich noch immer im »Rahmen des Tradierungstyps Faszination«, der deutlich von den Nachwirkungen der nationalsozialistischen Propaganda geprägt ist. »Die Zeitzeugen berichten mit glänzenden Augen von den Errungenschaften der NS-Gesellschaft und tauchen in die ›schöne Zeit‹ zurück.«[28] Dies gilt auch für das Bild der Rakete im Besonderen, das für die Deutschen schon in der Zeit des Nationalsozialismus positiv besetzt war: Die Hoffnung auf die so genannte Vergeltungswaffe trug nicht wenig zu der bis kurz vor der endgültigen Niederlage anhaltend hohen Akzeptanz des nationalsozialistischen Regimes in der deutschen Bevölkerung bei – und hatte gleichzeitig den Effekt, dass die Bombardierung deutscher Städte die Menschen nicht etwa in die Revolte trieb, sondern sie noch enger an den totalitären Staat band. Aufklärungsarbeit in Peenemünde kann aber ansetzen bei der Kehrseite dieser Medaille: bei den Bildern nämlich, die den Einschlag der Rakete zeigen – das andere Ende der Parabel also, die die Flugbahn der Rakete beschreibt; sie kann ansetzen bei der Abbildung der missglückten Startversuche, bei denen die Rakete mit all ihrer zerstörerischen Energie zurückfällt auf diejenigen, die sie abgeschossen haben. Damit können die im Zusammenhang mit Peenemünde tradierten Bilder entscheidend dazu beitragen, dass die Raketenentwicklung und der Zweite Weltkrieg wieder in einen Zusammenhang gebracht werden und sich die Rakete so zum Symbol eines verantwortlichen Gedächtnisses entwickeln kann.

Dem »Nie wieder!« der Überlebenden der nationalsozialistischen Lager, dessen ethischer Imperativ lange die wichtigste Motivation für die Beschäftigung mit der Vergangenheit war, steht in Peenemünde ein »Immer wieder!« der von der Faszination der Erforschung des Weltraums Besessenen und derjenigen gegenüber, die dem Mythos Wernher von Brauns nachspüren. Diese internationale Aufmerksamkeit und die damit zusammenhängenden touristischen Effekte bieten nicht nur der Wirksamkeit gesellschaftlicher Erinnerung besondere Möglichkeiten, sie haben im strukturschwachen Norden der Insel Usedom auch eine hohe wirtschaftliche Bedeutung. Der Tourismus macht mit der Kultur und den »schönen Erinnerungen« gerade auch in Mecklenburg-Vorpommern zunehmend gute Geschäfte. Bekannte Persönlichkeiten wie Heinrich Schliemann und Ernst Barlach, Sympathieträger unter den Großherzögen und traditionsreiche Orte wie Heiligendamm gehören zum touristischen Kapital der Region. Ein Land kann seine Identität aber nicht vermitteln, wenn es seine Bewohner wie seine Besucher nicht auch zur Auseinandersetzung mit den weniger positiv besetzten Orten auffordert. Orte wie Peenemünde zu erhalten, zu interpretieren und in ihrer Bedeutung zu vermitteln ist daher auch eine große Chance zur Nutzung und zur Erweiterung des touristischen Potentials des Landes.

In Peenemünde werden alle Phasen der deutschen Geschichte seit dem Ende der Weimarer Republik anschaulich: Nationalsozialismus, Zusammenbruch, Befreiung und Teilung Deutschlands, Kalter Krieg und Wiedervereinigung. Peenemünde ist deshalb als Lernort für die deutsche Geschichte des 20. Jahrhunderts von besonderer Wichtigkeit.

Die militärische DDR-Geschichte begann in Peenemünde im Januar 1951 mit dem Aufbau einer Räum- und Küstensicherungsdivision der Seepolizei im Haupthafen und endete mit der Auflösung der NVA und damit auch der in Peenemünde stationierten Einheiten der Volksmarine und der Luftstreitkräfte am 3. Oktober 1990. Diese Zeit bietet viel Anschauungsmaterial zum Alltag des Kalten Krieges und verdient schon deshalb eine angemessene Dokumentation. Darüber hinaus ist die Geschichte der DDR, die hier tiefe Spuren hinterlassen hat, auch ein Teil der kommunistischen Vergangenheit Osteuropas und steht so in einem europäischen Kontext, der im 20. Jahrhundert durch zwei Diktaturen geprägt wurde. Damit eröffnet Peenemünde auch die Möglichkeit, auf die allzu häufig viel zu pauschal diskutierten Analogien und die Inkongruenzen zwischen den Systemen hinzuweisen und auf die Frage einzugehen, welchen Einfluss die DDR-Zeit auf die Wahrnehmung der vorangegangenen Epoche ausübte und als gesellschaftliches und individuelles Wahrnehmungsmuster bis heute ausübt.

Im Gegensatz zum nie vollendeten KdF-Bad in Prora[29] auf Rügen, zum Nürnberger Reichsparteitagsgelände und zum Berchtesgadener Obersalzberg, wo es jeweils auch Nachnutzungen nach 1945 gab, fand die Nachnutzung in Peenemünde nicht nur mitten im Leben der Bevölkerung statt, sie war es auch, die hier nahezu jedem in der Zeit der DDR Arbeit und Einkommen verschaffte. Aus dem Engagement historisch interessierter Bürger des damaligen Kreises Wolgast und ehemaliger Mitarbeiter des NVA-Standortes entstand dann auch in der Phase der gesellschaftlichen Umwälzungen seit 1989 die erste Amateurausstellung zur Raketenentwicklung, die am 9. Mai 1991 in der Bunkerwarte und auf dem Freigelände des Kraftwerks eröffnet wurde. Im Oktober 1992 kamen ein zweiter Ausstellungsraum mit dem Modell des Prüfstandes VII sowie die Vorführung einer Multivision mit Bildern, Filmen, Musik und gesprochenen Texten im großen Saal des ehemaligen Sozialtraktes hinzu. Im Juli 1995 wurde als weithin sichtbarer Anziehungspunkt im Freigelände das Modell einer Rakete des Typs A 4 aufgestellt. Trotz inhaltlicher Unzulänglichkeiten wurde diese Ausstellung – bis zum Sommer 1996 verzeichnete sie eine Million Besucher – schnell ein großer Publikumserfolg. Langfristig blieb sie zwar ein Kuriosum und das Phänomen einer gesellschaftlichen Übergangsphase, doch ist sie auch einer der Spiegel, in denen sich in Peenemünde Abschnitte der deutschen Geschichte des 20. Jahrhunderts exemplarisch verdichten.

Erinnerung am »authentischen« Ort

Es gibt eine zweite, sehr facettenreiche Geschichte des Nationalsozialismus, nämlich die der Auseinandersetzung mit der nationalsozialistischen Diktatur und deren Verbrechen. Diese Geschichte wird gegen immer wieder aufkeimende Forderungen nach einem Schlussstrich bis heute vor allem von zweierlei Gruppen aufrechterhalten: von denjenigen, die als Verfolgte nicht vergessen können, und denen, die aus politischer Verantwortung nicht vergessen wollen. Dabei hat die Generation der an der Wende vom 20. zum 21. Jahrhundert Lebenden eine wichtige Scharnierfunktion zwischen der Generation ihrer Eltern und Großeltern, die die Zeit der nationalsozialistischen Herrschaft noch erlebt haben, und der Generation der Kinder und Jugendlichen, die naturgemäß keine Erinnerung mehr haben können und für die NS-Zeit vollständig auf die Vermittlung angewiesen sind. Das Wissen über den Nationalsozialismus und den Zweiten Weltkrieg geht derzeit vom kommunikativen Gedächtnis, das von Individuen getragen wird, über auf ein kollektives Gedächtnis, das zum Beispiel durch die Bildung von Solidargemeinschaften (wie Häftlingsverbände, Geschichtsvereine und entsprechende Institute) Vorkehrungen zur Bestandserhaltung trifft, und ein kulturelles Gedächtnis, das über die üblichen Wege der Bildung und der Medien tradiert wird.

Mit dem Ableben der Generation der Beteiligten auf Seiten der Täter wie der Opfer werden Zeitzeugen nicht mehr zur Verfügung stehen. Die Beschäftigung mit den historischen Orten wird dann der einzige Weg sein, einer Verwissenschaftlichung des Themas, die dazu führt, dass die Diskussionen nicht mehr in Zeitungen, sondern nur noch in Fachpublikationen ausgetragen werden, einerseits und einer unkritischen Mythenbildung andererseits entgegenzutreten. Erinnerung wird nur noch in der kritischen Auseinandersetzung zwischen dem Wissen über die Vergangenheit und dem eigenen Wertehorizont stattfinden können. Wenn nach dem Verstummen der Zeitzeugen aus deren existentieller und emotionaler Bindung an die nationalsozialistische Vergangenheit keine Anstöße mehr kommen, dann werden allerdings auch Trauer und Wut als Energie und Kraft der Erinnerungskultur fehlen. Vielleicht war die Debatte zwischen Martin Walser und Ignatz Bubis, die Ersterer mit seiner Rede zum Friedenspreis des Deutschen Buchhandels am 11. Oktober 1998 ausgelöst hatte,[30] die letzte von der subjektiv legitimierten Schärfe der Erlebnisgeneration geprägte Kontroverse. Um zu verhindern, dass Betroffenheit aus bloßer Verpflichtung oder Tradition aufrechterhalten wird, muss das Potential an streitbarem Diskurs künftig aus gesellschaftlichen Entscheidungen kommen. Diese können aber nur aktuell und konkret bleiben, wenn an Orten wie Peenemünde die materiellen Reste gesichert und vermittelt werden. Im Gegensatz zu den nationalsozialistischen Gigantomanien in der Architektur, von denen höchstens zehn Prozent verwirklicht wurden und die ansonsten nur auf Bildern, in Büchern und Modellen überliefert sind, ist das Großprojekt Rakete realisiert worden. Damit ist es eines der wenigen anschaubaren Ergebnisse des Größenwahns der NS-Diktatur.

Einer der einflussreichsten Vertreter der modernen Gedächtnistheorie, Maurice Halbwachs, hat sich in seinem letzten Werk mit der Bedeutung der legendären Topographie des Heiligen Landes beschäftigt und die wichtige Funktion dieser Merk- und Gedächtnisorte bei der Entstehung des frühen Christentums aufgezeigt.[31] Seit die antike Gedächtnistechnik die Methode entwickelt hat, einzelne Inhalte bestimmten räumlichen Gegebenheiten zuzuordnen, haben diese Strukturen der Gedächtnistopographien für die Menschen, die einem bestimmten Thema nachspüren, weder an Attraktivität und Beliebtheit noch an Bedeutung verloren. Die Zahl der Besucher in Peenemünde beweist immer wieder von Neuem, dass die »Aura« einer Thematik in starkem Maße ortsgebunden ist. Jede örtliche Fixierung birgt in sich aber auch die Gefahr, den Ort zum Spektakel verkommen zu lassen. Die Wallfahrtsorte aller Religionen der Welt bieten dafür eindrückliche Beispiele. Der Ortsbezug muss deshalb abstrahiert und als Anknüpfungspunkt verwendet werden für eine seriöse Erinnerungs- und Aufklärungsarbeit, die über die sichtbaren Phänomene hinaus die zugrunde liegenden Strukturen aufzeigt. Gedächtnisorte müssen folglich diskursive Stätten mit einer transparenten historischen Dokumentation sein, wobei es weniger um die Errichtung von immer neuen öffentlichen Zeichen und Denkmälern, sondern um die Pflege der realen Hinterlassenschaften und die Sicherstellung von Möglichkeiten zur Auseinandersetzung geht.

Ein Forschungsprojekt zur Tradierung von Geschichtsbewusstsein und eine repräsentative Bevölkerungsumfrage[32] sind übereinstimmend zu dem Ergebnis gekommen, dass die Verstrickung der Bevölkerung in den Nationalsozialismus gemeinhin völlig falsch wahrgenommen wird: Mehrheitlich sind die Deutschen der Ansicht, ihre Vorfahren seien keine Täter, sondern Opfer gewesen. Obwohl alle Altersgruppen überwiegend über ein gutes Wissen zum Nationalsozialismus verfügen, machen sie zumindest dann keinen Gebrauch davon, wenn es um die eigene Familie geht. Befragte mit Abitur oder Hochschulabschluss tendieren sogar noch stärker zu der Annahme, ihre Angehörigen seien dem Nationalsozialismus gegenüber negativ eingestellt gewesen. »Diese Ergebnisse der Repräsentativbefragung werfen ein klares Licht darauf, dass in der Gesamtbevölkerung weit überwiegend die Auffassung vorherrscht, dass eigene Familienangehörige keine Nazis waren; Antisemiten und Tatbeteiligte scheinen in deutschen Familien praktisch inexistent gewesen zu sein.«[33] Diese Diskrepanz zwischen den historischen Tatsachen und der Gedenkkultur der Gesellschaft auf der einen Seite und dem privaten Erinnern auf der anderen Seite beweist, dass die traditionelle Gedenkstättenarbeit zumindest im Hinblick auf ihre Breitenwirkung versagt hat. Der »schöne Schein«[34] der Arbeits- und Sozialpolitik des Nationalsozialismus ist bis heute in der Wahrnehmung weiter Kreise der Bevölkerung ebenso wenig enttarnt wie der Mythos von den unpolitischen technischen Meisterleistungen in Peenemünde. Indem sie Institutionen schuf, mit denen die Thematik für weite Kreise der Gesellschaft nicht mehr relevant, da weitgehend erledigt schien, hat die Gedenkstättenlandschaft – im Widerspruch zu ihrer ureigenen Intention – die Ereignisse des Nationalsozialismus gleichsam aus dem Bewusstsein entsorgt, suggerierten doch diese Einrichtungen so etwas wie ein nachträgliches Aufheben der Taten im Gedenken. Öffentliches Erinnern darf deshalb nicht an die Stelle persönlichen Erinnerns treten, es kann vielmehr immer nur Anstoß sein, das Überlieferte vor dem je eigenen Wertehorizont einzuordnen und die jeweils subjektiv angemessenen Konsequenzen daraus zu ziehen. »Nichts kann auf Dauer an unserer Stelle sich gegen das Unrecht erheben« ist die einzige im wörtlichen Sinn bleibende Botschaft des in sieben Jahren immer weiter im Boden versenkten »Harburger Mahnmals gegen Faschismus« von Jochen Gerz und Esther Shalev-Gerz.[35] Erinnerung kann und darf nicht an Spezialisten delegiert werden, weil sonst »ausgerechnet das öffentliche Gedächtnis kollaboriert mit dem öffentlichen Vergessen«.[36]

Bei jedem Gedächtnisort besteht ein grundsätzliches Dilemma: Einerseits informiert er über historische Ereignisse, andererseits ist er in Inhalt und Form seiner Darstellung auch selbst Teil der Erinnerungspolitik und der zweiten Geschichte des Nationalsozialismus. Nur die Plätze sind authentisch, die Bedeutung indes, die sie für die Nachgeborenen haben, und die Erinnerung, die sie wach halten, sind es längst nicht mehr. Auch das Peenemünder Kraftwerk ist zwar ein historischer, zumindest im Sichtbaren aber keinesfalls mehr authentischer Ort. Die Institutionen der Erinnerung sind Einrichtungen der Gegenwart, die durch vielfache bauliche Veränderungen und technische Umnutzungen von wirklicher Authentizität weit entfernt sind. Nichts ist geblieben, wie es war und nichts wird wieder werden, wie es einmal war. Abgesehen davon, dass sich der Lauf der Zeit weder anhalten noch rückgängig machen lässt, wäre an den Schauplätzen des Nationalsozialismus schon der diesbezügliche Wunsch an sich absurd. An den historischen Orten werden heute Inszenierungen der Gegenwart präsentiert, die Vergangenes weder wiederholen können noch wollen und von denen nur die Zeitgenossen profitieren. An solchen Orten kann bestenfalls die Auseinandersetzung um die Vergangenheit angeregt und daraus ein Konsens der Gesellschaft für künftige Entscheidungen entwickelt werden.

Täter und Opfer haben in Deutschland vielfältige Spuren hinterlassen. Aufgabe der Erinnerungskultur ist es, diese für die Zeitgenossen zum Sprechen zu bringen. Aus diesem Grund bedürfen die Relikte der zusätzlichen Information, und damit entsteht gleichzeitig ein Ort, der von der Authentizität lebt, und ein Ort der Vermittlung. Deshalb ist es wichtig, beide Aspekte für die Besucher nachvollziehbar zu unterscheiden. Die Geschichte des Nationalsozialismus kann weder getilgt noch angeeignet oder rekonstruiert werden. Jede Generation muss sie sich mit den jeweils eigenen Mitteln auf ihre Ebene des Verstehens und Entscheidens projizieren, wobei die seit dem Ende des Dritten Reichs eingetretenen Veränderungen mitreflektiert und dokumentiert werden müssen.

Der Versuch, Peenemünde als »Geburtsort der Raumfahrt« zu vermarkten, ist zwar erfreulicherweise bereits in einem frühen Stadium gescheitert, dennoch bezieht der Ort bis heute und sicher auch in Zukunft einen wesentlichen Teil seiner Anziehungskraft aus der Person und dem Lebenswerk Wernher von Brauns. Diesem Interesse verdankt Peenemünde ein breites Publikum. Wernher von Braun und der Erfolg der Mondlandung im Jahre 1969 eröffnen deshalb die Möglichkeit zur Aufklärung über die zeitgeschichtlichen Umstände der Anfänge von Peenemünde und geben Gelegenheit zur Auseinandersetzung mit den Zusammenhängen. Die Ausstellung will diese Bezüge dokumentieren, sie kann und will aber den zivilisatorischen Traditionsbruch, der hier stattfand, nicht nur nicht schließen, sondern lässt die Widersprüchlichkeit des Ortes absichtsvoll stehen. Nur wenn Geschichte lebendig ist, weil sie beunruhigt und die Menschen immer neu zu einem eigenständigen Urteil herausfordert, wird sie im Bewusstsein der Allgemeinheit bleiben. Andernfalls wird die Erinnerung so schnell verschwinden, wie der 17. Juni vergessen wurde, sobald er als Symbol des Kalten Krieges nach der deutschen Wiedervereinigung in seiner politischen Funktion ausgedient hatte. »Wenn man die gegenwärtigen Trends betrachtet, dürfte die wichtigste öffentliche Aufgabe zumindest für die kommenden zwei Jahrzehnte sein, die Erinnerung aus der Melancholie zu retten, sie für kritische Fragen und Debatten zu öffnen und nicht einfach in ihr einzutauchen.«[37]

Die Auseinandersetzung mit der Zeit der nationalsozialistischen Herrschaft und ihren Verbrechen geschieht im Rahmen des kulturellen Gedächtnisses im Wesentlichen auf vier verschiedenen Feldern[38]: einer politischen und rechtlichen Auseinandersetzung, einer mehr emotionalen öffentlichen Erinnerungskultur mit Feiern, Gedenktagen, Gedenkstätten und Denkmälern, einer ästhetischen Vergegenwärtigung der nationalsozialistischen Vergangenheit in den künstlerischen Medien und in der wissenschaftlichen Auseinandersetzung. Die Problematik des gesellschaftlichen Diskurses zum Nationalsozialismus und dessen Vermittlung in der Öffentlichkeit besteht derzeit vor allem darin, dass diese Arbeitsgebiete zu wenig miteinander kommunizieren und deshalb aus den jeweils anderen Bereichen stammende Anstöße zu wenig aufgegriffen und für die eigene Arbeit nutzbar gemacht werden. Peenemünde bietet aber aufgrund seiner großen thematischen Breite, seiner zahlreichen Besucher und seines facettenreichen Publikums die Chance, diese verschiedenen Stränge miteinander in ein Gespräch zu bringen. Im Gegensatz zu der vieler anderer historischer Orte des Nationalsozialismus lässt sich die Geschichte von Peenemünde mit ihrer komplexen Komposition eindrucksvoll erzählen, weshalb sie für die Begründung historischen Bewusstseins und des Gefühls von Verantwortung wie auch für die Überwindung populärer Mythen nachhaltig nutzbar ist. Die gleichzeitige Erinnerung an Unterdrückung und Ungerechtigkeit wie an technische Leistungen soll Fragen aufwerfen nach dem Warum und dem Wie, sie soll nicht passiv bleiben, sondern zu einem Anstoß werden, aktiv zu hinterfragen und andauernde Reflexionen über moralische Entscheidungsmöglichkeiten anzustellen. Die Ausstellung soll ein kontinuierlicher Prozess von Argumentation und Befragung bleiben, der Vermittlung als Lernen und nicht als Belehrung betreibt.

1 Einladungskarte; Archiv des Historisch-Technischen Informationszentrums Peenemünde.

2 Marc Pitzke, »Ein Sektempfang für 20 000 Tote?«, vgl. *Reuters*-Meldung vom 27. September 1992.

3 Rudolf Augstein, »Nach rückwärts gezählt«, in: *Der Spiegel* Nr. 41 (1992), S. 35.

4 Pressemitteilung des Bundesverbandes der Deutschen Luftfahrt-, Raumfahrt- und Ausrüstungsindustrie vom 28. September 1992; Archiv des Historisch-Technischen Informationszentrums Peenemünde.

5 »›V 2‹-Gedenkfeier nach Protesten abgesagt«, in: *Der Tagesspiegel* vom 29. September 1992, S. 1 f.

6 Vgl. Aleida Assmann/Ute Frevert, *Geschichtsvergessenheit – Geschichtsversessenheit. Vom Umgang mit deutschen Vergangenheiten nach 1945*, Stuttgart 1999.

7 Vor allem durch Christopher R. Browning, *Ganz normale Männer. Das Reserve-Polizeibataillon 101 und die »Endlösung« in Polen*, Hamburg 1993 und Daniel J. Goldhagen, *Hitlers willige Vollstrecker. Ganz gewöhnliche Deutsche und der Holocaust*, Berlin 1996 sowie durch die Ausstellung »Verbrechen der Wehrmacht« seit 1995.

8 Hans Fiedeler (d. i. Alfred Döblin*), Der Nürnberger Lehrprozess*, Baden-Baden 1946, S. 5.

9 Vgl. dazu *Heinkel in Rostock. Bestandsaufnahme und Diskussion*, Rostock 2002; Lutz Budraß, »Zur Heinkel-Ausstellung – ein Gutachten«, in: *Stadtgespräche aus der Region Rostock*, 8 (2002), Heft 3, S. 11-16; Sonja Zekri, »Er diente nur der Technik«, in: *Süddeutsche Zeitung* vom 6. Dezember 2002, S. 14; allgemein zur Frage der Techniker, die sich in den Dienst des Nationalsozialismus stellen ließen: Museum für Verkehr und Technik, *Ich diente nur der Technik. Sieben Karrieren zwischen 1940 und 1950*, Berlin 1995 (Berliner Beiträge zur Technikgeschichte und Industriekultur, Schriftenreihe des Museums für Verkehr und Technik Berlin, Band 13).

10 Hans Fiedeler (d. i. Alfred Döblin), *Der Nürnberger Lehrprozess* (vgl. Anm. 8).

11 Internationaler Museumsbund ICOM (International Council of Museums) anlässlich der 19. ICOM-Generalversammlung vom 1. bis 6. Juli 2001 in Barcelona.

12 Wolfgang Sofsky, »Die halbierte Erinnerung«, in: *Süddeutsche Zeitung* vom 5. Dezember 2002, S. 13; auch abgedruckt unter demselben Titel in: Lothar Kettenacker (Hg.), *Ein Volk von Opfern? Die neue Debatte um den Bombenkrieg 1940–45*, Berlin 2003, S. 124 ff.

13 Sabine Behrenbeck, *Der Kult um die toten Helden. Nationalsozialistische Mythen, Riten und Symbole*, Vierow bei Greifswald 1996.

14 Peter Reichel, *Vergangenheitsbewältigung in Deutschland. Die Auseinandersetzung mit der NS-Diktatur von 1945 bis heute*, München 2001, S. 20.

15 Reinhart Koselleck, »Formen und Traditionen des negativen Gedächtnisses«, in: Volkhard Knigge/Norbert Frei (Hg.), *Verbrechen erinnern. Die Auseinandersetzung mit Holocaust und Völkermord*, München 2002, S. 21-32, hier: S. 29.

16 Friedrich Nietzsche, »Zur Genealogie der Moral II, 3«, in: ders., *Werke. Kritische Gesamtausgabe*, hg. v. G. Colli und M. Montinari, Berlin 1973, Bd. VI, 2, S. 311.

17 Ralph Giordano, *Die zweite Schuld oder von der Last Deutscher zu sein*, Köln 2000.

18 Peter Reichel, *Vergangenheitsbewältigung in Deutschland*, S. 210 (vgl. Anm. 14).

19 Jan Ross, »Aus Auschwitz lernen? Das Gedenken ist nicht deshalb wichtig, weil es für die politische Moral nützlich wäre«, in: *Die Zeit* vom 26. November 1998, S. 3.

20 Daniel Levy/Natan Sznaider, *Erinnerung im globalen Zeitalter. Der Holocaust*, Frankfurt am Main 2001, S. 237.

21 Ebd., S. 211 f.

22 Volkhard Knigge, »Statt eines Nachworts: Abschied der Erinnerung. Anmerkungen zum notwendigen Wandel der Gedenkkultur in Deutschland«, in: Volkhard Knigge/Norbert Frei (Hg.), *Verbrechen erinnern*, S. 423-440, hier: S. 433 (vgl. Anm. 15).

23 Thomas Thiemeyer, »Muss man sich erinnern?«, in: *Süddeutsche Zeitung* vom 5./6. Oktober 2002, S. 15.

24 Jonathan Crary, *Aufmerksamkeit. Wahrnehmung und moderne Kultur*, Frankfurt am Main 2002, S. 288.

25 Theodor W. Adorno, »Kulturkritik und Gesellschaft«; Erstdruck in: Karl-Gustav Sprecht (Hg.), *Soziologische Forschungen in unserer Zeit. Ein Sammelwerk. Leopold Wiese zum 75. Geburtstag*, Köln 1951, S. 228-241.

26 So auch für den Obersalzberg: Marion Gräfin Dönhoff, »Wallfahrt zu Hitlers Refugium?«, in: *Die Zeit* vom 21. November 1997, S. 1.

27 Dies machen Interviews zur Geschichtsbildung über das Medium Film deutlich; vgl. Harald Welzer/Sabine Moller/Karoline Tschuggnall, *»Opa war kein Nazi«. Nationalsozialismus und Holocaust im Familiengedächtnis*, Frankfurt am Main 2002, S. 105-133.

28 Ebd., S. 83.

29 Vgl. hierzu Bernhard M. Hoppe, »Die ›Kraft-durch-Freude-Anlage‹ Prora, Rügen«, in: Burkhard Asmuss (Hg.), *Historische Stätten aus der Zeit des Nationalsozialismus. Orte des Erinnerns, des Gedenkens und der kulturellen Weiterbildung? Zum Umgang mit Gedenkorten von nationaler Bedeutung in der Bundesrepublik Deutschland*, Symposium am 23. und 24. November 1998 im Deutschen Historischen Museum, Frankfurt am Main 1999, S. 80-109.

30 Frank Schirrmacher (Hg.), *Die Walser-Bubis-Debatte. Eine Dokumentation*, Frankfurt am Main 1999.

31 Maurice Halbwachs, *Stätten der Verkündigung im Heiligen Land. Eine Studie zum kollektiven Gedächtnis*, Konstanz 2003 (Maurice Halbwachs in der Edition discours, Band 6 und Edition discours, Band 21).

32 Welzer/Moller/Tschuggnall (vgl. Anm. 27).

33 Ebd., S. 247.

34 Peter Reichel, *Der schöne Schein des Dritten Reiches. Faszination und Gewalt des Faschismus*, München 1991.

35 Achim Könneke (Hg.), *Jochen Gerz & Esther Shalev-Gerz. Das Harburger Mahnmal gegen Faschismus*, Ostfildern-Ruit bei Stuttgart 1994.

36 Thomas Assheuer, »Die Aufgabe der Erinnerung«, in: *Die Zeit* vom 17. Januar 1997, S. 43.

37 Charles S. Maier, »Die Aura Buchenwald«, in: Knigge/Frei (Hg.), *Verbrechen erinnern*, S. 327-341, hier: S. 340 (vgl. Anm. 15).

38 Peter Reichel, *Vergangenheitsbewältigung in Deutschland*, S. 9 f. (vgl. Anm. 14).

Präfigurationen. Die Rakete in technisch-politischen Phantasien der Weimarer Zeit

Johannes Erichsen

Was einmal gedacht wurde,
kann nicht mehr zurückgenommen werden.
(Dürrenmatt, *Die Physiker*, 1962)

Hitler trat rasch auf mich zu und drückte mir die Hand. Ich vernahm seine fast nur geflüsterten Worte:

»Ich danke Ihnen. Warum habe ich nicht an den Erfolg Ihrer Arbeiten glauben können? – Wenn wir diese Raketen schon 1939 gehabt hätten, dann wäre es nicht zum Kriege gekommen ...«

Sein Blick schien ins Leere zu gehen, er sah mich nicht mehr, nur sein Mund sprach weiter: »... jetzt und in aller Zukunft ist Europa und die Welt für einen Krieg zu klein. Mit diesen Waffen wird ein Krieg für die Menschheit untragbar werden ...«[1]

Wir wissen nicht, ob Hitler am Abend des 7. Juli 1943 wirklich diese Worte gesprochen hat, die Walter Dornberger, der militärische Chef von Peenemünde, ihm in seinen Erinnerungen in den Mund legte. Albert Speer, der den Vortrag der Peenemünder vor dem Führer arrangiert hatte, erinnerte sich an eine gänzlich anders geartete Stimmung Hitlers.[2] Zweifel sind daher angebracht. Mit der Aufnahme der Passage ging es Dornberger wohl primär um den Hinweis auf die Eignung der Rakete zur »absoluten«, unbesiegbaren Waffe, was Hitler leider zu spät erkannt habe. Zugleich aber demonstrierte Dornberger seine Vertrautheit mit dem Diskurs, der während der Weimarer Republik um Superwaffen als Mittel der Macht und der Kriegsvermeidung geführt worden war und der der Entscheidung des Heereswaffenamtes zur Entwicklung der Flüssigkeitsrakete voranging.

Roman, Rakete, Zukunft

Die allzusehr auf technische Parameter und die Erforschung des Weltraums fixierte Geschichtsschreibung der Rakete hat der Vorgeschichte der militärischen Verwendung bisher wenig Aufmerksamkeit geschenkt. Für sie gilt das Wort Hermann Oberths von 1929, es gebe bei der Rakete Sachen, über die man nicht gern rede, an die man aber um so mehr zu denken scheine. Schon Karl Debus' Überblick über Raketen- und Planetenphantasien von 1928 interessierte sich überwiegend für die technischen Wege und die Hypothesen über ferne Welten, auch wenn er die Rolle des Krieges in den Marsromanen der Vorkriegszeit bemerkte und mit dem »in der Luft liegenden Zusammenstoß der Weltvölker« zu erklären versuchte.[3] Die jüngere Literatur hat sich fast ganz auf einen positivistischen Standpunkt gestellt und jene Corona heute meist schwer greifbarer Romane, die die zeitgenössische Wahrnehmung der Rakete mitbestimmten, verdrängt. In ihnen spiegelten und aus ihr speisten sich aber die Träume und Phantasien jener, die Raketen entwarfen und bauten, und besser als technische Dokumente lassen die literarischen Zeugnisse verstehen, welche Konnotationen dem Publikum suggeriert wurden. Auf der anderen Seite hat die neuere Forschung zur Science Fiction in Deutschland zwischen den Weltkriegen auch die technisch ausgerichteten Raketen-Publikationen der Weimarer Zeit zumeist unbefangen ihrem von Macht- und Machbarkeitsphantasien gekennzeichneten Genre zugerechnet und mit ihm unter den Generalverdacht des Präfaschismus gestellt.[4] Hier gilt es differenziertere Maßstäbe anzuwenden und die Interaktion der Diskussionspartner sowie den Wandel der Zielsetzungen herauszuarbeiten. Dies kann allerdings vorläufig nur mit der überschaubaren

Gruppe jener Autoren geschehen, die mit der Raketenbewegung zusammenhängen und die nachweislich von den Raketenfreunden gelesen wurden; angesichts der Breite der einschlägigen Literatur[5] ist ein erschöpfender Überblick nicht möglich.

Mögen einzelne Autoren, wie etwa Otfried von Hanstein mit *Mond-Rak 1*, das Raketenfieber der zwanziger Jahre nur als Trittbrettfahrer genutzt haben – die Interaktion zwischen Romanautoren und Raketenfreunden ist durch Quellen belegt. So spielte Max Valier als Anreger für Otto Willi Gails Romanduo *Der Schuß ins All* und *Der Stein vom Mond* eine Rolle, und Johannes Winkler, einer der Protagonisten der Raketenszene, hat selbst bekannt, durch den Abdruck des *Steins vom Mond* in der *Schlesischen Zeitung* 1926 zur Raketenforschung gebracht worden zu sein.[6] Zeitungsabdrucke verschafften den Autoren generell ein breites Publikum, weit über den Kreis der Käufer gebundener Romane hinaus. Autoren wie Gail und Hans Dominik hatten als Ingenieure leichten Zugriff auf die rein technischen Veröffentlichungen über Raketen. Auch ist nicht zu vergessen, dass die Raketenfreunde selbst in der Mehrzahl an die formende Kraft der Phantasie glaubten und sich daher unbefangen visionären Träumen und Schwärmereien hingaben – Wernher von Braun hat dies noch 1969 bestätigt.[7]

Der Erfolg eines Science-Fiction-Romans hängt freilich weniger von der technischen Sensation ab als von ihrer Einbettung in ein passendes gesellschaftliches Umfeld und ihrer Anwendung durch menschlich interessierende Protagonisten. Insbesondere der populäre Roman jener Zeit war keine reine Botschaft seines Autors, sondern reflektierte, wie Dominiks autobiographische Angaben belegen, Erwartung und Horizont des bürgerlichen Publikums ebenso wie die Vorstellung von Verlagen und Lektoren von den Konventionen des Genres. Es ist daher im Nachhinein schwierig, die Grenze zwischen den Überzeugungen des Autors und der Interessenlage des Publikums zu ziehen und aus den verwendeten Stereotypen eindeutig auf die politische Einstellung zu schließen – zumal wenn Romane wie die Gails darauf zielten, das Publikum zur finanziellen Unterstützung eines technischen Vorhabens zu bewegen. Einige Stereotypen des deutschen Science-Fiction-Romans – wie die messianische Figur des stets deutschen Erfinders arischen Zuschnitts, die Rolle Amerikas oder die »Gelbe Gefahr« – sind zwar ziemlich eindeutig dem national gesinnten Lager zuzuordnen und befriedigten dessen emotionale Bedürfnisse nach dem verlorenen Krieg; diesbezüglich mögen Autor und Publikum gleich gestimmt gewesen sein. Andere aber, wie die Gewalt des neuen technischen Mittels, das seinem Herrn Macht über Menschen und Staaten verleiht, gehören zu den genuinen Problemen der Science-Fiction – die Frage nach der Anwendung der Macht und ihren Zielen ist weithin genre-immanent. Auch die irrationalen, ja teilweise okkulten Züge dieser Literatur und der Rückgriff auf Mythen sind nicht notwendig in der Perspektive der Irrationalismen des Nationalsozialismus zu sehen. Die physikalischen und chemischen Entdeckungen des frühen 20. Jahrhunderts hatten die vermeintlich ewigen Gesetze der Natur relativiert und die Ränder der exakten Wissenschaften unscharf werden lassen. Gerade dies machte das bisher Unvorstellbare möglich und taugte zum Substrat einer Literatur, die wissenschaftliche Hypothesen ausbeutete und die Plausibilität der Visionen verlangte.

Schließlich ist auch der Topos »Macht durch überlegene Technik« kein Spezifikum der Zwischenkriegszeit, sondern reicht in die Literatur des späten 19. Jahrhunderts zurück, wie der Blick auf Kurd Laßwitz' *Auf zwei Planeten* von 1897 und Herbert G. Wells' *The War of the Worlds* von 1898 zeigt. Die so gegensätzlichen Romane – utopisch-optimistisch gestimmt der deutsche, pessimistisch der englische – beschreiben die erste Begegnung der Menschen mit Wesen vom Nachbarplaneten, die als Kolonisatoren auf der Erde Fuß zu fassen suchen, und in beiden kommt es zum Krieg zwischen der technisch übermächtigen Zivilisation vom Mars und der unterlegenen der Erde. Angeregt waren solche Phantasien gewiss nicht zuletzt durch die jahrtausendealte Gleichsetzung des roten Planeten mit dem Gott des Krieges. Auf dem Umweg über den Weltraum gingen Krieg und Science-Fiction eine überaus fruchtbare Verbindung ein, die fortan den Diskurs prägen sollte. Der Skeptiker Wells thematisierte das Problem zerstörerischer Potenz noch einmal 1908 in *War in the Air* (deutsch 1909 als *Der Luftkrieg*), der apokalyptischen Vision eines Weltkriegs mittels Luftschiffen und Aeroplanen, welcher durch einen deutschen Überfall auf New York ausgelöst wird (der Luftangriff auf die amerikanische Metropole sollte zu einem Topos der Raketenliteratur werden) und der wegen der Unfähigkeit der Mächte, die Länder nach der Zerstörung der Infrastrukturen auch zu beherrschen, den Niedergang der menschlichen Kultur nach sich zieht.

1922: *Die Macht der Drei*

Dem Problem des Gleichgewichts der Zerstörungskräfte, das Wells thematisiert hatte, begegneten die einschlägigen Romane der Nachkriegszeit durch die Konzentration auf die absolute Waffe, die jeden Widerstand zwecklos macht. Zum Eckstein dieser Gattung wurde das 1921 entstandene Erstlingswerk von Hans Dominik *Die Macht der Drei. Ein Roman aus dem Jahre 1955*, das von 1922 bis 1945 in fast 200 000 Exemplaren erschien. »Die alte, schon von Thomson aufgestellte Theorie der Raumenergie liefert die technische Fabel. Die Ausnutzung dieser Energie ... verleiht den Männern, die sie beherrschen, eine fast göttliche Macht. Mit ihrer Hilfe vermögen sie jede Kriegshandlung im Keim zu ersticken, feindliche Flotten magnetisch zu verquirlen und wehrlos zu machen.«[8] Mittels der von dem deutschen Ingenieur Bursfelde entdeckten »teleenergetischen Konzentration« kann die Raumenergie zu magnetischen wie zu vernichtenden thermischen Effekten genutzt werden. Schon der Vater des Erfinders »war einem Geheimnis auf der Spur gewesen, welches dem besitzenden Staate die Weltherrschaft sicherte. Jedes Sprengstofflager konnte man mit diesem Mittel aus der Ferne sprengen. Die Patrone im Flintenlauf des einzelnen Soldaten ebensogut explodieren lassen wie das Riesengeschoß in den großen Rohren der Flottengeschütze.«[9] Und der Schwede Truwor, der nach dem frühen Ende seines Freundes Bursfelde über das Machtmittel verfügt, weiß: »Er konnte der Welt seine Befehle mitteilen... Die Welt konnte seine Befehle mißachten. Er konnte Strafen auf die Mißachtung setzen, und er war in der Lage, schwer zu strafen. Ganze Regierungen konnte er einäschern. Die Sprengstofflager feindlicher Staaten zur Explosion bringen. Eiserne Waffen elektromagnetisch unbrauchbar machen.«[10]

In der Tat gelingt es der Macht der Drei im Roman, den schon begonnenen Krieg zwischen den USA und Großbritannien zu beenden. Da die Handlung in der Zukunft spielt, kennt die Kriegstechnik – der programmatischen Friedensliebe des Buches zum Trotz – einige Neuigkeiten, darunter als unheimlichstes Element einen submarinen Luftstützpunkt der Amerikaner im Indischen Ozean, dessen Stollen aus Geheimhaltungsgründen von 5000 »Zuchthäuslern« in den Felsen geschlagen werden.[11] Raketen dienen nur zum Antrieb von Flugzeugen oder werden als »Lufttorpedos« gegen Schiffe und Industrieanlagen eingesetzt. Erst in seinen letzten Momenten hat Truwor die Vision eines neuen Himmelsfahrzeugs, freilich nicht zu den Sternen, sondern zum Überblick über sein Weltreich: »Eine Maschine, die, durch die Gewalt des Strahlers allein getrieben, raketenartig durch den Raum fuhr, die ihn in Sekunden Hunderte von Kilometern über die Erde erhob. Einen Himmelswagen, der neuen Macht ... der neuen Gottheit würdig.«[12] Kein Wunder, dass auch Raumfahrtenthusiasten von dem Roman fasziniert waren.

Wie ein roter Faden zieht sich die Frage nach Zweck und Gebrauch der Macht durch Dominiks Buch. Geht es anfänglich ideal um den ewigen Frieden – schon Bursfeldes Vater habe davon gesprochen, »daß seine Erfindung jedem Kriege ein Ende bereite« – und lautet die erste Botschaft der Macht an die Völker »Wer das Schwert nimmt, wird durch das Schwert umkommen«, so sieht der Tat- und Herrenmensch Truwor bald nur noch die eigene Macht, die Möglichkeit, »der Welt neue Gesetze, seine Gesetze vorzuschreiben«. In einem Anfall prometheischer Hybris fordert er schließlich das Schicksal heraus und geht durch das eigene Machtmittel zugrunde – wer das Schwert nimmt, wird durch das Schwert umkommen. Der Herrenmensch ist in der *Macht der Drei* keine lichte Erlösergestalt, sondern ein potentieller Diktator in düsterem Glanz, der Roman problematisiert Wahn und Mißbrauch der Macht. Freilich weiß der Autor für die Zukunft keine andere Lösung als – indem er die Entschlüsselung der Teleenergie dem Genie eines Berliner Professors überträgt – Deutschland in die Nähe des Geheimnisses der Macht zu bringen. Es entbehrt nicht der Ironie, dass Dominik, der sich viel auf die Richtigkeit seiner Prognosen zugute gehalten hat, damit gewissermaßen auch den Weg vorzeichnete, den die Diskussion über Friedenswahrung durch Kriegsmittel in den zwanziger Jahren genommen hat.

1923 – 1928: Der Weltraumspiegel

Die Akzentverlagerung von zivilen und humanitären zu militärischen und hegemonialen Zwecken lässt sich am besten am »Weltraumspiegel« ablesen, einem von Hermann Oberth ersonnenen Zubehör seiner Orbitalstation – eine realistischere Alternative zu Dominiks Telekonzentration der Energie, von der er wohl inspiriert war. Bereits 1923 schlug Oberth den Bau eines solchen Spiegels vor, um Sonnenstrahlen auf beliebige Punkte der Erde zu lenken. Den Nutzen erblickte er zunächst in der Kultivierung polarer Regionen, deren Ertrag die ganze Erfindung wohl rentabel machen würde. Allerdings könnte das Gerät auch anderen Zwecken dienstbar gemacht werden:

»Da nun ein solcher Spiegel leider auch hohen strategischen Wert haben könnte (man kann damit Munitionsfabriken sprengen, Wirbelstürme und Gewitter erzeugen, marschierende Truppen und ihre Nachschübe vernichten, ganze Städte verbrennen und überhaupt den größten Schaden anrichten), wäre es sogar nicht einmal ausgeschlossen, daß einer der Kulturstaaten bereits in absehbarer Zeit an die Ausführung dieser Erfindung geht, zumal sich auch im Frieden ein großer Teil des angelegten Kapitals verzinsen dürfte.«[13]

Der ironische, pazifistisch und antikapitalistisch gestimmte Unterton Oberths ändert nichts daran, dass hier 1923 erstmals die militärische Perspektive von Rakete und Orbitalstation beschrieben wurde und damit ein Gedanke in die Welt trat, der nicht mehr zurückgenommen werden konnte. Wie die folgende Gegenüberstellung von Zitaten zeigt, entwickelte sich in den folgenden Jahren nicht die technische Lösung – der Gedanke des Reflektors im Orbit blieb unverändert –, sondern es wucherte die politische Phantasie, die Oberths Erfindung in den Dienst nationaler Erlösungsträume stellte.

Der literarischen Resonanz nach zu urteilen, interessierte die militärische Seite das Publikum mehr als die friedliche. Bereits 1925 konstruierte Karl August von Laffert um die vernichtenden Fähigkeiten des Brennspiegels herum einen ganzen »technisch-politischen Roman«, *Fanale am Himmel*. Dessen Plot beschreibt Debus 1928 in vielsagender Kurzform: »Laffert hat ... die Macht geschildert, die eine mit Raumraketen und Weltraumspiegel arbeitende internationale Geheimgesellschaft auf alle Staaten der Erde auszuüben imstande wäre. Sie wirft sich zur Herrin über Krieg und Frieden auf und ist die wahre Garantie des Weltfriedens.«[14] Selbstverständlich sind Rakete[15], Orbitalstation und Brennspiegel im Roman deutsche Erfindungen, die von einem Deutschen in das Arsenal einer mit amerikanischem Geld gegründeten internationalen Friedens-Liga eingebracht werden. Mit ihrer Hilfe gelingt es, einen japanischen Angriff auf den Sitz der Friedens-Liga abzuwehren und damit den drohenden Krieg zwischen Japan und den USA zu verhindern. Am Schluss des Romans wird die Macht der Liga, die »das ideale Ziel des allgemeinen Völkerfriedens« durch Bekämpfung des Krieges mit dem Krieg erreichen will, allgemein anerkannt, das heißt ihre Richterrolle in internationalen Fragen bestätigt. »Nur in einem Punkte war die Liga unerbittlich: Sie duldete keinerlei kriegerische Auseinandersetzungen. Bei politischen Verwicklungen, die nicht von Land zu Land zu lösen waren, verlangte sie, gestützt auf ihre furchtbaren Todesstrahlen, das Schiedsrichteramt, gegen das es keine Berufung gab.«[16]

Auch die Finanzierung der »Fanale am Himmel« fordert schließlich Rentabilität. Eine internationale Aktiengesellschaft soll daher den Spiegel zur Kultivierung nördlicher Regionen ausbeuten sowie die Orbitalstationen zur Nachrichtenübermittlung und – erst an dritter Stelle – zur Beförderung der »mehr ideellen, aber darum nicht minder wichtigen Ergebnisse für die Wissenschaft« einschließlich des Fluges zu den nächsten Planeten einsetzen. An ihr soll sich das gesamte Großkapital der Erde beteiligen. Die Besprechung dazu erfolgt in der Berliner Villa des deutschen Aristokraten, der die Vertretung in Deutschland übernommen hat.

Auf die verdeckte Botschaft des Romans führt die Frage nach dem, was seine politische Phantasie ausblendet. Die aktuellen Instrumente internationaler Friedenssicherung, der Völkerbund und dessen Ständiger Internationaler Gerichtshof, haben bei von Laffert ebensowenig Platz wie der ältere Internationale Schiedshof. Zur föderalen Balance der Kräfte, wie sie der Völkerbund verwirklichen wollte, bietet er ein Gegenmodell und redet einer hegemonialen Machtausübung durch eine aufgeklärte Gruppe das Wort, die durch die wirtschaftlichen Interessen des Großkapitals abgesichert wird. Frieden ergibt sich nicht durch Konsens und Friedfertigkeit, sondern aus der Überlegenheit einer Partei und der Abschreckung der Gegner. Gewiss nicht zufällig ist der Roman in einem Verlag des nationalkonservativen Hugenberg-Konzerns erschienen – aus diesem deutschnationalen Gleis sollten die weiteren Erörterungen des Weltraumspiegels nicht mehr herauskommen.

Eine unscheinbare, doch perspektivisch hoch bedeutsame Rolle spielt der Weltraumspiegel wenig später in Otto Willi Gails Romanpaar *Der Schuß ins All. Ein Roman von morgen* (1925) und *Der Stein vom Mond. Kosmischer Roman* (1926), die sich ganz auf Propaganda für die Raketenentwicklung konzentrieren. Auf Oberth und Valier aufbauend, scheint Gail auch bereits Laffert rezipiert zu haben.[17] Der – deutsche – Erfinder des Raketenluftschiffs beantwortet im ersten Band die Frage

Ein Schlüsselwerk der Raketenpropaganda, dessen graphische Gestaltung Zukunftshoffnungen wachrief

nach dem Zweck seiner Erfindung mit einem Ausbruch von Idealismus:

»›Letzten Endes?‹ erwiderte Korf mit leuchtenden Augen, ›letzten Endes will ich die unerschöpfliche Wärmeenergie der Sonne für die Menschheit dienstbar machen. Weit draußen im Raum, an der Schweregrenze der Erde, sollen Kraftstationen entstehen, ungeheure Sonnenlicht-Reflektoren, welche die Konzentration riesiger Energiemengen an jedem beliebigen Punkt der Erde ermöglichen, die weite Strecken der vereisten Polarländer in fruchtbare Gegenden und blühende Landstriche zu verdorrenden Wüsten verwandeln können, die die Menschheit unabhängig machen werden von den schwindenden Kohlevorräten der Erde und jede Kriegsrüstung im Keime zu ersticken erlauben. Reichtum und Wohlstand sollen auf unsere Erde fließen und ein glückliches Menschengeschlecht reifen lassen in Einigkeit und Freiheit. Das, Monsieur, ist der letzte Zweck meiner Erfindung!‹«[18] Gleichwohl realisiert ein angelsächsischer Astronom im nächsten Band, dass die Orbitalstation mit ihren Parabolspiegeln das Erdenrund von Pol zu Pol beherrsche – die vernichtende Wirkung der konzentrierten Sonnenstrahlen steht in seinem Vortrag vor englischen Politikern unausgesprochen im Raum.[19] Und Korf selbst gesteht einem Besucher seiner Raumstation den Hintergedanken der Macht, nachdem er die »furchtbar verheerenden Wirkungen« des Reflektors frei nach Oberth beschrieben hat:

»›Dann beherrschen Sie ja tatsächlich die ganze Erde!‹ rief Burns erschüttert, ›und Sie können künftig jeden Krieg im Keime ersticken!‹ – ›Allerdings! und das ist der Grund für unsere Geheim-Wirtschaft. Wenn die sogenannten Kultur-Nationen ahnen würden, was hier vorgeht, dann würde ein rasender Vernichtungskampf gegen mich einsetzen, und statt Aufbau und Kulturarbeit käme die sinnlose Zerstörung! Aus Angst! Erst wenn der Spiegel fertig gestellt ist, wenn ich also die Macht voll in Händen habe, um alle derartigen Vernichtungspläne zu durchkreuzen, dann wird die Menschheit von unserer Arbeit erfahren und den Segen unserer Verschwiegenheit genießen. – Glauben Sie mir, es war schwer für mich zu schweigen bei diesem großen Werk, und es war ein verantwortungsvoller Entschluß der Raumschiffahrts-Gesellschaft, über die Köpfe aller Nationen hinweg die Erstellung einer Anlage zu beschließen, die künftig über Schicksale von Völkern entscheiden wird.‹«[20]

Wer konkret außer der Lichtgestalt Korf über Schicksale von Völkern entscheidet, bleibt bei Gail unklar. Immerhin betont er, dass das Werk eine Nationalangelegenheit des deutschen Volkes bleiben sollte. Korf wollte sie nicht mit ausländischem Geld finanzieren, um dem Ausland nicht noch mehr deutsche Machtmittel gegen Deutschland an die Hand zu geben: »Lieber vernichte ich meine ganze Erfindung, als daß auch diese Sache wieder ins Ausland wandert. Ist es nicht genug, daß – im Falle eines neuen Weltkriegs – die Amerikaner uns mit unseren eigenen Z-Kreuzern bedrohen, die Japaner mit unseren Krupp-Schiffsgeschützen die Meere beherrschen und die Franzosen mit unseren Saarkohlen Stahl erzeugen? Wirklich – das Ausland ist gerüstet mit unseren eigenen besten Waffen, um nach Belieben wieder über uns herfallen zu können. Nein, Onkel, mein Raumschiff muß und wird eine deutsche Nationalangelegenheit bleiben.«[21] Und der Aufruf, mit dem Korf einen Vortrag in der Technischen Universität München beschließt, gilt in gleicher Weise den Lesern des Romans: »Deutsche Frauen und Männer! ... Helft alle mit, daß das Raumschiff nicht Projekt bleibt, helft, daß es ein unentreißbares Gut unseres schwer geprüften Vaterlandes werde!«[22]

Gail vermeidet es, die hegemoniale Perspektive der Raumfahrt deutlich zu zeichnen. Dass sie ihm nur zu geläufig war, zeigt die geschickt pointierte Zusammenfassung zum Weltraumspiegel, die er 1928 in der populären Schrift *Mit Raketenkraft ins Weltenall* lieferte:

»Freilich aber haben diese Weltraum-Sonnenreflektoren auch eine hohe strategische Bedeutung. Dem Kommandanten der Weltraumstation wäre es ein Leichtes, mit seinen Spiegeln Munitionsfabriken in Brand zu stecken, marschierende Truppen zu vernichten, ganze Städte in Asche zu verwandeln und jede Kriegsrüstung im Keime zu ersticken. Und darum wird vielleicht einmal irgend eine irdische Kulturmacht an die Ausführung dieser phantastischen Projekte gehen. Denn die Nation, deren Flagge als erste im Raume der Welten leuchtet, wird zur führenden Nation der Erde und wird über den Erdball gebieten. – Und darum sind alle diese Raketenprobleme doch nicht so ganz zwecklose Spielereien. Um so erfreulicher ist es, daß man nun in Deutschland anfängt, diese Angelegenheit ernst zu nehmen ...«[23]

Mit solch ambivalenten Prognosen stand Gail nicht allein. In seiner Informationsschrift über den Raketenmotor widmete Hermann Potocnik 1928 der militärischen Verwendung des Weltraumspiegels einen eigenen Abschnitt unter dem Titel »Das furchtbarste Kampfmittel«:

»Ein leichtes wäre es: damit die Munitionslager des Feindes in die Luft zu sprengen, die Stapelplätze seines Kriegsgerätes zu entzünden, Kanonen, Panzerkuppeln, eiserne Brücken, die Schienenstränge wichtiger Bahnhöfe u. dgl. in Glutflüssigkeit zu verwandeln. Fahrende Eisenbahnzüge, kriegswichtige Fabriken, ja ganze Industriebezirke und große Städte könnte man in Flammen aufgehen lassen. Marschierende und lagernde Truppen würden einfach verkohlen, wenn man das Strahlenbündel dieses konzentrierten Sonnenlichtes über sie hinweggleiten ließe. Und die Schiffe des Feindes, mögen sie auch noch so gewaltig sein und in den stärksten Seefestungen Zuflucht suchen, nichts würde sie davor bewahren können: vernichtet, ebenso ausgebrannt zu werden, wie man mit einer Stichflamme das Ungeziefer in seinen Schlupfwinkeln vertilgt. – Es wären wirkliche Todesstrahlen! Und doch keine anderen als jene lebenspendenden, die wir alltäglich von der Sonne uns erwünschen; nur eben ein wenig ›zuviel des Guten‹. – Doch zu allen diesen Greueln würde es wohl gar nicht kommen; denn kaum dürfte eine Macht es jemals wagen, mit einem Volke Krieg zu beginnen, das über derartig furchtbare Waffen verfügt.«[24]

Oberths Formulierung steht hier noch im Hintergrund, aber Ton und Zielrichtung sind anders geworden. Der Kommandant der Weltraumstation als Terminator und Kammerjäger – bei solchen Phantasien fällt es schwer zu glauben, dass es dem Autor noch um Friedenssicherung ging. Wichtiger dürfte die Botschaft gewesen sein, ein über eine solche absolute Waffe verfügendes Volk sei gegen alle Angriffe gefeit und gewinne damit gewissermaßen auf kurzem Wege Weltgeltung.

1925 – 1931: Das Raketengeschoss

Ab 1928 verlor der Weltraumspiegel offenbar rasch an Interesse zugunsten der Raketen selbst, deren Transportleistung Voraussetzung für den Bau der Orbitalstation war. Angesichts der militärischen Vorgeschichte der Rakete im 19. Jahrhundert wäre es verwunderlich, wenn nicht auch der Transport von Gefechtsköpfen alsbald erwogen worden wäre. In der Tat hat nicht erst Oberths Passage über das »Raketengeschoß« in *Wege zur Raumschiffahrt* 1929 solche Diskussionen ausgelöst. Oberth selbst berichtet davon, er sei von verschiedener Seite nach der Möglichkeit einer Rakete mit Giftgasen gefragt worden – »eine Sache ..., über die man nicht viel redet, an die man aber um so mehr zu denken scheint«[25].

Als erster Autor scheint, bereits 1925, Karl August von Laffert die Rakete als militärisches Mittel in Betracht gezogen zu haben. In *Fanale am Himmel* stellt das deutsche Mitglied der Friedens-Liga – »Hans Gerhard, 36 Jahre alt, Konstrukteur der weittragenden Geschütze, die im Weltkrieg Paris bombardierten« – die zivile Ätherschiff-Erfindung seines deutschen Freundes Wilkin folgendermaßen transformiert vor:

»Es handelt sich, kurz gesagt, um ein großes, mächtiges Explosivgeschoß, das in wenigen Minuten hunderte von Kilometern zurückzulegen vermag. Zum Abschießen bedarf man keines Geschützes, sondern die Fortbewegung erfolgt nach dem System der Rakete. Wir hoffen, imstande zu sein, von hier aus jede europäische Hauptstadt unter ein vernichtendes Feuer zu nehmen. Denn bereits ein einzelnes dieser Geschosse würde ganze Häuserviertel dem Erdboden gleichmachen.«[26] Und nachdem Gerhard wenig später einer Journalistin die Möglichkeiten friedlicher Nutzung der Rakete vorgetragen hat, beeilt sich der Autor klarzustellen: »Er dachte nicht im entferntesten an die von ihm selber erwähnten Möglichkeiten, die er in fast spielerischer Berechnung aufgestellt hatte, um sie der neugierigen, jungen Reporterin zum besten zu geben. Für ihn, den alten Artilleristen, war das neue Flugzeug nichts weiter als eine furchtbare Waffe, mit welcher er, wenn es nötig sein sollte, die Angreifer seines Vaterlandes vernichten wollte.«[27] Dass das Ätherschiff bei von Laffert nicht im geplanten Sinne als Geschoss, sondern nur als Transportmittel zum Einsatz kommt, wird teils mit den Skrupeln der Friedens-Liga, teils mit der Einsicht in die überlegene Wirkung der Reflektoren erklärt.[28] Die Option für die ballistische Rakete bleibt jedenfalls erhalten.

Von Laffert demonstriert, wie leicht sich eine Erfindung »umdrehen« und für Zwecke einsetzen lässt, die der Erfinder selbst aus ethischen Gründen nicht gutheißt. Der Dissens zwischen dem ganz auf wissenschaftliche Ziele fixierten Raketenbauer Wilkin, den es bei der Aussicht auf einen militärischen Einsatz seiner Ätherschiffe schaudert, und dem kaltblütigen Kanonenbauer Gerhard ist offen thematisiert. Wilkins Einspruch verstummt aber vor der Autorität des Gegenübers, das den Krieg durch den Krieg bekämpfen will: »Unternimm du ruhig deine Flüge gegen den Weltraum ... Du wirst der Wissenschaft damit Dienste leisten, die deinen Namen unsterblich machen. Wir aber werden gleiche Flugzeuge für unsere Zwecke bauen. Und es sollen Kriegsmaschinen werden, die an Fürchterlichkeit alles bisher Dagewesene übertreffen.«[29] Der Wissenschaftler beugt sich dem Auftraggeber. Und der Autor brauchte seinem Publikum wohl nicht mehr zu suggerieren, dass der weltkriegserfahrene Artillerist in der Erfindung Möglichkeiten erkennt, die den Horizont des Erfinders übersteigen.

In der Realität musste der Erfinder allerdings nicht überzeugt werden. In dem erwähnten Abschnitt über »Das Raketengeschoß« hat Oberth sich 1928/29 überraschenderweise für den Einsatz seiner Rakete als Träger chemischer Waffen ausgesprochen: »Und zwar gerade, weil ich die Gerechtigkeit und den Frieden wünsche.« Oberth setzte auf die Strategie der Abschreckung, die hier vielleicht zum ersten Mal klar formuliert ist:

»Bei der heutigen Kriegstechnik ist es ja meist so, daß diejenigen, die den Krieg erklären oder die Regierung zur Kriegserklärung veranlassen, selbst weit vom Schuß bleiben (Ehre den Ausnahmen!), und ich glaube, es würde sicher nicht so leicht zu Kriegen kommen, wenn die Betreffenden wüßten: ›Der erste, den es trifft, bist du selbst.‹ Und sie w ä r e n die ersten. Der Feind würde natürlich lieber Raketen sparen, und sich an die Regierungen und Finanziers des feindlichen Landes selbst halten, ohne welche das betreffende Volk in kurzer Zeit eine führerlose und den Frieden wünschende Masse wäre. ... Ebenso würde er seine Raketen lieber gegen die Munitionsfabriken, Eisenbahnknotenpunkte usw. schicken.«[30] Oberth ging davon aus, dass die mitteleuropäischen Staaten in einem künftigen Weltkrieg zwischen West und Ost nur mit Hilfe der Rakete eine bewaffnete Neutralität wahren könnten: »[Dafür] scheint es mir nun nur ein Mittel zu geben, nämlich den Krieg auf eine Basis zu stellen, auf der man zur Kriegführung überhaupt keine Armee und kein Aufmarschgebiet mehr braucht. Ein solches Mittel wäre nun zum Beispiel das Raketenprojektil, sei es weil die mitteleuropäischen Staaten es selbst besitzen, so daß die anderen sich fürchten, ihre Neutralität zu verletzen; sei es auch nur, daß die kriegführenden Parteien es selbst besitzen und damit ihre Streitigkeiten bereits ausgetragen haben, bevor ihre Armeen überhaupt aufmarschiert und zum Schuß gekommen sind. – Ich wünsche diese Waffe, weil ich den Frieden wünsche. Den Krieg kann man meines Erachtens nur dadurch verhindern, daß man Waffen schafft, vor denen die Allgemeinheit Respekt hat und mit denen sie nicht Bekanntschaft machen will.«[31]

Oberth hatte sich also 1928/29 auf die Seite derer geschlagen, die den Krieg für unvermeidlich hielten, ihn aber durch neuartige Waffen zu vermeiden suchten. Die Rakete kam damit aus den Phantasien der Romanciers als Kampfmittel auf die Reißbretter der Ingenieure zurück – freilich noch als Mittel der Zukunft, denn angesichts des Standes der Steuerungstechnik hielt Oberth seine Rakete vorderhand für artilleristische Zwecke für ungeeignet. Schon 1933 aber sollte es so weit sein, dass verbesserte Techniken den Einsatz von Raketen gemäß den Ideen Lafferts zuzulassen schienen und Oberth »geradezu unheimliche Aussichten für einen zukünftigen Krieg« eröffneten: »Es wird möglich sein, mit einem einzigen riesigen Raketengeschoß ganze feindliche Städte zu zerstören, und all unsere heutigen Verteidigungsmittel werden dagegen machtlos sein. Aber vielleicht wird gerade die Möglichkeit so furchtbarer Waffen die Menschheit endlich zur Vernunft bringen.«[32]

Oberth im fernen Rumänien stand mit seinen Ideen nicht allein im Kreis der Raketenfreunde. Es ist unbekannt, wann der engere Kreis der deutschen Experten über die Kriegsrakete zu diskutieren begonnen hat. Möglicherweise geschah dies in den Jahren 1926 und 1927 beim Studium der Nachrichten über die Tätigkeit Robert Goddards in den USA. 1928 unterstellten jedenfalls ziemlich gleichzeitig Max Valier, Otto Willi Gail und Willy Ley Goddard die Entwicklung weitreichender

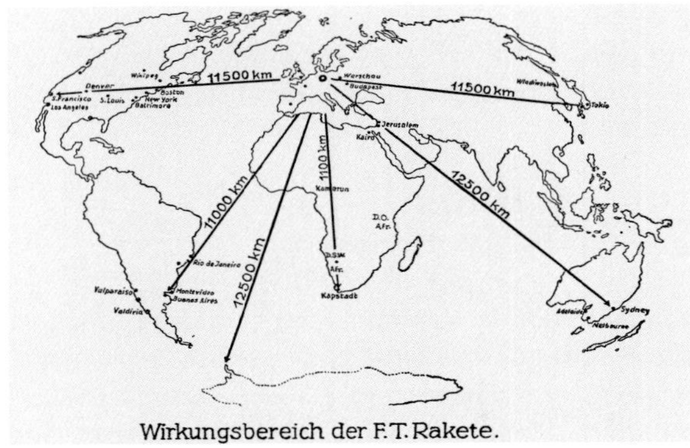

Die Reichweite der Flüssigkeits-Interkontinentalrakete – ab Berlin (Baumgarten-Crusius)

»Lufttorpedos« für militärische Zwecke. Am deutlichsten gab Gail im Mai 1928 in einer technischen Zeitschrift der Vermutung Ausdruck, Goddard sei vom amerikanischen Kriegs-Departement gekauft und mit der Entwicklung weitreichender ballistischer statt der angekündigten Mondraketen beauftragt worden. »Ist dies so, dann kann der Tag kommen, an dem Amerika es in der Hand hat, mit Hilfe von Goddards Raketen London, Paris und Berlin in Trümmer zu legen, ohne einen einzigen Soldaten in Marsch zu setzen, ohne ein einziges Flugzeug zu riskieren – quasi von Manhattan aus.«[33] – Konnte eine Rakete von Manhattan nach Berlin fliegen, so war auch der umgekehrte Weg möglich. Man muss im Nachhinein fragen, was die deutschen Raketenfreunde zu der Unterstellung veranlasst hat, wenn nicht eigene Überlegungen in dieser Richtung und die Befürchtung, eine andere Nation könne den Deutschen zuvorkommen. Muss es angesichts des simultanen Auftauchens der Mutmaßungen über Goddard nicht einen Meinungsaustausch über die militärische Seite der Rakete gegeben haben, der über eine eventuelle Finanzierung der Entwicklung durch die Reichswehr hinausreichte?

Spätestens im Herbst 1930 jedenfalls waren solche Diskussionen in Oberths Gegenwart im Kreise des *Vereins für Raumschiffahrt* in Gang. Damals veröffentlichte Willy Ley unter Oberths Namen in der *Gartenlaube* einen Artikel über »Die drei Gesichter der Rakete«[34], worin Illustrationen eines »aus den Forts von Paris« zum Angriff startenden Ferngeschosses und des Infernos beim Einschlag in New York das kriegerische Gesicht scharf ausleuchten; eine Landkarte demonstriert dem deutschen Publikum die Gefährdung Berlins

FRIEDENSFREUNDE

ALLER LÄNDER

HELFT DEN KRIEG TÖTEN DURCH

DAS ÜBERKRIEGSMITTEL DER

RAKETE

Die Flüssig-Treibstoff-Rakete steht unmittelbar vor der Eroberung des Luftmeeres. Unseren kühnen, selbstlosen Raketenforschern fehlen fast durchweg zum letzten Ringen die Mittel, welche in den reichen Feindländern Überfluß, ja Laune einzelner Überreicher den Erfindern verschwenderisch zur Verfügung stellt.

Im ausgeplünderten Deutschland müssen die Scherflein aller helfen, welche wie wir von der Notwendigkeit der FT-Rakete als der deutschen Befreiungswaffe durchdrungen sind.

Lies unser Aufklärungsbuch
und werde Verbandsmitglied,

wozu der Kauf des Buchs ohne weitere einmalige oder laufende Geldbeiträge berechtigt.

Der Verband stellt sich die Aufgabe, den Raketenforschern hilfsbereite Gönner zu gewinnen, sowie möglichst weite Kreise über die Bedeutung der Raketenforschung für Deutschlands Zukunft aufzuklären.

Aufrufe zu einer Pax Germanica: Frieden durch die deutsche Befreiungswaffe! (Baumgarten-Crusius)

durch Raketenbasen in wichtigen anderen europäischen Städten (vgl. Kat.-Nr. 2.10.3). Man mag nicht mehr recht glauben, dass die Darstellung eines interkontinentalen Angriffs – statt einer Verteidigungssituation – die Öffentlichkeit für die stets beschworene Kriegsvermeidung durch Waffen gewinnen sollte und konnte. Gleichermaßen wird man es für ein Lippenbekenntnis halten müssen, wenn Rudolf Nebel auf der Suche nach Unterstützung für seinen Raketenflugplatz 1931 in einem Zeitungsartikel »Raketen schützen die Grenzen« Ausführungen über den Nutzen der Rakete für die Fliegerabwehr und den Luftschutz mit dem bekannten, aber charakteristisch pointierten Topos beschließt:

»Die ... Fähigkeiten der Flüssigkeitsrakete ... lassen eine Waffe erwarten, gegen die es kaum eine Abwehr, kaum ein Schutzmittel geben wird. Vor der Möglichkeit, von jedem Punkt der Erdoberfläche jeden anderen gewünschten Punkt zu bestreichen, werden die machtvollsten Militärmächte ohnmächtig. – Vielleicht muß die Rakete nur deshalb zur Waffe werden, um nicht mehr als Waffe eingesetzt zu werden. Vielleicht ist dies wirklich der Punkt, wo der sinnlos gewordene Krieg sich selber aufhebt. Jedenfalls wird das bloße Wissen um die Existenz eines ausgebildeten Raketen-Verteidigungs-Systems manche kriegerische Absicht im Keim ersticken.«[35]

Dass die Abschreckungs-Perspektive der ballistischen Rakete die Menschheit aber nicht zur Vernunft brachte und zum Pazifismus bekehrte, sondern im Gegenteil revanchistische Gelüste beförderte, zeigt das letzte hier zu betrachtende Buch von 1931, *Die Rakete als Weltfriedenstaube* des ehemaligen Offiziers Artur

Baumgarten-Crusius, der seinen Laffert gründlich gelesen hatte und sich auch in der Raketenszene gut auskannte. Es ist ein teilweise als Roman verkleidetes, politisch dem Nationalsozialismus nahe stehendes Pamphlet, das zum Bau der Flüssigkeitsrakete nach Oberth als »deutsche Befreiungswaffe« aufruft: »Angesichts des in Permanenz erklärten Weltkriegs infolge des unsinnigen Diktats von Versailles ist es die nächste Aufgabe sämtlicher deutscher Wissenschaftler und Techniker, den Weltfrieden, welchen die Politiker aus Ungeschick, Eigennutz und Verblendung nicht herbeizuführen vermögen, durch Bereitstellung von Überwaffen, denen gegenüber alle bisherigen Rüstungen versagen, herbeizuführen. Das erscheint heute nicht mehr als Utopie. Es ist ein Ziel, des Schweißes der Edelsten wert.«[36] Die dürftige Handlung des Buches kreist um die »Weltfriedenstaube«, eine von dem deutschstämmigen Gelehrten Mond (!) für einen misanthropischen Amerikaner konstruierte Rakete für Sprengstoff, Gas und biologische Kampfstoffe. In dem von Frankreich angezettelten Sanktionskrieg wird sie (nicht von Deutschen, sondern vom amerikanischen »Weltfriedenshüter«, der Weltgericht spielt) zugunsten Deutschlands eingesetzt. Die Handlung gipfelt in der symbolhaften, zynisch beschriebenen Zerstörung der Brutstätte allen Übels:

»Aber schon am folgenden Tage erfolgte das welterschütternde Ereignis, welches einem neuen Völkermorden vorbeugte, allerdings um den Preis von 50 000 Menschenleben, nämlich der sämtlichen friedlichen Bürger von Versailles. Dort traf gegen 10 Uhr morgens eine Riesenrakete auf, die mit furchtbarem Knall explodierte und binnen wenigen Minuten alles Leben auf einem Umkreis von 10 km ertötete. Wenig später platzte im Hof des Versailler Schlosses eine weitere, offenbar mit Sprengstoff gefüllte Riesenrakete, welche den alten Herrschersitz, von dem so unendlich viel Leid seit Jahrhunderten über die Völker des Erdballs ausgegangen war, in ein Trümmerfeld verwandelte. – Gleichzeitig waren ähnliche Raketen über die zum Auslauf bereite englische Transportflotte bei Portsmouth, über die Lager der französischen Grenzarmeen und über die Hauptstädte der Verbündeten mit gleich furchtbarer Wirkung niedergegangen.«[37]

Um keine Fragen offenzulassen, demonstriert der Autor mit einer Karte den interkontinentalen Wirkungsbereich der propagierten Rakete, deren Reichweite er mit 12 500 Kilometern annimmt. Sie erinnert an die Karte in der Gartenlaube, doch ist der Startpunkt der Raketen hier Berlin.

Mit einer hasserfüllten Handlungsempfehlung zu Krieg und Vernichtung endet so nach nur einem Jahrzehnt die öffentliche literarische Karriere der Idee, den Krieg durch Mittel des Krieges zu besiegen und durch Abschreckung einen ewigen Frieden herbeizuführen. Aus einer noch von Friedenssehnsucht geprägten Sphäre war der Gedanke des »Überkriegsmittels« in den Dunstkreis hegemonialer Wünsche geraten, um schließlich in den Dienst von Revanchismus und Weltherrschaftsgelüsten zu treten. Vielleicht hatte er – der Gedanke drängt sich angesichts der Zwischentöne in vielen Texten auf – von vornherein dorthin tendiert. Was Dornberger Hitler in den Mund legte, war insofern weder neu noch friedliebend, sondern bezeichnete eine verpasste Gelegenheit zur Durchsetzung der Herrschaft. Dass durch das Schwert umkommen könne, wer das Schwert ergreift – dieses Motiv aus den literarischen Anfängen ist der Macht in ihrer Hybris schließlich aus dem Sinn geraten, als sie sich daran machte, Deutschland mit Raketen eine unüberwindliche Waffe an die Hand zu geben.

Epilog: Space Superiority as a means for Achieving World Peace, 1952

Mit dem Ende des Weltkriegs waren die skizzierten strategischen Überlegungen keineswegs ad acta gelegt. In den USA spann Wernher von Braun die Zukunftsphantasien weiter – und verriet damit, dass er die hier nachgezeichneten Gedankengänge nur zu gut kannte. In Konkurrenz zu den Bomberflotten der US-Luftwaffe propagierte er die Kombination einer Orbitalstation mit der atomar bestückten Rakete und damit eine neue Vision einer »ultimate weapon«, die den Vereinigten Staaten ein Mittel maximaler Abschreckung und maximaler Zerstörungskraft zugleich in die Hand geben sollte.

»Die erste Nation, die ein solches Raketenschiff startet, wird damit nach meiner Meinung etwas besitzen, was durchaus die langgesuchte ›ultimative Waffe‹ sein mag. Darüber hinaus aber wird es, nachdem es seine abschreckende Wirkung auf potentielle Aggressoren gehabt hat, zu einer unendlichen Zahl wissenschaftlicher – d. h. humanitärer – Zwecke dienen können. … Im Lichte der gegenwärtigen Weltsituation reichen die militärischen Gründe mehr als hin, um den Bau einer solchen Raumstation zu unternehmen.«[38]

Wahrscheinlich wollte von Braun mit diesen seit 1952 öffentlich vorgetragenen Ideen[39] vor allem seine Raumfahrtpläne voranbringen, denn Voraussetzung für die Orbitalstation war ein mehrstufiges »Raketenschiff« gigantischer Dimensionen – 80 Meter lang, 6150 Tonnen Treibstoff, 36 Tonnen Nutzlast. Seine Argumentation aber spielte virtuos mit der Nervosität im Kalten Krieg und versprach Überlegenheit über den totalitären Osten. Die Station am Himmel sollte nicht nur zur optischen Überwachung feindlicher Aktivitäten dienen (und damit die späteren Aufklärungssatelliten vorwegnehmen), sondern auch als Basis für atombestückte Flügelraketen, die im Ernstfall von der Station aus exakt ins Ziel gelenkt werden könnten und gegen die es keine Abwehrmaßnahmen gebe.[40] Präventivschläge wurden einkalkuliert: »Die Raumstation kann ein feindliches Raumfahrzeug mit absoluter Sicherheit vor seinem Start zerstören.«[41]

Die Gefahren, die dieser Raumstation durch gegnerische Raketen drohten, spielte von Braun herunter; die sowjetischen Ambitionen dienten ihm nur als Drohkulisse: »Wir haben nur noch sehr wenig Zeit zu verlieren, denn wir wissen, dass die Sowjets in derselben Richtung denken. Wenn wir nicht wollen, dass sie uns die Kontrolle des Weltraums entreißen, dann ist es Zeit, und zwar höchste Zeit zum Handeln!«[42] Auch mit diesem Verweis auf fremde Anstrengungen, denen es zuvorzukommen gelte, blieb er in den argumentativen Bahnen der zwanziger Jahre.

So führt nicht nur bei den Raketen selbst, sondern auch in den Argumenten für ihren militärischen Einsatz ein gerader Weg von den noch pazifistisch eingefärbten Anfängen zu den Abschreckungstheoremen und den Dominanzerwartungen der Nachkriegszeit. Die den Frieden sichernde militärische Überlegenheit sollte stets die eigene sein – davon hat keine Seite abgehen können und wollen. So hat der Gedanke, den Krieg mit Mitteln des Krieges abzuschrecken, letztlich nur eine Rüstungsspirale in Gang gesetzt.

1 Walter Dornberger, *Peenemüde. Die Geschichte der V-Waffen*, 6. Aufl. Frankfurt am Main/Berlin 1995, S. 116.

2 Albert Speer, *Erinnerungen*, Berlin 1969, S. 377.

3 Karl Debus, »Raumschiffahrtsdichtung und Bewohnbarkeitsphantasien seit der Renaissance bis heute«, in: Willy Ley (Hg.), *Die Möglichkeiten der Weltraumfahrt*, Leipzig 1928, S. 67-104, bes. S. 91 f.

4 Manfred Nagl, *Science Fiction in Deutschland. Untersuchungen zu Genese, Soziographie und Ideologie der phantastischen Massenliteratur*, Tübingen 1972 (Untersuchungen des Ludwig-Uhland-Instituts der Universität Tübingen, Bd. 30); Michael Salewski, *Zeitgeist und Zeitmaschine*, München 1986.

5 Die – revisionsbedürftige – Titelliste bei Nagl nennt für den Zeitraum 1918 – 1945 an die 270 Nummern. Dabei ist allerdings eine Reihe von Schriften rein technischer Natur mitberücksichtigt.

6 Vgl. die Autobiographie Winklers bei Werner Brügel (Hg.), *Männer der Rakete in Selbstdarstellungen*, Leipzig 1933, S. 101. Nach Lau, »Kritische Betrachtungen über das Raketenschiff und die Möglichkeit des Fluges in den Weltenraum«, in: *Die Rakete*, Jg. 1, 15. 6. 1927, S. 71 ist der Roman anschließend in den *Hamburger Nachrichten* und den *Leipziger Neuesten Nachrichten* abgedruckt worden. Zu *Schuß ins All* berichtet Valier im Vorwort zu Otto Willi Gail, *Mit Raketenkraft ins Weltenall. Vom Feuerwagen zum Raumschiff*, Stuttgart 1928, S. 6, der Roman sei zuerst in der *Münchner Illustrierten Presse* erschienen und in zahlreichen Tageszeitungen nachgedruckt worden.

7 Geleitwort von Brauns zur Neuauflage von Kurd Laßwitz, *Auf zwei Planeten*, Frankfurt 1969, S. 6: »Ich werde nie vergessen, mit welcher Neugierde und Spannung ich in meiner Jugend diesen Roman verschlang. Und ich glaube, dass seine Lektüre auch heute ... von besonderem Interesse ist. Sie vermittelt uns Heutigen eine Vorstellung des Ideenreichtums des ausgehenden 19. Jahrhunderts, auf dem sich der technische und wissenschaftliche Fortschritt des 20. Jahrhunderts aufbaut. Und sie lässt uns erahnen, welche faszinierenden Möglichkeiten der Ausdehnung ihres Wirkungsfelds den nach uns kommenden Generationen des 21. Jahrhunderts offenstehen, in dem unsere Träume und Schwärmereien Wirklichkeit werden können.«

8 Hans Dominik, *Vom Schraubstock zum Schreibtisch. Lebenserinnerungen*, Berlin 1942, S. 223. Dominik fährt fort: »Aber Götter sind, in einem Roman wenigstens, uninteressant. Die handelnden Personen müssen Menschen mit menschlichen Leiden und menschlichen Schwächen bleiben, wenn sie den Leser fesseln sollen. Es ist mir gelungen, den Helden des Romans trotz aller ihren politischen und technischen Macht den Charakter kämpfender und bisweilen auch unterliegender Menschen zu wahren.«

9 Hans Dominik, *Die Macht der Drei. Ein Roman aus dem Jahre 1955* (Berlin 1922), 106. bis 110. Tausend Berlin o. J., S. 95.

10 Ebd., S. 102.

11 Ebd., S. 230-233. »Die Zuchthäusler sterben wie die Fliegen. Haben auch schlechte Unterkunft in den Verbindungstunnels.«

12 Ebd., S. 342.

13 Hermann Oberth, *Die Rakete zu den Planetenräumen*, München 1923, S. 88. Oberths Passage über den Weltraumspiegel wird noch 1926 wörtlich zitiert bei Willy Ley, *Die Fahrt ins Weltall*, Leipzig 1926 (Lehrmeister-Bücherei, Nr. 814-815), S. 65 ff. Oberth hat seine Ausführungen später ähnlich wiederholt in *Wege zur Weltraumfahrt*, München/Berlin 1929, S. 355 sowie in »Stationen im Weltraum«, in: Willy Ley (Hg.), *Die Möglichkeit der Weltraumfahrt*, Leipzig 1928, S. 238.

14 Karl Debus, »Raumschiffahrtsdichtung«, S. 101. Debus bemerkt ausdrücklich, bei Laffert trete »zum ersten Mal die von Laßwitz vorgeahnte Idee der Weltraumstation in technisch denkbarer Form auf« – ein Indiz für die Priorität Lafferts vor Gail.

15 Das geringe Interesse des Autors an technischen Fragen der Rakete zeigt sich daran, dass er statt des von Oberth propagierten Flüssigkeitsantriebs das ältere Modell des maschinengewehrartigen Pulverantriebs Verwendung finden lässt.

16 Karl August von Laffert, *Fanale am Himmel*, Technisch-politischer Roman, Leipzig, Ernst Keils Nachfolger (August Scherl) 1925, S. 203.

17 Das Vorwort von *Schuß ins All* ist datiert mit November 1925; der Band kann daher erst Ende 1925 erschienen sein. In der eingedruckten Verlagsankündigung für den Folgeband heißt die Orbitalstation noch – wie bei Laffert – »Nova Luna« (»die künstliche Insel im Raume zwischen Erde und Mond, beherrscht den Erdball«), in *Stein vom Mond* heißt sie dann »Astropol«. Gails dritter einschlägiger Roman, *Hans Hardts Mondfahrt* (Stuttgart 1928) arbeitet lediglich die Inhalte der beiden früheren Romane zum Jugendbuch um.

18 *Der Schuß ins All*, S. 135.

19 *Der Stein vom Mond*, S. 137 f.

20 Ebd., S. 183.

21 *Der Schuß ins All*, S. 47.

22 Ebd., S. 98.

23 Gail, *Raketenkraft* (vgl. Anm. 6), S. 105 f.

24 Hermann Noordung (d. i. Potocnik), *Das Problem der Befahrung des Weltenraums. Der Raketen-Motor*, Berlin 1928, S. 161 ff.

25 Hermann Oberth, *Wege zur Raumschiffahrt*, München/Berlin 1929, S. 202. Vgl. den Abdruck der einschlägigen Passagen im Dokumententeil des vorliegenden Bandes.

26 Laffert, *Fanale am Himmel*, S. 52. Vorstellung Gerhards: S. 12.

27 Ebd., S. 72.

28 Ebd., S. 149: »Für die Ziele der Friedens-Liga ergaben sich hieraus [dem Beschluss zum Bau der Reflektoren] mehrere Möglichkeiten. Die ursprünglich geplante Verwendung der neuen Ätherschiffe zur Zerstörung ganzer Städte wurde aufgegeben, denn mit Hilfe der Reflektoren ließen sich die verschiedenartigsten Wirkungen erzielen. Alle brennbaren Gegenstände waren sofort zu entzünden, Metalle ließen sich schmelzen, Munitionsvorräte konnten zur Explosion gebracht, Wirbelstürme und Gewitter erzeugt werden.« Die zivilen Möglichkeiten des Brennspiegels werden bei von Laffert bezeichnenderweise erst am Schluss des Romans nachgeliefert.

29 Ebd., S. 65.

30 Oberth, *Wege zur Raumschiffahrt*, S. 202 f. – Der Biographie von Hans Barth (*Hermann Oberth – Leben, Werk und Auswirkung auf die spätere Raumfahrtentwicklung*, Feucht 1985, S. 128) zufolge ist das Manuskript zu *Wege zur Raumschiffahrt* bereits im Frühjahr 1928 abgeschlossen gewesen.

31 Ebd., S. 204.

32 Hermann Oberth, autobiographische Notiz, in: Brügel, *Männer der Rakete in Selbstdarstellungen* (vgl. Anm. 6), S. 50 f.

33 »Luft-Torpedos«, Artikel in *Illustrierte Technik / Das Industrieblatt Stuttgart / Illustrierte Motorzeitung*, Jg. 6 H. 19, 11. Mai 1928 (Teil einer Artikelfolge über Raketen, Hefte 14-22). Die Passage entspricht weitestgehend Gails Bemerkungen in *Raketenfahrt ins All*, S. 59 f. Vgl. auch Max Valier, *Raketenfahrt*, München/Berlin 1928 (hier: 2. Aufl. 1930, S. 188); Willy Ley (Hg.), *Die Möglichkeit der Weltraumfahrt*, Leipzig 1928, S. 331 f.

34 *Die Gartenlaube* 1930, S. 887 ff. Oberth hat sich von dem Artikel offenbar distanziert; im Archiv des Hermann-Oberth-Raumfahrtmuseums Feucht befindet sich ein Aktenvermerk, mit dem er das Honorar Willy Ley zuweist (freundliche Auskunft von Karlheinz Rohrwild, Nürnberg).

35 Rudolf Nebel, »Raketen schützen die Grenzen«, in: *Berliner Zeitung am Mittag*, 10. April 1931 (Teil einer dreiteiligen Serie vom 4., 10. und 21. April 1931). Die Kenntnis dieses Dokuments verdanke ich einer freundlichen Mitteilung von Karl Heinz Ingenhaag, München.

36 Artur Baumgarten-Crusius, *Die Rakete als Weltfriedenstaube*, Leipzig (Verband der Raketen-Forscher und -Förderer) 1930, S. 141.

37 Ebd., S. 115 f.

38 Wernher von Braun, »Space Superiority as a means for achieving World Peace.« Address before Dinner Meeting of Business Advisory Council, Washington, D.C., 17. September 1952, S. 3 und 13. Eine Kopie dieses Textes verdanke ich Michael J. Neufeld, Washington, dem dafür herzlich gedankt sei. Eine andere Version dieses Textes in *Ordnance* 37, 1953, S. 750-757 zitiert Johannes Weyer, *Wernher von Braun*, Reinbek 1999, S. 95 f.

39 Der Artikel gehört offensichtlich in den Zusammenhang einer Werbeoffensive, die in den Artikeln in *Colliers Magazine* gipfelt. Die dort abgebildete Großrakete und die Orbitalstation entsprechen den in »Space Superiority« behandelten; vgl. die Abb. im Beitrag Neufeld, »Das Erbe von Peenemünde«.

40 »Space Superiority«, S. 14 f.

41 Ebd. S. 17.

42 Ebd. S. 20.

Peenemünde, die Rakete und der NS-Staat

Michael J. Neufeld

Das Raketenzentrum von Peenemünde war Ergebnis und Mittel eines von Adolf Hitler und dem deutschen Militär initiierten Rüstungswettlaufs. Das gigantische Vorhaben von Heer und Luftwaffe, das auf seinem Höhepunkt 1943 über 12 000 Arbeitskräfte beschäftigte, darunter Tausende von Zwangsarbeitern, Gefangenen und KZ-Häftlingen, diente ausschließlich der Entwicklung und Produktion neuartiger Waffen, die einen Aggressionskrieg gewinnen beziehungsweise – in den späteren Stadien des Zweiten Weltkriegs – die drohende Niederlage verhindern sollten. Träume von der Eroberung des Weltraums mögen einige leitende Techniker von Peenemünde und insbesondere Wernher von Braun motiviert haben, aber das Dritte Reich dachte an andere Eroberungen und hat nicht eine einzige Reichsmark gezielt für die Weltraumforschung aufgewandt. Allerdings haben von Braun und andere Peenemünder, allen voran sein früherer Vorgesetzter, General Dr. h. c. Walter Dornberger, nach der Katastrophe von 1945 nur zu gern die Legende gepflegt, die Raumfahrt habe im Mittelpunkt des Interesses gestanden – war dies doch geeignet, von Fragen nach ihrer Verstrickung in das NS-System abzulenken.

Die Ursprünge von Peenemünde

Die Raumfahrtbegeisterung und der Raketenrummel der späten zwanziger Jahre gelten gemeinhin als Voraussetzungen für die Einrichtung des Raketenzentrums. In der Tat ist dies die eine Hälfte der Wahrheit: Die Raketentechnik als Lösung für das Antriebsproblem ist zuerst in der neuen Raumfahrtliteratur nach dem Ersten Weltkrieg ernsthaft diskutiert worden. Bahnbrechende Denker wie der Russe Konstantin Ziolkowski, der Amerikaner Robert Goddard und der Siebenbürger Hermann Oberth trugen vor, dass die Rakete einerseits im luftleeren Raum funktionieren, andererseits mit Hilfe von flüssigem Brennstoff auch höhere Leistungen erreichen würde als die herkömmlichen pulvergetriebenen Feuerwerks- und Signalraketen. Obwohl alle drei Theoretiker schon vor dem Weltkrieg zu dieser Erkenntnis gekommen waren – Ziolkowski hatte bereits seit 1903 an entlegener Stelle darüber geschrieben –, wurde die Aufmerksamkeit der Wissenschaft, des Militärs und des breiten Publikums insbesondere der deutschsprachigen Welt doch erst durch Oberths 1923, im Jahr der Hyperinflation, erschienene Abhandlung *Die Rakete zu den Planetenräumen* auf die Flüssigkeitsrakete gelenkt. 1927 gründete eine kleine Gruppe von Raumfahrtenthusiasten einen *Verein für Raumschiffahrt* (VfR), doch bedurfte es spektakulärer – wenn auch wissenschaftlich unergiebiger – Experimente mit Pulverraketen, um im Frühjahr 1928 in den Medien einen Raketenrummel auszulösen. Zwei Jahre später erwuchs aus dem Kreis des VfR der *Raketenflugplatz Berlin*, eine von Amateuren betriebene Versuchsstation für Raketenantriebe unter der Leitung des großmäuligen Dipl. Ing. Rudolf Nebel. Einer der Mitarbeiter war ein junger Student der Ingenieurwissenschaften, Wernher Freiherr von Braun.

Die andere Hälfte der Wahrheit über die Vorgeschichte von Peenemünde bildet das Bemühen der deutschen Reichswehr, die drastischen Bestimmungen des Friedensvertrags von Versailles (1919) über Rüstungsbeschränkungen für Deutschland zu umgehen. Von vornherein dachte die Reichswehr nicht daran, sich an die Verbote militärischer Luftrüstung, von Giftgas, Panzern und schwerer Artillerie zu halten. Sie betrieb vielmehr ab 1923 ein hoch geheimes Kooperationspro-

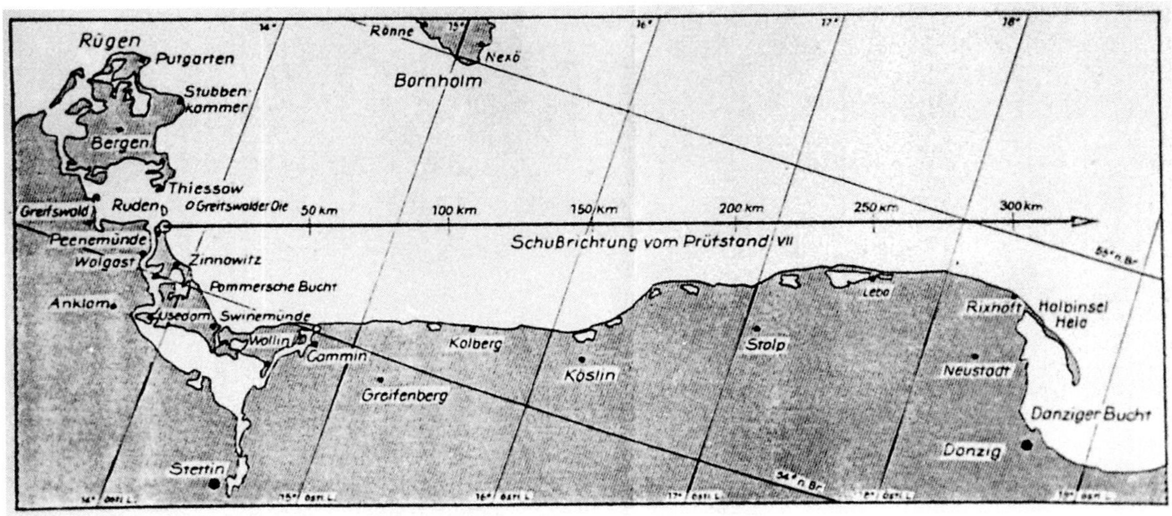

400 Kilometer freie Bahn: Die deutsche Ostseeküste ermöglichte die Beobachtung der Raketen.

gramm mit der Roten Armee und begann 1928 in Deutschland ein verdecktes Wiederaufrüstungsprogramm, das die dreifache Menge der vom Friedensvertrag erlaubten Waffen beschaffen sollte. Vor diesem Hintergrund geheimer Aufrüstung erscheint die oft wiederholte Geschichte über die Beweggründe für das militärische Raketenprogramm – das Heereswaffenamt (HWA) habe es aufgelegt, da Raketen nicht durch den Versailler Vertrag verboten gewesen seien – als zweifelhaft. Die Zulässigkeit von Raketen war schon deshalb kein Diskussionsgegenstand, weil der Chef der Ballistischen und Munitionsabteilung des HWA, Oberst Dr. Ing. Karl E. Becker, die neuen Waffensysteme geheim halten wollte, um den Gegner im Kriegsfall damit zu überraschen. Nach einjährigen Recherchen über Raketen präsentierte Becker der Leitung des HWA am 17. Dezember 1930 seine Ergebnisse. Bei diesem Treffen wurde seinem Vorschlag zur Entwicklung kleiner Feststoffraketen, die den Gegner auf dem Schlachtfeld mit Rauch, hochexplosivem Sprengstoff und Giftgas eindecken sollten, ebenso zugestimmt wie der Weiterverfolgung der sehr viel kühneren Idee einer flüssigkeitsgetriebenen »Fernrakete«. Bereits ein Jahr zuvor hatte Oberth in der dritten erweiterten Auflage seines Buches *Wege zur Raumschiffahrt* (1929) die Möglichkeiten eines »Raketengeschosses« mit chemischen Kampfstoffen zum Angriff auf feindliche Städte erörtert: Das Thema war in der Welt.

Becker hatte bereits im Frühjahr 1930 Geld in die Flüssigkeitsantriebs-Experimente von Oberth und Nebel auf dem *Raketenflugplatz* investiert, war aber durch Nebels Drang nach Publicity vergrämt worden. Zwei Jahre später gab Becker Nebel eine zweite Chance und vereinbarte die Vorführung einer Rakete, die aber fehlschlug. Immerhin hatte der Kontakt ein positives Resultat: Becker und sein Mitarbeiter für das Raketenwesen, Hauptmann Dipl. Ing. Walter Dornberger, erkannten die Fähigkeiten Wernher von Brauns und verschafften ihm die Möglichkeit, bei den Physikern der Universität Berlin eine – geheim gehaltene – Dissertation über Flüssigkeitsraketen zu schreiben, wobei er gleichzeitig auf dem Schießplatz Kummersdorf südlich von Berlin experimentieren und entwickeln sollte. Am 1. Dezember 1932 nahm von Braun seine Tätigkeit für die Reichswehr offiziell auf. Zwei Monate später wurde Hitler Reichskanzler und alsbald begannen Gelder für die Wiederaufrüstung zu fließen. Becker, der wie so viele Offiziere politisch weit rechts bei den Nationalisten stand, pflegte seine Beziehungen zum »Führer« und stieg rasch im HWA auf, wurde 1938 dessen Chef und General der Artillerie. Unterdessen machte von Braun mit seinen Forschungen zum Flüssigkeitsantrieb rasche Fortschritte und promovierte, erst zweiundzwanzigjährig, im Juli 1934. Im Dezember 1934 startete er auf Borkum erfolgreich zwei Raketen A 2 (Aggregat 2) und erhielt daraufhin grünes Licht für eine stärkere Förderung der neuen Technologie durch das *Reichswehrministerium*, das Hitler im Gefolge der Aufkündigung der militärischen Bestimmungen des Versailler Vertrags 1935[1] bald in *Kriegsministerium* umbenennen sollte. Der internationale Rüstungswettlauf zwischen dem Deutschen Reich und den späteren Kriegsgegnern hatte begonnen.

Der Erfolg des A 2 weckte das Interesse des von Hermann Göring geleiteten *Reichsluftfahrtministeriums* (RLM): Major Dr. Ing. Wolfram Freiherr von Richthofen, der Chef der Luftwaffenentwicklung, erkannte die Chancen für die Konzeption neuer Hochgeschwindigkeitsjäger. Den Wünschen der gleichrangigen Entwicklungsabteilung des RLM konnte sich das *Heereswaffenamt*, das eine Monopolstellung für die Raketenentwicklung erstrebt und dafür die meisten Amateure wie die Mannschaft vom *Raketenflugplatz* aus dem Geschäft gedrängt hatte, nicht verschließen. Das Bündnis mit der Luftwaffe versprach auch mehr Geld in einer Zeit, in der die Budgets noch recht knapp waren. Gegen Ende 1935 führte die Allianz beider Waffengattungen zum Durchbruch bei der Finanzierung des Programms. Aus seinen nun reichlich fließenden Mitteln für die Aufrüstung versprach das RLM fünf Millionen Reichsmark für ein gemeinsames Raketenzentrum, und dem Heereswaffenamt gelang es, diesen Betrag noch zu überbieten. Kurz nach Weihnachten 1935 entdeckte von Braun in Peenemünde auf Usedom den idealen Ort, von dem aus Raketen über mehrere hundert Kilometer über dem Wasser der Ostsee verschossen und entlang der Küste beobachtet werden konnten. Anfang 1936 entstanden die Pläne für eine Anstalt, die ein Entwicklungszentrum des Heeres für ballistische Flüssigkeitsraketen mit einem Flugplatz der Luftwaffe zur Erprobung raketengetriebener Flugzeuge verbinden sollte. Nach Zustimmung durch die Leitungen von Heer und Luftwaffe erwarb letztere die notwendigen Flächen von der Stadt Wolgast und begann im Spätsommer 1936 mit dem Bau. Das Ganze war eine noch nicht da gewesene Investition in eine immer noch sehr exotische Technologie, zumal die Anlagen im Vertrauen auf den Erfolg auf Zuwachs berechnet waren: Noch ehe die Raketen flogen, wurden die Neubauten auf die nächste, größere Generation ausgelegt. Bis dahin hatte nur die Sowjetunion nennenswerte Beträge für eine geheime Raketenentwicklung aufgewandt, doch binnen Kurzem übertraf Deutschland die sowjetischen Ausgaben weit und übernahm die technologische Führung.

Das geteilte Zentrum: Peenemünde-Ost und -West, 1937 – 1942

Während ihres kurzen, nur achtjährigen Bestehens lebten Peenemünde-Ost – die Raketen-Entwicklungsabteilung des Heeres – und Peenemünde-West – die Erprobungseinrichtungen der Luftwaffe – in einer Symbiose, die teils von enger Kooperation, teils von Rivalität zwischen den Waffengattungen geprägt war. Die anfänglich gemeinsame Anstalt wurde aufgeteilt, als das RLM seinen Teil am 1. April 1938 als *Versuchsstelle* (später: *Erprobungsstelle*) *der Luftwaffe Peenemünde-West* verselbständigte und der Leitung von Dipl. Ing. Uvo Pauls unterstellte, der zuvor das Raketenflugzeug-Programm des Ministeriums geleitet hatte. Technischer Direktor des nun als *Heeresversuchsstelle Peenemünde* (HVP) bezeichneten Heeresteils wurde Dr. phil. Wernher von Braun, der stets einem für die HVP insgesamt verantwortlichen militärischen Kommandanten (später: Kommandeur) unterstellt war. Von Braun begann im Werk Ost im Frühjahr 1937 mit 350 Mitarbeitern, doch wuchs die Belegschaft nach der Fertigstellung der Prüfstände und des Überschall-Windkanals 1939 rapide. Die Arbeit in Peenemünde-West begann später, da der Bau des Flughafens und der Gebäude auf dem unsicheren, weithin morastigen Boden sich hinzog, und kam erst Ende 1938 richtig in Gang.

Durch gemeinsame Wohnsiedlung, Verkehrseinrichtungen und Infrastruktur waren die beiden Versuchsstellen eng miteinander verbunden, doch ihre Aufgaben entwickelten sich schon bald nach der Gründung auseinander. Das gemeinsame Raketenflugzeug-Programm lief nur bis 1940, da die Luftwaffe nach Unabhängigkeit und nach einer leichter handhabbaren Technologie strebte, die sie in den Wasserstoff-Peroxid-Antrieben des Kieler Unternehmers Hellmuth Walter fand. Nach Kriegsbeginn im September 1939 wurde Peenemünde-West mehr und mehr zum Erprobungsort verschiedener Lenkflugkörper, die von der Industrie für das RLM entwickelt wurden, insbesondere der Fritz-X und Henschel Hs 293, beide 1943 einsatzbereit, und der ab 1944 eingesetzten Fieseler Fi 103, der so genannten »Vergeltungswaffe« V 1. Infolge dieser Entwicklungspolitik blieb Peenemünde-West eine vergleichsweise kleine Einrichtung, die 1942 mit 800 Mitarbeitern ihren Höhepunkt erreichte. Das Werk Ost (HVP, später *Heeresanstalt Peenemünde* oder HAP) hingegen expandierte gewaltig, weil das Heereswaffenamt unter Becker und

Dornberger (der seit 1936 die Raketenabteilung leitete) die Entwicklung und Produktion im eigenen Hause favorisierte, wobei Zulieferer nur Nebenrollen spielten. 1938 begann das Heer südlich von Werk Ost mit dem Bau einer eigenen Raketenfabrik. Das *Entwicklungswerk* (EW), wie Ost ab dem Herbst 1941 bezeichnet wurde, zählte Mitte 1943 6000 Mitarbeiter, die in *Versuchsserienwerk* (VW) umbenannte Fabrik weitere 2000, und schließlich gab es noch etwa 3000 Bauarbeiter, zumeist polnische und russische Zwangsarbeiter. Um die Mitte des Weltkriegs hatte Peenemünde-Ost sich damit zu einem der größten militärischen Forschungszentren der Welt entwickelt. Trotz der geringeren Dimensionen war sein nationales Programm dem Atombomben-Projekt der USA im Anspruch durchaus vergleichbar.

Ausschlaggebend für diesen enormen Aufwand war die Überzeugung des Heeres, die Rakete sei eine überlegene Waffe, die aufgrund des Überraschungseffektes und ihrer aus der Überschallgeschwindigkeit resultierenden Unverwundbarkeit jeden Feind demoralisieren müsse. In den ersten Jahren dürften Becker und Dornberger auch damit gerechnet haben, chemische Wirkstoffe mit der Rakete ins Ziel zu bringen, doch sind alle einschlägigen Dokumente – wohl nicht zufällig – verschwunden. Der Entwicklung eines beim Überschall-Einschlag funktionierenden chemischen Sprengkopfs standen einerseits technische Schwierigkeiten im Wege, andererseits das politische Problem des Eintritts in einen Gaskrieg; Hitler fürchtete die alliierte Vergeltung. Atomsprengköpfe hätten den Deutschen 1942 wegen ihres Rückstands auf diesem Gebiet nicht zur Verfügung gestanden und wurden wegen des zu erwartenden, die Tragkraft der frühen Raketen überfordernden Gewichts auch nicht ins Kalkül gezogen. Im Ergebnis lieferte das mit über einer Milliarde Reichsmark zu Buche schlagende Raketenprogramm des Heeres nur Raketen mit konventionellen Explosiv-Sprengköpfen. Zudem zwang der Weltkrieg Dornberger und von Braun zur Konzentration auf das A 4 und verhinderte die Entwicklung größerer Raketen, die sie 1936 bei der Planung von Peenemünde in Aussicht gestellt hatten. Das A 4 – besser bekannt unter der ihm vom Propagandaministerium verliehenen Bezeichnung V 2, »Vergeltungswaffe 2« – riss beim Einschlag mit seiner »Nutzlast« von einer Tonne Sprengstoff zwar einen beträchtlichen Krater, war aber insgesamt ein wenig effektives Mittel, um konventionellen Sprengstoff in die Städte der Alliierten zu befördern.

Immerhin stellte das A 4 trotz seines geringen militärischen Werts eine zweifellos bemerkenswerte technologische Leistung dar. Bei der Gründung von Peenemünde 1935 hatte die Raketenentwicklung in Deutschland, der Sowjetunion und den USA etwa auf demselben Niveau gestanden – die Flüssigkeitsantriebe lieferten wenige hundert Kilo Schub, Steuerungs- und Kontrollsysteme waren primitiv oder überhaupt untauglich. Nach dem erfolgreichen Flug des ersten A 4 im Oktober 1942 hingegen besaß Deutschland eine Rakete, die bei einem Gewicht von 14 Tonnen 25 Tonnen Schub leistete, mit mehr als dreifacher Schallgeschwindigkeit flog und eine Distanz von etwa 200 Kilometern (später auf etwa 300 gesteigert) überwand. Unter von Brauns charismatischer technischer Leitung erzielten Peenemünde-Ost und seine Zuarbeiter in Firmen und Universitäten fundamentale Durchbrüche auf den Gebieten Raketenantrieb, Aerodynamik im Überschallbereich und Steuerung/Flugkontrolle. Ihre Ergebnisse bildeten die Grundlagen für die weltweite Entwicklung von Großraketen nach 1945.

Es fehlte in Peenemünde nicht an Träumen von der Raumfahrt, insbesondere in dieser Zeit des Erfolgs. Von Braun blieb besessen von der Idee eines Fluges zum Mond und der Erforschung des Weltraums, wenn möglich durch ihn selbst. Obwohl seine wichtigsten Mitarbeiter Ingenieure von Technischen Hochschulen waren und keine Verbindung zu den frühen Raketengruppen besaßen, konnte er viele von ihnen mit solchen Visionen inspirieren. Sein Entwicklungsbüro spielte mit vagen Ideen für mehrstufige Trägerraketen und bemannte Raumflugzeuge, und selbst sein Chef Dornberger begeisterte sich für die Raumfahrt und nutzte die rhetorische Verherrlichung der Rakete als epochales neues Verkehrsmittel zur Motivation der Ingenieure. Von Braun und sein Leiter der Triebwerksentwicklung, Dr. Walter Thiel, gingen 1942 gar so weit, Geld in eine Untersuchung der recht futuristischen Möglichkeit eines Atomantriebs für Raketen zu investieren.

Auch den Enthusiasten war freilich bewusst, dass der Daseinszweck von Peenemünde-Ost allein in der Entwicklung militärischer Raketen für den NS-Staat bestand. Sie waren loyale, teilweise gar begeisterte Anhänger der NSDAP und Hitlers. Von Braun interessierte sich nicht besonders für die Ideologie des Nationalsozialismus und trat vorwiegend aus Karriererücksichten in die Partei (1937) und in die SS (1940) ein, aber er selbst gab zu, Hitler zwischen 1939 und 1943 be-

Der Förderer: Albert Speer mit Dornberger 1940 in Peenemünde

wundert zu haben – er traf in diesem Zeitraum dreimal mit ihm zusammen. Dornberger war als Offizier kein Parteimitglied, unterstrich aber gegenüber seinen Mitarbeitern seine »nationalsozialistische Einstellung«[2]. Dr. Rudolf Hermann, der Leiter des Windkanals, war 1941-43 Leiter der Ortsgruppe Peenemünde der NSDAP, und Arthur Rudolph, der seit 1935 mit von Braun eng befreundete Chefingenieur des Versuchsserienwerks, war seit 1931 in der Partei. Der Nachkriegsmythos der Peenemünder, »die Nazis« hätten die apolitischen Mitarbeiter der Streitkräfte zur Kooperation und zur Waffenentwicklung genötigt, war argumentativ zu begründen mit der Einflussnahme von Speers Rüstungsministerium und Himmlers SS nach 1942, aber er nährte sich nicht zuletzt aus der Notwendigkeit, die hässliche Wahrheit von der vollständigen Integration der leitenden Kräfte von Peenemünde in das NS-System zu verschleiern.

V-Waffen, Zwangsarbeit und der Zusammenbruch: Peenemünde 1942 – 1945

In den ersten beiden Kriegsjahren hatte Hitler das Heeresraketenprogramm durch die Verweigerung der höchsten Dringlichkeitsstufe behindert. Ab Mitte 1941 und insbesondere ab Herbst 1942 förderte er jedoch das A 4 als eine »Wunderwaffe«, die den Lauf des Krieges ändern könnte. Dadurch beunruhigt, forcierte die Luftwaffe ihr konkurrierendes Waffensystem, den mit einem Pulsionstriebwerk ausgestatteten Marschflugkörper Fieseler Fi 103, den Goebbels 1944 als »V 1« bezeichnete. Die ersten Teststarts der Fi 103 hatten Ende 1942 in Peenemünde-West stattgefunden. Ohne Rücksicht auf die aus der Rivalität der Entwickler erwachsenden Spannungen zwischen Heer und Luftwaffe legte das Reichsluftfahrtministerium gleichzeitig ein anspruchsvolles, letztlich freilich erfolgloses Flugabwehrraketen-Programm auf, um der Bedrohung durch alliierte Bomber zu begegnen. Zu den in diesem Rahmen entwickelten Flugkörpern gehörte die in Peenemünde-Ost konstruierte Rakete »Wasserfall«. Für die beiden Einrichtungen in Peenemünde ergab sich daraus bei aller Rivalität eine engere Verbindung als zu Beginn des Krieges und zugleich eine stärkere Einbindung in den Repressionsapparat des NS-Staats.

Der erfolgreiche Start des ersten A 4 am 3. Oktober 1942 und Hitlers Freigabe der Serienproduktion im November zogen die Aufmerksamkeit sowohl von Speers Rüstungsministerium wie von Himmlers SS auf Peenemünde-Ost und brachten damit neue Partner ins Raketengeschäft – teils willkommen, teils unerwünscht. Albert Speer wurde für Dornberger und das HWA zu einem entscheidenden Verbündeten, allerdings um den Preis der Einmischung in den Produktionsprozess, den er mit seinen eigenen Leuten steuern wollte. Himmlers Interesse wurde von Dornberger zunächst begrüßt, da es einen besseren Zugang zu Hitler versprach, mündete zu seinem Bedauern jedoch im Beiseiteschieben des Heeres durch die SS, insbesondere nach dem Attentat vom 20. Juli 1944. Der Entschluss zum Einsatz von KZ-Häftlingen kam allerdings nicht von Himmler, sondern eher aus dem Speer-Ministerium und wurde von Arthur Rudolph unterstützt, der darin die Lösung für die verheerende Personalsituation in der Raketenproduktion sah. Wenig später fand auch die Luftwaffe Gefallen am Einsatz von Häftlingen und beschloss die Einrichtung eines KZ-Lagers für Hilfsarbeiten in Peenemünde-West. Dieses Außenlager wurde bereits im Mai 1943 eingerichtet und wuchs von 500 auf etwa 1000 Häftlinge an. Das Außenlager bei der Raketenfabrik folgte im Juni und erreichte einen Stand von etwa 600 Häftlingen. Es bestand allerdings nur kurze Zeit, da der schwere britische Luftangriff vom 17./18. August 1943 eine vollständige Neuordnung der A-4-Produktion nach sich zog. Die drei geplanten A-4-Fabriken in Peenemünde, Friedrichshafen und Wiener Neustadt wurden durch eine zentrale Einrichtung ersetzt, das unterirdische Mittelwerk bei Nordhausen, das später

Der Machtbewusste: Heinrich Himmler mit Dornberger 1943 in Peenemünde

unter dem Namen des angeschlossenen KZ-Lagers Dora oder Mittelbau-Dora bekannt werden sollte. Im Mittelwerk, dessen Einrichtung im Winter 1943/44 Tausende von Toten forderte, leitete Arthur Rudolph die Produktion; Dornberger und von Braun kamen häufig zur Inspektion.

Ab dem Herbst 1942 wurde das Leben der Ingenieure um Wernher von Braun vollständig von der Planung der Serienproduktion des A 4 und von der Entwicklung der Flugabwehrrakete »Wasserfall« beherrscht. Selbst das phantastische Projekt einer zweistufigen »Amerikarakete«, des zum Angriff auf New York bestimmten A 9 / A 10, das Dornberger und von Braun 1941 Hitler nahe bringen wollten, wurde zurückgestellt. (Nur sein einstufiges Oberteil – das A 9, eine später in A 4b umbenannte geflügelte Version des A 4 – wurde im Sommer 1944 als kostengünstige Möglichkeit zur Vergrößerung der Reichweite wiederbelebt.) Jede private Diskussion über die Zukunft der Raumfahrt wurde endgültig unmöglich, nachdem die Gestapo im März 1944 von Braun und zwei Mitarbeiter verhaftet hatte. Den formellen Grund dafür bildeten nach einer Abendgesellschaft kolportierte »Äußerungen über schlechten Kriegsausgang, und über ihre Waffe. Hauptaufgabe sei, ein Weltraumschiff zu schaffen.«[3] Im Hintergrund der Aktion stand freilich von Brauns mangelnde Bereitschaft, in Zusammenarbeit mit Himmler den SS-General Dr. Ing. Hans Kammler, Leiter aller SS-Bauprojekte für das Raketenprogramm, zum Chef des A-4-Programms zu machen. Nur aufgrund der Interventionen Speers und Dornbergers, die ihren Mitarbeiter für unersetzlich erklärten, kam von Braun wieder auf freien Fuß. Er machte sich nun immer weniger Illusionen über das NS-System, stand aber weiterhin loyal zum Heer und zum Reich.

In Peenemünde-West verlief die Entwicklung weniger turbulent. Nach dem Luftangriff von 1943 wurde zwar die Testgruppe für den Raketenjäger Messerschmitt Me 163 dauerhaft verlegt, doch die wichtigste Sparte, die Erprobung verschiedener Luft-Boden-Flugkörper und der Fi 103 / V 1, blieb. Das Fi 103-Vorhaben lief weniger glatt als erwartet und erlitt zahlreiche Verzögerungen, aber als sehr viel einfacheres Waffensystem war der Marschflugkörper vor dem A 4 / V 2 einsatzbereit und konnte ab Juni 1944 gegen Großbritannien verschossen werden, eine Woche nach der alliierten Landung in der Normandie. Seine Montage wurde aus dem Volkswagenwerk bei Salzgitter ins Mittelwerk verlagert und auch hier geriet die Zwangsarbeit von KZ-Häftlingen zum bestimmenden Faktor der Produktion. Bei den Luftabwehrraketen waren die Aktivitäten der Luftwaffe nicht in Peenemünde-West konzentriert, sondern in einer mit der Heeresversuchsstelle kooperierenden *Flakversuchsstelle Karlshagen* zusammengefasst und wie andere Betriebsteile des Werks Ost im Gefolge des Luftangriffs von 1943 über ganz Usedom, Wollin und auf dem Festland verstreut. Die Teststarts der »Wasserfall« und der anderen Flugabwehrkörper begannen im Winter 1943/44 in der trügerischen Hoffnung, sie würden 1945 eine effektivere Abwehr der alliierten Bomber ermöglichen. Doch dazu sollte es nicht mehr kommen.

Im Herbst 1944 stand die nahende Katastrophe zumindest all denen deutlich vor Augen, die nicht völlig durch die nationalsozialistische Propaganda verblendet waren. Die V 1 führte, obwohl fast 9000 Stück in Richtung London verschossen worden waren, nicht zum erhofften Zusammenbruch der britischen Moral, die Invasion wurde nicht zurückgedrängt, und die Sowjets rückten im Osten unaufhaltsam vor. Der Fehlschlag der Verschwörung vom 20. Juli hatte die Stellung des Heeres noch weiter geschwächt, so dass Himmler schließlich Kammler faktisch zum Oberhaupt des A-4-Programms und zum Kommandeur für den Einsatz machen konnte. Anfang September begannen Kammlers Raketen-Einheiten mit dem Abschuss der V 2 gegen London und befreite Städte in Frankreich und Belgien, aber die Wirkung war noch geringer als bei der V 1 – die vermeintliche Wunderwaffe war für die Alliierten nur ein lästiger Störfaktor. Um den Zugriff der SS auf die Ingenieure zu erschweren, war von Brauns Entwicklungsabteilung durch Speer am 1. August 1944 in eine Firma umgewandelt worden, die *Elektromechanischen Werke GmbH*, doch die tatsächliche Kommandogewalt lag bei Kammler. Im Herbst 1944 stellte sich nur noch die Frage, was bis zum Einmarsch der Roten Armee mit den Peenemünder Entwicklungen geschehen sollte.

Spätestens Ende 1944, wenn nicht schon Monate vorher, war Wernher von Braun zu dem Schluss gekommen, dass man sich wenn irgend möglich den Amerikanern ergeben müsse. Er fürchtete Stalins Sowjetsystem und schätzte Amerikas technischen Unternehmungsgeist; Großbritannien und Frankreich fehlte es offenbar an den Mitteln für ein teures Raketenprogramm. In politischer wie in technischer Hinsicht erschienen die Vereinigten Staaten als der geeignetste Ort für eine Weiterentwicklung der Waffentechnologie Peenemündes und als das günstigste Umfeld für eine künftige Weiterverfolgung der eigenen Raumfahrtpläne. Dass er, Dornberger und die meisten führenden Ingenieure im April/Mai 1945 in die Hände der U. S. Army gerieten, war dennoch vor allem den Anordnungen Kammlers zu verdanken. Der SS-General ordnete am 31. Januar die Evakuierung Peenemündes in den Raum des Mittelwerks an, ließ beim Näherrücken der westlichen Alliierten aber Dornberger, von Braun und mehrere hundert Spitzenleute nach Oberammergau bringen, um sie eventuell als Geiseln und als Angebot für Verhandlungen mit den Alliierten zu verwenden. Glücklicherweise verschwand Kammler in den Wirren der letzten Kriegstage und die Raketenexperten konnten ihrer eigenen Wege gehen. Die in Thüringen zurückgelassenen Ingenieure trafen nach der Befreiung Nordhausens am 11. April mit amerikanischen Truppen zusammen, während Dornberger und von Braun sich erst am 2. Mai in Reutte/Tirol stellten.

Doch war die Raketenentwicklung damit vorbei? Bald nach dem Beginn der Vernehmungen begannen die Spitzeningenieure sich den Amerikanern anzudienen, und deren Offiziere zeigten sich aufgeschlossen. Die V 2 mochte keine effiziente Waffe gewesen sein, aber sie hatte den Weg zu militärischen Raketen eröffnet. Trotz der Allianz misstrauten die amerikanischen Offiziere auch den Sowjets, welche die Früchte der deutschen Waffenentwicklung in ihrer Besatzungszone mit nicht geringerem Tempo einzusammeln versuchten. Das Erbe von Peenemünde war unübersehbar ein bedeutendes – neue Technologien für Raketen und Lenkflugkörper, welche die Form der Kriegführung umstürzen, aber auch den Weg zum Weltraum eröffnen würden. In den Köpfen von Brauns, Dornbergers und ihrer Ingenieure verdichtete die technische Leistung sich bereits zu einem Mythos, der die Perspektive auf eine künftige Weltraumfahrt hin verstärkte und die reale Verknüpfung mit der Welt der Waffen in Vergessenheit geraten ließ. Andererseits sollten die lästigen Auseinandersetzungen mit dem Rüstungsministerium und der SS ihnen im Nachhinein brauchbare Argumente für eine Rechtfertigung der Zusammenarbeit mit dem NS-Regime liefern – die Peenemünder seien keine echten Nazis gewesen, sondern nur unpolitische Techniker, die mit den Verbrechen der SS nichts zu schaffen hatten. Beide Argumentationsstränge, die Neudefinition der Zielsetzung und die Abwälzung der Verantwortung, flossen im Mythos Peenemünde zusammen. Er bot eine Deutung der Geschichte, die ausgefeilt und verbreitet werden sollte, als die Peenemünder Experten in den USA gegen Ende der fünfziger Jahre ins Licht der Öffentlichkeit traten.

1 Mit dem »Gesetz über den Aufbau der Wehrmacht« vom 13. März 1935, das auch die Wiedereinführung der allgemeinen Wehrpflicht brachte, wurden die militärischen Bestimmungen von Versailles einseitig aufgekündigt.

2 Redeentwurf vom 12. Mai 1943, in: Deutsches Museum München, NL Dornberger, Tagebücher Nr. 1.

3 Alfred Jodl, Tagebucheintrag vom 8. März 1944, in: U. S. National Archives, Mikrofilm T-77/R1429/F144–45; masch. schriftl. Version in T-77/R1430/F923 (Original im Bundesarchiv Berlin).

Weitere Literatur zum Thema: Volkhard Bode/Gerhard Kaiser, *Raketenspuren*, Berlin 1995; Walter Dornberger, *V 2*, Esslingen 1952 (Reprint unter dem Titel *Peenemünde*, 1989); Heinz Dieter Hölsken, *Die V-Waffen*, Stuttgart 1984; Michael J. Neufeld, *Die Rakete und das Reich*, Berlin 1997; Botho Stüwe, *Peenemünde-West*, Esslingen/München 1995; Jens-Christian Wagner, *Produktion des Todes*, Göttingen 2001.

Opfer des Raketenwahns. Zwangsarbeit in Peenemünde und Mittelbau-Dora

Jens-Christian Wagner

Wenn im Zusammenhang mit Peenemünde das Stichwort »Zwangsarbeit« fällt, dann wird damit fast immer ausschließlich der Einsatz von Häftlingen aus dem KZ Mittelbau-Dora im unterirdischen Mittelwerk bei Nordhausen in Thüringen in Verbindung gebracht. Nicht nur in der Öffentlichkeit, sondern auch in der Forschung herrscht noch immer das dichotomische Bild vor: vom sauberen Peenemünde einerseits und der Hölle im fernen Mittelwerk andererseits. Was dieses freilich ausklammert ist, dass die Zwangsarbeit auch in Peenemünde eine zentrale Rolle spielte und der Ort zum Leidens- und Todesort Tausender wurde.

Das Ausmaß der Zwangsarbeit in Peenemünde von 1939 bis 1945 ist nicht leicht zu überschauen, was neben der schlechten Quellenüberlieferung auch auf den Umstand zurückzuführen ist, dass die verschiedenen Formen unfreier Arbeit nur schwer unter dem Begriff der Zwangsarbeit zusammengefasst werden können und nicht isoliert betrachtet werden dürfen.[1] So mussten neben KZ-Häftlingen einige tausend Zwangsarbeiter anderer Kategorien auf den Baustellen und in den Versuchseinrichtungen rund um Peenemünde arbeiten. Dazu zählten neben ausländischen Zivilarbeitern vor allem polnische und sowjetische Kriegsgefangene, die vielfach unter ähnlich mörderischen Arbeits- und Lebensbedingungen litten wie die Insassen der Peenemünder KZ-Außenlager.

Wann und in welchem Umfang ausländische Zivilarbeiter und Kriegsgefangene in Peenemünde eingesetzt wurden, geht aus den Akten und den Erinnerungsberichten nicht immer klar hervor. Wie bei den deutschen Arbeitskräften gab es starke Fluktuationen, die zum einen saisonal bedingt waren (der Großteil der Zwangsarbeiter war auf Baustellen beschäftigt), zum anderen aber auch auf die ständigen Improvisationen zurückzuführen sind, mit denen Industrie und Behörden dem im Laufe der Kriegsjahre sich dramatisch verschärfenden Arbeitskräftemangel entgegenzutreten versuchten. Schließlich war die Zuweisung von Arbeitskräften in hohem Maße abhängig von den sich ständig ändernden Dringlichkeitseinstufungen der Waffenentwicklungsprogramme des Heeres und der Luftwaffe. Die Rückstufung in der Dringlichkeit führte unweigerlich zum Abzug von Arbeitskräften. Das hat zur Folge, dass sich der Kampf um deutsche Lohn- und ausländische Zwangsarbeiter wie ein roter Faden durch die Akten der Heeresversuchsanstalt und der Luftwaffen-Erprobungsstelle zieht.

Wegen der Geheimhaltungsvorschriften waren insgesamt nur relativ wenige ausländische Zwangsarbeiter in den Bereichen der Entwicklung, Erprobung und Fertigung eingesetzt. Die meisten Zwangarbeiter arbeiteten auf den Baustellen, die einen erheblichen personellen Aufwand erforderten, denn immerhin wurden die Luftwaffen- und Heereseinrichtungen in Peenemünde seit 1936 innerhalb nur weniger Jahre aus dem sandigen Boden Usedoms gestampft und bis 1945 ständig ausgebaut. Die Leitung der Bauarbeiten oblag der nach ihrem Leiter Walter Schlempp benannten »Baugruppe Schlempp«, als dessen Vertreter in Peenemünde der spätere Bundespräsident Heinrich Lübke fungierte. Ein Großteil der Zwangsarbeiter in Peenemünde war also nicht direkt für die Luftwaffe oder das Heer eingesetzt, sondern für die Baugruppe Schlempp, deren Unterlagen im Gegensatz etwa zu denen der Heeresversuchsanstalt bei Kriegsende weitgehend vernichtet wurden. Das erschwert es der Forschung erheblich, sich ein genaues Bild über Art und Umfang der Zwangsarbeit in Peenemünde zu machen. Die folgenden Ausführungen können daher nur eine Annäherung an das Thema bieten.

Zwangsarbeit in Peenemünde

Seit Kriegsbeginn litt das Vorhaben Peenemünde unter dem Abzug von deutschen Arbeitskräften, die zur Wehrmacht eingezogen wurden. Im Verlauf des Jahres 1941 wurde dieses Problem immer drängender, besonders, als nach dem Überfall auf die Sowjetunion eine erneute Einberufungswelle einsetzte. Nach dem Scheitern der Blitzkriegsstrategie verschärfte sich der Arbeitskräftemangel seit dem Frühjahr 1942 weiter. In den Akten der Heeresversuchsanstalt finden sich immer wieder Klagen darüber, dass deutsche Bauarbeiter eingezogen wurden und Termine dadurch nicht eingehalten werden konnten. Folglich bemühten sich die Luftwaffe und das Heer gemeinsam mit der Baugruppe Schlempp immer wieder um die Zuweisung von ausländischen Zivilarbeitern, Kriegsgefangenen und schließlich auch KZ-Häftlingen.

Nachdem bereits im Sommer 1939 tschechische Vertragsarbeiter auf den Peenemünder Baustellen gearbeitet hatten, die noch auf mehr oder weniger freiwilliger Basis angeworben worden waren[2], bedeutete die Verpflichtung von etwa 1000 polnischen Bauarbeitern im Frühjahr 1940 bereits eine erhebliche Verschärfung des Arbeitszwangs. Die Polen wurden getrennt von den deutschen Arbeitskräften in so genannten »Sonderbaracken« untergebracht und waren in ihrer Bewegungsfreiheit erheblich eingeschränkt. Zwar kündigte der mit dem Bau des Raketenwerkes in Peenemünde beauftragte Ministerialrat Godomar Schubert Ende Juli 1940 an, aufgrund eines Erlasses des Oberkommandos der Wehrmacht (OKW), wonach Ausländer nicht mehr in Sicherheitsbereichen beschäftigt werden dürften, werde man die Polen abziehen müssen. Sein Hinweis, »der Fehlbedarf an deutschen Arbeitskräften« steige »demgemäß von 3000 auf 4000 Mann«, deutet jedoch darauf hin, dass die Ankündigung des Abzugs der polnischen Arbeiter eher als Druckmittel gegenüber den Arbeitsämtern zu verstehen ist. Jedenfalls wurden die polnischen Arbeiter trotz der Geheimhaltungsvorschriften zumindest nicht sämtlich abgezogen; bis Mitte August 1940 trafen sogar 50 weitere Polen ein.[3]

Im Frühjahr 1941 verpflichtete die Luftwaffe italienische Arbeiter für Deichbauarbeiten an der Peene, und wenig später wurden Italiener auch für das Heer in Peenemünde-Ost eingesetzt, so dass die Gesamtzahl der in Peenemünde arbeitenden Italiener im Sommer 1941 auf etwa 1000 stieg. Offiziell handelte es sich bei ihnen um freie Vertragsarbeiter (immerhin war das nationalsozialistische Deutschland mit dem faschistischen Italien verbündet), tatsächlich nahmen die Arbeitsbedingungen der Italiener jedoch zunehmend Zwangscharakter an.[4] Mitte Oktober 1941 kam es zu einer Revolte unter den italienischen Arbeitern, die von deutscher Seite mit brutaler Repression und Verhaftungen beantwortet wurde.[5] Vermutlich als Folge der Revolte zog die Arbeitsverwaltung noch im Herbst 1941 sämtliche Italiener aus Peenemünde ab.

Zum Beginn der Bausaison des Jahres 1942 gelang es der Heeresversuchsanstalt Peenemünde (HVP) und der Baugruppe Schlempp (BGS), französische und niederländische Zwangsarbeiter für den weiteren Ausbau der Entwicklungs- und Produktionsanlagen in Peenemünde zugewiesen zu bekommen. Über die Arbeits- und Lebensbedingungen dieser Arbeitskräfte geht aus den Akten kaum etwas hervor. Sicher ist aber, dass die Arbeit auf den Baustellen sehr kräftezehrend gewesen ist und bald zur körperlichen Erschöpfung der Zwangsarbeiter führte. So ist in einer Aktennotiz der HVP von Anfang April 1942 zu lesen, die Franzosen seien »größtenteils krank« und könnten »auch nicht überall eingesetzt werden«[6].

Etwa seit dem Frühjahr 1942 dürften in Peenemünde auch zahlreiche »Ostarbeiter«, also sowjetische Zwangsarbeiter eingesetzt worden sein. Über ihre Zahl geben die erhalten gebliebenen Akten jedoch kaum Auskünfte. Überhaupt lässt sich die Gesamtzahl der in und um Peenemünde eingesetzten ausländischen Zivilarbeiter auch aufgrund der starken Schwankungen nicht genau angeben. Insgesamt dürfte sie in den Sommermonaten der Jahre 1942 und 1943 bei etwa 4000 Menschen gelegen haben. Die meisten von ihnen, in der Mehrzahl polnische und sowjetische Arbeitskräfte, waren im Barackenlager Trassenheide untergebracht. Zum Zeitpunkt des britischen Luftangriffs auf Peenemünde am 17./18. August 1943 befanden sich 3000 Zwangsarbeiter in dem Lager, in dem keinerlei Luftschutzeinrichtungen zur Verfügung standen. 600 von ihnen fanden während des Luftangriffs den Tod.[7]

Zu den Opfern des Luftangriffs gehörten auch sowjetische Kriegsgefangene, die seit dem Herbst 1942 in Peenemünde arbeiten mussten. Ein Lager für 400 sowjetische Offiziere, die als technische Fachkräfte für die HVP arbeiteten, befand sich im so genannten Tannenkamp in Wolgast. Ein zweites Lager für Mannschaftsdienstgrade lag südlich der Straße zum Karlshagener Hafen. Beide Lager unterstanden als Arbeitskommandos formell dem Stalag II C in Greifswald. Für die Bewachung der Lager war das Wachkommando unter Oberleutnant Bornträger zuständig, der zugleich als Adjutant des Kommandeurs der HVP fungierte. Wie viele sowjetische Kriegsgefangene die Zwangsarbeit in Peenemünde nicht überlebt haben, konnte bisher ebenso wenig geklärt werden wie die Frage, was mit ihnen nach Kriegsende geschah. Allein elf von ihnen überlebten den zweiten großen Angriff auf Peenemünde nicht, den die Amerikaner am 18. Juli 1944 flogen. Die Zahl derer, die an den Folgen von Misshandlungen, Hunger und Zwangsarbeit gestorben sind, dürfte wesentlich größer sein.

Manche der ausländischen Zwangsarbeiter versuchten gegen ihre deutschen Peiniger Widerstand zu leisten. Auf die Rebellion der italienischen Arbeiter im Herbst 1941 ist bereits hingewiesen worden. Sowjetische Kriegsgefangene versuchten, die Raketenentwicklung zu sabotieren und versahen Geräteteile der Raketenwaffen mit antifaschistischen Parolen, die von der Leitung der Heeresversuchsanstalt photographisch penibel dokumentiert wurden und deshalb der Nachwelt erhalten geblieben sind.[8]

Von den deutschen Arbeitern und Angestellten in Peenemünde und von der Bevölkerung hatten die hungernden Zwangsarbeiter meist keine Hilfe zu erwarten, im Gegenteil, viele Deutsche zeigten ihnen ihre Verachtung. Es gab jedoch auch Ausnahmen. So setzten sich unter anderem der katholische Geistliche Prälat Dr. Karl Lampert und der Holländer Johannes ter Morsche für holländische und polnische »Fremdarbeiter« in Zinnowitz und Trassenheide ein. Johannes ter Morsche war seit 1942 als Zwangsarbeiter einem Brunnenbauer zugeteilt, dessen Firma auch im Bereich der Heeresversuchsanstalt und der Erprobungsstelle der Luftwaffe in Peenemünde Aufträge ausführte.[9] Ter Morsche hatte dadurch direkten Einblick in die Peenemünder Anlagen und Gelegenheiten zum Kontakt mit dort arbeitenden Ausländern. Es gelang ihm, einen Kreis von Vertrauten aufzubauen, der regelmäßig ausländische Radiosender abhörte und die so gewonnenen Informationen über die tatsächliche Kriegslage weiterverbreitete. Ob die Gruppe auch Informationen über Peenemünde an das Ausland weitergab und dadurch vielleicht Anteil daran hatte, dass die britische Luftaufklärung Peenemünde im Frühjahr 1943 entdeckte, ist höchst spekulativ. Der Kreis um ter Morsche wurde durch einen Spitzel verraten, ter Morsche selbst am 4. Februar 1943 in seiner Wohnung in Zinnowitz verhaftet und am 1. Oktober 1943 wegen Hochverrats und Feindbegünstigung vom Volksgerichtshof in Berlin zum Tode verurteilt. Das Urteil wurde am 24. Januar 1944 im Zuchthaus Brandenburg vollstreckt. Im gleichen Jahr wurde auch Karl Lampert als Widerständler hingerichtet.

Unter den mörderischsten Lebens- und Arbeitsbedingungen hatten in Peenemünde zweifellos die seit 1943 eingesetzten KZ-Häftlinge zu leiden. Als im Frühjahr 1943 die Serienfertigung der A-4-Rakete näherrückte, stellte sich in Peenemünde und an den anderen Produktionsstandorten der Rakete das Problem, welche Arbeitskräfte hierfür herangezogen werden sollten. Ausländer waren bis zum Winter 1942/43 sowohl in Peenemünde-West als auch in Peenemünde-Ost vornehmlich als Bauarbeiter eingesetzt worden. Nun brauchte man Arbeitskräfte für die Produktion.

Dass dafür Zwangsarbeiter eingesetzt werden sollten, daran ließen die Verantwortlichen von Beginn an keinen Zweifel. In einer Anfang Februar 1943 von Arthur Rudolph verfassten Arbeitskräfteaufstellung für die geplante Raketenmontage in Peenemünde wurden neben deutschen und ausländischen Arbeitern erstmals auch sowjetische Arbeitskräfte genannt: »Einsatz von Russen in stärkstem Maße geplant.«[10] Der Plan, »Ostarbeiter« und sowjetische Kriegsgefangene in großem Umfang in der A-4-Fertigung einzusetzen, wurde allerdings bald wieder fallengelassen, zumal Hitler Anfang Juli 1943 forderte, bei der A-4-Fertigung dürften aus Geheimhaltungsgründen nur Deutsche beschäftigt werden.[11]

Die Geheimhaltung schien den Verantwortlichen im Sonderausschuss A 4 aber auch durch den Einsatz von KZ-Häftlingen gewährleistet zu sein. Mitte Juli 1943 meldete die Werkschronik der Peenemünder »Fertigungsstelle«: »Die Mittelteilfertigung ist unter Einsatz von Häftlingen angelaufen. ... In der sogenannten Russenwerkstatt im Sockelgeschoß sind jetzt Häftlinge eingesetzt zur Herstellung von Vorrichtungen.«[12] Zu diesem Zeitpunkt befanden sich in der Halle F 1 des Versuchsserienwerkes bereits etwa 600 überwiegend französische, sowjetische und polnische KZ-Häftlinge eines neu errichteten Außenlagers des KZ Ravensbrück.

Bereits im April 1943 hatte der »Arbeitseinsatz-Beauftragte« im Sonderausschuss A 4, Jaeger, den Peenemündern geraten, KZ-Häftlinge einzusetzen.[13] Die Verantwortlichen im Heereswaffenamt und in Peenemünde nahmen die Empfehlung bereitwillig auf.

Nur drei Tage nach dem Besuch Jaegers machte sich eine Delegation des Sonderausschusses A 4 unter Leitung von Arthur Rudolph zu den Heinkel-Werken nach Oranienburg auf, um sich dort über die »Einsatzmöglichkeiten von KZ-Leuten« zu informieren. Der Bericht, den Rudolph nach der Besichtigungsreise verfasste, liest sich wie ein Werbeprospekt für den Einsatz von Häftlingen: Nachdem die kostengünstigen Unterbringungsmöglichkeiten, die Arbeitsleistung der Häftlinge und die für die Heinkel-Werke günstige Kostenübernahme für Verpflegung, Bekleidung und insbesondere Bewachung der Häftlinge durch die SS hervorgehoben werden, schließt der Bericht mit der Feststellung, das System habe sich bewährt, »wie auch überhaupt der Häftlingseinsatz gegenüber dem früheren Einsatz von Ausländern [gemeint sind ausländische Zivilarbeiter, Anm. d. V.] erhebliche Vorteile bietet, da insbesondere alle nicht arbeitseinsatzmäßigen Aufgaben von der SS übernommen werden und die Häftlinge die größere Sicherheit für die Geheimhaltung bieten«.[14] Nur eine Woche nach der Besichtigungsfahrt war im Berliner Sonderausschuss A 4 der Einsatz von KZ-Häftlingen in Peenemünde offenbar bereits beschlossene Sache, denn am 19. April 1943 verfügte das Gremium, in der Halle F 1 des Fertigungswerkes könnten keine Umschulungen für deutsche Facharbeiter mehr stattfinden, »da dort Häftlinge eingesetzt werden sollen«[15].

Auch General Dornberger begrüßte die geplante Zwangsarbeit von KZ-Häftlingen. Mitte April 1943 reiste er mit Mitgliedern des Sonderausschusses A 4 zu den geplanten zwei weiteren A-4-Montagewerken nach Friedrichshafen und Wiener Neustadt. Dort besprach man (ohne den Bericht Rudolphs über die Reise zu den Heinkel-Werken zu kennen) die Möglichkeit eines »geschlossene[n] Einsatz[es] von 2200 Facharbeitern aus den Konzentrationslagern bei den Rax-Werken«, die »in unmittelbarer Nähe der Werkhalle« untergebracht werden sollten: »Werkhalle und Lager innerhalb eines Zaunes«.[16] Die Firma Zeppelin hatte zu diesem Zeitpunkt bereits mit dem Einsatz von KZ-Häftlingen begonnen. Das dem KZ Dachau zugeordnete Außenlager Friedrichshafen wurde erstmals Ende Februar 1943 erwähnt und bestand bis September 1944.[17]

Nachdem im April 1943 die grundsätzliche Entscheidung für den Häftlingseinsatz gefallen war, dauerte es noch einige Wochen, bis die ersten Häftlinge im Peenemünder Versuchsserienwerk eintrafen. Am 17. Juni 1943 meldete die Chronik des Fertigungswerkes das »Eintreffen der ersten 200 Häftlinge, zur Hälfte Deutsche, zur Hälfte Russen, die in F 1 untergebracht werden und zunächst den Drahtverhau um die F 1 errichten«.[18] Einen knappen Monat später, am 11. Juli 1943, traf ein zweiter Transport mit 400 Häftlingen ein, über die es in der Chronik des Fertigungswerkes heißt: »... leider sind es fast sämtlich Franzosen und ohne jede Fachausbildung. Es wird versucht, durch SS-Obersturmbannführer Maurer die Leute auszutauschen gegen deutsche Facharbeiter«.[19] Beide Transporte waren aus dem KZ Buchenwald gekommen, das Lager mit der Bezeichnung »Karlshagen II« unterstand nur formal dem KZ Ravensbrück. Eine fachliche »Musterung«, wie sonst vielfach üblich, hatte es bei den beiden Transporten nicht gegeben – in Anbetracht der verhältnismäßig anspruchsvollen Tätigkeiten bei der A-4-Fertigung eigentlich überraschend. Es handelte sich bei diesen 600 Lagerinsassen jedoch zunächst um ein »Vorauskommando« – der Großteil der Häftlinge sollte erst nach vollem Anlaufen der A-4-Produktion eintreffen.[20]

Einen Austausch der als fachlich nicht geeignet bezeichneten Häftlinge hat es jedenfalls nicht gegeben, rechnete man doch ohnehin mit einer starken Erhöhung der Häftlingszahlen. Am 4. August 1943 wurde in Peenemünde zudem die Entscheidung getroffen, dass »die Fertigung in allen vier Serienwerken durch Sträflinge«, also KZ-Insassen, vorgenommen werden solle. Je 1500 Häftlinge sollten dabei in Wiener Neustadt bei den Rax-Werken, in Friedrichshafen bei Zeppelin und in Berlin-Falkensee bei der Demag eingesetzt werden und weitere 2500 »als Puffer« nach Peenemünde kommen.[21]

Der britische Luftangriff vom 17./18. August 1943 machte diesen Plänen jedoch einen Strich durch die Rechnung. Auch die Halle F 1 erhielt bei dem Bombardement einige Treffer. Zahlreiche Häftlinge wurden dabei zum Teil schwer verletzt, und 18 von ihnen überlebten den Angriff nicht, darunter auch der Lagerälteste Fritz Wolf. Nach dem Luftangriff wurden sämtliche Planungen geändert. Das Montagewerk entstand nun in den Stollen des Kohnsteins bei Nordhausen in Thüringen (darauf wird noch näher einzugehen sein), und auch die Produktionsanlagen aus Friedrichshafen und Wiener Neustadt wurden schrittweise dorthin verlagert.

Die für den Einsatz in der A-4-Fertigung vorgesehenen Häftlinge blieben nach dem Luftangriff nur noch einige Wochen für Aufräumungs- und Demontagearbeiten in Peenemünde. Mitte Oktober 1943 wurden sie über Buchenwald nach Nordhausen verlegt. Dort mussten sie beim Ausbau der Stollen für die unterirdische Raketenfabrik schwerste körperliche Arbeiten verrichten.

In Peenemünde gehörte der Anblick von KZ-Häftlingen jedoch auch weiterhin zum Alltag. Zwar wurde das Lager in der Fertigungshalle F 1 im Oktober 1943 aufgelöst, ein bereits im Mai 1943 eingerichtetes KZ-Außenlager bei der Luftwaffen-Erprobungsstelle in Peenemünde-West blieb jedoch bis zum Frühjahr 1945 bestehen. Auch dieses Lager, das in der SS-Korrespondenz als »Karlshagen I« geführt wurde, unterstand dem KZ Ravensbrück und zählte Ende Mai 1943 etwa 500 Häftlinge, die aus Buchenwald nach Peenemünde verlegt worden waren.[22] Die Insassen des Lagers wurden bei Bau- und Montagearbeiten unter anderem auf dem Flugplatz und im Hafen eingesetzt, aber auch auf den Raketenprüfständen des Heeres in Peenemünde-Ost mussten noch bis 1945 zeitweilig Häftlingskommandos arbeiten. Insbesondere in den Baukommandos, die unter anderem der Baugruppe Schlempp und damit Bauleiter Heinrich Lübke unterstanden, waren die Überlebenschancen für die Häftlinge aufgrund der harten Arbeitsbedingungen sehr schlecht.

Wie viele Menschen das Lager Karlshagen I nicht überlebten lässt sich heute nicht mehr mit Bestimmtheit sagen. Allein 171 Namen von Häftlingen, die zwischen November 1943 und September 1944 starben, sind auf einer Verbrennungsliste des Krematoriums in Greifswald aufgeführt.[23] In den letzten Monaten wurden die Toten nicht mehr zur Einäscherung nach Greifswald gebracht, sondern am Rand des Peenemünder Friedhofes verscharrt. 1969 fanden sich dort bei der Exhumierung eines Massengrabes die Überreste von 56 Häftlingsleichen, die später auf den Friedhof Karlshagen umgebettet wurden. Damit sind im Lager Karlshagen I mindestens 227 Häftlinge gestorben, die meisten von ihnen an den Folgen von Erschöpfung und Hunger.

Im Februar 1945 ließ die SS einen großen Teil der Häftlinge aus dem Lager Peenemünde per Schiff und Bahn über Barth in das Außenlager Ellrich-Juliushütte des KZ Mittelbau-Dora verlegen, von wo aus sie im April 1945 auf einen Todesmarsch in Richtung des KZ Ravensbrück getrieben wurden. Die etwa 250 in Peenemünde zurückgebliebenen Häftlinge wurden schließlich Mitte April 1945 vor der heranrückenden Roten Armee in Richtung Rostock verschleppt, wo die Überlebenden dieses Todesmarsches Anfang Mai von sowjetischen Truppen befreit wurden.

Das KZ Mittelbau-Dora

Im Kohnstein bei Nordhausen hatte die dem Reichswirtschaftsministerium unterstehende Wirtschaftliche Forschungsgesellschaft mbH (Wifo) seit 1936 ein unterirdisches Treibstofflager für die Wehrmacht ausbauen lassen, das im Spätsommer 1943 nahezu fertiggestellt und bereits vor der Bombardierung Peenemündes als geeigneter Verlagerungsort für die Raketenproduktion ausgemacht worden war.

Bereits am 28. August 1943, also nur zehn Tage nach dem Luftangriff auf Peenemünde, trafen am Kohnstein bei Nordhausen die ersten 107 KZ-Häftlinge mit ihren SS-Bewachern ein. Damit erhielt das KZ Buchenwald ein neues Außenlager: das »Arbeitslager Dora«, wie es bei der SS offiziell hieß. In den nächsten Wochen und Monaten folgten nahezu täglich weitere Häftlingstransporte aus Buchenwald. Ende September 1943 befanden sich bereits mehr als 3000, Ende Oktober 6800 und Weihnachten 1943 über 10 500 KZ-Häftlinge im Kohnstein.[24]

Von einem Lager im eigentlichen Wortsinn konnte indes noch nicht die Rede sein: Da im Herbst 1943 Baracken oder andere feste Unterkünfte für die Häftlinge noch nicht vorhanden waren, wurden sie von der SS in den Stollen des geplanten Raketenwerkes untergebracht. Zu diesem Zweck wurden drei Querkammern des leiterförmigen Stollensystems als »Schlafstollen« mit vierstöckigen Holzpritschen eingerichtet. Bis auf halbierte Ölfässer, die als Latrinen dienten, gab es keine sanitären Anlagen. Hunger, Durst, die Kälte und nicht zuletzt die Arbeit quälten und töteten die Häftlinge.

Der größte Teil von ihnen wurde in den ersten Monaten bei schweren Bau- und Transportarbeiten für den Ausbau der unterirdischen Raketenfabrik eingesetzt. So mussten Tunnel ausbetoniert, Bahngleise verlegt und weitere Stollen vorangetrieben werden. Der Ausbau des unterirdischen Werkes hatte dabei Vorrang vor der Errichtung des oberirdischen Barackenlagers am Südrand des Kohnsteins. Erst ab Januar 1944, als die Produktion der A-4-Rakete im Stollen anlief, wurden die ersten Häftlingsgruppen in das Barackenlager verlegt. Viele waren jedoch noch bis Mai 1944 in den Schlafstollen eingepfercht. Sehr viele Häftlinge, in der Mehrzahl Russen, Polen und Franzosen, überlebten die schweren Monate des Stollenausbaus nicht. Von Oktober 1943 bis März 1944 starben in Dora fast 2900 Häftlinge. Weitere 3000 Sterbende wurden im Frühjahr 1944 in die Konzentrationslager Lublin-Majdanek und Bergen-Belsen überstellt. Von ihnen hat kaum jemand überlebt.

Für die SS, unter deren Leitung die Bauarbeiten vorangetrieben wurden, war der Ausbau des Stollensystems zu einer unterirdischen Raketenfabrik ein Prestigeprojekt. Wie hastig und improvisiert man bei der Einrichtung des Werkes vorging, zeigt sich auch in der erst nachträglich erfolgten Gründung der Mittelwerk GmbH, unter deren Regie die A-4-Raketen im Kohnstein montiert werden sollten und in deren Führungsgremien mit General Dornberger und Arthur Rudolph prominente Peenemünder Raketenexperten vertreten waren.[25] Besonders SS-Gruppenführer Hans Kammler, Chef der Amtsgruppe C im SS-Wirtschafts-Verwaltungshauptamt (WVHA), ging es darum, sich mit Blick auf weitere Bauprojekte auf dem Rüstungssektor mit dem Ausbau des Mittelwerkes zu profilieren. Anfang Januar 1944 waren die Arbeiten so weit vorangeschritten, dass die Montage der A-4-Raketen beginnen konnte. Mit dem Anlaufen der A-4-Produktion im Mittelwerk setzte eine Umstrukturierung des Lagers Dora ein. Die Häftlinge, die die kräftezehrenden Ausbauarbeiten im Herbst und Winter 1943/44 überlebt hatten, meinte man in der Produktion nicht mehr gebrauchen zu können, da sie entweder körperlich zu geschwächt oder für die Arbeit an den Montagebändern beruflich nicht qualifiziert schienen. Für die Fertigung der A-4-Rakete wurden deshalb neue, in anderen Konzentrationslagern ausgewählte Gefangene nach Dora gebracht, die zum Teil von den Peenemünder Ingenieuren selbst für das Mittelwerk gemustert wurden. Selbst Wernher von Braun suchte im August 1944 persönlich im KZ Buchenwald KZ-Häftlinge als Spezialisten für die A-4-Produktion im Mittelwerk aus.[26]

Die erschöpften Häftlinge aus der Ausbauphase des Mittelwerkes wurden hingegen in die ab März 1944 entstehenden Außenlager in der Umgebung Nordhausens abgeschoben, wo sie weiterhin im Stollenvortrieb oder auf Baustellen über Tage arbeiten mussten. Das Lager Dora entwickelte sich damit seit dem Frühjahr 1944 zu einer Drehscheibe des Häftlingsverschubs und übernahm schnell Funktionen eines Hauptlagers. Dieser Entwicklung trug die SS Rechnung, indem sie im Oktober 1944 das Lager Dora zusammen mit den benachbarten Außenlagern aus der Verwaltung des KZ Buchenwald herauslöste und zum KZ Mittelbau verselbständigte.

Die Gründung der meisten Außenlager des KZ Mittelbau-Dora erfolgte im Zusammenhang mit der geplanten Untertageverlagerung der Luftrüstung ab dem Frühjahr 1944. Rund um Nordhausen sollten im Rahmen des Jägerprogramms nach dem Vorbild des Mittelwerkes unterirdische Verlagerungsbetriebe für den Junkers-Konzern entstehen. Daneben gründete die SS im Südharz jedoch noch eine Reihe von Lagern, deren Insassen Zwangsarbeit für die Raketenproduktion leisten mussten. Es zeigte sich nämlich sehr bald, dass die Produktionsfläche im Kohnstein bei weitem nicht ausreichte, zumal die Mittelwerk GmbH im April 1944 fast die Hälfte ihrer Stollenanlage an den Junkers-Konzern abtreten musste, der im so genannten Nordwerk Triebwerke für die Me 262 herstellen ließ. Die Raketenbauer beschlagnahmten daher an mehreren Orten in der Umgebung Nordhausens Fabrikhallen, in denen sie Reparaturbetriebe und Materiallager für die A-4-Produktion einrichteten. Als Arbeitskräfte wurden dafür wie im Hauptwerk der Mittelwerk GmbH KZ-Häftlinge herangezogen, für die in der Nähe der Betriebe KZ-Außenlager eingerichtet wurden – so in Rossla, Kelbra, Kleinbodungen, Niedergebra und Bischofferode/Eichsfeld.

Die meisten im Zusammenhang mit der Untertageverlagerung des Junkers-Konzerns eingerichteten Mittelbau-Lager lagen in einem relativ eng umrissenen Gebiet um Nordhausen. Neben dem Hauptlager Dora, das mit durchschnittlich etwa 15 000 Häftlingen belegt war, bildeten die Lager Ellrich-Juliushütte (gegründet am 2.5.1944, belegt mit durchschnittlich etwa 8000 Häftlingen), Harzungen (1.4.1944, 4000 Häftlinge), Rottleberode (13.3.1944, 1000 Häftlinge) und die SS-Baubrigaden III und IV (zusammen etwa 3000 Häftlinge, die sich auf mehrere kleinere Lager entlang einer im Bau befindlichen Ausweichbahnlinie im Helmetal zwischen Nordhausen und Herzberg verteilten) den Kern des Mittelbau-Komplexes. Nach der Verselbständigung des KZ Mittelbau kamen mit der Verlagerung neuer Rüstungsprojekte in den Südharz weitere Außenlager hinzu; schließlich befanden sich im Frühjahr 1945 über 40 000 Häftlinge in den mittlerweile etwa 40 Mittelbau-Lagern.

Die Auflösungsphase des KZ Mittelbau begann bereits im Spätherbst 1944. Durch Überfüllung der Außenlager, besonders aber durch den einsetzenden Winter verschlechterten sich die Lebensbedingungen in allen Lagern des Komplexes, was zu einem starken Anstieg der Todesrate führte. War diese nach dem Höchststand im März 1944 (750 Tote) im Sommer jenes Jahres auf monatlich 100 bis 150 Tote abgesunken, so stieg sie ab November wieder stark an und erreichte im Dezember die Zahl von 570 offiziell von der SS registrierten Toten, von denen knapp 500 allein auf das Lager Ellrich entfielen.

Ende 1944 begann die SS, die Insassen der Lager Auschwitz und Groß-Rosen vor der anrückenden Roten Armee in weiter westlich gelegene Konzentrationslager zu »evakuieren«. Viele dieser Transporte gingen in den »Mittelbau« - insgesamt wurden bis zu 16 000 Häftlinge aus Auschwitz und Groß-Rosen bis März 1945 dorthin verschleppt, darunter auch Frauen und Kinder. Mit diesen Transporten stieg auch die Zahl der jüdischen Häftlinge in den Mittelbau-Lagern. Die meisten von ihnen waren nach wochenlangen Eisenbahntransporten krank und völlig erschöpft, viele überlebten die Transporte nicht. Folge dieser Entwicklung war eine erneute drastische Zunahme der Sterblichkeit. Zwischen Januar und Anfang April 1945 starben in den Lagern des KZ Mittelbau über 6000 Häftlinge, davon etwa 3000 in der Boelcke-Kaserne in Nordhausen, die von der SS Anfang Januar als zentrales Sterbelager für den Mittelbau-Komplex eingerichtet worden war.

Etwa 60 000 Häftlinge wurden von August 1943 bis März 1945 in die Mittelbau-Lager verschleppt. Die Gesamtzahl der Toten lässt sich nicht genau ermitteln. Etwa 12 000 Tote wurden offiziell in den SS-Akten vermerkt. Hinzu kommen eine unbekannte Zahl nicht registrierter in den Mittelbau-Lagern verstorbener und ermordeter Häftlinge sowie etwa 1200 Opfer eines alliierten Luftangriffs auf die Boelcke-Kaserne, über 5000 Sterbende, die Anfang 1944 und im März 1945 in Vernichtungstransporten nach Lublin und Bergen-Belsen geschickt wurden und eine unbekannte Zahl von Häftlingen, die die Todesmärsche nach der Räumung der Mittelbau-Lager im April 1945 nicht überlebten.[27] Es kann also selbst bei vorsichtiger Schätzung davon ausgegangen werden, dass etwa 20 000 Häftlinge die Deportation in das KZ Mittelbau-Dora nicht überlebt haben. Nur ein relativ kleiner Teil von ihnen fiel direkt den Arbeitsbedingungen in der Raketenproduktion des Mittelwerkes zum Opfer. Mittelbar müssen jedoch auch diejenigen Toten zu den Opfern der Raketenproduktion hinzugerechnet werden, die im Winter 1943/44 beim Umbau des Wifo-Öllagers zur Raketenfabrik eingesetzt wurden oder auf den zahlreichen Baustellen arbeiten mussten, die der Verbesserung der Infrastruktur des Mittelwerkes dienten. Insgesamt dürften damit in Mittelbau-Dora rund 10 000 Häftlinge der Raketenproduktion zum Opfer gefallen sein.

Weitere Haft- und Zwangsarbeitsstätten des Raketenprogramms

Nicht nur das Fertigungswerk sollte im Herbst 1943 aus Peenemünde verlagert werden. Im September 1943 erhielt SS-General Hans Kammler den Auftrag, bei Ebensee im oberösterreichischen Salzkammergut eine Stollenanlage erstellen zu lassen, die das Peenemünder Entwicklungswerk aufnehmen sollte (Deckname »Kalk«, später »Zement«). Als Arbeitskräfte für den im November 1943 begonnenen Ausbau der Stollen wurden wie im Kohnstein Tausende von KZ-Häftlingen aus einem eigens dafür eingerichteten Außenlager eingesetzt. Da sich bei den Schachtarbeiten jedoch immer wieder Verzögerungen ergaben, wurde im Sommer 1944 der Plan, das Entwicklungswerk aus Peenemünde zu verlagern, zunächst fallengelassen. Stattdessen entschied man im Rüstungsministerium, die Anlage »Zement« zur Produktion von Panzergetrieben und zur Einrichtung einer unterirdischen Erdölraffinerie zu nutzen.[28]

Zur Kalibrierung und Prüfung der für das Mittelwerk gefertigten Triebwerke ließ der Sonderausschuss A 4 mit Hilfe Kammlers bei Lehesten im Thüringer Wald unter dem Decknamen »Vorwerk Mitte« Prüfstände und ein Sauerstoffwerk errichten. Dazu richtete die SS das dem KZ Buchenwald unterstehende KZ-Außenlager »Laura« ein. Nur 25 Kilometer von Ebensee entfernt, in Redl-Zipf bei Attnang-Puchheim, entstand seit dem Herbst 1943 eine ähnliche Anlage unter der Bezeichnung »Vorwerk Schlier«. Auch bei diesem Bauprojekt setzte die SS KZ-Häftlinge ein. Im Rahmen der Planungen für den Einsatz der A-4-Rakete ließ das Heereswaffenamt (HWA) seit September 1943 in einem stillgelegten Eisenbahntunnel im Ahrtal bei Dernau unter der Tarnbezeichnung »Rebstock« einen Untertagebetrieb einrichten, in dem die Lafetten für den Fronteinsatz der A-4-Rakete hergestellt werden sollten. Dieses Projekt stand mit den Bauvorhaben Kammlers jedoch in keinem Zusammenhang, und KZ-Häftlinge wurden hier erst im Sommer und Herbst 1944 eingesetzt, kurz bevor die gesamte Anlage nach Artern in die Nähe von Nordhausen verlegt wurde. Ein letztes Peenemünder Verlagerungsprojekt betraf schließlich die Peenemünder Strömungsforscher, die im Herbst 1943 in das oberbayerische Kochel evakuiert wurden und dort unter der Tarnbezeichnung »Wasserbauversuchsanstalt GmbH« firmierten. Zusammengefasst sah das

Peenemünder Verlagerungsprogramm 1943/44 die in der Tabelle unten aufgeführten Standorte vor.

Über die Verlagerungsvorhaben hinaus wurden KZ-Häftlinge an mehreren Orten als Zwangsarbeiter für das Peenemünder Raketenprogramm eingesetzt. Die Rax-Werke in Wiener Neustadt, die Zeppelin-Werke in Friedrichshafen und die Demag-Werke in Falkensee, die im Sommer 1943 als Montagestandorte der A-4-Rakete ausgebaut und als KZ-Standorte eingerichtet wurden, sind bereits erwähnt worden. Hinzu kommt eine größere Zahl von KZ-Außenlagern, die bei Zulieferbetrieben des A-4-Programms eingerichtet wurden, so etwa in Düsseldorf bei der Firma Rheinmetall-Borsig, wo seit dem Herbst 1943 bis zu 800 Häftlinge Leichtmetallbehälter für die A-4-Rakete pressen mussten, oder in Breslau, wo etwa 700 Häftlinge aus einem dem KZ Groß-Rosen unterstehenden KZ-Außenlager seit dem Sommer 1944 für die Linke-Hoffmann AG unter anderem das Heck der Rakete herstellten.

Insgesamt wurden in den zwei letzten Kriegsjahren mindestens 40 000 Häftlinge unmittelbar für das A-4-Programm zur Zwangsarbeit herangezogen. Wegen der hohen Fluktuation in den Häftlingskommandos dürfte die Zahl noch wesentlich höher gewesen sein, und man kann davon ausgehen, dass einschließlich der Häftlinge, die mittelbar für das Raketenprogramm arbeiten mussten (also bei der Errichtung der Infrastruktur) in Peenemünde und Mittelbau-Dora sowie an den vielen anderen Standorten etwa 15 000 bis 20 000 KZ-Häftlinge der Entwicklung und Produktion der A-4-Rakete zum Opfer gefallen sind. Damit ist die A-4-Rakete eine Waffe, deren Produktion mehr Tote forderte als ihr Einsatz.

Verantwortlichkeiten

Die Geschichte Peenemündes und Mittelbau-Doras macht in erschreckender Weise deutlich, wie weit nicht nur die deutsche Rüstungsindustrie und die Wehrmacht, sondern auch vermeintlich apolitische, technokratische Ingenieure wie Wernher von Braun und viele seiner Mitstreiter in die NS-Verbrechen involviert waren.

Nach dem Krieg verschwiegen die meisten Raketeningenieure ihre Verantwortung für den Einsatz von KZ-Zwangsarbeitern in Peenemünde, Mittelbau-Dora und anderswo. Stattdessen hob man die eigenen technischen Leistungen hervor, die von ihrem kriegsgeschichtlichen und ideologischen Kontext losgelöst dargestellt wurden. Ein besonders abschreckendes Beispiel einer solchen Apologie ist die Autobiographie von Walter Dornberger, die 1952 erstmals erschien und bis zum heutigen Tage vielfache Neuauflagen erlebt hat.[29] Dieser Erlebnisbericht eines Täters zeigt exemplarisch persönliche und gesellschaftliche Verdrängungs- und Exkulpierungsstrategien der fünfziger Jahre. Das Lager Dora und der Einsatz von KZ-Zwangsarbeitern in Peenemünde und Nordhausen werden in dieser Arbeit – im Gegensatz zum Mittelwerk – an keiner Stelle erwähnt.

Die wenigen Verantwortlichen aus Peenemünde und dem Heereswaffenamt, die nach dem Krieg die Beschäftigung von Zwangsarbeitern im Raketenprogramm nicht geleugnet haben, verbanden das meist mit dem Hinweis, die Häftlinge und »Fremdarbeiter« seien den Raketeningenieuren von der SS förmlich aufgezwungen worden. Ingenieure und Techniker folgten damit einem apologetischen Darstellungsmuster, das auch ihre Kollegen in der

Bezeichnung der Einrichtung in Peenemünde	Verlagerungsort	Deckname	Angeschlossenes KZ-Außenlager (Hauptlager)
A-4-Fertigungswerk	Niedersachswerfen bei Nordhausen	Mittelwerk GmbH (Hammersfeld)	Dora (Buchenwald)
-Prüfstände, Sauerstoffwerk	Lehesten/Thüringen	Vorwerk Mitte, Vorwerk Lee	Laura (Buchenwald)
A-4-Entwicklungswerk	Ebensee/ Oberösterreich	Kalk, später Zement	Ebensee (Mauthausen)
-Prüfstände, Sauerstoffwerk	Lehesten/Thüringen	Vorwerk Schlier	Redl-Zipf, Schlier (Mauthausen)
A-4-Bodenanlagen	Dernau/Ahr	Rebstock	Rebstock (Buchenwald)
Windkanal	Kochel	Wasserbauversuchsanstalt	

Industrie lange vertraten und zum Teil auch heute noch vertreten. *Wirtschaft unter Zwang* hieß bezeichnenderweise eine viel gelesene Studie zur Geschichte der deutschen Industrie im Krieg, die ein Wirtschaftshistoriker 1966 in Westdeutschland vorlegte.[30] Die intensive Forschung zur Zwangsarbeit im Nationalsozialismus, die in den vergangenen zwanzig Jahren betrieben wurde und zu zahlreichen Veröffentlichungen zum Thema geführt hat, zeigt jedoch ein ganz anderes Bild: Danach belegen sowohl Detailuntersuchungen einzelner Unternehmen als auch die entsprechenden Anordnungen aus dem Rüstungsministerium und aus dem SS-Wirtschaftsverwaltungs-Hauptamt, dass die Initiative zum Einsatz von KZ-Häftlingen im Regelfall von den Unternehmen selbst ausging.[31]

Im Falle der Raketenrüstung war dies nicht anders. Weil andere Arbeitskräfte nicht zur Verfügung standen und KZ-Häftlinge überdies die Geheimhaltung zu gewährleisten schienen, scheuten sich die leitenden Ingenieure und Militärs in Peenemünde nicht, bei der SS vorstellig zu werden und um Zuweisung von KZ-Zwangsarbeitern zu bitten. Die SS kam dieser Bitte in der nicht unberechtigten Hoffnung nach, auf diese Weise Einfluss auf das Raketenprogramm des Heeres zu bekommen. Bei der V-1-Produktion war es genauso: Auch hier stellte die SS auf Anforderung der Luftwaffe und des Volkswagenwerkes, das den Generalauftrag zur Montage der Flügelbombe erhalten hatte, KZ-Häftlinge für die Produktion des Konkurrenzproduktes zur Heeresrakete zur Verfügung.[32] Die Initiative zur Beschäftigung von KZ-Zwangsarbeitern ging also sowohl in der V-2-Produktion als auch bei der V-1-Montage von den Raketeningenieuren, Militärs und Managern selbst aus; es kann keine Rede davon sein, dass ihnen die Häftlinge von der SS aufgezwungen wurden. Überdies hatten die Peenemünder Raketeningenieure über personelle und institutionelle Verflechtungen zwischen der Heeresanstalt Peenemünde und dem Mittelwerk nicht nur Einblick in die im unterirdischen Raketenwerk herrschenden Verhältnisse, sondern auch Einfluss auf die Arbeitsbedingungen, unter denen die Häftlinge dort und in Peenemünde litten.

Über die Frage, was die Raketenkonstrukteure bewog, auf die Zwangsarbeit von KZ-Häftlingen zurückzugreifen und damit mitverantwortlich zu sein für den Tod Tausender, ist in den vergangenen Jahren viel geschrieben worden.[33] Letztlich wird man nicht generalisieren können. Manche Raketeningenieure mögen überzeugte Nationalsozialisten gewesen sein, andere utilitaristisch denkende Techniker, die um jeden Preis ihr Ziel verwirklichen wollten und dabei buchstäblich über Leichen gingen, zumindest aber den Einsatz von KZ-Häftlingen billigten. Man nutzte die Möglichkeiten, die das Regime bot, in jeder Hinsicht. Was beide Gruppen einte, war eine erschreckende moralische Indifferenz, die das Leiden der Zwangsarbeiter ausblendete oder dem Ziel unterordnete, möglichst schnell die Raketenwaffe fertig zu stellen, von der sich die NS-Führung und die Wehrmachtsspitze eine Wende im bereits verloren gegangenen Krieg versprachen. Und deshalb ist der Einsatz von KZ-Zwangsarbeitern bei der Entwicklung und Produktion von Raketenwaffen, die den Krieg und damit auch den Holocaust verlängern sollten, in moralisch-ethischer Hinsicht auch nicht widersprüchlich: Beides brachte den Tod – die Zwangsarbeit in Peenemünde und Mittelbau-Dora ebenso wie die in London, Paris oder Antwerpen einschlagenden Raketen.

1 Die undifferenzierte Anwendung des Begriffs »Zwangsarbeit« ist nicht unproblematisch, nivelliert er doch die Lebens- und Arbeitsbedingungen so unterschiedlicher Gruppen wie etwa italienischer Zivilarbeiter, sowjetischer Kriegsgefangener oder jüdischer KZ-Häftlinge. Schließlich ist die Definition von Zwang auch abhängig von der individuellen Wahrnehmung, überdies war das Ausmaß des Arbeitszwangs auch im Einzelfall durchaus Wandlungen unterworfen (wie etwa bei der Überführung von Kriegsgefangenen in den Zivilarbeiterstatus). Jenseits der individuellen Erfahrung jedes einzelnen Arbeiters ist im vorliegenden Text von Zwangsarbeit die Rede, wenn die Arbeit gegen den Willen der Beschäftigten mit außerökonomischen Zwangsmaßnahmen durchgesetzt wurde. Einen guten, den neuesten Stand der Forschungsliteratur wiedergebenden Überblick zur Zwangsarbeit im Nationalsozialismus bietet Mark Spoerer, *Zwangsarbeit unter dem Hakenkreuz. Ausländische Zivilarbeiter, Kriegsgefangene und Häftlinge im Deutschen Reich und im besetzten Europa*, Stuttgart 2001. – Eine ausführlichere Fassung des Abschnittes zur Zwangsarbeit in Peenemünde habe ich an anderer Stelle veröffentlicht (dort auch weitere Nachweise): Jens-Christian Wagner, »Zwangsarbeit in Peenemünde (1939 – 1945): Praxis und Erinnerung«, in: *Zeitgeschichte regional, Mitteilungen aus Mecklenburg-Vorpommern*, 4, Heft 1 (2000), S. 15-21.

2 Nach Kriegsbeginn wurden die Tschechen wahrscheinlich aus Geheimhaltungsgründen abgezogen.

3 Vgl. Aktennotiz WA Prüf 11/VI (Schubert) über Besprechungen in Peenemünde vom 13.-15.8.1940, Bundesarchiv/Militärarchiv Freiburg i. B. (BA/MA), RH 8/v.1207, Bl. 181 f.

4 Zur Rekrutierungspraxis und zu den Arbeitsbedingungen der italienischen Arbeitskräfte vgl. Brunello Mantelli, »Von der Wanderarbeit zur Deportation. Die italienischen Arbeiter in Deutschland 1938 – 1945«, in: Ulrich Herbert (Hg.), *Europa und der ›Reichseinsatz‹. Ausländische Zivilarbeiter, Kriegsgefangene und KZ-Häftlinge in Deutschland 1938 – 1945*, Essen 1991, S. 51-89.

5 Vgl. die von Godomar Schubert verfasste Chronik des Versuchsserienwerkes (sog. Schubert-Chronik), 16.10.1941, BA/MA, RH 8/v.1208a.

6 Aktennotiz Wa Prüf 11/VI, 2.4.1942, BA/MA, RH 8/v.1209, Bl. 129.

7 Zum Luftangriff auf Peenemünde vgl. ausführlich Martin Middlebrook, *The Peenemünde Raid. The night of 17-18 August 1943*, London 1982 (dort auch auf den Seiten 19-34 Angaben zu den Lebensbedingungen insbesondere der polnischen Zwangsarbeiter in Peenemünde).

8 Vgl. die Fotos im Bildarchiv HAP 11 (Bilder 385/43, 925/43, 968/43 u. 969/43), National Air and Space Museum Washington (NASM), FE 850.

9 Vgl. Karl Heinz Jahnke, *Marie ter Morsche kann ihren Vater nicht vergessen. Widerstand gegen Hitlers V-Waffen in Zinnowitz und Peenemünde 1942/43*, Rostock 2001.

10 A. Rudolph, Aktennotiz T 3/43, 9.2.1943, BA/MA, RH 8/v.1210, Bl. 57 f.

11 Vgl. Protokoll der »Führerbesprechung« am 8.7.1943, Besprechungspunkt 20, abgedr. in: Willi A. Boelcke (Hg.), *Deutschlands Rüstung im Zweiten Weltkrieg, Hitlers Konferenzen mit Albert Speer 1942 – 1945*, Frankfurt/Main 1969, S. 280.

12 Schubert-Chronik, 16.7.1943, BA/MA, RH 8/v.1210.

13 Vgl. Schubert-Chronik, 8./9.4.1943, BA/MA, RH 8/v.1210.

14 HAP, Versuchsserienwerk, Aktennotiz 10/43, 16.4.1943, BA/MA, RH 8/v.1210, Bl. 105 f.

15 Besprechungsniederschrift Arbeitsausschuss Fertigungsplanung, 19.4.1943, BA/MA, RH 8/v.1210, Bl. 115 ff.

16 HWA, Arbeitsstab A 4, Aktennotiz über die Reise mit dem Sonderausschuss A 4 nach Friedrichshafen und Wien vom 13.-20.4.1943, 24.4.1943, BA/MA, RH 8/v.1959, Bl. 142 ff., hier Bl. 143.

17 Vgl. den allerdings teilweise fehlerhaften Beitrag von Oswald Burger, »Zeppelin und die Rüstungsindustrie am Bodensee«, in: *1999, Zeitschrift für Sozialgeschichte des 20. und 21. Jahrhunderts*, H. 1/1987, S. 8-49 u. H. 2/1987, S. 52-87.

18 Schubert-Chronik, 17.6.1943, BA/MA, RH 8/v.1210, Bl. 17.

19 Schubert-Chronik, 11.7.1943, ebd., Bl. 20. Gerhardt Maurer leitete das für die KZ-Zwangsarbeit zuständige Amt D II im SS-Wirtschafts-Verwaltungshauptamt.

20 Aktenvermerk über Besprechung beim Sonderausschuss A 4 am 2.6.1943. BA/MA, RH 8/v.1210, Bl. 136 f.

21 Niederschrift über die Besprechung beim HAP 11 am 4.8.1943, BA/MA, RH 8/v.1254, Bl. 142-145, hier Bl. 144.

22 Vgl. Transportlisten Buchenwald-Peenemünde, 22.5.1943 u. 26.5.1943, HStA Weimar, KZ Bu 8/1, Bl. 638-642. Später kamen noch weitere männliche Häftlinge aus den Konzentrationslagern Ravensbrück und Natzweiler dazu; vgl. Berichte Nikolai D., 26.6.1967, u. Konstantin S., o. D. [ca. 1964], Bundesbeauftragte für die Unterlagen des Staatssicherheitsdienstes der ehem. DDR (BStU), ZM 1625, Bd. 63, A 306, Bl. 80 ff. u. 84 ff.

23 Liste der im Krematorium Greifswald eingeäscherten 171 toten KZ-Häftlinge aus Peenemünde, 1943/44, Brandenburgisches Landeshauptarchiv Potsdam, Rep. 35 J KZ Ravensbrück Nr. 51.

24 Vgl. im Folgenden auch Jens-Christian Wagner, *Produktion des Todes. Das KZ Mittelbau-Dora*, hg. von der Stiftung Gedenkstätten Buchenwald und Mittelbau-Dora, Göttingen 2001. Dort finden sich auch weitergehende Nachweise.

25 Die Gründung der aus Reichsmitteln finanzierten, jedoch privatwirtschaftlich organisierten Mittelwerk GmbH erfolgte am 24.9.1943. Zur Struktur der Mittelwerk GmbH und zur personellen Zusammensetzung ihres Vorstandes vgl. Wagner, *Produktion des Todes*, S. 194 ff.

26 Vgl. Schreiben von Braun an Sawatzki, 15.8.1944, NASM, FE 694a. Als Faksimile ist dieser Brief u. a. abgedruckt in Jens-Christian Wagner (Hg.), *Das KZ Mittelbau-Dora. Katalog zur historischen Ausstellung in der KZ-Gedenkstätte Mittelbau-Dora*, Göttingen 2001, S. 28 f.

27 Allein bei dem Massaker von Gardelegen, bei dem u. a. Häftlinge aus den Lagern Ellrich und Rottleberode von SS, Wehrmacht, Volkssturm und Hitlerjugend in einer Scheune bei lebendigem Leibe verbrannt wurden, starben über 1000 Häftlinge. Zu den Todesmärschen des KZ Mittelbau-Dora vgl. Joachim Neander, *Das Konzentrationslager »Mittelbau« in der Endphase der nationalsozialistischen Diktatur. Zur Geschichte des letzten im »Dritten Reich« gegründeten selbständigen Konzentrationslagers unter besonderer Berücksichtigung seiner Auflösungsphase*, Clausthal-Zellerfeld 1997.

28 Vgl. im Folgenden auch Florian Freund, *»Arbeitslager Zement«. Das Konzentrationslager Ebensee und die Raketenrüstung*, Wien 1989.

29 Walter Dornberger, *V 2 – Der Schuss ins Weltall*, Esslingen 1952, zuletzt erschienen unter dem Titel *Peenemünde. Die Geschichte der V-Waffen*, Frankfurt am Main / Berlin 1989.

30 Hans Eckardt Kannapin, *Wirtschaft unter Zwang*, Köln 1968.

31 Vgl. den Forschungsüberblick bei Mark Spoerer, »Profitierten Unternehmen von KZ-Arbeit? Eine kritische Analyse der Literatur«, in: *HZ* 268 (1999), S. 61-95.

32 Vgl. Hans Mommsen/Manfred Grieger, *Das Volkswagenwerk und seine Arbeiter im Dritten Reich*, Düsseldorf 1996.

33 Vgl. etwa Rainer Eisfeld, *Mondsüchtig. Wernher von Braun und die Geburt der Raumfahrt aus dem Geist der Barbarei*, Reinbek 1996 sowie Michael J. Neufeld, *Die Rakete und das Reich. Wernher von Braun, Peenemünde und der Beginn des Raketenzeitalters*, Berlin 1997.

Weitere Literatur zum Thema: Yves Béon, *Planet Dora. Als Gefangener im Schatten der V2-Rakete*, Gerlingen 1999; Manfred Bornemann, *Geheimprojekt Mittelbau. Vom zentralen Öllager des Dritten Reiches zur größten Raketenfabrik im Zweiten Weltkrieg*, Bonn 1994; Manfred Bornemann/Martin Broszat, »Das KL Dora-Mittelbau«, in: *Studien zur Geschichte der nationalsozialistischen Konzentrationslager*, Stuttgart 1970, S. 154-198; Rainer Eisfeld, *Die unmenschliche Fabrik. V-2-Produktion und KZ »Mittelbau-Dora«*, Erfurt 1993; Angela Fiedermann/Torsten Heß/Markus Jaeger, *Das Konzentrationslager Mittelbau-Dora. Ein historischer Abriss*, Berlin/Bonn 1993; Michel Fliecx, *Pour Délit d'Espérance. Deux ans à Buchenwald, Peenemünde, Dora, Belsen*, Evreux 1946; Florian Freund/Bertrand Perz, *Das KZ in der Serbenhalle. Zur Kriegsindustrie in Wiener Neustadt*, Wien 1987; Rainer Fröbe, »Hans Kammler – Technokrat der Vernichtung«, in: Ronald Smelser/Einrico Syring (Hg.), *Die SS: Elite unter dem Totenkopf, 30 Lebensläufe*, Paderborn u. a. 2000, S. 305-319; Dorit Gropp, *Außenkommando Laura und Vorwerk Mitte Lehesten – Testbetrieb für V-2-Triebwerke*, Bad Münstereifel 1999; Joachim Neander, *»Hat in Europa kein annäherndes Beispiel«. Mittelbau-Dora – ein KZ für Hitlers Krieg*, Berlin 2000; André Sellier, *Zwangsarbeit im Raketentunnel. Geschichte des Lagers Dora*, Lüneburg 2000.

Bilder aus der Ausstellung

Raum 1: Die Enden der Parabel

Raum 2: Der Traum von der Raumfahrt

Raum 5: Freiwillige und unfreiwillige Mitarbeiter in Peememünde

Raum 7: Raketenbau im Stollen

Raum 4: Die technischen Entwicklungen in Peenemünde

Raum 8: Nach dem Einschlag – Trümmer und Nachdenklichkeit

Raum 9: Zeitleiste, in Jahresschritten

Raum 11: Auswertung durch die Sieger

Raum 14: Strategische Spiele um Krieg und Frieden

Raum 15: Der Umkleideraum – Biographie im Spind

Facetten der Peenemünder Landschaft. Ein dreidimensionales Memento mori

Dirk Zache

Trügerische Idylle

Es ist die Landschaft, in der Philipp Otto Runge geboren wurde, Caspar David Friedrich gemalt hat und Theodor Fontane seine Kindheit verbrachte. Als Effi Briest mit ihrem Instetten im Mondschein auf die Bucht vor Saßnitz blickt, lässt Fontane sie jubeln, »Das ist ja Capri, das ist ja Sorrent. Ja, hier bleiben wir.«[1]

Auch Anfang der dreißiger Jahre war die Gegend noch fast unberührt: »Unser erster Gang ... war wohl immer zum Strand ... Für den, der die See zum ersten Male sieht, ist es immer ein tiefer Eindruck, die unendliche Weite des Wassers vor sich, links die Rügen'sche Steilküste, rechts den Koserower Streckelsberg. Wer bei einigermaßen klarer Sicht auch noch die Greifswalder Oie mit ihrer Steilküste und dem Leuchtturm sieht, bekommt unbedingt einen starken Eindruck von der Großartigkeit und Schönheit der Landschaft.«[2]

Jeder weiß, wie wesentlich die Schaffung von Atmosphäre ist, um unsere Empfindungen zu beeinflussen. Wenn man sich ein Bild machen will, gilt es auch auf das Umfeld zu achten, den Platz zwischen den Gegenständen, die Zwischen-Räume, Zwischen-Töne und Veränderungen zu registrieren. Die dabei entstehenden Emotionen sind ein wesentlicher Teil unserer Wahrnehmung, die wiederum zwangsläufig immer subjektiv – und damit auch veränderbar – ist. Genau diese Subjektivität ist ein wichtiger Bestandteil sowohl des Erinnerungsprozesses als auch einer heutigen Annäherung an die Landschaft von Peenemünde.

Hier soll nun versucht werden, einige Facetten für die Zusammensetzung eines eigenen Bildes zu liefern, und schon durch seine bruchstückhafte Form nimmt der Beitrag Bezug auf den Wahrnehmungsprozess. Verschiedene ›Erzählstränge‹ aus unterschiedlichen Quellen werden zusammengeführt (und weitgehend wörtlich zitiert): aus diversen Formen von Erinnerung – einer Art Archiv –, anhand von heute in der Landschaft sichtbaren Spuren – den Erinnerungsstationen – und aus unterschiedlichen Rezeptionen des Ortes aus heutiger Sicht.

Erste Eindrücke

»Oft stand in allen einschlägigen Tages- und Fachzeitschriften: Für Großbaustelle, direkt an der Ostsee, in sehr schöner Gegend zwischen Wasser, Wald und Dünen, werden Arbeitskräfte in unbestimmten Mengen gesucht.

Nordspitze der Insel Usedom: Blick zur Greifwalder Oie

Angelockt durch so ein Inserat, wagte sich manch Männlein oder Weiblein her, doch der erste Eindruck nach der Ankunft auf dem Bahnhof Trassenheide war meist gleichbedeutend mit einer kalten Dusche. Nur wenige kamen bei Sonnenschein und freundlicher Jahreszeit nach Peenemünde. Bis der Ankömmling zur Bauleitung gelangte ... war das letzte Restchen Zuversicht verschwunden.«[3]

Vermutlich gibt es eine Art Gedächtnis der Orte, Spuren vor Ort in der Landschaft, die unseren Wahrnehmungsprozess in Gang setzen, die es zu lesen oder zu entschlüsseln gilt. Die verschiedenen historischen Schichten durchdringen und überlagern sich bis hin zur Gegenwart. Die Menschen, die hier die Forschungsanstalten aufbauten und die geheimen Waffensysteme entwickelten, haben den Ort längst verlassen. Geblieben sind die geographischen Koordinaten, geblieben ist die Erinnerung, das Authentische, das noch heute das Bild bestimmt. Zaunpfosten aus Beton, zerbröckelnde Ziegelmauern, löcherige Plattenwege, modernde Holzbaracken, Bahnsteigkanten mitten im Wald und Unterführungen, die keiner mehr betritt, selbst Baumreihen im Wald: All dies trägt seinen Teil zum Bild von Peenemünde bei und verdient, so unscheinbar es oft auch erscheinen mag, unsere Aufmerksamkeit.

Der Peenemünder Haken, der Nordteil der Insel Usedom, ist geologisch gesehen eine flache Grundmoränenlandschaft. Im Osten bildet das Meer seine Grenze, im Westen der Peenestrom, der unterhalb der Ortschaft Peenemünde in den Greifswalder Bodden mündet. Die der Ostsee zugewandte Seite wird durch einen großenteils mit Kiefern bestandenen Küstendünengürtel geformt, an den sich westlich große Bestände fast unberührten Laubmischwaldes anschließen, durchsetzt von ausgedehnten Bruchwaldzonen. Die zur Peene hin folgende Ebene ist weitgehend oberflächlich vermoort. Prägend für das Landschaftsbild ist außerdem der hohe Altholzanteil, der vielen, auch vom Aussterben bedrohten Vogelarten Lebensraum bietet. Ohnehin finden hier viele seltene Tier- und Pflanzenarten ihr Refugium, weshalb große Teile des Peenemünder Hakens bereits 1925 unter Schutz gestellt wurden und damit zu den ältesten Naturschutzgebieten in Deutschland zählen.

Dem Besucher zeigt sich hier eine ausgesprochen abwechslungsreiche Landschaft zwischen feinsandigem Ostseestrand und Flussmündung: weite Ebenen mit schier unendlichem Himmel, undurchdringliche Wälder und sumpfige Wiesen. Sonnig warme, bewaldete Dünen im Sommer, Strände, auf denen sich Eisschollen häufen, im Winter: Oft, so scheint es, behält die Natur die Oberhand – romantische Impressionen, die den Blick auf die militärische Realität leicht verstellen können.

In einer Festschrift der Luftwaffe zum fünfjährigen Bestehen der Bauleitung aus dem Jahr 1941 liest sich die Inbesitznahme des Geländes folgendermaßen: »Auf

Abschussrampe für Fi 103 / V 1, Peenemünde West

Zwischenlager für Raketen an der Peene

Grund einer Erkundungsfahrt im Dezember 1935 wurde diese trostlose moor- und grundwasserreiche Gegend für eine der interessantesten und umfangreichsten Anlagen des Heereswaffenamtes und der Luftwaffe auserkoren und die Baudurchführung der tatkräftigen Luftwaffenbauverwaltung übertragen. Es wurde eine örtliche Bauleitung am 1. April 1936 in Peenemünde unter der Leitung von Dipl. Ing. Abendroth eingesetzt, die daran ging, das mücken- und wasserreiche Gelände durch Anlegen von Straßen und Gleisen und durch den Bau von Unterkünften für die Bauarbeiter baureif zu machen.

Die Aufgabe von Dipl. Ing. Müller war es, eine Bauleitung einzurichten, die ebenfalls am 01.04.1936 in Berlin ihre Tätigkeit aufnahm. Ihre Aufgabe bestand darin, die verschiedenartigsten Vorstellungen und Wünsche des Nutznießers so zu verarbeiten, dass daraus einmal mehrere Bauten, möglichst sogar eine einheitliche Anlage, entstehen sollten. ...

Um eine reibungslosere wirksamere Zusammenarbeit der Bauleitung zu erreichen, siedelte am 15.09.36 die Bauleitung von der Französischen Straße in Berlin mit 10 Mann nach Peenemünde um. 7 Mann zogen es vor, die Wildnis zu meiden.«[4]

Das verschwundene Dorf

Kommt man in den heutigen Ort Peenemünde, hat man das Ende der Insel erreicht. Die fünfziger Jahre des letzten Jahrhunderts prägen das Bild mit Kasernenbauten und vandalismusgefährdeten, weil leerstehenden Wohnhäusern, dazwischen der obligatorische DDR-Einheitsplattenbau aus den achtziger Jahren und zwei überdimensionale Industriebauten aus der Zeit des Nationalsozialismus. Eine klare oder gewachsene Ortsstruktur sucht man vergebens: Es existiert weder Teich noch Dorflinde noch irgendein Zentrum. Erst bei genauerem Hinsehen entdeckt man verborgene Reste einer ferneren Zeit.

Im Vorfeld des Kraftwerks, am äußersten Rand der heutigen Ortschaft liegt der Friedhof mit seiner Kapelle, die 1876 nach Plänen von Friedrich Kräger errichtet wurde. Zum Bau der Kapelle und der Anlage eines Friedhofs kam es, weil das Übersetzen der Toten über den Peenestrom zur Kirchgemeinde Kröslin bei Sturm und Eisgang als zu beschwerlich empfunden wurde. Außerdem war Peenemünde mit seinen über 500 Einwohnern damals eine der größten Gemeinden auf Usedom, so dass 1874 die Erlaubnis erteilt wurde, eine eigene Begräbnisstätte anzulegen sowie eine Kapelle zu erbauen.[5] Man wählte hierfür ein hochwassersicheres Stück Land, auf dem sich bereits der zur Schanze gehörige »Soldatenkirchhof« befand.

Bereits für die Mitte des 19. Jahrhunderts verzeichnete Peenemünde stattliche 68 Häuser im Bereich des Dorfteichs, daneben auch »ein Gebäude für Justiz, Steuer, Polizei und städtische Behörden, ein Gebäude zu geistlichen und weltlichen Zivil- und Kommunalzwecken, eine Mühle und 69 Ställe, Scheunen und Schuppen«.[6] Dazu kamen noch eine Fischräucherei sowie zwei Gasthöfe – »Zur Schwedenschanze« und »Zur Post« – sowie eine eigene Molkerei und Käserei (1930). Neben Fischfang und Landwirtschaft verzeichnet die Ortschronik als weitere Erwerbszweige auch Torfabbau und Bernsteingewinnung sowie eine Zollstation in der Schanze und bis 1929 eine eigene Lotsenstation.

Friedhofskapelle Peenemünde

»Zwischen roten und weißen Blüten der Sommer- und Herbstblumen stehen uralte, freundlich anzusehende Wendenhäuser mit blauweiß getünchten Mauern«, so beschreibt ein Dorfschullehrer um 1933 die Idylle des Fischerorts. »Die mächtigen moosbewachsenen Rohrdächer reichen oft bis hinunter in die bunten Bauerngärten. Inmitten des Dorfes liegt ein idyllischer Teich, am Südrand der Ortschaft öffnet sich im Schilfgürtel die Einfahrt zum kleinen Fischerhafen.«[7]

Zu jener Zeit hoffte man in der Gemeinde auch auf anderweitige, neue Entwicklungen. So plante man 1930 einen »Badeverein«, der, vergleichbar einer Kurverwaltung, den Tourismus ankurbeln sollte. Peenemünde hat es zwar nie zum anerkannten »Seebad« gebracht, wie etwa das benachbarte Karlshagen, aber man bewarb eben die Vorteile, die man am eigenen Ort sah: So haben sich immer mehr Gäste gefunden, »denen die Ursprünglichkeit und Größe der Natur hier mehr Wert war als der Mangel gewisser, aber vermeintlicher Kulturgüter wie Reunions und Konzerte. Trotzdem ist für Unterhaltung gesorgt und kann der Erholungsbedürftige im Segel-, Ruder-, Angel- und Jagdsport seine Nerven stärken. ... Wer jedoch einen etwa halbstündigen Spaziergang nicht scheut, und die Zeit ist ja in der Sommerfrische vorhanden, der kann auch täglich ans Meer pilgern und dort an dem weißen Strand nach Herzenslust baden. ... Die Unterbringungsverhältnisse sind durchaus gut und billig; elektrischer Lichtanschluß ist in jedem Haus vorhanden.«[8] Letzteren gibt es seit 1928.

Das Dorfleben wurde neben der täglichen Arbeit vor allem durch ein reges Vereinsleben geprägt. So fanden sich in dem bereits 1885 gegründeten Peenemünder Kriegerverein ehemalige Soldaten zusammen. Daneben gab es den Deutschen Flottenverein (gegründet 1903), den Schützenverein (ab 1905), den Jagdverein und weitere, meist Männern vorbehaltene Vereinigungen. Zur Komplettierung des Dorfidylls fehlte natürlich auch nicht der obligatorische Männergesangsverein; er war 1892 ins Leben gerufen worden. Weniger selbstverständlich war der im März 1928 gegründete Zusammenschluss einer Stahlhelm-Ortsgruppe mit 25 Mitgliedern. 1932 existierten außer diesem bereits eine SS- und eine SA-Ortsgruppe.

Auch die Ergebnisse der Reichspräsidentenwahlen im Jahr 1932 sprechen für Peenemünde eine deutlich rechtskonservative Sprache: Während Hindenburg reichsweit noch als Sieger hervorging, stimmte Peenemünde deutlich für Hitler (108 Stimmen) und Duesterberg, den gemeinsamen Kandidaten des Stahlhelms und der Deutschnationalen Volkspartei (103). Erst weit abgeschlagen folgen Hindenburg (39) und Thälmann (7).[9]

Wenige Jahre später war bereits die Umgestaltung Peenemündes zu einem Zentrum der nationalsozialistischen Rüstungspolitik in vollem Gange: »Im Jahre 1936 wurde außer dem Arbeitsgemeinschaftslager der Gleisanschluss an die Reichsbahnstation Zinnowitz hergestellt und die Landstraße für den zu erwartenden Verkehr ausgebaut. Der Bau der Verwaltungs- und Wirtschaftsgebäude für das Heer und der Bauleitungsgebäude wurde begonnen. Im Jahr 1937 rollten dann die ersten Waggons mit Stahlkonstruktionen für die Werkstätten Werk Ost an. Nassbagger- und Erdarbeiten für das Rollfeld wurden zu einem großen Teil 1936 durchgeführt. ...

Das Jahr 1937 brachte den stürmischsten Aufbau in Peenemünde. Das drückt sich nicht nur in den größten Bauausgaben, die etwas höher als 1938 liegen, aus, sondern auch die Zahl der Gefolgschaftsmitglieder der Bauleitung stieg im Juli auf 405 insgesamt. Im September wurde mit 137 die höchste Angestelltenziffer erreicht. Mit dem Bau der meisten Anlagen und Werkstätten für das Werk Ost wurde begonnen. Die erste fertig eingerichtete Werkstatt wurde bereits im Mai bezogen. Bis Ende April bezog die Heeresversuchsstelle das Verwaltungsgebäude, das Stabsgebäude und 2 Unterkünfte. Gleichzeitig wurde der Abschnitt Siedlung für Heer und Luftwaffe unter der Leitung von Reg. Baumeister Pötschke begonnen. Die ersten Wohnungen wurden im Juli bezogen. ... Im Jahre 1938 wurden die Hälfte der Werkstätten und Prüfstände, und zwar bis Ende April an das Werk Ost übergeben. Der Rest der Heeresbauvorhaben wurde im gleichen Jahre angefangen. Die Versuchsstelle der Luftwaffe nahm ebenfalls im April in der fertiggestellten Werft ihre Tätigkeit auf.

Am 1. April wurde das Rollfeld zum ersten Mal beflogen. Bootshafen und Eindeichung für das erweiterte Rollfeld wurden im gleichen Jahr begonnen. Der Beginn des größten Teiles der bis jetzt errichteten Bauten der Versuchsstelle West liegt im Jahre 1938. ...

Das Jahr 1939 brachte die beinahe restlose Fertigstellung der Bauten der Heeresversuchsstelle. Ebenfalls Ende 1939 wurde das Verwaltungsgebäude und das Gebäude für die Flugleitung an die Versuchsstelle der Luftwaffe zur Benutzung übergeben. ... Die vorliegenden und zum Teil in der Durchführung begriffenen

Aufgaben des 2. Kriegswirtschaftsjahres erreichen etwa den Umfang des Vorjahres. Sie so zu lösen, wie es auf Grund der Kriegsnotwendigkeit und der Kriegswichtigkeit von uns gefordert wird, ist unsere jetzige Aufgabe.«[10]

Im 21. Jahrhundert verraten lediglich die Kapelle und das Schulgebäude dem aufmerksamen Besucher die Existenz einer früheren Zivilisation Peenemündes und erinnern an das alte, gewachsene Dorf, das laut der ersten urkundlichen Erwähnung bereits 1282 bestand und dessen Schicksal mit der Entscheidung, an der Nordspitze der Insel Usedom das größte Rüstungsprojekt der Wehrmacht aufzubauen, besiegelt war. Mit Diskussionen hielt man sich nicht auf; die Bauleitung schildert das Verschwinden des Orts als bedauerlich, aber der Sache dienend und deshalb unvermeidlich. »War das Dorf Peenemünde mit seinen schönen alten Fischerhäusern bisher ein Anziehungspunkt für alle, die noch mit der einheimischen Bevölkerung zusammenkommen wollten, so müssen wir jetzt schon etwas weiter gehen, denn leider wurde auch dieses idyllische Fleckchen für Neubauten gebraucht. Aber gerne werden wir an Peenemünde denken. Wir, die wir mit den Fischern gut bekannt waren, werden so manche Plauderstunde am Bollwerk oder im Gasthaus ›Zur Schwedenschanze‹ nicht vergessen. Es waren ... Gespräche, die meistens beim Wind anfingen und über Fischfang wieder beim Wind endeten. Oft hörten wir die Bemerkung, daß der ›olle Ostwind‹ heute wieder aus Norden oder Süden kommt. Gedacht sei auch der Wirte der ›Schwedenschanze‹, denn nirgends gab es so wunderbare Fische zu essen, wie gerade dort. War die Behandlung auch recht rauh, das Tischtuch nie ganz sauber, so war es trotz allem sehr gemütlich.«[11]

Südlicher Seitenflügel des Sauerstoffwerks

Wie authentisch ist der authentische Ort? Objektive und subjektive Veränderungen der Landschaft

»Wir wissen nur zu gut, dass hier eine schreckliche Waffe entwickelt wurde. Die Faschisten taten alles für die Fertigstellung, um den Verlauf des Krieges zu ändern.«[12] Das sagte 2002 in einem Filminterview kein anderer als Michail Gorbatschow.

Historische Orte unterliegen in mehrfacher Hinsicht einem ständigen Wandel. Hierzu gehören die bereits erwähnten atmosphärischen Veränderungen, wie Tageszeit und Jahreszeit, Lichteinwirkung und Witterung, die für unsere Wahrnehmung eine große Rolle spielen. Dann die objektiven Veränderungen, die Alterung, in deren Verlauf die Zeit ihre Spuren auf der Substanz hinterlässt. Was wir auch als Patina verstehen, ist dabei eine kaum bemerkte, wenngleich permanente Veränderung zunächst der Oberfläche, später auch der Tiefenstrukturen. Im Falle der Peenemünder Ruinen ist dies wesentlich eine Rückeroberung durch die Natur, beginnend mit zartem Flechtenbewuchs, um nach pflanzlicher Überwucherung in allmähliche Auflösung überzugehen. Zu diesen objektiven Veränderungen zählen auch die menschlichen Eingriffe, die zunächst durch Bebauung die Landschaft umgestalten. Umbau und Umnutzung geben einem Gebäude eine neue Prägung, durch Nicht-Nutzung erleben viele Bauten ihren Verfall, durch Bombardierung, Abriss oder Sprengung kommt es sogar zum Totalverlust der Architektur. Was indes bleibt, sind Spuren, die sich meist über lange Zeiträume wahrnehmen lassen.

Neben dieser objektiven gibt es auch eine subjektive Veränderung. Selbst bei Orten, die über Jahrzehnte gut erhalten sind, wie etwa bei großen Konzentrationslagern, erkennen Zeitzeugen, die jede Einzelheit im Lager kannten, den Ort ihrer Qualen nicht wieder, gerade weil auch ihre Emotionen sowohl an als auch zu diesem Ort andere geworden sind. Zu dieser Art der subjektiven Veränderung zählt auch wesentlich die Vorprägung des Betrachters, der Peenemünde vor unterschiedlichem Hintergrund gänzlich anders erleben wird; es versteht sich von selbst, dass ein Raketeningenieur Peenemünde anders wahrnimmt als ein KZ-Häftling, ein NVA-Soldat anders als ein Feriengast.

Wie authentisch ist dann aber der authentische Ort überhaupt? Auch wenn in Peenemünde in vielen Fällen nichts oder beinahe nichts geblieben ist von einem bedeutsamen Ereignis oder einem Bauwerk, so geht doch selbst von dessen vergangener Existenz eine merkwürdige Faszination aus. Eigenartige Kontraste, Fabrikruinen, in denen Bäume wachsen, Wandscheiben, die unvermittelt im Dickicht auftauchen, Betonbunker, deren Armiereisen ausgreifen, geflieste rote Fußböden mitten im Wald, Stahlschrott, der zum Himmel steigt – erst das Wissen um das, was hier geschah, macht den Ort zum historischen, im ersten Moment auch scheinbar authentischen Ort. Die Kontraste lassen aufmerken, die Bilder, die wir in der Landschaft entdecken, werden Anstoß und Teil unseres Denkprozesses.

Mittelschiff des Sauerstoffwerks

Kraftwerk und Sauerstoffwerk

Die Anlagen von Peenemünde sind fast alle zerstört. Nur zwei der großen Versorgungsbauten blieben in mehr oder weniger ruinösem Zustand erhalten. Nur das Kraftwerk und das Sauerstoffwerk geben heute noch eine Vorstellung von dem großtechnischen Charakter und dem Maßstab, vom funktionalen Stil und dem technischen Standard der Neubauten der Peenemünder Rüstungsindustrie.

Innerhalb von nur etwa zweieinhalb Jahren wurde das Kraftwerk unter massivem Einsatz von Zwangsarbeitern gebaut, um den enormen Strombedarf zu decken, den vor allem die Flüssigsauerstoffproduktion für den Raketenantrieb benötigte.

Das Kraftwerk verfügte über vier Schrägrohr-Sektionalskessel mit je 64 t/h Dampfleistung der Firma Babcock und zwei Entnahme-Kondensationsturbinen mit je 15 Megawatt Leistung. Und noch zwei weitere Kessel zur Versorgung einer dritten Turbine hätten gebaut werden sollen. Die Arbeiten für den Bau des Kraftwerks begannen mit dem Aufspülen des Geländes und dem Einrammen von rund 3500 Stahlbeton- und Holzpfählen im November 1939. Die offizielle Inbetriebnahme erfolgte bereits am 15. Juli 1942. Allein das Sauerstoffwerk verschlang 22 Megawatt, die restliche Energie wurde für den Windkanal, die anlaufende Serienproduktion der Raketen und den Betrieb der Werkbahn benötigt. Die Abwärme diente zur Fernheizung der großen Hallen. Dabei wurde nur die Hälfte der geplanten Anlage ausgeführt. Ein zweiter, gleichartiger Block sollte am Südende des Hafens entstehen. Beide Blöcke zusammen sollten bis zu 110 Megawatt Leistung erbringen, vorrangig mit dem Ziel einer wesentlich erweiterten Sauerstoffproduktion. Die großflächige Verteilung der Gebäudeeinheiten und der Einsatz bereits bewährter Kraftwerkstechnik erfolgten im Hinblick auf eventuelle Kriegseinwirkungen, denn den Ausfall der Stromerzeugung konnte man sich keinesfalls leisten. Generalunternehmer für die Kraftwerksanlage war die Firma Siemens-Schuckert in Berlin.

Nach dem Krieg und den Demontagen unter sowjetischer Besatzung produzierte das Kraftwerk nach Instandsetzung und Erweiterung noch bis 1991 Strom und Wärme. Heute ist das Kraftwerksgelände das größte technische Denkmal des Landes Mecklenburg-Vorpommern. 1999 begannen die erneute Sanierung und der Umbau des Kraftwerks zum Museum. Seit März

2001 befindet sich das Museum Peenemünde im Kraftwerk. Die rund 200 Meter entfernte Bunkerwarte des Kraftwerks, durch deren verbunkerte Eingänge man seit 2004 das Museumsgelände betritt, diente als Schaltwarte zur Fernsteuerung des Kraftwerkbetriebs und als Luftschutzraum für die Belegschaft.

In gleicher Bauzeit und in direkter funktionaler Abhängigkeit vom Kraftwerk entstand das Sauerstoffwerk. Die Standorte beider Bauwerke beschreiben in etwa die Außenbereiche des ehemaligen, unter ihnen begrabenen Dorfes Peenemünde. Unter hohem Energieaufwand wurde im Sauerstoffwerk im so genannten »Linde-Verfahren« flüssiger Sauerstoff aus Luft gewonnen, den der Raketenantrieb zur Verbrennung von 98-prozentigem Alkohol benötigte, der wiederum aus Kartoffeln gewonnen wurde. Die 1938 beschlossene Vergrößerung der Versuchsanstalten mit einer Serienproduktion für Raketen in Peenemünde machte auch die Produktion von flüssigem Sauerstoff in industriellem Maßstab notwendig. So wurde ab Juli 1942 in diesem Werk rund um die Uhr flüssiger Sauerstoff gewonnen. Die tägliche Ausbeute betrug dreizehn Tonnen. Für jeden Raketenstart wurden rund acht Tonnen benötigt.

Nach dem Krieg wurden die technischen Anlagen demontiert und zu Teilen in Bützow/Mecklenburg zur »Errichtung einer deutschen Friedensindustrie« wieder aufgebaut. Im Rahmen der alliierten Vereinbarung erfolgte 1948 die teilweise Sprengung des Peenemünder Sauerstoffwerks. Steinraub und weitere Plünderungen versetzten das Gebäude letztlich in seinen heutigen Zustand. Jetzige Eigentümerin ist die Bundesrepublik Deutschland.

Prüfstand VII – Zwischen Technikfaszination und Verantwortung

Anlässlich der olympischen Spiele 1972 prangte in den Straßen Münchens allenthalben der Werbeslogan: »München wird modern.« Den Werbestrategen schien tatsächlich entgangen zu sein, dass hier zwei Lesarten möglich sind: Gewiss sollte es heißen, München erreiche die Moderne. Mit einer Verschiebung der Betonung aber würde München in das Stadium der Fäulnis übergehen, eben beginnen zu modern.

Beim Anblick der Ruinen von Peenemünde stellt sich die Frage: Sind Modernismus und Untergang miteinander verknüpft? Sind dies die Folgen unseres Glaubens an den uneingeschränkten technischen Fortschritt? Sind dies die Folgen des Positivismus, die Folgen der Moderne? Ist gar die Moderne mit der Rakete erreicht und sind die Ruinen von Peenemünde somit die implizierte Folge der Technikgläubigkeit dieser Moderne?

Sauerstoffwerk

Kraftwerk mit Krananlage

Am Prüfstand VII kulminierten am 3. Oktober 1942 die Anstrengungen der Peenemünder Ingenieure im ersten gelungenen Start eines Aggregats 4. Viele der Ingenieure von Peenemünde träumten ganz sicher auch von der Reise ins All, angespornt durch die Science-Fiction der zwanziger Jahre und eine allgemeine Technikfaszination der Gesellschaft, verbunden mit Zukunftshoffnungen auf eine bessere Welt.

»Auf dem sanft leuchtenden, vibrierenden Bildschirm erschien der vom Sonnenlicht beschienene, schwarzweiß lackierte, schlanke Körper der Rakete, ein Körper von vollendeter Schönheit der Maße, dessen schnittige Gestalt jeden Betrachter begeisterte«, schwärmte der militärische Leiter Walter Dornberger noch Jahrzehnte später. »... Ein breites, weißes Band niedergeschlagener Luftfeuchtigkeit umgürtete in Höhe des Flüssigsauerstofftanks die Rakete. Aus dem geöffneten Entlüfter am Heck des Gerätes entströmte Sauerstoffdampf. Er bildete bei Berührung mit der Luftfeuchtigkeit kleine, ballige, sich rasch verflüchtigende Wölkchen.

Die Arbeitsbühne wurde zurückgeschoben. Das Personal hatte sich in den Bunkern in Sicherheit gebracht. Die Rakete stand nun allein. .... Der Funkenregen verdichtete sich rasch zur Flamme und wandelte sich im Verlauf einer Sekunde zu einem in herrlicher rotgelber Farbe züngelnden Gasstrahl. ... Aus dem Wald fuhr der helleuchtende Körper der Rakete senkrecht in die Höhe. Unvergeßlich und unvergleichlich ist das Bild, das sich mir bot. Der von der Sonne grell angestrahlte Raketenkörper stieg höher und höher. .... Wie von Schienen geführt hielt die Rakete ihre Bahn.«[13]

Wo heute aufgeborstener Beton und rechteckige Wasserbecken auf einer Waldlichtung mit Molchen in der Abgasschurre und Seeadlern über den Baumkronen ein eigentümlich friedliches Bild ergeben, lag einst das Herzstück der Raketenerprobung. Prüfstand VII diente einerseits für Bodentests der Rakete, gleichzeitig aber auch für Starts zur Flugerprobung. Genau das hebt diesen Ort in der Rezeption vieler Technikenthusiasten heraus aus den sonstigen Prüfständen, Entwicklungslabors und Produktionsstätten, die sich auf ein Areal

Prüfstand VII

Zwangsarbeiterlager Trassenheide, Eingang einer Wohnbaracke

von insgesamt 25 Quadratkilometern verteilten. Der Prüfstand war für das 25-Tonnen-Triebwerk des Aggregats 4 sowie auch bereits für künftige größere Geräte ausgelegt. So befanden sich bereits seit 1940 die Pläne für eine zweistufige Interkontinentalrakete auf den Peenemünder Zeichenbrettern, die während des Krieges als A 9/10 zwar nicht mehr auf den Startplatz kam, bezeichnenderweise aber schon den Namen »Amerikarakete« trug.

Für Brennversuche mit ihrer vollen Schubkraft fuhr die Rakete, in einem Prüfturm aufgehängt, über die so genannte Abgasschurre, die, um die Zerstörung des Betonbeckens durch die 2000 Grad heißen Abgase zu verhindern, unterirdisch mit 500 Litern Wasser pro Sekunde gekühlt wurde. Der eigentliche Start erfolgte dagegen relativ unspektakulär, senkrecht von einem Starttisch etwa in der Mitte der Arena. Von Prüfstand VII und weiteren Startplätzen – bis zur Fertigstellung des Prüfstands VII im Jahr 1942 testete man die Raketen noch auf einer Peenemünde vorgelagerten Insel, der Greifswalder Oie – wurden bis zum 20. Februar 1945 insgesamt 294 Raketen vom Typ A 4 / V 2 verschossen. Deren Flugbahn führte bis zu 300 Kilometer entlang der pommerschen Küste in Richtung der Danziger Bucht. Die Anlage des Prüfstands VII wurde zum weltweiten Vorbild für alle nachfolgenden Raketenstartplätze.

Ein belgischer KZ-Häftling bewertete den Erfolg der Ingenieure zusammenfassend folgendermaßen: »Sie sind so interessiert am Fortgang ihrer Arbeit, [an] der Rakete usw., dass sie ihre Seele dem Teufel verkaufen – und vergessen, was es kostet.«[14]

Das Ende der Hochrüstung – »Mein armes, armes Peenemünde!«[15]

»Atemlos bleibe ich stehen. Hier, außerhalb des Waldes, auf dem großen Kahlschlag ist der Nebel verschwunden. Weit geht der Blick über ein sonderbar verändertes Landschaftsbild. Wo sind die Baracken? Wo die Feuerwache? Die Großkantine Fischer? Nur noch ein Trichterfeld mit rauchenden Grundmauerresten ist übrig geblieben. Der im Rohbau fertige Flügel des großen Verwaltungsgebäudes erhebt sich, unwahrscheinlich hoch, über dieser plattgewalzten Landschaft. Ungehindert geht der Blick auf die rauchenden, glühenden, zum Teil noch brennenden Hausruinen der Siedlung. Mir kommen die Tränen der Verzweiflung und der Wut in die Augen, als ich dieses durch Bombenteppiche um- und umgepflügte, einst so schöne Fleckchen Erde wiedersehe.«[16]

Auch heute präsentiert sich Peenemünde noch stellenweise als eine von Kratern übersäte Landschaft. Kreisrunde Einschläge, von Buschwerk überwuchert oder als offene Tümpel, in denen sich nun wieder Leben angesiedelt hat.

In der Nacht vom 17. auf den 18. August 1943 griff die Royal Air Force an. Auch die Peenemünder Militärs waren sich einig, dass es nur eine Frage der Zeit sei, bis der Zweck einer derart riesigen Industrieanlage entdeckt sein würde. Die Aufklärungsflüge der Briten im Frühjahr 1943 verdichteten die Erkenntnisse über das deutsche Geheimwaffenprojekt. Wenige Tage vor dem Angriff wurden auf Hinweise aus dem Reichsluftfahrtministerium noch Fertigungsunterlagen und Archive ausgelagert. Die britischen Bomberpiloten rechneten mit heftigster Gegenwehr und entsprechend großen Verlusten. Es gab jedoch nur wenige Flak-Stellungen und nur wenige Luftschutzeinrichtungen. Die britischen Bomber sammelten sich über den vom Vollmond beschienenen Buchten der Insel Rügen. Gegen 1.00 Uhr begann der Anflug von fast 600 Bombern, die Sprengbomben, Luftminen und Phosphorbrandbomben über dem Nordhaken der Insel Usedom abwarfen. Eineinhalb Stunden später war alles vorbei. Aus militä-

Prüfstand VII, Abgasschurre

rischer Sicht blieben die Schäden gering: Peenemünde-West, das Werk der Luftwaffe war so gut wie gar nicht beschädigt, das Entwicklungswerk von Peenemünde-Ost weniger als befürchtet, die gerade fertiggestellte Halle für die Serienproduktion war zwar mehrfach getroffen, die Folgen waren aber aufgrund des großen Raumvolumens nicht sehr stark. Schwer betroffen war hingegen die Siedlung der Wissenschaftler in Karlshagen, und das Lager der ausländischen Bauarbeiter in Trassenheide war völlig vernichtet.

Für die Peenemünder Versuchsanstalten bedeutete der britische Angriff den Anfang vom Ende. Dornberger diagnostizierte vier bis sechs Wochen Zeitverlust, von insgesamt 735 Toten waren 178 Bewohner der Siedlung. Allein über 500 Menschen, meist ausländische Zwangsarbeiter, starben im Barackenlager von Trassenheide, in dem es keine Luftschutzmöglichkeiten gab. Die Royal Air Force verlor bei geringer Gegenwehr 40 Bomber.

Auch die Sekretärin von Brauns erlebte den Angriff in Peenemünde. »Also wir hatten des öfteren Alarm, aber wir hatten uns gar nicht daran gekehrt. Wir wurden auch überflogen, aber wir haben ja höchstens gedacht, die bombardieren das Werk irgendwann mal ... Wir haben niemals daran gedacht, dass die Siedlung, die Privatleute in Mitleidenschaft kommen; also, das war ja nun ganz ungewöhnlich. Das Werk hatte ja gar nicht soviel mitbekommen – im Vergleich zur Siedlung. ... Wir schliefen richtig schön fest, bis dann durch eine Bombe eben vom Fenster der Sturz runterfiel, auf unsere Betten. Dann sind wir natürlich schnell auf, so im Nachthemd, wie wir auch waren, runter in den Keller, wir mussten aber außen rum, wir konnten nicht innerhalb des Hauses in den Keller ... Außen rum über die Treppe und da waren wir die letzten; die anderen waren schon eher drin, die haben also die Sirenen schon eher beachtet. Wir wollten erst noch, oder wir haben gedacht, vielleicht können wir noch löschen und sind mit der Treppe noch in den Flur rein in diesem Haus, – aber dann haben Sie doch Angst, wenn das Feuer reinweht. Ja. Man hätte noch manches retten können, aber die Gefahr war zu groß. – Als der Bombenangriff dann zu Ende war, ich kann jetzt schon nicht mal mehr die [genaue Zeit sagen], – es war aber dann schon gegen Vormittag, also in der Früh, wo es langsam heller wurde, da sah man natürlich leider die Toten, die auch zerfetzt waren teilweise, die sich in der See retten wollten, und durch Maschinengewehr[feuer] erschossen wurden, ja, also es sah schon schlimm aus. Und irgendwie ist dann mein Faden gerissen ...«[17]

Auch mit der Absicht, eine zerstörte, stillgelegte Industrie vorzutäuschen, wurden nur an funktional wichtigen Stellen Reparaturen durchgeführt. Erst ein Jahr später, im Juli und August des Jahres 1944 erfolgten drei weitere schwere Bombenangriffe auf Peenemünde, in diesem Fall durch amerikanische Fliegerverbände.

Die folgenschwerste Entscheidung nach dem ersten Angriff war die Verlagerung der in Peenemünde bereits mit KZ-Häftlingen angelaufenen Serienproduktion in die unterirdische Stollenanlage bei Nordhausen. Das Mittelwerk als künftige Produktionsstätte wurde mit Tausenden Toten in Nordhausen und den Zulieferbetrieben eines der schlimmsten Kapitel deutscher Militärgeschichte – und die dunkelste Seite der Peenemünder Versuchsanstalten und ihrer Technikentwicklung.

Neben den Bombentrichtern haben sich auch andere Spuren dieser Angriffe tief ins Gedächtnis der Landschaft eingegraben. So findet man noch heute nicht nur Bombensplitter, sondern auch einen abgeschossenen britischen Bomber vom Typ »Lancaster«, der hinter dem Kraftwerk in einen Süßwassersee gestürzt ist und dessen Rumpf bei Niedrigwasser autaucht. Die Gefahr, die von Blindgängern ausgeht, hat dazu geführt, dass große Teile dieser Spuren in der Landschaft bis heute fast unberührt hinter hohen Sperrzäunen erhalten sind.

Auch die Natur selbst trägt einen Teil dieser Erinnerung. Man hat den Eindruck, mitten in einem eigentümlich konservierenden Feld zu stehen, wenn man erst einmal wahrgenommen hat, dass die unerklärlich symmetrischen Baumreihen einst gepflegte Gartenhecken zwischen den Siedlungshäusern waren.

Demontage – Das endgültige Ende der Hochtechnologie

Den Veränderungen durch die Angriffe der Alliierten folgte eine Phase der Demontage. Nachdem Ende Januar 1945 der Befehl zur vollständigen Verlagerung Peenemündes in den Raum des Mittelwerkes erfolgt und die letzte Testrakete am 20. Februar gestartet war, verließen auch die führenden Köpfe, wie von Braun und Dornberger, Anfang März Peenemünde.

Als die sowjetischen Streitkräfte am 4. Mai 1945 Peenemünde kampflos einnahmen, waren alle wesentlichen Gerätschaften und Dokumente dort nicht mehr vorhanden. Ab August begannen im Zuge der Reparationsleistungen die Demontagearbeiten zunächst im Kraftwerk, ab November folgten dann Demontageaktionen, mit denen die Werkhallen ausgeräumt und Krananlagen, Stahlträger, Rohrleitungen, Erdkabel, Schienen der Werkbahn etc. systematisch abgebaut wurden. Dazu wurden Arbeitertrupps aus der einheimischen Bevölkerung gebildet. Nach zwischenzeitlichen Ansätzen, die Raketenerprobung in Peenemünde unter sowjetischem Kommando fortzusetzen, erfolgte das Veto des Alliierten Kontrollrats, der im Zuge eines der Kernpunkte des Potsdamer Abkommens die Entmilitarisierung und dementsprechend das Verbot der Waffenproduktion auf deutschem Boden forderte. Die Folge war die Sprengung der verbliebenen Anlagen bis zum Sommer 1948. Das Betonwerk Zinnowitz/Karlshagen fand noch in den sechziger Jahren sein Ausgangsmaterial in den Ruinen. Gleichzeitig begann in den meisten Teilen des Areals weitgehend ungestört die Rückeroberung durch die Natur.

Nur elf Jahre nach dem Beginn in Peenemünde schien sich die Geschichte auf einem anderen Kontinent zu wiederholen: Noch während in Peenemünde auf Befehl des Alliierten Kontrollrats Anlagen gesprengt wurden, erwarb im Jahre 1947 das Kriegsministerium der Vereinigten Staaten von Amerika die isolierte und gut abschirmbare Landspitze an der Atlantikküste Floridas und machte sie zum militärischen Sperrgebiet. Cape Canaveral wurde zum Ort des Triumphs der Technik, des Triumphs auch einiger ehemaliger Peenemünder Ingenieure, zum Ort des Triumphs der USA über die Sowjetunion im Zeichen des Kalten Krieges. Heute – fast 40 Jahre nach der ersten Mondlandung – sind auch davon nur Ruinen geblieben. Seit 1975 sind die Startanlagen der *Apollo*-Missionen nur noch tote Technik, die vehement von der Natur zurückgefordert wird. Vermutlich ist es dasselbe Schicksal, das allen Orten widerfährt, die an eine technische Monokultur gebunden sind: Hat sich die Technik erst einmal selbst überholt, bleiben Ruinen zurück.

Die Nationale Volksarmee der DDR erobert die Landschaft von Peenemünde-West

Die heute naturbelassene Wald- und Dünenlandschaft des Peenemünder Hakens wird im äußersten Norden abrupt von einer drei Kilometer langen Landebahn und der riesigen Ebene des NVA-Flugplatzes durchschnitten und beendet. Hier zeigt sich wieder das Gesicht einer Landschaft, die durch Militärs verbraucht wurde, durch eine Nutzung, die bis 1990 andauerte. Verlassene Shelter für die Jagdflugzeuge des Peenemünder Geschwaders, hinter deren tonnenschweren Betontoren inzwischen die eine oder andere Cessna parkt, überragen die Ebene. Im Sommer werden die grasbewachsenen Bunker gerne auch für die heimischen Kühe genutzt.

Gedeckte Stellung für Flugzeuge der NVA

Abschussrampe für Fi 103 / V 1, Peenemünde-West

Die nordwestlichen, großteils vermoorten Sandebenen baute die Bauleitung der Luftwaffe zu dem Areal Peenemünde-West aus, einem wesentlichen Teil der Peenemünder Versuchsanstalten, der organisatorisch der Luftwaffe unterstand. Dort wurden neuartige Waffensysteme, Rückstoßantriebe und Strahltriebwerke erprobt. Viele der großen Rüstungsfirmen, wie Heinkel, Henschel, Junkers, Messerschmidt, hatten dort ihr Testgelände. Unter vielen anderen Flugobjekten wurde in Peenemünde-West die Messerschmidt Me 163, das erste serienreife Flugzeug mit Raketentriebwerk, erprobt und die Fi 103, eine Entwicklung der Firma Fieseler aus Kassel, die als geflügelte Bombe von Rampen aus gestartet wurde, getestet. Die Fi 103 erlangte ab Juni 1944 als V 1 traurige Berühmtheit, als sie aus Stellungen an der Westfront gegen London eingesetzt wurde. Die Reste ihrer Erprobungsrampen finden sich noch heute an der nördlichsten Spitze der Versuchsanstalten.

Nach der Beendigung der Demontagen wurde im Sommer 1949 der noch vorhandene Flugplatz mit seinen Landebahnen durch ein sowjetisches Jagdfliegerregiment weiter genutzt. Das Barackenlager des Versuchskommandos Nord wurde von den Soldaten als Kaserne bezogen. Lediglich einige Offiziere wurden mit ihren Familien in den wenigen noch stehenden Häusern der Wissenschaftlersiedlung untergebracht.

Nach der Verlegung der sowjetischen Jagdflieger wurde der Flugplatz an die Nationale Volksarmee der DDR übergeben, die den Platz mit einer neu ausgerichteten Start- und Landebahn überbaute und grundlegend modernisierte. Ab Mai 1961 war das Jagdfliegergeschwader 9 zunächst auf MiG 17, ab 1964 auf MiG 21 und ab 1978 auf MiG 23 in Peenemünde stationiert. Ab 1971 erfolgte ein weiterer Umbau, in dessen Zuge auch die gedeckten Stellungen errichtet wurden. Die Unterbringung der Soldaten erfolgte bis zur Auflösung des Stützpunktes weiterhin in dem ursprünglich als provisorische Unterkunft gedachten Barackenlager des Versuchskommandos Nord am Rand von Karlshagen. Bis dorthin reichte auch die militärische Sperrzone.

Erich Honecker ließ sich in Peenemünde mehrfach vom fliegerischen Können seiner Luftstreitkräfte überzeugen, und Sigmund Jähn, der erste Deutsche im All, besuchte den Ort gleich zweimal. Obwohl offiziell ohne jeden Bezug zum »Ort der Faschisten«, standen natürlich auch diese Besuche unter propagandistischen Vorzeichen. 1970 und 1980 fanden zwei große Manöver der Truppen des Warschauer Paktes statt, die an den Stellen, an denen die Dünen zu Panzerdeckungen gegen anlandende Amphibienfahrzeuge umfunktioniert wurden, bis heute sichtbare Spuren hinterlassen haben. Ab den achtziger Jahren lud man auch nach Peenemünde »neutrale« Staatsmänner ein, so 1984 den schwedischen Ministerpräsidenten Olof Palme oder 1987 eine österreichische Militärdelegation. Das Ende dieser Ära erreichte Peenemünde im Januar 1990, als zum ersten Mal Zivilisten das bis dahin streng abgeriegelte Terrain betreten durften. Im September besuchte dann eine Delegation des Verteidigungsausschusses des Deutschen Bundestages das Jagdfliegergeschwader 9, und am 3. Oktober endete die Geschichte des NVA-Fliegergeschwaders mit der Übernahme in die Bundesluftwaffe und der anschließenden Auflösung.[18] Die Landebahnen dienten in der Folge als riesige Verkaufsflächen für ausgediente Militärfahrzeuge.

Auch die Marine der DDR unterhielt in Peenemünde einen Stützpunkt.[19] Dabei wurde der Hafen am Kraftwerk weiter genutzt, und auf der leeren Sandfläche, auf der das zweite Kraftwerk hätte errichtet werden sollen, entstand ab 1951 eine Kasernenanlage. Zunächst wurde der Hafen durch Seepolizei zur Küstensicherung genutzt, später wurde eine Räum- und Küstenschutzdivision stationiert. Ab Mai 1956 war Peenemünde die Flottenbasis »Ost« der Seestreitkräfte der NVA. Im November wurde daraus die 1. Flottille der Seestreitkräfte, wodurch die Hafen- und Kasernenanlage auch zu einem wichtigen Traditionsort der DDR-Geschichte wurde. Nach dem 3. Oktober 1990 wurden alle Schiffseinheiten außer Dienst gestellt. Der Hafen diente nur noch als Sammel- und Verkaufsstelle für die Militärschiffe der gesamten Volksmarine. Insgesamt waren in der Zeit der DDR in den beiden Stützpunkten bei Marine und Luftstreitkräften mehr als 4000 Soldaten stationiert. Erst am 31. März 1996 verließ der letzte Verwaltungssoldat der Bundesmarine die Kaserne am Hafen. Mit ihm endete eine sechzigjährige Herrschaft von Militärs über den Ort Peenemünde.

Memento mori

Unterschiedliche Sichtweisen bedingen verschiedene Arten der Darstellung: »Unser Peenemünde, das vielen zuerst als das Ende der Welt erschien, ist uns jetzt neue Heimat geworden. Wenn für einzelne die Stunde des

Abschieds gekommen ist, so wird Peenemünde mit allen hier geschilderten Schönheiten für immer ein großes Erlebnis bleiben. So manchen wird die Sehnsucht nach dem Wind und Wasser von Ostsee und Peene packen und er wird gerne an Peenemünde denken und nach Möglichkeit hierher zurückkommen«[20], so verharmloste die zitierte Festschrift noch 1941 die Anlagen von Peenemünde, als habe das alte Fischerdorf nie aufgehört zu existieren.

»Diese Erinnerung ist eine Verpflichtung. Hier wurde eine schreckliche Waffe gebaut. Die Faschisten haben damit versucht, den Kriegsverlauf zu ändern. Sie haben für die Realisierung ihrer furchtbaren Ziele gekämpft. Wir müssen an die erinnern, die dafür gekämpft haben, dass diese Ziele nicht erreicht wurden. Der Weg zum heutigen Tag war schwierig, aber wir haben den Kalten Krieg überwunden. Doch allein in den Jahren des Kalten Krieges haben die USA und die Sowjetunion jeweils 10 Billionen Dollar für Rüstung ausgegeben«, reflektiert hingegen Michail Gorbatschow im Jahre 2002.[21]

Was sollen wir heute mit diesen Ruinen anfangen? Was soll mit dieser militärisch verbrannten Erde geschehen? Weiter beräumen, dem Erdboden gleichmachen? Geschichtskontaminierte Erde abtragen und durch sauberen, neuen Mutterboden ersetzen? Tourismussiedlungen errichten? Auch das ist eine Möglichkeit, aber es ist sinnlos, dies unter dem Aspekt der Tilgung des Erinnerungspotentials zu tun. Denn selbst wenn die Substanz verschwunden ist, die Koordinaten der historischen Ereignisse werden bleiben. Auch die Veränderungen, die wir heute vornehmen, legen deutlich Zeugnis ab über unsere Einstellung zu dieser Vergangenheit – und letztlich auch zur Zukunft, denn Erinnerung verortet sich stets neu.

»Als ich hier herein kam, hatte ich eine Gänsehaut. Ich hatte Angst. Genau von hier müssen wir bei denen um Verzeihung bitten, die wir getötet haben. Wir müssen bei den Unsrigen um Verzeihung bitten und bei denen, die wir als Feinde getötet haben.«[22] Derjenige, der 2002 diesen Eindruck zu Protokoll gibt, ist kein Geringerer als Mstislaw Rostropowitsch.

Der heutige Auftrag im Umgang mit dieser Landschaft muss genau dahin gehen, die Präsenz von Kontrasten, die Präsenz von Geschichte immer wieder deutlich zu machen. Erst in unserem Kopf wird Landschaft zur Erinnerungslandschaft, die aus der Vergangenheit in die Zukunft weist. Durch äußere Zeichen – einen Grabstein oder ein Mahnmal – wird das Erinnern an historischen Orten oftmals scheinbar erleichtert. Peenemünde hat jedoch den Vorteil des Genius loci: Peenemünde ist eine zerschundene Landschaft aus Ruinen und zeitlichen Schichtungen, eine Landschaft des Erinnerns – und damit ein Kulturerbe von internationalem Rang.[23]

Bald wird es keine Zeitzeugen mehr geben, die miterlebten, was hier geschah, doch die Landschaft bleibt. Mit allen ihren Veränderungen, Spuren und Narben wird sie selbst das Gedächtnis bilden, selbst die Erinnerung sein, die es für jeden Betrachter zu entschlüsseln gilt – ein dreidimensionales Memento mori, das sich jeder selbst erschließen kann. Peenemünde braucht kein Mahnmal, Peenemünde ist ein Mahnmal im Kopf.

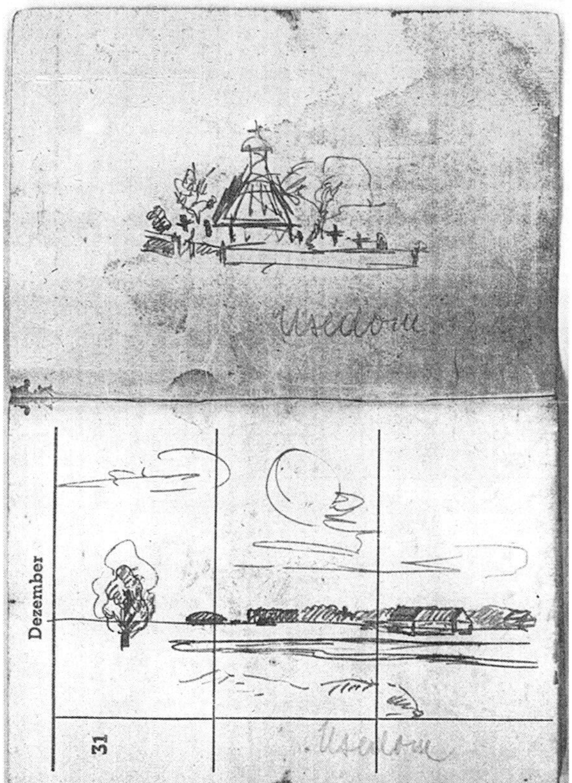

»Peenemünde gibt's nicht ...« notierte der quartiermachende ungarische Offizier Vashegyi Endre unter dem 3.4.1945 in sein Notizbuch

1 Theodor Fontane, *Effi Briest*, München 1974 (1895), S. 209.

2 *1936 – 1941 Bauleitung der Luftwaffe Peenemünde*, hg. von der Bildstelle der V. d. L. 1941 als Festschrift anlässlich des fünfjährigen Bestehens der Bauleitung, S.22.

3 Ebd.

4 Ebd., S. 4.

5 Vgl. Ortschronik Peenemünde 1999/6: 1800 – 1899, S. 16 (Archiv Museum Peenemünde).

6 Vgl. ebd., S. 10 f.

7 Lehrer Ernst Zastrow, 1933, hier zitiert nach Volkhard Bode/Gerhard Kaiser, *Raketenspuren*, Berlin 1995, S. 27.

8 *Luft- und Badekurort – Seebad Peenemünde*, Prospekt Wolgast 1932.

9 Bei den Provinziallandtagswahlen der Provinz Pommern erreichte die NSDAP 1929 gerade mal 4,1%, im Jahr 1933 bereits sensationelle 57,9%. Bei den Landtagswahlen 1928 erreicht die NSDAP 1,5%. In Pommern wird die NSDAP dann bereits 1932 mit 44,2% im Landtag bzw. mit 47,9% im Reichstag jeweils stärkste Partei. Vgl. Preußisches Statistisches Landesamt (Hg.), *Statistisches Jahrbuch für den Freistaat Preußen* Bd. 16-30 (1920 – 1934), S. 1920 ff.

10 »5 Jahre Bauleitung«, in: *1936 – 1941 Bauleitung der Luftwaffe Peenemünde*, S.4 ff.

11 »Unsere neue Heimat !«, in: ebd., S. 22.

12 Michail Gorbatschow im Filminterview in: *War Requiem in Peenemünde* von Jörg Hermann (2002).

13 Walter Dornberger, *Peenemünde. Die Geschichte der V-Waffen*, Frankfurt am Main/Berlin, 4. Auflage 1993, S. 14 ff. (ursprünglicher Titel: *V 2 – der Schuss ins Weltall*, Esslingen 1952).

14 Guido Zemb-Schrewe, KZ-Häftling im Mittelwerk, hier im Filminterview in: *Peenemünde – Schatten eines Mythos* von M. J. Blochwitz (2001).

15 Walter Dornberger bei der Ankunft in Peenemünde nach dem britischen Angriff. Vgl. Dornberger, S.186. In voller Länge lautet das Zitat: »Als ich nach einem Rundflug mit Professor von Braun um 8.45 Uhr lande, kann ich nur mühsam, zutiefst bewegt von dem ersten umfassenden Überblick, die Worte über die Lippen bringen: ›Mein armes, armes Peenemünde!‹«

16 Dornberger, S.184.

17 Auguste Friede in: *War Requiem in Peenemünde* (vgl. Anm. 12).

18 Zur Geschichte des Peenemünder Jagdfliegergeschwaders vgl. Manfred Kanetzki, *MiGs über Peenemünde*, Diepholz 2001.

19 Zur Geschichte des Marinestützpunktes Peenemünde vgl. Fritz Labjon/Axel Dietrich, *Holt nieder Flagge – Die Marine in Peenemünde von 1950 bis 1996*, Peenemünde 1996.

20 *1936 – 1941 Bauleitung der Luftwaffe Peenemünde*, S. 24 (vgl. Anm. 2).

21 Michail Gorbatschow in: *War Requiem in Peenemünde* (vgl. Anm. 12).

22 Mstislaw Rostropowitsch, Dirigent von B. Brittens *War Requiem in Peenemünde*, in: ebd. (vgl. Anm. 12).

23 Unesco, 17. Generalkonferenz, Resolution zum Schutz des Kultur- und Naturerbes, Paris 1972: Im Sinne dieses Übereinkommens gelten als »Kulturerbe«: »*Denkmäler*: Werke der Architektur, Großplastik und Monumentalmalerei, Objekte oder Überreste archäologischer Art, Inschriften, Höhlen und Verbindungen solcher Erscheinungsformen, die aus geschichtlichen, künstlerischen oder wissenschaftlichen Gründen von außergewöhnlichem universellem Wert sind; *Ensembles*: Gruppen einzelner oder miteinander verbundener Gebäude, die wegen ihrer Architektur, ihrer Geschlossenheit oder ihrer Stellung in der Landschaft aus geschichtlichen, künstlerischen oder wissenschaftlichen Gründen von außergewöhnlichem universellem Wert sind; *Stätten*: Werke von Menschenhand oder gemeinsame Werke von Natur und Mensch sowie Gebiete einschließlich archäologischer Stätten, die aus geschichtlichen, ästhetischen, ethnologischen oder anthropologischen Gründen von außergewöhnlichem universellem Wert sind.«

Von Peenemünde in die weite Welt. Der Transfer der Raketentechnologie in außerdeutsche Länder

Thomas Stamm-Kuhlmann

Der Wettlauf der Geheimdienste

Die außerdeutsche Geschichte der V 2 beginnt in dem Moment, da ausländische Geheimdienste zum ersten Mal ihrer Existenz gewahr werden. Das ist spätestens seit Frühjahr 1943 der Fall, als eine zunehmende Zahl von Meldungen über deutsche Raketenentwicklungen und eine Reihe schwer deutbarer Luftbildresultate die britische Regierung veranlassten, die »Operation Crossbow« gegen die deutschen Geheimwaffen in Gang zu setzen.[1] 1944 gelang es sogar, eine nahezu komplette Rakete, die nach einem Versuchsschuss im besetzten Polen fehlgegangen war, zu entwenden und nach Großbritannien zu schaffen.[2]

Im internationalen Vergleich schien Deutschland zu diesem Zeitpunkt die Nase vorn zu haben. Das war nicht immer so gewesen. Noch während der zwanziger Jahre hatten die Experimente des amerikanischen Professors Robert Goddard mit Flüssigkeitsraketen dazu herhalten müssen, in Deutschland den Konkurrenzeifer anzustacheln.

Wie zahlreiche Aktentitel im britischen Staatsarchiv, dem Public Record Office, verraten, beschäftigte die Möglichkeit, das Wissen der deutschen Experten anzuzapfen und für die Zwecke der Alliierten dienstbar zu machen, frühzeitig die Regierungen. Zum Zeitpunkt der Landung in der Normandie bildeten Briten und Amerikaner, der gemeinsamen Führung ihrer Operationen entsprechend, ein *Combined Intelligence Objectives Subcommitee* – CIOS, das eine gemeinsame geheimdienstliche Aufklärung der deutschen Kriegstechnik zu organisieren hatte. Doch noch vor Ende des Krieges wurde man sich bewusst, dass auch die Existenz eines solchen gemeinsamen Ausschusses nicht verhindern konnte, dass die Alliierten sich in einer Konkurrenzsituation befanden, die nicht nur das Verhältnis zwischen den Westmächten und der Sowjetunion betraf. Amerikaner, Briten und Franzosen wetteiferten gleichfalls miteinander. Die USA bildeten als Spezialeinheit die *Field Information Agency – Technical* (FIAT) mit dem Auftrag, noch während die Kämpfe andauerten, in neu besetztem Feindesland nach deutschen technischen Unterlagen, Technikern und Wissenschaftlern zu fahnden. Festgenommene Experten wurden aufgefordert, ihr Wissen niederzuschreiben und in umfangreichen Berichten den Leistungsstand der deutschen Forschung und Entwicklung im Jahre 1945 zu fixieren. Die noch geheimere Formation *Alsos* hatte die Aufgabe, speziell nach Atomforschern zu suchen und zu erkunden, ob die Deutschen dabei waren, die Atombombe zu entwickeln.

Auf deutscher Seite hatte man schon vor Kriegsende teilweise recht opportunistische Überlegungen angestellt. Was sollte man tun, wenn der Krieg ohnehin verloren war? Musste man dann nicht versuchen, seine Haut möglichst teuer zu Markte zu tragen? In diesem Sinn überlegte sich Wernher von Braun frühzeitig, ob er sich nicht mit möglichst vielen Mitarbeitern in die Hände der USA geben sollte, da hier die mildeste Behandlung und die besten Chancen für eine Weiterführung der V-2-Entwicklung mit Perspektive auf den Mondflug zu winken schienen. Die Übergabe, die dann stattfand, erweckt den Anschein, als habe man sie von langer Hand vorbereitet.[3]

In einer kontinuierlichen Absetzbewegung, als deren Teil das Peenemünder Archiv in dem Schacht Georg Friedrich nahe Dörnten im Harz eingelagert worden war,[4] hatten sich die Raketenentwickler um Wernher von Braun und den militärischen Befehlshaber von Peenemünde, General Walter Dornberger, bis in die bayerischen Alpen nahe Oberammergau zurückgezogen. Dort erwartete man das Kriegsende. Am 1. Mai erfuhr man aus dem Radio, dass Hitler tot war. Am 2. Mai sandte Wernher von Braun seinen Bruder Magnus, der zuletzt Chef der Kreiselkompassproduktion in den Mittelwerken gewesen war, per Fahrrad zu einem amerikanischen Stab, der sich knapp hinter der österreichischen Grenze befand.[5] Der engere Kreis um von Braun begab sich in amerikanischen Gewahrsam. In einem Wehrmachtsgebäude in Garmisch-Partenkirchen waren schließlich über vierhundert deutsche Experten versammelt.[6]

In Mitteldeutschland, wo amerikanische und britische Armeen weit über die im Londoner Abkommen von 1944 vereinbarte Demarkationslinie zwischen den Besatzungszonen hinaus nach Osten vorgestoßen waren, nahmen die Amerikaner auf dem Rückzug mit, was nur ging, um es nicht der Sowjetunion oder auch den Briten in die Hände fallen zu lassen, darunter einhundert mehr oder weniger fertiggestellte V-2-Raketen aus den Mittelwerken[7] sowie das in Dörnten wieder geborgene Peenemünder Archiv.[8] Einige der in Garmisch-Partenkirchen gesammelten Wissenschaftler wurden an die Briten weiter gereicht, für die sie in der Nähe von Cuxhaven Schussversuche mit der V 2 anzustellen hatten, die sehr genau protokolliert wurden.[9] *Backfire* war der Deckname für die Untersuchung, mit der die Engländer gewissermaßen an den Anfang der Flugbahnen jener Geschosse zurückkehrten, die sie während des Jahres 1944 in Atem gehalten hatten. Die Franzosen zögerten nicht, in die amerikanische Besatzungszone einzudringen und Experten, die sich bereits im Gewahrsam amerikanischer Dienststellen befanden, für eine Tätigkeit in Frankreich abzuwerben.[10] Schon am 22. Mai 1945 aber hatte Major Robert Staver vom US-Heereswaffenamt in einem Telegramm, das von Paris aus nach Washington gesandt wurde, angeregt, »unverzüglich 100 der allerbesten Männer« des Peenemünder Raketenprojekts in die USA zu bringen, zunächst, um sie an Flugabwehrraketen arbeiten zu lassen. Es wurde »unverzügliches Handeln empfohlen, um [den] Verlust der ganzen oder eines Teils dieser Gruppe an andere interessierte Stellen zu verhindern«.[11] Wernher von Braun wurde in den Harz gebracht, um möglichst viele der wichtigsten dort lebenden Peenemünder mit ihren Familien zunächst zur Übersiedlung in die US-Zone zu überreden. Von dort aus sollten dann die ausgewählten Spezialisten in die USA gebracht werden.[12] Rund 3000 Techniker aber blieben im Harz zurück und standen bald darauf der Sowjetunion zur Verfügung. Am 19. Juli 1945 versahen die Vereinigten Stabschefs der USA das Vorhaben, deutsche Spezialisten in die USA zu bringen, mit dem Decknamen *Overcast*.[13] Am 13. März 1946 wurde der Deckname aus Sicherheitsgründen in *Paperclip* geändert.[14] Bis zum Mai 1948 war die Zahl der in diesem Zusammenhang in die USA gebrachten Personen auf 1136 Deutsche und Österreicher angewachsen, die für das Heer, die Luftwaffe, die Marine und das Handelsministerium arbeiteten. 127 davon waren alte Peenemünder; die größte Gruppe der *Paperclip*-Leute aber bildeten Experten für Düsenflugzeuge, die auf der *Wright-Air Base* in Ohio tätig waren.[15] Wie man ihre Einreise in die USA mit den amerikanischen Einwanderungsgesetzen in Einklang bringen wollte, überlegte man sich erst spät.[16] Teilweise wurden die Deutschen als Personen ohne ausländerrechtlichen Status in bestimmten Zonen, zum Beispiel in El Paso/Fort Bliss, festgehalten und ihr Status erst 1950 legalisiert, indem man sie nach Mexiko brachte und über den Grenzkontrollpunkt Ciudad Juarez offiziell einreisen ließ.[17]

Wernher von Brauns neue Chance

Der Anfang der Peenemünder in den USA war freilich glanzlos. Sie waren als Schützlinge der US-Army in die Vereinigten Staaten gelangt, und vorläufig waren sie für ihr Fortkommen völlig von dieser einen Instanz abhängig. Das bereits vor der Erbeutung des Peenemünder Wissens lancierte eigene Raketenprojekt der US-Army, *Hermes*, aber fiel zunächst einmal den Haushaltskürzungen nach dem Sieg über Japan zum Opfer. Fortan waren die knappen Ressourcen zwischen den Waffengattungen der amerikanischen Streitkräfte umkämpft. Erst 1950 besserte sich die Lage. Das Peenemünder Team erhielt im *Redstone Military Arsenal* in Huntsville, Alabama, eine neue Arbeitsstätte zugewiesen und wurde mit der Entwicklung einer Mittelstreckenrakete, der *Redstone*, beauftragt. Diese Waffe reichte 400 Kilometer weit und wurde, atomar bestückt, 1958 in der Bundesrepublik Deutschland stationiert.

1956 wurde das Arsenal von Huntsville in *Army Ballistic Missile Agency* (ABMA) umbenannt und mit der Entwicklung einer beweglichen Mittelstreckenrakete, der *Jupiter*, befasst. Sie wurde auf der Basis der *Redstone* entwickelt und 1960 in Italien sowie der Türkei disloziert, um von dort aus die Sowjetunion atomar zu bedrohen.

Mit diesen zwei Raketenprojekten blieben die Peenemünder zwar im Geschäft. Es darf aber nicht übersehen werden, dass sie an wesentlichen anderen Entwicklungen der US-Raketenrüstung nicht beteiligt waren: Sie waren weder in den Bau der ersten Interkontinentalraketen *Atlas* und *Titan* noch in den Bau der U-Boot-gestützten Mittelstreckenrakete *Polaris* involviert. Ihre Marginalisierung konnten sie erst überwinden, als die *Jupiter* nach dem Fehlschlag der zivilen *Vanguard*-Rakete aushelfen musste, um den ersten amerikanischen Erdsatelliten *Explorer I* am 31. Januar 1958 ins All zu befördern. Von hier aus war der Weg frei zur Entwicklung der aus acht *Jupiter*-Triebwerken gebündelten *Saturn*, mit der Wernher von Braun sich seinen Jugendtraum erfüllte. 1965 war immer noch eine geschlossene Gruppe von 89 Peenemündern am inzwischen der NASA unterstellten *George C. Marshall Space Flight Center* in Huntsville, Alabama, tätig.[18]

Motive und Widerstände

Früh hatte man in Amerika den Import deutscher Forscher in einen weiteren Rahmen gestellt: Es sollte nicht nur darum gehen, Wissen zu kapern, das kurzfristig in Rüstungsprojekte umgesetzt werden konnte. Vielmehr sollte ein langfristiger Transfer technischen Wissens, der an der Grenze zwischen ziviler und militärischer Nutzung nicht Halt machte, dazu dienen, die Kriegskosten und die Kriegsschäden auszugleichen, die den Gegnern Deutschlands aufgebürdet waren. Der Begriff der »intellektuellen Reparationen« findet sich bereits in einem Antrag an US-Präsident Harry S. Truman, den der Patentjurist und Leiter des *Office of Technical Services* im US-Wirtschaftsministerium, John C. Green, ausarbeitete, und der am 4. Dezember 1945 durch den Wirtschaftsminister Henry A. Wallace dem Weißen Haus zugeleitet wurde.[19] Außerdem war das Interesse der Geheimdienste an der deutschen Technologie keineswegs nur auf die Erlangung von anwendbarem Wissen gerichtet. Eine ebenso große Rolle spielte der Wunsch, neue Technologie rivalisierenden Mächten vorzuenthalten *(denial)*. Damit musste man nicht nur nach den Entwicklungen fahnden, die die Deutschen schon realisiert hatten, sondern auch Ansätze zu möglichen Zukunftsprojekten gedanklich antizipieren, erkennen und vereinnahmen.

Alliierte Beamte, die sich damit befassten, eine deutsche Wiederaufrüstung zu verhindern, wurden von den Gespenstern der Vergangenheit verfolgt. Schon einmal, nach dem Ersten Weltkrieg, war der Versuch unternommen worden, Deutschland mit Verträgen sowie mit den Inspektionsfahrten alliierter Untersuchungskommissionen in den Fesseln der Abrüstung zu halten.[20] Mit allerlei Tricks hatten deutsche Firmen ihre Aktivitäten getarnt, teilweise auch ihre Forschung und Produktion in Drittländer wie Spanien verlegt. Das State Department legte großen Wert darauf, deutsche Nester in Lateinamerika auszuheben und zu verhindern, dass sich in dieser Region neue deutsche Einflusszentren würden bilden können. Die Stellungnahmen des amerikanischen Außenministeriums zum Unternehmen *Paperclip* waren deshalb ablehnend. Das State Department warnte: Man setze sich in Widerspruch mit sich selbst, wenn Deutschen auf amerikanischem Boden Forschungen erlaubt werden würden, die ihnen in Deutschland verboten waren. Dort hatte inzwischen der Alliierte Kontrollrat das Gesetz Nr. 25 erlassen, das militärische Forschung völlig untersagte und jegliche andere naturwissenschaftlich-technische Forschung einer strengen Überwachung unterwarf.[21] Man könne auch schlechterdings nicht von Spanien und den Ländern Südamerikas verlangen, dass sie Deutsche in deren Heimat zurückschickten, wenn man selbst den Deutschen eine förmliche Auswanderung gestatte. Allenfalls seien sie als Kriegsgefangene in die USA zu bringen und abzuschöpfen.[22] In den Jahren 1946 und 1947 wurden die rechtlichen Bedenken des Außen- und Justizministeriums freilich nur allzu häufig unter der Begründung der »national security« umgangen, selbst wenn dies bedeutete, die für die amerikanische Zone erlassenen Entnazifizierungsvorschriften zu verletzen.[23] Obwohl *Overcast* und *Paperclip* keine Publizität erhielten und diesbezügliche Pressemeldungen zum Teil gar nicht erst freigegeben wurden[24], gab es dann tatsächlich Proteste. Die erste Pressemeldung, die die Öffentlichkeit auch erreichte, stammte vom 3. Dezember 1946. Noch im selben Monat sandte eine Gruppe von Persönlichkeiten des öffentlichen Lebens in den USA, unter ihnen Albert Einstein, ein Telegramm an den Präsidenten, in dem die deutschen Wissenschaftler als eine Gefahr für die amerikanische Demokratie bezeichnet wurden. Man dürfe ihnen die amerikanische Staatsbürgerschaft nicht gewähren.[25] Ebenso bezeichnete im Jahre 1947 die *Federation of American Scientists* deren

Einbürgerung als eine Beleidigung für die Menschen in allen Ländern der Welt, die soeben noch an der Seite Amerikas gekämpft hatten – und für die Opfer des Nationalsozialismus.[26]

Die Berichterstattung über den Import der Spezialisten aus dem Machtbereich der ehemaligen Kriegsgegner Amerikas wandelte sich jedoch unter dem Eindruck des Kalten Krieges gänzlich. Spätestens zum Zeitpunkt des *Sputnik*-Schocks 1957 galt es als ausgemacht, dass Amerika das Wichtigste verschlafen und die meisten Experten der Sowjetunion überlassen habe. Der Komiker Bob Hope gefiel sich in dem Witz, »that their Germans were better than our Germans«.[27] Tatsächlich aber hatte die UdSSR, bedingt durch die Lage der Mittelwerke und die Tatsache, dass die meisten Raketenexperten ihren Wohnsitz in der sowjetischen Zone hatten, die größere Zahl in die Hände bekommen, doch handelte es sich mit wenigen Ausnahmen um das zweite Glied der Ingenieure und der Techniker, während die Spitze der Mannschaft von Peenemünde, die Wissenschaftler im engeren Sinne, nahezu komplett mit von Braun in die amerikanische Zone gelangt war.[28]

Helmut Gröttrup und Gorodomlia

Im Juli 1944 hatte die Rote Armee den Raketenschießplatz von Blizna in Polen eingenommen. Dort vorgefundene Raketenteile wurden gesammelt und nach Moskau gebracht. Aus einzelnen Trümmern musste im Wissenschaftlichen Forschungsinstitut (*Nautschnyj Issledowatelskij Institut*) Nr.1 des Volkskommissariats für Luftfahrtindustrie in Moskau die gesamte Rakete rekonstruiert werden. Man zeigte sich von den geschätzten 25 Tonnen Schubleistung der V 2 beeindruckt[29], konnte man doch selbst zu diesem Zeitpunkt mit dem in eigener Regie entwickelten Flüssigkeitsaggregat nur 1,5 Tonnen Schub erzeugen. Es wurden auch sofort Schlussfolgerungen aus den Funden gezogen. In ihrem Untersuchungsbericht, den sie im Mai 1945 erstatteten, stellten die Wissenschaftler von NII-1 fest: »Die Fernkampfrakete erweist sich als gewaltige wissenschaftlich-technische Errungenschaft, die den Grundstein für eine neue Art der Feldartillerie legt. … In naher Zukunft werden analoge Raketen, bei Verbesserung ihrer Zielgenauigkeit, Reichweite und Sprengkraft als selbständige Gattung einer mächtigen reaktiven Feldartillerie, zur Bewaffnung der großen Staaten gehören.«[30] Dies ist zwar eine angemessene Würdigung der V 2. Bedenkt man freilich, dass von Braun bereits in Peenemünde mit den Vorstudien zu einer Interkontinentalrakete, dem A 9, beschäftigt gewesen war, könnte man diese Prognose noch untertrieben nennen.

Als dann Peenemünde am 4. Mai 1945 von den Sowjets besetzt wurde, war kaum noch etwas zu holen. Die Produktion war längst verlagert, die deutschen Entwicklungsingenieure und Techniker hatten Peenemünde im März verlassen. Dennoch traf am 1. Juni Boris Tschertok vom Moskauer Forschungsinstitut NII-1 in Peenemünde ein, um die Reste zu sichten. Was an Bauten und Installationen übrig geblieben war, wurde zeichnerisch aufgenommen.

Um so reicher war freilich die Beute, die sich im Harz machen ließ. Die Überbleibsel der von den amerikanischen Experten geplünderten Bestände des Mittelwerkes verdienten immer noch Beachtung, wurden sorgfältig zusammengesetzt und in die Sowjetunion transportiert. Von Braun hatte zwar im amerikanischen Auftrag eine beträchtliche Anzahl von Raketenforschern zur Abwanderung in die amerikanische Zone veranlassen können, doch war die Zahl der Zurückgebliebenen, mochten sie auch nur aus der zweiten Reihe stammen, immer noch beträchtlich. Die Zukunft sah auch in den Westzonen düster aus, was manche sogar dazu veranlasste, sich aus der britischen Zone nach Bleicherode abwerben zu lassen. Dem habilitierten Spezialisten für Kreiselgeräte, Kurt Magnus, war von der britischen Militärregierung untersagt worden, weiter an der Universität Göttingen zu arbeiten. Er unterschrieb daraufhin im April 1946 einen Arbeitsvertrag mit dem so genannten *Büro Gröttrup* in Bleicherode. Gleich ihm wurden andere – Messtechniker, Ballistiker, Elektroniker, Aerodynamiker usw. – gewonnen, die alle nicht zum Peenemünder Team gehört, sondern in ähnlichen Verwendungen an Nachbargebieten des Raketenprogramms gearbeitet hatten.

Helmut Gröttrup allerdings, der nun der Spitzenmann der deutschen Raketenforscher im Dienst der Sowjetmacht wurde, hatte zum engen Kreis um von Braun gehört und war 1944 zwei Wochen lang zusammen mit ihm in Gestapohaft gewesen. Die Deutschen wurden jetzt mit Sonderverpflegung, Wohnungszuteilung und hohen Gehältern gelockt. Der Dienstwohnsitz sollte Bleicherode sein. Würde der Dienstsitz aus irgendeinem Grund gewechselt werden, gab es ein Kündigungsrecht. Die Aufgabe bestand zunächst darin, das A 4 zu »rekonstruieren«. Darunter wurde aber »nicht nur das vollständige Beschreiben und eine Dokumentation, sondern auch das Begründen verstanden ..., weshalb die Konstruktion gerade so und nicht anders gewählt worden ist. Außerdem sollte nicht nur Herstellung und Prüfung der Raketenteile, sondern auch die ganze dazu notwendige Organisation und die jeweils zugrundeliegenden Vorstellungen, Überlegungen und Berechnungen erarbeitet und in Berichten niedergelegt werden«[31].

Die Wissenschaftler ahnten bald, dass ihre Tätigkeit nur sinnvoll war, wenn sie als Vorbereitung zu weiter reichenden Zielen angesehen wurde. Das *Büro Gröttrup* wurde einem von Tschertok gegründeten *Institut für Raketen-Bau und -Entwicklung*, RABE, eingegliedert, das wenig später in den *Zentralwerken Bleicherode* aufging. Gröttrup avancierte zu dessen Generaldirektor. Schon im Juli 1946 soll, nach den Erinnerungen von Magnus, auf einer Abendgesellschaft der sowjetische Hauptkonstrukteur Sergej Pawlowitsch Koroljow erschienen sein und von Erdsatelliten und dem Flug zum Mond gesprochen haben.[32]

Derartige Forschungs- und Entwicklungstätigkeit auf deutschem Boden war nach dem Kontrollratsgesetz Nr. 25, das am 7. Mai 1946 in Kraft getreten war, illegal. Die Sowjetregierung musste sich daher entscheiden, ob sie die Arbeiten einstellen oder in die UdSSR verlegen wollte.

Am 22. Oktober 1946 wurden in der gesamten sowjetischen Zone im Rahmen der Operation *Osoawiachim* Hunderte Deutsche – »Monteure, Werkmeister, Techniker, Ingenieure, Konstrukteure und Wissenschaftler« sowie deren Familien – in ihren Wohnungen abgeholt, samt ihrem Hausrat verladen und in die Sowjetunion gefahren. Zu diesen Hunderten gehörten auch 308 Raketenexperten[33], unter ihnen Gröttrup, Magnus und die Beschäftigten der Zentralwerke Bleicherode.[34] Widerspruch war zwecklos. Einige Raketenexperten gelangten bald darauf an die Endstation ihrer Russlandreise, auf die Insel Gorodomlia, im Quellgebiet der Wolga zwischen Moskau und Leningrad. Andere wurden zunächst nach Podlipki bei Moskau, in das Raketeninstitut NI-88, gebracht, wo sie bis zum Herbst 1947 die »Rekonstruktion« des A 4 abgeschlossen hatten. Als nächste Aufgabe stellte sich die Entwicklung eines verbesserten A 4, das in der sowjetischen Klassifizierung die Kurzbezeichnung R-1 bekam.[35] Unter der Aufsicht Koroljows wurden auf dem Versuchsgelände von Kapustin Jar in Kasachstan im Oktober und November 1947 insgesamt elf erbeutete V 2 verschossen, von denen fünf im Zielgebiet eintrafen.[36]

Vom Sommer 1948 bis in das Jahr 1953 hinein versammelten sich dann etwa 180 deutsche Raketen»spezialisten« auf Gorodomlia. Zu den weiteren dort bearbeiteten Projekten gehörten: eine Studie zur Realisierbarkeit des von Eugen Sänger und Irene Bredt noch während des Zweiten Weltkrieges vorgeschlagenen Raumgleiters, Raketen mit speziellen Antriebsprogrammen, das Stufenprinzip und die Bündelung von gleichartigen Triebwerken. Eine in den Kreisen der damaligen Entwickler »R 14« genannte Rakete wurde »ausführlich durchgerechnet, in Konstruktionszeichnungen dokumentiert und in Teilen sogar labormäßig erprobt«. Es handelte sich dabei um eine Rakete, die im Stande sein sollte, eine Nutzlast von drei Tonnen über dreitausend Kilometer zu transportieren,[37] also um eine wirkliche Mittelstreckenrakete. Ende September 1950 forderte der sowjetische Minister für Bewaffnung, Dmitrij Fjodorowitsch Ustinow, persönlich von den Deutschen, sie sollten mit den Vorarbeiten zur Entwicklung einer Anti-Rakete beginnen. Gröttrup entgegnete darauf, die anwesenden Experten hätten sich bisher nur mit Antrieb und Lenkung einer Rakete befasst; für die Entwicklung einer Abwehr komme es aber zunächst auf die Ortung der anfliegenden Raketen an.[38] Ab 1. Oktober 1951 sollten die Deutschen, wie ihnen mitgeteilt wurde, nur noch an zivilen Projekten arbeiten. Anfang 1952 begann dann die Repatriierung der Deutschen von Gorodomlia.

Zum Anteil der Deutschen an den Erfolgen der sowjetischen Raketentechnik bemerkt Magnus: »Der Sputnik ist von Russen entworfen, gebaut und ins All geschossen worden; er war eine durchaus russische Angelegenheit! Das schließt freilich nicht aus, dass bei der Entwicklung der sowjetischen Raketentechnik, die dann auch zum Sputnik geführt hat, deutscher Einfluss wirksam gewesen ist. Über die Stärke dieses Einflusses gehen die Meinungen auseinander.«[39] »Sicher hätten die Sowjets auch ohne die Mitwirkung der Deutschen vergleichbare Ergebnisse in der Raketentechnik erreicht. Möglicherweise wären dann andere Wege beschritten worden, und es hätte wohl auch länger gedauert.«[40]

So formuliert er in aller Bescheidenheit. Auch die historische Forschung ist bisher zu dem Ergebnis gekommen, dass die sowjetischen Entwickler sich frühzeitig von ihren deutschen Vorbildern gelöst und eigene Wege beschritten haben.[41]

Die Vollendung der absoluten Waffe

Sollte der Beitrag deutscher Raketenforscher zur Entwicklung dieser Technik, vor allem im Bereich der Waffen – denn von Brauns Verantwortung für die *Saturn* ist unübersehbar – geringer ausgefallen sein, als man das in den Hochzeiten des Kalten Krieges vermutet hat, so ist doch noch eines zu bemerken. An den Anfängen der beiden technischen Innovationen, die das Wesen der Konfrontation zwischen den Weltmächten dauerhaft verändert haben und jahrzehntelang die größte Bedrohung für das Weiterleben der Menschheit schlechthin darstellten – Rakete und Atombombe – ist um 1940 in allen großen kriegführenden Nationen gearbeitet worden: in den USA, in Großbritannien, in der Sowjetunion, aber auch in Frankreich. Die Deutschen waren nur besonders weit, wenn auch in der Kernforschung nicht weit genug gekommen.

Zwischen beiden wissenschaftlich-technischen Komplexen bestand sogar ein negativer Zusammenhang. Denn für beide Projekte konnte man einen besonders knappen Rohstoff, nämlich hoch reinen Graphit verwenden – in einem Kernreaktor kann man Graphit als Moderator einsetzen, in einem Raketentriebwerk kann man aus Graphit Strahlruder anfertigen, die die Rakete steuern. »Graphitstrahlruder«, so erinnert sich Boris Tschertok, »wurden sowohl von uns als auch von den Amerikanern bis zur Mitte der fünfziger Jahre angewendet.«[42] Vor allem aber wurden sie für die A 4 / V 2 benutzt, und damit hätte eine Konkurrenz zwischen dem Atom- und dem Raketenprojekt entstehen können, die für eines von beiden das Aus bedeutet hätte. Tatsächlich aber hat das Heereswaffenamt schon zu einem frühen Zeitpunkt der deutschen Atomforschung entschieden, dass Graphit nicht die geeignete Moderatorsubstanz für Kernreaktoren sei, und die deutschen Forscher setzten auf das kaum weniger knappe Schwere Wasser als Moderator.[43]

Nach dem Bekanntwerden der Atombombenabwürfe auf Hiroshima und Nagasaki will Boris Tschertok, wohl in Bleicherode, mit Helmut Gröttrup lange Gespräche darüber geführt haben:

»Die Namen Heisenberg und von Ardenne, die ich als mögliche Wissenschaftler nannte, die an der Atombombe hätten arbeiten können, waren Gröttrup sehr gut bekannt. Mehr noch, er erzählte, dass im Sommer 1943 die Leiter in Peenemünde unter strenger Geheimhaltung über einen neuen mächtigen Sprengstoff berichtet hatten. Für die Peenemünder war dies sehr wichtig gewesen. Sie hatten sehr gut verstanden, dass das gewöhnliche Trotyl (2,4,6-Trinitrotoluol), das in die Sprengköpfe der A-4-Raketen in einer Menge von 700-800 kg eingebracht wurde, keinen größeren Effekt als eine gewöhnliche 1000 kg Fliegerbombe ergab.... Gröttrup erinnerte sich, dass sich von Braun, nachdem er von dem neuen Sprengstoff gehört hatte, an die Führung der Landstreitkräfte in Berlin wandte, um die Sprengkraft der Raketensprengköpfe zukünftig zu erhöhen.«[44]

Der Quellenwert dieser Aussage ist mit Vorsicht zu betrachten. Boris Tschertok schrieb seine Erinnerungen mit fünfzig Jahren Abstand, im Alter von achtzig Jahren. Er hat uns die Gedankengänge des Jahres 1943 in Peenemünde zweifach, durch seine Erinnerung und durch den Gewährsmann Gröttrup, gefiltert wiedergegeben. Misst man seinem Zeugnis aber Wert bei, so bedeutet dies zweierlei: Die Köpfe des Peenemünder Projektes waren sich des geringen strategischen Nutzens der V 2 bewusst, – gegenüber der Führung des Nazireiches argumentierten sie aus opportunistischen Gründen natürlich anders –, und sie hatten die Möglichkeit einer Kombination von Rakete und Atomsprengkopf zur bis heute »absoluten Waffe« bereits vorausgeahnt. Weit davon entfernt, die militärische Verwendung der V 2 zu bedauern, ergriffen sie von sich aus die Initiative, um die Vernichtungskraft der V 2 um ein Vielfaches zu steigern. Drei Jahre später, im April 1946, machte von Braun weiter: Nachdem nun offensichtlich geworden war, dass jene Waffe mit dem »neuen mächtigen Sprengstoff« sich in den Händen seiner neuen Arbeitgeber befand, ergriff er, offenbar ohne dazu genötigt zu sein, wieder die Initiative und schlug dem US-Heereswaffenamt vor, eine Fernrakete »sehr großer Reichweite«, bestehend aus der V 2 und »einem neuen Gerät«, mit einem »atomic warhead« zu bestücken. Im Nachlass Wernher von Brauns im U.S. Space and Rocket Center ist ein Briefentwurf überliefert, in dem die Raketenleute von Fort Bliss die Atomforscher von Los Alamos auffordern, ihnen Auskunft über die Einbaumöglichkeiten eines Atomsprengkopfes zu geben.[45]

Peenemünder verstreuen sich über die Erde

Was das US-Department of State in seinem Widerstand gegen *Paperclip* befürchtet hatte, sollte sich als unvermeidbar erweisen. Deutsche Raketenforscher blieben weder in Deutschland, noch sammelten sie sich in den USA oder der Sowjetunion. Sie haben sich tatsächlich über die ganze Erde verteilt. Gerade hierzu ist allerdings der Stand der historischen Forschung noch am geringsten entwickelt.

Immerhin ist es nichts Neues, dass die Briten, die eineinhalb Jahre lang Walter Dornberger als möglichen Angeklagten für einen Kriegsverbrecherprozess festhielten, bevor er als *Paperclip*-Deutscher in die USA gelangte, versucht haben, einige für das Unternehmen *Backfire* von den Amerikanern ausgeliehene Peenemünder zur dauernden Übersiedlung nach England zu bewegen.[46] Längere Zeit arbeiteten Deutsche in der Lüneburger Heide an Raketentreibstoffen, unter der nominellen Leitung von Walter »Papa« Riedel, einem Peenemünder, auf den die Amerikaner verzichtet hatten. Der wirkliche Kopf der Gruppe war Johannes Schmidt, der den Raketenantrieb des Raketenjägers Messerschmitt Me 163 entwickelt hatte, aber nie bei von Braun in Peenemünde gewesen war.[47] Ende Oktober 1946 wurde die Gruppe nach England gebracht.

Erst vor wenigen Jahren wurde bekannt, dass eine größere Zahl von deutschen Wissenschaftlern nach Australien gelangt ist, wo man ihnen nicht weniger großzügig entgegenkam als in den USA. Ägyptens nationalistischer Staatschef Gamal Abdel Nasser suchte zwischen 1957 und 1963 einige deutsche Raketenforscher um den Professor Wolfgang Piltz an sich zu binden, damit diese eine Fernlenkwaffe bauten, die Israel angreifen konnte.[48] Und schließlich hat sich Frankreich, das beim Wettrennen der Geheimdienste von Anfang an dabei war, neben Eugen Sänger und Irene Bredt eine große Zahl anderer deutscher Raketenfachleute gesichert.

Ein großer Teil arbeitete zunächst in der französischen Zone, auf deutschem Boden, unter anderem in den Dornier-Werken in Lindau. Im Sommer 1946 sammelten die Franzosen über hundert Deutsche in ihrem neuen Raketenzentrum, dem *Laboratoire de Recherches Balistiques et Aérodynamiques* (LRBA) in Vernon.[49] Zu den Raketenfachleuten, die in Vernon arbeiteten, gehörte ein ehemaliger SS-Führer namens Rolf Engel, der sich sein Wissen über Raketen bei regelmäßigen Besuchen in Peenemünde und Nordhausen angeeignet hatte, bevor er in den Skoda-Werken die Produktion von Feststoffraketen zu beaufsichtigen begann. Engel wurde bei Kriegsende förmlich durch das *Office National des Études et Recherches Aéronautiques* angestellt und beschäftigte sich ein halbes Jahr lang damit, Listen von Raketenexperten aufzustellen. Französische Geheimdienstler sollten sie in Deutschland aufspüren und, mit handgeschriebenen Briefen Engels ausgestattet, anwerben. Nicht wenige von ihnen fand man in amerikanischen Lagern. Engels Karriere sollte ihren Höhepunkt erreichen, als er während der sechziger Jahre am Programm der *European Launcher Development Organization* ELDO mitarbeitete.[50] Insbesondere die Briten fürchteten während des Jahres 1946, die besten der noch verfügbaren Luft- und Raumfahrtspezialisten an Frankreich zu verlieren, das sich gegenüber politischen Belastungen deutscher Experten völlig skrupellos zeigte.[51]

Auch in Frankreich hatte man sich, wie einer Mitteilung der *Direction des Études et Fabrications d'Armement*, des französischen Heereswaffenamts, an den französischen Heeresgeneralstab vom 13. August 1945 zu entnehmen ist, zunächst vorgenommen, die V 2 nachzubauen und in Standversuchen sowie Abschüssen zu testen.[52] Demgegenüber vertrat die französische Luftwaffe die Ansicht, man solle auf Eigenentwicklungen vertrauen, und beschäftigte weit weniger Deutsche. Bis zum Jahr 1947 verlor jedoch auch das französische Heer sein Interesse an der V 2. Man hatte festgestellt, dass die erste selbst gebaute V 2 nicht vor 1952 startbereit sein würde – dann aber würde sie bereits veraltet sein. Bis dahin die notwendigen hohen Kosten aufzubringen, schien nicht vertretbar. Das V-2-Programm wurde daher abgebrochen.

Schon frühzeitig aber hatten sich die drei Waffengattungen in Frankreich entschieden, alle Arten von möglichen Raketen zu entwickeln: Boden-Boden-, Boden-Luft-, Luft-Luft-, Luft-Boden-Raketen und schließlich die verschiedenen seegestützten Raketenwaffen. Die CT-10, eine Kopie der V 1, wurde zum ersten Mal 1947 vom Rücken eines Flugzeugs aus gestartet und im März 1950 noch einmal in der Sahara getestet. Die CT-10 ging in Serienproduktion; die ersten operablen Einheiten enthielten noch in Deutschland erbeutete Einzelteile.[53] Nachdem gegen Ende der fünfziger Jahre die rüstungstechnische Zusammenarbeit zwischen der Bundesrepublik Deutschland und Frankreich aufgenommen wurde, konnten neu eintretende deutsche Ingenieure immer wieder auf jene, zum Teil schon durch den Oberstleutnant Professor Henri Moureu rekrutierten, deutschen Experten des Zweiten Weltkriegs treffen.

1 David Irving, *Die Geheimwaffen des Dritten Reiches*. Gütersloh 1965, S. 46 ff.; James Mc Govern, *Spezialisten und Spione. Amerika erobert Hitlers Wunderwaffen*, Gütersloh 1967, S. 14 ff.

2 McGovern, S. 77-81.

3 Dieter K. Huzel, *Peenemünde to Canaveral*, Englewood Cliffs, N. J. 1962, S. 149 f.

4 Ebd., S. 157.

5 Ebd., S. 187 f.

6 Ebd., S. 191 ff.

7 McGovern, S. 161-168.

8 Ebd., S. 176-181.

9 Huzel, S. 199-204.

10 John Gimbel, *Science, Technology, and Reparations. Exploitation and Plunder in Postwar Germany*, Stanford, Cal. 1990, S. 31.

11 McGovern, S. 179.

12 Ebd., S. 187 f.

13 Ebd., S. 199 f.

14 Ebd., S. 251.

15 Ebd., S. 252. Ein »statistical report« der Vereinigten Stabschefs vom 1. Dezember 1952 gibt allerdings nur die Zahl von 642 *Paperclip*-Betroffenen an. Vgl. Clarence G. Lasby, *Project Paperclip. German Scientists and the Cold War*, New York 1971, S. 5.

16 Gimbel, S. 37.

17 Huzel, S. 226.

18 McGovern, S. 241.

19 Gimbel, S. 33.

20 Michael Salewski, *Entwaffung und Militärkontrolle in Deutschland, 1919 – 1927*, München 1966.

21 Thomas Stamm, *Zwischen Staat und Selbstverwaltung. Die deutsche Forschung im Wiederaufbau 1945 – 1965*, Köln 1981, S. 55 f.

22 Gimbel, S. 44 f.

23 Ebd., S. 55 f.

24 Ebd., S. 43.

25 McGovern, S. 253 f.

26 Huzel, S. 221; McGovern, S. 254.

27 Lasby, S. 6 f.

28 McGovern; S. 205, Lasby, S. 7.

29 Volkhard Bode und Gerhard Kaiser, *Raketenspuren. Peenemünde 1936 – 1996*, Augsburg 1997, S. 80.

30 Zit. nach: Matthias Uhl, »High-Tech unter realsozialistischen Bedingungen? Das sowjetische Raketenbauprogramm aus dem Jahre 1946. Mittel und Ergebnisse seiner Umsetzung«, in: *Technikgeschichte* 68 (2001), S. 255-278, hier: S. 260.

31 Kurt Magnus, *Raketensklaven. Deutsche Forscher hinter rotem Stacheldraht*, Stuttgart 1993, S. 25.

32 Ebd., S. 30.

33 Die Zahl stammt aus einem Schreiben der sowjetischen Planungsbehörde GOSPLAN an Stalin. Vgl. Matthias Uhl, in: *Technikgeschichte* 68 (2001), S. 275.

34 Magnus, S. 40. Die von Magnus angegebene Zahl 20 000 ist weit übertrieben. Realistische Schätzungen nehmen eine Gesamtzahl von rund 2500 Spezialisten und rund 4600 Angehörigen an, die zwischen 1945 und 1947 in die Sowjetunion gebracht wurden. Burghard Ciesla: »Der Spezialistentransfer in die UdSSR und seine Auswirkungen in der SBZ und DDR«, in: *Aus Politik und Zeitgeschichte* 49–50 (1993), S. 24-31, hier: S. 25.

35 Magnus, S. 111, 355.

36 Ebd., S. 355.

37 Ebd., S. 203-207.

38 Ebd., S. 221.

39 Ebd., S. 352.

40 Ebd., S. 354.

41 Matthias Uhl, »Von Peenemünde nach Kapustin Jar. Der Transfer der deutschen Raketentechnologie in die UdSSR von 1944 bis 1955«, in: Thomas Stamm-Kuhlmann/Reinhard Wolf (Hg.), *Raketenrüstung und internationale Sicherheit von 1942 bis heute* (Historische Mitteilungen der Ranke-Gesellschaft, Beiheft), Stuttgart 2004.

42 B. E. Tschertok, *Raketen und Menschen*, Klitzschen 1998, S. 85.

43 Mark Walker, *Die Uranmaschine. Mythos und Wirklichkeit der deutschen Atombombe*, Berlin 1990, S. 41.

44 Tschertok, S. 86.

45 Rainer Eisfeld, *Mondsüchtig. Wernher von Braun und die Geburt der Raumfahrt aus dem Geist der Barbarei*, Reinbek 2000, S. 178 f.

46 McGovern, S. 207.

47 Tom Bower, *The Paperclip Conspiracy. The Battle for the Spoils and Secrets of Nazi Germany*, London 1988, S. 200.

48 *Der Spiegel* Nr.19, 8. Mai 1963.

49 Bower, S. 168.

50 Ebd., S. 170 f.

51 Ebd., S. 191.

52 Jacques Villain, »Die französischen Raketen: Von Peenemünde bis zum Ende des Kalten Krieges«, in: Thomas Stamm-Kuhlmann/Reinhard Wolf (Hg.), *Raketenrüstung und internationale Sicherheit von 1942 bis heute* (vgl. Anm. 41).

53 Villain, in: ebd.

Das Erbe von Peenemünde in den Vereinigten Staaten

Michael J. Neufeld

In fast allen Kriegen des 20. Jahrhunderts ging es um wissenschaftliche und technologische Überlegenheit. Was den Zweiten Weltkrieg über seinen Umfang und seine Brutalität hinaus einzigartig machte, war seine technologische Beute. Niemals zuvor oder seither haben Sieger so großen Wert auf Erfassung und Adaptierung der wissenschaftlichen und ingenieurtechnischen Kapazitäten des Gegners gelegt. Das Interesse richtete sich vor allem auf Deutschland, wo beträchtliche Mittel in neuartige Waffensysteme investiert worden waren. Viele dieser Systeme, insbesondere die so genannten V-Waffen, waren in Peenemünde entwickelt oder wenigstens getestet worden. Um das Erbe dieses Raketen- und Flugkörper-Zentrums kam es unter den Siegern fast unvermeidlich zu einem Wettlauf, der – vor allem in der Konkurrenz zwischen Amerikanern und Sowjets – den Kalten Krieg vorwegnahm.

Im Brennpunkt des Interesses an den neuen Technologien stand – ihrer militärischen Ineffizienz im Krieg zum Trotz – die avantgardistischste deutsche Waffe, die ballistische Rakete A 4 / V 2. Sie enthüllte das janusköpfige Potential moderner Raketentechnik, die nicht nur eine Option für den Zugang in den Weltraum bot, sondern auch mit der Vernichtung über interkontinentale Entfernungen hinweg drohte. Die beiden Leiter dieses Projekts, der militärische Chef General Walter Dornberger und der Technische Direktor Dr. Wernher von Braun, wurden daher sofort, nachdem sie sich den amerikanischen Truppen gestellt hatten, mit zahlreichen Kollegen in Garmisch-Partenkirchen interniert. Unterdessen hatten technische Offiziere der amerikanischen Aufklärung bereits in Thüringen das unterirdische Mittelwerk betreten und – da das Raketenwerk im Bereich der künftigen sowjetischen Besatzungszone lag – mit der Verlagerung vieler Tonnen Raketen und Raketenteile begonnen. Unter der Leitung von Col. Holger Toftoy, wenig später Chef der Raketenabteilung des US-Heereswaffenamtes, sollten 100 V 2 nach Amerika verbracht werden. Da in den Stollen des Mittelwerks aber nur wenige vollständige Raketen lagerten, wurde auch eine Vielzahl von Einzelteilen und Baugruppen geborgen. Unterdessen fand die Führungsgruppe der deutschen Raketenspezialisten ein offenes Ohr für ihr Angebot, als Team für die Vereinigten Staaten zu arbeiten. Dies war der Ausgangspunkt für das *Project Overcast*, das die militärischen Stabschefs im Juni 1945 als Mittel zeitweiliger Ausbeutung deutscher Technologie für den Krieg gegen Japan billigten. Als dieser Krieg im August plötzlich zu Ende war, zeigte sich, dass das Interesse kein temporäres gewesen war. *Overcast* wurde weiterverfolgt und im Februar 1946 in *Paperclip* umbenannt.

Project Paperclip und der Transfer von Raketentechnologie in die USA

Paperclip nahm immer größere Dimensionen an und sollte bis zu den frühen fünfziger Jahren etwa 1000 deutsche und österreichische Wissenschaftler, Ingenieure und Techniker in die USA bringen, die hauptsächlich auf dem Gebiet der Luftfahrtforschung tätig waren. Einige wenige hatten zuvor an der V 1 und anderen Projekten von Peenemünde-West mitgearbeitet, die größte geschlossene Gruppe bildeten jedoch die fast 120 Raketeningenieure unter Wernher von Braun. Im Winter 1945/46 wurden sie nach Fort Bliss in El Paso, Texas gebracht, nicht weit von dem neuen Raketentestgelände in White Sands, New Mexico entfernt.[1] Es zeigte sich allerdings rasch, dass weder der Kongress noch die amerikanischen Steuerzahler so bald nach Kriegs-

Startvorbereitung einer V 2 in White Sands, New Mexiko, 10. Mai 1946. Der Start war der erste erfolgreiche in den USA.

ende die beschleunigte Entwicklung neuer Waffen zu finanzieren gedachten. Die Deutschen wurden daher mit dem Zusammenbau und dem Start ihrer Raketen für Forschungen in der oberen Atmosphäre beschäftigt und entwarfen für die V 2 eine zweite Stufe mit Pulsionstriebwerk, die als Marschflugkörper hätte dienen können. Die ab 1947 zunehmenden Spannungen zwischen Ost und West erlaubten es dem amerikanischen Militär immerhin, das »Raketenteam« auf Dauer im Lande zu halten und Fragen nach der Nazi-Vergangenheit und eventuellen Kriegsverbrechen ihrer neuen Mitarbeiter unter den Teppich zu kehren.

Der Technologietransfer war die wichtigste Leistung in diesen frühen Jahren. Die Raketenfachleute konferierten mit Gast-Ingenieuren und Wissenschaftlern und übermittelten ihre Erfahrungen den Mitarbeitern von General Electric, die die Starts der V 2 leiteten. Obwohl die Flüssigkeitsrakete in den Experimenten Robert Goddards und den Forschungsarbeiten der Gruppe um Theodore von Karmán am *California Institute of Technology* genuin amerikanische Wurzeln besaß, repräsentierten die Triebwerke, das Steuersystem und die aerodynamische Form der V 2 doch einen neuen Stand der Wissenschaft und beeinflussten die Experimentalraketen aller drei US-Teilstreitkräfte. Mit Geldern der Air Force baute eine (später *Rocketdyne* benannte) Abteilung der *North American Aviation* den Motor der V 2 nach und begründete damit die bedeutendste Entwicklungslinie von Flüssigkeitstriebwerken in den USA, bis hin zum Haupttriebwerk des Space Shuttle.

Gegen Ende der vierziger Jahre betrieb allerdings keine der Teilstreitkräfte die Entwicklung neuer militärischer Raketen – das Geld war knapp und die Prioritäten lagen anderswo. Die Air Force, die sich 1947 endlich aus der Army hatte herauslösen können, wurde von Bomber-Generälen gelenkt, die beim Aufbau einer gegen die Sowjetunion gerichteten Nuklearmacht ganz auf bemannte Langstrecken-Bomber fixiert waren. In zweiter Linie finanzierte die Air Force die Entwicklung unbemannter Bomber mit Strahltriebwerken – *Cruise-Missiles*, Marschflugkörper –, die auf der Technologie der V 1 aufbauten; ähnlich handelte die Navy. Erst als der Kalte Krieg 1949/50 mit der ersten sowjetischen Atombombe, der Chinesischen Revolution und dem Ausbruch des Koreakrieges bedenkliche Formen annahm, wurde der Army die Entwicklung einer Rakete mit 300 Kilometern Reichweite genehmigt. Sie erhielt den Namen *Redstone* nach dem Stützpunkt in Huntsville, Alabama, wohin von Braun und seine Mitarbeiter 1950 als Kern eines neuen Raketenzentrums der Army verlegt worden waren, um angesichts der Schwierigkeiten des Koreakrieges eine Rakete zu entwerfen. Dieses Gerät war faktisch nur eine Super-V 2 mit dem fortentwickelten Triebwerk der Firma North American-Rocketdyne und einer Steuer-Technologie, die auf späten Peenemünder Entwicklungen basierte. Die *Redstone* war technisch nicht besonders neuartig, aber mit einem nuklearen Gefechtskopf eine sehr viel stärkere und gefährlichere Waffe als die V 2.

Wernher von Braun mit Raketenmodell und Orbitalstation. Aus dem ersten Raumfahrt-Heft des *Colliers Magazine*, 22. März 1952.

Start einer *Redstone*-Rakete in White Sands zu einem Kurzstrecken-Testflug, späte fünfziger Jahre.

Der Wettlauf um Atomwaffen und den Weltraum

Während der Jahre in der Wüsteneinsamkeit des amerikanischen Südwestens hatte Wernher von Braun von der Raumfahrt geträumt und nach Wegen gesucht, sie dem amerikanischen Publikum nahe zu bringen. In den späten vierziger Jahren schrieb er eine lange – literarisch unbedeutende – Science-Fiction-Erzählung mit dem Titel »Das Mars-Projekt«, von der allein der technische Anhang 1952 in Deutschland und 1953 in den USA veröffentlicht wurde. Den Durchbruch brachte erst der Kontakt mit dem Autor Cornelius Ryan Ende 1951, der 1952 – 1954 zur Publikation einer spektakulär illustrierten Artikelserie in *Colliers Magazine* führte. Die Wirkung dieser Artikel, von denen viele aus von Brauns Feder stammten, der daraus erwachsenen Bücher und einer 1955 – 1957 von Walt Disney produzierten Fernsehserie ist nicht zu unterschätzen. Einer Umfrage von George Gallup zufolge glaubte die große Mehrzahl der Amerikaner Ende 1949 an die künftige Bedeutung der Atomenergie für alles und jedes, vom Auto bis zum Flugzeug, aber nur eine kleine Minderheit an die Landung des Menschen auf dem Mond vor dem Jahr 2000.[2] Nach der medialen Bearbeitung durch *Colliers* und Disney war das Publikum sehr viel weniger geneigt, über die Möglichkeit der Raumfahrt zu spotten.

Der öffentliche Auftritt Wernher von Brauns machte allerdings auch eine Rechtfertigung dafür notwendig, dass deutsche Raketenspezialisten, die in Hitlers Diensten gestanden hatten, sich in den USA aufhielten und für die USA arbeiteten. 1952 veröffentlichte von

Die Redstone-Mannschaft: v. l. Ernst Stuhlinger, General Holger Toftoy, Hermann Oberth, Wernher von Braun, Robert Lusser. Oberth und Lusser (der Konstrukteur der V 1), arbeiteten in der Mitte der fünfziger Jahre im Redstone-Arsenal.

Braun die erste einer Reihe autobiographischer Skizzen. Seine sehr einseitige Darstellung der Geschichte von Peenemünde wurde gestützt durch die Memoiren Walter Dornbergers, die 1952 unter dem Titel *V 2* in Deutschland und 1954 in England und Amerika erschienen. Diese Texte stärkten einen Mythos von Peenemünde, der die militärische Zielsetzung der deutschen Raketenentwicklung nicht verleugnete, aber doch hinter überzeichneten Raumfahrt-Träumen und der Auseinandersetzung der Ingenieure mit NS-Funktionären zurücktreten ließ. Die Schrecken von Dora oder der Einsatz von KZ-Häftlingen gerieten an den Rand oder wurden schlicht nicht erwähnt. Einige Amerikaner äußerten zwar Vorbehalte gegenüber von Braun und seinen Kollegen, die 1954/55 in die USA eingebürgert wurden, doch hatte ernsthafte Kritik im Kalten Krieg kaum eine Chance. Im Gegenteil: Im Zuge des 1957 aufgenommenen Wettlaufs ins All wurde Wernher von Braun zum amerikanischen Heros, und ähnlich verhielt es sich in der Bundesrepublik, wo der Held der Raumfahrt zugleich die neue Allianz zwischen Deutschland und Amerika verkörperte.

Die Raumfahrt blieb von Brauns Lieblingsthema und das Gebiet seiner größten technologischen Leistungen in den USA. Dennoch waren er und sein Team Mitte der fünfziger Jahre auch am nuklearen Wettrüsten maßgeblich beteiligt. Die Huntsviller waren schwer enttäuscht, als eine Gruppe der Navy sie im August 1955 in einem geheimen Wettbewerb um den Bau der ersten amerikanischen Satelliten-Trägerrakete schlug und daraufhin das *Vanguard*-Projekt begann, aber sie erhielten wenig später die Projektleitung für eine neue ballistische Rakete mit 2500 Kilometern Reichweite, die *Jupiter*. Ex-General Dwight Eisenhower hatte nach seiner Wahl zum Präsidenten im November 1952 die US-Strategie für den Kalten Krieg überprüfen lassen und war mit seiner Regierung zu dem Schluss gekommen, dass die Sowjets in der Raketentechnik einen alarmierenden Vorsprung besäßen. Zudem rückten die neuen, leichteren Wasserstoff-Bomben sowie verbesserte Steuerungssysteme ballistische Raketen interkontinentaler Reichweite (5000 Kilometer) in den Bereich des Möglichen und Notwendigen. 1954 erhielt die Air Force daher höchste Priorität für ihr *Atlas*-Raketenprojekt. 1955 löste Eisenhowers Furcht vor einem sowjetischen Überraschungsangriff den Auftrag für zwei Mittelstrecken-Raketensysteme aus, die in Europa und vielleicht auch in Asien stationiert werden sollten – *Jupiter* als Gemeinschaftsprojekt von Army und Navy und *Thor* als Waffe der Air Force. Diese parallele Entwicklung verschärfte die Rivalität zwischen der Army und der mächtigeren Air Force in Sachen Raketen ein weiteres Mal. Als die Navy ihr Interesse an *Jupiter* verlor und sich mit der *Polaris* einer neuen Feststoff-Rakete für Unterseeboote zuwandte, drohte dem *Jupiter*-Programm das Aus.

Doch der Start des *Sputnik* im Oktober 1957 brachte die Wende. Der sowjetische Sprung in den Weltraum schockierte die selbstzufriedene amerikanische Öffentlichkeit und ließ die sowjetischen Behauptungen über den erfolgreichen Test einer ballistischen Interkontinentalrakete als glaubhaft erscheinen. Infolgedessen wurde nicht nur das nuklare Wettrüsten beschleunigt, sondern auch ein Wettlauf ins All aufgenommen, der der Army und den Deutschen in Huntsville eine Chance zur Rückkehr in das Satellitengeschäft bot. Während das *Vanguard*-Projekt der Navy mit zahlreichen technischen Schwierigkeiten zu kämpfen hatte, verfügte die Army mit der *Redstone* über ein funktionierendes Trägersystem, das insbesondere für die Tests einer neuartigen Raketenspitze für den Jupiter-Gefechtskopf – die wichtigste technologische Leistung der deutschen Ingenieure seit dem Transfer der V 2 in die USA – in Betrieb gehalten wurde. Nach dem kläglichen Fehlstart einer *Vanguard* mit einem Satelliten an Bord im Dezember 1957 kam von Brauns Gruppe in Zusammenarbeit mit dem Jet Propulsion Laboratory des California Institute of Technology zum Zuge und konnte in der Nacht vom 31. Januar auf den 1. Februar 1958 mit *Explorer I* den ersten amerikanischen Satelliten in eine Umlaufbahn bringen. Der Jubel und die Verehrung der Helden waren immens.

Der *Sputnik*-Impuls brachte von Brauns Gruppe definitiv in das Weltraumgeschäft, auch wenn die Regierung Eisenhower mit der Überwindung der Rivalitäten zwischen den Streitkräften, der Abwehr politischer Pressionen und der Formulierung einer konsistenten Linie für Weltraumpolitik noch zwei Jahre zu tun hatte. *Mit der National Aeronautics and Space Administration* (NASA) richtete sie eine Agentur für die zivilen und wissenschaftlichen Raumfahrtvorhaben ein, während die Air Force die meisten militärischen Raketenprogramme übernahm und bei den Aufklärungssatelliten mit der CIA zusammenarbeitete. Die Army war – trotz *Explorer* und anderer Erfolge – am Ende der große Verlierer. Im Oktober 1959 verkündete Präsident Eisenhower, dass von Brauns inzwischen mit dem Projekt einer großen Trägerrakete, der *Saturn*, befasste Entwicklungsgruppe – die mittlerweile mehrere Tausend gebürtige Amerikaner umfasste – in die NASA integriert würde.

Apollo und danach

Am 1. Juli 1960 wurde von Braun zum ersten Mal Chef einer eigenen Einrichtung, des *George C. Marshall Space Flight Center* der NASA in Huntsville. Ein Jahr später war er schließlich an dem Projekt beteiligt, das er schon immer hatte leiten wollen: der Landung eines Menschen auf dem Mond, die Präsident Kennedy versprochen hatte. Kennedys Engagement für das *Apollo*-Programm hatte seine Gründe zwar in politischen Niederlagen des Kalten Krieges (der Russe Gagarin als

Der Triumph von *Explorer I*, 1. Februar 1958: William Pickering, James van Allen und Wernher von Braun präsentieren ein Modell des Satelliten.

erster Mensch im All, die missglückte Landung auf Kuba) und zielte hauptsächlich auf Prestigegewinn für die USA, aber für Raumfahrtenthusiasten wie von Braun war es der erste Schritt in eine glorreiche Zukunft interplanetarischer Expeditionen. Binnen kurzem wurde *Saturn I* durch die sehr viel größere *Saturn V* ersetzt, das von Huntsville aus gesteuerte Projekt einer Trägerrakete für die Mondlandung. Während eines Jahrzehnts führte das Marshall Center eine in ihrer Präzision rekordverdächtige Reihe von Startversuchen mit den verschiedenen *Saturn*-Typen durch. In keinem einzigen Fall kam es zu einem Versagen mit katastrophalen Folgen – ein hervorragendes Zeugnis für die umfassende ingenieurtechnische Erfahrung des von Deutschen geleiteten staatlichen Industrie-Teams. Obwohl sich die Technologie der *Saturn V* direkt auf die V 2 zurückführen lässt, darf der deutsche Anteil am Programm aber nicht überschätzt werden: Von Braun war – anders als es Teilen der Öffentlichkeit erschien – weder Leiter der NASA noch des *Apollo*-Projekts, sondern lediglich eine von etwa zehn Schlüsselfiguren. Der genuin amerikanische Beitrag zum Erfolg war erheblich – so wurden etwa die Konstruktion der *Apollo*-Kapsel und die Ausbildung der Astronauten von Houston aus dirigiert und dabei Erfahrungen der NASA-Vorgängerorganisation NACA und der amerikanischen Luftfahrtindustrie verwertet.

Die Landung von *Apollo 11* auf dem Mond im Juli 1969 war die Krönung der amerikanischen Bemühungen, aber kein Aufbruch zu neuen Ufern. Die Regierung hatte das Budget der NASA bereits zu kürzen begonnen;

Start einer frühen *Saturn I* in Cape Canaveral, 1961/62. Die Technik der 1. Stufe basierte auf den *Redstone*- und *Jupiter*-Raketen.

die weitere Entwicklung in den siebziger Jahren verlief enttäuschend. Von Braun übernahm 1970 im NASA-Hauptquartier die Verantwortung für die Planung der Zukunft des Raumfahrt-Programms. Allerdings sollte es jenseits der Konstruktion des Spaceshuttle keine große Zukunft mehr geben. Von Braun wechselte daher schon nach zwei Jahren in die Industrie; 1977 verstarb er an Krebs. Im Marshall-Center hatte ihn sein langjähriger Stellvertreter Eberhard Rees abgelöst, aber auch dieser ging nach wenigen Jahren in den Ruhestand und viele der ehemals deutschen Ingenieure wurden infolge der Kürzung des Budgets entlassen. Die sozialen Unruhen der sechziger Jahre und die Abkühlung des Kalten Krieges lenkten das Interesse der Öffentlichkeit auf andere Themen. Auch ließ die allmähliche Wahrnehmung der im Konzentrationslager Dora begangenen Verbrechen die Kritik an von Braun und seinen Mitarbeitern wachsen. Die schmutzige Vergangenheit wurde aber erst nach 1980 wirklich publik, als 1982 ein Ermittlungsverfahren gegen Arthur Rudolph eingeleitet wurde und er die USA 1984 wegen seiner Rolle im Mittelwerk verlassen musste.

Die Ära des Raketenteams um Wernher von Braun war damit vorüber – nur sein technologisches Vermächtnis blieb. Die in Kummersdorf und Peenemünde begonnene Raketenentwicklung hatte einerseits zu ballistischen Interkontinentalraketen geführt, deren atomare Gefechtsköpfe Millionen von Menschen mit

Start einer *Saturn V* mit der Raumkapsel Apollo 15 auf dem Weg zum Mond, 26. Juli 1971. Diese Rakete war 111 Meter lang.

dem Tod bedrohten, andererseits zur wissenschaftlichen Erforschung des Weltraums. Mögen die technologischen Beiträge amerikanischer Ingenieure, Firmen und staatlicher Agenturen auf lange Sicht die Leistungen der Ingenieure aus Peenemünde mehr als aufgewogen haben, so hatte die V 2 doch die Realisierbarkeit von Raketentechnik im großen Maßstab bewiesen, und die rasche Übernahme der wissenschaftlichen und technischen Grundlagen aus Deutschland hat die amerikanische Raketenentwicklung beschleunigt und um mehrere Jahre verkürzt. Anders als in der restriktiven Sowjetunion war in den USA – dank der amerikanischen Tradition der Einwanderung und den Erfordernissen des Kalten Krieges – eine produktive Integration der Fachleute von Brauns und anderer *Paperclip*-Spezialisten in die militärindustriellen Organisationen möglich gewesen, und von Braun selbst hatte als unermüdlicher Fürsprecher für die Raumfahrt eine wichtige mediale Rolle übernommen. Im Interesse der technischen Zusammenarbeit waren unangenehme Fragen nach der ethischen Seite der Beschäftigung ehemaliger Funktionäre und Anhänger des NS-Regimes nicht gestellt worden. Sie wurden erst wieder öffentlich diskutiert, als man die deutschen Ingenieure nicht mehr brauchte.

Für das historische Urteil gilt es festzustellen, dass der Beitrag Peenemündes zu den amerikanischen Waffen- und Raumfahrtprogrammen bei weitem nicht so groß und so uneingeschränkt positiv gewesen ist, wie manche Anhänger von Brauns und Mythenerzähler es gerne gehabt hätten. Er war dennoch erheblich. Noch heute wirft das janusköpfige Erbe von Peenemünde Fragen auf, Fragen nach der Zukunft einer mit Raketen betriebenen Raumfahrt wie nach den Kosten, monetären wie humanitären, einer unbeschränkten Waffenentwicklung und des technologischen Fortschritts. Während der Kalte Krieg und der Wettlauf in den Weltraum als historische Phänomene langsam an Bedeutung für die Gegenwart verlieren, halten die offenen Fragen die Erinnerung an von Braun und seine Raketenspezialisten lebendig. Auch das 21. Jahrhundert muss mit dem Erbe von Peenemünde leben.

1 Dornberger, der für einen Teil des Einsatzes der V 2 verantwortlich gewesen war, wurde den Briten überstellt, die ihn zwei Jahre in Gefangenschaft hielten; nicht die Army, sondern die U. S. Air Force brachte ihn 1947 nach Amerika.

2 Das Ergebnis der erst 1972 von Gallup veröffentlichten Befragung wird hier zitiert nach Howard Mc Curdy, *Space and the American Imagination*, Washington, D. C. 1997, S. 29.

Weitere Literatur zum Thema: Walter Dornberger, *V 2*, Esslingen 1952 (Reprint unter dem Titel *Peenemünde*, 1989); T. A. Heppenheimer, *Countdown*, New York 1997; Jürgen Michels, *Peenemünde und seine Erben in Ost und West*, Bonn 1997; Michael J. Neufeld, »Overcast, Paperclip, Osoaviakhim: Plünderung und Transfer deutscher Militärtechnologie«, in: *Die USA und Deutschland im Zeitalter des Kalten Krieges 1945 – 1968*, Bd. I, S. 306-316, Stuttgart/München 2001; Cornelius Ryan (Hg.), *Station im Weltraum*, Frankfurt 1953; ders., *Eroberung des Mondes*, Frankfurt 1954.

»Rakete ist Verteidigung und Wissenschaft.« Die militärische Raketenentwicklung der Sowjetunion im Kalten Krieg 1945–1989

Matthias Uhl

Am 30. März 1945 berichtete der sowjetische Atomwissenschaftler Igor W. Kurtschatow dem Staats- und Parteichef der UdSSR über Geheimdienstinformationen der Militärspionage GRU, deutsche Wissenschaftler würden an der Ausrüstung der V-2-Rakete mit einem Atomsprengkopf arbeiten. Stalin befahl daraufhin die Intensivierung der Bemühungen zur Aufklärung des deutschen Raketenprogramms, auf das er bereits früher aufmerksam geworden war. Militär, Nachrichtendienste und Wissenschaftler sollten sich besonders auf den Bereich Peenemünde konzentrieren.[1] Den sowjetischen Experten war längst bekannt, dass sich hier das deutsche Entwicklungszentrum für ballistische Fernraketen befand. Als sich im April 1945 sowjetische Truppen der Insel Usedom näherten, begann die Ausarbeitung konkreter Pläne für die Besetzung der Heeresversuchsanstalt. Die dort zu gewinnenden Erkenntnisse und vorhandenen Ausrüstungen sollten einem künftigen sowjetischen Lenkwaffenprogramm unmittelbar dienstbar gemacht werden.

Die Jagd nach der V 2

Seit Mitte der dreißiger Jahre hatte die Sowjetunion kontinuierlich Informationen über deutsche Arbeiten zur Raketentechnik erhalten. Dem Auslandsnachrichtendienst des NKWD war es bereits 1929 gelungen, mit Willy Lehmann einen Informanten anzuwerben, der sich in seiner späteren Eigenschaft als SS-Hauptsturmführer und Mitarbeiter des Reichssicherheits-Hauptamtes als äußerst nützlich erweisen sollte. Dieser Agent *Breitenbach* hatte seit 1935 Zugang zu Informationen über das deutsche Raketenprogramm, die er nach Moskau weiterleitete. Nach der Enttarnung des Spionagenetzwerks der »Roten Kapelle« wurde Lehmann im Dezember 1942 verhaftet und erschossen.[2] Doch Gerüchte und Informationen über deutsche »Wunderwaffen« erreichten weiterhin die UdSSR, weshalb Stalin im Sommer 1943 seine Geheimdienste anwies, genauere Angaben über die V 2 zu beschaffen.

Anfang August 1944 erreichten sowjetische Truppen das deutsche Raketentestgelände »Heidelager« in Polen und erbeuteten dort erstmals Bauteile der V 2, die unverzüglich nach Moskau verbracht wurden. Die sowjetischen Wissenschaftler mussten bei deren Auswertung erkennen, dass eine Waffe vor ihnen lag, deren Entwicklung sie nicht für möglich gehalten hatten. Im Frühjahr 1945 fasste ein Untersuchungsbericht die Erkenntnisse über die deutsche V 2 wie folgt zusammen: »Die Fernkampfrakete erweist sich als gewaltige wissenschaftlich-technische Errungenschaft, die den Grundstein für eine neue Art der Fernartillerie legt. ... In naher Zukunft werden analoge Raketen, bei Verbesserung ihrer Zielgenauigkeit, Reichweite und Sprengkraft, als selbständige Gattung einer mächtigen reaktiven Fernartillerie zur Bewaffnung der großen Staaten gehören.«[3] Noch bevor die Endfassung des Berichts Stalin vorgelegt wurde, befahl dieser, die Entwicklung eigener Raketen voranzutreiben.

Am 5. Mai 1945 besetzte ein sowjetisches Expertenteam Peenemünde und begann mit der Untersuchung der Einrichtungen, die weit weniger zerstört waren als angenommen. 150 Triebwerke für die V2, diverse Teile der Funksteuerung der Rakete, 25 Prüfstände und anderes Material wurden unverzüglich in die UdSSR abtransportiert.[4] Während die Raketenspezialisten in Moskau erste Pläne für die Weiterverwendung der demontierten Anlagen machten, analysierten die Experten auf Usedom immer noch einen Großteil des erbeuteten

Materials. Nach Auffassung der Sonderkommission zur Untersuchung der deutschen Raketentechnik war Peenemünde ein hochrangiges Forschungszentrum, das den sowjetischen Konstrukteuren Umfang und Forschungsstand der Raketenentwicklung des Dritten Reichs verdeutlichte. Während man in der UdSSR Anfang 1945 mit Prototypen für Flüssigkeitstriebwerke experimentierte, die 1,5 Tonnen Schub leisteten, stellte Deutschland ein Triebwerk in Serie her, das eine Leistung von 27 Tonnen entwickelte. Auch dem Steuerungssystem der V 2 konnte die Sowjetunion wenig entgegensetzen: Ihre Konstrukteure hatten lediglich die theoretischen Grundlagen hierfür untersucht, während die deutschen Entwicklungsingenieure ein System geschaffen hatten, das eine Rakete auf einem Flug von fast 300 Kilometern steuern und annähernd genau in das Zielgebiet bringen konnte. Wollte die UdSSR ähnliche Ergebnisse erreichen, so waren nicht nur entsprechende Erprobungs- und Fertigungsanlagen wie in Peenemünde erforderlich, ihre Raketenkonstrukteure mussten sich auch mit der Entwicklungsgeschichte der deutschen Lenkwaffen sowie den entsprechenden Arbeits- und Forschungsmethoden vertraut machen.

Nicht nur auf Usedom fanden sowjetische Kommandos die Reste der deutschen Raketenproduktion – auch in Ostpreußen sowie in Böhmen und Mähren stießen sie auf Betriebe, die Baugruppen für die V 2 produziert hatten. Ein entscheidender Erkenntniszuwachs war aber erst ab Juli 1945 möglich, als die amerikanischen Truppen den Südharz und damit die Stollenanlagen des ehemaligen Mittelwerks räumten. Mit der Inbesitznahme dieser größten Rüstungsfabrik Mitteldeutschlands erhielt die UdSSR den Schlüssel zur erfolgreichen Übernahme der deutschen Raketentechnik.

Der sowjetische Konstrukteur Sergej P. Koroljow bemerkte bereits 1934: »Die Rakete ist Verteidigung und Wissenschaft.«[5] Die Armee war deshalb von Anfang an in das Raketenbauprogramm der UdSSR eingebunden. Ihre Zusammenarbeit mit der Wissenschaft sollte den raschen Aufbau der Raketentruppen und der zugehörigen Fertigung begünstigen. Zugleich belegt diese enge Kooperation den militärischen Zweck aller sowjetischen Bemühungen um die Raketentechnik. Die Operationen zur Aneignung der rüstungswirtschaftlichen und waffentechnischen Kapazitäten des Dritten Reichs müssen daher als einer der ersten Schritte auf dem Weg in den Kalten Krieg betrachtet werden. Die Übernahme innovativer Technologien des deutschen Gegners galt der sowjetischen Führung als unabdingbar für die Erhöhung der militärischen Schlagkraft der UdSSR und ihre Aufholjagd gegenüber dem Westen. Nur so war es in den Augen Stalins möglich, im neuen Wettkampf der »Weltsysteme« neben den Vereinigten Staaten zu bestehen.

Deutsche und sowjetische Raketenspezialisten in der SBZ

Für einen raschen Wissenstransfer waren die deutschen Spezialisten zunächst unverzichtbare Hilfskräfte. Gleich den USA praktizierte die UdSSR einen unvoreingenommenen und pragmatischen Umgang mit den deutschen Fachleuten, die mit Geld und Privilegien zur freiwilligen Mitarbeit an den militärischen Forschungsvorhaben der ehemaligen Gegner bewegt wurden. Zahlreiche Spezialisten der deutschen Rüstungsindustrie wechselten nach Kriegsende lediglich ihren Auftraggeber.

Seinen Anfang nahm das Raketenbauprogramm der UdSSR in der Sowjetischen Besatzungszone (SBZ). Die ursprüngliche Auffassung hoher sowjetischer Funktionäre, die wichtigsten der bei Kriegsende auf hochmodernem Niveau produzierenden deutschen Rüstungswerke seien unkompliziert nach Osten zu verlagern, wurde von Sachverständigen vor Ort immer weniger geteilt. Die Experten erkannten vielmehr, dass eine schnelle und effektive Übernahme moderner Waffentechnologien nur möglich sei, wenn zunächst deren »Nachentwicklung« in deutsch-sowjetischen Forschungsstellen stattfinde.

Das Ergebnis der sowjetischen Bemühungen auf diesem Gebiet war beachtlich. Im Sommer 1946 arbeiteten in den elf Hauptabteilungen der Raketeninstitute »Nordhausen« und »Berlin« insgesamt 929 sowjetische Mitarbeiter. Hinzu kamen von deutscher Seite noch einmal mindestens 289 als besonders qualifiziert geltende Fachkräfte, ferner eine große Anzahl von Technikern und Produktionsarbeitern. Allein im »Institut Nordhausen«, das mit der Rekonstruktion der V 2 beauftragt war, arbeiteten Mitte 1946 mehr als 6000 Deutsche.[6] Auch in Peenemünde war eine deutsch-sowjetische Expertengruppe tätig, die hier das Triebwerk der Fla-Rakete »Wasserfall« rekonstruierte. Im Oktober 1946 sollten auf Usedom sogar sechs V 2 zur Erprobung

Der Aufbau der sowjetischen Raketenindustrie führte zur Entstehung eines so genannten militärisch-industriellen-akademischen Komplexes. Politik, Armee und Wissenschaft arbeiteten in bisher nicht gekanntem Maß bei der Entwicklung von Fernkampfraketen zusammen. Hier seine wichtigsten Vertreter 1949 bei einem Raketentest. Von links nach rechts: Marschall N. D. Jakowlew (Chef der Hauptverwaltung Artillerie), S. P. Koroljow, S. I. Wetoschkin (Leiter der HV Raketenbau im Ministerium für Bewaffnung), G. N. Paschkow (Leiter der Abteilung Raketen bei der Staatlichen Plankommission), Oberst A. F. Twerezkij (Kommandeur der ersten Raketenbrigade der UdSSR), L. A. Woskresenskij (Konstrukteur) und W. I. Kusnezow (Akademie der Wissenschaften der UdSSR).

des »richtigen Nachbaus der Raketenmuster und besonders der Lenkgeräte« getestet werden. Allerdings befahl Stalin persönlich die Einstellung des Unternehmens, wohl weil er ernste diplomatische Verwicklungen mit den ehemaligen Verbündeten befürchtete, verstießen seine Rüstungsvorhaben doch vehement gegen die Bestimmungen des Alliierten Kontrollrats.[7]

Die gesamte Organisation des »Instituts Nordhausen« war – wie auch die des »Instituts Berlin«, das deutsche Flugabwehrraketen nachbaute – zweigleisig konzipiert, um einen raschen Wissenstransfer sicherzustellen. Nach dem System der »doppelten Führung« wurde jedem deutschen Spezialisten ein entsprechendes sowjetisches Pendant zugeordnet, das bei der gemeinsamen Arbeit den Forschungsstand kennen lernen und zugleich die deutschen Ergebnisse überprüfen sollte. Mit diesem Verfahren eigneten sich in kurzer Zeit mehr als 1500 sowjetische Konstrukteure, Ingenieure und Techniker die Grundlagen des modernen Raketenbaus an. Nur so konnte die Sowjetunion den Verlust der führenden Peenemünder Raketenwissenschaftler an die USA wettmachen und später als erster Staat der Welt die Atomrakete zur Einsatzreife bringen.

Der Einsatz deutscher Raketentechniker in der Sowjetunion

Die mehr als eineinhalbjährige gemeinsame Arbeit der Raketenexperten in der SBZ legte den Grundstein für eine rasche Realisierung des Fernlenkwaffenprogramms der UdSSR. Der Lernprozess war um so wichtiger, als bis Ende 1946 in der Sowjetunion weder die Forschungseinrichtungen noch die technischen Voraussetzungen für eine eigene Lenkwaffenentwicklung vorhanden waren. Das bisherige Konzept des Technologietransfers wurde allerdings nachhaltig modifiziert, als die sowjetische Führung am 22. Oktober 1946 in einer Nacht-und-Nebel-Aktion die 308 wichtigsten deutschen Raketentechniker, 40 V-2-Raketen und 2270 Waggons mit mehr als 14 258 Tonnen Raketenbaugruppen, Halbfabrikaten, Spezialmaschinen und zahlreichem anderen technischen Gerät in die UdSSR abtransportieren ließ. Die Sowjetunion dachte nie an eine langfristige Nutzung der deutschen Forschungskapazitäten. 1947 hatten die verschleppten Spezialisten aus der SBZ noch einen wesentlichen Anteil an den erfolgreichen Tests der sowjetischen V 2, danach wurden sie aus den jeweiligen Forschungsprogrammen herausgenommen und kaltgestellt. Ihre Kenntnisse über die Raketenrüstung der UdSSR sollten so weit »abkühlen«, dass sie bei der Rückkehr für den Westen keine Bedeutung mehr besaßen. Spätestens ab Ende 1948 dienten die deutschen Spezialisten in der Sowjetunion lediglich als Ideengeber für theoretische Projekte und blieben bis zu ihrer 1953 einsetzenden Rück-Übersiedlung von der praktischen Umsetzung ihrer Ergebnisse ausgeschlossen.[8]

Der wichtigste Beitrag der Deutschen zum sowjetischen Raketenbau war ohne Zweifel die bei ihrer Abreise bereits funktionierende Serienproduktion der R-1 (SS-1 *Scunner*), einer »Kopie« der V2. Bereits bei der Weiterentwicklung R-2 (SS-2 *Sibling*) hatten die sowjetischen Konstrukteure ihre deutschen Kollegen nur noch mit Teilaufgaben betraut. Das militärische Nachfolgemodell der R-2, die R-5, schließlich war als erste sowjetische Eigenkonstruktion ohne direkte deutsche Beteiligung entwickelt worden. Diese Rakete, die einen konventionellen Sprengkopf von 1,4 Tonnen über 1200 Kilometer Distanz transportieren konnte, modifizierten die sowjetischen Konstrukteure Anfang 1956 zur R-5M (SS-3 *Shyster*), der ersten Atomrakete der UdSSR.

Dennoch haben die deutschen Spezialisten einen nicht zu unterschätzenden Anteil an der Entwicklung der ersten Generation militärischer Fernraketen der Sowjetunion gehabt. Insgesamt waren sie am Bau von mindestens fünf Raketenmustern beteiligt, die Eingang in die sowjetischen Arsenale fanden. Dies waren neben den Typen R-1 und R-2 die Fla-Rakete S-25 *Berkut*, die Luft-Schiff-Lenkwaffe *Kometa* und die reaktive Panzerbüchse RPG-1. Deutsche Technologie floss mit hoher Wahrscheinlichkeit auch in die Entwicklung der ersten sowjetischen Panzerabwehr-Lenkrakete PUR-61 *Schmel'* und der ersten gelenkten Luft-Luft-Rakete K-5 ein.

Die ersten militärisch einsetzbaren Lenkwaffen der UdSSR nach dem Zweiten Weltkrieg beruhten mithin zu großen Teilen auf der Technologiebasis des nationalsozialistischen Staates und der Arbeit deutscher Spezialisten. Dank des Konzepts des nachholenden Technologietransfers konnte die UdSSR jedoch schon die Entwicklung der zweiten Baureihe der ersten Raketengeneration vorwiegend eigenen Kräften anvertrauen.[9]

Ziel Interkontinentalrakete – die Raketenbauprogramme unter Chruschtschow

Als nach dem Tod Stalins 1953 der Druck des sowjetischen Herrschaftssystems nachließ, wirkte sich dies auch auf das Raketenbauprogramm der UdSSR aus. Die Kämpfe zwischen Berija, Malenkow und Chruschtschow um die politische Nachfolge Stalins lähmten zumindest zeitweise wichtige Vorhaben der sowjetischen Raketenindustrie. Erst als sich Chruschtschow Mitte der fünfziger Jahre im Kreml durchgesetzt und die enorme politische Außenwirkung der Raketenwaffe erkannt hatte, kam es wieder zu einer massiven Förderung der laufenden Entwicklungsprogramme.

Dabei zeigte sich, dass Chruschtschow anders als Stalin nicht auf ausgewogene strategische Streitkräfte setzte, sondern unter dem Einfluss der Technokraten der Rüstungsindustrie fast ausschließlich Raketenwaffen favorisierte. Schwere Bomber betrachtete der neue sowjetische Staats- und Parteichef als teurer und perspektivlos, während er in den Fernlenkwaffen eine billige und vor allem zukunftsträchtige Alternative sah. Zudem hatten Chruschtschow und seine Militärs erkannt, dass Atomraketen es möglich machten, militärpolitische Macht in bisher nicht gekanntem Maß über große Entfernungen zu verlagern. So wurden im Sommer 1959 zwölf R-5M-Raketen in der DDR stationiert, um die sowjetischen Interessen in der zweiten Berlinkrise (1958 – 1962) durchzusetzen zu helfen. Obgleich die Führung der UdSSR die R-5M nach wenigen Monaten wieder abzog, hatte sie mit der erstmaligen Stationierung von Atomraketen im Ausland eine wichtige Erfahrung gemacht: Mit dem bloßen Vorhandensein einsatzbereiter Nuklearwaffen und der Androhung ihres Einsatzes ließen sich gezielt politische Forderungen beziehungsweise eine günstigere Verhandlungsposition durchsetzen. Drohungen wurden somit zu einem wichtigen Bindeglied zwischen dem Raketenpotential und außenpolitischen Zielsetzungen und zu einem bestimmenden Charakteristikum der Außenpolitik Chruschtschows.[10]

1957 konnte der sowjetische Staats- und Parteichef mit dem Start des *Sputnik* einen weltpolitisch bedeutenden Propagandasieg verbuchen. Doch brauchte es weitere drei Jahre, bis die für den *Sputnik* verwendete Trägerrakete Wostok zur Interkontinentalrakete R-7 (SS-6 *Sapwood*) weiterentwickelt war. Neben der geringen Zielgenauigkeit hatten die Konstrukteure damit zu kämpfen, dass der Atomsprengkopf beim Wiedereintritt in die Erdatmosphäre den auftretenden Kräften nicht standhielt und sich zerlegte. Erst nach erheblichen Veränderungen gelang es Koroljow, die R-7 zur Einsatzreife zu bringen. Im Januar 1960 wurde sie als erste sowjetische Interkontinentalrakete offiziell in die Bewaffnung der UdSSR aufgenommen. Bei 33 Metern Länge und 278 Tonnen Gewicht beförderte sie einen nuklearen Gefechtskopf von 2,9 Megatonnen Sprengkraft bis zu 8800 Kilometern weit. Allerdings hatte das ohnehin wenig treffsichere Geschoss – die Zielabweichung betrug teilweise mehr als 10 Kilometer – einige entscheidende Schwächen. Zum Abschuss benötigte die 1500-köpfige Bedienungsmannschaft nicht weniger als 80 verschiedene Aggregate und Anlagen, die in einer ungedeckten und somit leicht verwundbaren Startstellung aufgestellt werden mussten. Die Ausrüstung einer einzigen solchen Stellung verschlang mit mehr als 500 Millionen Rubel fünf Prozent des jährlichen Verteidigungsbudgets, weshalb an eine massenhafte Stationierung nicht zu denken war – bis Anfang 1962 wurden deshalb nur fünf Startanlagen für die R-7 gebaut. Ein entscheidender taktischer Mangel bestand in der geringen Bereitschaftszeit. Während die komplette Startvorbereitung mehr als 24 Stunden in Anspruch nahm, konnte eine betankte R-7 wegen der Verdampfung des flüssigen Sauerstoffs nur acht Stunden gefechtsbereit gehalten werden; das anschließende Entleeren, Überprüfen und Neubetanken dauerte mehr als 48 Stunden. Obwohl die erste sowjetische Interkontinentalrakete mithin für defensive Einsätze weitgehend ungeeignet war, erwies sie sich als eine der wirksamsten Propagandawaffen des Kalten Krieges. Dank der Erfolge der R-7 als Trägerrakete konnte Chruschtschow der Weltöffentlichkeit suggerieren, die Sowjetunion verfüge über zahlreiche und jederzeit einsatzbereite Interkontinentalraketen.[11]

Die Militärs und der Staatschef selbst hatten jedoch die gravierenden Schwächen der R-7 erkannt und drängten Koroljow sowie dessen Konkurrenten Michail K. Jangel zur Entwicklung einer leichter einsetzbaren Interkontinentalrakete. Die bereits 1958 begonnene Modernisierung der R-7 zur R-7A konnte dabei nur eine Interimslösung sein: Mit einer Steigerung der Reichweite auf 12 000 Kilometer gerieten zwar mehr als 90 Prozent der strategischen Ziele in den USA ins Visier, doch die Kardinalprobleme der Rakete blieben. Während Jangel die Frage der Einsatzfähigkeit mit lagerfähigeren Treibstoffen lösen wollte, setzte Koroljow aus Rücksicht auf die geforderte Reichweite weiter auf flüssigen Sauerstoff.

Beide Entwicklungsprogramme hatten mit erheblichen technischen Schwierigkeiten zu kämpfen, die nicht zuletzt dem Termindruck geschuldet waren. Beim ersten Teststart der von Jangel entwickelten Interkontinentalrakete R-16 (SS-7 *Saddler*) kam es im Oktober 1960 zur Katastrophe. Eine halbe Stunde vor dem angesetzten Start explodierte der Flugkörper aufgrund eines Fehlers im Elektrosystem, den die Techniker bei betankter Rakete zu beheben versuchten. 126 Personen, unter ihnen der Chef der neu gegründeten strategischen Raketentruppen, Marschall Mitrofan I. Nedelin, verloren ihr Leben. Vor der sowjetischen wie der Welt-Öffentlichkeit wurde die Katastrophe in Bajkonur allerdings geheimgehalten. Auch der zweite Startversuch schlug fehl. Die folgenden Tests verliefen erfolgreicher, und noch vor Abschluss der Flugerprobung befahl Chruschtschow auf dem Höhepunkt der zweiten Berlinkrise infolge des Mauerbaus im Sommer 1961 die unverzügliche Serienfertigung der R-16. Bereits am 1. November 1961 nahmen die ersten drei mit der neuen Interkontinentalrakete bewaffneten Regimenter ihren Dienst auf.

Der gravierende Vorsprung der USA war damit aber noch nicht aufgeholt. Um ihn wenigstens zu verringern, plante Chruschtschow im Frühsommer 1962, auf Kuba 40 Startrampen für insgesamt 60 Mittelstreckenraketen der Typen R-12 (SS-4 *Sandal*) und R-14 (SS-5 *Skean*) zu stationieren. Damit hätte die UdSSR ihre atomaren Kapazitäten gegenüber den USA fast verdoppelt. Der Plan scheiterte jedoch, als am 14. Oktober 1962 ein amerikanisches Spionageflugzeug die ersten sowjetischen Raketenbasen auf der Zuckerrohrinsel entdeckte – die Kubakrise begann. Für dreizehn Tage stand die Welt am Abgrund eines Atomkriegs. Als Chruschtschow am 27. Oktober den Abzug der Raketen ankündigte, hatte er mit dem Gewaltverzicht der USA gegenüber Kuba zwar einen politischen Teilerfolg erringen können, doch gleichzeitig auch die immer noch bestehende strategische Unterlegenheit der Sowjetunion eingestehen müssen.

Obgleich die R-16 in ihren Leistungen die R-7 wesentlich übertraf, blieb sie doch weit hinter den Erwar-

Die R-26 erwies sich als reine sowjetische Propagandawaffe. Die Entwicklung der 1964 auf dem Roten Platz der Weltöffentlichkeit präsentierten Interkontinentalrakete war bereits 1962 eingestellt worden. Eine Flugerprobung der Rakete hatte nie stattgefunden, von ihr existierten lediglich Modelle. Westliche Militärexperten identifizierten die R-26 zunächst fälschlicherweise als SS-8 *Sasin*.

tungen der Militärs an die Einsatzbereitschaft zurück. Nach 30 Tagen begann der zwar lagerfähige, aber hochaggressive Treibstoff Tanks und Leitungen zu zersetzen. Infolgedessen musste der Gefechtsdienst zumeist mit unbetankten Raketen erfolgen, womit die Vorbereitungszeit zum Start auf über eine Stunde anstieg. Das bedeutete, dass die R-16 in ihrer offenen Startstellung feindlichen Raketenangriffen ungeschützt ausgesetzt war.

Auch die von Koroljow entwickelte R-9 (SS-8 *Sasin*) erwies sich mehr oder weniger als Fehlkonstruktion – dass sie dennoch in Dienst gestellt wurde, lag weniger an ihren technischen Leistungen als am politischen Einfluss des Konstrukteurs und seiner Förderer in Industrie und Militär. Chruschtschow konnte den von ihm betriebenen Entwicklungsstopp nicht gegen die Interessen des militärisch-industriellen-akademischen Komplexes (MIAK) durchsetzen. Der Rüstungswettlauf des Kalten Krieges hatte dessen Macht so sehr anwachsen lassen, dass er kostspielige Waffenprojekte, die Ressourcen und Prestigegewinn versprachen, auch gegen die gesamtwirtschaftlichen Interessen der sowjetischen Staatsführung durchzusetzen vermochte. Wie die spätere Entmachtung Chruschtschows zeigte, durfte die Kosten- und Effizienzfrage bei der militärischen Verteidigung des Sozialismus nicht gestellt werden.[12]

Aufgrund der zeitraubenden Startvorbereitung taugte die R-9 gleich der R-7 und der R-16 nach Einschätzung der sowjetischen Militärführung nur zum Erst- beziehungsweise Begegnungsschlag. Damit aber trugen die frühen Interkontinentalraketen nicht zur Verbesserung der Sicherheitslage der UdSSR bei – sie mussten einen Überraschungsschlag der USA eher anziehen als abschrecken. Um zumindest die Überlebensfähigkeit ihrer strategischen Raketenwaffen zu erhöhen, entschied sich die sowjetische Führung im Frühjahr 1960 zur Stationierung der R-9 und der R-16 in unterirdischen Silos. Damit folgte sie, wie schon so oft, den als unbedingtes und einziges Referenzsystem betrachteten Amerikanern, die bereits 1957 den Bau verbunkerter Startanlagen für ihre Interkontinentalraketen beschlossen hatten. Im Juli 1963 wurde der erste unterirdische Startkomplex für die R-16 in Dienst gestellt.[13]

Zu diesem Zeitpunkt hatte sich die strategische Situation der Sowjetunion drastisch verschlechtert. Ursprünglich war Chruschtschow davon ausgegangen, die USA mit 150 bis 200 Interkontinentalraketen in Schach halten zu können. Diesen Plänen gemäß standen den strategischen Raketenstreitkräften der UdSSR 1964 fünf Startanlagen für die R-7, 172 für die R-16 und 11 für die R-9 zu Verfügung. Doch die Annahme wurde rasch von der Wirklichkeit überholt. Zunächst sorgten die amerikanischen Spionageflüge der U-2 und der Einsatz von Aufklärungssatelliten (ab 1960) für die Lokalisierung der geheimen sowjetischen Abschussbasen, die damit durch Überraschungsangriffe verwundbar wurden. Mit dem unter Kennedy initiierten *Minuteman*-Programm begannen die USA anschließend mit der massenhaften Stationierung vergleichsweise billiger Atomraketen auf Feststoffbasis. Diese waren dank ihrer hohen Treffsicherheit in der Lage, die relativ wenigen und zudem großenteils ungeschützten sowjetischen Abschussbasen mit einem Erstschlag auszuschalten. Die Sowjetunion sah sich jetzt einer eigenen »Raketenlücke« gegenüber. Hatte das Verhältnis zwischen sowjetischen und amerikanischen Raketen, die das Territorium des jeweils anderen Staates erreichen konnten, 1961 noch bei 1:3 gelegen, so war es 1964 bereits auf 1:5,5 gesunken. Wollte die UdSSR der Gefahr eines atomaren Enthauptungsschlages entgehen, so brauchte sie eine Rakete, die die militärischen Anforderungen voll erfüllte sowie in großer Stückzahl preiswert herzustellen war. Nach Chruschtschows Sturz Ende 1964 blieb es seinem Nachfolger Leonid I. Breschnew vorbehalten, das strategische Gleichgewicht mit den USA herzustellen.[14]

Von der Parität zur Rüstungsbegrenzung – die sowjetische Raketenrüstung in der Ära Breschnew

Um mit den USA im Bereich der strategischen Kernwaffen gleichzuziehen, war für die UdSSR die Einführung einer zweiten Generation von Interkontinentalraketen erforderlich. Mit der Stationierung einer leichten Interkontinentalrakete sollte ein Gegengewicht zur ständig wachsenden Zahl von *Minuteman*-Raketen geschaffen werden. Zugleich verfolgte Breschnew mit der fortgesetzten und immer mehr ausufernden Raketenrüstung das strategische Ziel, durch den Ausbau der militärischen Stärke der UdSSR die politischen wie militärischen Handlungsoptionen der USA und ihrer NATO-Verbündeten immer mehr einzuschränken. Infolgedessen wollte er nicht nur eine Parität mit den Amerikanern, sondern sogar ein strategisches Übergewicht erringen.

Idealerweise sollte die neue leichte Interkontinentalrakete ein Feststofftriebwerk erhalten, von dem sich die sowjetische Militärführung unter anderem kurze Startvorbereitungszeiten und lange Einsatzfähigkeit versprach. Der Entwicklungsauftrag ging unter dem Kürzel RT-2 (SS-13 *Savage*) erneut an das Konstruktionsbüro Koroljows. Es zeigte sich jedoch bald, dass die sowjetische chemische Industrie zur Herstellung des Festtreibstoffs in der erforderlichen Qualität nicht in der Lage war. Infolge dieses und anderer technischer Probleme sowie des plötzlichen Todes Koroljows im Januar 1966 blieb das Projekt weit hinter dem Zeitplan zurück und kämpfte mit technischen und finanziellen Schwierigkeiten. Bis 1972 nahmen die Raketentruppen der UdSSR lediglich 60 Abschussanlagen in Betrieb, danach verzichteten sie auf eine weitere Stationierung der RT-2.[15]

Zu diesem Zeitpunkt war das Konkurrenzprodukt aus dem Konstruktionsbüro von Wladimir N. Tschelomej, die UR-100 (SS-11 *Sego*), bereits in hohen Stückzahlen vom Band gelaufen. Die sowjetische Führung hatte sich schon im Frühjahr 1963, als sie auf die Probleme bei der RT-2 aufmerksam wurde, entschlossen, Tschelomej parallel mit dem Bau einer leichten Interkontinentalrakete zu beauftragen, die auf der vorhandenen Flüssigkeitstriebwerkstechnologie aufbaute. Dem aus der Luftfahrtindustrie kommenden Konstrukteur kam zugute, dass er dort auf ein wesentlich höheres Technologie- und Produktionsniveau als seine Konkurrenten aus der allgemeinen Rüstungsindustrie zurückgreifen konnte. Den Luftfahrtingenieuren gelang, was Koroljow

Die Ende der sechziger Jahre entwickelte RT-20P (SS-X-15 *Scrogge*) war ein früher Versuch der Sowjetunion, mobile landgestützte Interkontinentalraketen zu schaffen, das Projekt ging wegen technischer Schwierigkeiten jedoch nie in Serie. Erst 1985 gelang mit der *Topol'*-Rakete die Einführung eines solchen Systems.

und Jangel nicht erreicht hatten: Entwicklung und Fertigung einer modernen Interkontinentalrakete, die den militärischen Anforderungen gerecht wurde und aufgrund der geringen Systemkosten in großen Stückzahlen stationiert werden konnte. Die zweistufige UR-100 beförderte bei einem Startgewicht von nur 42 Tonnen einen nuklearen Gefechtskopf mit einer Megatonne Sprengkraft bis zu 10 500 Kilometer weit. Die Startvorbereitungszeit wurde auf weniger als fünf Minuten reduziert; der erstmals verwendete Transport-Startcontainer ermöglichte eine Streckung der Einsatzfähigkeit auf zehn Jahre und erleichterte die technischen Routineüberprüfungen der Raketen erheblich. Nach Beginn der Serienfertigung Ende 1966 wurden in einem gewaltigen Bauprogramm, das mehr als 4 Milliarden Rubel verschlang und den Arbeitseinsatz von 650 000 Mann erforderte, bis 1971 für die UR-100 insgesamt 950 Raketensilos errichtet. Damit erlangte die Sowjetunion Anfang der siebziger Jahre tatsächlich die bereits seit einem Jahrzehnt behauptete strategische Parität mit den USA.[16]

Die massive Raketenstationierung erforderte einen erheblichen Ausbau der Ende 1959 gegründeten strategischen Raketentruppen. 1963 hatten zur fünften und wichtigsten Teilstreitkraft der sowjetischen Armee 171 000 Mann gehört, von denen 37 000 in Divisionen mit Interkontinentalraketen dienten. 1972 waren hier bereits mehr als 154 000 der nun 273 000 Mann zählenden Raketenverbände tätig. Gegliedert waren die Raketentruppen in sechs Armeen, von denen vier über Interkontinentalraketen und zwei über Mittelstreckenraketen der Typen R-12 und R-14 verfügten. Die Raketentruppen hatten damit eine in der Militärgeschichte einmalige Entwicklung durchlaufen. Binnen weniger Jahre waren sie, auch gegen den Widerstand der anderen Teilstreitkräfte, von einer Versuchseinheit zum Kern der sowjetischen Militärmacht aufgestiegen, der von der politischen und militärischen Führung als »entscheidendes Mittel zur Erreichung des Kriegszieles« angesehen wurde.[17]

Zu den landgestützten Raketen traten seegestützte hinzu. Mit ihnen verfügte die UdSSR seit 1967 erstmals über Atomwaffen, die ihr eine wirkliche »Zweitschlagkapazität« gaben: Zwischen 1967 und 1976 stellte die sowjetische Marine insgesamt 34 U-Boote der Navanga-Klasse – wegen ihrer Ähnlichkeit mit der amerikanischen Polaris-Klasse von den Russen scherzhaft »Wanja Washington« genannt – in Dienst, die je 16 Raketen des Typs R-27 (SS-N-6 *Serb*) trugen. Diese konnten einen nuklearen Gefechtskopf mit 1 Megatonne Sprengkraft über 2400 Kilometer verschießen. Obwohl die seit 1969 vor der US-Küste patrouillierenden Boote aufgrund der geringen Reichweite ihrer Geschosse in unmittelbarer Nähe der Küste operieren mussten und mit ihrem hohen Geräuschpegel leicht aufzuspüren waren, steigerte die seegestützte R-27 die atomare Schlagkraft der Sowjetunion erheblich und trug wesentlich zur Erlangung der atomaren Parität zwischen NATO und Warschauer Pakt bei.[18]

Mit dem Ereichen des strategischen Gleichgewichts war eine neue politische Situation eingetreten. Da keine der beiden Supermächte die andere besiegen konnte, ohne selbst tödlich getroffen zu werden, traten die Diplomaten an, um die Rüstungsspirale zu stoppen. 1970 begannen in Wien die »Strategic Arms Limitation Talks – SALT«, die am 26. Mai 1972 in den zweiteiligen SALT-1 Vertrag mündeten: Der Anti-Ballistic-Missile-Vertrag verpflichtete USA und UdSSR, keine landesweiten Verteidigungssysteme gegen ballistische Raketen aufzubauen; gleichzeitig begrenzte das Interim Agreement für fünf Jahre die Zahl der Startanlagen für strategische Raketen. Insgesamt stellte SALT-1 den Versuch dar, die nuklearen Arsenale der Supermächte auf dem Niveau von 1972 einzufrieren und damit die Beendigung des Wettrüstens einzuleiten.

Weil das Moratorium jedoch die Modernisierung und Erneuerung älterer Raketensysteme zuließ, läutete es zugleich eine neue Runde des Wettrüstens ein. Die Einführung gelenkter Mehrfachsprengköpfe (MIRV) ermöglichte eine Verzehnfachung der gleichzeitig ins Visier zu nehmenden Ziele bei einer gleichbleibenden Zahl von Trägerraketen. Dies führte schließlich zur Stationierung einer dritten Generation von Interkontinentalraketen. Um die Nachfolge der UR-100 entspann sich zwischen den Konstruktionsbüros von Jangel und Tschelomej eine harte Auseinandersetzung. Zur Lösung des Konflikts fällte die sowjetische Führung die zwar salomonische, doch technisch und wirtschaftlich bedenkliche Entscheidung, zwei neue leichte Interkontinentalraketen einzuführen: Während Jangel den Bau der MR UR-100 (SS-17 *Spanker*) übernahm, entwickelte das Team um Tschelomej die UR-100N (SS-19 *Stiletto*). Erstere beförderte vier MIRV über mehr als 10 000 Kilometer, letztere hingegen sechs. Wenn Jangels Rakete auch hinter den Leistungen der Konkurrenz zurückblieb, wurden 1975 doch beide Systeme bei den Streitkräften eingeführt: Zwischen 1975 und 1980 nahmen die Raketentruppen insgesamt 150 Startanlagen für die MR UR-100 und 300 für die UR-100N in Betrieb. Ende der siebziger Jahre wurden die genannten Systeme erneut modernisiert, wobei sich die Anzahl der beförderten Sprengköpfe und deren Treffgenauigkeit nochmals erhöhten.[19]

Obgleich SALT-1 die Rüstungsspirale nicht hatte stoppen können, liefen in Wien die Gespräche zur Begrenzung der strategischen Nuklearwaffen weiter. Am 18. Juni 1979 wurde dort der SALT-2 Vertrag unterzeichnet, der die Höchstzahl der strategischen Kernwaffenträger beider Seiten auf jeweils 2250 begrenzte. Zudem vereinbarten USA und UdSSR eine Grenze von jeweils 1200 Interkontinentalraketen und U-Boot-gestützten Atomraketen pro Seite, wobei höchstens zehn Sprengköpfe pro Rakete erlaubt waren. Obwohl die erneute Verschärfung des Kalten Krieges und der sowjetische Einmarsch in Afghanistan die Ratifizierung des Vertrags durch den amerikanischen Kongress verhinderten, hielten sich beide Seiten an wesentliche Punkte des Abkommens.[20]

Zwischen Hochrüstung und Verschrottung – Gorbatschow und die sowjetische Raketenrüstung am Ende des Kalten Krieges

Dennoch wurde die Sicherheitslage nicht wesentlich stabilisiert. SALT-1 und SALT-2 limitierten zwar die Anzahl strategischer Kernwaffenträger, nicht aber deren Modernisierung und Weiterentwicklung. Sie ließen damit den Weg zu einer vierten Generation von Interkontinentalraketen frei. Beide Supermächte versuchten seit längerem, die Überlebensfähigkeit ihrer landgestützten strategischen Raketen durch die Einführung mobiler Systeme zu erhöhen. Während die USA dieses Vorhaben jedoch Ende der siebziger Jahre aufgaben, widmete sich die UdSSR unbeirrt seiner Umsetzung.

Seit 1977 arbeitete das Moskauer Institut für Thermotechnologie unter Alexander D. Nadiradze am System RT-2PM *Topol'* (SS-25 *Sickle*). Ihm gelang die Entwicklung einer leichten Interkontinentalrakete auf Feststoffbasis mit 10 500 Kilometern Reichweite. Als Rampe diente eine mobile Räderlafette, die mit einem eigenen Navigationssystem den Abschuss von beliebigen Standorten ermöglichte. Die Flugerprobung begann 1983, und nur vier Jahre später nahm das erste mit *Topol'* ausgerüstete Raketenregiment seinen Dienst auf. Bis zum Zusammenbruch der Sowjetunion stellten die strategischen Raketentruppen neun *Topol'*-Divisionen mit insgesamt 288 Abschussrampen auf.

Ende der achtziger Jahre führten die sowjetischen Streitkräfte zudem mit der RT-23UTTCh (SS-24 *Scalpel*) eine schwere Interkontinentalrakete mit Feststofftriebwerk ein. Diese Rakete, deren Flugerprobung 1983 begann, war in einer schacht- und einer eisenbahnstationierten Variante vorgesehen. Die Tests der Letzteren konnten 1987 abgeschlossen werden. Bis 1990 stellten die sowjetischen Streitkräfte insgesamt zwölf Raketenzüge in Dienst, die jeweils aus drei Waggons mit Abschussrampen sowie den für Abschuss und Steuerung notwendigen Geräten bestanden. Jeder Flugkörper verschoss zehn einzeln lenkbare Gefechtsköpfe über 10 500 Kilometer. Zwischen 1988 und 1990 wurden ferner 56 Raketensilos für diesen Typ in Dienst gestellt.[21]

Auch die Zahl der seegestützten Raketen und Sprengköpfe erhöhte sich weiter. Von 1976 bis 1989 erhielt die sowjetische Marine insgesamt 29 U-Boote verschiedener Klassen, die mit ballistischen Interkontinentalraketen der Typen R-29R (SS-N-18 *Stingray*) und R-39 (SS-N-20 *Sturgeon*) ausgerüstet waren. Diese verfügten gleich den landgestützten Varianten über bis zu zehn MIRV und besaßen eine Reichweite von mehr als 8000 Kilometern. Damit war ein Einsatz der Atomwaffen selbst aus den Heimatbasen der U-Boote möglich. Im Ergebnis dieser gewaltigen Rüstungsanstrengungen besaß die Sowjetunion seit 1978 erstmals eine numerische Überlegenheit. 1986 verfügte sie mit über 45 000 nuklearen Gefechtsköpfen sogar über doppelt so viele Atomwaffen wie die US-Streitkräfte.

Ende der siebziger Jahre begann die Sowjetunion ihre mittlerweile veralteten Mittelstreckenraketen der Typen R-12 und R-14 durch die wesentlich modernere RSD-10 *Pionier* (SS-20 *Saber*) zu ersetzen. Das mobile Raketensystem konnte drei MIRV über eine Reichweite von bis zu 5500 Kilometern befördern. Da die NATO über kein gleichwertiges System verfügte und nur auf strategische Atomwaffen der USA als Gegenpart zurückgreifen konnte, drohte damit das atomare Gleichgewicht in Europa zu kippen. Um dem vorzubauen und zugleich der Gefahr des »Abkoppelns« der europäischen NATO-Partner von den USA zu begegnen, wurde 1979 der so genannte Doppelbeschluss gefasst. Dieser bestand aus einer Drohung und einem gleichzeitigen Gesprächsangebot: Sollten Verhandlungen zwischen den USA und der UdSSR über eine Parität von Mittelstreckenraketen in Europa scheitern, wurde für Ende 1983 die Stationierung von 108 *Pershing II* und 464 *Cruise Missiles* angekündigt. Nachdem die Gespräche in Genf keine Annäherung der Positionen von UdSSR und USA erreichen konnten, erfolgte 1984 eine neue Drehung der Rüstungsspirale bei den Mittelstreckenraketen.[22]

Die unter dem neuen sowjetischen Generalsekretär Michail S. Gorbatschow eingeleitete Entspannungspolitik führte nach zwei Jahren schwierigster Verhandlungen (1985 Genf, 1986 Reykjavik) 1987 dazu, dass erstmals eine Klasse militärischer Raketen außer Dienst gestellt wurde. Im Dezember desselben Jahres unterzeichneten Ronald Reagan und Gorbatschow in Washington den Vertrag über »Intermediate-Range Nuclear Forces«. Das Abkommen sah den vollständigen und weltweiten Abbau aller amerikanischen und sowjetischen landgestützten Mittelstreckenraketen vor und wurde zu Recht als Durchbruch bei den Abrüstungsbemühungen gewertet. Erstmals wurde keine Obergrenze für ein atomares Waffensystem festgelegt, sondern dessen vollständige Vernichtung einschließlich wirksamer Kontrollverfahren vereinbart. Zwischen 1988 und 1991 verschrotteten die sowjetischen Raketentruppen im Rahmen des INF-Vertrags alle 809 in ihren Arsenalen vorhandenen Raketen mit Reichweiten zwischen 500 und 5500 Kilometern.

Der INF-Vertrag war nur ein Schritt in Gorbatschows Bemühen, die internationale Spannung zu vermindern und die Abrüstung weiter voranzutreiben. 1986 vereinbarte man in Reykjavik auch, die strategischen Arsenale von USA und UdSSR nicht nur zu begrenzen, sondern tatsächlich zu vermindern. Hierfür wurden in zähen Verhandlungen die »Strategic Arms Reduction Talks« (START) geführt. Im Juli 1991 unterzeichneten beide Staaten schließlich den START-1-Vertrag, der erstmals zu einem tatsächlichen Abbau der vorhandenen strategischen Waffensysteme führte. Der Vertrag gestattete beiden Seiten je 1600 land-, luft- und seegestützte strategische Trägersysteme und 6000 Sprengköpfe. Allein die sowjetischen Streitkräfte verfügten zum Zeitpunkt der Unterzeichnung über 1398 Interkontinentalraketen mit mehr als 6612 Sprengköpfen. Damit war es dem Reformpolitiker Gorbatschow gelungen, die sich seit zwanzig Jahren immer schneller drehende Rüstungsspirale zum Stillstand zu bringen. Allerdings hatten die gewaltigen Militärausgaben zu diesem Zeitpunkt das System der Sowjetunion bereits so weit mitruiniert, dass sein Untergang nicht mehr aufzuhalten war – wenige Monate nach Abschluss des Abkommens hörte die UdSSR auf zu existieren. Dennoch wurde START-1 vom Nachfolgestaat Russland umgesetzt. Bis 1996 sank die Zahl der landgestützten strategischen Raketensysteme auf 755, die der zugehörigen Kernsprengköpfe auf 3589.[23]

Dennoch ist das Vernichtungspotential der bei den russischen Streitkräften vorhandenen nuklearen Gefechtsköpfe immer noch gewaltig. Auch die Einführung neuer Interkontinental-Raketensysteme geht in Russland trotz aller wirtschaftlichen Schwierigkeiten weiter; zwischen 1998 und 2002 wurden 39 PT-2PM2 *Topol'-M* (SS-27) Raketen in Dienst gestellt. Insgesamt verfügte die Russische Föderation 2003 über folgenden Bestand an strategischen Nuklearsystemen: 689 landgestützte Interkontinentalraketen mit 2924 Atomsprengköpfen, 232 auf Atom-U-Booten stationierte Raketen mit 1072 Sprengköpfen und 864 luftgestützte Marschflugkörper mit jeweils einem nuklearen Gefechtskopf.[24]

1 Vgl. Wladimir Lota, *GRU i atomnaja bomba*, Moskau 2002, S. 182-187.

2 Vgl. *Otscherki istorii rossiiskoj wneschnei raswedki*, Bd.3, Moskau 1997, S. 342-349.

3 *Das Flugkörpergeschoß V 1 und die Fernkampfraketen V 2 und V 3.* Untersuchungsbericht – zusammengestellt vom NII-1 des Volkskommissariates für Luftfahrtindustrie (NKAP) und dem Werk Nr. 51, Mai 1945, Russisches Staatsarchiv für Wirtschaft (RGAE), Register 8044, Vorgang 1, Akte 1318 (im Folgenden: 8044/1/1318), Bl. 129.

4 Vgl. Beschluss des Staatlichen Verteidigungskomitees der UdSSR Nr. 8823, 31. Mai 1945, Russisches Staatsarchiv für sozialpolitische Geschichte (RGASPI), 644/1/421, Blatt 25-26.

5 Alexander Romanow, *Sergej Koroljow, der Chefkonstrukteur der Raumschiffe*, Moskau 1976, S. 30.

6 Vgl. Zusammenstellung des sowjetischen Personalbestandes der Zentralverwaltung des Sonderkomitees und der Institute »Berlin« und »Nordhausen«, 21. August 1946, RGAE, 397/1/3, Bl. 8; Aktennotiz an Stalin, 28. November 1947, in: W. I. Iwkin, »Perwyj pusk ballistitscheskoj rakety«, in: *Wojenno-istoritscheskij shurnal* Nr. 6 (1997), S. 23.

7 Vgl. Beschlussentwurf für den Ministerrat der UdSSR: Über die Produktion einer Versuchsserie der V 2 und Maßnahmen zur weiteren Vervollkommnung dieser Rakete, o. Datum (wahrscheinlich September 1946), RGAE, 8157/1/1149, Bl. 126 ff.

8 Vgl. Schreiben von Malenkow an Stalin, 7. April 1947, RGAE, 4372/94/1830, Bl. 207-211; Auskunftsschreiben über die Verwendung deutscher Spezialisten im Ministerium für Bewaffnung, 22. Juli 1948, RGAE, 8157/1/1210, Bl. 37 f.

9 Vgl. Matthias Uhl, *Stalins V 2. Der Technologietransfer der deutschen Fernlenkwaffentechnik in die UdSSR und der Aufbau der sowjetischen Raketenindustrie 1945–1959*, Bonn 2001, S. 209 ff.

10 Vgl. Wladimir Iwkin/Matthias Uhl, »›Operation Atom.‹ The Soviet Union's Stationing of Nuclear Missiles in the German Democratic Republic 1959«, in: *Cold War International History Project Bulletin*, Issue 12/13, Washington D. C. 2001, S. 299-308.

11 Vgl. Befehl Nr. 42/60 des Staatskomitees für Verteidigungstechnik der UdSSR, 1. Februar 1960, RGAE, 298/1/1429, Bl. 115-130; Boris Tschertok, *Raketen und Menschen*, Bd. 3: *Heiße Tage des Kalten Krieges*, Klitzschen 2001, S. 21.

12 Vgl. Protokoll Nr. 120 der Sitzung des Präsidiums des ZK der KPdSU vom 21. Oktober 1963, in: *Presidium ZK KPSS 1954–1964*, Bd. 1: *Tschernowye protokolnye sapisi sasedanii Stenogrammy*, Moskau 2003, S. 761.

13 Vgl. Befehl Nr. 261/60 des Staatskomitees für Verteidigungstechnik der UdSSR, 14. Juni 1960, RGAE, 298/1/1432, Bl. 66-70; *Istorija wojennoj strategii Rossii*, pod. red. W. A. Zolotarewa, Moskau 2000, S. 420.

14 Vgl. *Raketnyj schtschit otetschestwa*, Moskau 1999, S. 68; *Strategitscheskoe jadernoe woorushenie Rossii*, Moskau 1998, S. 114 f.

15 Vgl. Befehl Nr. 455/63 des Staatskomitees für Verteidigungstechnik der UdSSR, 30. Juni 1963, RGAE, 298/1/3425, Bl. 125-127; Michail A. Perwow, *Raketnye kompleksy Raketnych wojsk strategitscheskogo nasnatschenija*, Moskau 1999, S. 103 ff.

16 Vgl. A. W. Karpenko/A. F. Utkin/A. D. Popow, *Otetschetwennye strategitscheskie raketnye kompleksy*, St. Petersburg 1999, S. 146-152; *Raketnye wojska strategitscheskogo nasnatschenija. Wojenno-istonitscheskij trud,*, Moskau 1998, S. 102 f.

17 Vgl. Steven J. Zaloga, *The Kremlin's nuclear sword. The rise and fall of Russia's strategic nuclear forces 1945 – 2000*, Washington, D. C. u. a. 2002, S. 119.

18 Vgl. Befehl Nr. 169/63 des Staatskomitees für Verteidigungstechnik der UdSSR, 22. März 1963, RGAE, 298/1/3424, Bl. 155-160; Alexander Antonow/Walerij Marinin/Nikolaj Walujew, *Sowjetisch-russische Atom-U-Boote*, Berlin 1998, S. 52-60.

19 Vgl. Michail A. Perwow, *Raketnoe orushie Raketnych wojsk strategitscheskogo nasnatschenija*, Moskau 1999, S. 197-205.

20 Vgl. Jeremy Isaacs/Taylor Downing, *Der Kalte Krieg. Eine illustrierte Geschichte, 1945 – 1991*, München 2001, S. 322 f.

21 Vgl. *Wojennyj enziklopeditscheskij slowar Raketnych wojsk strategitscheskogo nasnatschenija*, Moskau 2000, S. 436 ff.

22 Vgl. *Raketnye Wojska Strategitscheskogo Nasnatschenija. Wojenno-istoritscheskij trud*, Moskau 1994, S. 148-151; Michael Ploetz, »Waffensysteme und Strategien im Kalten Krieg«, in: *Raketenpoker um Europa. Das sowjetische SS-20-Abenteuer und die Friedensbewegung*, München 2001, S. 59-67.

23 Vgl. Steven J. Zaloga, *The Kremlin's nuclear sword. The rise and fall of Russia's strategic nuclear forces 1945 – 2000, Washington*, D. C. u. a. 2002, S. 210-224.

24 Vgl. *Russia Nuclear Forces*, 2003, auf: http://www.ceip.org/files/nonprolif/numbers/russia.asp.

Weitere Literatur zum Thema: I. W. Bystrowa, *Wojenno-promyschlennyj kompleks SSSR w gody cholodnoj woiny. (Wtoraja polowina 40-ch – natschalo 60-ch godow)*, Moskau 2000; Jaroslaw K. Golowanow, *Koroljow: Fakty i mify*, Moskau 1994; Jürgen Michels, *Peenemünde und seine Erben in Ost und West. Entwicklung und Weg deutscher Geheimwaffen – unter Mitarbeit von Dr. Olaf Przybilski*, Bonn 1997; *S. P. Koroljow i ego delo. Swet i teni w istorii kosmonawtiki*, Moskau 1998; Asif A. Siddiqi, *Challenge to Apollo: The Soviet Union and the space race*, Washington D. C. 2000; N. S. Simonow, *Wojenno-promyshlennyj kompleks SSSR w 1920 – 1950-e gody: tempy ekonomitscheskogo rosta, struktura, organisazija proiswodstwa i uprawlenie*, Moskau 1996; Peter Stache, *Sowjetische Raketen: Im Dienst von Wissenschaft und Verteidigung*, Berlin 1987; Boris E. Tschertok, *Raketen und Menschen*, 4 Bände, Klitschen 1998 – 2001; Matthias Uhl, *Stalins V 2. Der Transfer der deutschen Fernlenkwaffentechnik in die UdSSR und der Aufbau der sowjetischen Raketenindustrie 1945 bis 1959*, Bonn 2001; Harro Zimmer, *Der rote Orbit: Glanz und Elend der russischen Raumfahrt*, Stuttgart 1996.

Raketen und gerechter Krieg. Zur ethischen Bewertung ballistischer Fernwaffen

Reinhard Wolf

Seit den ersten Terrorangriffen von V-2-Raketen auf London Paris und Antwerpen haftet ballistischen Fernwaffen das Stigma besonderer Verwerflichkeit an. »Raketen« und »gerechten Krieg« in einem Atemzug zu nennen, mag daher vielen Lesern paradox, wenn nicht gar pervers erscheinen. Selbst wenn man die Auffassung vertritt, dass es auch heute noch gerechte Kriege geben könne, sind Raketen oft die letzten Waffensysteme, deren Beschaffung und Einsatz man moralisch billigen würde. In der hitzigen Nachrüstungsdebatte der achtziger Jahre oft als »Teufelszeug« gebrandmarkt, gelten insbesondere die nuklear bestückten Raketensysteme vielfach als schlimmste Ausgeburt »betonköpfiger« Militärstrategen und einer profitgierigen Rüstungsindustrie. Die vollständige Abrüstung von Nuklearraketen und anderen ballistischen Terrorwaffen erscheint selbst vielen Nicht-Pazifisten als eine evidente Forderung politischer Moral. So betrachtet wird es zur Pflicht, die rüstungstechnologische Uhr gleichsam zurückzustellen auf die Zeit vor Peenemünde.

Wie auch in verschiedenen anderen Beiträgen des vorliegenden Bandes deutlich wird, war eine militärische Verwendung der Rakete neben allen Weltraumträumen und aller Technikbegeisterung schon immer integraler Bestandteil der Überlegungen zu diesem Thema: Bis zum heutigen Tag ist die Rakete mit dem Themenkomplex »Militär« untrennbar verbunden. Theoretische Erörterung und praktischer Einsatz einer militärischen Anwendung der Raketentechnik ziehen sich somit von den frühen zwanziger Jahren über die Zeit des Nationalsozialismus und des Kalten Krieges bis in die Gegenwart. Inwieweit dieses »andere Ende der Parabel« (Thomas Pynchon) – der Einschlag der Rakete – für Politiker, Militärs und Gesellschaft auch ganz neuartige moralische Probleme aufwirft, soll hier diskutiert werden.

Es wird der – auf den ersten Blick absurd erscheinenden – Frage nachgegangen, ob militärische Raketen in ethischer Hinsicht wirklich so problematisch sind wie weithin angenommen. Hierzu wird von der häufig ignorierten Prämisse ausgegangen, dass Waffensysteme als solche genau genommen keine moralische Qualität besitzen. Ethisch bewerten lassen sich menschliche Absichten und Handlungen, nicht aber deren Werkzeuge. Zu fragen ist also, inwieweit Beschaffung und Einsatz ballistischer Fernwaffen Sicherheitspolitik und Kriegführung moralisch fragwürdiger machen, insbesondere in welchem Maße sie Entscheidungsträger mit Dilemmata konfrontieren, in denen es für sie kaum noch ethisch vertretbare Handlungsmöglichkeiten gibt. Als Maßstab soll dabei die aus der katholischen Morallehre stammende Theorie des gerechten Krieges dienen, die wohl als traditionsreichste und meistverbreitete Richtschnur für die Beurteilung kriegerischer Akte anzusehen ist. Dabei zeigt sich, dass die Entwicklung der V 2 tatsächlich eine Ära eingeleitet hat, in der Kontrolle und Einsatz militärischer Mittel prekärer denn je sind.

Die Lehre vom gerechten Krieg gliedert sich in zwei Teile, die sich mit dem Recht zum Krieg (*ius ad bellum*) beziehungsweise mit den moralischen Pflichten der Kriegführung (*ius in bello*) befassen, sobald ein Krieg ausgebrochen ist. Das *ius ad bellum* bestimmt also, unter welchen Umständen man zu den Waffen greifen darf, während das *ius in bello* festlegt, welche militärischen Vorgehensweisen im Krieg zulässig sind. Gemäß dem *ius ad bellum* müssen folgende Bedingungen (allesamt) erfüllt sein, damit ein Staat sich an einem Krieg beteiligen darf:

1. *Legitime Autorität:* Nur eigens dafür autorisierte Amtsträger dürfen den Krieg beschließen.
2. *Gerechter Grund:* Es muss ein ausreichender Rechtsgrund für den Griff zu den Waffen vorliegen. Aus heutiger Sicht betrifft das fast nur noch die Abwehr einer Aggression und vom UN-Sicherheitsrat autorisierte Interventionen.
3. *Gerechte Absicht:* Der gerechte Grund darf nicht bloß ein Vorwand für den Griff zu den Waffen sein, sondern muss bei der subjektiven Motivation dafür auch eine wesentliche Rolle spielen.
4. *Verhältnismäßigkeit:* Der Schaden, der im Zuge des Krieges zu erwarten ist, darf nicht den Schaden übersteigen, der mit dem Krieg abgewehrt oder beseitigt werden soll.
5. *Aussicht auf Erfolg:* Krieg darf nur geführt werden, wenn begründete Aussicht besteht, dass man seine (gerechten) Ziele im Kampf auch durchsetzen kann.
6. *Letztes Mittel:* Krieg darf nur geführt werden, wenn alle anderen Mittel bereits versagt haben oder erkennbar versagen würden.

Nach dem *ius in bello* müssen sich die Entscheidungsträger an zwei Kriterien orientieren, wenn sie im Krieg über militärische Operationen entscheiden: zum einen dem der *Verhältnismäßigkeit*, das heißt die voraussichtlichen Opfer einer Operation dürfen deren militärisch-strategischen Wert nicht übersteigen, zum anderen dem der *Immunität von Nicht-Kombattanten*, was bedeutet, dass Zivilisten so weit wie möglich zu schonen sind und niemals zum direkten Ziel von Angriffen gemacht werden dürfen.

Zu fragen ist mithin, inwieweit die Existenz von Raketen die Einhaltung dieser Kriterien behindert oder erschwert. Als hypothetisches Vergleichsszenario dient dabei eine Welt, in der Bomber die militärischen Funktionen von Raketen übernehmen. Dabei sind Szenarien mit Massenvernichtungswaffen (der Einfachheit halber werden hier nur Kernwaffen berücksichtigt) von solchen zu unterscheiden, in denen nur konventionelle Bomben beziehungsweise Gefechtsköpfe existieren. Es soll also geklärt werden, ob

a) Raketen zwischen zwei nuklear gerüsteten Staaten die Orientierung an den Regeln des gerechten Krieges für die beteiligten Staaten riskanter oder kostspieliger und damit unwahrscheinlicher machen und ob
b) Raketen zwischen zwei ausschließlich konventionell gerüsteten Staaten die Orientierung an den Regeln des gerechten Krieges für die beteiligten Staaten riskanter oder kostspieliger und damit unwahrscheinlicher machen.

Sofern dies der Fall ist, verlangt die Lehre vom gerechten Krieg, dass auf die Verringerung oder Abschaffung dieser Waffensysteme hingearbeitet wird.

Vor einer Erörterung dieser Probleme empfiehlt sich allerdings noch eine kurze Zusammenfassung der Merkmale, die ballistische Fernwaffen von anderen vergleichbaren Einsatzmitteln unterscheiden, das heißt insbesondere von Bombern. Erst auf dieser Grundlage kann abgeschätzt werden, inwieweit die Einführung von Raketen die moderne Kriegführung und Sicherheitspolitik überhaupt maßgeblich verändert hat beziehungsweise verändern musste, weil sie traditionelle Grundsätze und Muster der Kriegführung militärisch zu riskant oder zu kostspielig gemacht hat. In diesem Zusammenhang fallen vor allem folgende Besonderheiten militärischer Raketen ins Auge:

a) *Geschwindigkeit:* Raketen sind um ein Vielfaches schneller als Bomber. Während strategische Bomber beispielsweise für den Einsatzflug zwischen USA und Sowjetunion, je nach Abflug- und Zielort, rund sieben Stunden benötigt hätten, würde die Flugzeit über die gleiche Distanz für Interkontinentalraketen bei etwa dreißig Minuten liegen. Raketen von küstennah operierenden Unterseebooten hätten natürlich noch geringere Flugzeiten gehabt.
b) *Geringere Abwehrmöglichkeiten:* Aufgrund der höheren Geschwindigkeit, kürzeren Flugzeit, geringeren Größe und größeren Härte von Raketen beziehungsweise Gefechtsköpfen ist der Abschuss angreifender ballistischer Flugkörper im Allgemeinen weitaus schwieriger als die Verteidigung gegen Bomber. (Eine Ausnahme bilden hier allenfalls die amerikanischen »Tarnkappen«-Bomber, insofern ihre »Stealth«-Technologie die Ortung durch gegnerisches Radar verhindert.) In dem Maße, in dem dadurch die militärische Verteidigung einer Gesellschaft verhindert wird, verlagert sich der Schwerpunkt der Sicherheitsstrategien von Verteidigung auf Abschreckung (genauer gesagt auf die Form der Abschreckung, die dem Gegner nicht mit der unmittelbaren Durchkreuzung seiner Angriffsoperationen droht, sondern erst mit ihrer nachträglichen Bestrafung).

c) *Höhere Kosten pro Einsatz:* Da Raketen nach dem Abschuss nicht ein zweites Mal verwendet werden können, ist ihr Einsatz meist um ein Vielfaches teurer als der Einsatz eines wiederverwendbaren Bombers, der die gleiche »Nutzlast« im Zielgebiet abwerfen könnte. In Verbindung mit den geringeren Abwehrmöglichkeiten gegen Raketen trägt dieser Umstand wesentlich dazu bei, dass Raketen zumeist mit den wirksamsten Zerstörungsmitteln (in der Regel also mit Massenvernichtungswaffen) bestückt werden, wohingegen Bomber fast immer auch für konventionelle Einsätze vorgesehen sind. Insofern betreffen die ethischen Probleme, die mit dem angedrohten oder tatsächlichen Einsatz von Massenvernichtungswaffen (allen voran Kernwaffen) verbunden sind, mittelbar oft auch ballistische Fernwaffen, die dafür vorgesehen sind.
d) *Keine Besatzung:* Militärische Raketen fliegen ohne Besatzung. Das bedeutet einerseits, dass die sie kontrollierenden Soldaten sich keiner persönlichen Gefahr im Einsatzgebiet aussetzen, und impliziert andererseits, dass ihnen nach dem Start in der Regel keine Möglichkeit mehr bleibt, einen Einsatz ganz abzubrechen oder anderweitig zu modifizieren.

In den Anfangsjahren des Raketenzeitalters gab es auch noch gravierende Unterschiede hinsichtlich der Zielgenauigkeit, Reichweite und Einsatzbereitschaft von Raketen. In allen drei Punkten waren Bomber zunächst überlegen. Heute lässt sich das so pauschal nicht mehr behaupten. Feststoffraketen müssen vor dem Abschuss nicht mehr langwierig aufgetankt werden, sondern können innerhalb von Minuten, wenn nicht gar Sekunden, nach dem Einsatzbefehl gestartet werden. Interkontinentalraketen können inzwischen fast jeden Punkt der Erde erreichen. Und auch die Zielgenauigkeit von ballistischen Fernwaffen steht der von modernsten Bombern kaum noch nach. Insbesondere die amerikanischen Fernraketen sind heute so treffgenau, dass sie viele militärische Ziele auch mit konventionellen Sprengköpfen zerstören könnten.

Raketen und das Recht zum Krieg

Die Kriterien, die für einen moralisch vertretbaren Griff zu den Waffen erfüllt sein müssen, werden nur zum Teil von der Einführung ballistischer Raketen tangiert. Ethische Probleme ergeben sich zumeist erst in Verbindung mit einer nuklearen Bewaffnung von Raketen oder – in abgeschwächter Form – durch eine Bestückung mit chemischen oder biologischen Gefechtsköpfen. Selbst dann ist natürlich noch zu überprüfen, ob vergleichbar bestückte Fernbomber nicht die gleichen Dilemmata oder Risiken aufwerfen würden. Für sich allein genommen machen Raketen in den meisten Konfliktfällen den ungerechtfertigten Ausbruch eines Krieges nicht viel wahrscheinlicher, als er ohnehin schon ist.

Dies gilt vor allem für zwei *konventionell gerüstete Konfliktgegner*, die über ballistische Fernwaffen verfügen. In den meisten denkbaren Fällen ist nicht zu erwarten, dass die Verfügung über Raketen die Einhaltung der ethischen Kriterien spürbar erschweren würde im Vergleich zu einer Konstellation, in der beide Seiten ihre konventionellen Sprengsätze nur mit Bombern ins Ziel bringen könnten. Zu beachten ist dabei insbesondere, inwieweit die Zielgenauigkeit der Raketen eine effektive Bekämpfung von kritischen militärischen Zielen wie verbunkerten Kommandozentralen, Frühwarneinrichtungen, Flugplätzen und gegnerischen Raketeneinheiten erlauben würde. Wäre dies der Fall, könnten sich in Krisenzeiten die Anreize für vorwegnehmende Schläge (Präemption) erhöhen, die in den folgenden Absätzen beim nuklearen Szenario ausführlicher behandelt werden. Dort soll aufgezeigt werden, dass mit der steigenden Attraktivität solcher »Erstschläge« durchaus ethische Probleme verbunden sind. Wie bereits erwähnt wurde, fehlt den meisten Fernraketen indes die hohe Zielgenauigkeit, die für eine wirksame Bekämpfung militärischer Punktziele benötigt würde. Bisher verfügen allenfalls die USA über entsprechende Optionen. (Allerdings setzen auch sie für derartige Einsätze bekanntlich bisher noch auf so genannte Marschflugkörper, das heißt unbemannte Flugkörper mit Tragflächen, und nicht auf ballistische Flugkörper.) Fast alle Staaten mit konventionellen Raketen größerer Reichweite planen deshalb eher einen Einsatz gegen ungehärtete Flächenziele, also insbesondere Vergeltungsschläge gegen zivile Ballungsräume mit vielen Gebäuden, die stärkeren Druckwellen nicht standhalten würden. Dies wirft natürlich gravierende Fragen im Zusammenhang mit dem *ius in bello* auf, die weiter unten noch zu erörtern sind.

Für das *ius ad bellum* spielen geplante Terroreinsätze jedoch keine vorrangige Rolle. Am ehesten tangieren sie noch die Kriterien *Verhältnismäßigkeit* und *letztes Mittel*. Terroreinsätze würden, sollten sie tatsächlich durchgeführt werden, den Kriegsschaden zweifellos erhöhen und insofern die Wahrung der Verhältnismäßigkeit eher erschweren. Aber erstens müssen entsprechende Einsatzpläne auch nach Ausbruch der Feindseligkeiten nicht zwangsläufig realisiert werden. Dagegen sprechen nicht allein moralische Erwägungen gemäß dem *ius in bello*, sondern auch rein egoistische Kosten-Nutzen-Kalküle auf der Basis nationaler Interessen, wäre doch damit zu rechnen, dass der Gegner Gleiches mit Gleichem vergelten würde. Und zweitens könnte das Risiko, dass es wie im Krieg zwischen Iran und Irak doch zu einem verlustreichen »Krieg der Städte« kommt, die Konfliktparteien in einer Krise dazu veranlassen, noch gründlicher nach friedlichen Konfliktlösungen zu suchen. Die Gefahr wechselseitiger Terrorangriffe sollte tendenziell diejenigen Entscheidungsträger stärken, für die eine militärische Lösung wirklich nur als letztes Mittel in Frage kommt.

Die Auswirkungen von Raketen auf das *ius ad bellum* zwischen *nuklear gerüsteten Konfliktgegnern* mögen auf den ersten Blick uninteressant erscheinen, jedenfalls wenn man davon ausgeht, dass jeder Nuklearkrieg ein ungerechter Krieg ist. Tatsächlich liegen die Dinge auch in ethischer Hinsicht nicht so einfach. Abgesehen davon, dass es durchaus ernst zu nehmende Stimmen gibt, die unter ganz bestimmten Umständen einen begrenzten Einsatz von Kernwaffen für moralisch vertretbar halten, stellen sich selbst für diejenigen, die den Nuklearkrieg für prinzipiell ungerecht halten, noch wichtige Fragen im Zusammenhang mit nuklear bestückten Fernraketen:

1. Machen solche Raketen es schwieriger, den Ausbruch eines Nuklearkrieges zu verhindern, zum Beispiel indem sie in Krisensituationen die Kosten und Risiken einer abwartenden Politik erhöhen?
2. Sorgt die Präsenz von Raketen dafür, dass die Aspekte, die einen Nuklearkrieg zu einem ungerechten Krieg machen, im Konfliktfall noch deutlicher oder noch rascher zutage treten würden, beispielsweise indem Raketenrüstung die Wahrung der Verhältnismäßigkeit noch schwieriger macht? Und schließlich sind
3. die *ius ad bellum*-Kriterien auch noch für sich genommen zu erörtern, um Antworten für diejenigen zu ermitteln, die nicht jeden Nuklearkrieg a priori für ungerecht halten.

Wie sich zeigen wird, wirft in allen drei Beurteilungskontexten die große Geschwindigkeit ballistischer Fernwaffen besondere Probleme auf, weil sie unter bestimmten Umständen eine politische Kontrolle der Kriegführung erschwert. Dies belegen sowohl die amerikanischen und sowjetischen Einsatzplanungen während des Kalten Krieges als auch die Konfliktkonstellationen zwischen neuen Nuklearmächten, wie etwa Indien und Pakistan. Wahrscheinlich sind solche Probleme dort sogar brisanter, weil diese Streitkräfte aufgrund ihrer höheren Verwundbarkeit und der geringeren Erfahrung ihrer Befehlshaber noch anfälliger für Pannen und Missverständnisse sind.

Für die strategischen Raketen der beiden Supermächte galt schon in der Endphase des Kalten Krieges, dass sie selbst die härtesten Ziele innerhalb weniger Minuten hätten zerstören können. Dadurch eröffnete sich zum einen die Option für so genannte Enthauptungsschläge, mit denen man eventuell die gegnerischen Kommandobunker samt den obersten zivilen und militärischen Befehlshabern vernichtet oder isoliert hätte, noch ehe sie den Befehl für Gegenschläge erteilt hätten. Zum anderen beschworen die zielgenauen Raketen mit kurzer Flugzeit die Gefahr herauf, dass der Gegner die Interkontinentalraketen in ihren Silos hätte zerstören können, bevor sie per Alarmstart (*launch on warning*) dem feindlichen Entwaffnungsschlag entzogen werden konnten. An sich mussten diese beiden Optionen die Stabilität der Abschreckung nicht nachhaltig unterminieren. Selbst wenn die Überraschung vollständig geglückt wäre, hätte man keineswegs ausschließen können, dass überlebende Kommandeure mit unzerstörten Bombern und U-Boot-Raketen einen vernichtenden Vergeltungsschlag durchgeführt hätten. Diese Möglichkeit (das so genannte *ride out-Szenario*) spielte in den Planungen der Supermächte jedoch nur eine untergeordnete Rolle.[1] Zudem setzte sie voraus, dass die Kompetenz zur Anordnung eines Vergeltungsschlages vorab an untergeordnete Militärbefehlshaber weitergegeben (*prädelegiert*) worden war.

Eine solche Prädelegation der nuklearen Befehlsgewalt wirft in der Perspektive des *ius ad bellum* insbesondere zwei unmittelbare Probleme auf: Zum einen ist damit nicht mehr so gut zu gewährleisten, dass ein Krieg auch von der *legitimen Befehlsgewalt* autorisiert wird. Diese Gefahr besteht dann, wenn ein Kommandeur aufgrund von Kommunikationsproblemen oder

-missverständnissen fälschlicherweise annimmt, der verfassungsmäßige Oberbefehlshaber (das heißt der amerikanische Präsident oder sein russisches Pendant) wäre bereits einem gegnerischen Enthauptungsschlag zum Opfer gefallen oder aus anderen Gründen handlungsunfähig. In diesem Fall könnte sich auch ein Kommandeur, der den Primat der Politik prinzipiell anerkennt, irrtümlich berechtigt fühlen, den Gegenschlag auszulösen. Im schlimmsten Fall, wenn in Wahrheit (noch) gar kein gegnerischer Angriff in Gang wäre, könnte er auf diese Weise sogar einen »Atomkrieg aus Versehen« verursachen, der natürlich auch deshalb ein »ungerechter Krieg« wäre, weil er objektiv nicht durch einen *gerechten Grund* legitimiert wäre. Das andere Kriterium, das durch Prädelegation unmittelbar tangiert wird, ist die *Verhältnismäßigkeit* der eingesetzten Mittel. Je mehr Kommandeure in die Lage versetzt werden, Kernwaffen autonom einzusetzen, desto schwieriger wird es im Konfliktfall, den Verlauf des Schlagabtausches zu kontrollieren. Vor allem dann, wenn schon einige Kernwaffen eingesetzt worden sind, könnten die Kommunikationsprobleme und ausgefallene Sensoren schnell dazu führen, dass Kommandeure den Überblick verlieren und überreagieren.[2] Offensichtlich steigt die Gefahr solcher unkontrollierbarer Eskalationsschritte mit jedem Kommandeur, der zum autonomen Einsatz von Kernwaffen in der Lage ist. Sofern Raketen Anreize zur Prädelegation der nuklearen Befehlsgewalt schaffen, vergrößern sie mithin die Gefahr, dass ein Nuklearkrieg zu völlig unverhältnismäßigen Schadenswirkungen führt und, so gesehen, ungerecht oder noch ungerechter wird.

Ähnliche ethische Probleme ergeben sich in dem Maße, in dem Raketen aufgrund ihrer kurzen Flugzeiten die Neigung zu vorwegnehmenden Entwaffnungsschlägen oder riskanten Alarmstarts (*launch on warning*) vergrößern. Wenn sowohl die eigenen Waffen- und Kommandosysteme als auch die der Gegenseite hochgradig verwundbar gegenüber überraschenden Raketenangriffen sind, dann können sich in einer Krise Präemptionsängste wechselseitig aufschaukeln. Denn dann weiß jede Partei, dass ihre einzige Überlebenschance davon abhängt, dass man dem Gegner mit einem Entwaffnungsschlag zuvorkommt. Der amerikanische Abschreckungstheoretiker Thomas C. Schelling hat diese prekäre Situation mit der Lage eines Hausherrn verglichen, der sich plötzlich mit einem Einbrecher konfrontiert sieht. Beide mögen einen unblutigen Ausgang der Begegnung vorziehen. Wenn jedoch beide bewaffnet sind, müssen sie befürchten, dass der andere dieser höchst labilen Situation zu entkommen sucht, indem er den Kontrahenten kurzerhand niederschießt. Und da sich jeder von ihnen bewusst ist, dass auch der andere diese Möglichkeit kennt, kann sich eine tödliche Spirale ergeben:

»He thinks we think he thinks we think ... he thinks we think he'll attack; so he thinks we shall; so he will; so we must.«[3]

In derartigen Stresssituationen bliebe kaum noch Gelegenheit für das sorgfältige Ausloten alternativer Konfliktlösungen. Vielmehr würde das gewaltsame Ausbrechen aus solcher Zwangslage vom *letzten Mittel*, das es gemäß der Theorie vom gerechten Krieg sein sollte, unter Umständen zu einer sehr nahe liegenden Option. Schon das geringste Missverständnis oder die kleinste Fehlwahrnehmung könnte dann die tödliche Eskalation auslösen. Im Ergebnis kann dies zu einem nuklearen Schlagabtausch führen, den »eigentlich« keine Seite wollte. Auch hier würde es zu einem Krieg kommen, ohne dass ein *gerechter Grund* in Gestalt einer fremden Aggression vorliegen müsste.

Die Option zu einem umgehenden Alarmstart in Reaktion auf anfliegende Raketen (*launch on warning*) hat dieses Dilemma zwar entschärft, wirft dafür jedoch andere Probleme auf. Nachdem die beiden Supermächte moderne Radaranlagen, Frühwarnsatelliten und jederzeit abschussbereite Raketen eingeführt hatten, besaßen sie theoretisch die Fähigkeit, auf taktische Warnungen ihre Raketen zu starten, noch ehe sie von den angreifenden Gefechtsköpfen zerstört worden wären. Damit verringerte sich in einer Krise zum einen der Druck, dem Gegner mit dem eigenen Start zuvorzukommen. Vielmehr genügte es nunmehr erst dann zu reagieren, wenn von den Sensoren die Warnung eintraf, dass der feindliche Angriff bereits im Gange war. Dadurch sank das Risiko, dass man einem Angriff zuvorkam, der in Wahrheit (noch) gar nicht beschlossen war. Zum anderen musste diese Option auch von einer Seite einkalkuliert werden, die für sich einen präemptiven Entwaffnungsschlag in Erwägung zog. Dessen Erfolgsaussichten wurden zweifellos spürbar verringert, sofern der angegriffenen Seite die Option zum Alarmstart blieb. Beide Implikationen sind dazu angetan, die Nervosität zu verringern. Diese Vorteile werden jedoch damit erkauft, dass die Möglichkeit zum *launch on warning* das Risiko eines *Atomkriegs aus Versehen* steigert, vor allem dann, wenn mehrere Kommandeure zur Auslösung des Gegenschlags in der Lage sind. Unter Umständen genügt dann schon ein fataler Fehler im Warn- und Kommunikationssystem oder eine unglückliche Verkettung von Fehlern und Missverständnissen, um einen irrtümlichen Gegenschlag zu provozieren. So betrachtet wurde mit der Option zum Alarmstart die Linderung eines Problems (*destabilisierende Präemptionsanreize*) mit der Verschärfung eines anderen (*Atomkrieg aus Versehen*) erkauft.[4]

Unklar ist in diesem Kontext allerdings, inwieweit die wachsende Zielgenauigkeit der Raketen tatsächlich dieses Dilemma – Alarmstart oder Präemption – heraufbeschwor. Zumindest für die beiden Supermächte mit ihren großen Arsenalen wäre der Vergeltungsschlag *nach* einem »ride out« eines gegnerischen Angriffes keine aussichtslose Option gewesen, sofern nur genügend untergeordnete Befehlshaber den Vergeltungsbefehl hätten erteilen können. In diesem Fall wäre es sehr wahrscheinlich gewesen, dass ein Befehlshaber mit intakten (oder wiederherstellbaren) Kommunikationssystemen überlebt hätte. Dank ihres großen Umfangs und der Investitionen in die Überlebensfähigkeit hätte auch ein beträchtlicher Teil der jeweiligen Arsenale den Erstschlag überstanden. Eigentlich hätte damit immer noch ein vernichtender Vergeltungsschlag geführt werden können (was umgekehrt natürlich bedeutete, dass keine Seite ernsthafte Aussichten hatte, durch partielle Entwaffnung des Gegners Schaden von ihrem Territorium fernzuhalten). So betrachtet zwangen auch die schnell fliegenden Raketen keineswegs zu einer vorschnellen Reaktion.[5]

Dass die Planungen beider Supermächte dennoch einen sofortigen Alarmstart gegen militärische Ziele vorsahen, lag weniger an der Sorge, man würde andernfalls einen vernichtenden Entwaffnungsschlag provozieren, sondern folgte eher aus dem Bestreben, möglichst viele Ziele abzudecken und die Moral der Raketentruppen aufrechtzuerhalten. Vor allem für die amerikanischen Strategen besaß die umfassende Bekämpfung der sowjetischen Streitkräfte immer einen hohen Stellenwert. Man wollte auch in einem Zweitschlag möglichst alle 10 000 Ziele angreifen können, die man in der Sowjetunion aufgeklärt hatte. Dies setzte indes voraus, dass man einen gut koordinierten Vergeltungsschlag mit den modernsten Waffensystemen geführt hätte. Nach einem *ride out* des sowjetischen Angriffs wären aber viele zielgenaue Interkontinentalraketen zerstört und das Kommunikationssystem so schwer beschädigt gewesen, dass es eine optimale Abstimmung der überlebenden Kräfte nicht mehr hätte leisten können.[6] Hinzu kam, dass es aus Sicht der amerikanischen Militärs den Raketenoffizieren nicht zugemutet werden konnte, in ihren Kommandobunkern erst passiv einen massiven sowjetischen Angriff über sich ergehen zu lassen, um dann anschließend vor allem gegen sowjetische Ballungsräume zurückzuschlagen. So schrieb sogar ein Kommandeur des *Strategischen Luftkommandos* (SAC), dem früher die amerikanischen Fernbomber und Interkontinental-Raketen unterstanden, nach seiner Pensionierung, dass das Ethos eines Soldaten keinesfalls mit einem wahllosen Gegenangriff auf wehrlose Zivilisten zu vereinbaren sei.[7]

Diese Äußerung zeigt, dass Nuklearraketen einen Zielkonflikt zwischen den *ius ad bellum*-Kriterien und der Immunität der Nicht-Kombattanten heraufbeschwören, welche das *ius in bello* verlangt. Während Letzteres zum Schutz der eigenen Bevölkerung eine möglichst wirksame – und das heißt für Raketen: möglichst schnelle – Bekämpfung militärischer Ziele nahe legt, fordert das *ius ad bellum* eine Strategie, welche möglichst viel Zeit und umfassende zivile Kontrolle für politische Lösungen lässt. Im Gegensatz zu den weitaus langsamer fliegenden Bombern, die man auch Stunden nach einem Start noch hätte zurückbeordern können, konfrontieren die strategischen Raketen die Entscheidungsträger mit der unangenehmen Wahl zwischen dem sofortigen Gegenschlag auf das feindliche Kernwaffenarsenal und einer langsameren Vergeltung gegen andere Ziele, die weniger zeitkritisch sind, dafür aber eher zivil-industrieller Natur als militärisch-bedrohlich wären.

Raketen und das *ius in bello*

Obwohl das *ius in bello* gemeinhin nur zwei Anforderungen stellt – Verhältnismäßigkeit der Mittel und Schutz für Nicht-Kombattanten –, konfrontiert es die militärischen Entscheidungsträger meistens mit großen Problemen. Insbesondere der notwendige Schutz von Zivilisten ist oft mit großen Einschränkungen für den militärisch-operativ wirkungsvollen Einsatz von Streitkräften verbunden. Dies gilt selbst dann noch, wenn man den Schutz der Nicht-Kombattanten gemäß dem weithin anerkannten Prinzip der Doppelwirkung einschränkt Nach diesem Grundsatz sind zivile Opfer häufig unvermeidlich und dürfen deshalb in Kauf genommen werden, wenn mehrere Bedingungen erfüllt sind. Als »moralisch hinnehmbar« wird die Tötung von Nicht-Kombattanten demnach dann angesehen,

1. wenn sie nicht der direkte oder mittelbare Zweck der Kampfhandlung ist,
2. wenn sie eine unvermeidbare Folge von ansonsten legitimen Kampfhandlungen darstellt und
3. wenn der erwartete militärische Nutzen im Hinblick auf die Erringung des Sieges größer ist als der vorhersehbare Schaden für die Nicht-Kombattanten.[8]

Michael Walzer nennt in diesem Zusammenhang noch eine weitere Einschränkung, die die zweite Bedingung näher präzisiert. Unvermeidbar sind für ihn zivile Opfer nur dann, wenn die sie verursachenden Streitkräfte sie nicht weiter verringern können, ohne den Erfolg der Operation ganz in Frage zu stellen oder sie so kostspielig zu machen, dass eine eventuelle Wiederholung ausgeschlossen ist. Bis zu diesem Punkt müssen auch die beteiligten Streitkräfte größere Risiken auf sich nehmen, wenn auf diese Weise die Gefährdung von Nicht-Kombattanten verringert werden kann.[9]

Im Zusammenhang mit diesen Anforderungen sind vor allem folgende Eigenschaften von ballistischen Fernwaffen von Bedeutung:

a) Aufgrund ihrer geringen Zielgenauigkeit eignen sich viele Raketen nur für die Bekämpfung von zivilen Flächenzielen, zu der sie wegen der hohen Kosten pro Einsatz oft mit Massenvernichtungswaffen bestückt werden.
b) Aufgrund ihrer hohen Geschwindigkeit und geringen Verwundbarkeit während des Fluges können angreifende Raketen weitaus schlechter als Bomber abgewehrt werden, was zur Folge hat, dass der Einsatz fremder Raketen oft nur mit dem angedrohten Vergeltungseinsatz der eigenen Fernwaffen abgeschreckt werden kann. Raketen tragen somit wesentlich dazu bei, dass das Nuklearzeitalter von verheerender Vergeltungsdrohungen überschattet wird.[10]
c) Schließlich ist mit dem Einsatz ballistischer Fernwaffen zumeist keinerlei persönlicher Kampf mehr verbunden, bei dem alle Beteiligten in ähnlicher Weise gefährdet sind. Der Abschuss von Raketen ist für ihre Bedienmannschaften in den seltensten Fällen mit einer Erhöhung des Risikos verbunden, ja sie bekommen ihre Opfer noch nicht einmal zu Gesicht.

Der zuletzt genannte Punkt wirft – zumindest in konventionellen Kriegen – noch die geringsten ethischen Probleme auf, weil eine direkte Interaktion zwischen Soldaten nicht unbedingt erforderlich ist für moralisch vertretbare Kampfeinsätze. Gewiss macht eine anfliegende Rakete auch Soldaten in einem bestimmten Sinne zu Nicht-Kombattanten, insofern sie ihr dann genauso schutzlos und ohne Verteidigungsmöglichkeiten ausgesetzt sind wie sonst Zivilisten. Anders als bei den meisten anderen Distanzwaffen (Torpedos, Artilleriegeschosse) hätten die betroffenen Einheiten vorher noch nicht einmal die Möglichkeit, die Gefahrenquelle rechtzeitig auszuschalten. In dieser Hinsicht mag dann selbst ein Raketenschlag gegen Soldaten wie ein unfairer Angriff auf hilflose Zivilisten erscheinen. Gleichwohl kann er nicht mit diesem gleichgesetzt werden. Schließlich sind die betroffenen Soldaten ansonsten durchaus Kombattanten, die als solche bereit sind, ihre Gegner bei der nächsten sich bietenden Gelegenheit anzugreifen und zu töten. Für Zivilisten gilt dies hingegen nicht. Sie dürfen nicht angegriffen werden, weil sie weder unmittelbar noch später eine Bedrohung darstellen. Solange die räumliche und psychologische Distanz nicht zu einem mitleidlosen, leichtfertigen oder zynischem Einsatz von Raketen führt,[11] ist sie mit dem *ius in bello* durchaus vereinbar. Ob es dazu kommt, hängt indes weniger von den Fernwaffen selbst ab, sondern in erster Linie von den moralischen Qualitäten der Entscheidungsträger.

Weitaus kontroverser ist bis heute die Abschreckungspolitik mit *Nuklear*raketen, denn sie bringt die moralischen Dilemmata, die Raketen mit Massenvernichtungswaffen implizieren, am deutlichsten zu Tage. Natürlich würde die Zerstörungswirkung von angedrohten Vergeltungsschlägen von einer Vielzahl von Faktoren abhängen: von der Anzahl und Detonationsstärke der eingesetzten Waffen, den ausgewählten Zielen und ihrer Entfernung von zivilen Ballungszentren, von der Höhe der Detonationen, der Windrichtung, der Menge brennbaren Materials und vom Niederschlag in der Zielregion. Klar ist jedoch, dass selbst so genannte selektive Einsätze in den meisten Fällen große zivile Opfer fordern würden und zudem stets mit der Gefahr einhergingen, dass sie auf beiden Seiten weitere, umfangreichere Schläge nach sich zögen. Gerade die Angriffe auf die Bevölkerung und die wirtschaftliche Basis einer Gesellschaft, von deren Androhung die größte Abschreckungswirkung ausgeht, wären aus der

Perspektive des *ius in bello* absolut verwerflich, weil sie auf die absichtliche Tötung von vielen Millionen Nicht-Kombattanten hinausliefen. Selbstverständlich sind bei umfangreichen und modernen Arsenalen, wie sie die größten Nuklearmächte besitzen, grundsätzlich auch begrenzte Schläge denkbar, die dem Kriterium der Doppelwirkung entsprechen würden. Beispielsweise würden Angriffe auf abgelegene Luftwaffenstützpunkte oder vorgeschobene Radaranlagen eine klare militärische Zielsetzung verfolgen und unter Umständen nur sehr wenige zivile Opfer fordern. Entsprechend niedriger wäre jedoch auch ihre abschreckende Wirkung auf den Gegner. Zudem wären sie angesichts der Unübersichtlichkeit militärischer Auseinandersetzungen und aufgrund der Kommunikations- und Sensorstörungen nach nuklearen Detonationen immer mit einem Restrisiko belastet: dass nämlich der Gegner ihren stark begrenzten Charakter nicht wahrnehmen und sie stattdessen als Auftakt zum allgemeinen Nuklearkrieg missverstehen könnte.[12] In diesem Fall hätte man – zumindest mittelbar, wenn auch unbeabsichtigt – zum Tod sehr vieler Nicht-Kombattanten beigetragen, ohne damit einen militärischen Effekt erreicht zu haben, der gemäß dem Kriterium der Verhältnismäßigkeit diese zivilen Opfer aufwiegen könnte. Diese Eventualität muss indes immer mit einkalkuliert werden. Verantwortliche Politiker und Militärs können sich nicht einfach darauf verlassen, dass die schlimmeren Weiterungen, über die sie keine echte Kontrolle mehr hätten, schon nicht eintreten würden. Der tatsächliche Einsatz von Nuklearraketen ist also immer höchst fragwürdig, wenn man die Lehre vom gerechten Krieg zur ethischen Richtschnur nimmt.

Da auch in ethischer Perspektive Androhung nicht zwangsläufig mit Einsatz gleichzusetzen ist, stellt sich selbst bei einer prinzipiellen Verurteilung nuklearer Kriegführung aber immer noch die Frage, ob nicht wenigstens die – implizite oder explizite – Vergeltungsdrohung zulässig ist. Mit anderen Worten: Darf etwas *angedroht* werden, selbst wenn man es niemals *ausführen* dürfte? Zu dieser Problematik existiert eine Vielzahl von Positionen.[13] Es lassen sich vier grundlegende Rechtfertigungsversuche unterscheiden:

1. Abschreckung funktioniert auch ohne explizite Androhung von Vergeltung, weil bereits der Besitz von ballistischen Kernwaffen die Möglichkeit katastrophaler Vergeltungsschläge impliziert.[14]
2. Es ist nur der Gegenangriff auf rein militärische Ziele beabsichtigt. Diese Drohung wirkt jedoch schon abschreckend genug, weil bei ihrer Verwirklichung aufgrund von so genannten Kollateralschäden höchstwahrscheinlich auch viele zivile Opfer zu beklagen wären.[15]
3. Die Vergeltungsdrohung ist nicht die Drohung mit Massenmord an unbewaffneten Zivilisten. Sie ist vielmehr eine konditionale Drohung, die dem Frieden dienen soll und überhaupt nur akut wird, sofern der potentielle Gegner einen unmoralischen Akt (einen großen Angriff mit konventionellen oder nuklearen Waffen) durchgeführt hat.[16]
4. Auch wenn nukleare Abschreckung nach der Lehre vom gerechten Krieg unmoralisch ist, gibt es in bestimmten Situationen keine vertretbare Alternative. Insofern sprengt die Entwicklung von nuklearen Fernwaffen letztlich den Rahmen dieser ethischen Theorie.

Besitz ohne Einsatzdrohung ist in mehrerer Hinsicht eine fragwürdige Haltung. Zum einen geht vom Besitz immer auch eine implizite Drohung aus. Andernfalls würden sich Anschaffung und Unterhalt der Waffensysteme nicht lohnen, ja sie wären sogar völlig kontraproduktiv, insofern sie die niemals völlig zu vernachlässigende Gefahr von nuklearen Unfällen oder fremden Präemptivschlägen heraufbeschwören. Selbst eine Staatsführung, die dem Einsatz ihrer Kernwaffen öffentlich unter allen Umständen abschwören würde, würde implizit hoffen, dass fremde Entscheidungsträger ihren Verlautbarungen keinen Glauben schenken. Letztlich handelte es sich mithin nur um eine moralisch verbrämte Form von Heuchelei, da man sich eine Option zunutze machen möchte, ohne sich zu ihr zu bekennen. Abgesehen davon ist diese Politik auch schwer zu rechtfertigen gegenüber den Angehörigen der eigenen Raketenstreitkräfte.[17]

Die etwas subtilere Variante von Ramsey, derzufolge Abschreckung aufgrund der *unbeabsichtigten* Tötung von Zivilisten funktioniert, ist kaum weniger paradox. Zwar mag die Angriffsdrohung im Rahmen der Abschreckungspolitik ausschließlich militärischen Zielen gelten und die verantwortliche Staatsführung in der Tat alle Anstrengungen unternehmen, um die Zahl getöteter Nicht-Kombattanten zu minimieren. Gleichzeitig muss sie jedoch hoffen, dass dies nur bis zu dem Punkt gelingt, wo die Beschränkung ziviler Verluste noch nicht die Abschreckungswirkung spürbar minimiert. Mit anderen Worten: Man muss sich im Interesse der Abschreckungswirkung wünschen, dass die eigenen moralischen Absichten nicht vollständig realisierbar sind oder wenigstens doch nicht so erscheinen. Wenn ich aber meine Absicht gar nicht vollständig realisiert sehen möchte, ist sie dann überhaupt noch das authentische Ziel meiner Handlung? Und wenn ich hoffe, dass eine Drohung schrecklicher erscheint, als die von mir beabsichtigte Umsetzung wäre, drohe ich in Wahrheit dann nicht doch größere Opfer an, als eigentlich vertretbar wären?

Völlig zufrieden stellen kann auch nicht die Rechtfertigung, es handele sich bei Abschreckungspolitik schließlich nur um konditionale Drohungen, die sich nur gegen Übeltäter nach Ausführung von deren Taten richten. Gewiss liegen in ethischer Hinsicht Welten zwischen einer aggressiven oder erpresserischen Drohung und der Inaussichtstellung von Vergeltungsmaßnahmen im Falle eines fremden Angriffs. Die Vergeltungsdrohung kann im Ergebnis tatsächlich den Frieden sicherer machen. Mehr noch: Sie mag von vielen Adressaten sogar gleichmütig hingenommen werden, insoweit diese nie daran denken würden, einen Angriff durchzuführen – so wie es uns im Alltag kaum belasten mag, wenn uns mehr oder weniger explizit Bestrafung angekündigt wird, falls wir uns an fremden Personen oder deren Eigentum vergreifen sollten. Das Strafgesetzbuch mit seinem umfangreichen Katalog von Freiheitsstrafen erlebe ich nicht einmal als latente Bedrohung, solange ich mir nicht vorstellen kann, jemals eine entsprechende Straftat zu begehen. Dieser Vergleich hinkt jedoch an einer entscheidenden Stelle, da er Staaten respektive deren Gesellschaften mit Individuen gleichsetzt. Falls eine einzelne Person ein Verbrechen begeht, dann darf sich die Vergeltungsaktion natürlich auch gegen die »ganze Person« richten. Hingegen können Gesellschaften nicht einfach komplett in Haftung genommen werden. Der Einsatz von Massenvernichtungswaffen ist nach dem *ius in bello* ja gerade deshalb schwer zu rechtfertigen, weil er auf Seiten des Gegners so schlecht zwischen legitimen und illegitimen Zielen, zwischen Soldaten und Nicht-Kombattanten, differenziert. Die konditionale Drohung gegen Staatsführungen, die sonst eventuell einen Angriff in Erwägung ziehen könnten, mag ja völlig legitim sein, aber gegen ihre unschuldigen und einflusslosen Untertanen, die zumeist nicht einmal Kombattanten-Status besitzen, lässt sie sich deshalb noch lange nicht rechtfertigen. So drängt sich doch die Schlussfolgerung auf, dass die Theorie des gerechten Krieges mit nuklearer Abschreckung schlecht zu vereinbaren ist. Unterstellt man die zeitlose Geltung dieser Morallehre, kann daraus die Schlussfolgerung gezogen werden, dass Abschreckungspolitik ethisch verwerflich ist. Räumt man hingegen den historischen Kontextbedingungen größeres Gewicht ein, dann kann man auch die Position vertreten, dass die Entwicklung von Nuklearraketen die Lehre vom gerechten Krieg an ihre Grenzen geführt hat.[18] Ein verantwortlicher Staatsmann kann in vielen Fällen nicht einfach auf Abschreckung verzichten, weil er andernfalls seine Bevölkerung erpresserischen Drohungen, Aggressionen und dem Verlust der nationalen Unabhängigkeit ausgesetzt hätte. Einem nuklear bewaffneten Hitler-Regime hätte man gewiss mit Kernwaffen Einhalt gebieten müssen, selbst wenn die Vergeltungsdrohungen gegen deutsche Städte die Rechte deutscher Zivilisten verletzt hätten. Und selbst wenn man den hohen politischen Preis für die Einhaltung der *ius in bello*-Bedingungen zu zahlen bereit wäre, könnte man dem Abschreckungssystem nicht einfach risikolos entkommen. Nicht einmal der freiwillige Abbau aller nationalen Kernwaffen würde einen sicheren Ausweg garantieren. Bis dieser einseitige Abrüstungsprozess abgeschlossen worden wäre, würde er vermutlich von erbitterten nationalen Debatten begleitet werden, die unter Umständen den Abbruch der Entwaffnung zur Folge haben könnten. In dieser instabilen Situation könnte ein potentieller Gegner erst recht zu einer riskanten Einschüchterungspolitik greifen oder gar versucht sein, den unilateralen Abrüstungsmaßnahmen mit begrenzten Angriffen »nachzuhelfen«, ehe im anderen Land die Befürworter nuklearer Abschreckung erneut die Oberhand gewännen. Derartige Gefahren würden vor allem in konfliktreicheren Konstellationen auftreten, in denen der Verzicht auf Abschreckungswaffen einen spürbaren Effekt hätte.[19] So konfrontiert die Existenz nuklearer Raketen sogar diejenigen Politiker noch mit ethischen Dilemmata, die grundsätzlich zu einem vollständigen Verzicht auf Abschreckungspolitik bereit wären.

Zusammenfassende Bewertung

Alles in allem hat die Einführung ballistischer Fernwaffen die Führung eines gerechten Krieges und die Vermeidung von ungerechten Kriegen eher erschwert als erleichtert. Dies gilt insbesondere, seit Raketen zunehmend mit Massenvernichtungswaffen bestückt wurden. Die große Geschwindigkeit weitreichender Raketen und ihre kurzen Flugzeiten provozieren in brisanten Situationen rasche Entscheidungen. Indem sie bei Streitkräften und Politikern sowohl den Anreiz für Entwaffnungsschläge als auch die Angst vor ihnen erhöhen, steigern sie das Risiko, dass Konflikte rasch zu Kampfhandlungen eskalieren, die letztlich keine Seite wollte. Im Ergebnis käme es zu Kriegen ohne gerechten Grund, in denen Gewaltanwendung nicht das letzte Mittel wäre, weil die Zeit für die Suche nach anderen Auswegen fehlte. Ferner erzwingen Raketen durch die Möglichkeit von Enthauptungsschlägen die Prädelegation von Befehlskompetenzen, die im Falle eines Krieges die Kontrolle der Eskalation zusätzlich erschwert, wodurch die Verhältnismäßigkeit der eingesetzten Mittel noch schwieriger zu wahren wäre. In der Kombination mit Massenvernichtungswaffen verfestigen Raketen die Abschreckungspolitik. Auf diese Weise setzen sie Nicht-Kombattanten massiven Drohungen aus, welche mit der Lehre vom gerechten Krieg kaum zu vereinbaren sind. Da ein einseitiger Verzicht auf Raketen mit Massenvernichtungswaffen aber auch mit schwer abschätzbaren Risiken verbunden wäre, konfrontieren diese Waffensysteme Entscheidungsträger im Frieden wie im Krieg mit gravierenden ethischen Problemen. Das macht sie noch nicht zwangsläufig zu verwerflichen Waffen und ihre Erbauer noch nicht zu »Händlern oder Ingenieuren des Todes«. Aber diese Dilemmata zeigen auf, dass mit der Entwicklung der V 2 ein neues Zeitalter begonnen hat, in dem die Kontrolle und Anwendung militärischer Gewalt noch prekärer geworden ist.

Von daher liegt es nahe, politische Maßnahmen zur Begrenzung der Raketenrüstung zu fordern. In der Tat sollte die Weiterverbreitung von Raketentechnologie nach wie vor durch internationale Übereinkünfte im Rahmen des *Missile Technology Control Regimes* (MTCR) begrenzt werden. Ebenso sind auch die etablierten Raketenmächte gut beraten, wenn sie strategische Raketen mit Mehrfachgefechtsköpfen, die sich aufgrund ihrer Zielgenauigkeit und Verwundbarkeit besonders für vorwegnehmende Entwaffnungsschläge eignen würden, kontrolliert abrüsten. Derartige Vereinbarungen sollten nicht zuletzt in spannungsreichen Regionen getroffen werden, um destabilisierende Rüstungsentwicklungen zu verhindern oder wenigstens zu verzögern und damit Zeit für politische Lösungen der dahinter stehenden Konflikte zu gewinnen. Durchschlagende Erfolge sollten von diesen Maßnahmen allerdings nicht erwartet werden. Rüstungskontrolle funktioniert bekanntlich am besten zwischen Staaten, die nicht miteinander verfeindet sind, und auch die Weitergabe von Raketentechnologie an Dritte lässt sich inzwischen nicht mehr so gut begrenzen, unter anderem weil der Kreis der über sie verfügenden Staaten immer mehr Länder mit einschließt, deren Regime ihre Technologie ohne nennenswerte Skrupel verkaufen.

Letztlich sind Kriege und Kriegsgefahren jedoch politische und weniger technische Probleme, die auf Dauer auch nur politisch gelöst werden können. Kaum etwas verdeutlicht dies besser als die positiven Veränderungen, die seit dem Ende des Kalten Krieges in der nördlichen Hemisphäre beobachtet werden konnten. Sie haben nicht nur eine Verringerung der gefährlichsten Raketen erlaubt. Die politische Annäherung zwischen Ost und West hat vor allem das Risiko, das momentan noch von den dort verbliebenen Raketen ausgeht, drastisch gesenkt. Die Mahnung, die von Peenemünde als dem Geburtsort der ballistischen Fernwaffen ausgeht, beschränkt sich damit nicht auf die Warnung vor den unabsehbaren Folgen kurzsichtiger Technikbegeisterung. Sie gibt nicht nur Anlass zur Forderung nach umsichtiger Kontrolle rüstungstechnologischer Entwicklungen. Wichtiger noch ist die Förderung von politischen Bedingungen, unter denen gewaltorientierte Gruppen und Regime erst gar keine Chance erhalten, ihre aggressiven Pläne zu verfolgen.

1 Bruce G. Blair, *The Logic of Accidental Nuclear War*, Washington 1993, S. 110-114, 156 f. u. 175, 195-218; Stephen M. Meyer, »Soviet Nuclear Operations«, in: *Managing Nuclear Operations*, hg. v. Ashton B. Carter/John D. Steinbruner/Charles A. Zraket, Washington 1987, S. 470-531, hier S. 482-497.

2 Desmond Ball, *Can Nuclear War Be Controlled?* (International Institute for Strategic Studies: Adelphi Papers Nr. 169), London 1981; Bruce G. Blair, *Strategic Command and Control: Redefining the Nuclear Threat*, Washington 1985.

3 Thomas C. Schelling, *The Strategy of Conflict*, Cambridge, Mass. 1960, S. 207.

4 Blair, *Logic*; Scott D. Sagan, *The Limits of Safety. Organizations, Accidents, and Nuclear Weapons*, Princeton 1993.

5 Michael Salman/Kevin J. Sullivan/Stephen Van Evera, »Analysis or Propaganda? Measuring American Strategic Capability«, 1969-88, in: *Nuclear Arguments. Understanding the Strategic Nuclear Arms and Arms Control Debates*, hg. v. Lynn Eden und Steven E. Miller, Ithaca, NY, 1989, S. 172-263, hier S. 214, 222.

6 Blair, *Logic*, S. 40-43, 52 ff.; Theodore A. Postol, »Targeting«, in: *Managing Nuclear Operations*, S. 373-406, hier S. 396 ff. (vgl. Anm. 1); Ashton B. Carter, »Assessing Command System Vulnerability«, in: ebd., S. 555-610, hier S. 578 f.

7 Russell E. Dougherty, »The Psychological Climate of Nuclear Command«, in: *Managing Nuclear Operations*, S. 407-425, hier S. 423 (vgl. Anm. 1); zu den Folgen der »warrior culture« von SAC vgl. auch Sagan, *Limits of Safety*, S. 271 ff., und Janne Nolan, *Guardians of the Arsenal: The Politics of Nuclear Strategy*, New York 1989, S. 260.

8 Michael Walzer, *Just and Unjust Wars. A Moral Argument with Historical Illustrations*, New York , 2. Auflage 1992 (dt. *Gibt es den gerechten Krieg?*, Stuttgart 1982), Kap. 9; Gordon Graham, *Ethics and International Relations*, Oxford 1997, Kap. 3.

9 Walzer, ebd.

10 Dies soll nicht heißen, dass sich die ethischen Fragen nuklearer Abschreckung ohne ballistische Fernwaffen gar nicht stellen würden. Gegen diese Zuspitzung spricht allein schon die Tatsache, dass die Anfänge der Theorie nuklearer Abschreckung noch in das Zeitalter der Bomber fallen. Gleichwohl verschärfen Raketen diese Problematik ganz erheblich. Es ist ja kein Zufall, dass gerade die etablierten Nuklearmächte den Großteil ihrer Kernwaffen mit Raketen ins Ziel bringen würden. Nukleare Raketen sind die idealen Abschreckungswaffen. Bei Bombern bleiben fast immer Zweifel, ob sie unter Umständen nicht doch von fortgeschrittenen Luftverteidigungssystemen abgeschossen werden könnten. Selbst ein amerikanischer Stealth-Jagdbomber konnte 1999 von der serbischen Luftabwehr getroffen werden. Wären ballistische Fernwaffen nie entwickelt worden, hätte man diese Tarnkappen-Technologie wahrscheinlich konsequenter vorangetrieben. Gleiches gilt ebenso für alle Arten von Luftverteidigungssystemen. Wer unter diesen Umständen bei einem Wettlauf Sieger geblieben wäre – defensive oder offensive Systeme –, lässt sich natürlich nicht feststellen. Entscheidend ist indes, dass es vermutlich einen offenen Wettlauf gegeben hätte, der wohl zu einem relativ ausgewogenen Mix von Abschreckungs- und Verteidigungsstrategien geführt hätte. Mit der Einführung ballistischer Fernwaffen ist dieser technologische Wettlauf jedoch eindeutig und längerfristig zugunsten der Offensive entschieden worden. Strategische Raketen zementieren insofern das System nuklearer Abschreckung.

11 Ein Beispiel für eine solche Herangehensweise wäre das, was im Englischen sarkastisch als »cruise missile diplomacy« bezeichnet wird. Gemeint ist damit ein routinemäßiger Vergeltungseinsatz, bei dem unbemannte Marschflugkörper aus größeren Distanzen auf Terrornetzwerke oder so genannte Schurkenstaaten abgeschossen werden. Eine solche Politik wurde zuweilen der Clinton-Administration unterstellt. Ob allerdings der Rückgriff auf »boots on the ground«, wie ihn die Bush-Administration vorzieht, im Normalfall wirklich ethisch vertretbarer ist, sei dahingestellt. Er mag in gewisser Hinsicht fairer sein, weil er auch die eigenen Soldaten Risiken aussetzt. Gleichzeitig erhöht er aber die Gefahr einer ausufernden Verwicklung in Kampfhandlungen auf dem Boden.

12 Mögliche Ausnahmen, bei denen die Gefahr einer unbeabsichtigten Eskalation weitaus geringer wäre, wären ein Nuklearkrieg, der sich auf maritime Ziele beschränken würde, oder ein nuklearer Angriff auf einen Gegner, der weder selbst über Kernwaffen verfügt noch einen nuklear gerüsteten Alliierten hat.

13 Als Überblick vgl. Uwe Nerlich/Trutz Rendtorff (Hg.), *Nukleare Abschreckung – politische und ethische Interpretationen einer neuen Realität*, Baden-Baden 1989 sowie Franz Böckle/Gert Krell (Hg.), *Politik und Ethik der Abschreckung. Beiträge zur Herausforderung der Nuklearwaffen*, Mainz 1984.

14 »Die Herausforderung des Friedens: Gottes Verheißung und unsere Antwort«, Pastoralbrief der Konferenz der katholischen Bischöfe der USA über Krieg und Frieden, in: Sekretariat der Deutschen Bischofskonferenz (Hg.), *Bischöfe zum Frieden. Stimmen der Weltkirche 19*, Bonn 1983, S. 5-129.

15 Paul Ramsey, *The Just War. Force and Political Responsibility*, New York 1968.

16 Graham, S. 85 ff.

17 Michael Quinlan, »Die Ethik der nuklearen Abschreckung. Eine Kritik des Hirtenbriefs der amerikanischen Bischöfe«, in: Nerlich/Rendtorff, S. 195-220.

18 Vgl. hierzu Walzer, *Just and Unjust Wars*, S. 282; ähnlich Lothar Waas, «Ethische Theorien und nukleare Abschreckungsstrategie: Möglichkeiten und Grenzen der moralischen Beurteilung«, in: Nerlich/Rendtorff, S. 655-668.

19 Im britisch-französischen Verhältnis würden solche Instabilitäten und Risiken zweifellos nicht auftreten. Indes kann man trotz der Raketenarsenale beider Länder wohl kaum von einer wechselseitigen Abschreckungskonstellation sprechen. Hier stellen sich die ethischen Probleme der Abschreckung einfach nicht.

Teil II: Katalog zur Ausstellung

Peenemünde – Himmel und Hölle

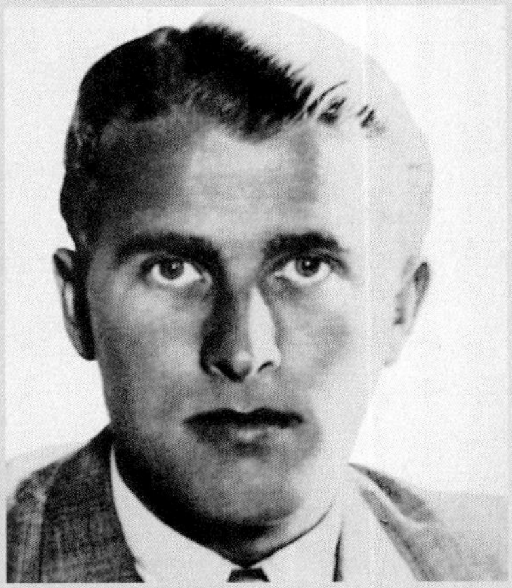

Wernher von Braun, Technischer Direktor

Walter Dornberger, der militärische Chef

Peenemünde war eines der ersten und in seiner Zeit modernsten Technologiezentren der Welt. Sein Auftrag war die Entwicklung von Rückstoßantrieben für den militärischen Gebrauch. Zwischen 1937 und 1942 entstand in der Heeresversuchsstelle Peenemünde an der einsamen Nordspitze der Insel Usedom die erste Fernrakete der Welt. Die benachbarte Erprobungsstelle der Luftwaffe testete Flugkörper mit revolutionärer Technik. Gemeinsam arbeiteten Heer und Luftwaffe später an der ersten lenkbaren Luftabwehrrakete gegen Flugzeuge.

Es war kein Zufall, dass die Anstalten von Peenemünde in der Zeit des Nationalsozialismus entstanden und mit diesem untergingen. Zwar war die Raketenentwicklung von der deutschen Reichswehr bereits vor der Berufung Adolf Hitlers zum Reichskanzler aufgenommen worden: Hochtechnologie sollte die Rüstungsbeschränkungen des Versailler Vertrages kompensieren und Deutschland militärische Überlegenheit über seine Feinde verschaffen. Aber Einrichtung und Ausbau der Anstalten von Peenemünde wurden erst möglich durch die Aufrüstungsprogramme des »Dritten Reichs«, das in kollektiver Verblendung aus Entwicklung und Fertigung der Fernrakete A 4 / V 2 sein aufwendigstes Rüstungsprojekt machte. Das nationalsozialistische Regime gewann dafür die besten verfügbaren Spezialisten. Wissenschaftler, Ingenieure und Techniker von Peenemünde dienten wissentlich einem Regime, das nach Weltherrschaft strebte und dafür überlegene Waffen benötigte.

Dabei hatten die leitenden Ingenieure der Raketenentwicklung einst den Traum von der Entwicklung eines neuen Verkehrsmittels geträumt, das den Verkehr um den Erdball beschleunigen und den Weltraum für den Menschen erschließen würde. Dieser Traum verlor auch in Peenemünde und nach dem Zweiten Weltkrieg nichts von seiner Faszination – vielen galt der Schritt auf den Mond nicht nur als Erfüllung der Hoffnungen jener Raketenpioniere, sondern als konsequente Erreichung des früh gesteckten Zieles. In der Tat sollte die Raketentechnologie von Peenemünde sich als eine der spektakulärsten technischen Leistungen des 20. Jahrhunderts erweisen: Sie hat der Erforschung von Umwelt und Universum neue Dimensionen eröffnet und sich für die moderne Kommunikationstechnik als unersetzlich erwiesen. Der Zwiespalt zwischen zivilisatorischem Fortschritt dank der Rakete und militärischer Bedrohung durch die Rakete, die Janusköpfigkeit der neu entwickelten Technologie, war schon in den Anfängen den Konstrukteuren in Peenemünde ebenso bewusst wie den politischen und militärischen Entscheidungsträgern.

Das historische Urteil über Peenemünde ist heute, da die wissenschaftliche Untersuchung der Quellen und Akten die von Rechtfertigung und Verdrängung geprägten Memoiren der Beteiligten zu kontrollieren und ein präziseres Bild zu zeichnen vermag, eindeutig: Die Zielsetzung der Raketenentwicklung, die Umstände der Produktion mittels Zwangsarbeit und die kalkulierten Auswirkungen der Fernwaffen gehören zu den dunkelsten Punkten der deutschen Geschichte. Die späte Erfüllung persönlicher Träume der Ingenieure vermag an ihrer Verantwortung für ihre Arbeit und für die Zweckbestimmung der Versuchsanstalten von Peenemünde ebenso wenig zu ändern wie die Tatsache, dass die Produktion der Raketen unter dem Eindruck des britischen Bombenangriffs vom August 1943 in den Harz verlegt und auf privatwirtschaftlicher Basis organisiert wurde. Die Ingenieure von Peenemünde suchten den Weg in den Himmel und bahnten im Auftrag ihrer Herren einen Weg in die Hölle.

Das Museum im Kraftwerk von Peenemünde, dem einzigen monumentalen Überrest der Raketenfabrik, ist nicht nur der Aufklärung über dieses Stück deutscher Zeitgeschichte gewidmet. Es gewinnt einen großen Teil seines Interesses vielmehr daraus, dass eben dieses Stück Zeitgeschichte in ungewöhnlicher Weise bis in die Gegenwart reicht, gehen uns doch die Folgen der hier entwickelten Technologie noch heute unmittelbar an. Nicht nur die Weltraumraketen und Satellitenträger, sondern insbesondere die Raketenwaffen des Kalten Krieges und die ballistischen Raketen von heute haben ihren Ursprung in der Arbeit von Peenemünde. Die alliierten Siegermächte des Zweiten Weltkriegs, die USA, die UdSSR, Großbritannien und Frankreich, verschafften sich ab 1945 gezielt das Wissen über die deutschen Raketen, um es bei der eigenen Entwicklung von Interkontinental- und Trägerraketen zu verwerten. Später gaben sie die Technik an viele andere Länder der Erde weiter. Stets standen dabei militärische Interessen im Vordergrund. Die frühzeitig als möglich erkannte Verbindung der Rakete mit der zweiten revolutionären Neuschöpfung militärischer Forschung im Zweiten Weltkrieg, der Atombombe, ergab eine neuartige Waffe, die das strategische Denken von Politik und Militär grundlegend veränderte. So wirkt das Raketenerbe von Peenemünde bis heute auf die ganze Welt.

Wenn Peenemünde selbst auch seit 1945 an dieser Entwicklung keinen Anteil mehr hat, so leben die Menschen doch noch heute weltweit im Schatten der Rakete, zwischen dem Himmel des Fortschritts und der Hölle der Bedrohung und Vernichtung. Das Problem von Peenemünde ist virulent geblieben über die physische Verwüstung des Ortes hinaus: das Problem der Nutzung ambivalenter Technologie durch die Gesellschaft, das die Frage nach der Verantwortung von Wissenschaft und Technik gegenüber Mensch und Natur nach sich zieht.

Es ist müßig darüber zu rechten, ob Peenemünde Wiege der Weltraumfahrt und Tor zur Zukunft oder aber Brutstätte von Massenvernichtungsmitteln und Terrorwaffen gewesen sei. Beide Auffassungen enthalten ein Stück Wahrheit. Der mögliche Zwiespalt von Wissenschaft und Ethik, die Ambivalenz der Technik und die Folgen unreflektierter Technikgläubigkeit werden in Peenemünde deutlich wie an wenigen anderen Orten der Welt.

Auch in einem engeren Sinne ist Peenemünde ein Lernort von besonderer Anschaulichkeit. Die Landzunge zwischen Peenestrom und Ostsee wur-

Albert Speer, Beauftragter für den Bau

Heinrich Himmler, Reichsführer SS

Ruth Kraft, technische Rechnerin im Windkanal

Gerhard Reins, Flugbaumeister

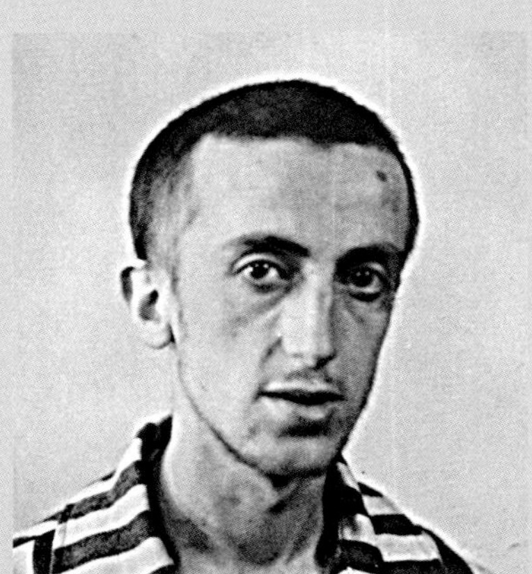

Michel Mathieu, französischer KZ-Häftling

Leon Dropek, polnischer Zwangsarbeiter

de nicht erst für die Bemühungen des »Dritten Reichs« um die Herrschaft über Europa in Dienst genommen. Schon zuvor – und auch danach – wurde sie periodisch militärisch genutzt: Mit der Landung des schwedischen Königs Gustav II. Adolf 1630 (er griff damit in einen Krieg ein, der nicht zuletzt infolgedessen dann zum Dreißigjährigen wurde) war Peenemünde zum Ausgangspunkt der schwedischen Großmachtbildung im Ostseeraum und in Mitteleuropa geworden – davon zeugen die Reste der ein Jahrhundert lang umkämpften schwedischen Schanze am Peenestrom. Nach dem Zweiten Weltkrieg schließlich wurde es als einer der westlichsten Stützpunkte des Warschauer Vertrages im Ostseeraum zum »unsinkbaren Flugzeugträger« und Kriegshafen ausgebaut, dazu bestimmt, einen potentiellen Angriff auf Schleswig-Holstein und Dänemark zu decken – von dieser Periode zeugen die Militärflugzeuge im Museum und das sowjetische Raketenschiff im Hafen. Der Isolation im militärischen Sperrgebiet verdankt Peenemünde heute seine wirtschaftliche Stagnation und die Probleme bei der Entwicklung des Orts, aber auch die relative Ungestörtheit von Biotopen, die sich im Schutz der Sperrzäune erhalten und entwickeln konnten.

Mit dem Problemkreis ambivalenter Technik und der ethischen Maßstäbe ihrer Anwendung verzahnen sich daher zwei weitere, für die Region und die Gesellschaft kaum weniger wichtige Themenkomplexe: einerseits das Problem der Friedenssicherung im Ostseeraum, andererseits die Frage nach unserem Umgang mit Lebensgrundlagen und Ressourcen sowie nach der Reaktion der Natur auf zerstörerische Eingriffe seitens des Menschen. Im Aufgreifen dieser Fragen liegt eine Chance, nicht allein für die Zukunftsentwicklung des Ortes und der Region, sondern für ganz Europa.

1 Die Enden der Parabel

Du lebst auf diesem Erdplaneten
Im Zeitalter der Fernraketen.
Das Himmelsschiff im Weltenraum –
Ein Friedenswerk und Menschheitstraum –
Mag das Jahrhundert einst begeistern!
Heut' heißt es eine Waffe meistern ...
(A-4-Fibel, 1944 – Nr. 1.8 b)

Die Wissenschaft beschreibt die Flugbahn einer Rakete als Parabel. An deren Enden stehen Start und Einschlag und nur ausnahmsweise ein friedliches Ziel im Orbit oder im All. Die beiden Enden dieser Parabel bezeichnen Chancen und Risiken, Hoffnungen und Gefahren jeder revolutionären technischen Neuerung. Allzu leicht wird das individuelle Urteil von der jeweiligen Nähe zu einem dieser Punkte geprägt: Am Start herrscht bei den Technikern Begeisterung über die Beherrschung eines hoch komplizierten technischen Geräts, am Einschlag bei den Opfern Entsetzen über eine Waffe, die ohne Vorankündigung tötet. So wie zur Flugbahn unverzichtbar beide Enden gehören, so gehören zum Urteil über das Gerät nicht nur der Erfolg beim Start, sondern die Kenntnis des Zieles und der Folgen des Einsatzes gleichermaßen.

Der gelungene Start der ersten Fernrakete der Welt besiegelte am 3. Oktober 1942 in Peenemünde einen der folgenreichsten technischen Durchbrüche des 20. Jahrhunderts. Der »stolze Erfolg« wurde begleitet von der Erleichterung der verantwortlichen Militärs, die das ehrgeizigste der deutschen Rüstungsprojekte bei weiteren Fehlschlägen hätten einstellen und die Kapazitäten für andere Rüstungsprojekte hätten freigeben müssen. Sie drängten auf Konzentration der Kräfte, um am Kriegseinsatz des »A 4-Geräts« zum längst geplanten Zeitpunkt, dem Herbst 1943, festhalten zu können.

Ein Redeentwurf des für die Raketenentwicklung zuständigen Abteilungschefs Oberst Dipl. Ing. Walter Dornberger, geschrieben für einen Start am 12. Juni 1942 [Nr. 1.9], lässt den Stolz, aber auch die Erwartung der Verantwortlichen erkennen. Die Rakete A 4, »ein Gerät mit 1 to Nutzlast, das auf eine Entfernung von 270 km bei durchaus tragbarer Streuung fliegt«, erklärte Dornberger zum bloßen Beginn der Entwicklung. Eingangs beschwor er die Fernrakete »als eine der bedeutendsten und umwälzendsten Erfindungen der Neuzeit, ... gleichzusetzen etwa der Erfindung des Rades, ... der Erfindung des Propellers« und bezeichnete sie als ersten Schritt »auf dem Wege zu dem dermaleinst mit unbedingter Sicherheit kommenden Raumschiff«.

Aber dieses war für Dornberger Zukunftsmusik: »Es ist klar, dass eine derartige Entwicklung dem Staate, der zuerst damit fertig wird, eine solche Überlegenheit militärischer, wirtschaftlicher und damit politischer Art geben wird, die man einfach als umwerfend bezeichnen muss. Klar ist aber auch, dass in einem Kriege wie heute die Entwicklung hundertprozentig auf die militärische Einsatzmöglichkeit abgestellt werden muss, alles andere hat Zeit bis später.« Sofort nötig erschienen Dornberger die Einleitung der Massenproduktion – Mitte 1943 beginnend und sich auf bis zu 1000 Stück pro Monat steigernd – sowie die Organisation des mobilen Einsatzes im Felde. Dieser war zu diesem Zeitpunkt ab Herbst 1943 vorgesehen.

1939/40 hatte Dornberger noch auf eine Serienreife im Sommer 1942 gehofft. Dass der Weg zum militärischen Einsatz über 1943 hinaus ein weiteres Jahr in Anspruch nehmen würde, ahnte der Raketenchef damals wohl nicht. Kurz nach dem gelungenen Start am 3. Oktober 1942 wendete sich das Kriegsglück endgültig: Der Durchbruch der deutschen Afrikaarmee bei El Alamein misslang; sowjetische Truppen kesselten die 6. Armee bei Stalingrad ein. Bei sich rapide verschlechternder Wirtschaftslage kämpften die Peenemünder unter wohlwollender Förderung Albert Speers mit großer Energie darum, ihrer Waffe die für den Erfolg notwendige Dringlichkeit zu verschaffen. Speer vermittelte den Termin bei Hitler, bei dem Dornberger und Wernher von Braun im Juli 1943 mit einem eigens gedrehten Werbefilm die Entscheidung für die Massenfertigung des vermeintlich kriegsentscheidenden Geräts A 4 erreichten.

Als die ersten Raketen am 7./8. September 1944 gegen Paris und London abgefeuert werden konnten, standen die Alliierten bereits auf französischem Boden und die Deutschen befanden sich auf dem Rückzug. Durchhalten und warten auf das technische Wunder, das wurde zur Devise der deutschen Propaganda, in deren Dienst auch das A 4 treten musste. Bei seinem Entwurf 1936 hätte niemand geglaubt, dass Deutschland dereinst »Vergeltung« für die Zerstörungen durch alliierte Bombenangriffe würde üben müssen. Beim Einsatz acht Jahre später stilisierte Propagandaminister Joseph Goebbels die Rakete zur »Vergeltungswaffe 2«, um den Glauben der Deutschen an den Endsieg und die Überlegenheit deutscher Ingenieurkunst über die alliierten Arsenale aufrechtzuerhalten. In geringerem Maße als das früher eingesetzte Konkurrenzprodukt der Luftwaffe, die als »V 1« bezeichnete Flugbombe Fieseler Fi 103, bestimmte die so genannte V 2 die deutsche Propaganda der letzten Kriegsmonate.

Die propagandistische Wirkung war bedeutender als die militärische, da sich das »Gerät« als enttäuschend unwirksam herausstellte. Die Zerstörungskraft war geringer als angenommen; vom Ziel punktgenauer Treffsicherheit hatten die Ingenieure längst zugunsten einer Flächenwirkung abgehen müssen, und die Strategie richtete sich nun auf Terror für die Zivilbevölkerung – eine Rechnung, die angesichts des britischen Durchhaltewillens und der Wirkung der alliierten Luftangriffe nicht aufging. Im Rückblick hat einer der Hauptverantwortlichen, Rüstungsminister Albert Speer, über den »nahezu gänzlichen Fehlschlag« der V 2 räsoniert: »Unser aufwendigstes Projekt war zugleich unser sinnlosestes. Unser Stolz und zeitweilig mein favorisiertes Rüstungsziel erwies sich als eine einzige Fehlinvestition.

Zudem war sie eine der Ursachen dafür, dass der defensive Luftkrieg verloren ging.«

Die Ambivalenz der neuen Technologie ist in Dornbergers Redeentwurf vom Juni 1942 präsent. Neben dem technischen Fortschritt, neben der Zukunftsperspektive für Verkehr und Raumfahrt steht dort gebieterisch die militärische Forderung der Gegenwart. In der Abschätzung der Folgen rangiert die militärische Überlegenheit vor der wirtschaftlichen – im Heereswaffenamt und bei den Geldgebern hatte von vornherein festgestanden, dass die Entwicklungsarbeit in Peenemünde der Aufrüstung und nicht der uneigennützigen Förderung einer Zukunftstechnologie diente. Die Ingenieure mochten von »Friedenswerk und Menschheitstraum« sprechen, doch sie konstruierten sehr bewusst ein ballistisches Geschoss für militärische Zwecke. Sie gingen darüber hinweg, dass die Verbindung von ungehemmtem Forschungsdrang und militärischem Kalkül namenloses Leid für unzählige Menschen schaffen würde. Für viele der leitenden Kräfte in Peenemünde dürfte die Feststellung zutreffen, dass ihr Gewissen nicht schlief, sondern dass sie sich aus politischer Überzeugung in den Dienst der Sache gestellt haben.

1.2

1.1

1.2

1.1 Ein Start der Fernrakete A 4: In den Augen der Ingenieure war dies der Schritt in ein neues Zeitalter der Technik. Nach drei Jahren Weltkrieg gab es keine Diskussion darüber, dass die deutsche Rakete von vornherein als Waffe konzipiert war.
Start des Aggregats 4 (A 4)
Foto, 1943 / München, Deutsches Museum, Archiv (30398)

1.2 Einschlag der »Vergeltungswaffe« in London: Mit ihrer mangelhaften Zielsicherheit konnten die deutschen Flugbomben und Raketen keinem anderen Zweck dienen als dem, die Bevölkerung zu terrorisieren.
Bergungsarbeiten in Deptford S. E. London nach dem Einschlag einer V 1
Foto, Juni 1944 / London, Imperial War Museum (Album 559 Nr. 13)

1.3 Mit einem eigens gedrehten Demonstrationsfilm suchten die Verantwortlichen von Peenemünde Hitler und einflussreiche Militärs für ihr Raketenprojekt zu gewinnen.
A 4 – Stand der Entwicklung am 3.10.1942
Demonstrationsfilm der Heeresversuchsstelle Peenemünde / München, Deutsches Museum, Archiv

1.4 Für die NS-Propaganda waren die »Vergeltungswaffen« nicht zuletzt Mittel zur psychologischen Kriegführung im eigenen Land: Sie sollten den Durchhaltewillen der Deutschen stärken.
a) Propagandaminister Joseph Goebbels spricht über Vergeltungswaffen Kundgebung in der Jahrhunderthalle Breslau, 7. Juli 1944
Rundfunk-Mitschnitt / Frankfurt, Deutsches Rundfunkarchiv (2945688)
b) Volksempfänger, Modell 301
Peenemünde, HTI

1.5 Der Erfolg: Schon im Bericht über den ersten erfolgreichen Start am 3. Oktober 1942 ist das Bemühen um eine möglichst positive Darstellung des Entwicklungsstandes spürbar.
Bericht über den Start A 4 / Versuchsmuster 3, 3. Oktober 1942
Peenemünde, 8. Oktober 1942 / Freiburg i. B., Bundesarchiv / Militärarchiv

1.6 »Nach dem Sieg bindet den Helm fester.« Angesichts der notwendigen Konzentration der deutschen Rüstungsanstrengungen standen die Peenemünder auch nach dem erfolgreichen Start unter äußerstem Erfolgsdruck.
Tagesbefehl: Glückwunsch zum Erfolg vom 3. Oktober 1942
General Koch, Amtsgruppenchef für Entwicklung und Prüfung / München, Deutsches Museum, Archiv (FA-Peen, Blaue Serie, 64/6)

1.7 Hitlers Entscheidung für die Produktion der Fernrakete fiel in schwieriger militärischer Lage nach einem Vortrag, zu dem die Initiative von Peenemünde ausging: »Der Führer ... legt fest, dass die A IV mit allem Nachdruck zu fördern ist. Er hält dies für eine kriegsentscheidende und die Heimat entlastende Massnahme.«
Hitlers Dringlichkeitsentscheidung für die A 4 nach Vortrag durch Walter Dornberger und Wernher von Braun, 8. Juli 1943
Auszüge aus dem Besprechungsprotokoll von Rüstungsminister Albert Speer, 10. Juli 1943 / München, Institut für Zeitgeschichte (Mikrofilm MA 217, S. 1428 ff.)

1.8 Was ist ein A 4? Eine unabwehrbare, auch psychologisch wirksame Waffe von bisher unbekannter Reichweite und Sprengkraft.
a) Definition des Geräts A 4 aus: A-4-Lehrbuch der Fernraketen-Truppe, 1944 / München, Deutsches Museum, Archiv (a: GD 630.0.2)
b) »Moral-Merkverse« aus der A-4-Fibel, 1944 / München, Deutsches Museum, Archiv

1.9 Der Traum des Technikers: Ein Gerät entwickelt zu haben, das als eine der »umwälzendsten Erfindungen der Neuzeit« dem eigenen Staat »Überlegenheit militärischer, wirtschaftlicher und damit politischer Art« gewährt. Ob Dornberger diese Rede nach dem missglückten Startversuch vom Juni 1942 gehalten hat, ist unbekannt.
Walter Dornberger, Manuskript für einen geplanten Vortrag anlässlich des Startversuchs des A 4 am 12. Juni 1942
Maschinenschrift mit handschriftlichen Korrekturen, 9. Juni 1942 / München, Deutsches Museum, Archiv (FA-Peen, Blaue Serie, 64/6)
vgl. S. 350 ff.

1.10 Die Propagandawaffe: Mit geschickt kolportierten Berichten aus dem neutralen Ausland suchte die Presse im Reich und in den besetzten Gebieten den Glauben an die Unbesiegbarkeit Deutschlands zu nähren.
Auswahl aus Berichten deutscher Zeitungen in den besetzten Gebieten über die Wirkung der V2 auf den Feind
Juni 1944, November 1944 – Januar 1945 / Essen, Archiv Günter Brittinger

2 Raketenfieber

In den Jahren von 1923 bis 1933 wurde Deutschland von einem wahren Raketenfieber erfasst. Dafür war vor allem der aus Siebenbürgen stammende Hermann Oberth verantwortlich, der 1923 in seiner wissenschaftlichen Untersuchung *Die Rakete zu den Planetenräumen* die physikalische Möglichkeit der Überwindung der Erdanziehung mittels Raketen nachwies und die technischen Details der Raumfahrt skizzierte. Oberths Rakete hatte mit den Pulverraketen des 19. Jahrhunderts nur noch das Prinzip des Rückstoßantriebs gemeinsam: Abgase flüssiger Energieträger, kontinuierlich in einer Düse verbrannt, sollten den Antrieb leisten; damit wurde die Leistung regelbar und die Reichweite vergrößerte sich gegenüber der Feststoffrakete um ein Vielfaches.

Technikbegeisterte und Träumer von fernen Welten erkannten in der von Oberth propagierten, mit flüssigen Brennstoffen betriebenen Rakete ein Mittel zur Realisierung der in visionären Romanen längst beschriebenen Reise zum Mond, zu einer Verkehrsverbindung zum Mars und zur Eroberung des Weltraums. Fritz Langs monumentaler Film *Frau im Mond*, der das Raumschiffkonzept Hermann Oberths ins Bild setzte, markierte 1929 den Höhepunkt des öffentlichen Interesses an diesem Themenkomplex.

Neben der friedlichen Verwendung der Rakete wurde bald auch die militärische Perspektive diskutiert: Oberth hatte 1923 das Konzept eines Weltraumspiegels auf einer Erdumlaufbahn entwickelt, auf dessen Vernichtungspotential er selbst hinwies. An die militärische Tradition der Rakete im 19. Jahrhundert knüpften noch in den zwanziger Jahren Überlegungen an, ein »Raketengeschoß« zum Ferneinsatz von Sprengstoff oder Giftgas zu bauen. Auch die deutsche Reichswehr wurde aufmerksam und erkannte in den Raketen eine Möglichkeit zu geheimer Aufrüstung: Sie konnten vielleicht die schwere Artillerie ersetzen, auf die Deutschland im Friedensvertrag von Versailles hatte verzichten müssen. Insgeheim hatte das Militär bei mehreren »privaten« Raketenbauern die Hand im Spiel. Gleichzeitig propagierten national gesinnte Kräfte die Förderung der Raketenentwicklung, um die Fesseln von Versailles abwerfen und die frühere Weltgeltung Deutschlands wiederherstellen zu können.

Deutschland bot nach dem Ersten Weltkrieg einen fruchtbaren Boden für solche Träume, in denen sich politische Nostalgie und technische Zukunftserwartungen verbanden. Der durch die Niederlage von 1918 erzwungene Abschied von den Weltmachtträumen des Kaiserreichs, eine Woge von Fortschrittsgläubigkeit, ein breites Interesse an astronomischen Fragen, eine in hohem Maße auf Sensationen ausgerichtete neue Massenkultur und später die drückenden Umstände der Weltwirtschaftskrise förderten die Hinwendung zu Fluchtwelten und Zukunftsphantasien und nährten überspannte Erwartungen. Bezeichnenderweise gab es weder im prosperierenden Westeuropa noch in den USA eine vergleichbar breite Bewegung, obwohl der amerikanische Pionier Robert Goddard Oberth in seinem theoretischen Ansatz vorangegangen war und 1926 die weltweit erste Flüssigkeitsrakete startete. Allein in Russland, wo Konstantin E. Ziolkowski schon 1903 über die Weltraumrakete geschrieben hatte, konstituierte sich in den zwanziger Jahren eine aktive und erfolgreiche, dann freilich unter Stalin zerschlagene Szene von Raketenforschern.

In der Zeit wirtschaftlicher Not setzte damals so mancher seine letzte Hoffnung auf die vielversprechende neue Technik – was der Seriosität der Raketenszene nicht eben zuträglich war. Welchen ungeheuren Aufwand an Geld, Zeit und neuen Technologien die Entwicklung von Antrieb und Steuerung erfordern würde, konnte keiner der Raketenbegeisterten abschätzen. Mit großsprecherischer Propaganda für die Rakete glaubte man die Gelder auftreiben zu können. Publicity und Reklamegags kennzeichneten daher die Bewegung. Eine Flut von populären Raumfahrt-Romanen malte die Möglichkeiten aus bis ins kleinste Detail und begeisterte insbesondere die Jugend.

Aber die Raketenbastler konnten ihre Versprechungen nicht erfüllen: Geldgeber und Publikum wandten sich im Laufe der Weltwirtschaftskrise ab. Zu Beginn des »Dritten Reiches« wurde es wieder still um die Raketen – nicht zuletzt mit Hilfe der Staatspolizei, die im Interesse der Geheimhaltung einschritt. Ende 1933 wirkte das Heereswaffenamt auf die Schließung des *Raketenflugplatzes Berlin* mit dem Argument hin, es sehe in der Pressepropaganda »eine Gefährdung der Interessen der Landesverteidigung. Die Rakete ist in hervorragender Weise für militärische Zwecke geeignet. Es ist daher vom militärischen Standpunkt aus unerwünscht, dass die Entwicklung dieses technischen Problems in aller Öffentlichkeit durch einen Verein erfolgt, der auf Reklame und Propaganda angewiesen ist.«[1] – Unter dem Mantel des von Staats wegen auferlegten Schweigens blieb schließlich nur die Reichswehr an der Arbeit.

1 Schreiben Reichswehrminister an den Polizeipräsidenten Berlin, Nov. 1933; London, Imperial War Museum (M I 14/801).

AUFRUF

Wissenschaft u. Technik

bilden den Maßstab für die Weltgeltung eines Kulturvolkes von heute

Die Weltflüge eines Zeppelinluftschiffes und eines Do X, bis heute in der Welt unerreicht, haben das Ansehen Deutschlands in der Welt mächtig gefördert.

Neue technische Hochleistungen zu schaffen, wird dem jüngsten Kinde der Technik — der

Raketentechnik

vorbehalten sein. Diese zu fördern und zu einem lebensfähigen Glied unserer Wirtschaft heranzuziehen, muß eine unserer vornehmsten Aufgaben sein.

Die Raketentechnik erschließt — weitere Entwicklung vorausgesetzt —

Neue Verständigungsmöglichkeiten zwischen den Völkern
Neue Forschungsmöglichkeiten der Wissenschaft
Neue Absatzmöglichkeiten der Industrie
Neue Arbeitsmöglichkeiten dem Arbeitsmarkt.

An diesem Werke mitzuhelfen, rufen wir alle „Freunde und Förderer des Raketenfluges" auf!

2.0.2

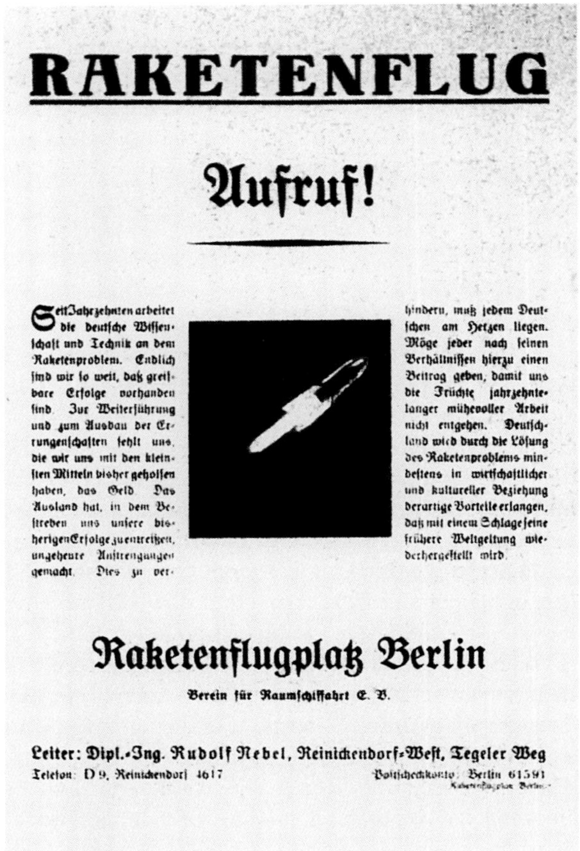

RAKETENFLUG

Aufruf!

Seit Jahrzehnten arbeitet die deutsche Wissenschaft und Technik an dem Raketenproblem. Endlich sind wir so weit, daß greifbare Erfolge vorhanden sind. Zur Weiterführung und zum Ausbau der Errungenschaften fehlt uns, die wir uns mit den kleinsten Mitteln bisher geholfen haben, das Geld. Das Ausland hat, in dem Bestreben uns unsere bisherigen Erfolge zu entreißen, ungeheure Anstrengungen gemacht. Dies zu verhindern, muß jedem Deutschen am Herzen liegen. Möge jeder nach seinen Verhältnissen hierzu einen Beitrag geben, damit uns die Früchte jahrzehntelanger mühevoller Arbeit nicht entgehen. Deutschland wird durch die Lösung des Raketenproblems mindestens in wirtschaftlicher und kultureller Beziehung derartige Vorteile erlangen, daß mit einem Schlage seine frühere Weltgeltung wiederhergestellt wird.

Raketenflugplatz Berlin

Verein für Raumschiffahrt E. V.

Leiter: Dipl.-Ing. Rudolf Nebel, Reinickendorf-West, Tegeler Weg
Telefon: D 9, Reinickendorf 4617 — Postscheckkonto: Berlin 61591

2.0.3

2.0.1 Hinter dem pazifistischen Appell an die Friedensfreunde stand die Überzeugung von der Notwendigkeit der Rakete als deutscher Befreiungswaffe.
Aufruf des »Verbandes der Raketen-Forscher und Förderer«, 1931 aus: Arthur Baumgarten-Crusius, Die Rakete als Weltfriedenstaube, Leipzig 1931 / Feucht, Hermann-Oberth-Raumfahrt-Museum

2.0.2 Aufruf für Technikfreunde: Text und Typographie appellieren an die fortschrittlich Gesinnten; der Text enthüllt den wirtschaftlichen Hintergrund des Interesses an der technischen Neuerung.
Aufruf von Rudolf Nebel zur Unterstützung der Raketentechnik, 1932 aus: R. Nebel, Raketenflug, Berlin 1932

2.0.3 Aufruf für Nationalisten: Text und Typographie appellieren an Konservative, denen die Fortentwicklung von Technik als Mittel zur »Wiederherstellung der früheren Weltgeltung« Deutschlands erscheint.
Aufruf von Rudolf Nebel zur Unterstützung der Raketentechnik, wohl 1932/33 / München, Deutsches Museum, Archiv

2.1 Visionäre Bibliothek

In der Phantasie von Schriftstellern und Träumern wurde der Weg zu anderen Sternen lange schon vorweggenommen. Was als Utopie begann, wandelte sich im industriellen Zeitalter in Zukunftserwartung, beflügelt vom raschen Fortschritt der Technik. Literatur wurde schließlich zum Propagandamittel, das um Unterstützung für die Raumfahrt warb und insbesondere die Jugend begeistern wollte. Die Hoffnung auf faszinierende Entdeckungen und Erlebnisse war die Triebkraft für Autoren und Leser.

Berichte über Reisen zum Mond hatte man schon in der Antike als literarisches Medium für Gesellschaftskritik und Visionen benutzt. Die Wende von der Utopie zur Science-Fiction vollzog der französische Schriftsteller Jules Verne mit seinen Romanen *De la terre à la lune (Von der Erde zum Mond)* von 1865 und *Autour de la lune (Rund um den Mond)* von 1870. Verne legte seinen Geschichten naturwissenschaftliche Überlegungen zugrunde und inspirierte damit die Generation der Raumfahrtpioniere: Von vielen ist überliefert, dass die Lektüre von Vernes Romanen am Beginn ihrer Beschäftigung mit der Frage der Raumfahrt stand. Die astronomische Entdeckung der Kanäle auf dem Mars 1877 löste Überlegungen zu möglichem Leben im All aus und inspirierte Romane über interplanetarische Beziehungen wie Kurd Laßwitz' erfolgreiches Werk *Auf zwei Planeten* (1897), in dem die Bewohner des Mars dank überlegener technischer Zivilisation in Raumschiffen zur Erde übersetzen und diese zu kolonisieren versuchen. Mit der militärischen Lösung des Konfliktes thematisierte Laßwitz, womöglich unbewusst, eines der großen Probleme der Moderne: den Einsatz überlegener Technologien zum Zweck der Kriegführung und zur Beherrschung anderer Völker.

Erst im 20. Jahrhundert verbanden sich Rakete und Raumfahrt. Hermann Oberths wissenschaftliche Untersuchung *Die Rakete zu den Planetenräumen* (1923) löste einen neuerlichen literarischen Boom aus. Start, Landung, Verhalten in der Schwerelosigkeit und vieles Andere mehr wurde in der Literatur durchgespielt, ehe konkrete Experimente mit Flüssigkeitsraketen begannen. Der Propagandist Max Valier warb mit einer Mischung von theoretischen Erörterungen und detailliert ausgemalten Schilderungen für die Rakete als Verkehrsmittel der Zukunft. Tenor der Masse dieser Werke ist das Abenteuer in bislang unbekannten Räumen, das insbesondere von Otto Willi Gail für die Jugend aufbereitet wurde.

Aber auch die politischen Weiterungen wurden bereits in den zwanziger Jahren literarisch beschworen. In dem vielgelesenen Roman *Fanale am Himmel* setzte der ehemalige Offizier Karl August von Laffert schon 1925, zwei

Jahre nach Erscheinen der *Rakete zu den Planetenräumen*, eine internationale Friedensgesellschaft in den Stand, Japans Angriff auf die Vereinigten Staaten und seinen Griff nach der Weltherrschaft mittels Oberths Orbitalstation und Weltraumspiegel zu vereiteln – noch im Sinne der Bestrebungen des Völkerbundes, der im Roman nach der Bändigung der »Gelben Gefahr« allerdings seinen Sitz nach Berlin zu verlegen hatte. Vollends ins rechtsnationale Fahrwasser schwenkte 1931 Arthur Baumgarten-Crusius ab, der Oberths »Raketengeschoß« als *Weltfriedenstaube* zur physischen Zerstörung des verhassten Versailles und zur Wiederherstellung der Gleichberechtigung Deutschlands verwenden wollte. Hinter dem scheinbaren Pazifismus versteckten sich hier wieder Großmachtträume.

Es wäre nachgerade erstaunlich gewesen, wenn die Reichswehr nicht von solchen Überlegungen Kenntnis bekommen und die militärische Option der Flüssigkeitsrakete erwogen hätte.

2.1.1 Das Erstlingswerk der Raumfahrtphantasien: Jules Vernes' Bücher begeisterten Generationen von Jugendlichen für die Reise zu fernen Planeten.
Jules Verne, De la Terre à la lune, Paris 1865 / München, Deutsches Museum, Bibliothek (1964 B 358)

2.1.2 Selbst nach heutigen Maßstäben ein Bestseller: Im Krieg der Marsbewohner gegen die Erde operierte K. Laßwitz 1897 mit Raumschiffen und utopischen Energie-Waffen.
Kurd Laßwitz, Auf zwei Planeten (1897), 2. Aufl. Weimar o. J. / München, Bayerische Staatsbibliothek (P.o.germ. 794 ob)

2.1.3 H. G. Wells, der viel gelesene Klassiker sozialkritischer Science-Fiction, griff um 1900 das Thema »Mondfahrt« auf.
Herbert George Wells, The First Men in the Moon, London 1901 / München, Deutsches Museum, Bibliothek (1964 A 2397)

2.1.4 Die erste Propagandaschrift für die Weltraumfahrt: Max Valier verbreitete die Ideen Hermann Oberths beim breiten Publikum.
Max Valier, Der Vorstoss in den Weltenraum, 1. Aufl. München 1924 / München, Deutsches Museum, Bibliothek (1910 A 468)

2.1.5 Mit romanhaften Schilderungen suchte Valier seine Leser in die Zukunft der Raumfahrt zu versetzen
Max Valier, Raketenfahrt, 2. Aufl. München/Berlin 1930 (= 6. Aufl. von: Der Vorstoss in den Weltenraum)

2.1.4

2.1.6 Willy Ley wurde zum wichtigsten Publizisten der Raumfahrtbewegung auf hohem populärwissenschaftlichem Niveau.
Willy Ley, Die Möglichkeit der Weltraumfahrt. Allgemeinverständliche Beiträge zum Raumschiffahrtsproblem, Leipzig 1928

2.1.7 Zahlreiche populärwissenschaftliche Schriften sollten das Informationsbedürfnis der an Zukunftsfragen interessierten Öffentlichkeit befriedigen.
Felix Linke, Das Raketenweltraumschiff, Hamburg 1928 / München, Deutsches Museum, Bibliothek (1910 A 270)

2.1.10

2.1.8 – 2.1.11
Mit populären Romanen fesselte O. W. Gail insbesondere ein jugendliches Publikum, das vom technischen Fortschritt und von unerhörten Abenteuern träumte.

2.1.8 *Otto Willi Gail, Der Schuß ins All. Ein Roman von morgen, Breslau 1925 / München, Deutsches Museum, Bibliothek (1932 A 621)*

2.1.9 *Otto Willi Gail, Der Stein vom Mond, Breslau 1926 / München, Deutsches Museum, Bibliothek (1932 A 620)*

2.1.10 *Otto Willi Gail, Hans Hardt's Mondfahrt, Stuttgart 1928 / München, Deutsches Museum, Bibliothek (1932 A 686)*

2.1.11 *Otto Willi Gail, Mit Raketenkraft ins Weltenall, Stuttgart 1928*

2.1.12 Die Jugend für die Raketen begeistern: Jugendbuchautoren nahmen Kapitel über die Reise zum Mond in ihre Beschreibung zukunftsträchtiger technischer Neuerungen auf.
Hans Dominik, Triumphe der Technik, Berlin 1928 (Bongs Jugendbücherei)

2.1.13 »Ein Zukunftsroman«: Das Thema »Raumschiff« war in den zwanziger Jahren ein fester Bestandteil der Science-Fiction-Literatur in Deutschland.
Otfried von Hanstein, »Mond-Rak I«. Eine Fahrt ins Weltall, Stuttgart 1929 / München, Deutsches Museum, Bibliothek (1932 A 549)

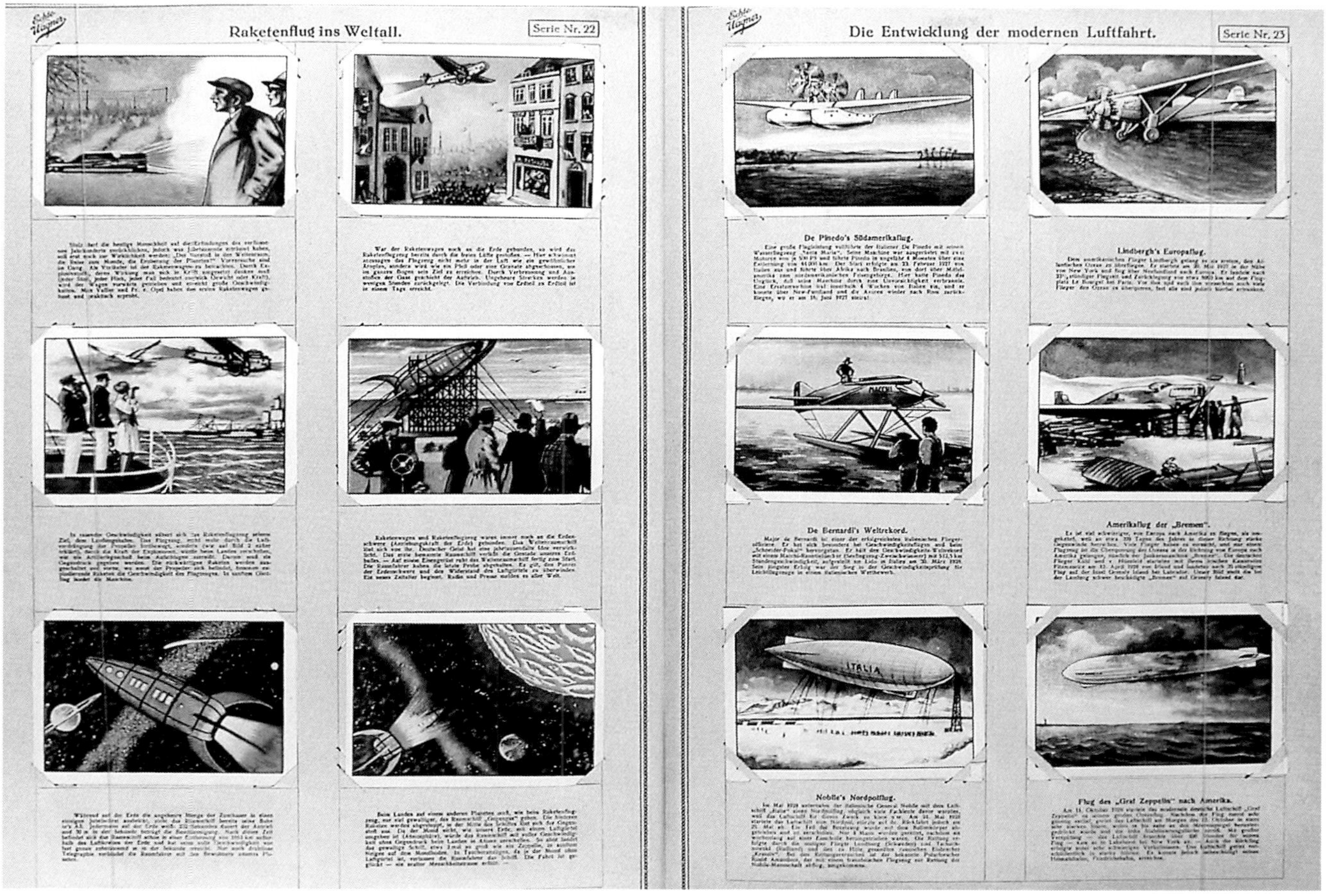

2.1.14 a

2.1.14 »Zukunftsfantasien« in populären Sammelbilderalben beschworen auf dem Höhepunkt des Raketenfiebers den Raketenflug ins Weltall als Erfüllung eines uralten Menschheitstraumes – parallel zu Einschienenbahn, Bildtelefon und atomgetriebenen Autos.
Bilderalben 2 und 3 der Holsteinische Pflanzenbutterfabriken Wagner & Co GmbH, Elmshorn, 1929 und 1930

2.1.15 Schon Mitte der zwanziger Jahre nahmen an militärischen Fragen interessierte Schriftsteller Oberths Ideen auf und erklärten die Raketentechnik zum Mittel für die Herstellung des allgemeinen Weltfriedens. Verbreitung erlangten solche Werke auch durch den Vorabdruck in Tageszeitungen.
Karl August von Laffert, Fanale am Himmel. Technisch-politischer Roman, Leipzig 1925 / München, Bayerische Staatsbibliothek (DD I 5707 a)

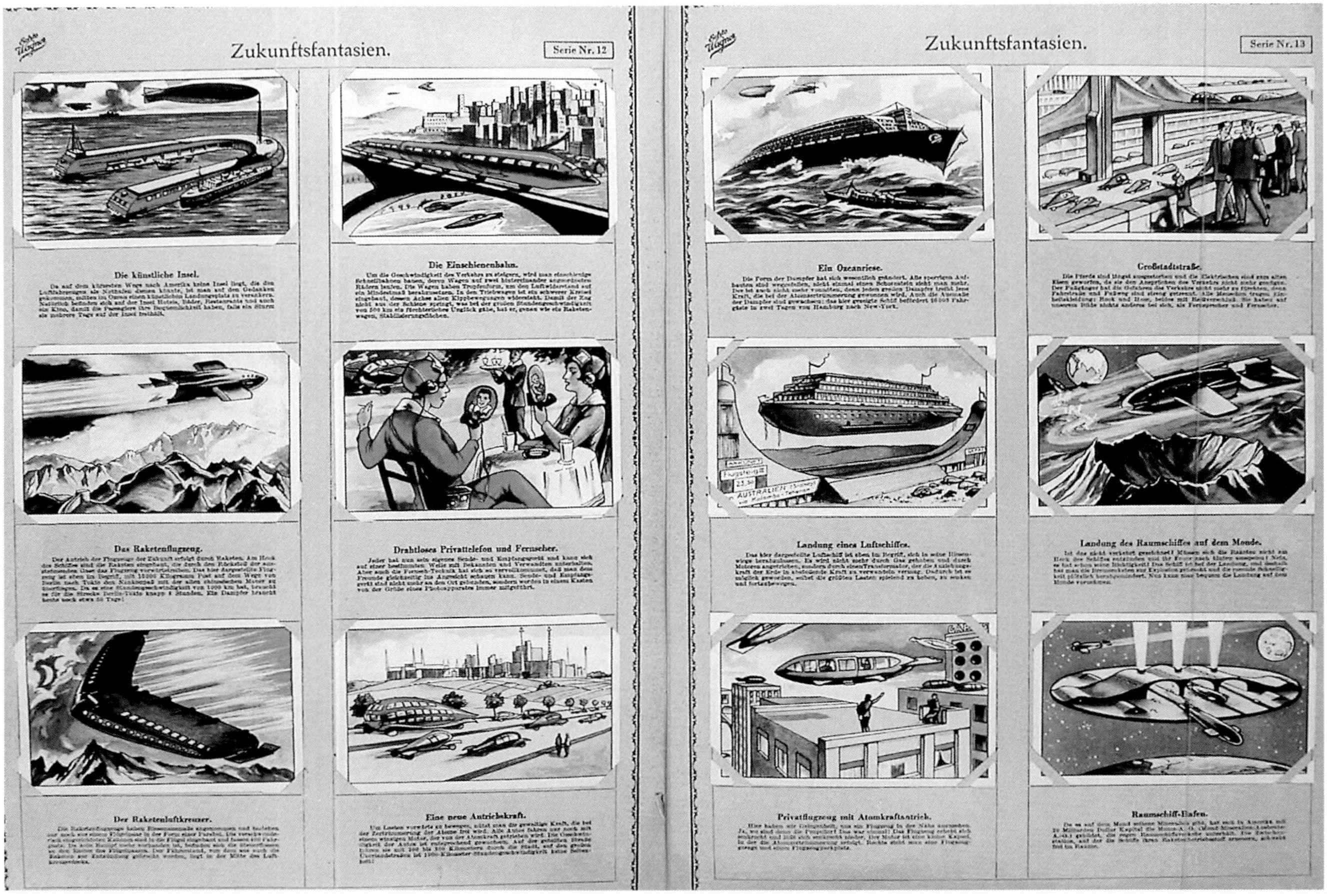

2.1.14 b

2.1.16 Nationalistisch gestimmte Autoren erkannten in Oberths Raketentechnik ein Mittel zur Revision des Friedens von Versailles und zur Wiederherstellung der deutschen Gleichberechtigung.
Arthur Baumgarten-Crusius, Die Rakete als Weltfriedenstaube, Leipzig 1931 / Feucht, Hermann-Oberth-Raumfahrt-Museum

2.2 Feuerzauber

Pulverraketen waren bereits im 14. Jahrhundert als Waffen aus dem Fernen Osten nach Europa eingeführt worden. An der Wende zum 20. Jahrhundert spielten sie nur noch beim Feuerwerk, im Signalwesen und in der Seenotrettung eine Rolle – ihre militärische Verwendung hingegen schien endgültig der Vergangenheit anzugehören. In den Rüstungsbeschränkungen, die der Versailler Vertrag Deutschland auferlegte, wurden Raketenwaffen daher nicht berücksichtigt.

Pulverraketen bestehen aus pulvergefüllten Hülsen, die an einem Ende geschlossen sind. Der Rückstoß der Verbrennungsgase, die nur am offenen Ende austreten können, treibt die Rakete mit der Spitze voran. Problematisch ist stets die Zielsicherheit, die von der Qualität des Pulvers und der genauen Bemessung der Brennzeit einerseits, von den Vorrichtungen zur Einhaltung des Kurses andererseits abhängt. Auch die Reichweite ist begrenzt. Die Unzuverlässigkeit dieser Raketen lässt sich noch heute beim Silvesterfeuerwerk beobachten. So wurde die Rakete im Zeitalter des Barock fast ganz auf das prächtige Lustfeuerwerk beschränkt, bei dem man auch mit mehrstufigen Raketen experimentierte. Da das Feuerwerk aber traditionell einen Nebenzweig der Artillerie bildete, sammelten Generationen von Militärs Erfahrungen auf diesem Gebiet.

Im späten 18. Jahrhundert beobachteten englische Militärs in Indien den Einsatz von Pulverraketen durch spezialisierte Truppenteile indischer Fürsten. Im Unterschied zur Artillerie waren Raketen auch in unwegsamem Gelände leicht zu bewegen und schnell einzusetzen; als Träger von Sprengladungen oder Brandsätzen bewiesen sie ihre Brauchbarkeit im Einsatz gegen massierte Truppen. Auf der Basis dieser Erfahrungen konstruierte der englische Offizier William Congreve 1804 neue Brandraketen, die Großbritannien im Kampf gegen Napoleon mit Erfolg einsetzte: 1806 wurde eine französische Flotte vor Boulogne, 1807 die dänische Hauptstadt Kopenhagen durch britische Raketen in Brand geschossen.

In der Folgezeit stellten fast alle europäischen Staaten Raketenkorps auf. Reichweite und Treffsicherheit der Pulverraketen blieben freilich beschränkt, häufig, insbesondere beim Füllen, kam es zu Explosionen, oftmals versagten sie auch beim Einsatz ihren Dienst. Als ab der Mitte des 19. Jahrhunderts die neuen gezogenen Geschütze überlegene Leistungen erbrachten, wurden die Raketenkorps wieder aufgelöst. Österreich gab die Raketen nach den Erfahrungen des Krieges von 1866 auf, Preußen die Sprengraketen 1872. Allein die Leucht- und Signalrakete behielt für den Festungskampf und die Feldschlacht ihre Bedeutung. Während des Ersten Weltkrieges wurde angeblich mehrfach versucht, Raketen vom Flugzeug aus einzusetzen, doch waren die Erfahrungen damit unbefriedigend.

Ihre Vorteile – gleichmäßigen Zug und geringe Anfangsgeschwindigkeit – konnte die Rakete seit Ende des 19. Jahrhunderts vor allem bei der Rettung Schiffbrüchiger von gestrandeten Schiffen ausspielen. Zum Wrack in der Brandung wurde eine Rakete hinübergeschossen, die ein dünnes Seil nachschleppte. Mit seiner Hilfe wurde ein dickeres Seil zum Wrack gezogen, das eine Hosenboje tragen konnte. In dieser wurden die Schiffbrüchigen sicher an Land gebracht. Auch an der Ostseeküste haben sich Relikte dieser seinerzeit weit verbreiteten Rettungstechnik erhalten.

2.2.4

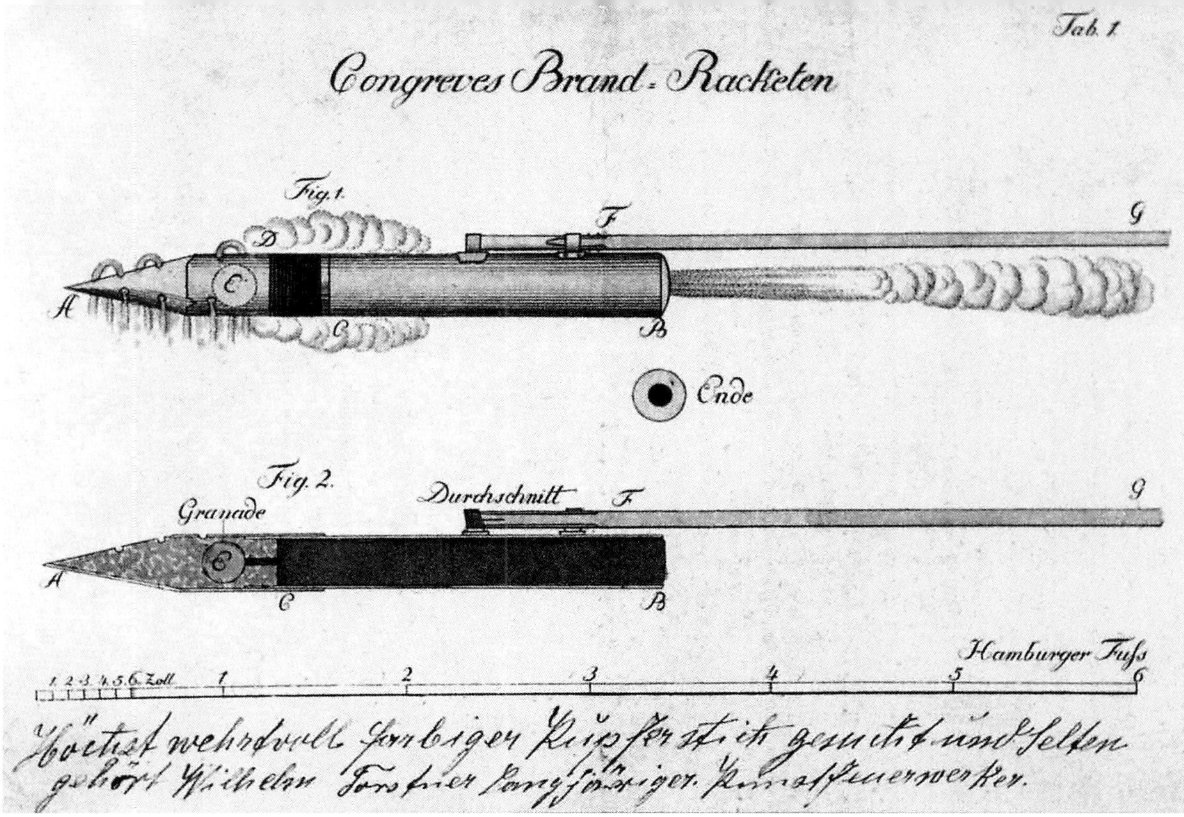

2.2.5

2.2.1 Seit dem Mittelalter gehörten Pulverraketen zum Arbeitsgebiet der Militäringenieure, Artilleristen und Feuerwerker.
Feuerwerksraketen
in: Georg Andreas Böckler, Manuale Architecturae Militaris III, Frankfurt a. M. 1660

2.2.2 Feuerwerksraketen bestanden, wie auch heute noch, aus Papphülsen, die im Flug gewöhnlich durch einen Holzstab stabilisiert wurden.
Feuerwerksrakete in der Art des 17. Jahrhunderts (»Stufenrakete«), Schnittmodell
mit freundlicher Unterstützung der Pyrotechnik Silberhütte GmbH, Silberhütte/Harz

2.2.3 Festliche Anlässe der Barockzeit boten den Feuerwerkern die Gelegenheit, ihre Kunst der Raketenkonstruktion in prächtigen Schauspielen vorzuführen.
Kaiserliches Feuerwerk anlässlich des Exekutionskongresses zum Westfälischen Frieden, Nürnberg 1650
Kupferstich (Ausschnitt) / Privatbesitz

2.2.4 Für die verschiedenen Effekte des Feuerwerks entwickelten die Fachleute eine Vielzahl von Raketenformen und Pulverfüllungen.
Feuerwerksraketen
Kupferstich aus: Simienowicz, Artis magnae artilleriae ..., Amsterdam 1650 / München, Deutsches Museum, Bibliothek (1964 B 479)

2.2.5 Der britische Ingenieur William Congreve lernte die Rakete als Angriffswaffe in Indien kennen und entwickelte aus ihr ein Kampfinstrument, das in der ersten Hälfte des 19. Jahrhunderts eine bedeutende Rolle spielte. 1807 schossen die Briten Kopenhagen mit Raketen in Brand.
»Congreves Brand-Racketen«.
Kupferstich
aus: Forstner, Abbildung und Beschreibung der Congreveschen Brand-Raketen, Leipzig 1820 / München, Deutsches Museum, Bibliothek (1951 A 905)

2.2.6 entfällt

2.2.7

2.2.7 Wegen ihrer geringen Zielsicherheit und Reichweite wurden Raketen im Ersten Weltkrieg fast nur noch im Signalwesen benutzt. Der sächsische Ingenieur Alfred Maul experimentierte mit einer Fotorakete, die zur Luftaufklärung dienen sollte.
2 Bilder zu Mauls Photorakete
aus: Technik für alle, Jg. 1915 /
München, Deutsches Museum,
Bibliothek (1941 A 738) und Archiv
(LRD 4706)

2.2.8 Nach dem Verlust ihrer militärischen Funktionen spielte die Rakete im Seerettungswesen eine wichtige Rolle: Mittels einer Rakete wurde ein Rettungsseil zu gestrandeten Schiffen hinübergeschossen.
Rettungswesen zur See
Abbildungen aus der Jugendzeitschrift Die Burg, um 1910

2.3 *Die Rakete zu den Planetenräumen:* Hermann Oberth

Die Rakete zu den Planetenräumen erschien 1923. Das schmale Buch lieferte den wissenschaftlichen Beweis für die technische Durchführbarkeit der Raumfahrt, indem es darstellte, dass die Erdanziehung mit Flüssigkeitsraketen zu überwinden sei. Oberth wurde damit zum Katalysator für Visionäre und Träumer: Die Konstruktion einer Weltraumrakete konnte beginnen.

Hermann Oberth (1894–1989) stammte aus Hermannstadt (heute Sibiu) in Siebenbürgen. Seit der frühen Lektüre Jules Vernes' beschäftigte er sich mit den Fragen der Raumfahrt. Der Erste Weltkrieg zwang ihn zum Abbruch eines Medizinstudiums. Nach dem Krieg studierte Oberth von 1920 bis 1922 in Göttingen und Heidelberg Mathematik und Physik. Als Dissertation reichte er 1922 eine Untersuchung über die Flüssigkeitsrakete ein, die seine seit Jahren angestellten Überlegungen zusammenfasste. Doch dieser Text wurde von der Universität Heidelberg nicht angenommen, da das Thema in der Grauzone zwischen den akademischen Fächern lag. Oberth kehrte in seine – nun zu Rumänien gehörige – Heimat zurück, schloss sein Studium in Klausenburg ab und wurde Gymnasialprofessor für Mathematik und Physik.

Die Rakete zu den Planetenräumen erschien auf Kosten des Verfassers 1923 in München. Bei Drucklegung hatte Oberth noch keinerlei Kenntnis von den früheren Veröffentlichungen Ziolkowskis und Goddards. Das Werk wurde – auch aufgrund der konkreten technischen Vorschläge – zum Auslöser für das Raketenfieber, das Deutschland erfasste. Nicht zuletzt durch den Widerspruch der etablierten Wissenschaft verhalf *Die Rakete zu den Planetenräumen* seinem Verfasser zu Berühmtheit; von Rumänien aus unterhielt er eine Fülle von Kontakten mit Gleichgesinnten in Deutschland und Österreich. Die große öffentliche Resonanz veranlasste Oberth, die dritte Auflage stark zu erweitern: *Wege zur Raumschiffahrt* (1929) wurde mit einer Fülle bahnbrechender Ideen ein Standardwerk für die Raketenforscher. Dafür erhielt er den in Frankreich ausgelobten Internationalen Preis für die beste Arbeit auf dem Gebiet der Raumfahrtwissenschaft.

Wege zur Raumschiffahrt war dem Ehepaar Fritz Lang und Thea von Harbou gewidmet und zeugt damit auch von der Zusammenarbeit bei dem Ufa-Film *Frau im Mond*, der eine melodramatische Story mit einem realistischen Raumschiffstart nach Oberths Vorstellungen verband. Im Zuge der Werbung für den Film ließ der wissenschaftliche Berater Oberth sich im Sommer 1929 dazu verpflichten, zur Premiere eine flugfähige Höhenrakete zu starten. Der zuletzt unter Assistenz von Rudolf Nebel durchgeführte Versuch war zum Scheitern verurteilt: Dem genialen Denker Oberth fehlten die technische Erfahrung in der Schlosserwerkstatt und das Gespür für die finanzielle Dimension eines solchen Unternehmens.

Unter dem Druck der Verhältnisse ging Oberth, der sich wirtschaftlich und moralisch zu Grunde gerichtet sah, Ende 1929 nach Rumänien zurück und überließ Nebel und dem *Verein für Raumschiffahrt* die Fortführung der Arbeit an der Rakete. Über den vielen finanziellen und technischen Problemen sowie aus Enttäuschung über die Eigennützigkeit seiner Partner kam es im Frühjahr 1931 zum endgültigen Zerwürfnis mit den deutschen Raketenfreunden. Seine Versuche führte Oberth jedoch in Rumänien weiter.

2.3.2

2.3.1 Hermann Oberths Erstlingswerk war eine geniale wissenschaftliche Gratwanderung an der Grenze verschiedener Fachgebiete. An der Universität Heidelberg passte es deshalb nicht in das Schema der Promotionsordnung.
Hermann Oberth, Die Rakete zu den Planetenräumen, München 1923 (Reprint)

2.3.2 Mit Schlips und Kragen in der Schlosserwerkstatt: Hermann Oberth war ein vielseitiger Naturwissenschaftler, aber ohne technische Vorbildung.
Hermann Oberth während der Arbeit an der Ufa-Rakete mit seiner Spaltdüse. Foto / Feucht, Hermann-Oberth-Raumfahrt-Museum

2.3.3 Mit der »Kegeldüse« konstruierte Oberth 1929 aufgrund theoretischer Überlegungen die erste funktionierende Raketendüse für flüssige Brennstoffe.
»Kegeldüse« nach Hermann Oberth
Rekonstruktion: Karlheinz Rohrwild, Nürnberg
Herstellung: Peenewerft, Wolgast

2.3.4 Die physikalischen Grundlagen der Raketentechnik, auf denen Oberth aufbaute, waren selbst einigen Akademikern unverständlich.
Ausriss aus: Prof. Dr. Riem, »Die Fahrt in den Weltenraum« in: Die Umschau 28, 1924, S. 71-75

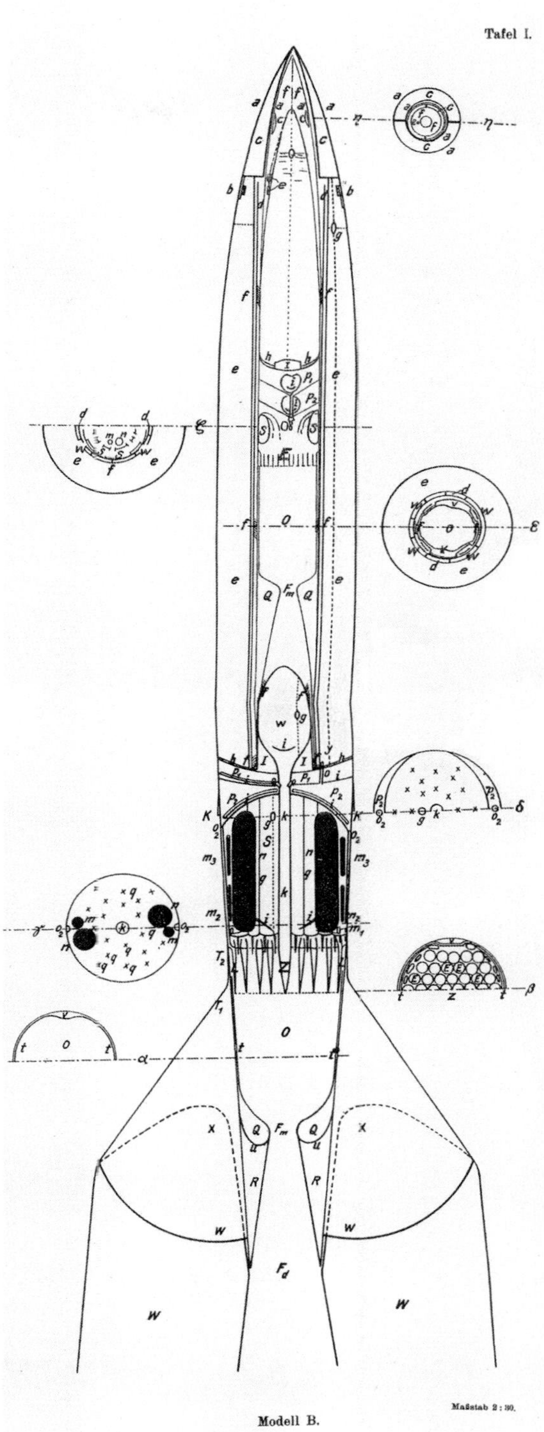

aus: 2.3.1

2.4 Raketenpropaganda: Max Valier

Max Valier (1895–1930) war der erste große Propagandist der Rakete in Deutschland. Unermüdlich schrieb und referierte er seit 1924 über Raumfahrt, denn als freier Schriftsteller lebte er von den Honoraren für seine Vorträge und Veröffentlichungen. Sein mit Geschäftssinn gepaarter Enthusiasmus und ein ausgeprägter Hang zur Selbstdarstellung ließen ihn in den Augen der Öffentlichkeit für einige Jahre als Zentralfigur der Raketenbewegung erscheinen. Pressestimmen bezeugen die Faszination, die von Valier ausging: »Ein durchaus ernstzunehmender Forscher mit echt deutscher weitschweifender Phantasie, doch ebenso echt deutschem Arbeitsmut und Arbeitswillen.« – »Dieser Mann der Wissenschaft ist ein Pionier gewaltigster Geistestaten und wiederum ist es deutscher Geist, der sich anschickt, eine der ungeheuersten Taten zu bewältigen.«[1]

Der in Bozen geborene, in den zwanziger Jahren aber zumeist in München lebende ehemalige Fliegeroffizier hatte sich als Verfasser populärer Bücher über Astronomie und Metaphysik einen Namen gemacht. Hermann Oberths *Rakete zu den Planetenräumen* lenkte seine Aufmerksamkeit im Winter 1924 auf die Raumfahrt und den Raketenantrieb, denen er fortan den größten Teil seiner literarischen und später praktischen Tätigkeit widmete. Schon 1924 erschien sein auf Oberths Erkenntnissen fußendes Buch *Vorstoss in den Weltenraum. Eine technische Möglichkeit?*, das sechs Auflagen erlebte und weitere populäre Schriften insbesondere von Otto Willi Gail nach sich zog.

Valier war längere Zeit auf Oberths Zuarbeit angewiesen, da er, wie er selbst einräumte, dessen Berechnungen nicht recht verstand. Dem geradlinigen Siebenbürger kamen bald Zweifel an Seriosität und Sachkenntnis des selbst ernannten Partners, der ihm beispielsweise im Oktober 1926 schrieb: »Ich bin nämlich immer mehr zu der Überzeugung gekommen, dass wir nur durch einen irgendwie baldigen, sensationellen Aufstiegsversuch, und wenns an sich der größte Bluff ist, jene allgemeine Aufmerksamkeit des breiten Publikums hervorrufen können, die allein zur Finanzierung der spätern wirklich wissenschaftlich ernsten Versuche führen kann. Im Übrigen brauchen Sie keine Angst zu haben, ich nehme das Risiko auf meinen Namen und Ihr Name wird damit nicht in Mitleidenschaft gezogen, wenn ich mich so ausdrücken darf.«[2] Auf diesen Weg wollte Oberth Valier nicht unbedenklich folgen.

Zur Entfremdung der beiden Männer trugen aber auch ihre unterschiedlichen Vorstellungen bei. Oberth wollte direkt Raketen und Raumschiffe bauen; der ehemalige Flieger Valier hingegen glaubte an eine schrittweise

Entwicklung des Rückstoßmotors über die Pulver- zur Flüssigkeitsrakete und an die Entstehung des Raumschiffs als Weiterentwicklung des Flugzeugs. Dies hielt Oberth aus physikalischen Gründen für einen Irrweg.

1927 ging Valier im Sinne seiner Entwicklungsvorstellungen und aus Reklamegründen zur Praxis über und begann Versuche mit Pulverraketen als Automobilantrieb. Er verbündete sich dafür mit Fritz von Opel, dem Juniorchef der Opel-Werke, der auf dieses Projekt als wirksame Werbemaßnahme setzte, und mit Friedrich Wilhelm Sander, einem erfahrenen Produzenten von Rettungsraketen. Bei der spektakulären Vorführung raketengetriebener Rennwagen und Flugzeuge 1928/29 schob von Opel Valier jedoch bald beiseite. Nach eigenen Experimenten mit raketengetriebenen Autos und Schlitten fand er schließlich Ende 1929 in dem Unternehmer Paul Heylandt einen neuen Partner, der nach Verwertungsmöglichkeiten für seine Flüssiggasproduktion in Berlin-Britz suchte. Bei Heylandt arbeitete Valier – angeregt wohl durch die Reklame für die Ufa-Rakete Oberths und die Pläne Winklers – an der Entwicklung einer flüssigkeitsgetriebenen Raketendüse, die an Automobilen getestet werden sollte. Im Mai 1930 wurde Valier selbst zum ersten Opfer dieser gefährlichen Technik: Das Triebwerk explodierte und ein Splitter zerriss ihm die Hauptschlagader.

Auf der Basis der durch Valiers Mitarbeiter Walter Riedel und Arthur Rudolph gewonnenen Erfahrung konnte Heylandt 1931/33 für das Heereswaffenamt verschiedene Düsenformen erproben sowie zwei Raketentriebwerke zu Testzwecken bauen. Damit leistete er wichtige Beiträge zum Flüssigkeitsraketenprogramm der Reichswehr.

1 Pressestimmen vom Mai 1925, zit. in Valiers Propagandablatt von 1927; München, Deutsches Museum, Archiv (LRD 4708).

2 Brief Max Valier an Hermann Oberth, 11.10.1926; Feucht, Hermann-Oberth-Raumfahrtmuseum.

2.4.1

Deutsches Museum

kann, als dies bisher der Fall war. Sollte sich diese Type bewähren, wird man versuchen, in den luftleeren Raum emporzusteigen, um hier Erfahrungen zu sammeln, auf Grund derer man dann die Reise in das Planetensystem wird wagen können.

Valier steckt sich nicht gleich zu Anfang den Mond oder einen Planeten als Ziel, langsam und schrittweise will er aufbauen, versuchen, prüfen, um endlich den kühnen Vorstoß zu wagen, kein Phantast, der ins Unermeßliche seine Hände ausstreckt, sondern ein kühler Konstrukteur, der mit dem rechnet, was vorhanden ist.

Hinter dem großen Gedanken, den Menschen in technisches Neuland hinauszuführen, verstummt die Frage nach dem Wozu. Es ist nicht das Zweckmäßige, das ein solches Werk verstehen läßt, die Tat als solche ist Selbstzweck und führt sie zu nichts anderem als dazu, daß unsere Kenntnis um die Naturgesetze bereichert wird, so wäre dies schon Lohn genug.

Der Optimist jubelt und sieht sich schon frei schwebend im Weltenraum, tanzend von Stern zu Stern, und der Skeptiker lächelt ungläubig und sieht die Grenzen, die Widerstände und spricht sein Verdammungswort: „Unmöglich". Wir sind keine Propheten und wissen nicht, wohin die Zukunft geht. Zwischen dem starren Zweifel und dem jubelnden Bejahen liegt das kühle, sachliche „Möglich". Und mehr sagt der Techniker nicht. Alles andere müssen wir der Zukunft überlassen, ruhig abwartend. Daß die Möglichkeit ausgesprochen wird, ist vorläufig genug, denn das ist viel, sehr viel.

Weserztg., 9. XII. 26. Morgenausg.

Raketenschiff zur Erforschung des Weltraumes, welches in 5 Minuten 250000 m Höhe erreichen soll, im Start begriffen

Normale Landung durch Abbremsen mit Raketen-Gegengas. Das tauchende Rumpfende wirkt als Puffer

ZUM THEMA GEHÖREN DIE BEIDEN SOEBEN NEU ERSCHIENENEN SCHRIFTEN VON MAX VALIER:

DER VORSTOSS IN DEN WELTENRAUM

3. vollständig neu bearbeitete, bedeutend erweiterte und vertiefte Aufl. Ca. 128 S. mit 60 Abbild. R. Oldenbourgs Verlag, München 1927. Preis brosch. ca. M. 3.–

Das führende Buch auf seinem Gebiete. In klarer Sprache erläutert der Verfasser alle Fragen der Weltraumfahrt und gibt einen gemeinverständlichen Überblick über das Gesamtproblem. — Ein Werk, das Jeder gelesen haben muß!

VOM FLUGZEUG ZUM WELTRAUMSCHIFF

Erscheint erstmalig! Ca. 48 S. mit 16 Abbild. – Preis brosch. M. 1.–

Hier weist der Verfasser den Weg vom heutigen Metallflugzeug zum späteren Weltraumschiff und gibt zugleich einen kurzgefaßten, ganz populären Abriß des Vorstoßproblems. — Eine Broschüre für alle!

Notlandung. Der Fallschirm reißt die Rettungskugel aus der aufgeklappten Spitze des Schiffs

!!BEACHTEN SIE BITTE DIE BÜCHERANZEIGEN AUF DER FOLGENDEN SEITE!!

ALLE GENANNTEN WERKE LIEGEN AM BÜCHERTISCH IM VORTRAGSSAALE AUF

2.4.2

2.4.1 Max Valier wirkte vor allem durch öffentliche Vorträge, bei denen er sich des neuen Mediums Lichtbild bediente.
»Vorstoss in den Weltraum«. Plakat für einen Lichtbildervortrag von Max Valier
Entwurf: Botho und Hans von Römer, München / München, Deutsches Museum, Archiv (38713)

2.4.2 »Wissenschaftlich und sensationell«: Der von Valier erhobene Anspruch auf Seriosität wurde von Hermann Oberth mit guten Gründen bestritten.
4-seitiges Werbeblatt für Vorträge Max Valiers zum Thema »Vorstoss in den Weltenraum«, München 1927 / Feucht, Hermann-Oberth-Raumfahrt-Museum

2.4.3 »… dass wir nur durch einen irgendwie baldigen, sensationellen Aufstiegsversuch, und wenns an sich der größte Bluff ist, jene allgemeine Aufmerksamkeit des breiten Publikums hervorrufen können …«
Schreiben von Max Valier an Hermann Oberth über die notwendige allgemeine Aufmerksamkeit für die Rakete, 11. Oktober 1926 / Feucht, Hermann-Oberth-Raumfahrt-Museum (O-Valier 24-30)

2.4.4 Die effektvolle Darstellungskunst der Brüder Römer verlieh Valiers Ideen und Visionen ein hohes Maß an Glaubhaftigkeit, das weit über den tatsächlichen Entwicklungsstand hinausreichte.
Plakat für den Raketenflugtag Frankfurt/Main 1928
Entwurf: Botho und Hans von Römer, München / München, Deutsches Museum, Archiv (BA 746)

2.4.5 Ein Reklamegag: Fritz von Opel nutzte die Gelegenheit, mit seinem Engagement für das (verkehrstechnisch unsinnige) Raketenauto die familieneigene Autofirma ins Gespräch zu bringen.
Foto Opel-Raketenwagen (RAK 2) auf der Avus in Berlin, wohl 23. Mai 1928
Ausschnitt aus einer zeitgenössischen Illustrierten / München, Deutsches Museum, Archiv (LRD 4709)

2.4.6 Flugzeug nach New York mit 50 km Flughöhe: Valiers Phantasien nahmen wenig Rücksicht auf physikalische Gesetzmäßigkeiten.
Transozean-Raketenflugzeug nach Max Valier, 1927
Zeichnung: Botho und Hans von Römer, München / München, Deutsches Museum, Archiv (PK 1227)

2.4.7 Vom Flugzeug wollte Valier auf das mit flüssigen Brennstoffen betriebene Raketenschiff übergehen. Oberth erkannte diese Konstruktion als untauglich.
Transozeanraketenschiff beim Start nach Max Valier, 1927
Zeichnung: Botho und Hans von Römer, München / München, Deutsches Museum, Archiv (LRD 4724)

2.4.8 Mit seinem letzten Raumschiffentwurf von 1930 näherte sich Valier wieder den Vorschlägen Oberths von 1923 an.
Letzter Weltraumschiffentwurf Max Valiers, 1930
Zeichnung: Botho und Hans von Römer, München / München, Deutsches Museum, Archiv (PK 1221)

2.4.9 Valier wirkte auch durch eine große Zahl zumeist illustrierter Zeitschriftenartikel.
Max Valier, Raketenfahrt in die Planetenräume
Artikel aus: Illustrierte Leipziger Zeitung 1924, Nr. 4139 / München, Deutsches Museum, Archiv (LRD 4724)

2.4.10 »… phantasievolle Ausführungen, deren Verwirklichung allerdings noch in sehr weiter Ferne liegen dürfte …«: Die deutsche Presse reagierte zum Teil skeptisch auf Valiers Ideen.
»Vom Flugzeug zum Weltraumschiff«. Bericht über einen Vortrag von Max Valier
Münchner Neueste Nachrichten, 6. Oktober 1926 / München, Deutsches Museum, Archiv (LRD 4724)

2.4.11 Erst mit den Raketenauto-Vorführungen fand der missionarische Valier allgemeine Aufmerksamkeit: Die Verwirklichung der Utopie rückte näher.
»Der erste Schritt zum Weltenraumschiff«
Zeitungsartikel zum Raketenwagen von Opel und Valier, wohl 1927 / München, Deutsches Museum, Archiv (LRD 4724)

2.4.12 Ein Indiz für die Publikumswirksamkeit: Kinder spielen mit Raketenfahrzeugen.
Kinder mit Raketenspielzeug aus: Die Schnellfahrtversuche des Opel-Raketenwagens, Ikarus 1928, S. 65, 67 / München, Deutsches Museum, Bibliothek

2.4.13 Nach der Trennung von Opel setzte Valier seine Propagandaarbeit auch mit Raketenschlitten fort.
»375 km?« Zeitungsartikel zum Raketenbob Max Valiers, wohl 1929 / München, Deutsches Museum, Archiv (LRD 4724)

2.4.14 Beim Tod Valiers erschien immer noch ungewiss, »ob die Weltraumschiffahrt überhaupt in den Bereich des Möglichen gehört«.
»Zum Tode Max Valiers«, aus: ADAC-Motorwelt, 23. Mai 1930 / München, Deutsches Museum, Archiv (LRD 4724)

2.5 Ein Pionierschicksal: Reinhold Tiling

Reinhold Tiling (1893 – 1933) ist das Paradebeispiel eines Ingenieurs, den die Arbeitslosigkeit zur Beschäftigung mit Raketen trieb. Finanzielle Rückendeckung erhielt er anfänglich durch Freunde und durch einen Gönner, der an den Erfolg seiner Arbeit glaubte. Auch die Reichsmarine verfolgte (in Absprache mit dem Heereswaffenamt) seine Forschungen mit wachsendem Interesse und gehörte seit 1929 zu seinen Auftraggebern: Für sie konstruierte er pulvergetriebene Pfeilgeschossraketen, deren Zuverlässigkeit den Militärs jedoch schließlich nicht genügte. Am 10. Oktober 1933 wurde Tiling, inzwischen finanziell fast am Ende, Opfer einer Pulverexplosion im Laboratorium.

Reinhold Tiling kam von der Fliegerei zum Raketenbau. 1924 wurde er nach Osnabrück gerufen, wo er als Sportfluglehrer und Flugleiter arbeitete. Nach eigener Aussage kam er aufgrund der Lektüre von Oberths *Rakete zu den Planetenräumen* zur Raketenforschung. Als die Sportfliegerei scheiterte, fand er in Flugzeugen mit Raketenantrieb ein neues Tätigkeitsfeld. Er suchte nach einem Mittelweg zwischen den reinen Theoretikern der Rakete wie Oberth, deren Ziele in weiter Ferne lagen, und den Praktikern wie Valier und von Opel, deren Anwendung der Rakete nach seiner Überzeugung nicht zum echten Raketenflug führen würde. Seit 1928 arbeitete er auf Schloss Arenshorst an einem Raketenflugzeug, das als Rakete starten und mit ausklappbaren Flügeln landen sollte. Die Postbeförderung erschien damals als rentable Einsatzmöglichkeit für die Rakete, und so erfolgte der Start des Modells am 15. April 1931 als *1. Deutscher Postraketenstart* am Dümmersee. 1931 wurden Raketen auf Wangerooge verschossen, 1932 führte Tiling seine Geräte öffentlich auf dem Tempelhofer Feld in Berlin vor. Für die Erprobung der militärisch interessanten Pfeilgeschossraketen wurde keine Reklame gemacht.

Da Tiling sich mehr für die Flugeigenschaften seiner Geräte interessierte als für den Antrieb, begann er zunächst mit Pulverraketen. Wegen der geringen Leistung und des ungleichen Abbrands der handelsüblichen Raketen konstruierte er eigene Treibsätze (Kammerrakete). Der angeblich geplante Übergang zur Flüssigkeitsrakete gelang ihm nicht mehr.

Reinhold Tilings Bruder Richard setzte die Arbeit an den Geschossraketen fort und erprobte im Frühjahr 1934 auf Wangerooge auch den Abschuss vom Flugzeug aus. Da beim deutschen Militär kein Interesse bestand, sollte das Patent nach England verkauft werden. Wegen der potentiellen Bedeutung für die Landesverteidigung wurde jedoch das Heereswaffenamt informiert, das das Geschäft unterband und die Raketenentwicklung in Arenshorst Ende 1934 mit Hilfe der Gestapo einstellen ließ.

2.5.1

2.5.3

2.5.1 Reinhold Tiling suchte die öffentliche Aufmerksamkeit und ließ seine Raketenvorführungen mit Plakaten ankündigen.
»Tilings Rakete startet in Osnabrück ... am ... 21. August 1932« Plakat, bez. Ertman, 1932 / Osnabrück, Kulturgeschichtliches Museum

2.5.2 Einen Teil seiner Vorführungen ließ Tiling im Film dokumentieren.
Raketenversuche Reinhold Tilings aus dem Lehrfilm: Raketenspuren, um 1944 / Berlin, Bundesarchiv - Filmarchiv

2.5.3 Zu Propagandazwecken verbreitete Tiling Fotos seiner Werkstätten, Modelle und Versuche.
4 Fotos zur Tätigkeit Reinhold Tilings:
a) Flügelraketen-Modelle in Schloss Arenshorst
b) Werkstatt in Schloss Arenshorst
c) Vorführung von Raketenmodellen am Dümmersee, 15. April 1931
d) Startvorbereitung von Pfeilgeschossraketen auf Wangerooge, 1931

2.5.4 Die Reichsmarine förderte – vielleicht auf Vermittlung des Heereswaffenamtes hin – Tilings Versuche, war aber mit den Resultaten unzufrieden.
a) Zahlungsanweisung des Reichswehrministeriums zur Unterstützung Tilings, Abschrift mit Unterschrift Karl Beckers (Heereswaffenamt), 30. Oktober 1929
b) Schreiben Tilings an die Marineleitung betr. finanzieller Notlage, 18. September 1932 / München, Deutsches Museum, Archiv (NL R. Tiling - Mappe 1)

Obwohl das deutsche Raketenfieber bereits wieder abklang, verfolgte die Presse die Arbeiten Reinhold Tilings mit großer Aufmerksamkeit.

2.5.5 Wird der Sprung zur Personenrakete gelingen?
aus: Kölnische Illustrierte Zeitung Nr. 17, April/Mai 1931

2.5.6 Wie weit ist Tiling mit seinen Raketen?
aus: Osnabrücker Tageblatt, 29. November 1931

2.5.7 Postraketen-Versuche auf Wangerooge.
Schlagzeile im Hamburger Fremdenblatt, 3. Dezember 1931

2.5.8 2 Zeitungsausschnitte zum tödlichen Unfall Tilings
Zeitung unbekannt, ca. 12. Oktober 1933

WIRD DER SPRUNG ZUR PERSONENRAKETE GELINGEN? DER ERSTE START EINER POSTRAKETE BEI OSNABRÜCK

2.5.5

2.6 Ziel Raumschifffahrt: Johannes Winkler

Neben Hermann Oberth und Max Valier war Johannes Winkler (1897 – 1946) in Breslau für wenige Jahre als rühriger Trommler eine der Zentralfiguren der deutschen Raketenbewegung. Als Herausgeber der 1927 von ihm begründeten Zeitschrift *Die Rakete* und als Vorsitzender des *Vereins für Raumschiffahrt* machte er Breslau von 1927 bis 1929 zum Bezugspunkt für die Raketenfreunde. Mit der Hinwendung zur eigenen praktischen Arbeit an der Flüssigkeitsrakete zog Winkler sich 1929/30 aus der Öffentlichkeit zurück.

Seit seiner Jugend an Astronomie, Technik und Physik interessiert, wurde der Ingenieur Winkler angeregt vom Zeitungsabdruck eines populären Romans (O. W. Gail, »Der Stein vom Mond«, *Schlesische Zeitung* 1926), der die Ideen Oberths und Valiers propagierte. Der Raumfahrtgedanke erschien ihm als Synthese zwischen seinen Lieblingsgebieten. Zu seiner Förderung gründete er im Frühjahr 1927 die Zeitschrift *Die Rakete*, die »erste und einzige Fachzeitschrift für die Fragen der Raumschiffahrt und der Raketentechnik«, die bis zu ihrer durch Finanznot erzwungenen Einstellung 1929 offizielles Organ des *Vereins für Raumschiffahrt* war. Um die *Rakete* sammelten sich bis 1929 rund 1000 Raumfahrtfreunde aus Deutschland und der Welt zum Ideenaustausch.

Auf Anregung von Max Valier übernahm Winkler im Juli 1927 auch die Gründung des *Vereins für Raumschiffahrt*, dessen erster Vorsitzender er bis 1930 war. »Mit dem Verein für Raumschiffahrt ist eine Zentralstelle für den Raumfahrtgedanken geschaffen worden, der alle diejenigen zuströmen können, die in der Raumschiffahrt ein Kulturwerk von kaum übersehbarer Tragweite erkennen.«[1] Der Verein sollte aber nicht nur Interessenten zusammenbringen, sondern ganz praktisch die Kräfte bündeln: Seine ursprüngliche Zielsetzung war die Finanzierung einer praktischen Raketenforschung Hermann Oberths, die durch Mitgliedsbeiträge und die Gewinnung potenter Geldgeber erfolgen sollte. Die finanziellen Erwartungen wurden freilich nie erfüllt und der Verein kam erst 1930 infolge von Oberths Arbeit an der Ufa-Rakete zu eigener Experimentaltätigkeit in Berlin, wohin sich nach Winklers Rückzug 1929/30 der Schwerpunkt der Tätigkeit verlagerte.

1927/28 begann Winkler mit eigenen Arbeiten an Flüssigkeitstriebwerken, zunächst noch in sehr bescheidenem Maßstab. 1929 ging er nach Dessau, um dort bei dem Flugzeugfabrikanten Junkers Raketentriebwerke zu entwickeln. Für seine privaten Arbeiten an der Flüssigkeitsrakete fand er einen Gönner in Hugo Hückel, einem Aluminium- und Hutfabrikanten, der schon den *Verein für Raumschiffahrt* unterstützt hatte. Am 14. März 1931 gelang der erste Steigversuch seines Apparats »Hückel-Winkler-Astris«: der erste Start eines Flüssigkeitsaggregats in Deutschland überhaupt. Aus Sicherheitsgründen verlegte Winkler die weiteren Arbeiten auf den 1930 gegründeten Raketenflugplatz in Berlin.

Seine Höhenrakete HW 2 (Hückel-Winkler 2) sollte 1932 zunächst auf der Greifswalder Oie starten, doch verweigerten die Behörden die Genehmigung. Der Start auf der Frischen Nehrung im Oktober 1932 schlug wegen technischer Probleme fehl. Da in der Wirtschaftskrise das Geld für weitere Versuche fehlte, gab Winkler die praktische Arbeit auf und kehrte zu Junkers nach Dessau zurück. Aus seinen Prüfstandversuchen zog er den Schluss, dass die überlegene Leistungsfähigkeit des Flüssigkeitsantriebs bewiesen sei und es nun nicht mehr auf praktische Startversuche, sondern auf die Verbesserung der Leistungsfähigkeit des Motors ankomme. Am Fernziel Weltraumfahrt zweifelte Winker nicht.

1 Einladung zum Vereinsbeitritt und zum Abonnement der *Rakete*; Feucht, Hermann-Oberth-Raumfahrt-Museum.

2.6.1

Die Rakete
Zeitschrift des Vereins für Raumschiffahrt E.V., Breslau
Ein Brief an die Marsbewohner.
Jahrgang 1927.

2.6.2

2.6.1 Der Ingenieur am Arbeitstisch: Die ersten Experimente mit Raketentriebwerken kamen noch mit bescheidensten Apparaturen aus.
Johannes Winkler mit der Versuchsanordnung für ein Flüssigkeitstriebwerk für Spiritus, Sauerstoff und Wasser
Foto, Breslau 1927/28 / Elisabeth Guder, Dettum

2.6.2 Die von Winkler gegründete Zeitschrift *Die Rakete* trug den Raumfahrtgedanken in die Öffentlichkeit. Sie wurde zum offiziellen Organ des Vereins für Raumschiffahrt.
6 Titelblätter zu »Die Rakete«, Jahrgang 1, 1927 / Feucht, Hermann-Oberth-Raumfahrt-Museum

2.6.3 »Ein Kulturwerk von kaum übersehbarer Tragweite«: Der Verein für Raumschiffahrt sollte als Zentralstelle für den Raumfahrtgedanken dienen.
Einladung zum Beitritt zum »Verein für Raumschiffahrt E.V. in Deutschland« / Feucht, Hermann-Oberth-Raumfahrt-Museum

2.6.4 Bilder aus dem Familienalbum: Ein Großteil der Arbeit fand in den frühen Jahren in der eigenen Wohnung statt.
Arbeitsraum in Winklers Wohnung
Foto, Breslau 1927/28 / Elisabeth Guder, Dettum

2.6.5 Das erste funktionierende Flüssigkeitstriebwerk in Deutschland hatte wenig Ähnlichkeit mit dem vertrauten Bild der Rakete.
Rakete Hückel-Winkler-Astris (finanziert durch den Industriellen Hugo Hückel)
Foto, wohl 1931 / Elisabeth Guder, Dettum

2.6.6 Raketenbau mit Familienanschluss: Das notwendige Verständnis der Angehörigen für die zeitraubende und gefahrenträchtige Tätigkeit der Raketenforscher ist hier im Bild eingefangen. Wegen des Sicherheitsrisikos führte Winkler diese Versuche auf dem Raketenflugplatz Berlin durch.
Das Ehepaar Winkler am Prüfstand mit der unverkleideten HW-2
Foto, Raketenflugplatz Berlin, 1932 / Elisabeth Guder, Dettum

2.6.7

2.6.7 Der Maßstab: Winklers zweite flugfähige Rakete hatte bescheidene Dimensionen.
Die Winkler-Töchter Elisabeth und Dietlinde auf dem Startgestell der HW-2
Foto, wohl 1932 / Elisabeth Guder, Dettum

2.6.8 Montage zu Werbezwecken: Der Start von Winklers Rakete HW-2 auf der Greifswalder Oie konnte wegen behördlicher Bedenken nicht stattfinden.
Rakete HW-2 auf der Greifswalder Oie
Postkarte (Fotomontage), 1932 / München, Deutsches Museum, Archiv (14512)

2.6.9 Raketenflieger zu Werbezwecken: Bleibt beim Bewährten, Berliner!
Reklame für Josetti-Juno-Zigaretten in Anlehnung an ein Titelblatt der »Rakete«, 15. August 1927
aus: Die Rote Fahne, 23. Juni 1928 / Washington, Michael J. Neufeld

2.6.10 Nach dem Fehlschlag vom Oktober 1932 musste Winkler seine Raketenträume begraben.
»Winkler-Rakete explodiert.«
aus: Berliner Lokal-Anzeiger, 7. Oktober 1932 / Washington, National Air and Space Museum (Ley Collection)

2.7 *Frau im Mond* – Fritz Lang und Hermann Oberth

Fritz Langs Film *Frau im Mond* nach dem Drehbuch von Thea von Harbou war der letzte große Stummfilm in Deutschland und der erfolgreichste Film der Kinosaison 1929/30. Mit der Premiere am 15. Oktober 1929 in Berlin erreichte das Raketenfieber in Deutschland seinen Höhepunkt. Die Presse feierte die »Kombination exakter technischer Wissenschaft und der Phantasie des Dichters« und die »Umsetzung von genialen Erfinderplänen in die bildliche Realität«.[1]

Frau im Mond stellte Raketenstart und Mondflug detailgetreu dar, lange bevor die hierzu erforderliche Technik existierte. Die Publikumswirksamkeit von Raumfahrt und Raketen hatte den Regisseur und die Ufa angezogen; der umfassend und geschickt beworbene Film steigerte im Gegenzug das öffentliche Interesse an Raketen.

Fritz Lang setzte auf die Seriosität seines Films. Als wissenschaftlichen Berater hatte er Hermann Oberth gewonnen; das Raumschiff und sein spektakulärer Start brachten die Ideen des Raketenpioniers ins Bild. Oberth glaubte den Durchbruch zur Raumfahrt nahe. Er kam im Herbst 1928 für ein Jahr nach Berlin und übernahm eine führende Rolle im *Verein für Raumschiffahrt*. Berlin wurde zum neuen Zentrum der Raketenforscher; Oberth stand für einige Zeit im Brennpunkt des öffentlichen Interesses.

Wie weit die Visionen der Wirklichkeit vorauseilten und welche technischen Hürden noch zu überwinden waren, zeigte das Misslingen von Oberths groß angekündigtem Versuch, den Start einer Flüssigkeitsrakete als Reklamegag zur Filmpremiere binnen weniger Monate in die Tat umzusetzen. Menschliche Enttäuschung, ein Nervenschock infolge eines Arbeitsunfalls und das finanzielle Desaster führten zur bittersten Enttäuschung in Oberths Leben und bewogen ihn langfristig zum Rückzug in seine Heimat Siebenbürgen.

1 Zit. nach Guntram Geser, *Fritz Lang. Metropolis und Die Frau im Mond*, Meitingen 1996, S. 125.

2.7.1 *Frau im Mond* war der spektakulärste Science-Fiction-Film zwischen den Weltkriegen.
Ausschnitt aus dem Ufa-Film »Frau im Mond«
Regie: Fritz Lang, wiss. Beratung: Hermann Oberth, 1928/29 / Friedrich-Wilhelm-Murnau-Stiftung, Wiesbaden

2.7.2 Zur großartig inszenierten Uraufführung erschien ein aufwendiges illustriertes Programm.
a) »Frau im Mond«
Titelseite zu: Illustrierter Film-Kurier, Jg. 11, 1929
München, Deutsches Museum, Archiv (BN 43900)
b) Programm »Frau im Mond« im Ufa-Palast Berlin
3 (von 4) Seiten, Berlin 1929 / Washington, National Air and Space Museum (Ley Collection)

2.7.3 Die Werbung für den wichtigsten Film der Kinosaison 1929/30 setzte ganz auf die Faszination der Rakete.
Plakat für »Frau im Mond«
Berlin 1928 / Berlin, Stiftung Dt. Kinemathek

2.7.4 Erfolg einer Werbestrategie: Auch in der Presse wurde die Premiere von *Frau im Mond* mit dem Start einer »Weltraumrakete« in Zusammenhang gebracht.
Der Start der Weltraumrakete
Titel zu: Reclams Universum, Jg. 40, 30. Oktober 1929 / München, Deutsches Museum, Bibliothek

2.7.5 Maßstab eines Fehlschlags
Startgestell der Werberakete Hermann Oberths anlässlich der Uraufführung von »Frau im Mond«
Rekonstruktion: Karlheinz Rohrwild, Nürnberg, Maßstab 1:1

2.7.2

2.8 *Raketenflugplatz Berlin:* Rudolf Nebel & Co

Rudolf Nebel (1894 – 1978) war von Oberth als Ingenieur zum Bau der Ufa-Rakete hinzugezogen worden. Oberth übertrug ihm vertretungsweise die Fortführung des Projekts, als er Ende 1929 nach Rumänien zurückkehrte. So kam Nebel zu Grundkenntnissen im Raketenbau und – nicht zuletzt – an wichtige Bauteile heran. Bei dem Versuch, das theoretische Konzept der Flüssigkeitsrakete in die Praxis umzusetzen, übernahm er skrupellos die Führung.

Nach dem Rückzug der Ufa aus dem Raketengeschäft – ihr genügte der überwältigende Erfolg von *Frau im Mond* – wurden neue Geldgeber gesucht. Nebel und Oberth fanden offene Unterstützung beim *Verein für Raketenflug*, verdeckte auch bei der Reichswehr: Das Heereswaffenamt subventionierte einen Startversuch der Rakete bei Stettin und stellte offenbar den Kontakt zur *Chemisch-Technischen Reichsanstalt* in Berlin her, auf deren Gelände die Raketenbauer – unter Mitwirkung des in den Sommerferien 1930 nach Berlin zurückgekehrten Oberth – eine Zeit lang arbeiteten und sich ein amtliches Prüfzeugnis über die Leistungen von Oberths Düsen ausstellen ließen. Das Heereswaffenamt unterstützte auch die Bereitstellung eines ehemaligen Munitionsdepots in Berlin-Reinickendorf, wo Nebel am 27. September 1930 den *Raketenflugplatz Berlin* eröffnete. Personal dafür wurde im Zuge einer öffentlichen Arbeitsbeschaffungsmaßnahme gestellt.

Als Oberth, der nach Winklers Ausscheiden 1930 zeitweilig auch den Vorsitz des *Vereins für Raumschiffahrt* innehatte, sich im Sommer 1931 aufgrund der schlechten Erfahrungen mit Nebel und den Berliner Exponenten des Vereins endgültig aus der Zusammenarbeit zurückzog, hatte Nebel vollends freie Hand. Er führte auf dem Raketenflugplatz die Entwicklung der Flüssigkeitsrakete fort und baute kleine Raketen, die für Geld vorgeführt wurden. Doch zwischen den sensationellen Versprechungen, mit denen Geldgeber angelockt werden sollten, und den enttäuschenden Leistungen tat sich ein Widerspruch auf. Der unerwünschte publizistische Wirbel und die Unzuverlässigkeit in der Einhaltung von Zusagen vergrämten schließlich das Heereswaffenamt, das Nebel zuletzt im Sommer 1932 mit der Vorführung seiner Flüssigkeitsrakete *Mirak 2* auf dem Schießplatz Kummersdorf beauftragte. Nach Oberth distanzierte sich 1933 auch der *Verein für Raumschiffahrt* von Nebel mit dem Vorwurf des Betruges. Appelle an die neuen Machthaber, denen Nebel eine »neue alles überragende Waffe« in Aussicht stellte, blieben erfolglos. Ende 1933 wurde der Raketenflugplatz geschlossen: Das Militär benutzte eine offene Wasserrechnung, um dem Treiben in Reinickendorf ein Ende zu bereiten. Anfang 1934 löste sich auch der *Verein für Raumschiffahrt* auf.

Der breiten Öffentlichkeit erschien der *Raketenflugplatz Berlin* als Anfang der praktischen Arbeit am Raketenproblem. Doch Nebel war Meister in der Beschaffung von Finanzmitteln – und in der Selbstdarstellung, nicht aber ein sorgfältig arbeitender Ingenieur. Die konstruktiven Leistungen gingen, soweit sie über die Arbeiten Oberths hinausreichten, eher auf das Konto der Mitarbeiter Klaus Riedel und Wernher von Braun, die wenig später in den Dienst des Heereswaffenamts traten. Trotz einzelner Fortschritte bei der Konstruktion der Raketendüse gelang der entscheidende Durchbruch nicht. Vor allem die Frage der Steuerung blieb gänzlich unbewältigt. Immerhin profitierte Wernher von Braun später von den Berliner Erfahrungen.

Buchstäblich im Regen endete der spektakuläre Versuch, 1933 bei Magdeburg eine bemannte Rakete zu starten. Auch hierbei scheiterte das Team vom Raketenflugplatz an der eigenen Großmannssucht, die mit technischer Unzulänglichkeit gepaart war.

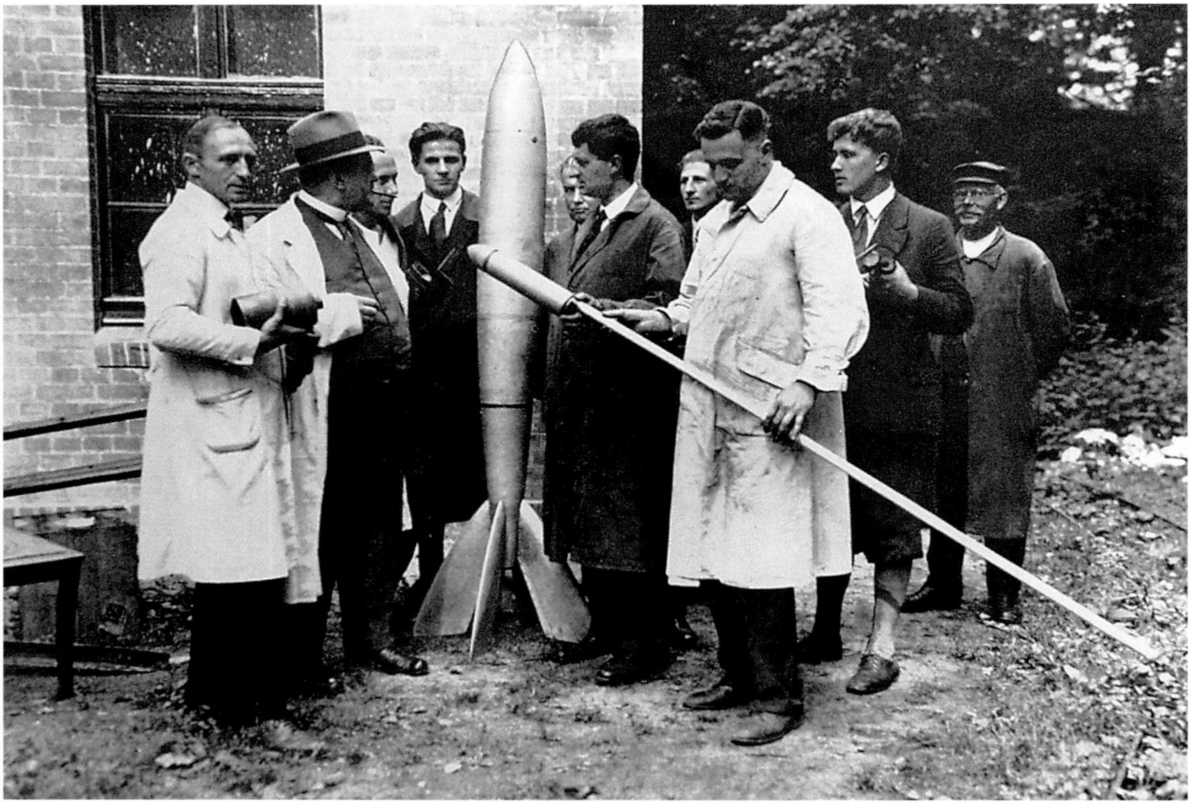

2.8.2

2.8.3

2.8.1 Parallel zum Film *Frau im Mond* veröffentlichte Oberth *Wege zur Raumschiffahrt*, die stark überarbeitete 3. Auflage der *Rakete zu den Planetenräumen*, und gab damit der deutschen Raumfahrtbewegung ein allgemein verständliches Handbuch.
»Wege zur Raumschiffahrt« Werbeblatt des Verlags R. Oldenbourg, München 1929 / Feucht, Hermann-Oberth-Raumfahrt-Museum

2.8.2 Wohlwollende wissenschaftliche Anerkennung: Ein Test bei der Chemisch-Technischen Reichsanstalt bestätigte am 5. August 1930 die Leistungsfähigkeit von Oberths Raketendüse.
Mitglieder des Vereins für Raumschiffahrt bei der Chemisch-Technischen Reichsanstalt in Berlin links: Rudolf Nebel, hinten Mitte: Hermann Oberth, rechts vorn: Klaus Riedel, 2. von rechts: Wernher von Braun Foto, 5. August 1930 / Feucht, Hermann-Oberth-Raumfahrt-Museum

2.8.3 Hermann Oberths technische Leistungen bildeten für lange Zeit die Grundlage der Reklame des Raketenflugplatzes.
Rudolf Nebel und Wernher von Braun posieren mit Attrappen der Oberth-Rakete Foto, 1932 (?) / Feucht, Hermann-Oberth-Raumfahrt-Museum

2.8.4 Den Arbeiten auf dem Raketenflugplatz brachte man so viel Interesse entgegen, dass sie auch in Wochenschauen vorgestellt wurden.
a) Arbeit auf dem Raketenflugplatz Deulig-Woche, Nr. 31, 1930
b) Start der Magdeburg-Rakete aus dem Lehrfilm »Raketenspuren« / Berlin, Bundesarchiv - Filmarchiv (SP 15912; M 1139)

2.8.5 Der Anfang auf dem Raketenflugplatz war schwer. Die Initiatoren mussten »Bettelbriefe« an Verwandte schicken.
Brief Klaus Riedels an seine Großmutter mit Bitte um Unterstützung, 17. November 1930 / Privatbesitz

2.8.6 Auch mit dem Verkauf von Postkarten, die technische Details aus *Frau im Mond* und die Oberth-Rakete zeigten, versuchte Nebel den Raketenflugplatz zu finanzieren.
5 Bildkarten des Vereins für Raumschiffahrt E.V. (Raketenflugplatz Berlin), um 1931

2.8.7 Der Einlass zahlender Besucher war eine wichtige Einnahmequelle für den *Raketenflugplatz*.
Neugierige beobachten die Vorbereitung eines Raketentests Foto, um 1930 / Feucht, Hermann-Oberth-Raumfahrt-Museum

2.8.8 Der entscheidende Moment: Fliegt sie oder fliegt sie nicht?
Beobachter eines Raketenstarts auf dem Raketenflugplatz Foto, um 1930 / Feucht, Hermann-Oberth-Raumfahrt-Museum

Ein Zukunftsbild: Großrakete vor der Halle

Raketenflugplatz Berlin

2.8.6

2.8.8

2.8.9 Internationale Kontakte: G. Edward Pendray, Gründungsmitglied der amerikanischen Interplanetarischen Gesellschaft, informierte sich 1930 auf dem *Raketenflugplatz.*
G. Edward Pendray inspiziert den Teststand für Raketentriebwerke (das umgebaute Startgestell der Oberth-Rakete)
Foto, April 1930 / Feucht, Hermann-Oberth-Raumfahrt-Museum

2.8.10 Die letzten Versuche der Gruppe um Nebel galten dem Start von Zugraketen an Seen in der Umgebung Berlins, bis die Polizei einschritt und dem gefährlichen Treiben ein Ende setzte.
Startvorbereitung des so genannten »Repulsor« am Schwielow-See bei Berlin
Foto, Herbst 1933 / Feucht, Hermann-Oberth-Raumfahrt-Museum

2.8.11 Oberths Versuche bei der Chemisch-Technischen Reichsanstalt wurden auch in der Presse erörtert.
»Vorarbeiten für die Weltraumrakete. Neue Versuche Professor Oberth's«
Ausschnitt aus einer Illustrierten, 1930 / München, Deutsches Museum, Archiv (LRD 4708)

2.8.12 Mit einer geschickten Pressepolitik suchte die Mannschaft des Raketenflugplatzes ihr Unternehmen als förderungswürdig darzustellen.
»Hier Raketenflugplatz Berlin« aus: Kölnische Illustrierte Zeitung, Jg. 6, Nr. 8, 21. Februar 1931 / Feucht, Hermann-Oberth-Raumfahrt-Museum

2.8.13 Erfolgsmeldung vor dem Misserfolg: Die Diskrepanz zwischen Anspruch und Wirklichkeit störte Nebel wenig.
»Raketenstart bei Wolmirstedt« Zeitungsartikel zur Magdeburg-Rakete, Juli 1933 / Washington, National Air and Space Museum (Ley Collection)

2.9 Blick über die Grenzen

Deutschland war nicht das erste und nicht das einzige Land, in dem Forscher sich für Flüssigkeitsraketen interessierten. Gesteigert wurde das deutsche Interesse aber noch durch den dringenden Wunsch, anderen Nationen in der Entwicklung zuvorzukommen. Otto Willi Gail formulierte 1928 anlässlich der Erörterung von Oberths Weltraumspiegel: »Denn die Nation, deren Flagge als erste im Raume der Welten leuchtet, wird zur führenden Nation der Erde und wird über den Erdball gebieten.«[1]

Zunächst traten die Vereinigten Staaten, in der Nachkriegszeit ohnehin Vorbild für Modernisierung und Technisierung des Lebens, ins deutsche Blickfeld. Robert H. Goddard (1882 – 1945) war dort der Pionier der Flüssigkeitsrakete. 1919 veröffentlichte er eine bahnbrechende Untersuchung zum Rückstoßantrieb, die allerdings erst einige Jahre später in Deutschland rezipiert wurde: *A Method of Reaching Extreme Altitudes*. Die heftige Pressereaktion auf Goddards Ankündigungen veranlasste den scheuen Wissenschaftler zum Rückzug aus der Öffentlichkeit und zur Abschirmung seiner weiteren Forschungen und Experimente. 1926 startete er die erste Flüssigkeitsrakete weltweit. Infolge amerikanischer Presseberichte von 1927 wurde seine Arbeit von Deutschland aus argwöhnisch verfolgt: Das Versiegen der Berichte nährte die Vermutung, er konstruiere Raketen für die amerikanischen Streitkräfte. Otto Willi Gail spekulierte 1928 öffentlich:

»Warum schweigt er nun? Es ist äußerst unwahrscheinlich, dass er seinen Plan, für den er vom Smithsonian Institut 80 000 Dollar erhielt, aufgegeben hat. Viel wahrscheinlicher sind die privaten Meldungen, nach denen sein Schweigen erkauft worden sei. Erkauft vom amerikanischen Kriegs-Departement, das erkannt haben mag, dass die Goddardsche Mondrakete vorläufig einmal sehr irdischen Zwecken dienen kann. Und diese Zwecke sind strategischer Natur. ... Ist dies so, dann kann der Tag kommen, an dem Amerika es in der Hand hat, mit Hilfe von Goddards Raketen London, Paris und Berlin in Trümmer zu legen, ohne einen einzigen Soldaten in Marsch zu setzen, ohne ein einziges Flugzeug zu riskieren – quasi von Manhattan aus.«[2]

Noch früher hatte sich Konstantin Ziolkowski, Lehrer im russischen Kaluga, mit Raketen auseinander gesetzt. Seine Texte *Eine Rakete in den kosmischen Raum* (1903) und *Erforschung der Weltenräume durch Reaktionsapparate* (1911 – 1913) wurden aber erst durch die Neubearbeitung von 1926 weiter verbreitet und auch in Deutschland bekannt. Ziolkowski wurde damit der große Anreger der russischen Raketenforschung, die sich seit den späten zwanziger Jahren organisierte. Die russischen Gruppierungen veranstalteten 1927 in Moskau die »Erste Weltausstellung von Modellen interplanetarischer Maschinen und Geräte«, die als Forum für den Gedankenaustausch zwischen westlichen und östlichen Raumfahrtspezialisten und Raketenforschern diente. Aufgrund der sich auf beiden Seiten verschärfenden nationalistischen Stimmungen kam es aber zu keinen weiteren intensiven Kontakten.

Schon 1929 nahm die Rote Armee eine Forschergruppe unter ihre Fittiche, zu der auch Walentin P. Gluschko gehörte, später Triebwerkskonstrukteur der ersten sowjetischen Interkontinentalraketen. In den frühen dreißiger Jahren machte die Raketenforschung für militärische Zwecke gute Fortschritte; 1933 flogen die ersten Flüssigkeitsraketen. Die Säuberungen unter Stalin brachten die Arbeiten jedoch noch vor dem Zweiten Weltkrieg zum Stillstand.

In Frankreich trat die Raketenforschung erst 1927 hervor. Robert Esnault-Pelterie war ihr wichtigster Vertreter und der Vater des Begriffs »Astronautik«. »REP« stiftete 1929 einen Internationalen Preis für die beste wissenschaftliche Arbeit auf dem Gebiet der Weltraumfahrtwissenschaft. Erster Preisträger war Hermann Oberth: ein seltenes Beispiel vorurteilsloser Wertschätzung zwischen Wissenschaftlern einst verfeindeter Nationen.

Zu erwähnen sind auch die Zusammenschlüsse von Weltraumenthusiasten in Österreich, die sich ab 1926 um die Zentralfigur Franz von Hoefft bildeten. Im Unterschied zu den deutschen und russischen konnten die österreichischen Gesellschaften aber nicht von der Theorie zur Praxis übergehen.

1 Otto Willi Gail, *Mit Raketenkraft ins Weltall*, Stuttgart 1928, S. 106.

2 Otto Willi Gail, Artikelreihe über Raketentechnik in *Illustrierte Technik / Das Industrieblatt Stuttgart / Illustrierte Motor-Zeitung* Jg. 5 Hefte 14. ff., hier Heft 19, 11. Mai 1928; München, Deutsches Museum, Bibliothek.

2.9.2

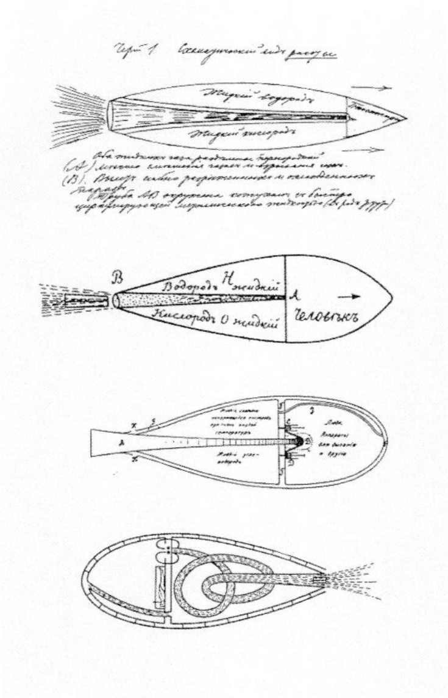

2.9.3

2.9.1 Visionärer Vorgänger: Der russische Forscher Konstantin E. Ziolkowski (1857 – 1935) hatte sich seit 1896 im Hinblick auf Probleme der Raumfahrt als erster mit den theoretischen Grundlagen des Raketenfluges auseinandergesetzt und dabei die Vorteile der Flüssigkeitsrakete erkannt. Seine ersten, ab 1903 in russischer Sprache erschienenen Texte blieben im westlichen Ausland bis 1925 unbekannt, übten aber großen Einfluss auf das russische Interesse an Raketen aus.
Porträtfoto Konstantin E. Ziolkowski
um 1932 / Kaluga, K. E. Ziolkowski-Raumfahrtmuseum

2.9.2 Ziolkowski interessierte sich für metallene Luftschiffe, ehe er sich konsequent den Raketen zuwandte.
Konstantin E. Ziolkowski zwischen selbstgebauten Luftschiffmodellen
Foto, um 1913 / Kaluga, K.E. Ziolkowski-Raumfahrtmuseum

2.9.6

2.9.3 Ziolkowskis Bemühungen blieben auf der theoretischen Ebene. Er durchdachte zwar die mit der Konstruktion flugfähiger Raketen verbundenen Probleme, führte aber keine Experimente durch.
Vier Schemazeichnungen für Raketen
Konstantin E. Ziolkowski, 1903 – 1915 / Kaluga, K. E. Ziolkowski-Raumfahrtmuseum

2.9.4 Die »Erste Weltausstellung von Modellen interplanetarischer Maschinen und Geräte« in Moskau 1927 belegt die internationalen Kontakte zwischen den Raketenforschern in den späten zwanziger Jahren. Fast ein Drittel der Exponate waren Modelle, Zeichnungen u. ä., denen Überlegungen von Raumfahrtforschern im westlichen Ausland zugrunde lagen.
»Erste Weltausstellung von Modellen interplanetarischer Maschinen und Geräte«
Foto, 1927 / Kaluga, K. E. Ziolkowski-Raumfahrtmuseum

L'EXPLORATION PAR FUSÉES
DE LA TRÈS HAUTE ATMOSPHÈRE
ET LA
POSSIBILITÉ
DES VOYAGES INTERPLANÉTAIRES
par R. ESNAULT-PELTERIE

CONFÉRENCE
faite à
l'Assemblée générale de la Société Astronomique de France
le 8 Juin 1927

AU SIÈGE DE LA SOCIÉTÉ ASTRONOMIQUE DE FRANCE
HOTEL DES SOCIÉTÉS SAVANTES
28, RUE SERPENTE, PARIS

1928

2.9.11

2.9.5 »Sie haben das Feuer entzündet, und wir wollen es nicht ausgehen lassen, sondern wir wollen den größten Traum der Menschheit erfüllen.« Ziolkowskis Rolle als Pionier der Raumfahrtidee wurde 1929 von Hermann Oberth anerkannt.
Gratulationsschreiben Hermann Oberths zu Ziolkowskis 72. Geburtstag, Berlin, 18. Oktober 1929 / Kaluga, K. E. Ziolkowski-Raumfahrtmuseum

2.9.6 Öffentlichkeitsscheuer Pionier: Robert H. Goddard (1882–1945) zog sich lieber in sein Labor zurück, als mit seinen zukunftsträchtigen Arbeiten die Aufmerksamkeit des Publikums zu suchen.
Porträtfoto Robert H. Goddard, 1937 / Washington, National Air and Space Museum

2.9.7 Goddard begann schon 1915/16 mit eigenen Raketenversuchen. Die daraus folgenden Erkenntnisse veröffentlichte er 1919 bei der Smithsonian Institution.
Robert H. Goddard, »A Method of Reaching Extreme Altitudes«, Washington (Smithsonian Institution), 1919 (1920) / Washington, National Air and Space Museum

2.9.8 Erster Start einer Flüssigkeitsrakete: Goddards Gerät von 1926 hatte äußerlich wenig Ähnlichkeit mit einer Rakete.
Robert H. Goddard mit seiner Flüssigkeitsrakete
Foto, 16. März 1926 / Washington, National Air and Space Museum

2.9.9 entfällt

2.9.10 Weitblickender Forscher und Mäzen: Robert Esnault-Pelterie (1881–1957) beschäftigte sich in Frankreich als erster mit der Raumfahrt. Er erwog schon 1912 den Einsatz der Kräfte, die sich aus der Atomspaltung gewinnen ließen.
Porträtfoto Robert Esnault-Pelterie aus: Die Rakete, Jg. 3, Heft 1, 1929 / München, Deutsches Museum, Bibliothek

2.9.11 1927 war auch Esnault-Pelterie zu dem Schluss gekommen, dass die Rakete ein Mittel zur Erforschung der Stratosphäre sein könne.
Robert Esnault-Pelterie, »L'Exploration par fusées de la très-haute atmosphère et la possibilité des voyages interplanétaires«, Paris 1928 / Feucht, Hermann-Oberth-Raumfahrt-Museum

2.9.12 Mit dem 1930 veröffentlichten Werk machte Esnault-Pelterie den Begriff »Astronautik« populär.
Robert Esnault-Pelterie, »L'Astronautique«, Paris 1930 / Feucht, Hermann-Oberth-Raumfahrt-Museum

2.9.13 Mit einem internationalen Preis wollten Esnault-Pelterie und André Hirsch die wissenschaftliche Beschäftigung mit der Raumfahrt fördern.
Satzungen des Internationalen Preises für die Weltraumwissenschaft (REP-Hirsch-Preis)
Paris, 1928 (?) / Feucht, Hermann-Oberth-Raumfahrt-Museum

2.9.14 Hermann Oberths herausragende Rolle unter den Raumfahrtforschern Europas wurde durch die einstimmige Zuerkennung des Preises bestätigt.
Handschriftliche Mitteilung Hermann Oberths an Johannes Winkler über die Zuerkennung des REP-Hirsch-Preises durch die Société Astronomique de France, 5. Juni 1929 / Feucht, Hermann-Oberth-Raumfahrt-Museum

2.10 Die Rakete als »Weltfriedenstaube«

Die friedliche Nutzung der Raketentechnik für den Verkehr und zur Erforschung des Weltraums stand in den zwanziger Jahren im Vordergrund der öffentlich geführten Diskussion. Der militärische Einsatz aber wurde von vielen mitbedacht, denn die Verwendung der Rakete als Trägersystem für Spreng- und Brandsätze im 19. Jahrhundert war unvergessen und im führenden deutschen Handbuch der Ballistik nachzulesen. In den technischen Ideen von Hermann Oberth entdeckten national gesinnte Geister um 1930 ein Mittel zur Wiederherstellung deutscher Weltgeltung.

Drei Vorschläge für die militärische Nutzung waren zuvor in der Raketenliteratur und in Zeitungen bereits diskutiert worden:

- Der von Oberth erdachte Weltraumspiegel war zur Bekämpfung militärischer Ziele zu nutzen.
- Oberths Fernrakete konnte Gas oder Sprengstoff in ferne Länder tragen.
- Eine Kurzstreckenrakete konnte künftig zur Abwehr feindlicher Flugzeuge und für den Luftkampf benutzt werden.

Schon Oberth hatte die Ambivalenz der Nutzung seiner Flüssigkeitsrakete wahrgenommen und mit ihrer Erörterung einen öffentlichen Diskurs eingeleitet.

Aus seinen Worten von 1923 über den Weltraumspiegel sprechen Ironie und Kapitalismuskritik, wenn er nach Aufzählung der militärischen Möglichkeiten – mit denen man »überhaupt den größten Schaden anrichten« könne – es für nicht ausgeschlossen hielt, »dass einer der Kulturstaaten bereits in absehbarer Zeit an die Ausführung dieser Erfindung geht, zumal sich auch im Frieden ein großer Teil des angelegten Kapitals verzinsen dürfte.«[1]

1929 bricht Fatalismus durch, wenn er in einem Abschnitt über »Das Raketengeschoß« »auf eine Sache zu sprechen [kommt], über die man nicht viel redet, an die man aber um so mehr zu denken scheint. Man hat schon von verschiedenster Seite bei mir angefragt, ob ich eine Rakete für möglich halte, die so 2000 – 3000 kg Blausäure oder sonst ein Giftgas im Kriegsfalle in die feindlichen Städte oder Stellungen zu tragen in der Lage sei.«[2] Als Mittel zur Vermeidung herkömmlicher blutiger Kriege befürwortete Oberth das Raketengeschoß, zumal er einen neuen Weltkrieg zwischen westlicher und östlicher Hemisphäre binnen zehn bis zwanzig Jahren für wahrscheinlich hielt: »Ich wünsche diese Waffe, weil ich den Frieden wünsche. Den Krieg kann man meines Erachtens nur dadurch verhindern, dass man Waffen schafft, vor denen die Allgemeinheit Respekt hat und mit denen sie nicht Bekanntschaft machen will.« Oberth formulierte damit erstmals die Strategie der Abschreckung, die das militärische Denken in der Zeit des Kalten Krieges und darüber hinaus beherrschen sollte.

1933 schließlich erörterte er in einem autobiographischen Text die Möglichkeit eines Raketenüberfalls auf New York als Beispiel für die »geradezu unheimlichen Aussichten für einen zukünftigen Krieg. Es wird möglich sein, mit einem einzigen riesigen Raketengeschoß ganze feindliche Städte zu zerstören, und all unsere heutigen Verteidigungsmittel werden dagegen machtlos sein. Aber vielleicht wird gerade die Möglichkeit so furchtbarer Waffen die Menschheit endlich zur Vernunft bringen.«[3]

Andererseits wusste Oberth von der Finanzierung des Startversuchs der Ufa-Rakete durch die Reichswehr und hielt es für gut, darüber zu schweigen. 1934 stellte er fest: »Wenn es nach mir gegangen wäre, so hätte Deutschland schon 1924 Kriegsraketen bauen und die Friedensdiktate umstossen können.«[4] Und der von Willy Ley im Herbst 1930 unter Oberths Namen veröffentlichte Artikel »Die drei Gesichter der Rakete«, in dem ein Raketenüberfall auf New York – im Vorgriff auf Oberths Exempel von 1933 – ins Bild gesetzt ist, bezeugt ebenso wie die deutschen Befürchtungen hinsichtlich Goddards, dass die militärische Option der Rakete seit den späten zwanziger Jahren unter den Forschern diskutiert wurde, spätestens wenn es um die Finanzierung der eigenen Arbeit ging.

Oberths Überlegungen fanden sofort Resonanz, wie das vielfältige Aufgreifen des Weltraumspiegels mit seinen beiden Nutzungsvarianten in der Raketenliteratur zeigt. Wahrscheinlich hatte er Recht mit der Vermutung, dass man über diese Seite der Rakete nicht viel rede, um so mehr aber daran zu denken scheine. Beflügelt wurden die Gedankenspiele mit dem Raketengeschoss zweifellos auch durch den erstmals 1928 geäußerten Verdacht, Robert Goddard arbeite in den USA an der Entwicklung einer Rakete für das Militär, die den Amerikanern in einem kommenden Kriege Überlegenheit verleihen würde. Dem galt es in Deutschland zuvorzukommen.

Oberths Aussagen über das Raketengeschoss wurden 1931 aufgegriffen in einem als Roman getarnten politischen »Aufklärungsbuch«, *Die Rakete als Weltfriedenstaube* von Arthur Baumgarten-Crusius. Trotz des einleitenden Aufrufs »Friedensfreunde aller Länder / helft den Krieg töten durch das Überkriegsmittel der Rakete« verkündete die *Weltfriedenstaube* keinen Pazifismus: Vielmehr warb sie für die Entwicklung der Rakete in Deutschland als Befreiungswaffe, um die Niederlage des Ersten Weltkriegs wettzumachen. »Alle Deutschen müssen mitarbeiten, um die Fesseln zu sprengen und eine Waffe zu schmieden, gegen die ihre derzeitigen Bedränger machtlos sind. Das ist der ewige Frieden, der einzige, auf den Verlaß ist. Das werden sogar vielleicht die deutschen Wolkenkuckucksheimer, die Allerweltspazifisten, einsehen.«[5]

Die *Weltfriedenstaube* war herausgegeben von einem ominösen *Verband der Raketen-Forscher und Förderer* in Leipzig, der es sich zur Aufgabe gemacht hatte, »den Raketenforschern hilfsbereite Gönner zu gewinnen, sowie möglichst weite Kreise über die Bedeutung der Raketenforschung für Deutschlands Zukunft aufzuklären«. Der Tenor der Buches lässt keinen Zweifel daran, dass die Bedeutung für Deutschland nicht in der Raumfahrt, sondern in der militärischen Option liegen sollte. Beim Militär bedurfte es solcher Aufklärung freilich nicht mehr: Das Heereswaffenamt war bereits an der Arbeit.

1 Hermann Oberth, *Die Rakete zu den Planetenräumen*, München 1923, S. 86.

2 Hermann. Oberth, *Wege zur Raumschiffahrt*, München / Berlin 1929, S. 202 ff.

3 Hermann Oberth in: Werner Brügel (Hg.), *Männer der Rakete*, Leipzig 1933, S. 51.

4 Schreiben Oberths an Major Dickhuth-Harrach, 11.4.1934, Freiburg i. B., Bundesarchiv / Militärarchiv RH 8/v. 1226.

5 Arthur Baumgarten-Crusius, *Die Rakete als Weltfriedenstaube*, Leipzig 1931, S. 144.

2.10.1 Hermann Oberth ersann einen Brennspiegel auf einer Erdumlaufbahn, dessen mögliche militärische Verwendung er schon 1923 erörterte. Mehrere Autoren griffen diese Idee auf und erkannten, dass ein solcher Spiegel dem Eigentümer-Staat eine Führungsrolle auf der Erde verleihen würde.
a) Hermann Oberth über die Verwendung des Brennspiegels im Orbit
aus: »Die Rakete zu den Planetenräumen«, München 1923, S. 88
b) Otto Willi Gail über Oberths Brennspiegel
aus: »Mit Raketenkraft ins Weltall«, Stuttgart 1928, S. 105 f.
c) Hermann Noordung (d. i. Potocnik) über Oberths Brennspiegel
aus: »Das Problem der Befahrung des Weltenraumes«, Berlin 1928, S. 162 f. / München, Deutsches Museum, Bibliothek (1910 A 349)

2.10.2 Hermann Oberth diskutierte 1929 »das Raketengeschoß«, das heißt eine ballistische Interkontinentalrakete. Er glaubte, dass sie künftige Kriege verhindern könne.
a) »Das Raketengeschoß«
aus: Hermann Oberth, »Wege zur Raumschiffahrt«, München/Berlin 1929, S. 202–205
b) Hermann Oberth über einen möglichen Raketenangriff auf New York
aus: Werner Brügel, »Männer der Rakete«, Leipzig 1933, S. 51 / Feucht, Hermann-Oberth-Raumfahrt-Museum

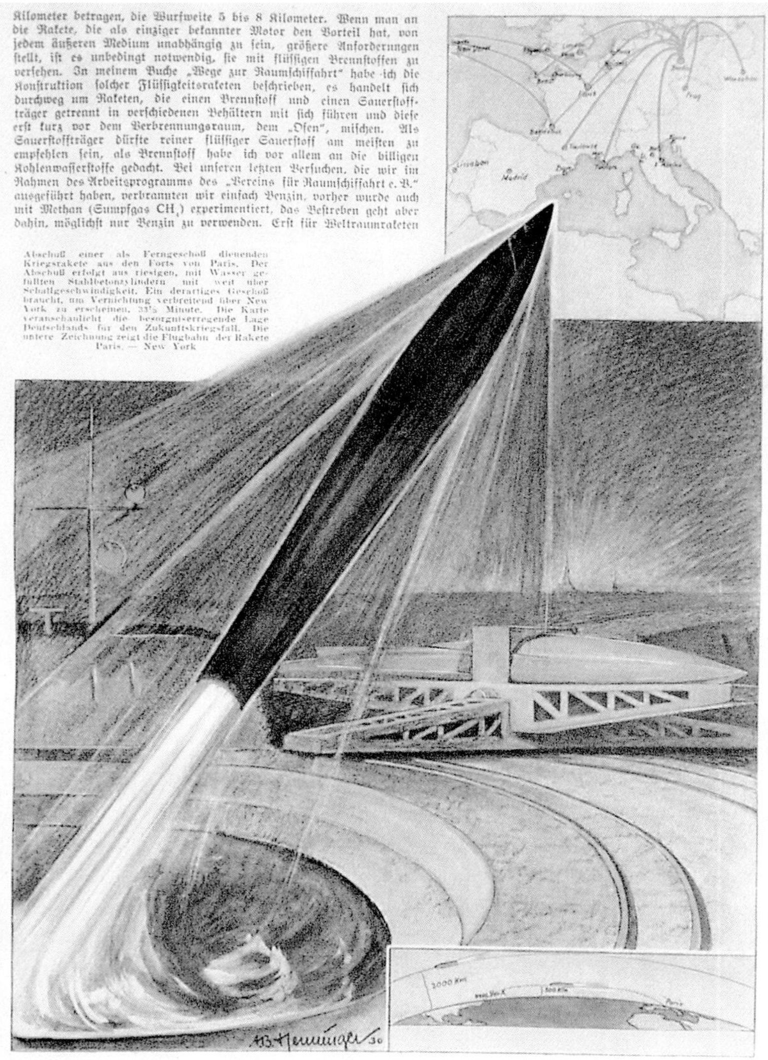

Kilometer betragen, die Wurfweite 5 bis 8 Kilometer. Wenn man an die Rakete, die als einziger bekannter Motor den Vorteil hat, von jedem äußeren Medium unabhängig zu sein, größere Anforderungen stellt, ist es unbedingt notwendig, sie mit flüssigen Brennstoffen zu versehen. In meinem Buche „Wege zur Raumschiffahrt" habe ich die Konstruktion solcher Flüssigkeitsraketen beschrieben, es handelt sich durchweg um Raketen, die einen Brennstoff und einen Sauerstoffträger getrennt in verschiedenen Behältern mit sich führen und diese erst kurz vor dem Verbrennungsraum, dem „Ofen", mischen. Als Sauerstoffträger dürfte reiner flüssiger Sauerstoff am meisten zu empfehlen sein, als Brennstoff habe ich vor allem an die billigen Kohlenwasserstoffe gedacht. Bei unseren letzten Versuchen, die wir im Rahmen des Arbeitsprogramms des „Vereins für Raumschiffahrt e. V." ausgeführt haben, verbrannten wir einfach Benzin, vorher wurde auch mit Methan (Sumpfgas CH_4) experimentiert, das Bestreben geht aber dahin, möglichst nur Benzin zu verwenden. Erst für Weltraumraketen

Abschuß einer als Ferngeschoß dienenden Kriegsrakete aus den Forts von Paris. Der Abschuß erfolgt aus riesigen, mit Wasser gefüllten Stahlbetonzylindern mit weit über Schallgeschwindigkeit. Ein derartiges Geschoß braucht, um Vernichtung verbreitend über New York zu erscheinen, 33⅓ Minute. Die Karte veranschaulicht die besorgniserregende Lage Deutschlands für den Zukunftskriegsfall. Die untere Zeichnung zeigt die Flugbahn der Rakete Paris. — New York

2.10.3 a

2.10.3 Aus Oberths Aussagen über einen künftig möglichen Beschuss New Yorks konstruierte Willy Ley die Vision von Abschuss und Einschlag der Interkontinentalrakete in New York.

Aus Silo startende Fernrakete / Raketenüberfall auf New York
2 Zeichnungen von A. B. Henninger, 1930
aus: Oberth (d. i. W. Ley), »Die drei Gesichter der Rakete«, in: Die Gartenlaube 1930, S. 887 ff. / München, Deutsches Museum, Bibliothek (Z B 1680)

2.10.3 b

2.10.4 Von »Friedenstauben«-Raketen à la Oberth als Träger starker Atemgifte erträumte sich ein deutscher Offizier 1931 die militärische Überlegenheit über die Sieger von 1918 und das ultimative Argument gegen die deutschen Pazifisten.

Arthur Baumgarten-Crusius über die Revanche mittels Raketen aus: »Die Rakete als Weltfriedenstaube«, Leipzig 1931, S. 115 f., 141, 144 / Feucht, Hermann-Oberth-Raumfahrt-Museum

2.10.5 Der Raketenflugplatz Berlin lockte das Publikum 1931 mit ferngesteuerten Flüssigkeitsraketen zur Flugabwehr und wies darauf hin, dass dies nicht gegen den Versailler Vertrag verstoße.
Rudolf Nebel, »Raketen schützen die Grenzen«
aus: Berliner Zeitung am Mittag, 10. April 1931 / München, Archiv K. H. Ingenhaag

2.10.6 Befördert wurden die deutschen Wünsche nach Entwicklung einer Kriegsrakete durch die fixe Idee, Robert Goddard konstruiere einen »Raketentorpedo« für die Vereinigten Staaten.
a) und b) Max Valier über Goddards Arbeiten
aus: »Raketenfahrt«, 2. Aufl. München 1930, S. 188
c) Otto Willi Gail über Goddards Arbeiten
aus: »Mit Raketenkraft ins Weltenall. Luft-Torpedos«, in: Illustrierte Technik H. 19, 11. Mai 1928, S. 60

3 Forschung für die Aufrüstung

Im Jahre 1929 wurde das Heereswaffenamt, die für Forschung, Erprobung und Beschaffung zuständige Dienststelle der Reichswehr, auf die Raketenszene aufmerksam. Oberst Dr. Karl Becker, ein ausgewiesener Artillerie-Fachmann, schlug dem Reichswehrminister Ende 1929 vor, die geringe Feuerkraft der deutschen Reichswehr – schwere Geschütze waren durch den Versailler Vertrag untersagt – mittels systematischer Entwicklung von Raketen zu verbessern. Diese Entwicklung ist im Rahmen der Rüstungspläne zu sehen, mit denen die Reichswehr seit etwa 1928 insgeheim die Beschränkungen des Friedensvertrages von Versailles unterlief.

Ende 1930 wandte sich das Heereswaffenamt offiziell der Raketentechnik zu. Durch systematische Studien hoffte man, neue Lösungen für die alten Probleme zu finden: den Mangel an Betriebssicherheit, Reichweite und Zielgenauigkeit. Zunächst beschäftigte man sich mit einer Verbesserung der Pulverrakete, die Giftgas in die feindlichen Linien tragen sollte. Auf dem Reichswehr-Schießplatz Kummersdorf südlich von Berlin entstand 1930 die »Versuchsstelle West« für Raketenforschung. Doch bald wurde auch der Flüssigkeitsantrieb wegen seiner höheren Leistung ins Visier genommen; Becker hatte schon 1930 von einer kreiselstabilisierten, eventuell ferngesteuerten »Präzisionsfernrakete« gesprochen.

Für die Entwicklung der Pulver-, bald auch der Flüssigkeitsraketen war ab 1931 Hauptmann Dipl. Ing. Walter Dornberger zuständig. Er sollte das Raketenprogramm bis zum Einsatz der V 2 gegen Westeuropa begleiten. Dornberger machte jedoch keinen Hehl daraus, dass die Initiative zur Entwicklung von Becker ausgegangen war. Seine Aufgabenstellung hat er 1943 in einer internen Denkschrift umrissen:

»Welches Ziel verfolgte das Heeres-Waffenamt mit seinen Arbeiten?

a) bei der Pulverrakete:

Es sollte die Brauchbarkeit der Pulverrakete für Kriegszwecke nachgewiesen, ihre Leistung studiert und ihre Beschaffung eingeleitet werden. Als Ziel war gestellt: Die Schaffung einer leichten, mit geringsten Mitteln herzustellenden Waffe, mit der es möglich sein sollte, Raketen mit möglichst großer Nutzlast im schlagartigen Feuerüberfall auf nicht zu große Flächenziele bis zu Entfernungen von 6-7 km zu verschießen.

b) bei der Flüssigkeitsrakete:

Nachweis ihrer Eignung für Fernkampfzwecke, Konstruktion und Bau erster Versuchsmuster. Die Beschaffung sollte in der Industrie erfolgen. Bei der Flüssigkeitsrakete steckte die Entwicklung noch ganz in den Kinderschuhen. Es handelte sich zunächst einmal darum, die Gesetze des Flüssigkeitsstrahlantriebes zu bestätigen, die Betriebssicherheit zu gewährleisten, der theoretischen Leistung in der Praxis möglichst nachzukommen und ein erstes Gerät zu schaffen, das als Versuchsmuster für weittragende Fernraketen dienen konnte. Es mußte ganz von vorne angefangen werden.«[1]

Die Ingenieure des Heereswaffenamts gingen anders an ihre Aufgabe heran als die privaten Raketenforscher. Sie setzten auf streng wissenschaftliches Vorgehen. Leistungsdiagramme lieferten die Grundlage für systematische Verbesserungen. Reklame war ihnen ein Gräuel, da die Entwicklung geheim bleiben sollte. Doch schon wegen der in der Weltwirtschaftskrise gebotenen Sparsamkeit wurde zunächst versucht, auf dem vorhandenen Wissen aufzubauen und mit Firmen und privaten Forschern zusammenzuarbeiten.

Bereits vor der offiziellen Einleitung des Raketenprogramms hatte das Heereswaffenamt 1930 Rudolf Nebel beim Startversuch der Ufa-Rakete und beim Aufbau des Berliner Raketenflugplatzes unterstützt. Im Herbst 1931 begann die Zusammenarbeit mit der Firma Heylandt in Berlin, wo Max Valiers Versuche mit einem Flüssigkeitsantrieb wiederaufgenommen worden waren – Heylandt arbeitete bis zum Herbst 1933 an Düsentests und der Entwicklung von Rückstoßmotoren. Im Sommer 1932 gab das Heereswaffenamt der Gruppe vom Raketenflugplatz noch einmal die Chance, ihre *Mirak 2* in Kummersdorf vorzuführen. Nach dem Fehlschlag beschloss man, die Entwicklung der Flüssigkeitsrakete mit eigenen Kräften durchzuführen und warb dafür den fähigsten Kopf aus Nebels Gruppe ab: Wernher Freiherr von Braun, Student des Maschinenbaus. Ihm folgte später Klaus Riedel nach. Nach Ende der Kooperation mit Heylandt übernahm man 1933 aus der dortigen Gruppe den Ingenieur Walter Riedel und stellte 1934 auch dessen Kollegen Arthur Rudolph ein. So flossen die praktischen Erfahrungen der beiden aktivsten Gruppen der Flüssigkeitsraketenentwicklung beim Heereswaffenamt zusammen.

Von Braun und eine kleine Mannschaft von Technikern begannen im Dezember 1932 in Kummersdorf-West systematische Versuche und Messungen mit Raketenantrieben. 1933 konstruierten sie als erste Rakete das Aggregat 1 (A 1), das allerdings nie flog. Doch das Aggregat 2 (A 2) startete Ende 1934 erfolgreich auf Borkum. Innerhalb von nur eineinhalb Jahren hatten Wernher von Braun und seine Helfer geschafft, wovon die Raketenfreunde ein Jahrzehnt lang geträumt hatten. Aber nicht die »Rakete zu den Planetenräumen«, sondern die neue Waffe für die Reichswehr war hiermit in Sicht. Und die »Machtergreifung« der Nationalsozialisten verschaffte dem Heereswaffenamt die notwendigen materiellen Voraussetzungen und das Monopol auf die Raketenentwicklung in Deutschland.

1 Walter Dornberger, *Denkschrift. Die Eigenentwicklung des Heeres-Waffenamtes auf dem Raketengebiet in den Jahren 1930 – 1943*, S. 9; Deutsches Museum Archiv (FA-Peen, Blaue Serie, 72/3).

3.1 Reichswehr und Rakete

3.1.1

3.1.1 Die treibende Kraft: Karl Becker, Chef der Abteilung für Ballistik und Munition im Heereswaffenamt, setzte für die Aufrüstung der Reichswehr auf Raketen.
General Karl Emil Becker (1879 – 1940)
Porträtfoto, um 1930 / Freiburg i. B., Bundesarchiv / Militärarchiv

3.1.2 Der Cheforganisator: Walter Dornberger war seit 1931 im Heereswaffenamt mit der Raketenentwicklung befasst und verantwortete den Aufbau der Forschungseinrichtungen in Kummersdorf und Peenemünde.
Generalmajor Dr. Ing. e. h. Walter Dornberger (1895–1980)
Porträtfoto, Walter Frentz, um 1944 / Berlin, Ullstein-Bilderdienst

3.1.3 Der wissenschaftlich-technische Leiter: Wernher von Braun war der wissenschaftliche Kopf der Entwicklung ballistischer Flüssigkeitsraketen, die mit seinem Eintritt in Kummersdorf 1932 begann.
Dr. Wernher von Braun, technischer Leiter der Raketenentwicklung
Porträtfoto, 1950er Jahre / Berlin, Ullstein-Bilderdienst

3.1.4 Die Fachleute des Heereswaffenamtes schätzten von Braun für die Vielfalt seines Könnens: die seltene Kombination von ausgezeichnetem physikalischen Wissen, Verständnis für technische Probleme und Fähigkeit zur Menschenführung.
Beurteilung über den Angestellten und Referenten Dr. phil. v. Braun von Horstig, Chef der Ballistischen und Munitionsabteilung, 19. Februar 1936 / Freiburg i. B., Bundesarchiv / Militärarchiv (RH 8/v.1941)

3.1.5 Für die Artilleristen des Heereswaffenamtes war die Kanone, die im Ersten Weltkrieg Sprenggranaten über 120 km verschossen hatte, der Maßstab für die Raketenentwicklung: Diese Leistung sollte übertroffen werden.
Die »Paris-Kanone«
Foto, 1918 / London, Imperial War Museum (Q 65799J)

3.1.6 Angeblich schon vor dem Eintritt ins Heereswaffenamt hatte der Ingenieur Dornberger Hermann Oberths neues Standardwerk zur Raketentechnik gelesen.
Hermann Oberth, Wege zur Raumschiffahrt, München 1929 (Reprint)

3.1.7 »Maßgebend ... für die Errichtung einer eigenen Versuchsstelle für Flüssigkeitsraketen auf dem Schießplatz Kummersdorf ... war die Geheimhaltung und der Wunsch, sich baldigst von der Verwendung des Flüssigkeitsstrahlantriebes für Kriegszwecke zu überzeugen.« Dem Heereswaffenamt gelang es im Dritten Reich, ein Monopol für die deutsche Raketenentwicklung zu erringen.
Walter Dornberger, Denkschrift. Die Eigenentwicklung des Heeres-Waffenamtes auf dem Raketengebiet in den Jahren 1930 – 1943, Druck, Berlin (?) 1944, S. 6-10 / München, Deutsches Museum, Archiv (FA-Peen, Blaue Serie, 72/3)

3.1.8 Die Arbeit an der Flüssigkeitsrakete in Kummersdorf begann mit der Konstruktion betriebssicherer und leistungsfähiger Rückstoßöfen, die durch den eigenen Brennstoff gekühlt wurden. Die künftige Serienfertigung wurde bei der Konstruktion mitbedacht.
Wernher von Braun, Die bisherige Entwicklung und der augenblickliche Stand der Arbeiten an der Flüssigkeitsrakete, Vermerk, 14. Dezember 1933 / München, Deutsches Museum, Archiv (FA-Peen, Blaue Serie, 42/0–42/5)

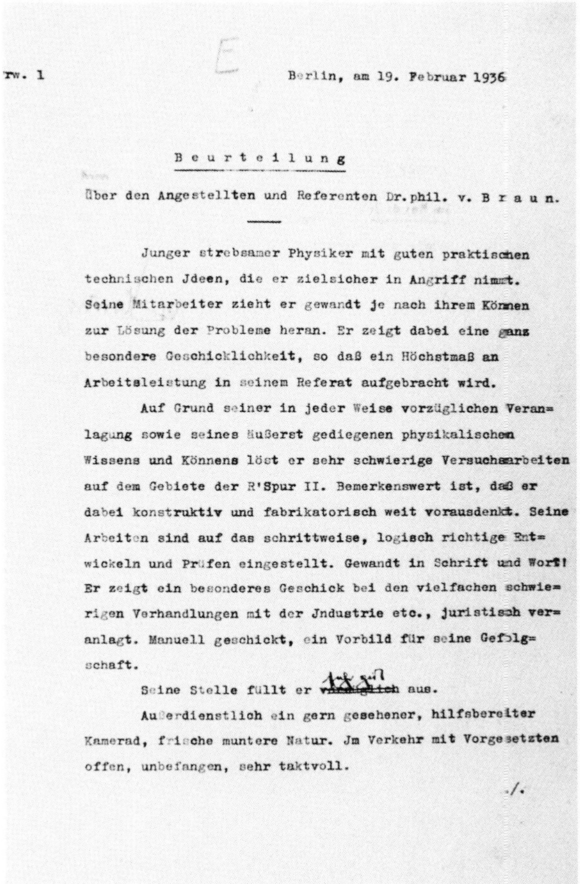

Tw. 1 Berlin, am 19. Februar 1936

Beurteilung

über den Angestellten und Referenten Dr. phil. v. B r a u n.

Junger strebsamer Physiker mit guten praktischen technischen Jdeen, die er zielsicher in Angriff nimmt. Seine Mitarbeiter zieht er gewandt je nach ihrem Können zur Lösung der Probleme heran. Er zeigt dabei eine ganz besondere Geschicklichkeit, so daß ein Höchstmaß an Arbeitsleistung in seinem Referat aufgebracht wird.

Auf Grund seiner in jeder Weise vorzüglichen Veranlagung sowie seines äußerst gediegenen physikalischen Wissens und Könnens löst er sehr schwierige Versuchsarbeiten auf dem Gebiete der R'Spur II. Bemerkenswert ist, daß er dabei konstruktiv und fabrikatorisch weit vorausdenkt. Seine Arbeiten sind auf das schrittweise, logisch richtige Entwickeln und Prüfen eingestellt. Gewandt in Schrift und Wort! Er zeigt ein besonderes Geschick bei den vielfachen schwierigen Verhandlungen mit der Jndustrie etc., juristisch veranlagt. Manuell geschickt, ein Vorbild für seine Gefolgschaft.

Seine Stelle füllt er ~~[illegible]~~ [illegible] aus.

Außerdienstlich ein gern gesehener, hilfsbereiter Kamerad, frische muntere Natur. Jm Verkehr mit Vorgesetzten offen, unbefangen, sehr taktvoll.

./.

3.1.4

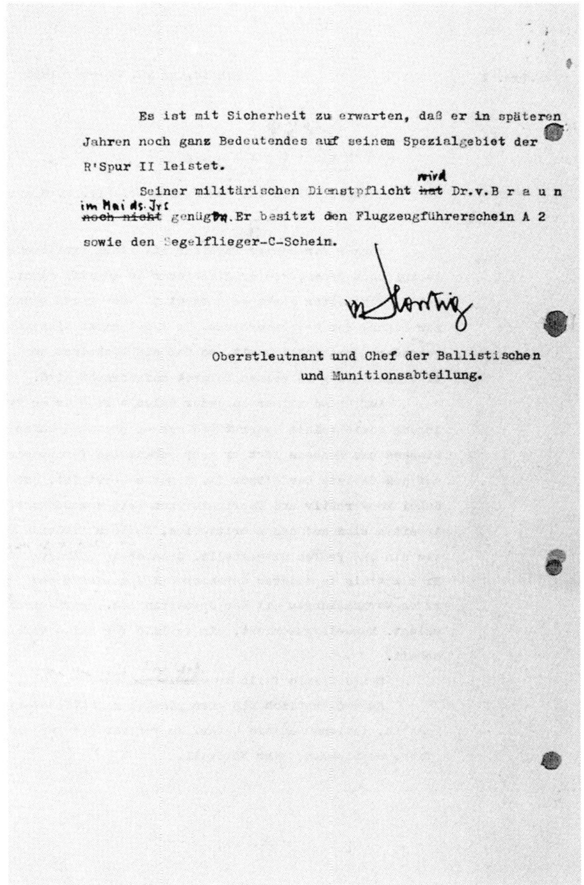

Es ist mit Sicherheit zu erwarten, daß er in späteren Jahren noch ganz Bedeutendes auf seinem Spezialgebiet der R'Spur II leistet.

Seiner militärischen Dienstpflicht ~~hat~~ wird Dr. v. B r a u n ~~noch nicht~~ im Mai ds. Jrs. genügen. Er besitzt den Flugzeugführerschein A 2 sowie den Segelflieger-C-Schein.

Oberstleutnant und Chef der Ballistischen und Munitionsabteilung.

3.1.4

3.1.9 Nach dem erfolgreichen Start des Aggregats 2 auf Borkum Ende 1934 kam beim Militär die Idee auf, ein kurzfristig verfügbares Geschoss für Reichweiten bis 50 km zu entwickeln. In Hinblick auf die geringe Zielsicherheit und die zu erwartende Störung der Entwicklungsarbeiten sprach von Braun sich dagegen aus.
Wernher von Braun, Denkschrift und Stellungnahme zu der Frage der Entwicklungsmöglichkeit eines heerestechnisch verwendbaren R II-Geräts mit Schwungmassenstabilisierung für Schussentfernungen von ca. 50 km, Berlin, 18. Januar 1935 / München, Deutsches Museum, Archiv (FA-Peen, Blaue Serie, 53/0)

3.1.10 Walter Dornberger war beim Heereswaffenamt auch für die Entwicklung von Werferraketen mit Feststofftreibsätzen zuständig, die ein Kaliber bis 40 cm erreichten. Der »Do-Werfer« wurde nach ihm benannt.
12 Stücke Werfer-Raketenschrott vom Schießplatz Kummersdorf, 1932 – 1944 / Leihgabe der Bürgervereinigung Kummersdorf-Gut e.V.

3.1.10

3.2 Prüfstand Kummersdorf

3.2.1

3.2.1 Die reichlich fließenden Gelder des deutschen Aufrüstungsprogramms gestatteten dem Heereswaffenamt die Anlage umfangreicher Prüfeinrichtungen in Kummersdorf, in denen die Entwicklung auf hohem technischen Niveau vorangetrieben wurde.
Modell des Prüfstandes 4 in Kummersdorf, Schwerin, 1999 nach Angaben Walter Riedels und Unterlagen der Bürgervereinigung Kummersdorf-Gut e. V., erstellt mit freundlicher Unterstützung des Fördervereins Peenemünde e.V.

3.2.2 In der Frühzeit der Raketenentwicklung erteilte das Heereswaffenamt Entwicklungsaufträge auch an private Firmen, die damit zum Stillschweigen verpflichtet wurden und gleichzeitig ihr technisches Know-how weitergeben mussten.
Triebwerksprüfstand in Kummersdorf mit Triebwerk der Firma Heylandt, Berlin
Foto, wohl 1932 / München, Deutsches Museum, Archiv (BN 16 780)

3.2.3 Die wirtschaftlichen Schwierigkeiten der frühen dreißiger Jahre veranlassten eine Reihe fähiger Raketenbastler, in die Raketenentwicklung des Heeres einzutreten: so Arthur Rudolph, Mitarbeiter von Heylandt und Valier, sowie Klaus Riedel, der Techniker vom *Raketenflugplatz Berlin*.
Triebwerksprüfstand in Kummersdorf mit Triebwerk von Arthur Rudolph
Foto, 1934 / München, Deutsches Museum, Archiv (BN 42 133)

3.2.4 Bis die Prüfstände in Peenemünde einsatzbereit waren, spielte sich ein großer Teil der Triebwerksentwicklung und Erprobung des Aggregats 3 (Entwurf 1935) in Kummersdorf ab.
Aggregat 3 auf dem Prüfstand 4 in Kummersdorf
Foto, um 1936 / München, Deutsches Museum, Archiv (FA-Peen, Blaue Serie, 31-5)

3.2.5 Die Triebwerksentwicklung bildete das wichtigste Tätigkeitsfeld Wernher von Brauns in Kummersdorf.
Übersicht über Raketentriebwerke der Entwicklung in Kummersdorf
Blaupause, Mitte der dreißiger Jahre / Feucht, Hermann-Oberth-Raumfahrt-Museum (Archiv Wiemer, Nr. 17)

3.2.6 Wernher von Braun gelang es, die physikalischen Probleme des Raketentriebwerks auch theoretisch zu durchdringen.
Wernher von Braun, Gang der Berechnung eines Raketenofens für flüssige Treibstoffe, 1. April 1935 (Ausschnitt) / München, Deutsches Museum, Archiv (FA-Peen, Blaue Serie, 53/6)

3.2.7 Mit einer Präsentation des Entwicklungstandes versuchte das Heer Anfang 1939 vergeblich, Adolf Hitler vom herausragenden Wert seines Raketenprogramms zu überzeugen.
Adolf Hitler zu Besuch in Kummersdorf
Foto, März 1939 / München, Deutsches Museum, Archiv (BN 23672)

3.2.8 Von der Raketenentwicklung in Kummersdorf zeugen heute nur noch wenige, als Schrott erhaltene Fragmente.
Düsenfragment eines Raketenofens, wohl Typ 2 W 1
Aluminium eloxiert, um 1933 (?) (Abformung) / Leihgabe der Bürgervereinigung Kummersdorf-Gut e.V.

3.2.9 Fundstücke aus dem Kummersdorfer Raketengelände zeigen, dass es bei der Triebwerkserprobung zu zahlreichen Pannen und Zwischenfällen kam.
a) Stein mit aufgesintertem Metall
b) abgeschmolzener Stahl /
Leihgaben der Bürgervereinigung Kummersdorf-Gut e.V.

3.2.4

4 Die Versuchsanstalten von Peenemünde

Voraussetzung für die Gründung der Versuchsanstalten von Peenemünde war die offene Aufrüstung des NS-Staates seit 1935. Für einige Jahre standen Mittel in kaum beschränkter Höhe bereit. Wehrmacht und Luftwaffe beschlossen im Sommer 1935 den Bau eines gemeinsamen Entwicklungszentrums für Rückstoßantriebe. Das Heer wollte seine Fernraketen, die Luftwaffe Flugzeugantriebe, Starthilfen und Raketen für den Luftkampf entwickeln. Angesichts der Reichweite dieser Geräte und des Wunsches nach strikter Geheimhaltung waren Schießplätze im Landesinneren – wie in Kummersdorf – dafür nicht mehr geeignet.

Den passenden Ort an der Ostsee fand Wernher von Braun um die Jahreswende 1935/36. Die zunächst anvisierte Prorer Wiek auf Rügen hatte sich eben die Deutsche Arbeitsfront für ihr »Seebad der 20 000« gesichert. Aber der Peenemünder Haken, die einsame nördliche Spitze der Nachbarinsel Usedom, bot vergleichbare Voraussetzungen: ein leicht abzusperrendes Gelände, 400 Kilometer freie Schussbahn vor der deutschen Küste und mit der vorgelagerten Greifswalder Oie eine Insel, auf der man unbeobachtet Raketen starten lassen konnte. Noch 1936 begann auf Usedom eine hektische Bautätigkeit. Die Baudienststellen der Luftwaffe schufen eine großzügig dimensionierte Forschungs- und Erprobungsanstalt auf höchstem technischen Niveau, begleitet von den für Tausende von Mitarbeitern notwendigen Wohnsiedlungen. Im Frühjahr 1937 konnten die ersten Einrichtungen bezogen werden.

Als Hitler den Krieg begann, umfasste Peenemünde drei räumlich und organisatorisch getrennte Einrichtungen. Im so genannten *Werk Ost* entwickelte das Heer unter der technischen Leitung Wernher von Brauns seine Raketen. Im *Werk West* erprobte die Luftwaffe, nachdem die Kooperation mit dem Heer sich als schwierig erwiesen hatte, von der Rüstungsindustrie entwickelte Geräte mit Rückstoßantrieb wie den später als V 1 bekannt gewordenen Flugkörper Fi 103 – teilweise in deutlicher Konkurrenz zur Heeresrakete. In der heute auch als *Werk Süd* bezeichneten Fertigungsstelle Peenemünde schließlich wollte das Heer die Rakete A 4 produzieren. Die Entscheidung für die Produktionsstätte samt zugehörigen Prüfständen und Sauerstofffabriken war schon im Herbst 1938 gefallen, lange bevor die Tauglichkeit des A 4 erwiesen war: Nach der Serienreife – damaliger Planung zufolge sollte es 1943 so weit sein – wollte das Heer ohne Verzögerung mit der Serienfertigung beginnen können. Vor allem die Fertigungsstelle und die zugehörigen Einrichtungen waren bei Kriegsbeginn noch in den Anfängen.

Hitler glaubte lange nicht, dass die Rakete in seinem Krieg noch eine Rolle spielen würde. Nach einem Vortrag Dornbergers im August 1941 stellte der »Führer« zwar fest, »daß diese Entwicklung von revolutionierender Bedeutung für die Kriegsführung der ganzen Welt sei«, hielt aber nur einen Masseneinsatz »von Hunderttausenden von Geräten pro Jahr« für sinnvoll.[1] Er wollte erst den praktischen Beweis für die theoretischen Leistungen der Rakete in den Händen halten. So begann ein zermürbender Kampf um Prioritäten, Arbeitskräfte und Baustoffe, in dem die Heeresleitung stets mehr versprach, als sie leisten konnte. Schützenhilfe fand sie in Albert Speer, dem Generalinspekteur für die Reichshauptstadt, dem zu Kriegsbeginn die Planung der Bauten in Peenemünde übertragen wurde. Speer war von den fast gleichaltrigen Raketenbauern beeindruckt und glaubte an die Zukunft der Rakete. Als Fritz Todt, der Generalbevollmächtigte für die Bauwirtschaft, auch in Peenemünde auf die Beachtung der kriegsbedingten Einschränkungen des Bauwesens drang, stellte Speer sich vor das Projekt. Auch als Munitionsminister förderte er die Rakete, vertrat allerdings für die Fertigung ein anderes Konzept: Statt in den Händen des Heeres sollte die Produktion bei der in Fertigungsfragen erfahreneren Rüstungsindustrie liegen.

Erst als die Kriegslage 1943 kritisch wurde und die Rakete schließlich flog, ließ Hitler sich von den steten Mahnungen des Heeres umstimmen und gab mit Zuweisung der höchsten Dringlichkeitsstufe endgültig grünes Licht für die Serienfertigung. Speers Protokoll der Besprechung vom 8. Juli 1943 hält fest: »Der Führer legt nochmals fest, daß die A IV mit allem Nachdruck zu fördern ist. – Er hält dies für eine – mit verhältnismäßig geringen Mitteln durchführbare – kriegsentscheidende und die Heimat entlastende Maßnahme.«[2]

Jedoch: Bevor die Serienfertigung der Rakete in Peenemünde und bei den Zeppelin-Werken in Friedrichshafen richtig anlief, hatte die britische Aufklärung die geheimen Einrichtungen entdeckt. Der Luftangriff der Royal Air Force vom 17./18. August 1943 zeigte, dass Peenemünde nicht länger unverwundbar war – und erzwang die sofortige Verlegung der Produktion in bombensichere Stollenanlagen in Mitteldeutschland, während Forschung und Entwicklung auf der Insel blieben. Der Tod unzähliger Zwangsarbeiter angesichts unmenschlicher Produktionsbedingungen (für deren technische Überwachung Peenemünde zuständig blieb) verbindet sich daher in der Erinnerung eher mit dem Komplex von Mittelwerk und dem Konzentrationslager Dora bei Nordhausen, mit SS und deutscher Rüstungsindustrie. Nur infolge des britischen Luftangriffs konnte der Mythos entstehen, Peenemünde sei ein Ort reiner Wissenschaft gewesen. Wäre es nach dem ursprünglichen Konzept der Verantwortlichen gegangen, wären alle Raketen unter Aufsicht der Ingenieure in Peenemünde selbst hergestellt worden.

Schon vor dem Abbruch der Serienfertigung in Peenemünde waren Heer und Luftwaffe wieder näher aneinandergerückt. Seit Herbst 1942 wurden frei werdende Entwicklungskapazitäten für das Projekt einer Flugabwehrrakete *Wasserfall* eingesetzt, mit der die Bomberflotten der Alliierten bekämpft werden sollten. Schon 1944 zeichnete sich jedoch ab, dass dieses Projekt zu spät zum Einsatz kommen würde. Erst gegen Ende des Krieges erkannten die Verantwortlichen, dass die Entscheidung für eine rein offensive Zielsetzung der deutschen Rückstoßwaffen strategisch falsch gewesen war.

1 Aktennotiz Dornberger vom 21. Aug. 1941, abgedruckt bei Michael J. Neufeld, *Die Rakete und das Reich*, Berlin 1997, S. 168-171.

2 München, Institut für Zeitgeschichte (Mikrofilm MA 217, S. 1428 ff.).

4.1 Organisation

Am Beginn der »Versuchsstelle Peenemünde«, wie die ursprüngliche Bezeichnung für die Zwillingsanstalt mit *Werk Ost* und *Werk West* lautete, stand 1935/36 ein Bündnis zwischen Heer und Luftwaffe zur gemeinsamen Entwicklung von Rückstoßantrieben für Flugzeuge und ballistische Raketen. Doch die Zusammenarbeit funktionierte schlecht. Das Beharren des Heeres auf eigener Entwicklungstätigkeit hinderte die Luftwaffe an der bewährten Kooperation mit der Industrie. Zum 1. April 1938 verselbständigte die Luftwaffe daher ihre Einrichtungen als *Versuchsstelle der Luftwaffe Peenemünde West*, während das Heer seinen Rumpfbetrieb in *Heeresversuchsstelle Peenemünde* umbenannte. Erst bei der Entwicklung von Luftabwehrraketen kam es 1943 zu einer neuen Zusammenarbeit zwischen den beiden Waffengattungen.

In dem von Hitler entfesselten Weltkrieg wurden alle nicht kriegsnotwendigen Projekte zurückgestellt: Die Entwicklungsarbeit an der Rakete A 4 war dadurch nicht direkt gefährdet, aber es wurde für das Heer schwierig, den immensen Bedarf für den Aufbau der *Fertigungsstelle* für das A 4 zu decken. Überdies wurde der Termin für die Serienreife zeitweilig auf 1941 vorgezogen. Schließlich geriet das vom Heer verfolgte Prinzip, »alles unter einem Dach« zu haben, Entwicklung und Produktion der Raketen also in Eigenverantwortung durchzuführen, immer mehr in die Kritik der Organisationsfachleute. Rüstungsminister Albert Speer schaltete sich ein und verfügte Ende 1942 einen mit Spezialisten aus der Industrie besetzten »Sonderausschuß A 4«, der die Massenfertigung organisieren sollte. Damit sicherte sich das Munitionsministerium die Herrschaft über die Fertigung.

Aus Tarnungsgründen wurde die *Heeresanstalt Peenemünde*, wie der Zusammenschluss der Entwicklungs- und der Produktionseinrichtung des Heeres (Werke Ost und Süd) seit Januar 1942 hieß, zum 1. Juni 1943 umbenannt in *Heimat-Artillerie-Park 11, Karlshagen*. Nach dem britischen Luftangriff vom 17./18. August 1943 wurde die Fertigung ganz nach Mitteldeutschland verlegt und der reichseigenen *Mittelwerk GmbH* übertragen, die mit einer stetig wachsenden Zahl von Zulieferern arbeitete. Analog dazu wurde das Aerodynamische Institut (Windkanal) in das sichere Kochel in Oberbayern verlagert und in *Wasserbauversuchsanstalt GmbH* umgetauft. In Peenemünde blieb nur die nach wie vor dem Heer unterstellte Entwicklung, die allerdings auch die Fertigung im Mittelwerk zu überwachen hatte. Nach dem Attentatsversuch auf Hitler vom 20. Juli 1944, in den zahlreiche hohe Offiziere verwickelt waren, verlor das Heer endgültig die Kontrolle über seine

Raketenanstalt: Sie wurde am 1. August 1944 privatisiert als *Elektromechanische Werke Karlshagen GmbH*. Die geplante Verlegung der Raketenentwicklung in eine Stollenanlage in Oberösterreich kam nicht mehr zur Ausführung.

Über die Zahl der in Peenemünde Beschäftigten werden unterschiedliche Angaben gemacht. Dornberger sprach nach dem Krieg von 17 000 Arbeitskräften. Doch relativiert sich diese Zahl angesichts der kontinuierlichen Bauarbeiten bis in den Krieg hinein. Im Herbst 1939 waren 5000 Bauarbeiter eingesetzt und das Heereswaffenamt verlangte für den beschleunigten Aufbau der Fertigungsstelle 9000 weitere. Zur Unterbringung dieser Kräfte wurden große Barackenlager angelegt, unter anderem ein großes Arbeiterlager der Deutschen Arbeitsfront gegenüber der Siedlung in Karlshagen, in dem ab Herbst 1941 das *Versuchskommando Nord* untergebracht wurde. Dieses umfasste Techniker aus dem Heer, die in Peenemünde zur Deckung des Facharbeitermangels in Entwicklung und Fertigung gemäß ihrer zivilen Qualifikation eingesetzt wurden. Andererseits wurden zunehmend Forschungskapazitäten deutscher Technischer Hochschulen in den Bannkreis der Raketenforschung gezogen.

Zur Kontrolle dieser Menschenmassen im unübersichtlichen Gelände wurde ein System von Sicherheitszonen eingerichtet, zu denen unterschiedliche Plaketten Zugang gewährten.

4.1.1

4.1.5

4.1.1 Walter Dornberger war bis Herbst 1943 der unbestrittene Chef von Peenemünde, verlor die Verfügungsgewalt dann aber schrittweise an das Rüstungsministerium und die SS.
Generalmajor Walter Dornberger im Arbeitszimmer in Peenemünde
Foto, 1944 / München, Deutsches Museum, Archiv (BN 30958)

4.1.2 Das Oberkommando der Wehrmacht erklärte sein »Vorhaben Peenemünde« bei Beginn des Zweiten Weltkriegs für »besonders vordringlich«, um Entwicklung und Fertigung der Raketen wie geplant weiterführen zu können.
Erlass zur Vordringlichkeit des Vorhabens Peenemünde im Krieg (Abschrift)
Oberkommando der Wehrmacht, 15. September 1939 / Freiburg i. B., Bundesarchiv / Militärarchiv (RH 8/v. 1244)

4.1.3 Durch das vorrangige Interesse der Ingenieure an weiterer Forschung und Entwicklung sah Dornberger schon Anfang 1942 das ganze Raketenprojekt bedroht: »Also entweder Entwicklung + Massenfertigung oder rücksichtslose Einstellung jeder weiteren Arbeit auf diesem Gebiet. ... Wir sind eine militärische Dienststelle mit der klaren Aufgabe der Entwicklung und Massenbeschaffung des A 4 in kürzester Zeit.«
Vermerk über die Panne mit A 4 auf Prüfstand I
Walter Dornberger, 5. Februar 1942 / München, Deutsches Museum, Archiv (FA-Peen, Blaue Serie, 64/6)
vgl. S. 348 f.

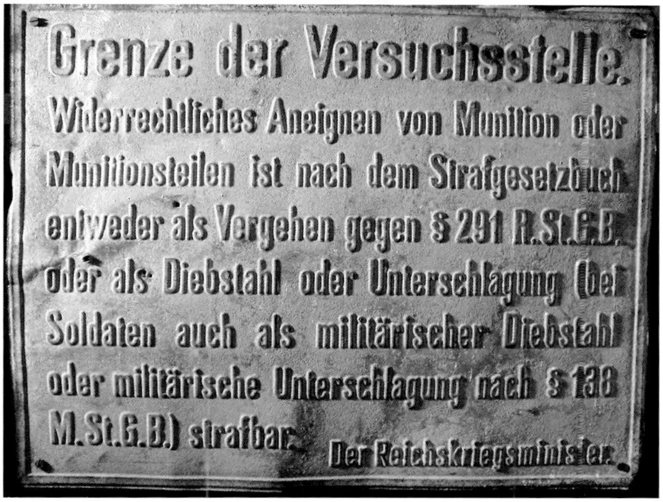

4.1.6 a

4.1.6 b

4.1.4 Mit dem Beschluss zur Errichtung der Fertigungsstelle für zunächst 1500 Raketen pro Jahr war das Bauprogramm im Herbst 1938 fast verdoppelt worden – unter den Bedingungen der Kriegswirtschaft eine schwere Hypothek für die Finanzierung von Peenemünde.
Die Fertigungsstelle Peenemünde. Vortrag anlässlich der Abteilungschefvorführung am 7.6.1939
Ministerialrat Godomar Schubert, 7. Juni 1939 / Freiburg i. B. Bundesarchiv / Militärarchiv (RH 8/v. 1206, 65–68)

4.1.5 Das Vorhaben Peenemünde band im Kriege Tausende von Arbeitskräften, die an der Front und in anderen Produktionen fehlten.
Gefolgschaftsappell der Heeresversuchsanstalt in der Fertigungshalle F 1
Foto, 18. Juni 1943 (?) / Freiburg i. B., Bundesarchiv / Militärarchiv (RH 8/ v. 1764)

4.1.6 Peenemünde war militärisches Sperrgebiet. Die Sperrzone auf der Insel wurde 1939 bis zu Kontrollstellen an der Wolgaster Brücke und in Lüttenort nahe Zempin ausgedehnt.
2 Hinweisschilder auf die Grenze der Versuchsstelle Peenemünde
Blech, 1937/44 / Peenemünde, HTI

4.1.7 Die Komplexe von Peenemünde waren in Sicherheitsbereiche aufgeteilt. Für jede Zone gab es eigene Plaketten und Ausweise. Nur hochrangige Arbeitskräfte hatten Zutritt zu allen Zonen.
7 Plaketten und 1 Tagesausweis für die Zugangsberechtigung zu den Sicherheitszonen von Peenemünde
Aluminium, 1938 – 1944

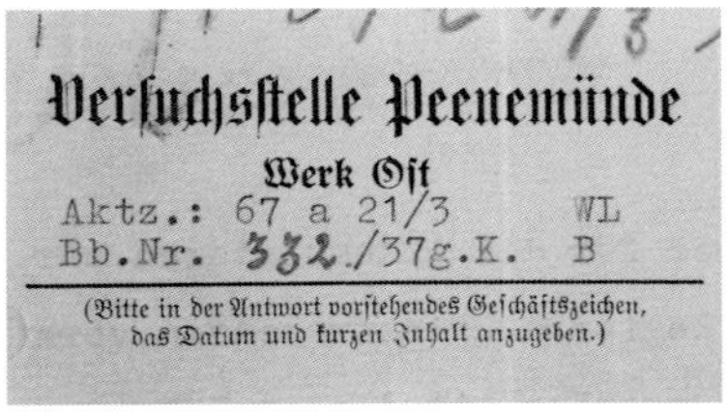

4.1.8 a

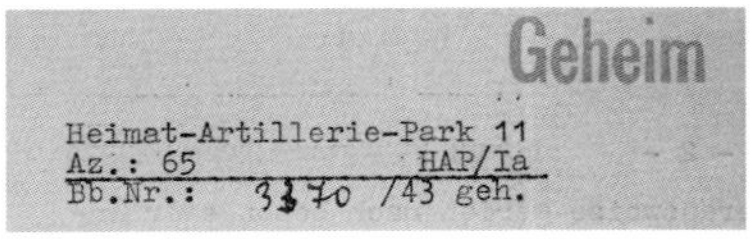

4.1.8 e

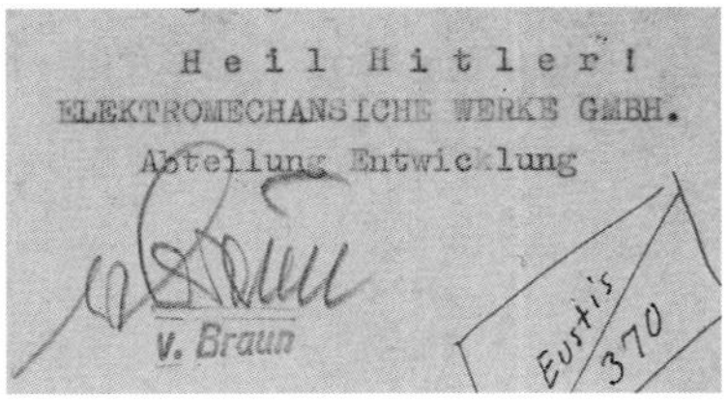

4.1.8 f

4.1.8 Die Heeresversuchsstelle Peenemünde (»Werk Ost«) wechselte mehrfach die Bezeichnung. Ab 1. Juni 1943 hieß sie aus Tarnungsgründen »Heimat-Artillerie-Park 11«. Nach dem Attentat auf Hitler vom 20. Juli 1944 wurde die Entwicklungsabteilung dem Heer entzogen und in eine GmbH umgewandelt.
Bezeichnungen der Heeresversuchsstelle und ihrer Rechtsnachfolger
a) Versuchsstelle Peenemünde – Werk Ost
b) dass., Stempel
c) Heeresversuchsstelle Peenemünde – Werk Ost (Brief)
d) Heeresanstalt Peenemünde Entwicklungswerk
e) Heimat-Artillerie-Park 11, Karlshagen/Pommern
f) Elektromechanische Werke Karlshagen GmbH / München, Deutsches Museum, Archiv

4.1.9 a

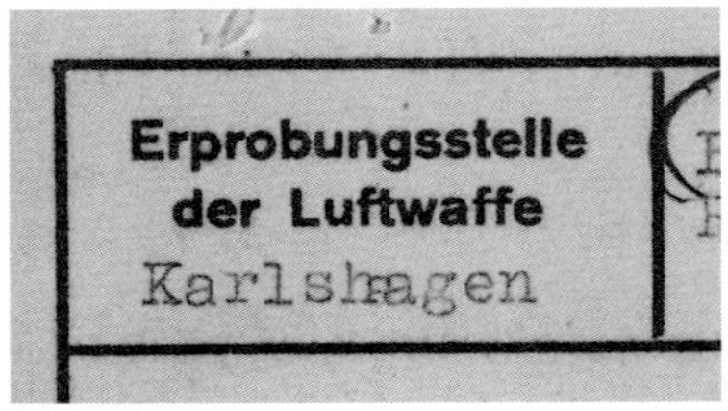

4.1.9 b

4.1.9 Auch die Versuchsstelle der Luftwaffe (»Werk West«) wechselte nach Erlangung der organisatorischen Selbständigkeit zum April 1938 noch einmal die Bezeichnung, als sie ab September 1942 zur »Erprobungsstelle« zurückgestuft wurde. Die Flakversuchsstelle war das Verbindungsglied zum Entwicklungswerk Peenemünde-Ost, als dort Flugzeugabwehrraketen entwickelt wurden.
Bezeichnungen der Versuchsstelle der Luftwaffe
a) Versuchsstelle der Luftwaffe Peenemünde-West
b) Erprobungsstelle der Luftwaffe – Karlshagen
c) Flakversuchsstelle der Luftwaffe, Karlshagen/Pommern / München, Deutsches Museum, Archiv

4.1.10 Selbst die Fernsprechverzeichnisse der Peenemünder Einrichtungen waren als geheim eingestuft.
Klemmhefter für ein Fernsprechverzeichnis der Heeresversuchsstelle Peenemünde
1938 – 1943

4.1.11 Die Fernsprechverzeichnisse des Entwicklungswerks und des Versuchsserienwerks (Fertigung) zeugen von der Arbeitsteilung zwischen den beiden Einrichtungen des Heeres.
a) Fernsprechverzeichnis der Heeresversuchsstelle Peenemünde, August 1942
b) Fernsprechverzeichnis des Versuchsserienwerks Peenemünde, Mai 1942 / Privatbesitz

4.1.12 Das Fernsprechverzeichnis von Peenemünde-West lässt die hohe Personalstärke der Luftwaffeneinrichtung erahnen.
Fernsprechverzeichnis der Erprobungsstelle der Luftwaffe Peenemünde-West
3. Ausgabe, 15. Februar 1942 / Privatbesitz

4.1.13 Vor allem in den Kriegsjahren arbeiteten die Raketentechniker von Peenemünde zur Lösung schwieriger physikalischer Fragen in großem Umfang mit Technischen Hochschulen zusammen. Das Programm der Darmstädter Tagung vom September 1942 zeigt, dass beim ersten erfolgreichen Start des A 4 viele wichtige Fragen noch nicht zufriedenstellend geklärt waren.
Programm der VP-Hochschultagung Darmstadt zu elektrotechnischen Fragen des A 4, 29.9. – 1.10.1942
Peenemünde, 18. September 1942 / München, Deutsches Museum, Archiv (FA-Peen, Blaue Serie, 64/6)

4.2 Infrastruktur

Technische Anlagen, Wohnbauten, Verkehr

Peenemünde lag abgeschirmt in der Einsamkeit bewaldeter Dünen und sumpfiger Wiesen. Im April 1936 erwarb das Reich den Wolgaster Stadtwald an der Nordspitze der Insel für die Versuchsanstalten. Alles musste hier aus dem Boden gestampft werden: industrielle Anlagen, Verkehrs- und Versorgungseinrichtungen, Siedlung und Arbeitslager für Tausende Mitarbeiter und Hilfskräfte. Das Heer träumte zunächst von einem Forschungszentrum, das die Durchführung eines ganzen Waffenprogramms gestatten würde.

Die Architekten der Bauleitung planten großzügig für die Zukunft. Als im Krieg der Streit um den Weiterbau entbrannte, erklärten Baufachleute der Organisation Todt Peenemünde für ein Paradies, das Abstriche vertragen könne.

Ab Ende 1938 wurde das Programm aufgestockt. Das Heer beschloss, seine zukunftsträchtige Waffe nicht der Industrie zu überlassen, sondern sie in eigener Regie herzustellen. Die Planung der Fertigungsstelle begann 1939 und stellte gewaltige neue Anforderungen an die Infrastruktur: Elektrifizierung der Werkbahn, Fernheizung für die Fertigung, Kraftwerke für Sauerstoffproduktion und Werkbahn, neue Prüfstände für die Kalibrierung der Raketenöfen. In diesem Zusammenhang wurde auch das Dorf Peenemünde aufgekauft und größtenteils abgesiedelt – an seine Stelle traten Hafen, Kraft- und Sauerstoffwerk. Für die Arbeitskräfte der Serienproduktion plante das Büro Speer 1941 zusätzlich zu der Wissenschaftlersiedlung bei Karlshagen eine Musterstadt für 16 000 Menschen zwischen Trassenheide und Zinnowitz. Fertiggestellt wurde davon aber nur das Bauarbeiterlager, in dem später ausländische Zwangsarbeiter untergebracht wurden.

Der größte militärindustrielle Komplex in Deutschland blieb im Krieg unvollendet. Mit dem Luftangriff von 1943 begann die Auflösung, da die Serienfabrikation auf der Insel endgültig verworfen werden musste.

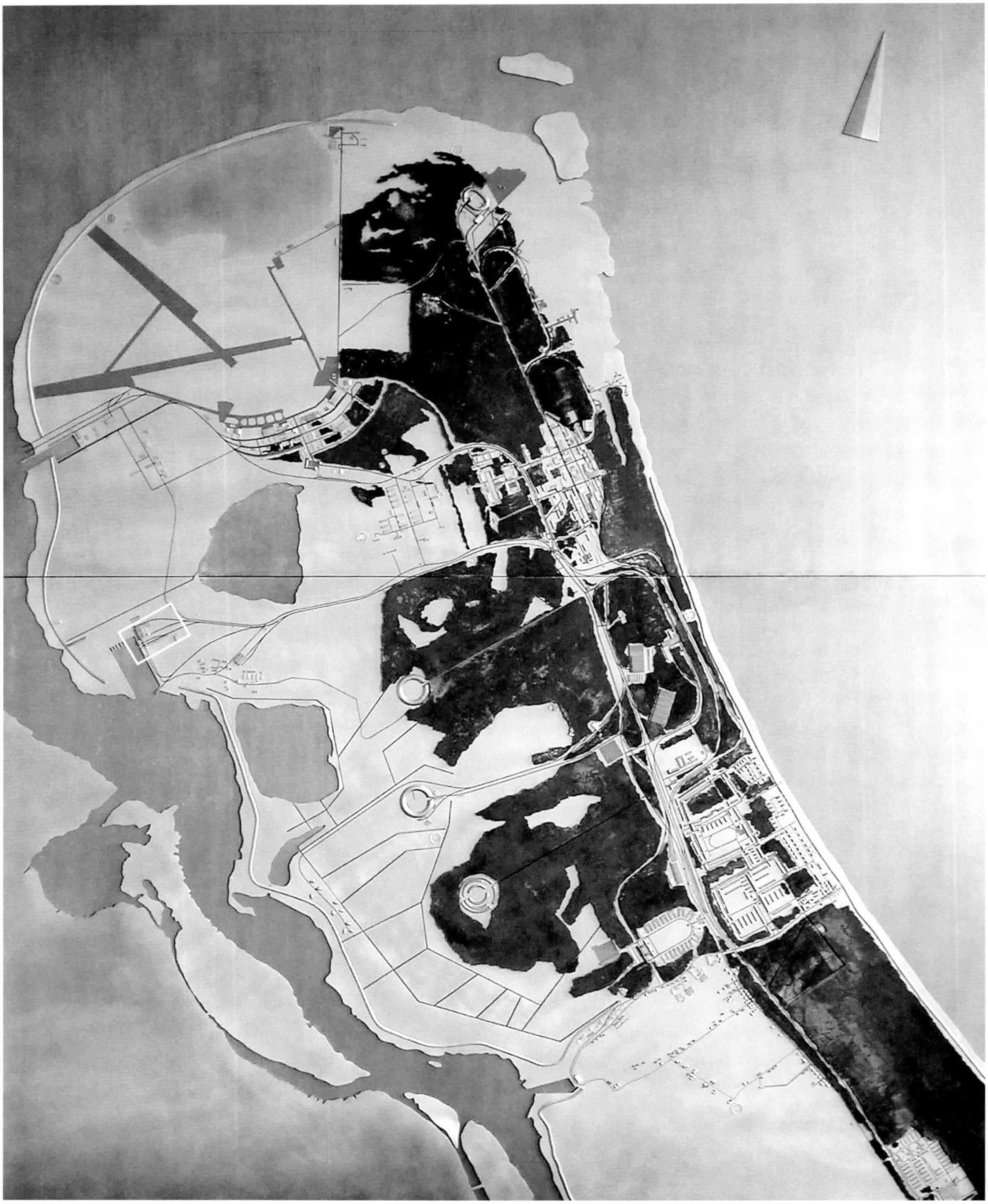

4.2.1 Rechteck Mitte links: Kraftwerk Peenemünde mit Museum

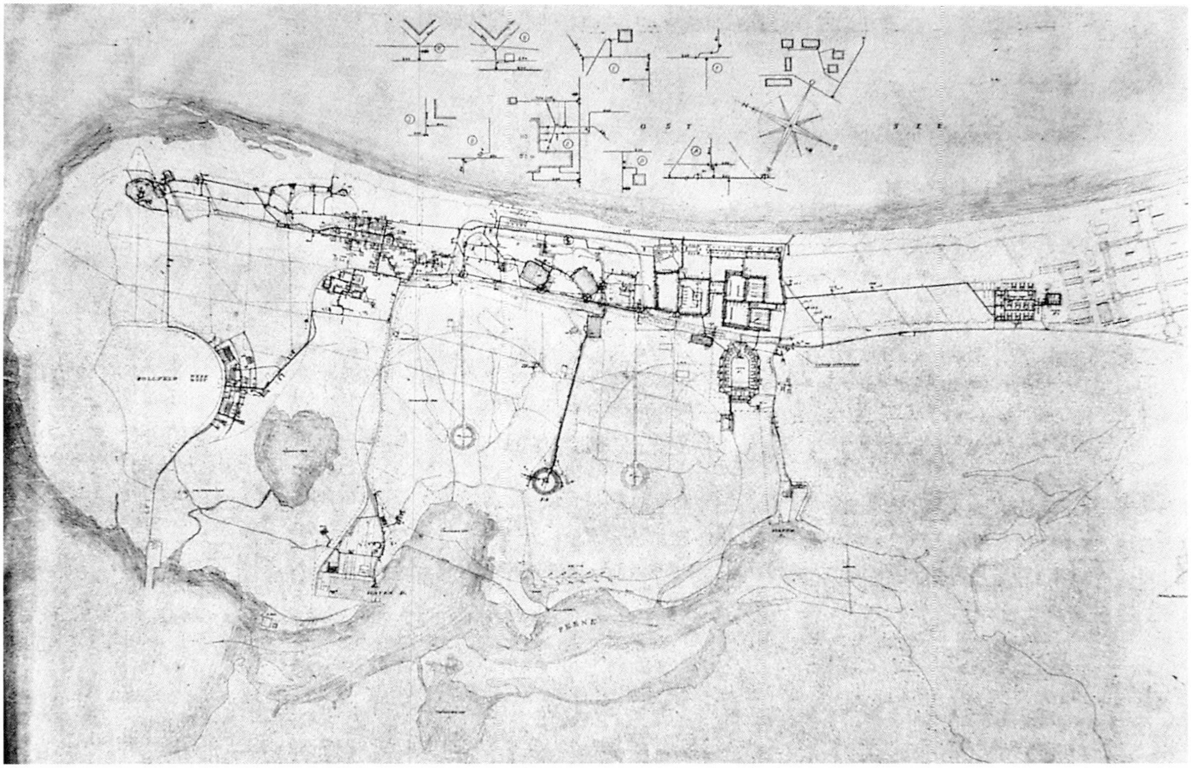
4.2.2

4.2.1 Wegen der schwierigen Bodenverhältnisse erstreckte sich die Gesamtanlage von Peenemünde über viele Quadratkilometer. Die meisten Bauten lagen auf dem trockenen bewaldeten Dünenstreifen entlang der Ostsee. Zwischen den Baukomplexen lagen Wald, Wiesenflächen und Ödland. Ein Teil dieser Flächen wurde land- und forstwirtschaftlich genutzt.
Übersichtsmodell der Anlagen von Peenemünde
Maßstab 1:3000 / Modellbau Voigt & Hopf, Leezen (Schwerin)

4.2.2 *Gesamtplan der Anlagen von Peenemünde mit Leitungsnetz*
Zeichnung, 1944 / München, Deutsches Museum, Archiv (BN 06877)

4.2.3 Für die Bauleitung errichtete man 1936/37 Fachwerkbauten im Stil norddeutscher Bauernhäuser. Es blieben die einzigen Bauten im »Heimatstil« in Peenemünde.
Gebäude der Bauleitung Peenemünde
Foto, 1937 / Archiv Botho Stüwe, Fürth

4.2.4 Eine Aufnahme britischer Luftaufklärer zeigt die Vielzahl der technischen Bauten, die in Peenemünde-Ost zur Entwicklung der Raketen errichtet wurden.
Das Entwicklungswerk Peenemünde am 20. Mai 1943
Luftaufnahme / Washington, National Archives

4.2.5 Die technischen Bauten von Werk Ost zeigten den sachlichen Stil moderner Fabrikarchitektur.
Fabrikhalle unter Bäumen
Foto, um 1938 / München, Deutsches Museum, Archiv (Peen-Bild, O. 1, Bl 132)

4.2.6 Nur wenige Bauteile des Entwicklungswerks wurden künstlerisch ausgestaltet.
Eingang zum Werkstofflabor des Entwicklungswerks
Foto, um 1938 / München, Deutsches Museum, Archiv (Peen-Bild, O. 12, Bl. 131)

4.2.7 Der große Prüfstand VII für Test und Start der Großraketen wurde wohl erst zusammen mit der Fertigungsstelle geplant und im Sommer 1942 fertiggestellt.
Prüfstand VII – Vogelschau (Foto nach Perspektivdarstellung)
Baugruppe Schlempp – Planungsabteilung der DAF, 1941 (?) / München, Deutsches Museum, Archiv (BN 47478)

4.2.8 Mit einem Kasinogebäude wurden auch die leiblichen und sozialen Bedürfnisse der oberen Ränge berücksichtigt.
Wirtschaftsgebäude für Offiziere und Angestellte
Foto nach Entwurf, Bauleitung Peenemünde, um 1937 / München, Deutsches Museum, Archiv (Peen-Bild-Album)

4.2.9 Die Anlagen der Luftwaffe in Peenemünde-West zeigten in den Verwaltungsbauten Anklänge an den Klassizismus, in den Zweckbauten dagegen moderne Architektur.
Versuchsstelle der Luftwaffe Peenemünde-West:
Wache, Verwaltung, Flugzeughalle
3 Fotos, um 1938 / München, Deutsches Museum, Archiv (BN 14 172, 14 177, 14 176)

4.2.10 Im Krieg wurden in Peenemünde-West gemäß den offiziellen Richtlinien nur noch Behelfsbauten errichtet.
Versuchsstelle der Luftwaffe Peenemünde-West:
Baracken der Technischen Kompanie
Foto, Juni 1943 / Archiv Botho Stüwe, Fürth

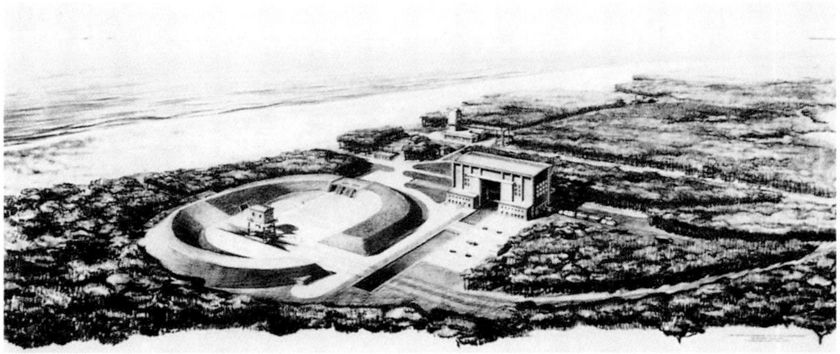
4.2.7

4.2.11

4.2.11

4.2.11

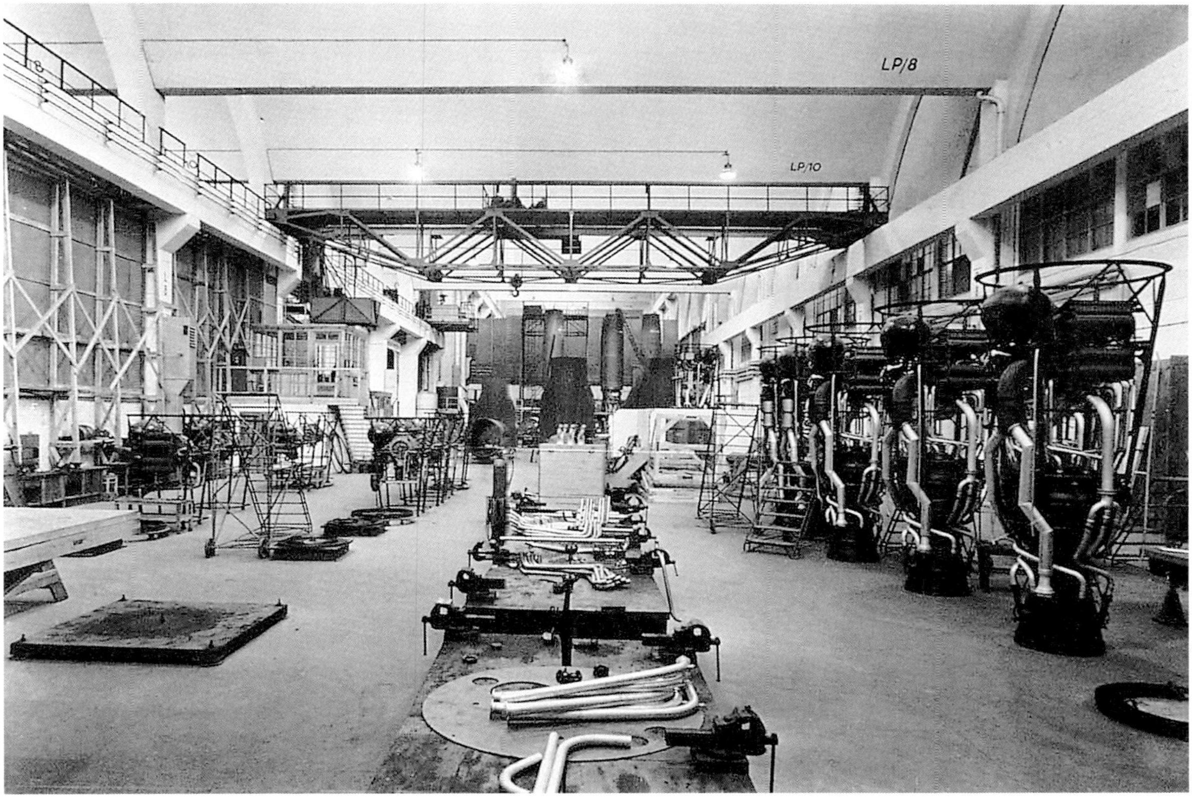

4.2.12

4.2.11 Für die Fertigungsstelle Peenemünde und die damit verbundenen Infrastruktureinrichtungen hatten die Architekten kurz vor dem Krieg großzügig und sachlich geplant. Die Verwirklichung dieser Pläne stieß im Krieg auf Schwierigkeiten.
Heeresversuchsstelle Ost: Entwürfe für technische Bauten: Fertigungshalle F 1, Holzbearbeitungswerkstatt, Werkbahn-Wagenhalle, Umspannwerk UW II
4 Fotos nach perspektivischen Darstellungen
Baugruppe Schlempp-Planungsabteilung der DAF, 1941 (?) / München, Deutsches Museum, Archiv (BN 47 471, 47 503, 47 509, 47 484)

4.2.12 Die gewaltige Fertigungshalle F 1 für das A 4 nach der Verlegung der Produktion 1943: viel Platz statt hektischer Betriebsamkeit.
Versuchsserienwerk: Inneres der Fertigungshalle F1
Foto, 1944 / München, Deutsches Museum, Archiv (BN 9656)

4.2.13 Den Haupteingang zur Wissenschaftlersiedlung bildete ein Torbau mit klassizistischen Anklängen und dem Symbol der nationalsozialistischen Bewegung.
Tor der Siedlung Peenemünde (»Brandenburger Tor«)
Foto, 1940 / München, Deutsches Museum, Archiv (Peen-Bild 622/40)

4.2.14 *Tor der Siedlung Peenemünde (»Brandenburger Tor«)*
Foto nach Entwurfszeichnung, Bauleitung der Luftwaffe, wohl 1936 / München, Deutsches Museum, Archiv (Peen-Bild-Album)

4.2.15 Der Hauptplatz der Siedlung sollte mit Gemeinschaftsbauten in leicht klassizistischen Stilformen besetzt werden.
Entwurf für den Hauptplatz der Siedlung Peenemünde
Foto nach Perspektivdarstellung, Bauleitung Peenemünde, um 1937 / München, Deutsches Museum, Archiv (Peen-Bild-Album)

4.2.16 Eine Fahnenhalle am Hauptplatz: Würdeformen der nationalsozialistischen Ideologie sollten auch im Zentrum von Peenemünde präsent sein.
Blick von der Fahnenhalle der Siedlung zum Strand
Entwurfszeichnung der Bauleitung der Luftwaffe, um 1936
nach einer zeitgenössischen Publikation / Peenemünde, HTI (Archiv Priewe 556/30)

4.2.17 Die Anlage der Siedlung lehnte sich an das Ideal der »Gartenstadt« an.
Entwurf zur Erweiterung der Siedlung Peenemünde
Foto nach Perspektivdarstellung Baugruppe Schlempp–Planungsabteilung der DAF, 1941 (?) / München, Deutsches Museum, Archiv (BN 47 501)

4.2.18 Mit versetzten Fluchten und architektonischen Schlusspunkten wurden in der Siedlung lebendige und abwechslungsreiche Straßenbilder erzielt.
a) Entwurf zur Straße B der Siedlung Peenemünde
Foto nach Entwurfszeichnung, Bauleitung der Luftwaffe, wohl 1936
München, Deutsches Museum, Archiv (Album Peen-Bild)
b) Straße B in der Siedlung Peenemünde
nach einer zeitgenössischen Publikation / Peenemünde, HTI (Archiv Priewe 557/50)

4.2.19 Für Familien wurden in den Außenbereichen der Siedlung Reihen- und Doppelhäuser angelegt.
Häuser der Siedlung Peenemünde
2 Fotos, um 1940 / München, Deutsches Museum, Archiv (Peen-Bild, O. 1, Bl. 126 f.)

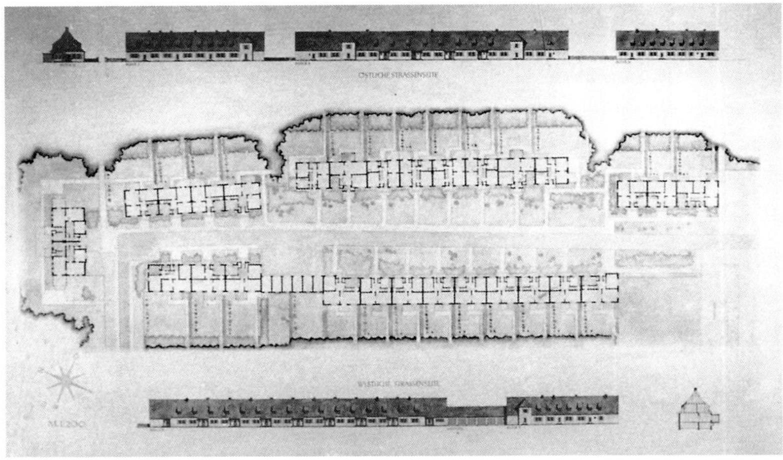

4.2.18 a

4.2.20 Für soziale Zwecke der Belegschaft wurde das Strandhotel des alten Badeortes Karlshagen umgestaltet.
Kameradschaftsheim der Heeresversuchsstelle Peenemünde
Foto, 1940 / München, Deutsches Museum, Archiv (Peen-Bild 619/40)

4.2.21 »Klare Organisation der Wohngemeinschaft«: Die von Albert Speer und Heinrich Eggerstedt 1941 für die Erweiterung der Heeresanstalten konzipierte neue Stadt zwischen Trassenheide und Zinnowitz wurde in der Propaganda mehrfach als Musterstadt des Dritten Reichs vorgestellt. Gebaut wurde nur das Bauarbeiterlager Trassenheide, in dem bald darauf Zwangsarbeiter aus dem Osten untergebracht wurden.
Professor Speer baut an der Ostsee eine neue Stadt
Zeitungsausschnitt aus: Das 12 Uhr Blatt, Berlin, 26. November 1941
Freiburg i.B., Bundesarchiv / Militärarchiv (RH8/v.1208b, Bl. 400)

4.2.22 *Stadt X. für 20 000 Einwohner*
Heinrich Eggerstedt und Büro der DAF, 1941
Reproduktion aus: Deutsches Architektenblatt, Nr. 1/1988

4.2.23 Peenemünde besaß eine eigene Werkbahn für Güter- und Personenverkehr. Aus Sicherheitsgründen wurden die Hauptstrecken 1943 elektrifiziert und der Personenverkehr auf Schnelltriebwagen entsprechend der Berliner S-Bahn umgestellt.
Elektrischer Schnelltriebwagen der Werkbahn Peenemünde
Foto um 1943 / Archiv Botho Stüwe, Fürth

4.2.24 Da die Greifswalder Oie während der gesamten Tätigkeitszeit der Heeresversuchsanstalt als Startplatz für Raketen diente, verfügte die Heeresversuchsanstalt auch über eine Flotte von Fähren und Motorbooten.
a) Transport einer »Wasserfall« per Fähre zur Greifswalder Oie
Foto, 1944 / München, Deutsches Museum, Archiv (Peen-Bild 366/44)
b) Überfahrt zur Greifswalder Oie mit dem Motorboot
Foto, undatiert / Koblenz, Bundesarchiv (78/Anh. 20/1)

4.3 Technologische Durchbrüche Triebwerk, Überschallflug, Steuerung

Zwischen dem kleinen A 2, das 1934 auf Borkum gestartet war, und dem 1936 entworfenen großen A 4 lagen enorme technische Probleme: die Konstruktion eines Triebwerks für 25 Tonnen Schub (das heißt das 17-fache der bisherigen Höchstleistung), das Flugverhalten insbesondere im Überschallbereich, sowie die Konstruktion leistungsfähiger Lenk- und Steuerungssysteme für eine Entfernung von rund 300 Kilometern. Für die Lösung dieser anspruchsvollen Fragen kooperierte Peenemünde mit Spezialisten technischer Hochschulen, baute aber auch eigene Forschungsteams auf.

Die Konstruktion eines leistungsfähigen Triebwerks war vor allem das Verdienst des Chemikers Walter Thiel. Er fand neue Lösungen für Brennkammer- und Düsenform sowie für Vorkammern zur besseren Vernebelung des Brennstoffs. Das Triebwerk des A 4 mit seinen 18 »Töpfen« und Kühlung durch einen Treibstofffilm war im September 1941 fertig.

Für die Frage des Flugverhaltens im Überschallbereich kooperierte man zunächst mit der Technischen Hochschule Aachen. 1936 setzte von Braun den Bau eines eigenen Windkanals durch, mit 4,4 Mach Luftgeschwindigkeit damals der weltweit stärkste. Unter Rudolf Hermann war das *Aerodynamische Institut* das wissenschaftliche Herzstück von Peenemünde, in dem die strömungsgünstigsten Formen entwickelt wurden.

Für die Steuerung setzte man auf Kreisel, deren Fliehkräfte in Rudersignale verwandelt werden sollten. Schwierigkeiten mit der Industrie führten 1939 zum Aufbau einer eigenen Abteilung für Steuerung unter Ernst Steinhoff. Dieser betreute auch die Entwicklung des Leitstrahlverfahrens, mit dem der Raketenkurs durch einen Funk-Richtstrahl stabilisiert wurde.

4.3.1 Zu Prüfzwecken wurden im Mittelwerk gefertigte Raketen nach Peenemünde gebracht und dort abgeschossen.
A 4 mit Tarnbemalung in der Fertigungshalle F 1 in Peenemünde
Foto, 1944 / München, Deutsches Museum, Archiv (BN 9675)

4.3.1a Nach dem erfolgreichen Start vom 3. Oktober 1942 bedurfte es noch vieler weiterer Tests, bis die vielen Bestandteile des A 4 so aufeinander abgestimmt waren, dass die Rakete fehlerfrei arbeitete.
Startvorbereitung A 4 Versuchsmuster 5 im Prüfstand VII
Foto, 21. Oktober 1942 / München, Deutsches Museum, Archiv (Peen-Bild 351/42)

4.3.1

4.3.2 Das Aggregat 3 war die erste in Peenemünde erprobte, vor allem in der Steuerung noch unvollkommene Rakete.
Schnitt des Aggregats A 3
Foto nach Zeichnung, 1937 / München, Deutsches Museum, Archiv (BN 14833)

4.3.3 Für das Aggregat 4 wurde im Hinblick auf die gegenüber A 3 17-fache Leistung grundlegende Entwicklungsarbeit notwendig. Nach dem erfolgreichen Start vom 3. Oktober 1942 arbeitete Peenemünde weiter an der Verbesserung und der Vereinfachung für die Serienproduktion.
Schnittdarstellung des Aggregats A 4 mit vereinfachtem Brennkammerkopf (»Mischdüse«)
Foto nach Zeichnung, August 1942 / München, Deutsches Museum, Archiv (BN 09206)

4.3.4 Das nur für Erprobungszwecke konstruierte Aggregat A 5 baute auf dem A 3 auf, lehnte sich aber in der Form an das bereits entworfene A 4 an.
Schnittdarstellung des Aggregats A 5
Foto nach Zeichnung, 1939 / München, Deutsches Museum, Archiv (BN 14835)

4.3.5 Aggregat 3 war die erste in Peenemünde erprobte Rakete. Bei den Versuchsflügen zeigte sich, dass die Probleme von Aerodynamik und Steuerung noch nicht hinreichend beherrscht wurden.
Aggregat A 3
Modell, Maßstab 1:8 / Modellbau HPH Ltd., Kutna Hora, 1997

4.3.9

4.3.6 Da die beim Übergang vom A 3 zum größeren A 4 zu lösenden Fragen vielfältig waren, konstruierte man zunächst ein Versuchsmodell A 5, mit dem Flug- und Steuerungsversuche vorgenommen wurden.
Erprobungsrakete Aggregat A 5
Modell, Maßstab 1:8 / Berufsförderungszentrum e. V., Torgelow, 2000

4.3.7 Mit dem Aggregat 4 gelang der Mannschaft um Wernher von Braun die Konstruktion einer flugtüchtigen Rakete großer Leistung, aber sehr komplizierter Konstruktion.
Ballistische Fernrakete A 4 / V 2
Modell, Maßstab 1:8 / Modellbau HFH Ltd., Kutna Hora, 1997

4.3.8 Die Flugzeugabwehrrakete *Wasserfall* baute aus Zeitgründen auf den aerodynamischen Erkenntnissen für das A 4 auf.
Flugzeugabwehrrakete C 2
»Wasserfall«
Modell, Maßstab 1:8 / Modellbau HFH Ltd., Kutna Hora, 1997

4.3.9 Die richtige Durchmischung von Brennstoff und Oxydationsmittel war ein Grundproblem für die Leistung des Raketenantriebs. Walter Thiel löste dies durch die Einführung von 18 Vorkammern (»Töpfen«), in denen die Bestandteile verwirbelt wurden.
Kopf einer Brennkammer für A 4
Aluminium
Heeresversuchsanstalt Peenemünde, 1942 (?)

4.3.10

4.3.10 Für die großen Flüssigkeitsmengen, die in den Brennkopf gepumpt werden mussten, wurde eine Hochleistungspumpe mit Dampfturbine konstruiert.
Turbopumpe für die Treibstoffförderung des A 4, aufgeschnitten
Firma Odesse, Ludwigshafen, um 1940 / Leihgabe der Technischen Hochschule Karlsruhe

4.3.11 Die Turbopumpe wurde nach dem Walter-Prinzip angetrieben: Die chemische Zersetzung von Wasserstoffperoxid mit Hilfe von Kaliumpermanganat erzeugte Wasserdampf für die Turbine.
Behälter für T-Stoff (Wasserstoffperoxid) für A 4
1940 – 1944

4.3.12 Im Sauerstofftank erzeugte ein Wärmeaustauscher, der die Verdampfung des flüssigen Sauerstoffs beförderte, den nötigen Druck.
Wärmeaustauscher für A 4
Heeresversuchsstelle Peenemünde, 1942
Leihgabe des Hermann-Oberth-Raumfahrt-Museums, Feucht

4.3.13 Die Hauptsteuerung der Rakete erfolgte durch bewegliche Ruder, die in den Gasstrahl des Antriebs hineinragten. Während der Brennzeit war damit eine von der Dichte der Atmosphäre unabhängige Steuerung möglich.
Strahlruder für A 4 in Aufhängung
1942/44

4.3.14 Da die Strahlruder extremen Temperaturen ausgesetzt waren, fand für sie hochtemperaturfestes Graphit Verwendung.
Strahlruder für A 4
Graphit, gepresst

4.3.15 *Antrieb des Aggregats 4, Baureihe BS, Ausführung A – schematische Übersicht*
Zeichnung, 1944 / München, Deutsches Museum, Archiv (BN 12563)

4.3.16 Für das Triebwerk des Aggregats 4 mit 25 Tonnen Schub entwickelte Walter Thiel eine völlig neue Form, die noch heute bei Raketenantrieben Verwendung findet.
Die Triebwerksingenieure: Walter Thiel (2. v. r.) und seine Mitarbeiter vor dem Start von A 4 Versuchsmuster 3
Foto, 16. August 1942 / München, Deutsches Museum, Archiv (R 158/6)

4.3.17 Thiel stützte sich bei seinen Entwicklungen auf wissenschaftliche Zuarbeit durch Spezialisten an deutschen Technischen Hochschulen.
Bericht über die Entwicklungsarbeiten auf dem Triebwerksgebiet 1940
Walter Thiel, 8. Januar 1941 (Auszug) / München, Deutsches Museum, Archiv (GD 600.5.175)

4.3.18 Thiel verkürzte die langen Brennkammern von Brauns und optimierte damit die Leistung des Raketenantriebs.
Arbeiter mit Raketenofen der von W. Thiel entwickelten Form
Foto, 1944 / München, Deutsches Museum, Archiv (BN 39667)

4.3.19 Für die komplizierten Bauteile musste eine möglichst günstige und leicht zugängliche Anordnung in der Rakete gefunden werden.
a) Einbau der T-Anlage für die Turbopumpe
Foto nach Zeichnung, 1944 / München, Deutsches Museum, Archiv (BN 9299)
b) Antrieb für A 4 und Turbopumpe auf dem Prüfstand
Foto, 1942 / München, Deutsches Museum, Archiv (Peen-Bild 262/42)

4.3.16

4.3.22 Mit Hilfe einer speziellen Schlierenkamera wurden die Luftströmungen an den im Windkanal erprobten Modellen dokumentiert.
Schlierenfoto mit Modell des Aggregats 4
Foto, um 1940 / München, Deutsches Museum, Archiv (NL P. Wegener, Mappe 6)

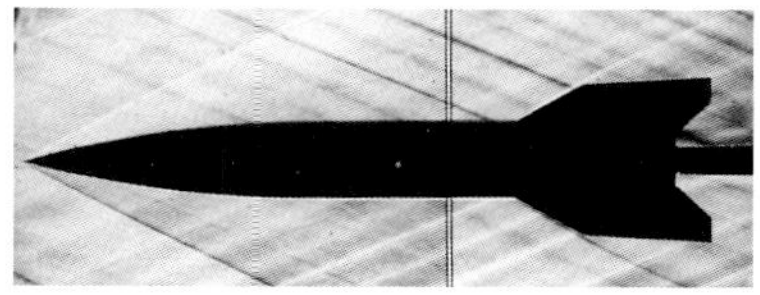

4.3.22

4.3.20

4.3.23

4.3.23 Für die Erprobung im Windkanal dienten maßstäbliche Modelle der Raketen.
a) Holzmodell für Windkanalversuche
unbekannt, um 1940/44
Peenemünde, HTI
b) Flugkörper-Modell im Windkanal
Foto, 1943 / München, Deutsches Museum, Archiv (Peen-Bild 507/43)

4.3.20 Der Windkanal zur Entwicklung der aerodynamisch günstigsten Form der Rakete beschäftigte viele Hilfskräfte, welche die Versuche protokollierten und tabellarisch darstellten. 1943 umfasste die aerodynamische Abteilung 200 Mann Personal.
Arbeit am Windkanal
Foto, um 1942 / München, Deutsches Museum, Archiv (NL P. Wegener, Mappe 4)

4.3.21 Im Windkanal wurden auch Temperaturmessungen für die Abbremsvorgänge aus dem Überschall durchgeführt, um Erkenntnisse für das Verhalten der Raketen beim Wiedereintritt in die Atmosphäre zu gewinnen.
Der geöffnete Windkanal bei einem Bremstemperatur-Versuch
Foto, 21. November 1941 / München, Deutsches Museum, Archiv (BN 10845)

4.3.24 Die Ergebnisse der Windkanalversuche wurden mit dem technischen Direktor von Braun diskutiert und beeinflussten die weitere Entwicklung.
Die Verteilung der achsial-gerichteten Luftkräfte an den Aggregaten A 5 und A 4
Aktenvermerk, Hermann Kurzweg, 25. Februar 1939 / München, Deutsches Museum, Archiv (GD 631.23.11)

4.3.25 Zur Ermittlung der aerodynamisch günstigsten Leitwerksform wurden auch Flugversuche mit Raketenmodellen unternommen.
Vorbericht zum Modellschießen »A 5« zur Flugerprobung von Leitwerken (Auszug)
Aerodynamische Abteilung, 11. März 1939 / München, Deutsches Museum, Archiv (GD 637.61)

4.3.26 Probleme der Flugbahn, beispielsweise die günstigste Umlenkung in die ballistische Kurve nach dem senkrechten Start der Rakete, wurden mathematisch untersucht.
Bericht 13: Einlenken in eine vorgeschriebene gerade Bahn, 12.10.'38
Mathematisches Büro, 12. Oktober 1938 / München, Deutsches Museum, Archiv (GD 623.231.2)

4.3.27 Die Wirkung der Steuerung wurde auch im Flug mit der Erprobungsrakete A 5 untersucht, indem die Ruderkräfte aufgezeichnet wurden.
HELL-Oszillogramm der Steuerungsvorgänge bei Startversuchen mit A 5 im Spätherbst 1939 auf der Greifswalder Oie
Oszillogramme der Versuche vom 12. und 13. Dezember 1939 / München, Deutsches Museum, Archiv (BN 39537)

4.3.28 Die komplizierte Steuerung des Aggregats 4 – die auf die Kreisel wirkenden Kräfte werden abgegriffen und in Befehle für die hydraulische Steuerung der Strahlruder umgewandelt – erforderte die Zusammenarbeit von Spezialisten verschiedener ingenieurtechnischer Sparten.
Wirkbild der Steuerung A 4
Zeichnung / München, Deutsches Museum, Archiv (GD 632.170.2)

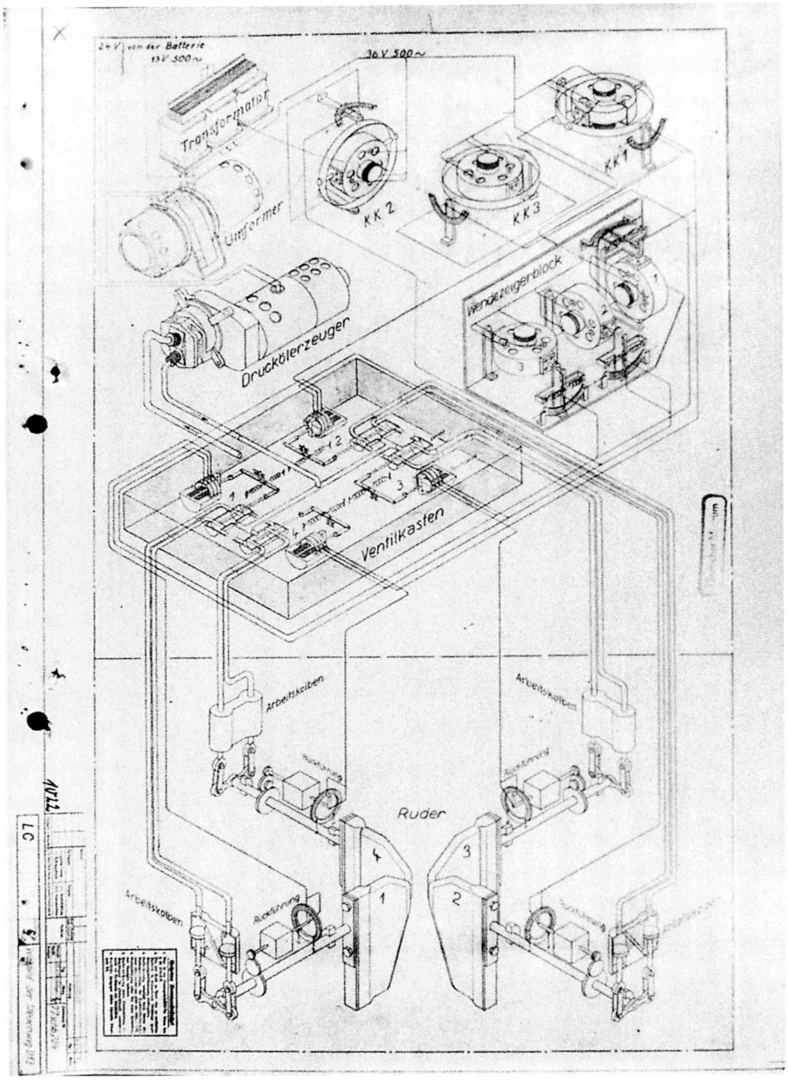

4.3.28

4.3.29 Bahnberechnungen zur Entwicklung der Steuerung setzten die Verarbeitung unzähliger protokollierter Daten voraus.
Berechnung zur Flugbahn / München, Deutsches Museum, Archiv (FA-Peen, Blaue Serie, 103/3)

4.3.30 Für die Steuerung wurde im Laufe der Entwicklung immer stärker auf Leitstrahlen und Radiosignale gesetzt.
Sender bzw. Empfänger für die Übermittlung von Radiosignalen
2 Fotos, 1944 / München, Deutsches Museum, Archiv (Peen-Bild 1516/44, 1517/44)

4.4 Systemerprobung und Messwesen

Die Rakete A 4 war ein System von hoher Komplexität. Mit ihren rund 20 000 Einzelteilen stand sie im Ruf eines »fliegenden Laboratoriums«. Der flüssige Sauerstoff zur Oxydation des Treibstoffs Alkohol bereitete unendliche Schwierigkeiten: Er verdampfte und er vereiste wichtige Teile. Nicht nur die Entwicklung der einzelnen Komponenten erforderte endlose Tests und Messungen auf Prüfständen. Auch das Zusammenspiel der Teile und Teilsysteme im Flug musste reguliert und überprüft werden.

Als besonders schwierig erwies sich die Auslegung der Steuerung, das Zusammenspiel von Kreiseln und Rudern: Wegen der notwendigen Umlenkung nach dem Senkrechtstart war es ausschlaggebend für die Zielgenauigkeit der Rakete. Da die Luftruder bei der geringen Anfangsgeschwindigkeit nicht wirksam genug waren, wurden Strahlruder entwickelt, die im Gasstrahl des Triebwerks hingen – allerdings konnten diese nur während der kurzen Brennzeit steuern. Das Triebwerk musste im richtigen Moment abgeschaltet werden, damit die ballistische Bahn zum Ziel führte. Solche Probleme waren im Flug schwer zu kontrollieren. In Peenemünde entstanden daher nicht nur Prüfstände, sondern – in Zusammenarbeit mit *Werk West* – auch Messeinrichtungen, mit deren Hilfe das Verhalten im Flug beobachtet wurde. Die Vermessung der Flugbahnen erfolgte auf optischem Weg mit Kinotheodoliten, die Zeit und Koordinaten festhielten. Per Funk wurden Messwerte übermittelt und Befehle gegeben. Auch die Leitstrahlsteuerung arbeitete per Funk.

Das Personal der Prüfstände und Messeinrichtungen stand nicht im Rampenlicht. Seine sorgfältige Arbeit war aber eine wesentliche Voraussetzung für den Erfolg.

4.4.1

4.4.6

4.4.1 Mit Hilfe von Kinotheodoliten – Vermessungsgeräten für bewegte Objekte – wurde die Flugbahn der Raketen dokumentiert und anschließend berechnet.
Kinotheodolit auf Fußgestell
Firma Askania, um 1940

4.4.2 Die Erprobung der verschiedenen Komponenten und Lösungswege erforderte eine hohe Zahl von Startversuchen, die durchaus nicht alle reibungslos abliefen, und eine aufwendige Analyse der möglichen Fehlerquellen.
Fehlschläge bei Starts des A 4 (V 2)
Filmausschnitte, 1942/44 / Berlin, Bundesarchiv – Filmarchiv

4.4.3 Arbeit an einem komplexen System: Vor dem Start mussten mehrere Teile der Rakete einjustiert und Fehlfunktionen behoben werden.
Monteur bei Arbeiten im A 4
Justierung der Strahlruder am A 4
2 Fotos, 1942 / München, Deutsches Museum, Archiv (Peen-Bild 357/42, 464/44)

4.4.4 Die Plattform für die Kreisel der Steuerung musste vor dem Start in der Horizontalen einjustiert werden, um Bahnabweichungen zu vermeiden.
Justierung der Steuerung am A 4
Foto, 1942 / München, Deutsches Museum, Archiv (Peen-Bild 793/42)

4.4.5 Der eiskalte flüssige Sauerstoff verdampfte und vereiste dabei Leitungen und Ventile, wenn die Vorbereitungsarbeiten für den Start zu lange dauerten.
Sauerstoffverdampfung an startklarem A 4
Foto, 1942 / München, Deutsches Museum, Archiv (Peen-Bild 684/42)

4.4.6 Nach dem erfolgreichen Start vom 3. Oktober 1942 bedurfte es noch vieler weiterer Tests, bis die vielen Bestandteile des A 4 so aufeinander abgestimmt waren, dass die Rakete fehlerfrei arbeitete.
Startvorbereitung A 4 Versuchsmuster 5 im Prüfstand VII
Foto, 21. Oktober 1942 / München, Deutsches Museum, Archiv (Peen-Bild 351/42)

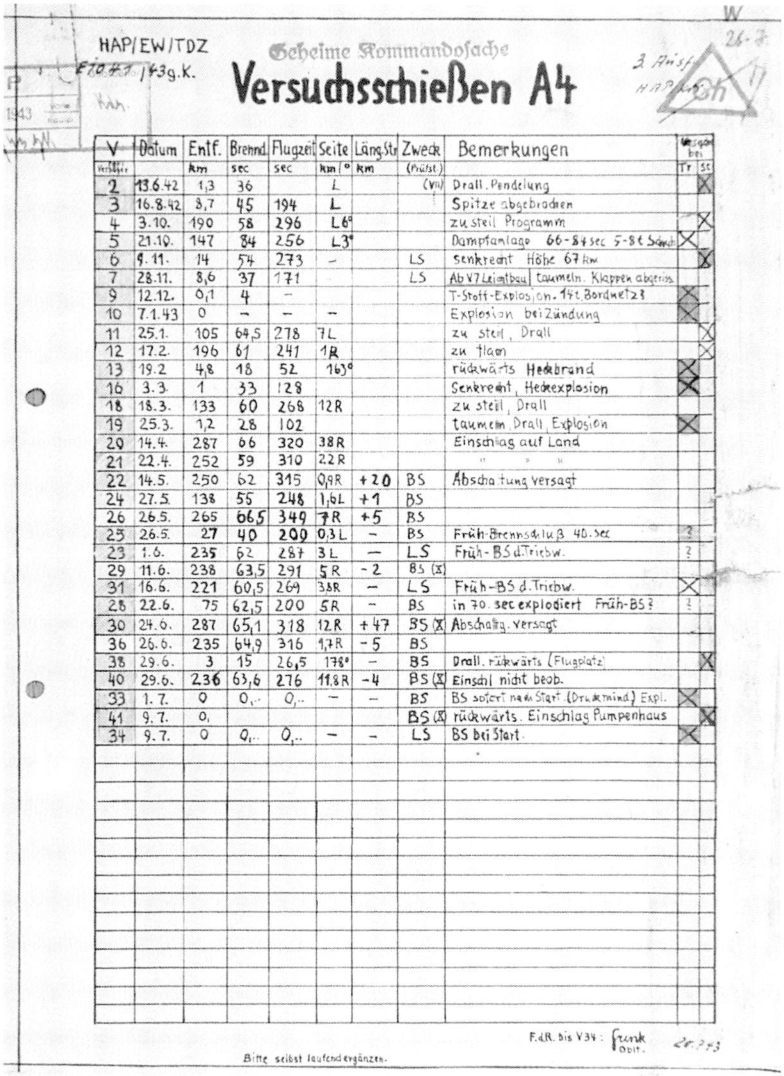

HAP/EW/TDZ

Geheime Kommandosache

E10 41 1/43g.K.

Versuchsschießen A4

V Versuchs-Nr.	Datum	Entf. km	Brennd. sec	Flugzeit sec	Seite km/°	Läng.Str km	Zweck (Prüfst.)	Bemerkungen	Versager bei Tr	Versager bei St
2	13.6.42	1,3	36		L		(VII)	Drall. Pendelung		X
3	16.8.42	8,7	45	194	L			Spitze abgebrochen		
4	3.10.	190	58	296	L6°			zu steil Programm		X
5	21.10.	147	84	256	L3°			Dampfanlage 66-84 sec 5-8 t Schub	X	
6	9.11.	14	54	273	–		LS	senkrecht Höhe 67 km		X
7	28.11.	8,6	37	171			LS	Ab V7 Leichtbau | taumeln. Klappen abgeriss.		
9	12.12.	0,1	4	–				T-Stoff-Explosion. 14t. Bordnetz 23	X	
10	7.1.43	0	–	–	–			Explosion bei Zündung	X	
11	25.1.	105	64,5	278	7L			zu steil, Drall		X
12	17.2.	196	61	241	1R			zu flach		X
13	19.2	4,8	18	52	163°			rückwärts Heckbrand	X	
16	3.3.	1	33	128				Senkrecht, Heckexplosion	X	
18	18.3.	133	60	268	12R			zu steil, Drall		
19	25.3.	1,2	28	102				taumeln, Drall, Explosion	X	
20	14.4.	287	66	320	38R			Einschlag auf Land		
21	22.4.	252	59	310	22R			" " "		
22	14.5.	250	62	315	0,9R	+20	BS	Abschaltung versagt		
24	27.5.	138	55	248	1,6L	+1	BS			
26	26.5.	265	66,5	349	7R	+5	BS			
25	26.5.	27	40	200	0,3L	–	BS	Früh-Brennschluß 40. sec	?	
23	1.6.	235	62	287	3L	–	LS	Früh-BS d. Triebw.	?	
29	11.6.	238	63,5	291	5R	-2	BS (X)			
31	16.6.	221	60,5	269	38R	–	LS	Früh-BS d. Triebw.	X	
28	22.6.	75	62,5	200	5R	–	BS	in 70. sec explodiert Früh-BS?	?	
30	24.6.	287	65,1	318	12R	+47	BS (X)	Abschaltg. versagt		
36	26.6.	235	64,9	316	1,7R	-5	BS			
38	29.6.	3	15	26,5	178°	–	BS	Drall. rückwärts (Flugplatz)		X
40	29.6.	236	63,6	276	11,8R	-4	BS (X)	Einschl. nicht beob.		
33	1.7.	0	0,..	0,..	–	–	BS	BS sofort nach Start. (Druckmind.) Expl.	X	
41	9.7.	0,					BS (X)	rückwärts. Einschlag Pumpenhaus		X
34	9.7.	0	0,..	0,..	–	–	LS	BS bei Start.	X	

F.d.R. bis V34: Funk Oblt.

Bitte selbst laufend ergänzen.

4.4.7

4.4.7 Eine Übersicht über die Fehlschüsse bis Juli 1943 zeigt, dass ein erfolgreicher Schuss wie der vom 3. Oktober 1942 zunächst eher die Ausnahme als die Regel war.
»Versuchsschießen A 4«. Liste der Fehlschüsse bis zum 9.7.1943
Lichtpause, 20. Juli 1943. Exemplar aus dem Besitz W. Dornbergers / Feucht, Hermann Oberth-Raumfahrt-Museum

4.4.8 Die Liste der Startvorbereitungen für den Versuchsschuss Nr. 2 am 13. Juni 1942 gibt eine Vorstellung von der Komplexität der Montage- und Prüfarbeiten am A 4.
Arbeitsplan für Schussaggregat A 4 V 2 für die Zeit der Fertigmontage in der ZW bis zum Start Prüfst. VII
Vermerk, 12 Seiten, 30. April 1942 / München, Deutsches Museum, Archiv (GD 638.9.7)

4.4.9 Fehlschläge beim Start gehörten zu den gefährlichsten Situationen in Peenemünde, vor allem wenn die Rakete nicht abhob.
Fehlstart durch vorzeitigen Brennschluss
4 Fotos, 1943 / München, Deutsches Museum, Archiv (Peen-Bild 826 – 829/43)

4.4.10 Nach einem Absturz wurden die Trümmer der Rakete wenn möglich geborgen und sorgfältig auf die Fehlerursachen hin untersucht.
»Raketenschrott« vor der Auswertung
Foto, 1942 / München, Deutsches Museum, Archiv (Peen-Bild 496/42)

4.4.11 Verbesserungen von Teilen und Konstruktionen wurden zunächst in stationären Tests erprobt.
Aktenvermerk. Erprobungsbericht V 44 vom 23.9.43 – 8.2.44 (Ausschnitt)
Maschinenschrift, 13. März 1944 / München, Deutsches Museum, Archiv (LRD 4719)

4.4.12 Zur Klärung besonderer konstruktiver Fragen, so bei der Suche nach der Ursache der »Luftzerleger« des A 4, wurden einzelne Raketen mit speziellen Messeinrichtungen ausgestattet.
Schema: Lagebild der Messstellen bei A-4-Versuchsmuster 286
Zeichnung, 1944 / München, Deutsches Museum, Archiv (GD 622.440.5)

4.4.13 Zur Beobachtung der Raketen im Flug diente ein weit gestreutes Netz von Messstationen und Beobachtungspunkten, das bis nach Stolpmünde in Hinterpommern und zur Insel Bornholm reichte.
Nachrichtenplan Schießleitung (Messstellen)
Foto nach graphischem Schema, Sommer 1942 / München, Deutsches Museum, Archiv (Peen-Bild 271/42)

4.4.9

4.4.14 Zur Bedienung der Kinotheodoliten waren zwei Mann erforderlich, die die Rakete im Fadenkreuz des Fernrohrs halten mussten.
Kinotheodolit auf dem Messhaus Schanze
Foto, Juni 1941 / Fürth, Archiv Botho Stüwe

4.4.15 Die Ergebnisse der Messungen mussten systematisch ausgewertet werden.
Koordinaten der Basispunkte Formular mit Messwerten,
14. September 1944 / München, Deutsches Museum, Archiv (FA-Peen, Blaue Serie, 60/2)

4.5 Weitere Entwicklungsaufgaben Einsatzplanung, A 4 b, *Amerika*-Rakete, *Wasserfall*

Parallel zur Feinarbeit am Aggregat 4 begann im Entwicklungswerk Peenemünde die Planung von Bodengeräten und Einsatzmethoden: Bunkerstellungen und mobile Bodengeräte waren zu entwerfen, Strategien für den Abschuss zu entwickeln. Während die Raketenfachleute einen Einsatz von mobilen Stellungen aus befürworteten, die nach dem Schuss den Ort wechseln konnten, wünschte Hitler die Anlage verbunkerter Stellungen, in denen die Raketen startklar gemacht und auch der flüssige Sauerstoff produziert werden konnte. In die beiden Bunkerstellungen von Éperlecques und Wizernes nahe Saint-Omer in Nordfrankreich wurde viel Material und Arbeit investiert, doch entdeckten britische Aufklärer beide Anlagen schon während des Baus und machten sie mit gezielten Bombardements funktionsunfähig. Die im Wald, in Alleen oder Dörfern leicht zu tarnenden mobilen Rampen hingegen sollten sich im Einsatz als praktisch unverwundbar erweisen.

Daneben lagen bereits andere Projekte auf dem Reißbrett. Auch bei ihnen ging es nicht um Raketen zu Planetenräumen, sondern um militärische Weiterentwicklungen vorhandener Ideen. Eine zweistufige Rakete A 9/10 sollte New York erreichen – offenbar war die Faszination dieser alten Idee der Raketenforscher so groß, dass niemand fragte, ob der Transport von 4 Tonnen Sprengstoff im Verhältnis zu dem gigantischen Aufwand stehe. 1942 wurden die Arbeiten an der *Amerika*-Rakete eingestellt.

Eine Variante des A 4 mit Tragflächen – A 9, ab 1944 A 4 b – sollte die Reichweite des Projektils auf 500 Kilometer steigern. Die Planung daran wurde im Oktober 1942 zugunsten der Korrekturen am A 4 abgebrochen und erst im Juni 1944 wieder aufgenommen. Als die Deutschen Nordfrankreich räumen mussten und London außer Reichweite des A 4 zu geraten drohte, wurde die Entwicklung im Herbst 1944 beschleunigt, um Großbritannien von Norddeutschland aus terrorisieren zu können. Im Januar 1945 schlugen zwei Versuchsstarts fehl; wenige Tage später wurde Peenemünde geräumt.

Aussichtsreicher war die Flugabwehrrakete *Wasserfall*, an der seit Herbst 1942 in Kooperation mit der Luftwaffe gearbeitet wurde. Ihr Antrieb erfolgte nicht mit Alkohol und Sauerstoff, sondern mit selbstzündendem Visol und Salpetersäure, da die Rakete im Hinblick auf die sofortige Einsatzbereitschaft betankt bereitstehen sollte. Die notwendige Nachsteuerung im Flug, derentwegen die Rakete kreuzförmig angebrachte Flügel und vergrößerte Luftruder besaß, sollte zunächst mit Hilfe einer Knüppel-Fernsteuerung, später durch ein Leitstrahlverfahren in Kombination mit einem eingebauten Zielsuchgerät erfolgen und warf kaum lösbare aerodynamische und Übermittlungsprobleme auf. Zwischen Februar 1944 und Februar 1945 fanden 44 Versuchsstarts statt. *Wasserfall* war bei Kriegsende noch nicht fertig und wäre – entgegen den Erwartungen Albert Speers, der von ihrem Einsatz eine Wende des Bombenkriegs erwartete – mit den vorhandenen technischen Lösungen wohl auch nicht einsatzfähig geworden.

4.5.1

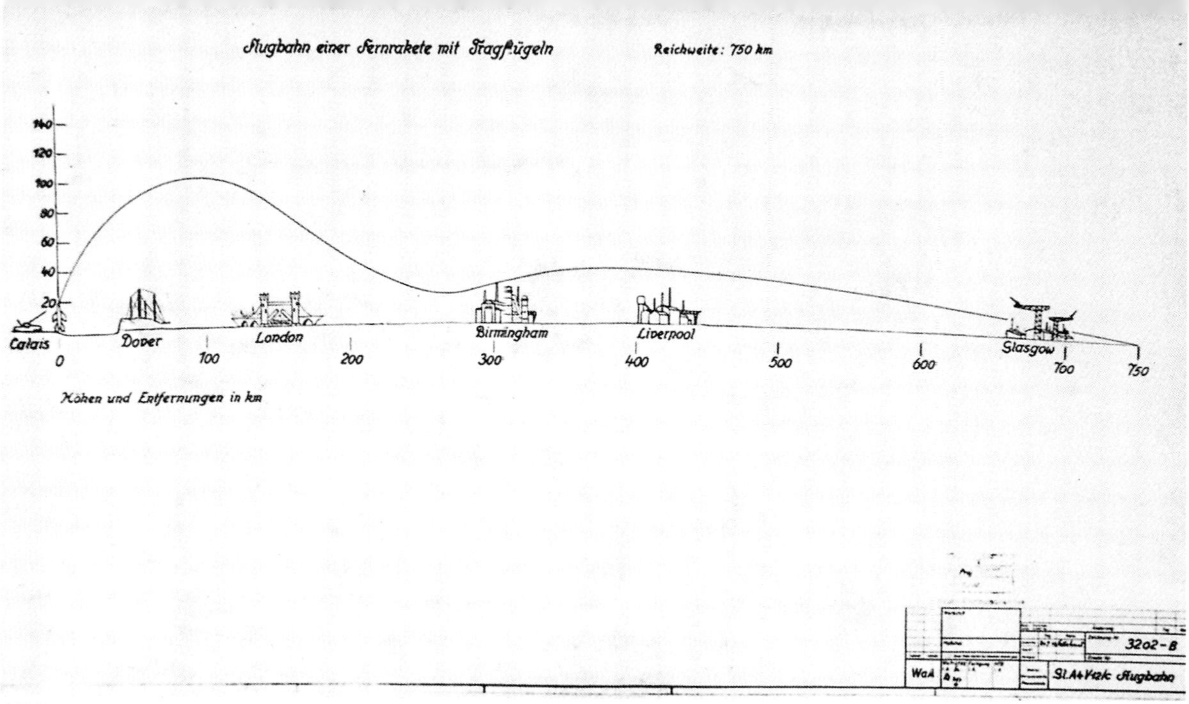

4.5.4

4.5.1 Die Ausstattung des A 4 mit Flügeln sollte die Rakete in einen Gleiter (A 4 b) verwandeln und damit die Reichweite der Waffe erhöhen. Die im Sommer 1944 wieder aufgegriffene Entwicklung kam über einen Versuchsstart im Januar 1945 nicht hinaus; die aerodynamischen Fragen blieben ungelöst.
Startvorbereitung des A 4 b in Peenemünde
Foto, Januar 1945 / München, Deutsches Museum, Archiv (BN 31070)

4.5.2 Die Formgebung der Flügel für den Gleiter A 4 b erwies sich als unerwartet schwierig. Noch fehlten Erfahrungen im Überschallbereich.
Übersicht: A 4 b Pfeilflügelentwicklung
Anlage zu einem Schreiben des Aerodynamischen Instituts, Kochel, 12. März 1945 / München, Deutsches Museum, Archiv (GD 636.0.1)

4.5.3 Die Konstruktion eines Gleiters war schon vor dem Krieg erörtert worden. Dornberger hatte sie jedoch 1942 zugunsten rascherer Fortschritte am A 4 abbrechen lassen.
Vermerk: Entwicklungsstand der Gleiteraggregate am 1.1.1941
Peenemünde, 21. Januar 1941 / München, Deutsches Museum, Archiv (GD 622.0.7)

4.5.5

4.5.4 Von der geflügelten Version des A 4 hatte man 1941 eine Reichweite von 750 Kilometern erwartet: Von Nordfrankreich aus hätte man damit Glasgow in Schottland beschießen können.
Flugbahn einer Fernrakete mit Tragflügeln (A 4 b)
Foto nach Zeichnung, 1941 / München, Deutsches Museum, Archiv (Peen-Bild 87/41)

4.5.5 Seit etwa 1940 spielten die Ingenieure des Entwicklungswerks mit dem Gedanken einer Zweistufenrakete, deren erste Stufe 180 Tonnen Schub leisten sollte. Die zweite Stufe sollte ein verbessertes A 4 sein. 1943 wurde das Projekt wieder aufgegriffen und an der Konzeption der ersten Stufe (A 10) gearbeitet.
Die zwei Stufen des Raketenprojektes A 9 / A 10
Foto nach Zeichnung, um 1943 / Peenemünde, HTI (Archiv Priewe 23/31)

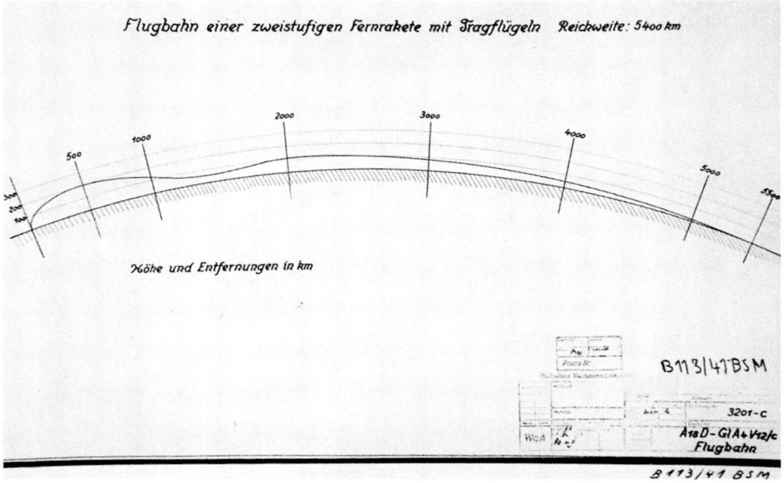

4.5.6

4.5.8

4.5.6 Von einer zweistufigen Rakete mit Flügeln erwartete man 1940/41 eine Reichweite von etwa 5000 Kilometern bis nach Amerika.
Flugbahn einer zweistufigen Fernrakete mit Tragflügeln
Foto nach Zeichnung, 1941 / München, Deutsches Museum, Archiv (Peen-Bild 89/41)

4.5.7 Zielpunkt Manhattan: Mit dem geplanten Beschuss von New York mittels einer zweistufigen Rakete lebten alte Phantasien der Zeit um 1930 wieder auf.
Überlegungen für die Intensität von Zerstörungen durch einen Einschlag in Manhattan
wohl 1941 / Repro nach Hahn, Waffen und Geheimwaffen des deutschen Heeres 1933 – 1945, Bd. 2, Koblenz 1987

4.5.8 Die Flugabwehrrakete *Wasserfall* erschien dem Rüstungsminister Speer im Nachhinein als das bessere Konzept für deutsche Raketen: Hätte man nicht besser die alliierten Bomber bekämpft, statt England zu terrorisieren und die Zerstörung Deutschlands hinzunehmen? Solche Überlegungen zeigen immerhin, wie lange die deutsche Raketenstrategie auf den Überraschungsangriff fixiert war, statt an Verteidigung zu denken.
C 2 »Wasserfall« beim Start
Foto, 1944 / München, Deutsches Museum, Archiv (Peen-Bild 359/44)

4.5.9 *Wasserfall* bot den Raketeningenieuren Probleme bei der Nachsteuerbarkeit im Flug und beim Antrieb: Da die Startvorbereitung nur Sekunden dauern durfte, fanden selbstzündende (hypergole) Treibstoffe Verwendung, mit denen die Rakete zum sofortigen Einsatz bereitstehen konnte.
Schnitt »Wasserfall« (erste Flügelform)
Foto nach Zeichnung, 1943 / München, Deutsches Museum, Archiv (Peen-Bild 466/43)

4.5.10 Im Sommer 1943 zog der Hauptausschuss »Flugzeugausrüstung« in Peenemünde Informationen über den Entwicklungsstand der *Wasserfall* ein und versuchte, die Entwicklung der Steuerung rechtzeitig auf die Großserienfertigung auszurichten.
Bericht über den Besuch des Herrn Thiry in Peenemünde vom 19. bis 22.7.43 / Betr. Projekt Wasserfall (C2), 23. Juli 1943 / München, Deutsches Museum, Archiv (GD 622.33.1)

4.5.12

4.5.13

4.5.11 Schon im Mai 1944 erklärte das Mittelwerk den Einsatz der *Wasserfall* für illusorisch, da er zu spät in Angriff genommen worden sei. Dornberger beklagte damals, dass das Reichsluftfahrtministerium nicht schon 1938 auf entsprechende Vorschläge aus Peenemünde eingegangen sei.
Aussage General Dornbergers zum Entwicklungsstand »Wasserfall«
Protokoll einer Besprechung im Mittelwerk, 6. Mai 1944 / Washington, National Air and Space Museum (Mikrofilm FE 6946)

4.5.12 Spätestens 1941 begann in Peenemünde die konkrete Planung für den Feldeinsatz des Aggregats 4. Frühe Entwürfe zeigen die von der Heeresversuchsanstalt bevorzugte Variante: Mobile Stellungen, unauffällig in der offenen Landschaft verteilt.
Feuerstellung einer FR-Batterie
Foto nach Zeichnung, 6. März 1942 / München, Deutsches Museum, Archiv (35302)

4.5.13 Ende 1942 wurden große Bunker als feste Abschussstellungen an der französischen Kanalküste geplant. Britische Luftangriffe machten jedoch den Abschluss der Bauarbeiten unmöglich und erzwangen die Rückkehr zum mobilen Konzept.
Vorentwurfs-Modell für die Bunkerstellung in Éperlecques
2 Fotos, Dezember 1942 / Freiburg i. B., Bundesarchiv / Militärarchiv

4.5.14 Mit fortschreitender Luftüberlegenheit der Alliierten verschwinden die mobilen Abschusseinheiten in getarnten Stellungen.
Getarnte Schussstellung am Waldrand
Foto nach Zeichnung, 1942 / München, Deutsches Museum, Archiv (Peen-Bild 1004/42)

4.5.15 Waldstücke in der Nähe von Siedlungen versprachen 1943 offenbar besonders gute Tarnung für den umfangreichen Wagenpark der Raketenbatterien.
Übersichtsplan einer Feuerstellung mit Bereitstellung
Foto nach Zeichnung, 17. November 1943 / München, Deutsches Museum, Archiv (BN 41889)

4.5.16 Mit Modellen wurden die verschiedenen möglichen Szenarien und Abfolgen für den taktischen Einsatz minutiös durchgespielt.
Feuerstellung der Raketenbatterie: Stellprobe mit Modellen
Foto, 1943 / München, Deutsches Museum, Archiv (BN 09659)

4.5.17 Eine Rangierprobe mit Originalfahrzeugen diente im Sommer 1944 wohl der Schulung für den Einsatz.
Rangierprobe für eine getarnte Feuerstellung:
Foto, Peenemünde (?) 1944 / München, Deutsches Museum, Archiv (Peen-Bild 1630/44)

4.5.18 Zur Erhöhung der Beweglichkeit wollte das Militär auch von Eisenbahnzügen aus schießen.
Abschussstellung auf Eisenbahnzug in Peenemünde
Foto, 1944 / München, Deutsches Museum, Archiv (Peen-Bild 2064/44)

4.6 Serienfertigung in Peenemünde

Als das Heer die Serienfertigung des A 4 projektierte, rechnete es mit der Fertigung durch eigene Kräfte in Peenemünde und mit einem Jahresausstoß von 1500 Stück. Die Hochtechnologie-Waffe mit rund 20 000 Einzelteilen erschien zur Massenproduktion ungeeignet und bedurfte sorgfältiger Überwachung und der Kalibrierung jedes einzelnen Triebwerks. Hitler aber verlangte den Masseneinsatz. Mit der sich verschärfenden Kriegslage vervielfachte sich die Planvorgabe: Am Ende lag sie bei 2000 Stück pro Monat.

Die steigende Stückzahl erforderte eine größere Beteiligung der Industrie als Zulieferer und die Planung weiterer Montagestätten in Friedrichshafen (Zeppelin-Werke), Wiener Neustadt (Rax-Werke) und zeitweilig auch Berlin-Falkensee (DEMAG). Das bereits 1939 geplante Fertigungswerk in Peenemünde erhielt daher 1941 die Bezeichnung *Versuchsserienwerk*: Offiziell sollte die Serienfertigung hier erprobt werden. Nach dem erfolgreichen Start einer A-4-Rakete am 3. Oktober 1942 bereitete das Rüstungsministerium die Aufnahme der Serienproduktion vor.

Da deutsche Arbeitskräfte zumeist an der Front standen und die Produktion geheim bleiben sollte, beschloss die Leitung der Heeresversuchsanstalt 1943 den Einsatz von Häftlingen aus Konzentrationslagern. Sie stützte sich dabei auf Erfahrungen mit KZ-Häftlingen im Heinkel-Flugzeugwerk Oranienburg. Ab Mitte Juni kamen die ersten 600 der insgesamt vorgesehenen 2500 Häftlinge aus dem Konzentrationslager Buchenwald nach Peenemünde und wurden zunächst im Untergeschoss der Fertigungshalle untergebracht. Doch ehe die Produktion richtig anlief, erwies sich mit dem britischen Luftangriff vom 17./18. August 1943 die Verwundbarkeit des Standortes Peenemünde. Wenige Tage später erfolgte der Beschluss zur Verlagerung der Serienproduktion in das unterirdische *Mittelwerk* in den Stollen des Kohnstein bei Nordhausen. Auch die KZ-Häftlinge wurden dorthin verbracht.

4.6.8

4.6.1 In der Serienfertigung der Raketen mussten Baugruppen verschiedener Hersteller zusammengeführt werden. Anfang 1943 war vorgesehen, die ersten 300 Raketen vollständig in Peenemünde zu montieren.
BSM-Leitplan für A 4 (Zusammenführung der Teile des A 4) Schema, 25. Februar 1943 / München, Deutsches Museum, Archiv (FA-Peen, Blaue Serie, 102/47)

4.6.2 Im Dezember 1942 sah Rüstungsminister Speer eine Großserie von zunächst 6000 Geräten A 4 vor, von denen je 3000 in Peenemünde und bei Zeppelin in Friedrichshafen montiert werden sollten. Zur Befreiung von der Bürokratie erhielt die Heeresanstalt Peenemünde ein hohes Maß von Freiheit in Auftragsvergabe und Abrechnung.
Vermerk: Verwaltungserleichterungen für die Beschaffung der Großserie des Gerätes A 4. (Ausschnitt) Oberkommando des Heeres, 30. Januar 1943 / München, Deutsches Museum, Archiv (FA-Peen, Blaue Serie, 64/6)

4.6.3 Für die kriegsbedingte Bewirtschaftung von »Sparstoffen« mussten die Materialien für die Raketen minutiös veranschlagt werden. Dabei war das Entwicklungswerk seit langem bemüht, kriegswichtige seltene Materialien gegen Ersatzstoffe auszutauschen.
Rohstoffbedarf A 4 Baureihe B (für 900 Geräte/Monat) Foto nach Tabelle, 1943 / München, Deutsches Museum, Archiv (Peen-Bild 757/43)

4.6.11 a

4.6.4 Zur Tarnung des Einsatzes im Feld wurden die Raketen A 4 bis Anfang 1945 mit einem Tarnanstrich versehen.
Kennzeichen auf Gesamtgerät (Tarnanstrich des A 4)
Foto nach Fertigungsanleitung, 1944 / München, Deutsches Museum, Archiv (BN 9298)

4.6.5 Eine Rakete benötigte allein 68 Kilogramm Lackfarben.
Lackeinsatz im Gerät A 4
Foto nach Tabelle, 1943 / München, Deutsches Museum, Archiv (Peen-Bild 764/43)

4.6.6 Von der Fertigungshalle in Peenemünde existieren nur Aufnahmen aus dem Frühjahr 1944, als die großen Maschinen für die Serienproduktion bereits nach Thüringen abgezogen worden waren.
Fertigungshalle F 1 – Blick in der Längsachse
Foto, 1944 / München, Deutsches Museum, Archiv (Peen-Bild 91/44)

4.6.7 *Fertigungshalle F 1 – Blick in der Querachse*
Foto, 1944 / München, Deutsches Museum, Archiv (Peen-Bild 90/44)

4.6.8 Eine Großdrehbank im Entwicklungswerk Peenemünde gibt eine Vorstellung von der Größe der Maschinen, die für die Raketenproduktion benötigt wurden.
Großdrehbank im Entwicklungswerk Peenemünde
2 Fotos, 1940 / München, Deutsches Museum, Archiv (Peen-Bild 57/40, 58/40)

4.6.9 Für die Serienkonstruktion des A 4 mussten Hunderte von Detailzeichnungen gefertigt und gemäß den ständigen Verbesserungsvorschlägen der Entwickler immer wieder um- und neugezeichnet werden.
Abtrieb von der Rudermaschine SAM zum Strahlruder
Zeichnung, Transparent, 11. September 1942 / München, Deutsches Museum, Archiv (GD 630.0.17)

4.6.10 Für die Fertigung wurden fast endlose Listen von Einzelteilen erstellt – insbesondere von kriegswichtigen Teilen wie Kugellagern.
Rollen- und Kugellager in A 4
Liste, 1. Oktober 1943 / München, Deutsches Museum, Archiv (GD 632.14.12)

4.6.11 Im Hinblick auf die langfristig geplante Serienfertigung in Peenemünde bildete das Entwicklungswerk auch Lehrlinge aus, deren Tätigkeit in einer Reihe von Fotos festgehalten wurde.
a) Morgenappell
b) Theoretischer Unterricht
c) an der Drehbank
d) beim Schweißen
e) beim Waschen
5 Fotos, Anfang 1942 / München, Deutsches Museum, Archiv (Peen-Bild 100/42, 87/42, 89/42, 94/42, 98/42)

4.7 Werk West: Die Luftwaffe

Die Versuchsstelle der Luftwaffe Peenemünde-West wurde zum 1. April 1938 organisatorisch selbständig. Ihre Hauptbestandteile waren ein Rollfeld und Hangars. Der geplanten Bestimmung gemäß wurden von der Luftwaffe Raketenantriebe von Flugzeugen und Starthilfen erprobt sowie später ferngelenkte und selbstgesteuerte Flugkörper. Da die Luftwaffe ihre Geräte nicht selbst entwickelte, sondern Entwicklungen der Rüstungsindustrie erprobte, wurden hier die unterschiedlichsten Flugkörper getestet. Das Personal der Herstellerfirmen kam dazu auf den Platz.

In Peenemünde-West flogen das erste Raketenflugzeug mit Flüssigantrieb Heinkel He 176, der Raketenjäger Messerschmitt Me 163, zahlreiche Fernlenkkörper und Gleitbomben zum Einsatz gegen Schiffe und Flugzeuge. Viel Arbeit wurde in Starthilfen für schwere Flugzeuge investiert, die ab Mitte 1940 zum Einsatz kamen. Besonders schmerzlich für die Raketenbauer von *Werk Ost* war die Erprobung der ohne Vorwissen des Heeres entworfenen Flugbombe Fieseler Fi 103 – die spätere V 1 –, die in militärischen Kreisen zeitweilig als preiswertere Konkurrenz zum komplexen A 4 galt. An der Spitze des Peenemünder Hakens wurden insbesondere deren Startrampen getestet.

Gute Voraussetzungen für diese Versuche boten die ausgedehnten Wasser- und Ödlandflächen sowie ein Netz von Messeinrichtungen, die das Verhalten der Geräte im Flug überprüfen und mit Kinotheodoliten im Film dokumentieren konnten. Zielversuche mit Flugkörpern wurden häufig auf der Halbinsel Struck im Süden des Peenestroms durchgeführt.

Mitte 1942 zählte Peenemünde-West etwa 800 Mitarbeiter. Wegen der unterschiedlichen Versuche war die Fluktuation groß. Für Aufräum- und Hilfsarbeiten zog man seit Mai 1943 die Häftlinge einer eigens eingerichteten Außenstelle des Konzentrationslagers Ravensbrück mit bis zu 1350 Insassen heran.

4.7.1

4.7.1 Einsatzerprobung auf Usedom: Die Truppen, die die Flugbombe Fi 103 (V 1) gegen Städte des Feindes einsetzen sollten, wurden am Strand von Zempin trainiert.
V 1 am Strand von Zempin
Foto, 1944
aus: Berliner Illustrierte Nr. 32, 10. August 1944

4.7.2 Peenemünde-West war eine Erprobungsstelle der Luftwaffe für Fluggeräte mit Rückstoßantrieb. Hier wurde daher fast alles erprobt, was die deutsche Rüstungsindustrie dem Reichsluftfahrtministerium an aussichtsreichen Entwicklungen anbot und was im Auftrag der Luftwaffe konstruiert wurde.
Erprobung von Fluggeräten in Peenemünde-West
Filmausschnitte / Berlin, Bundesarchiv – Filmarchiv

4.7.3 Gemäß der ursprünglichen Idee von Heer und Luftwaffe, Peenemünde zu einer Entwicklungs- und Versuchsstelle für Raketenantriebe aller Art zu machen, wurde hier auch die He 176, das erste Raketenflugzeug der Welt mit Flüssigkeitstriebwerk, erprobt.
Raketenflugzeug Heinkel He 176, 1939
Modell, Maßstab 1:8 / Modellbau HPH Ltd., Kutna Hora, 1997

4.7.4 Der erste raketengetriebene Abfangjäger, der in Serie gebaut wurde, konnte aufgrund seiner enormen Steigfähigkeit alliierte Bomberverbände im Steilflug vom Boden aus angreifen. Allerdings reichte der Treibstoff nur für wenige Minuten.
Flugzeug Messerschmitt Me 163, 1941
Modell, Maßstab 1:8 / Modellbau HPH Ltd., Kutna Hora, 1997

4.7.5 Die Konkurrenz zwischen Heer und Luftwaffe äußerte sich in der Förderung der technisch primitiven, aber im Verhältnis zum A 4 preiswerten und wirkungsvollen Flugbombe Fieseler Fi 103, die 1944 als erste der »Vergeltungswaffen« zum Einsatz kam und die Abkürzung V 1 erhielt.
Flugbombe Fi 103 (V 1), 1944
Modell, Maßstab 1:8 / Modellbau HPH Ltd., Kutna Hora, 1997

4.7.6 Als noch preiswertere Alternative zur Fi 103 (V 1) bot Blohm & Voss 1943 mit der BV 246 »Hagelkorn« eine antriebslose Gleitbombe an, die aus 7000 Metern Höhe abgeworfen werden sollte. Sie sollte Flächenziele in 200 Kilometer Entfernung erreichen. Aufgrund der chaotischen Entwicklungspolitik des Reichsluftfahrtministeriums kam die Waffe nicht über die Erprobungsphase hinaus.
Blohm & Voss BV 246 »Hagelkorn«, 1943/44
Modell, Maßstab 1:8 / Modellbau HPH Ltd., Kutna Hora, 1997

4.7.7 1939 beschloss das Reichsluftfahrtministerium die konzentrierte Entwicklung von ferngelenkten raketengetriebenen Gleitbomben gegen Schiffsziele, um die Gefährdung der angreifenden Flugzeuge durch Flak auf ein Minimum zu reduzieren.
Gleitbombe Henschel HS 293, 1941/43
Modell, Maßstab 1:8 / Modellbau HPH Ltd., Kutna Hora, 1997

4.7.8 Die Firma Blohm & Voss arbeitete seit 1939 an einem steuerbaren Überwassertorpedo mit Raketenantrieb, der vom Flugzeug aus 1500 Metern Höhe abgeworfen werden sollte. Die Entwicklung wurde 1944 eingestellt.
Blohm & Voss BV 143, 1939/44
Modell, Maßstab 1:8 / Modellbau HPH Ltd., Kutna Hora, 1997

4.7.9 1939 gab das Reichsluftfahrtministerium der Gruppe Kramer einen Entwicklungsauftrag für eine funkgelenkte panzerbrechende Bombe gegen Schiffe, die ihr Ziel aus der sicheren Höhe von 8000 Metern erreichen sollte. Im Sommer 1943 kam die »Fritz X« zum Kriegseinsatz.
Fallbombe Kramer-Ruhrstahl X 1 »Fritz X«, 1940/43
Modell, Maßstab 1:8 / Modellbau HPH Ltd., Kutna Hora, 1997

4.7.10 Als das Problem der Fernlenkung beherrscht wurde, entwickelte die Arbeitsgruppe Kramer einen drahtgelenkten Flugkörper zum Einsatz von Flugzeugen aus. Die für 1945 vorgesehene Massenproduktion kam nicht mehr zustande.
Luft-Luft-Rakete Kramer-Ruhrstahl X 4, 1942/44
Modell, Maßstab 1:8 / Modellbau HPH Ltd., Kutna Hora, 1997

4.7.11 Eine Weiterentwicklung der X 4 sollte als Jägerrakete dienen, aber auch vom Boden aus gegen Panzer eingesetzt werden. Zur Massenproduktion kam es nicht mehr.
Jägerrakete Kramer-Ruhrstahl X 7 »Rotkäppchen«, 1943/44
Modell, Maßstab 1:8 / Modellbau HPH Ltd., Kutna Hora, 1997

4.7.12 1943 wurde unter dem wachsenden Druck der feindlichen Bomberverbände die 1941 eingestellte Entwicklung einer funkgelenkten Flugabwehrrakete wiederaufgenommen. Die im Mittelwerk angelaufene Serienfertigung wurde im Februar 1945 zugunsten aussichtsreicherer Projekte gestoppt.
Fla-Rakete Henschel HS 117 »Schmetterling«, 1943/44
Modell, Maßstab 1:8 / Modellbau HPH Ltd., Kutna Hora, 1997

4.7.13 »Rheintochter« war eine zweistufige Flugzeugabwehrrakete, die 1942/43 konstruiert und 1944 in Peenemünde, hauptsächlich aber in Leba erprobt wurde. Zur Serienfertigung eines verbesserten Modells kam es nicht mehr.
Fla-Rakete Rheinmetall »Rheintochter« R 1, 1943/44
Modell, Maßstab 1:8 / Modellbau HPH Ltd., Kutna Hora, 1997

4.7.14 Die ferngelenkte »Enzian« gehörte zu den letzten deutschen Flugabwehrkonstruktionen. Sie wurde im Sommer 1943 aus der Messerschmitt Me 163 entwickelt und ähnelte daher einem Raketenflugzeug. Obwohl die Serienfertigung angelaufen war, kam das Gerät nicht mehr zum Einsatz.
Messerschmitt »Enzian«, 1943/45
Modell, Maßstab 1:8 / Modellbau HPH Ltd., Kutna Hora, 1997

4.7.16

4.7.15 Das erste Raketenflugzeug der Welt mit Flüssigkeits-Triebwerk: Die seit 1937 bei Heinkel in Rostock entwickelte He 176 sollte die Geschwindigkeitsgrenze für Motorflugzeuge bei 700 Kilometern pro Stunde überwinden. Sie wurde 1939 in Peenemünde erfolgreich geflogen, war aber nicht für eine Großserie geeignet.
Heinkel He 176 in Peenemünde
Foto, 1939 / London, Public Record Office

4.7.16 Erstmals über 1000 Stundenkilometer: Die aerodynamisch neuartige Messerschmitt Me 163 A flog am 2. Oktober 1941 in Peenemünde mit einem Walter-Raketentriebwerk diesen Rekord. Sie diente als Grundlage für den Abfangjäger Me 163 B, der auf Wunsch der Militärs in Serie ging.
Me 163 A – V 4 in Peenemünde
Foto, 1941 / Fürth, Archiv Botho Stüwe

4.7.17 Die von den Peenemünder Fachleuten geäußerten Bedenken gegen den Serienbau der Me 163 B wurden von der militärischen Spitze vom Tisch gefegt – gewiss aus Rücksicht auf die Kriegslage.
Stand der Me 163 B. Verbesserungen für einen Weiterbau (Aktenvermerk mit Bedenken gegen die Flugtauglichkeit, 6. Juni 1943) / München, Deutsches Museum, Archiv (ZLDI Peen 38)

4.7.18 In den ersten Jahren der Entwicklungsstelle wurde viel Arbeit in die Entwicklung von Starthilferaketen investiert, die den Start schwerer Bomber und großer Lastensegler von kurzen Feldpisten ermöglichen sollten.
Starthilfeaggregate im Prüfstand
Foto, 1940 / München, Deutsches Museum, Archiv (Peen-Bild 587/40)

4.7.19 Die als »Rauchgeräte« bezeichneten Starthilfen aus Peenemünder Entwicklung waren Raketentriebwerke, die Alkohol mit Sauerstoff verbrannten. Sie wurden nach dem Start abgeworfen und segelten am Fallschirm zu Boden.
Schnitt durch ein »Rauchgerät R I 101 b«
Foto nach Zeichnung, 1942 / München, Deutsches Museum, Archiv (Peen-Bild 60/42)

4.7.20 Das in Peenemünde-Ost entwickelte Starthilfeaggregat leistete 30 Sekunden lang einen Schub von 1 Tonne. Wegen der Schwierigkeiten bei der Verwendung von flüssigem Sauerstoff an der Front kam es allerdings nicht zum Einsatz.
Rauchgerät R I 101 (Starthilfe)
Foto, 1942 / München, Deutsches Museum, Archiv (Peen-Bild 337/42)

4.7.18

4.7.21 Zu den Hauptproblemen der Flugbombe Fi 103 gehörte die Entwicklung einer geeigneten Katapultanlage, welche den Flugkörper auf die notwendige Anfangsgeschwindigkeit beschleunigte.
Versuchsstart einer Fi 103 (V 1) in Peenemünde-West
Filmaufnahme, 1943 / Berlin, Bundesarchiv – Filmarchiv

4.7.22 Die Ausbildung der Fi-103-Truppe (Flakregiment 155 W) erfolgte ab 1943 im Peenemünder Sperrgebiet am Strand von Zempin.
Fi 103 (V 1) auf der Feldstellung 1 in Zempin
Foto, 26. Oktober 1943 (Reproduktion)

4.7.23 Die für den Feldeinsatz notwendigen ortsfesten Rampen und Lagereinrichtungen waren trotz Tarnung aus der Luft zu identifizieren (»Ski-Stellungen«) und machten die Abschussstellungen verwundbarer als die mobilen Einheiten der Rakete A 4 (V 2).
Britische Darstellung einer getarnten Stellung an der Atlantikküste nach 1944 (Reproduktion)

4.7.24 Gleitbomben wie die Henschel Hs 293 waren komplexe Waffen gegen Schiffsziele, die eine besondere Ausbildung der Bombenschützen erforderten.
Aufbau. Lenkung und Zielverfahren der Hs 293
Bericht, 5. Juni 1942 / München, Deutsches Museum, Archiv (ZLDI Peen 27)

4.7.25 Mit lenkbaren Fallbomben wie der »Fritz X« der Firma Ruhrstahl sollte die schlechte Trefferquote bei Abwürfen auf Schiffsziele aus großer Höhe verbessert werden.
Trefferbild Fritz X aus 6000 Metern Höhe
Bericht, 30. Juni 1942 / München, Deutsches Museum, Archiv (ZLDI Peen 31)

4.7.26 Angesichts der alliierten Luftüberlegenheit traten Flugzeugabwehrraketen mit der Zeit immer stärker ins Zentrum der deutschen Waffenentwicklung. Die HS 117 der Firma Henschel wurde ab Oktober 1943 in Peenemünde erprobt.
HS 117 »Schmetterling« auf Lafette
Foto, 1943/44 / Berlin, Bildarchiv Preußischer Kulturbesitz (W II 439 b)

4.7.26

4.7.27 Materialmangel gegen Kriegsende: Die Zelle des aus der Messerschmitt Me 163 entwickelten Flugkörpers »Enzian« war hauptsächlich aus Sperrholz und Furnieren gebaut.
Flugzeugabwehrlenkkörper »Enzian« auf Startlafette
Foto, 19. April 1944 / München, Deutsches Museum, Archiv (LRD 4728)

4.7.28 Von den vielfältigen Entwicklungsansätzen für Flugzeugabwehrraketen überlebten nur vier die Konzentrationsmaßnahmen der deutschen Rüstung von Anfang 1945. Bei Kriegsende stand nur noch die Peenemünder Entwicklung *Wasserfall* auf dem Programm.
Gewichte und Leistungsangaben der Flak-R, Stand 20.9.1944 (vergleichende Tabelle für »Wasserfall«, »Rheintochter 3«, »Enzian« und »Schmetterling«) / München, Deutsches Museum, Archiv (LRD 4728)

4.7.29 Die Lenkung der Flugzeugabwehrraketen erforderte aufwendige Anlagen für Empfang, Verarbeitung und Abgabe von Funksignalen. Das System »Rheinland s« war für die Rakete Hs 117 »Schmetterling« bestimmt.
»Rheinland s.« Anlage mit Knüppel-Funkkommando-Steuerung Funklenkanlage der Firma Telefunken, 1944
Foto nach Zeichnung, 1944 / München, Deutsches Museum, Archiv (Peen-Bild 441/44)

4.7.30 Die Zelle des Flugkörpers Fi 103 (V 1) war einfach und kostensparend konstruiert.
Spant für die Fi 103 (V 1)
Gerhard Fieseler Werke, Kassel, um 1943

4.7.31

4.7.31 Der Antrieb der Hilfsaggregate der Fi 103 (V 1) erfolgte durch hochverdichtete Druckluft aus zwei mit Stahldrähten bandagierten Behältern.
2 Druckbehälter für die Fi 103 (V 1)
Gerhard Fieseler Werke, Kassel, um 1943

4.7.32 Die Fi 103 (V 1) wurde nicht ferngelenkt, sondern durch einen Autopiloten gesteuert, dessen Kernstück ein Kurskreisel war.
Autopilot für die Steuerung der Fi 103 (V 1)
Pfeiffer Apparatebau GmbH, Wetzlar, wohl 1944 / Leihgabe Hellmut Niethammer, Stuttgart

4.7.33 Die richtige Lage der Kurskreisel in der Fi 103 (V 1) wurde durch einen magnetischen Fernkompass kontrolliert, der zur Abschirmung ein kugelförmiges Gehäuse aus Holz erhielt.
Gedrechselte Halbkugel für Kreisel Fi 103 (V 1)
S. F. Fischer, Erzgebirge, wohl 1944 / Leihgabe des Spielzeugmuseums Seiffen

4.7.34 Wegen der geringen Anfangsleistung des Argus-Schmidt Pulso-Strahlantriebs startete die Fi 103 (V 1) von einem Katapult aus. Der Antriebskolben wurde mit Dampf vorangetrieben, der nach dem Walter-Prinzip erzeugt wurde.
Antriebskolben vom Startkatapult der Fi 103 (V 1)
von der Erprobung in Peenemünde, 1942/44

4.8 Prüfstand VII

Der Prüfstand VII war seit seiner Fertigstellung 1942 das Herzstück der Raketenerprobung. Er diente zum Bodentest des Gesamtsystems Rakete und zum Start für die Flugerprobung. Der Prüfstand war nicht nur für das 25-Tonnen-Triebwerk des A 4, sondern auch für den geplanten Nachfolger mit 100 Tonnen Schub ausgelegt. Die Anlage berücksichtigte die Erkenntnisse aus den früheren Raketenstarts auf der Oie.

Der Prüfstand VII war von einem etwa zehn Meter hohen Sandwall umgeben, der Explosionen eindämmen sollte und die Rakete beim Start vor Seitenwind schützte. Der Start erfolgte grundsätzlich senkrecht von einem Starttisch etwa in der Mitte der Arena aus. Für die Vorbereitung diente eine Montagehalle von 32 Metern Höhe.

Die Kalibrierung des Triebwerks (Verbrauchs-Feineinstellung) durch so genannte Spritzversuche mit Wasser erfolgte vor der Arena, die Erprobung des Gesamtsystems unter Volllast in der Arena. Für beide Operationen wurde die Rakete in der Vorbereitungshalle in einen 25 Meter hohen Prüfturm gehängt, der sich auf Schienen bewegte. Für Brennversuche mit vollem Schub (25 Tonnen) fuhr der Turm über die »Abgasschurre«. Vor der Zerstörung durch die 2000 Grad heißen Abgase wurde der Beton durch 500 Liter Kühlwasser pro Sekunde geschützt.

Der Prüfstand VII war zugleich ein Stück Pathosarchitektur, die Inkarnation eines Mythos. Gewiss nicht zufällig erinnert der Beginn des zeitgenössischen, auch Hitler vorgeführten Informationsfilms über das A 4, das Öffnen des 30 Meter hohen Portals der Vorbereitungshalle, an eine Schlüsselszene von *Frau im Mond*. Für den Teilnehmer an einer Startvorführung war die Halle der Erscheinungsort der deutschen Rakete, die sich in der Arena zu bewähren hatte. Auf dem Prüfstand VII wurde die Übermacht deutscher Technik zelebriert. Der Prüfstand VII wurde zum Vorbild für Raketenstartplätze weltweit.

4.8.1

Modell des Prüfstands VII Maßstab 1:87 / Förderverein Peenemünde e.V., 1992

4.8.1 *Modell des Prüfstands VII*
Maßstab 1:87 / Förderverein Peenemünde e.V., 1992

4.8.2 *Startvorbereitung des Aggregats 4 (V 2) auf Prüfstand VII*
3 Fotos, 1943/1944 / Leihgabe des Fördervereins Peenemünde e.V.

4.8.3 *Aufnahmen von Prüfstand VII vor und nach der Bombardierung 1944*
6 Fotos / Leihgabe des Fördervereins Peenemünde e.V.

4.8.4 *Prüfstand VII aus der Luft*
alliierte Luftaufnahme, 4. Juli 1944 / Leihgabe des Fördervereins Peenemünde e.V.

4.8.5 *Prüfstand VII. Britische Luftaufnahme und Grundrissrekonstruktion / Leihgabe des Fördervereins Peenemünde e.V.*

4.8.4

4.9 Energie für die Raketenproduktion

Die Anlagen der Versuchsanstalten von Peenemünde sind fast alle zerstört worden. Nur das Kraftwerk gibt heute noch eine Vorstellung vom großtechnischen Charakter und vom Maßstab, vom funktionalen Stil und vom technischen Standard der Neubauten für die Arbeit an den Raketen.

Das Kraftwerk wurde 1939 geplant und 1942 fertig gestellt. Die Siemens Kraftwerkbau in Berlin fungierte als Generalunternehmer. Der Bau sollte ein Eckstein für die 1938 beschlossene Serienproduktion der Raketen sein. Die Produktion, die Gewinnung des flüssigen Sauerstoffs in zwei Werken (nur eines wurde ausgeführt), der Betrieb der Werkbahn, die aus Sicherheitsgründen auf elektrischen Antrieb umgestellt wurde, erforderten mehr Leistung, als im Überlandnetz verfügbar war. Daher wurde ein kombiniertes Kraft- und Heizwerk errichtet: Die Abwärme der Dampferzeugung diente zur Fernheizung der Fertigungshallen. Die Fernheizanlage war damals angeblich die größte Europas.

Aus Sicherheitsgründen wurde das Kraftwerk in zwei identische Blöcke zerlegt, die parallel zueinander am Hafen stehen und nur bewährte Kraftwerkstechnik erhalten sollten. Kriegsbedingt wurde nur die nördliche Hälfte der geplanten Anlage ausgeführt. Ein zweiter, gleichartiger Block sollte am Südende des Hafens errichtet werden. Beide Blöcke sollten zusammen 110 Megawatt Leistung bringen. Die Sicherheitsrücksichten bei der Aufteilung spiegelten sich allerdings nicht in der äußeren Gestalt wider: In der flachen Küstenlandschaft musste das Kraftwerk weithin sichtbar sein, ja als Landmarke am Peenestrom erscheinen. Die noch heute erkennbaren Flecken eines Tarnanstrichs aus der Kriegszeit zeugen von dem hilflosen Bemühen, den dampfergleich von sechs Schornsteinen überragten Klotz optisch verschwinden zu lassen.

Das Kraftwerk wurde mit oberschlesischer Stückkohle betrieben, die man auf Frachtern die Oder hinabtransportierte. Für den Kohleumschlag wurde der alte Fischerhafen von Peenemünde durch ein neues Hafenbecken ersetzt. Auch das Dorf, das immer wieder von Hochwasser betroffen worden war, musste der neuen Industrieansiedlung weichen: Es wurde größtenteils abgebrochen und mannshoch mit Sand überschüttet, um die Anlagen hochwasserfrei zu halten.

Der Ausstellungsbesucher passiert die Schaltzentrale für die 380-Volt-Hilfsmaschinen im Kraftwerk Peenemünde (Pumpen, Kompressoren, Bekohlungsanlagen usw.). Als wohl letzter Schaltraum dieser Art in einem deutschen Kraftwerk vor 1945 stellt er ein technisches Denkmal dar. Der Originalzustand ist weitestgehend erhalten.

4.9.1

4.9.2 c

4.9.2 b

4.9.1 Die Energieversorgungsanlage Peenemünde sollte zwei gleichartige Kraftwerke zu beiden Seiten der Bekohlungsanlage erhalten. Kriegsbedingt wurde nur der nordwestliche Block ausgeführt.
Ansicht der geplanten Kraftwerksanlage Peenemünde mit den beiden Kraftwerken
Bauabteilung der Firma Siemens, Berlin, wohl 1939
gerahmte Lichtpause aus der Siemens-Bauleitung Peenemünde

4.9.2 Die kubischen und klar gegliederten Bauformen des Kraftwerks entsprachen der sachlichen Formensprache, die in der Architektur des »Dritten Reichs« bei Industriebauten angewandt wurde.
3 Fotos des 1943 in Betrieb genommenen Kraftwerkblocks
a) Hauptgebäude des Kraftwerks von Südwesten
b) Hauptgebäude des Kraftwerks: Südfassade
c) Kraftwerk mit Bekohlungsanlage von Süden / München, Deutsches Museum, Archiv (Peen-Bild 1338/43, 1336/43, 1337/43)

4.9.3 Das Kraftwerk wurde aus Sicherheitsgründen mit bewährter Technik ausgerüstet.
Montage einer Turbine im Kraftwerk durch Mitarbeiter der Firma Wumag
Foto, 1942 / Archiv Botho Stüwe, Fürth

4.9.4 Die wichtigsten Abnehmer für die eigene Energie waren das Sauerstoffwerk (O 2) in Peenemünde-Dorf, die Anlagen für die Serienfabrikation (IW und F 1), wichtige Prüfstände von Werk-Ost und die Umspannstationen der Werkbahn. Es bestanden auch Verbindungen zum Netz der Märkischen Elektrizitätswerke.
15 KV-Leitungsnetz des Kraftwerks Peenemünde
Planaufnahme 1944 / München, Deutsches Museum, Archiv (Peen-Bild 1211/44)

5 Kopf-, Hand-, Zwangsarbeiter

Zwischen 10 000 und 17 000 Menschen sollen gleichzeitig in Peenemünde gearbeitet haben. Dazu kommt die erhebliche Zahl jener, die auswärts in wissenschaftlichen Instituten oder zuliefernden Firmen den Entwicklungen zuarbeiteten. Menschen, verschieden nach Nationalität und sozialer Herkunft, nach Tätigkeit und Lebensbedingungen, nach ihrem Verhältnis zum NS-Regime und dem Grad der Freiwilligkeit ihres Einsatzes. Jeder einzelne hatte, wie in den Aussagen von Zeitzeugen deutlich wird, eine individuelle Wahrnehmung der eigenen und der gesamten Situation. Die Erinnerung an Peenemünde hat so viele Facetten wie Beteiligte und ist daher kaum auf einen Nenner zu bringen.

In seinem zivilen Sektor unterlag Peenemünde der NS-Arbeitsverfassung mit ihrer Militarisierung der Arbeitsverhältnisse. Seit Sommer 1938 konnten Zivilisten für »Aufgaben von besonderer staatspolitischer Bedeutung« zwangsverpflichtet werden; seit Kriegsbeginn wurden Arbeitskräfte zentral verwaltet und zugewiesen. Nach den Freiwilligen und Privilegierten der ersten Stunde kamen immer mehr Menschen unter Zwang auf die Insel, die man zur Durchführung der Bau- und Rüstungsprogramme einsetzte. Statt im Schmelztiegel der von der Propaganda beschworenen »Volksgemeinschaft« fanden sie sich hier in einer Klassengesellschaft wieder, gegliedert nach Status oder militärischem Rang.

Für einige wenige, insbesondere Wissenschaftler und Ingenieure, war Peenemünde ein Paradies. Ihnen bot sich eine interessante Tätigkeit in idyllischer Umgebung und in Anwesenheit ihrer Familien; Baden, Segeln, Ausflüge und Kulturveranstaltungen boten Entspannung. Von der Front zurückkommandierte Soldaten fühlten sich auf eine Insel der Seligen versetzt.

Für andere bot Peenemünde einen Job. Soldaten im »Versuchskommando Nord« – der vom Heer für die Raketenentwicklung bereitgestellten Reserve technischer Kräfte – oder in den Stäben der Luftwaffe taten ihren Dienst ebenso wie die Abteilungen des Reichsarbeitsdienstes. Unterschiedlich war die Lage der zivilen Dienstverpflichteten – je nach Familienstand, Geschlecht und Tätigkeit. Deutsche Helferinnen genossen das Leben am Strand mitten im Krieg, deutsche Bauarbeiter klagten über die armselige Verpflegung, italienische Arbeiter traten in einen Streik, der alsbald niedergeschlagen wurde.

Für Tausende aber bedeutete Peenemünde Zwang. Der Wunsch, im Umfeld der geheimen Entwicklung nur Deutsche zu beschäftigen, erwies sich als nicht erfüllbar. Zumindest für ungelernte und schwere körperliche Arbeit musste das Heeresneubauamt auf Ausländer aus den besetzten Gebieten zurückgreifen. Schon 1939 waren tschechische Bauarbeiter im Einsatz, für die besondere Sicherheitsvorkehrungen getroffen wurden. Nach dem Polen-Feldzug kamen polnische Arbeiter hinzu, um ins Feld ziehende Deutsche zu ersetzen, später Franzosen. Für das Entwicklungswerk ergaben sich Probleme aus dem Urlaubsanspruch vieler Ausländer, da man Geheimnisverrat befürchtete. Entgegen internationalen Konventionen wurden ab 1942 auch russische Kriegsgefangene zur Arbeit gezwungen, und zwar sowohl in Peenemünde wie bei einzelnen zuliefernden Firmen.

Auch für die Montage der Raketen in Peenemünde wurde Anfang 1943 der Einsatz russischer Gefangener erwogen. Im April kam der Vorschlag, stattdessen KZ-Häftlinge einzusetzen, die von der SS zu günstigen Preisen zu mieten waren. Arthur Rudolph, inzwischen Chefingenieur des Serienwerks, unternahm eine Besichtigungsreise nach Oranienburg, wo die Heinkel-Flugzeugwerke mit KZ-Häftlingen arbeiteten. Rudolph war vom Gesehenen angetan und kam zu dem Schluss: »Der Betrieb der F[Fertigungshalle]1 kann mit Häftlingen durchgeführt werden.« Gegenüber der Beschäftigung ausländischer Arbeitskräfte boten die Häftlinge die größere Gewissheit für die Geheimhaltung. Der Anteil deutscher Facharbeiter in der Montage sollte unter zehn Prozent betragen.

Daraufhin wurden im Juni 1943 zunächst 1400 (geplant waren insgesamt 2500) Häftlinge aus dem Lager Buchenwald angefordert. In zwei Schüben kamen 600 deutsche, russische und französische Gefangene auf die Insel und wurden im Untergeschoss der Fertigungshalle untergebracht. Mit Hilfe dieser Ausländer, die hier eine gegen ihre Heimatländer gerichtete Waffe bauen sollten, kam die Serienfabrikation des A 4 langsam in Gang. Ende August 1943 sollte die Taktstraße für die Montage in Peenemünde anlaufen.

Nach dem britischen Luftangriff vom 17./18. August 1943 wurden die KZ-Häftlinge im Zuge der Produktionsverlagerung der Rakete nach Nordhausen verlegt. Die Luftwaffe behielt jedoch auf ihrem Areal ein kleines Konzentrationslager für Hilfskräfte.

5.1 Arbeitsbedingungen

5.1.1 Der morgendliche Weg zum Dienst: Der Transport der Arbeiter und Angestellten von Peenemünde war nur mit der Bahn zu bewältigen. Morgens und abends mussten Zusatzzüge verkehren.
Personal in Peenemünde auf dem Bahnhof Entwicklungswerk
Foto, Datum unbekannt / Nachlass Dieter Huzel, USA

5.1.2 Dritter Klasse in der Werkbahn: Der Fahrplan lässt darauf schließen, dass der Dienst in Peenemünde zwischen 7.00 und 7.30 Uhr begann.
HAP Werkbahn-Direktion. Werkbahn-Fahrplan mit Reichsbahnanschlüssen und Reichspostverkehr. Gültig ab 1. Juni 1943. (Taschenfahrplan)

5.1.3 Die Siedlung und das Lager des Versuchskommandos Nord (ehem. Arbeiterlager) bildeten den größten Unterkunftsbereich in Peenemünde und verfügten über einen großzügig angelegten Bahnhof.
Bahnsteigschild »Siedlung« und Hinweisschild »Siedlung – Lager«
Email, um 1937

5.1.4 In der Erinnerung werden die vielfältigen, durch individuelle Erfahrung und Stellung geprägten Facetten des Lebens in Peenemünde deutlich.
Zeitzeugen berichten zu den Themen: Arbeit und Leben in Peenemünde – Die Leitfigur: Wernher von Braun – Die Perspektive des Ingenieurs – Die Schuldfrage – Zwangsarbeit in Peenemünde – Arbeit im Mittelwerk – Überleben im KZ (Aussagen der ehemaligen Mitarbeiter Kurt Bornträger, Hans Endert, Heinz Erdmann, Siegfried Erdmann, Auguste-Elfriede Friede, Werner Gentzsch, Hartmut Küchen, Ruth Kraft, Helmut Lucht, Max Mayer, Johannes Müller, Ehepaar Werner Rossinski, Walter Schuran, Botho Stüwe, Helmut Zoike, sowie der ehemaligen KZ-Häftlinge Albert van Dijk, Godfried Elzenga, Marcel Mathieu, René Steenbecke, Guido Zembsch-Schreve, Jozef Zakutynski)
Interviews und Aufnahme: Mathias Joachim Blochwitz, Berlin

5.1.5 »Unter diesen Umständen ist eine ordnungsmässige Weiterführung des Bauvorhabens Peenemünde nicht mehr möglich.« Der Bedarf an fronttauglichen Männern behinderte während des Krieges das Entwicklungsvorhaben des Heeres auf allen Gebieten und führte zu ständigen Umschichtungen bei Hilfskräften.
Schreiben der Baugruppe Schlempp (Heinrich Lübke) an das Heereswaffenamt betr. Einziehung von Arbeitskräften der Bauleitung Peenemünde zum Wehrdienst
19. Februar 1942 / Washington, National Air and Space Museum (Mikrofilm FE 342)

5.1.6 Personalbedarf: Nach der Privatisierung im August 1944 band die Raketenentwicklung immer noch 2200 Zivilisten, 1283 Soldaten und 379 »Ostarbeiter«.
Nachweis der Arbeitskräfte der Elektromechanischen Werke Karlshagen GmbH
handschriftliche Tabelle, 19. August 1944 / Freiburg i. B., Bundesarchiv / Militärarchiv (RH8/v.1960)

5.1.1

5.1.7 Zuckerbrot: Mit Sonderzuwendungen (»Führerpaketen«) wurde die Gefolgschaft zu Arbeitsleistungen weit über das Geforderte hinaus animiert.
Liste der 42 für die Gewährung von »Führerpaketen« ausgewählten »Gefolgschaftsmitglieder« des Heimat-Artillerie-Parks 11 (Peenemünde-Ost), 13. März 1944 / Freiburg i. B., Bundesarchiv / Militärarchiv (RH8/v.1966)

5.1.8 Peitsche: Im Sommer 1944 wurde für die Arbeit am Samstag darauf hingewiesen, »dass ein zu früher Dienstschluss in der jetzigen Zeit nicht angebracht ist«.
Umlauf der Elektromechanischen Werke 2141, betr. Bußandrohung bei zu frühem Verlassen des Arbeitsplatzes an Sonnabenden, 14. August 1944 / Washington, National Air and Space Museum (Mikrofilm FE 754)

RM 0,20
Ohne Gewähr für die Richtigkeit

HAP
WERKBAHN-
DIREKTION

Werkbahn-Fahrplan

mit
Reichsbahn-
anschlüssen
und
Reichspost-
Verkehr

Gültig ab 1. Juni 1943

D 0246–483

5.1.2

5.1.9 Denunziation: Negative Äußerungen über den Betrieb konnten schnell zur Vorladung vor die Betriebsleitung führen.
Vernehmungsprotokoll des Ing. Herbert Dobrick wegen abwertender Äußerungen über die große Zahl der in Peenemünde-Ost eingesetzten Ingenieure, Wa Prüf Stab II b, 28. August 1944 / Freiburg i. B., Bundesarchiv / Militärarchiv (RH8/v.1941)

5.2 Privilegierte

5.2.1

5.2.4

5.2.1 »Große, dunkelstangige pommersche Hirsche zogen durch das Heidekraut«: Der Chef konnte in Peenemünde seiner Jagdleidenschaft frönen.
Walter Dornberger mit erlegtem Hirsch vor der Siedlung Peenemünde
Foto, 1940/41 / Freiburg i. B., Bundesarchiv / Militärarchiv (RH8/v. 1764, Bild 10)

5.2.2 Nach den Maßstäben der Zeit bot die Siedlung für Wissenschaftler und Techniker Wohnungen von hoher Qualität.
Veranda mit Blick in den Garten in der Siedlung
Foto, um 1937, nach einer zeitgenössischen Publikation / Peenemünde, HTI (Archiv Priewe 556/44)

5.2.3 Leben, wo andere Ferien gemacht hätten: An Seeluft und Seeblick auch für die Familie war in Peenemünde und Karlshagen kein Mangel.
Auf der Strandpromenade, Siedlung Peenemünde
Foto, Sommer 1939 / Fürth, Archiv Botho Stüwe

5.2.4 Für die Führungskräfte waren auch im Sperrgebiet Ausflüge möglich, so zum Kaffeetrinken auf der Greifswalder Oie.
a) Familie des Kommandanten Leo Zanssen bei einem Ausflug zur Greifswalder Oie
Foto, Sommer 1939 / Hamburg, Gerhard Zanssen
b) Kaffeetrinken im Inselgasthof auf der Greifswalder Oie,
Foto, wohl Juli 1941 / Fürth, Archiv Botho Stüwe

5.2.5 Für Segler bot sich zwischen Peenemünde und Rügen ein herausragendes Revier. Die Boote waren im Nordhafen stationiert.
Heinz A. Millinger beim Segeln vor Peenemünde
Foto, Wernher von Braun, um 1939 / Zempin, Archiv Harald Tresp

5.2.6 Im Sommer bot der Strand im Sperrgebiet dem Peenemünder Personal Gelegenheit zum Sonnen, Baden und Spazierengehen.
Gesellschaft am Strand / Spaziergängerinnen
2 Fotos, Datum unbekannt / Peenemünde, HTI (Archiv Priewe 557/58 u. /52)

5.2.6

5.2.9

5.2.7 Zu den ernsten Seiten des Lebens in Peenemünde gehörte das Berufsrisiko bei gefährlichen Experimenten und Erprobungen.
a) Flugbaumeister Gerhard Reins, abgestürzt vor Peenemünde am 18. Juni 1940
Foto / Fürth, Archiv Botho Stüwe
b) Mitteilung der Heeresversuchsstelle an das Waffenprüfamt betr. tödlichen Unfall des Dipl.-Ing. Reins mit He 112 V 4 am 18. Juni 1940, Wernher von Braun, 22. Juni 1940 / Washington, National Air and Space-Museum (Mikrofilm FE 746)

5.2.8 Dass Peenemünde eine militärische Einrichtung war, wurde weniger bei der täglichen Arbeit als an offiziellen Feiertagen des »Dritten Reichs« deutlich.
Parade beim Appell des Heimat-Artillerie-Parks 11 am Reichsgründungstag
Foto, 18.1.1942 / Freiburg i. B., Bundesarchiv / Militärarchiv (RH8/v.1764, Bild 15)

5.2.9 Erziehung fürs Vaterland: Bei festlichen Anlässen traten auch die Jugendorganisationen des »Dritten Reichs« auf.
BDM und HJ marschieren in Peenemünde
2 Fotos, Datum unbekannt / Peenemünde, HTI (Archiv Priewe 201/65 u. /57)

5.2.10 Vorbereitung auf den nächsten Krieg: Der paramilitärische Charakter der Jugendorganisationen wurde auch in Peenemünde herausgestellt.
»Kampffrohe Jugend geht voran, wenn Deutschland einst marschiert!«
Foto, Datum unbekannt / Peenemünde, HTI (Archiv Priewe 201/27)

5.2.11 Mit der Hoffnung auf den »Kraft durch Freude«-Wagen wurde das Volk noch im Krieg geködert. Die durch Sparbeträge vorfinanzierten PKWs gingen schließlich an die Wehrmacht.
KdF-Wagen-Sparkarte (Anschlusskarte) des Ingenieurs Klaus Riedel Deutsche Arbeitsfront, 1940 / Hintersee, Henrike Riedel-Lückmann

5.2.12 Für ein Mindestmaß an kulturellem Leben in den abgeschiedenen Orten sorgte die Deutsche Arbeitsfront durch Filme und populäre Veranstaltungen.
Eintrittskarte zu einem Paul-Lincke-Abend in Peenemünde-West, 17. Juli 1942 / Leihgabe Familie Waldow

5.2.13 Gesellige Veranstaltungen wurden größtenteils vom Personal der Anstalten selbst organisiert.
Anzeigenseite aus: TB-Magazin, Festzeitung zum Kameradschaftsabend (Peenemünde-Ost), 15. März 1941
Druckschrift, 1941

5.3 Dienstverpflichtete

5.3.1 Schon 1938 hatte das »Dritte Reich« die Möglichkeit geschaffen, Arbeitskräfte für Aufgaben von besonderer staatspolitischer Bedeutung zwangsverpflichten zu können.
Verordnung zur Sicherstellung des Kräftebedarfs für Aufgaben von besonderer staatspolitischer Bedeutung
Reichsarbeitsblatt I, 22. Juni 1938 / München, Institut für Zeitgeschichte

5.3.2 Dienstverpflichtete und Bausoldaten: Ein großer Teil der in und für Peenemünde tätigen Arbeitskräfte war nicht freiwillig, sondern aufgrund einer Dienstverpflichtung am Werk – so etwa 75 Prozent der Bauarbeiter.
Nachweisung der am 1.1.'40 für Vorhaben Peenemünde eingesetzten Arbeitskräfte
(umfasst auch die bei zuarbeitenden Instituten und Firmen tätigen Personen) / Washington, National Air and Space Museum (Mikrofilm FE 349)

5.3.3 In der deutschen Propaganda wurde das Arbeiterlager Peenemünde (später Versuchskommando Nord), »die zweite Heimat für die Frontkämpfer der Arbeit«, als vorbildlich herausgestellt.
»Arbeitergemeinschaftslager in Pommern«
aus: Stettiner Rundschau, 22. Juni 1941 / Freiburg i. B., Bundesarchiv / Militärarchiv (RH8/v.1208b, Bl. 278)

Arbeitergemeinschaftslager in Pommern

Die zweite Heimat für die Frontkämpfer der Arbeit / Große Erfolge der Lagerbetreuung durch die DAF.

Blick auf das Wirtschaftsgebäude eines großen Arbeitergemeinschaftslagers, dessen Saal rund 1600 Menschen faßt.

Der Begriff Lager hat in den letzten Jahren eine große Umwandlung erfahren. Verband sich mit ihm in den ersten Jahren nach der Machtergreifung, als die gewaltigen Arbeitsvorhaben, wie das der Reichsautobahn, anliefen, der Begriff befehlsmäßig, so ist das heute ganz anders geworden. Heute ist das Lager besonders in der Form des Arbeitergemeinschaftslagers, wie es sich überall in deutschen Landen findet, wo weitab von großen Städten für die innere und äußere Rüstung des deutschen Volkes gearbeitet wird, die zweite Heimat für die Frontkämpfer der Arbeit geworden. Wer sich freiwillig für diese oder jene Tätigkeit meldete, wer als dienstverpflichtet wie der Soldat zur Arbeit an einer kriegswichtigen Sonderaufgabe einberufen wurde, der findet in ihnen nicht nur eine saubere Unterkunft und eine gute Verpflegung, sondern der wird auch in jeder anderen Beziehung betreut, damit er den Wechsel der Lebensbedingungen, die Trennung von der Familie und liebgewordenen Gewohnheiten nicht mehr so hart empfindet und ganz von selbst hineinwächst in eine Kameradschaft, die mit Recht den Namen Frontkämpfer der Arbeit in Anspruch nehmen darf.

Der Weg zu Arbeitergemeinschaftslagern dieser Art ging parallel mit der Durchsetzung des Rechtes der DAF., den schaffenden deutschen Menschen zu betreuen. Welche Wichtigkeit dieser Aufgabe beigemessen wurde, geht daraus hervor, daß es bei der DAF. eine besondere Abteilung „Lagerbetreuung" gibt, dessen Leiter in Pommern gleichzeitig der Sonderbeauftragte des Gauleiters für Lagerbetreuung ist. Ihm obliegt die Führung und Verwaltung der großen Zahl von Arbeitergemeinschaftslagern der DAF., die Führung einer Reihe weiterer Lager, deren Verwaltung von Firmen oder anderen Stellen besorgt wird und die Überwachung sämtlicher privater Lager. So gibt es in Pommern keinen in einem Lager untergebrachten Arbeiter, der nicht von der DAF.

Beginnen wir mit einem der kleineren Lager. Es hat seinen Platz in einem schönen, mitten in einem Garten gelegenen Haus gefunden, das früher als Fremdenheim diente. Herrlich ist die Luft, die durch die weitgeöffneten Fenster in die Gastzimmer einströmt, aus denen die Federbetten allerdings verschwunden sind. Statt ihrer sind Soldatenbetten für je vier bis sechs Mann aufgestellt, die aber an Sauberkeit der Wäsche den Federbetten keineswegs nachstehen. Wo früher für die Gäste gekocht wurde, werden heute die Mahlzeiten für die Arbeiter zubereitet. Der geräumige Speisesaal bietet ihnen zum Essen reichlich Platz. In ihm versammeln sie sich auch zu den Gemeinschaftsveranstaltungen, unter denen die Filmabende und die Wehrmachtkonzerte die beliebtesten sind. Für ihre Freistunden steht den Kameraden außerdem die Glasveranda und der Garten zur Verfügung.

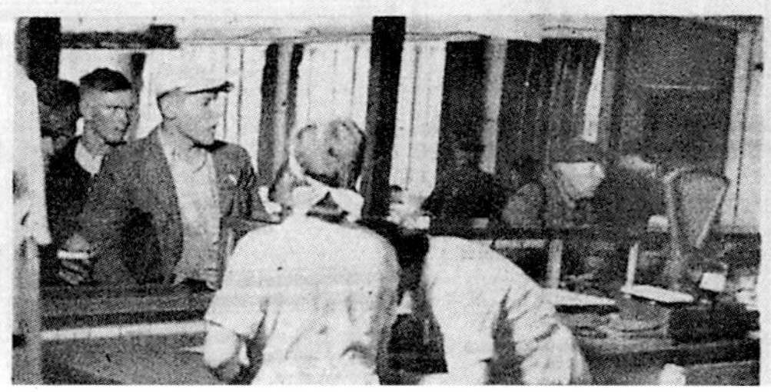

vorher ins Freie muß. Daß mit dem Wirtschaftsgebäude ein großer Gemeinschaftsraum verbunden ist, versteht sich eigentlich von selbst. Wenn wir auch von den Arbeitern sprechen, der ist zufrieden sowohl mit der Unterkunft wie der Verpflegung, die er nicht etwa zugeteilt erhält, sondern die er in freier Wahl nach seinem Geschmack kauft.

Was dieser Grundsatz des freien Kaufes für Sondereinrichtungen fordert, erleben wir in einem großen Lager, das für rund dreitausend Arbeiter eingerichtet ist. Nicht weniger als zwanzig Verkäuferinnen sind hier tätig, um in den Verkaufsräumen die Arbeiter zu bedienen. Auch die Gemeinschaftsräume haben in diesem Lager ganz besonders große Ausmaße, faßt doch der Hauptsaal, in dem es zweimal in der Woche Filmvorführungen und zweimal im Monat KdF.-Veranstaltungen gibt, nicht weniger als 1600 Menschen. Man kann sich vorstellen, daß die für eine derartige Belegung eingerichtete Küche in ganz Pommern ihresgleichen sucht. Trotzdem ist es möglich, an den meisten Tagen der Woche den Arbeitern zwei Mittagsgerichte zur Auswahl anzubieten, von denen jeder dann das nimmt, was seinem Gaumen oder auch seinem Geldbeutel am meisten entspricht.

Rund um dieses Wirtschaftsgebäude, das als Gemeinschaftshaus jeder Stadt zur Zierde dienen würde, sind dann die Unterkunftsräume angelegt. Jedes von ihnen hat seinen eigenen Namen, und die darin untergebrachten Männer wetteifern unter Leitung der Kameradschaftsführer und der Heimältesten darin, alles schön in Ordnung zu halten. Der Bettenbau würde sogar einer „Kompaniemutter" Freude machen. Für die allgemeine Sauberkeit aber sorgt neben der Achtsamkeit der Kameraden ein Heimwärter, der wie der Lagerführer und seine Gehilfen Angestellter der DAF. ist. Dessen besondere Sorgfalt gilt dabei wieder dem zu jedem Heim gehörenden Gemeinschaftsraum, in dem der Arbeiter seine Briefe schreibt, sein Spielchen macht oder eines der Bücher liest, die er aus der Lagerbücherei entliehen hat.

Und über das alles waltet der Lagerführer. Sein Beruf datiert etwa aus dem Jahre 1933. Er verlangt besondere Fähigkeiten charakterlicher Art, denn von ihm hängt das Aussehen des Lagers, das Leben und die Stim-

5.3.3

5.3.4 Trotz aller Propaganda näherte sich auch in Peenemünde die Situation der Dienstverpflichteten zuweilen den Umständen von Zwangsarbeit. So kam es zu einem Aufruhr italienischer Arbeiter.

Packpapierfetzen mit Aufschrift von Dienstverpflichteten, 13. März 1942
»bei ½ Pfd. Brot und 50 gr. Wurst den Tag«
aus einer Zwischenwand im 2. Obergeschoss des Kraftwerks Peenemünde

5.4 Militär: Versuchskommando Nord und Luftwaffe

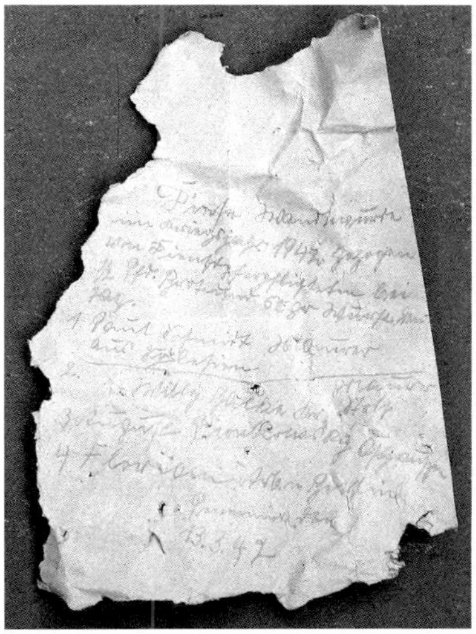

5.3.4

5.4.3

5.3.5 1942 versuchte das Waffenprüfamt, zur Beschleunigung der Bauarbeiten an der Fertigungsstelle den Einsatz des Reichsarbeitsdienstes zu verstärken.
Antrag an das Oberkommando der Wehrmacht betr. Einsatz des Reichsarbeitsdienstes beim Vorhaben Peenemünde
Oberkommando des Heeres (Major Thom), 19. Mai 1942 / Washington, National Air and Space Museum (Mikrofilm FE 342)

5.4.1 Mit der Herausziehung von technischen Angestellten und Fachhandwerkern aus der Fronttruppe versuchte das Heer seit Ende 1941, dem Mangel an technischen Mitarbeitern beim Vorhaben Peenemünde zu begegnen. Die gemäß ihrer zivilen Qualifikation eingesetzten Soldaten wurden im »Versuchskommando Nord« zusammengefasst und im ehemaligen Arbeiterlager untergebracht.
Organisatorische Maßnahmen seit Führererlaß. 1.) Beschaffung von Arbeitskräften.
Bericht von Wernher von Braun betr. Entwicklung bzw. Fertigung A 4 und A 8, etwa Dezember 1941 / Freiburg i. B., Bundesarchiv / Militärarchiv (RH8/v.1959, Bl. 1-8, 1)

5.4.2 Wegen des Auseinanderklaffens von militärischer und ziviler Hierarchie kam es beim Einsatz des Versuchskommandos Nord zu disziplinarischen und Status-Problemen.
Protokollauszug der Sitzung des Versuchsserienwerks, 27. Juli 1942, betr. Schwierigkeiten beim VKN-Einsatz / Abschrift, 29. Juli 1942
Freiburg i. B., Bundesarchiv / Militärarchiv (Rh8/v.1209, Bl. 220)

5.4.3 Für die nach Peenemünde kommandierten Soldaten bot das Leben auf der Insel allerhand Attraktionen, die an der Front unbekannt waren.
Soldat mit zwei Mädchen am Strand
Foto, Datum unbekannt / Peenemünde, HTI (Archiv Priewe 557/62)

5.4.10

5.4.4 Auch die Luftwaffe in Peenemünde-West setzte Soldaten zur Erfüllung ingenieurtechnischer Aufgaben ein.
Peenemünde-West, Ingenieur-Soldat beim Zeichnen von Flugbahnen
Foto, August 1941 / Fürth, Archiv Botho Stüwe

5.4.5 Die Unterbringung der »Technischen Kompanie« der Luftwaffe (Peenemünde-West) in Baracken entsprach der des »Versuchskommandos Nord« des Heeres.
Peenemünde-West, Ingenieur-Soldaten der Technischen Kompanie vor Baracke
Foto, Juni 1943 / Fürth, Archiv Botho Stüwe

5.4.6 Auch in Peenemünde-West wurde das Zusammengehörigkeitsgefühl der Belegschaft durch Gemeinschaftsveranstaltungen bewusst gefördert.
Belegschaft der Versuchsstelle Peenemünde-West in der Halle W 1 beim gemeinsamen Eintopfsonntag
Foto, 1939 / Fürth, Archiv Botho Stüwe

5.4.7 Veranstaltungen für das Gemüt: Für die Soldaten, die Weihnachten in der Versuchsstelle verbringen mussten, wurden Weihnachtsfeiern veranstaltet.
Weihnachtsfeier der Technischen Kompanie in der Kantine Dörres, Peenemünde-West
Foto, 17. Dezember 1942 / Fürth, Archiv Botho Stüwe

5.4.8 Ausgleich für die anstrengende Berufstätigkeit boten privat organisierte Kulturveranstaltungen.
Kapelle »Sass« im Speisesaal der Werfthalle W 2, Peenemünde-West
Foto, 1941 / Fürth, Archiv Botho Stüwe

5.4.9 In der Bildstelle in Peenemünde-West wurden auch Filme für die Belegschaft vorgeführt.
Eintrittskarte zu einer Filmvorführung im Gebäude W 21 (undatiert) / Leihgabe Familie Waldow

5.4.10 Heldentod: Die Risiken der Erprobungstätigkeit waren in Peenemünde-West stets gegenwärtig.
Trauerfeier für eine tödlich verunglückte Flugzeugbesatzung in der Halle W 3, Peenemünde-West
Foto, 2. Dezember 1941 / Fürth, Archiv Botho Stüwe

5.5 Fremdarbeiter und Kriegsgefangene

5.5.2

5.5.1 Bald nach der Zerschlagung des tschechischen Staates wurden die ersten Tschechen als Bauarbeiter rekrutiert. Mit genauer Überwachung sollte verhindert werden, dass sie die geheimen Bereiche der Versuchsstelle auskundschafteten.
Überwachung der bei der Heeresneubauleitung beschäftigten tschechischen Arbeiter
Schreiben des Waffenprüfamtes – Oberst Dornberger – an den Standortältesten und die Heeresneubauleitung, 28. August 1939 / Washington, National Air and Space Museum (Mikrofilm FE 342)

5.5.1a Auch in den Niederlanden wurden nach der Besetzung Arbeitskräfte für Deutschland angeworben.
Wegwijzer voor hen die in Duitsland gaan werken
Informationsbroschüre, um 1940

5.5.2 Im Zuge der deutschen Eroberungen im Osten wurde es möglich, Zwangsarbeiter (»Ostarbeiter«) für Arbeiten in Peenemünde zu pressen.
Gruppe polnischer und ukrainischer Zwangsarbeiter im Lager Trassenheide
Foto / nach M. Middlebrook, The Peenemünde Raid, 1982

5.5.3 Im Sommer 1940 waren unter den 2951 in Lagern untergebrachten Arbeitskräften des Heeresneubauamtes bereits 481 Polen.
Arbeitersicherstellung und -unterbringung bei Großeinsatz Peenemünde
Schreiben der Baugruppe Schlempp an das Waffenprüfamt, 21. Juni 1940 / Washington, National Air and Space Museum (Mikrofilm FE 349)

5.5.4 Obwohl Hitler wünschte, bei der Fertigung der Raketen nur deutsche Kräfte einzusetzen, bemühte sich der für die Produktion Verantwortliche in Peenemünde schon im Oktober 1942 um russische Kriegsgefangene für die zuliefernden Werke.
Ausländischer Bedarf an russischen Fachhandwerkern für Sonderprogramm Peenemünde
Schreiben des Direktors Stahlknecht an den Generalbevollmächtigten für den Arbeitseinsatz (Gauleiter Sauckel), 28. Oktober 1942 / Berlin, Bundesarchiv (R 41/172, S. 335, 337)

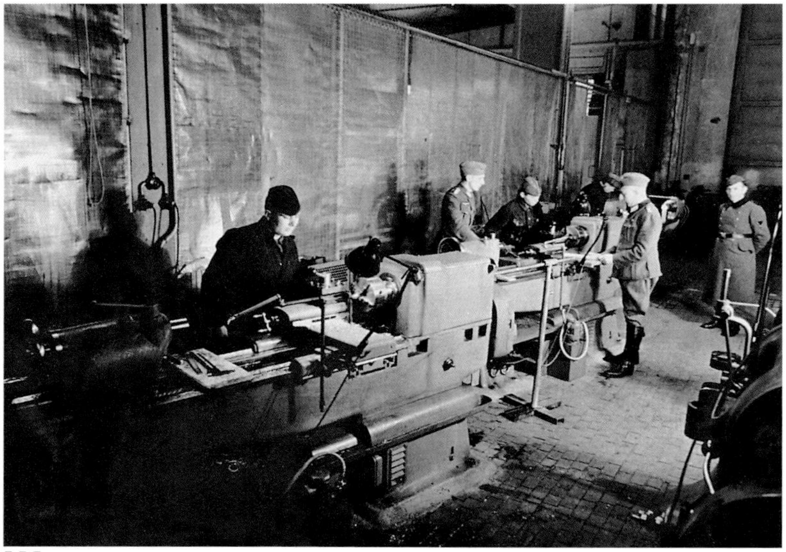

5.5.5 a

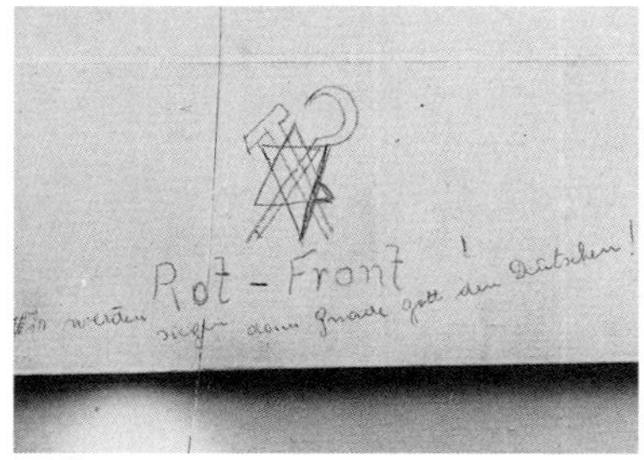

5.5.8 a

5.5.5 1943 wurden sowjetische Kriegsgefangene in Peenemünde nicht nur in die Produktion, sondern auch in die Konstruktionsprozesse integriert.
a) Sowjetische Kriegsgefangene an der Drehbank, mit Bewachern
Foto, 1943 / München, Deutsches Museum, Archiv (Peen-Bild 261/43)
b) Sowjetische Kriegsgefangene an der Werkbank, mit Jackenaufschrift »SU«
Foto, 1943 / Washington, National Air and Space Museum (Mikrofilm FE 850 = Bildstelle Peenemünde 269/43)

5.5.6 1943 entstand in Peenemünde eine Fotoserie, die vermutlich den mustergültigen Umgang mit den sowjetischen Gefangenen demonstrieren sollte.
3 Fotos sowjetischer Gefangener in Peenemünde:
im Hof, beim Holzschneiden, Freizeit / München, Deutsches Museum, Archiv (Peen-Bild 277/43, 276/43, 278/43)

5.5.7 Mechanikerstunden, Technikerstunden, Russenstunden: Sowjetische Kriegsgefangene waren 1944 eine feste Kalkulationsgröße in der Teilefertigung für die Rakete.
Entwurf zur Kalkulation für eine Innenschaltuhr 1
Kostenaufstellung mit »Russenstunden«, 1944 / München, Deutsches Museum, Archiv (GD 622.447.1)

5.5.8 Der latente Widerstand der zur Arbeit gezwungenen Ausländer ist durch einige wenige Fotos belegt.
a) Aufschrift »Rot Front! Wir werden siegen, dann Gnade Gott den Deutschen!« mit Davidstern und Sowjetemblem, vermutlich durch sowjetische Kriegsgefangene angebracht
b) Ritzzeichnung: Eisernes Kreuz mit Daten 1914/1918 und 1939/1945 (!) mit Beischrift »für Verbrechen an Menschheit«
2 Fotos, 1943 / München, Deutsches Museum, Archiv (Peen-Bild 385/43, 968/43)

5.5.9 Auf die Zwangsarbeiter wurde mit Zwangsandrohungen Druck ausgeübt. Wer unangenehm auffiel, kam ins Zuchthaus.
Sterbeurkunde für Gerardus Pelkmann, zuletzt wohnhaft in Zinnowitz, Trassenheide-Lager, verstorben am 17.12.1944 im Zuchthaus Brandenburg / Standesamt Brandenburg/Havel, 1946 / Berlin, Stiftung Archiv der Parteien und Massenorganisationen der DDR im Bundesarchiv (SAPMO-BArch, DY 55/V 287 / 860)

5.5.10 Zur Identifizierung und anstelle von Ausweisen erhielten die Kriegsgefangenen Erkennungsmarken.
Erkennungsmarke eines Kriegsgefangenen, Datum unbekannt / Leihgabe Remo Bremer

5.6 Konzentrations-Häftlinge

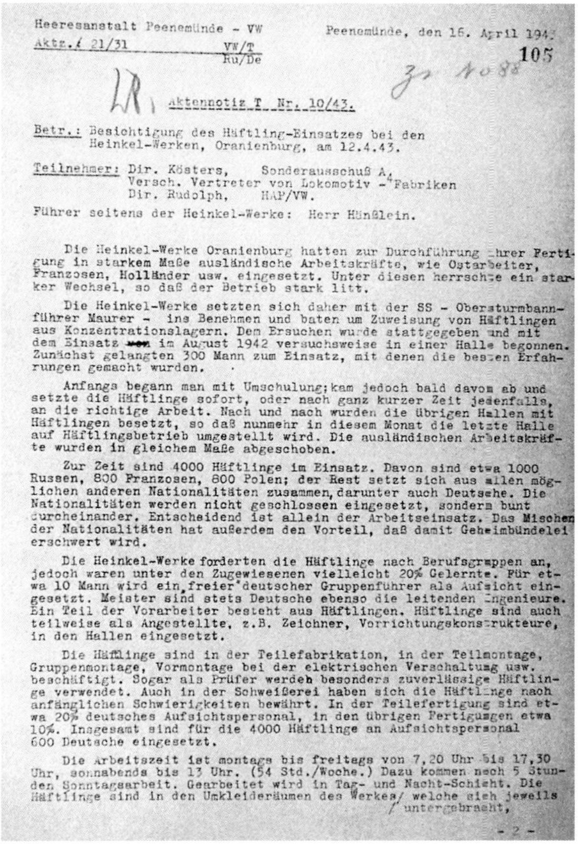

Heeresanstalt Peenemünde – VW
Aktz. / 21/31 VW/T Ru/De

Peenemünde, den 16. April 1943

105

Zs 1088

LR, Aktennotiz T Nr. 10/43.

Betr.: Besichtigung des Häftling-Einsatzes bei den Heinkel-Werken, Oranienburg, am 12.4.43.

Teilnehmer: Dir. Kösters, Sonderausschuß A 4,
Versch. Vertreter von Lokomotiv – Fabriken
Dir. Rudolph, HAP/VW.

Führer seitens der Heinkel-Werke: Herr Hünßlein.

Die Heinkel-Werke Oranienburg hatten zur Durchführung ihrer Fertigung in starkem Maße ausländische Arbeitskräfte, wie Ostarbeiter, Franzosen, Holländer usw. eingesetzt. Unter diesen herrschte ein starker Wechsel, so daß der Betrieb stark litt.

Die Heinkel-Werke setzten sich daher mit der SS – Obersturmbannführer Maurer – ins Benehmen und baten um Zuweisung von Häftlingen aus Konzentrationslagern. Dem Ersuchen wurde stattgegeben und mit dem Einsatz im August 1942 versuchsweise in einer Halle begonnen. Zunächst gelangten 300 Mann zum Einsatz, mit denen die besten Erfahrungen gemacht wurden.

Anfangs begann man mit Umschulung; kam jedoch bald davom ab und setzte die Häftlinge sofort, oder nach ganz kurzer Zeit jedenfalls, an die richtige Arbeit. Nach und nach wurden die übrigen Hallen mit Häftlingen besetzt, so daß nunmehr in diesem Monat die letzte Halle auf Häftlingsbetrieb umgestellt wird. Die ausländischen Arbeitskräfte wurden in gleichem Maße abgeschoben.

Zur Zeit sind 4000 Häftlinge im Einsatz. Davon sind etwa 1000 Russen, 800 Franzosen, 800 Polen; der Rest setzt sich aus allen möglichen anderen Nationalitäten zusammen, darunter auch Deutsche. Die Nationalitäten werden nicht geschlossen eingesetzt, sonderm bunt durcheinander. Entscheidend ist allein der Arbeitseinsatz. Das Mischen der Nationalitäten hat außerdem den Vorteil, daß damit Geheimbündelei erschwert wird.

Die Heinkel-Werke forderten die Häftlinge nach Berufsgruppen an, jedoch waren unter den Zugewiesenen vielleicht 20% Gelernte. Für etwa 10 Mann wird ein „freier" deutscher Gruppenführer als Aufsicht eingesetzt. Meister sind stets Deutsche ebenso die leitenden Ingenieure. Ein Teil der Vorarbeiter besteht aus Häftlingen. Häftlinge sind auch teilweise als Angestellte, z.B. Zeichner, Vorrichtungskonstrukteure, in den Hallen eingesetzt.

Die Häftlinge sind in der Teilefabrikation, in der Teilmontage, Gruppenmontage, Vormontage bei der elektrischen Verschaltung usw. beschäftigt. Sogar als Prüfer werden besonders zuverlässige Häftlinge verwendet. Auch in der Schweißerei haben sich die Häftlinge nach anfänglichen Schwierigkeiten bewährt. In der Teilefertigung sind etwa 20% deutsches Aufsichtspersonal, in den übrigen Fertigungen etwa 10%. Insgesamt sind für die 4000 Häftlinge an Aufsichtspersonal 600 Deutsche eingesetzt.

Die Arbeitszeit ist montags bis freitags von 7,20 Uhr bis 17,30 Uhr, sonnabends bis 13 Uhr. (54 Std./Woche.) Dazu kommen noch 5 Stunden Sonntagsarbeit. Gearbeitet wird in Tag- und Nacht-Schicht. Die Häftlinge sind in den Umkleideräumen des Werkes / untergebracht, welche sich jeweils

– 2 –

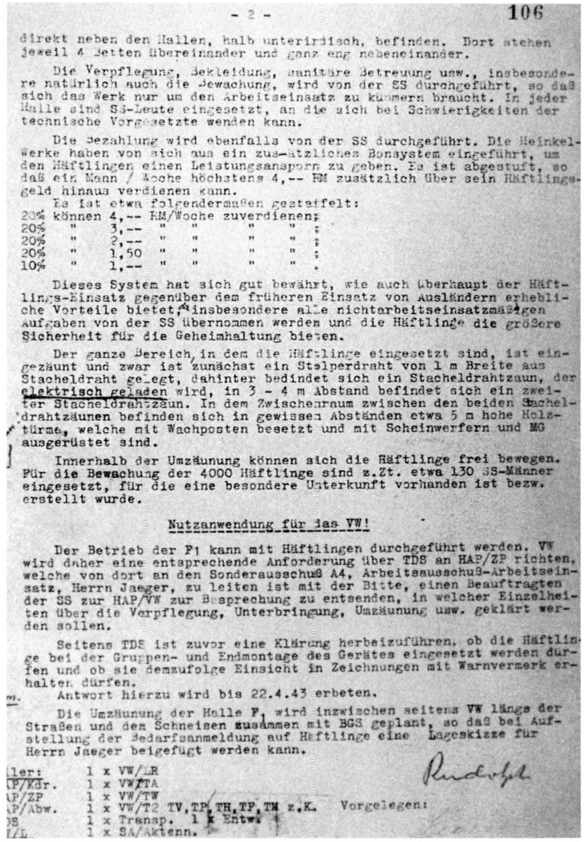

– 2 –

106

direkt neben den Hallen, halb unterirdisch, befinden. Dort stehen jeweil 4 Betten übereinander und ganz eng nebeneinander.

Die Verpflegung, Bekleidung, sanitäre Betreuung usw., insbesondere natürlich auch die Bewachung, wird von der SS durchgeführt, so daß sich das Werk nur um den Arbeitseinsatz zu kümmern braucht. In jeder Halle sind SS-Leute eingesetzt, an die sich bei Schwierigkeiten der technische Vorgesetzte wenden kann.

Die Bezahlung wird ebenfalls von der SS durchgeführt. Die Heinkel-Werke haben von sich aus ein zusätzliches Bonsystem eingeführt, um den Häftlingen einen Leistungsansporn zu geben. Es ist abgestuft, so daß ein Mann / Woche höchstens 4,-- RM zusätzlich über sein Häftlingsgeld hinaus verdienen kann.

Es ist etwa folgendermaßen gestaffelt:
20% können 4,-- RM/Woche zuverdienen;
20% " 3,-- " " " " ;
20% " 2,-- " " " " ;
20% " 1,50 " " " " ;
10% " 1,-- " " " " .

Dieses System hat sich gut bewährt, wie auch überhaupt der Häftlings-Einsatz gegenüber dem früheren Einsatz von Ausländern erhebliche Vorteile bietet, da insbesondere alle nichtarbeitseinsatzmäßigen Aufgaben von der SS übernommen werdem und die Häftlinge die größere Sicherheit für die Geheimhaltung bieten.

Der ganze Bereich, in dem die Häftlinge eingesetzt sind, ist eingezäunt und zwar ist zunächst ein Stolperdraht von 1 m Breite aus Stacheldraht gelegt, dahinter bedindet sich ein Stacheldrahtzaun, der elektrisch geladen wird, in 3 – 4 m Abstand befindet sich ein zweiter Stacheldrahtzaun. In dem Zwischenraum zwischen den beiden Stacheldrahtzäunen befinden sich in gewissen Abständen etwa 5 m hohe Holztürme, welche mit Wachposten besetzt und mit Scheinwerfern und MG ausgerüstet sind.

Innerhalb der Umzäunung können sich die Häftlinge frei bewegen. Für die Bewachung der 4000 Häftlinge sind z.Zt. etwa 130 SS-Männer eingesetzt, für die eine besondere Unterkunft vorhanden ist bezw. erstellt wurde.

Nutzanwendung für das VW!

Der Betrieb der F1 kann mit Häftlingen durchgeführt werden. VW wird daher eine entsprechende Anforderung über TDS an HAP/ZP richten, welche von dort an den Sonderausschuß A4, Arbeitsausschuß-Arbeitseinsatz, Herrn Jaeger, zu leiten ist mit der Bitte, einen Beauftragten der SS zur HAP/VW zur Besprechung zu entsenden, in welcher Einzelheiten über die Verpflegung, Unterbringung, Umzäunung usw. geklärt werden sollen.

Seitens TDS ist zuvor eine Klärung herbeizuführen, ob die Häftlinge bei der Gruppen- und Endmontage des Gerätes eingesetzt werden dürfen und ob sie demzufolge Einsicht in Zeichnungen mit Warnvermerk erhalten dürfen.

Antwort hierzu wird bis 22.4.43 erbeten.

Die Umzäunung der Halle F1 wird inzwischen seitens VW längs der Straßen und dem Schneisen zusammen mit BGS geplant, so daß bei Aufstellung der Bedarfsanmeldung auf Häftlinge eine Lageskizze für Herrn Jaeger beigefügt werden kann.

Rudolph

…ler: 1 x VW/LR
…P/Kdr. 1 x VW/TA
…P/ZP 1 x VW/TW
…P/Abw. 1 x VW/T2 TV, TP, TH, TF, TM z.K. Vorgelegen:
…S 1 x Transp. 1 x Entw.
…/L 1 x SA/Aktenn.

5.6.1

5.6.1 »... wie überhaupt der Häftlings-Einsatz gegenüber dem früheren Einsatz von Ausländern erhebliche Vorteile bietet, da ... die Häftlinge die größere Sicherheit für die Geheimhaltung bieten«: Nach Besichtigung des Einsatzes von KZ-Häftlingen in der Flugzeugproduktion empfahl Arthur Rudolph, dieses System für die Raketenproduktion in Peenemünde zu übernehmen.
Aktenvermerk über Besichtigung des Häftlings-Einsatzes bei den Heinkel-Werken, Oranienburg, am 12.4.'43.
Heeresanstalt Peenemünde – Versuchsserienwerk, Arthur Rudolph, 16. April 1943 / Freiburg i. B., Bundesarchiv / Militärarchiv (RH8/v.1210, Bl. 105 f.)

5.6.2 Im Juni 1943 beschloss der Sonderausschuss für das A 4 die Anforderung von insgesamt 2500 KZ-Häftlingen für die Raketenproduktion in Peenemünde. Aus Sicherheits- und Geheimhaltungsgründen sollten urlaubsberechtigte Ausländer gegen nicht urlaubsberechtigte beziehungsweise deutsche Kräfte ausgetauscht werden.
Aktenvermerk über Besprechung beim A-4-Ausschuss (Arbeitseinsatz) am 2.6.1943 in Berlin betr. Einsatz von KZ-Häftlingen und Austausch urlaubsberechtigter Ausländer / Freiburg i. B., Bundesarchiv / Militärarchiv (RH8/v.1210, Bl. 136)

5.6.3 Kurz vor der Überstellung der ersten KZ-Häftlinge für die Raketenproduktion in Peenemünde hatte auch die Erprobungsstelle der Luftwaffe ein Kontingent solcher Arbeitssklaven erhalten.
a) SS-Standortarzt Ravensbrück an Lagerarzt KL Buchenwald betr. Krankenpapiere für die nach Peenemünde überstellten Häftlinge (Transport vom 26.5.1943), 12. Juni 1943
b) Lagerarzt KL Buchenwald an SS-Standortarzt Ravensbrück betr. Krankenpapiere für die nach Usedom / Peenemünde überstellten Häftlinge (Transporte vom 22.5. und 15.6. 1943), 17. Juni 1943 / Weimar, Thüringisches Hauptstaatsarchiv (KZ Bu/1, Bl. 639, 638)

5.6.4 Erhaltene Namenslisten zeigen, dass die zur Raketenproduktion nach Peenemünde überstellten KZ-Häftlinge überwiegend aus den besetzten Gebieten in Frankreich, Belgien und den Niederlanden stammten.
Häftlingsliste des Transports vom 9.7.1943 von Buchenwald nach Karlshagen
(237 Häftlinge mit in die Zuständigkeit von Ravensbrück überstellten Gepäckstücken) / Weimar, Thüringisches Hauptstaatsarchiv (Kz Bu 8/1, Bl. 629-633)

5.6.5 Der Franzose Marcel Mathieu war von Juli bis Oktober 1943 Häftling in der Halle F1 (Raketenfertigung) und wurde im Zuge der Produktionsverlagerung in das KZ Dora bei den Mittelwerken verlegt.
Marcel Mathieu im Häftlingsanzug Foto, Ende April 1945 / Nordhausen, KZ-Gedenkstätte Mittelbau-Dora

5.6.6 Nach der Verlagerung der Raketenproduktion verblieb in Peenemünde ein kleineres Konzentrationslager für die Erprobungsstelle der Luftwaffe. Den Namenslisten der Toten zufolge waren dort hauptsächlich deutsche Häftlinge eingesetzt.
Liste der im Krematorium Greifswald eingeäscherten 171 KZ-Häftlinge aus Peenemünde Zusammenstellung nach 1945 (?) / Potsdam, Brandenburgisches Landeshauptarchiv

5.6.7 Die Baracken des Konzentrationslagers Peenemünde-West stammten aus den Anfangszeiten der Raketenanstalt und wurden für den neuen Zweck mit Stacheldraht umzäunt.
Lüfterkopf einer Baracke des Konzentrationslagers Peenemünde-West, um 1937

6 The German Rocket
Der Blick von der anderen Seite

Von britischer Seite wurde auf die Aufklärung und Zerstörung der deutschen Raketenproduktion zeitweilig nicht weniger Mühe verwendet als von den Deutschen auf die Beschleunigung der Produktion. Die Briten hatten 1940/41 während des deutschen Luftkriegs gegen England die Wirkung des »Blitz« in London und anderen wichtigen Industrie- und Hafenstädten erfahren; am 20. November 1940 war die Altstadt von Coventry durch deutsche Bomben fast völlig zerstört worden. Als die britische Aufklärung die Gefahr erkannte, setzten die Verantwortlichen alles daran, Luftangriffen mit neuartigen Trägersystemen vorzubeugen.

Erkannt wurde die Gefahr spät, trotz frühzeitiger Warnungen. Schon im November 1939 hatte ein anonymer deutscher Informant aus der Elektrobranche über Oslo auf die Entwicklung ferngesteuerter Gleitbomben in Peenemünde hingewiesen und dabei – freilich ohne Ortsangabe – auch die Entwicklung von Raketengeschossen durch das Heereswaffenamt erwähnt. Die britische Abwehr ging diesen Hinweisen jedoch ebenso wenig nach wie 1942 Nachrichten aus Skandinavien und aus polnischen Widerstandskreisen, die sich auf Beobachtungen polnischer Zwangsarbeiter auf Usedom stützten. Erst im März 1943 weckte die abgehörte Unterhaltung zweier kriegsgefangener deutscher Generäle die britischen Dienste auf. Militärs und Regierung begriffen die tödliche Gefahr, die deutsche Raketen für London darstellten.

Am 15. April erhielt Churchills Schwiegersohn Duncan Sandys, der als Kommandeur mit den ersten britischen Flugabwehrraketen zu tun gehabt hatte, den Auftrag zur Sammlung und Auswertung aller Nachrichten über deutsche Raketen. Das Material war widersprüchlich, da es sich sowohl auf die Rakete wie auf die Flugbombe Fi 103 (V 1) bezog, stimmte aber in der Ortsangabe Peenemünde überein. Fünf britische Aufklärungsflüge dorthin erbrachten im Mai und Juni Luftaufnahmen, unter anderem vom Prüfstand VII, auf denen Dr. Reginald V. Jones, Chef der Technischen Abteilung des Aufklärungsdienstes im britischen Luftfahrtministerium, Raketen identifizieren konnte. Gleichzeitig untersuchte die alliierte Luftaufklärung systematisch die französische Kanalküste und registrierte dort die im Bau befindlichen Startrampen für die Fi 103. (Dass diese Waffe gleichfalls in Peenemünde entwickelt wurde, bemerkte die britische Aufklärung erst später.) Am 29. Juni diskutierte das Kriegskabinett die Erkenntnisse der Sandys-Kommission und beschloss einen Luftangriff zum nächstmöglichen Zeitpunkt. Mit Rücksicht auf die kurzen und hellen Hochsommernächte wurde der Angriff auf Mitte August festgesetzt.

Mit der *Operation Hydra* der Royal Air Force, der größten britischen Aktion gegen ein Einzelziel im Zweiten Weltkrieg, versuchten die Briten in der Nacht vom 17. auf den 18. August der vielköpfigen Schlange Peenemünde die Köpfe abzuschlagen. Sie gingen dabei ein hohes Risiko ein, denn es war eine mondhelle Nacht. Zur Täuschung der deutschen Luftabwehr flog die R.A.F. daher einen Scheinangriff auf Berlin. Während sich die deutschen Jäger dort sammelten, kamen die Bomber über die Ostsee. Fast die gesamte Bomberflotte flog nach Peenemünde: 596 Maschinen mit 4241 Mann und 1924 Tonnen Bomben. Auf der Insel waren drei Zielgebiete bestimmt: das Entwicklungswerk, das Versuchsserienwerk und die Siedlung der Wissenschaftler und Techniker, die man in ihren Betten zu treffen hoffte. Wegen der Ablenkung der deutschen Jäger und des geringen Widerstands durch die Flak vollzog sich das Bombardement fast ungestört; erst bei der letzten Welle und beim Rückflug gingen 40 Bomber verloren.

Aus britischer Sicht war *Operation Hydra* ein Erfolg. Wie neue Luftaufnahmen zeigten, waren die Fabriken schwer beschädigt und die Siedlungen zerstört. Die Bomberflotte konnte sich vorerst auf andere Ziele konzentrieren. Erst ein Jahr später sollten neue amerikanische Luftangriffe auf das Raketenzentrum erfolgen.

Peenemünde aber war nicht ausgelöscht. Wegen Irrtümern beim Setzen der Zielmarkierungen war der britische Angriff zu weit im Südosten erfolgt. Am schwersten betroffen waren daher die Unterkunftsbereiche. Unter den etwa 730 Toten waren 500 bis 600 Fremdarbeiter, deren Lager in Trassenheide irrtümlich bombardiert worden war. Unter den Verlusten beim deutschen Personal wog am schwersten der Tod von Walter Thiel, dem Kopf der Triebwerksentwicklung. Die Nebengebäude der Fertigungsstelle waren schwer getroffen, doch hatte die große Halle kaum Schaden erlitten; unter den KZ-Häftlingen im Untergeschoss gab es 18 Tote. Im Entwicklungswerk waren die Schäden reparabel, die wichtigsten Unterlagen geborgen, die Forschungsarbeit konnte fortgesetzt werden – freilich verzögert und unter erschwerten Bedingungen. Die Ausgebombten und einzelne Abteilungen verteilten sich über die ganze Insel, Wege und Kommunikation wurden mühsamer. Zur Tarnung wurden einzelne Bauten nicht oder so wiederhergestellt, dass sie aus der Luft wie Ruinen wirkten. Trotz eines Beschlusses vom Herbst 1943, das Entwicklungswerk in eine Stollenanlage bei Ebensee in den österreichischen Alpen zu verlegen, verblieb die Raketenentwicklung bis ins Frühjahr 1945 auf Usedom.

Immerhin hatte der Angriff gezeigt, dass Peenemünde inzwischen in der Reichweite der alliierten Luftstreitkräfte lag und die Raketenproduktion dort gefährdet war. Überdies waren nur wenige Tage zuvor die für die Raketenproduktion vorgesehenen Gebäude in Friedrichshafen und Wiener Neustadt gleichfalls durch Bombenangriffe beschädigt worden. Hitler ließ sich daher von Himmler schon am Tag nach dem Angriff davon überzeugen, dass die eben anlaufende Produktion des A 4 verlegt und in einer unterirdischen Fabrik gegen Bomben gesichert werden müsse. Am 26. August fiel die Entscheidung, dafür ein Stollensystem im Kohnstein bei Nordhausen in Thüringen zu nutzen.

Der britische Luftangriff wurde so im Endeffekt zu einem entscheidenden Einschnitt zwar nicht für die Entwicklung, wohl aber für die Produktion der Rakete, die er um etwa vier Monate verzögerte. Und zu einem Einschnitt für Peenemünde, das seine zentrale Stellung im Raketenprogramm verlor und infolge der Verlagerungen die Hälfte seiner Arbeitskräfte abgab. Im Spiel um die Führungsrolle bei diesem inzwischen wichtigsten deutschen Rüstungsprogramm, das Heer und Rüstungsministerium sich lieferten und in dem auch die SS mitzumachen gedachte, wurden die Karten noch einmal neu gemischt.

6.2

6.3 b

6.1 Zeichen der Zeit: Nach der Wende des Afrikafeldzugs bei El Alamein, der Kapitulation der deutschen 6. Armee bei Stalingrad, dem Abbruch der Atlantikschlacht und dem Beginn systematischer alliierter Bombardements deutscher Städte und Rüstungseinrichtungen bot die Rakete im Sommer 1943 einen der letzten Hoffnungsanker für eine Wende des Krieges.
Laufschrift mit wichtigen Kriegsdaten 1943 – 1944

6.2 Flammende Nacht: Wie kam die britische Luftwaffe dazu, Peenemünde zum Ziel eines der größten konzentrierten Luftangriffe des Krieges zu machen?
Peenemünde in der Nacht des britischen Luftangriffs vom 17./18. August 1943
Foto, 18. August 1943 / München, Deutsches Museum, Archiv (BN 9673)

6.3 Erinnerungen an den deutschen »Blitz«: Nach den Erfahrungen der massiven deutschen Luftangriffe auf London 1940/41, bei der große Teile des Stadtzentrums verwüstet worden waren, nahm die britische Regierung die Bedrohung durch neuartige deutsche Fernwaffen sehr ernst und bot alle Mittel zu einem Präventivschlag auf.
4 Fotos von deutschen Bombenschäden in London:
a) Schäden am Saint-Thomas-Hospital, 22. September 1940
b) Verwüstungen in der City, 1941
c) Löschversuche in der City, 1940
d) Zerstörte Bibliothek in Holland House, 1940 / Berlin, Bildarchiv Preußischer Kulturbesitz (W II 80)

6.4 Aufklärung aus der Luft: Mit hochfliegenden, schnellen Aufklärungsmaschinen hatte die Royal Air Force im Frühsommer 1943 systematisch die Inseln Usedom und Rügen erkundet.
Großfoto Aufklärung / Washington, National Archives

6.5 Der erste Hinweis auf geheime Entwicklungen in Peenemünde aus Kreisen der deutschen Elektroindustrie im November 1939 war vom britischen Geheimdienst für eine gezielte Desinformation gehalten worden.
Oslo-Report
§ 3: Angaben über ferngesteuerte Gleitbombe (wohl Hs 293): »Die Erprobungsstelle ist in Peenemünde, an der Mündung der Peene ...«;
§ 5: Hinweise auf die Fernraketen des Heereswaffenamtes ohne Ortsangabe
britische Abschrift, 4. November 1939 / London, Imperial War Museum

6.6 Erst abgehörte Gespräche gefangener Offiziere führten im März 1943 dazu, dass die britische Aufklärung die Nachrichten über deutsche Raketen ernst nahm und eine Untersuchung einleitete. Auf den Luftaufnahmen von Peenemünde identifizierte der Spezialist R. V. Jones im Juni 1943 die Raketen.
4 britische Aufklärungsfotos, Sommer 1943
a) Prüfstand VII, Gesamtanlage
b) Prüfstand VII, Detail mit Raketen
c) Siedlung Peenemünde
d) Flugplatz Peenemünde-West mit ME 163 / London, Imperial War Museum (MH.16157, C.4782.A, C.3753, C.1372)

6.7 Anhand der Luftaufnahmen erstellten die Briten zur Vorbereitung des Luftangriffs Karten von Peenemünde, die heute die beste Übersicht über die Gesamtanlage geben.
a) Experimental Establishment – Peenemünde. Target No: 3/AIR/389 Gesamtplan der Anlagen von Peenemünde, Juli 1943
b) Ortslage Peenemünde mit Kraftwerk
c) Prüfstände VII und I / London, Public Record Office

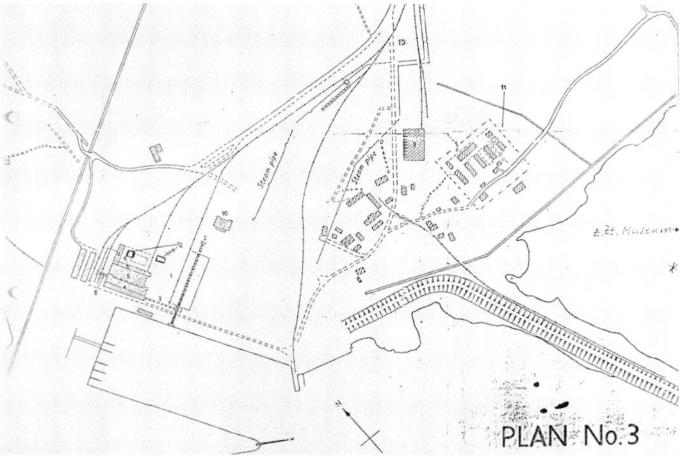

6.7 b

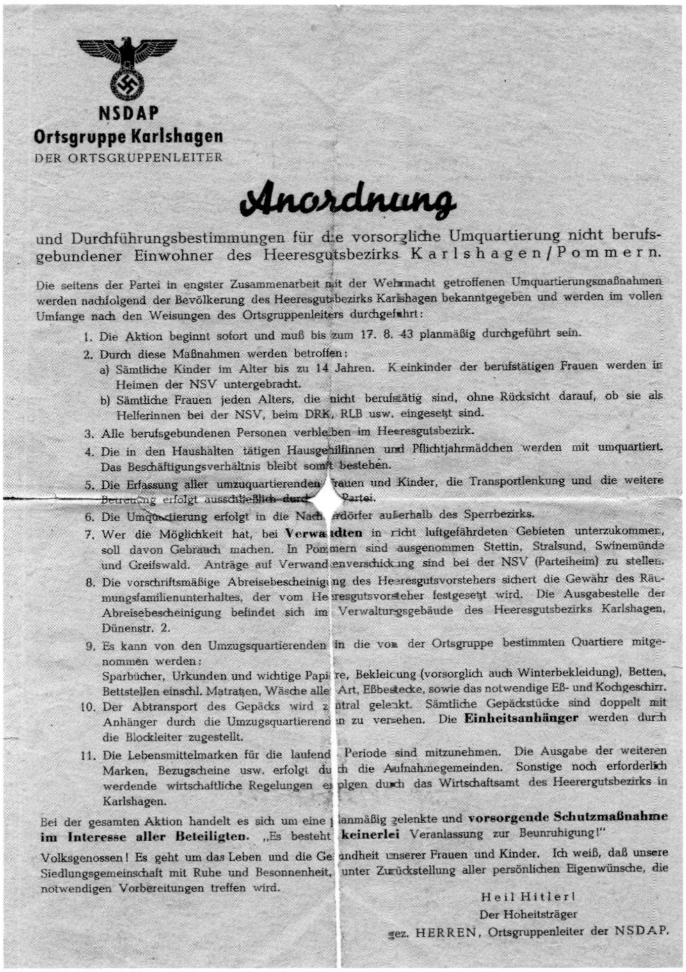

NSDAP
Ortsgruppe Karlshagen
DER ORTSGRUPPENLEITER

Anordnung

und Durchführungsbestimmungen für die vorsorgliche Umquartierung nicht berufsgebundener Einwohner des Heeresgutsbezirks Karlshagen/Pommern.

Die seitens der Partei in engster Zusammenarbeit mit der Wehrmacht getroffenen Umquartierungsmaßnahmen werden nachfolgend der Bevölkerung des Heeresgutsbezirks Karlshagen bekanntgegeben und werden im vollen Umfange nach den Weisungen des Ortsgruppenleiters durchgeführt:

1. Die Aktion beginnt sofort und muß bis zum 17. 8. 43 planmäßig durchgeführt sein.
2. Durch diese Maßnahmen werden betroffen:
   a) Sämtliche Kinder im Alter bis zu 14 Jahren. Kleinkinder der berufstätigen Frauen werden in Heimen der NSV untergebracht.
   b) Sämtliche Frauen jeden Alters, die nicht berufstätig sind, ohne Rücksicht darauf, ob sie als Helferinnen bei der NSV, beim DRK, RLB usw. eingesetzt sind.
3. Alle berufsgebundenen Personen verbleiben im Heeresgutsbezirk.
4. Die in den Haushalten tätigen Hausgehilfinnen und Pflichtjahrmädchen werden mit umquartiert. Das Beschäftigungsverhältnis bleibt somit bestehen.
5. Die Erfassung aller umzuquartierenden Frauen und Kinder, die Transportlenkung und die weitere Betreuung erfolgt ausschließlich durch die Partei.
6. Die Umquartierung erfolgt in die Nachbardörfer außerhalb des Sperrbezirks.
7. Wer die Möglichkeit hat, bei **Verwandten** in nicht luftgefährdeten Gebieten unterzukommen, soll davon Gebrauch machen. In Pommern sind ausgenommen Stettin, Stralsund, Swinemünde und Greifswald. Anträge auf Verwandtenverschickung sind bei der NSV (Parteiheim) zu stellen.
8. Die vorschriftsmäßige Abreisebescheinigung des Heeresgutsvorstehers sichert die Gewähr des Räumungsfamilienunterhaltes, der vom Heeresgutsvorsteher festgesetzt wird. Die Ausgabestelle der Abreisebescheinigung befindet sich im Verwaltungsgebäude des Heeresgutsbezirks Karlshagen, Dünenstr. 2.
9. Es kann von den Umzugsquartierenden in die von der Ortsgruppe bestimmten Quartiere mitgenommen werden:
   Sparbücher, Urkunden und wichtige Papiere, Bekleidung (vorsorglich auch Winterbekleidung), Betten, Bettstellen einschl. Matratzen, Wäsche aller Art, Eßbestecke, sowie das notwendige Eß- und Kochgeschirr.
10. Der Abtransport des Gepäcks wird zentral gelenkt. Sämtliche Gepäckstücke sind doppelt mit Anhänger durch die Umzugsquartierenden zu versehen. Die **Einheitsanhänger** werden durch die Blockleiter zugestellt.
11. Die Lebensmittelmarken für die laufende Periode sind mitzunehmen. Die Ausgabe der weiteren Marken, Bezugscheine usw. erfolgt durch die Aufnahmegemeinden. Sonstige noch erforderlich werdende wirtschaftliche Regelungen erfolgen durch das Wirtschaftsamt des Heerergutsbezirks in Karlshagen.

Bei der gesamten Aktion handelt es sich um eine planmäßig gelenkte und **vorsorgende Schutzmaßnahme im Interesse aller Beteiligten.** „Es besteht **keinerlei** Veranlassung zur Beunruhigung!"

Volksgenossen! Es geht um das Leben und die Gesundheit unserer Frauen und Kinder. Ich weiß, daß unsere Siedlungsgemeinschaft mit Ruhe und Besonnenheit, unter Zurückstellung aller persönlichen Eigenwünsche, die notwendigen Vorbereitungen treffen wird.

Heil Hitler!
Der Hoheitsträger
gez. HERREN, Ortsgruppenleiter der NSDAP.

6.8

6.8 Der britische Luftangriff kam nicht ganz unerwartet: Die Aufklärungsflieger waren gesehen worden. Der Ortsgruppenleiter der NSDAP versuchte, bis zum 17. August alle nicht beruflich gebundenen Einwohner des Heeresgutsbezirks zu evakuieren.
Anordnung und Durchführungsbestimmungen für die vorsorgliche Umquartierung nicht berufsgebundener Einwohner des Heeresgutsbezirks Karlshagen/Pommern
Drucksache, undatiert; Abschlussdatum der Maßnahme: 17. August 1943 / Hintersee, Henrike Riedel-Lückmann

6.9 Zur Sicherung gegen Luftangriffe war in Peenemünde Flak aufgestellt und ein Flakkreuzer in den Greifswalder Bodden gelegt worden, der freilich unmittelbar vor dem Angriff wieder abgezogen wurde.
Flak am Strand von Karlshagen
Foto, 1943 / Zempin, Archiv Harald Tresp

6.10 Präventivschlag aus der Luft: Fast unbehindert durch deutsche Flak oder Jagdflugzeuge, erreichten 539 viermotorige Bomber der Royal Air Force am frühen Morgen des 18. August 1943 Peenemünde.
Motor eines Lancaster-Bombers, während des Angriffs vom 17./18. August 1943 in den Kölpin-See gestürzt
Rolls-Royce-Werke, um 1942

6.10

6.11 Am Tag danach: »Mein schönes Peenemünde!« rief General Dornberger aus, als er aus dem Luftschutzunterstand trat.
Bombenschäden an einem Verwaltungsgebäude in Peenemünde
Foto, August 1943 / München, Deutsches Museum, Archiv (BN 9665)

6.12 Die Zerstörungen der technischen Infrastruktur waren erheblich, aber keineswegs umfassend: Mit relativ geringem Aufwand konnten die Anlagen wieder in Gang gebracht werden.
3 Fotos von Bombenschäden des Luftangriffs vom 17./18. August 1943
a) Werkstatthalle
b) Antriebsmotoren, wohl in einer Werkstatt
c) Elektrischer Zug der Werkbahn / München, Deutsches Museum, Archiv (Peen-Bild, o.13 Nr. 113, 157, 186)

6.13 Der britische Luftangriff hatte vor allem das Fremdarbeiterlager in Trassenheide und die Siedlung der Wissenschaftler und Techniker getroffen.
Zerstörungen in der Siedlung Peenemünde nach dem Luftangriff vom 17./18. August 1943
Foto / München, Deutsches Museum, Archiv (BN 10512)

6.14 Wegen der leichten Bauweise der Häuser und des hohen Grundwasserstandes standen zum Schutz der meisten Einwohner nur Splittergräben zur Verfügung, die der Gewalt der Bomben nicht standhalten konnten.
Zerstörter Splittergraben
Foto, August 1943 / München, Deutsches Museum, Archiv (Peen-Bild, o.13 Nr. 50)

6.13

6.15 Beisetzung mit militärischen Ehren: Die Toten des Luftangriffs wurden am Friedhof Karlshagen beigesetzt. Die Zwangsarbeiter erhielten ein Massengrab.
Trauer- und Gedenkfeier für die ersten 333 Todesopfer des Angriffs vom 17./18.8.1943
2 Fotos, 21. August 1943 bzw. später / Freiburg i.B., Bundesarchiv / Militärarchiv (RH8/v.1764 Bilder 110, 115)

6.16 Für Hunderte von Familien galt es neue Unterkünfte zu finden und Hilfe zu organisieren. Einrichtungen und Personal der Raketenanstalt dehnten sich endgültig über die ganze Insel Usedom aus.
Betreuungskarte für Fliegergeschädigte
Karlshagen, August 1943
Zempin, Archiv Harald Tresp

6.17 Die britische Aufklärung analysierte die Schäden in Peenemünde sehr genau und kam zu dem Schluss, dass das Entwicklungswerk wohl für mehrere Monate lahm gelegt und wohl auch die Raketenproduktion im wenig beschädigten Fertigungswerk stark behindert sei.
The Effects of the R.A.F. Raid of 17./18. August 1943 Peenemünde
Bericht des Ministry of Home Security, Spätsommer 1943 / London, Public Record Office

6.18

6.18 Ein britisches Pressefoto des fast völlig zerstörten Fremdarbeiterlagers Trassenheide sollte die Öffentlichkeit vom Erfolg des Luftangriffs überzeugen. Dass hier ausländische Zwangsarbeiter ums Leben kamen, wusste das britische Militär noch nicht. Es vermied auch jeden Hinweis auf die Raketenentwicklung.
Arbeiterlager Trassenheide nach dem Angriff
Luftaufnahme, August 1943 / London, Imperial War Museum (C 3750)

6.19 Dank der Auswertung aller nach Einschlägen geborgener Fragmente besaßen die Briten bereits im Herbst 1944 eine recht genaue Vorstellung von Konstruktion und Leistung der deutschen Rakete.
Revised Particulars of the Characteristics and Performance of a German Rocket, based on an Examination of the fragments of projectiles landing in this country
Bericht des Royal Aircraft Establishment, Farnborough, für das »Crossbow Committee«, Oktober / 3. November 1944 / London, Public Record Office

6.20 Mit den alliierten Bomben ging mehr Sprengstoff auf Peenemünde nieder, als alle abgeschossenen deutschen Raketen zusammen in feindliche Städte trugen.
Detonierte alliierte Bombe aus dem Areal Peenemünde
1943/44

6.21 Gegen den geschickt geplanten Großangriff der Royal Air Force erwiesen sich alle Tarnungs-, Verteidigungs- und Luftschutzmaßnahmen in Peenemünde als unzureichend.
6 Stahlhelme, ein Luftschutzhelm

6.22 *Emailschild »Ortsgruppenleiter Karlshagen«*
um 1937/1943

7 Massenproduktion im Stollen

Für die unterirdische Raketenfabrik, deren Anlage Ende Oktober 1943 beschlossen wurde, konnte man auf ein fast vollendetes Stollensystem im Massiv des Kohnstein bei Nordhausen am Südrand des Harzes zurückgreifen. Dort war ein ehemaliges Bergwerk zu einem Lager kriegswichtiger Stoffe ausgebaut worden, das nun für die Raketenfabrikation geräumt werden musste. Im Kohnstein wurde die zuvor in Peenemünde, Friedrichshafen und Wiener Neustadt geplante Montage konzentriert, Maschinen und Menschen wurden dorthin gebracht.

Auch in organisatorischer Hinsicht brachte die Verlagerung einen Wandel. Die neue Fabrik unterstand nicht mehr dem Heer, sondern wurde als reichseigene, von Speers Rüstungsministerium finanzierte *Mittelwerk GmbH* organisiert. Das zum Heer gehörige Entwicklungswerk Peenemünde übernahm allerdings die Fertigungskontrolle und war so auch in Planung und Arbeitsorganisation verwickelt. Einen bedeutenden Einfluss besaß die SS, die auch die Häftlinge für die Produktion zu stellen hatte. Ihr Vertreter war der von Himmler protegierte SS-Brigadeführer Dr. ing. Hans Kammler, der sich durch Rücksichtslosigkeit und Machtstreben auszeichnete. Nachdem das Heer durch den Putschversuch vom 20. Juli 1944 kompromittiert worden war und Himmler Chef der Heeresrüstung wurde, erhielt Kammler die erforderlichen Vollmachten, um das Raketenprogramm schließlich unter die Kontrolle der SS zu bringen.

Der Ausbau des Stollensystems und die Aufnahme der Produktion wurden in nur vier Monaten bewältigt – Ende Dezember 1944 liefen die ersten, noch unvollkommenen Raketen vom Band. Kammler wurde von Rüstungsminister Speer für die »wirklich einmalige Tat« belobigt, »die unterirdischen Anlagen in Nie.[dersachswerfen] aus dem Rohzustand in einer fast unmöglich kurzen Zeit von 2 Monaten in eine Fabrik zu verwandeln, die ihresgleichen in Europa kein annäherndes Beispiel hat und darüber hinaus selbst für amerikanische Begriffe unübertroffen dasteht.« (Nr. 7.1.4) Über den Blutzoll, den diese Gewaltmaßnahme erforderte, sprach Speer nicht: Der Ausbau der Stollen zur Fabrik erfolgte mit Häftlingen aus dem Konzentrationslager Buchenwald, die anfangs unter unmenschlichen Bedingungen in den Stollen selbst untergebracht waren. Im Dezember befanden sich rund 9000 Häftlinge unter Tage. Arbeitsbedingungen, Krankheiten und Hunger forderten in den ersten sieben Monaten etwa 6000 Opfer. Die Häftlinge wurden von den Verantwortlichen offenbar nur als Produktionsfaktor betrachtet; ihr Leben zählte nicht. Was für die KZ-Häftlinge die Hölle war, interessierte die deutschen Chefs lediglich als Grundlage für eine mustergültige industrielle Taktfertigung.

Mit der Errichtung von Baracken vor dem Stollen stabilisierte sich im Frühjahr 1944 die Situation für die etwa 11 000 Insassen des Lagers *Dora*, wie die Außenstelle von Buchenwald hieß, ehe sie im Oktober 1944 zum organisatorisch selbständigen *KZ Mittelbau* wurde. Im Mai 1944 wurden die letzten Schlafstollen mit ihren unbeschreiblichen hygienischen Verhältnissen geräumt. (In den frei werdenden Stollen wurde dann ein Teil der Fi 103 / V 1 produziert.) Die Zahl der Toten sank deutlich, blieb jedoch – nicht zuletzt wegen der neu gegründeten Außenkommandos zum Bau weiterer unterirdischer Anlagen in der Umgebung, bei denen ähnlich katastrophale Zustände herrschten wie beim Ausbau der *Mittelwerk*-Stollen – beträchtlich. Russen, Polen und Franzosen stellten die Masse der Häftlinge – der Personalbedarf der deutschen Rüstungsindustrie war nur noch aus den besetzten Gebieten abzudecken. Ab Sommer 1944 wurden auch jüdische Häftlinge nach Dora überstellt und zur Arbeit herangezogen.

Unerträglich wurde die Lage zu Beginn des letzten Kriegsjahres, als die Rationen herabgesetzt und Tausende von geschwächten Häftlingen aus den geräumten Konzentrationslagern im Osten nach Mitteldeutschland verbracht wurden. Im März 1945 zählte man im überfüllten Hauptlager 19 000 Häftlinge, im gesamten Mittelbau-Komplex über 40 000. Die Sterbefälle stiegen wieder dramatisch an. Die alliierten Befreier fanden im April 1945 nur 405 überlebende Häftlinge vor, die nicht mit Transporten nach Bergen-Belsen oder durch Todesmärsche hatten evakuiert werden können, aber 2000 Leichen. Vernichtung durch Arbeit, der Terror der SS-Wachmannschaften und in den letzten Tagen durchgeführte Massaker haben in Dora und seinen Außenlagern insgesamt mehr als 20 000 Todesopfer gefordert.

Auf den Erfolg ihrer Bemühungen konzentriert, sahen deutsche Wissenschaftler ohne Protest das tägliche Elend der KZ-Insassen mit an und machten sich damit zu Mitwissern und Mittätern. Auch die Menschenopfer im Berg und im Lager haben indes nicht dazu beigetragen, London zum vorgesehenen Zeitpunkt mit Raketen terrorisieren zu können. Insgesamt hat das Mittelwerk 5975 A 4 / V 2 produziert und daneben mehrere Tausend Fi 103 / V 1. Bis zum Sommer 1944 wurden die Monatsproduktionen der Raketen jedoch zu Versuchszwecken für die Lösung unerwarteter Probleme verbraucht, deren auffälligstes die Selbstzerlegung beim Wiedereintritt in dichtere Luftschichten war. Erst die im August 1944 produzierten Raketen waren im Feld einsetzbar. Zu diesem Zeitpunkt standen die Alliierten bereits vor Paris.

7.1 Organisation des Mittelwerks

7.1.1

7.1.2

7.1.1 In der Stollenanlage im Kohnstein wurden nicht nur A-4-Raketen im »Mittelwerk« montiert, sondern auch Flugbomben vom Typ Fi 103 (V 1) und Flugzeugmotoren.
Fertiggestellte Fi 103 (V 1) vom Fließband in den Stollen des Kohnstein
Foto, wohl 1945 / Berlin, Bildarchiv Preußischer Kulturbesitz (WII 439)

7.1.2 Erst wenige Tage vor der Besetzung des Mittelwerks durch US-Truppen war die Rüstungsproduktion abgebrochen worden. Eine große Zahl fertiger und halbfertiger Teile stand in den Stollen.
Triebwerk für die A-4-Rakete aus dem Mittelwerk, Frühjahr 1945 / Leihgabe der Gedenkstätte Mittelbau-Dora, Nordhausen

7.1.3 Der britische Angriff auf Peenemünde und parallele Angriffe auf andere geplante Fertigungsstellen erzwangen eine Neuorganisation der Raketenproduktion. Im luftschutzgesicherten Mittelwerk wurde zunächst die gesamte Montage konzentriert, doch sollte es auch nach und nach die Fertigung von Einzelteilen übernehmen.
Sonderausschuss A 4: Niederschrift über die erste Lagebesprechung am Montag, d. 1.11.1943 über die Neugliederung der Produktion (Auszug)
mit handschriftlichen Vermerken Wernher von Brauns / Freiburg i. B., Bundesarchiv / Militärarchiv (RH 8/v 196 b)

7.1.4 In kürzester Frist wurde die bisher zu Lagerzwecken benutzte Stollenanlage im Kohnstein in eine unterirdische Fabrik umgewandelt, »die ihresgleichen in Europa kein annäherndes Beispiel hat und ... selbst für amerikanische Begriffe unübertroffen dasteht.« Über die damit verbundenen Opfer unter den KZ-Häftlingen wurde kein Wort verloren.
Dankschreiben des Rüstungsministers Speer an SS-Brigadeführer Kammler für den zügigen Ausbau des Mittelwerks, 17. Dezember 1943 / Nordhausen, Gedenkstätte Mittelbau-Dora, Archiv (50.2.3)

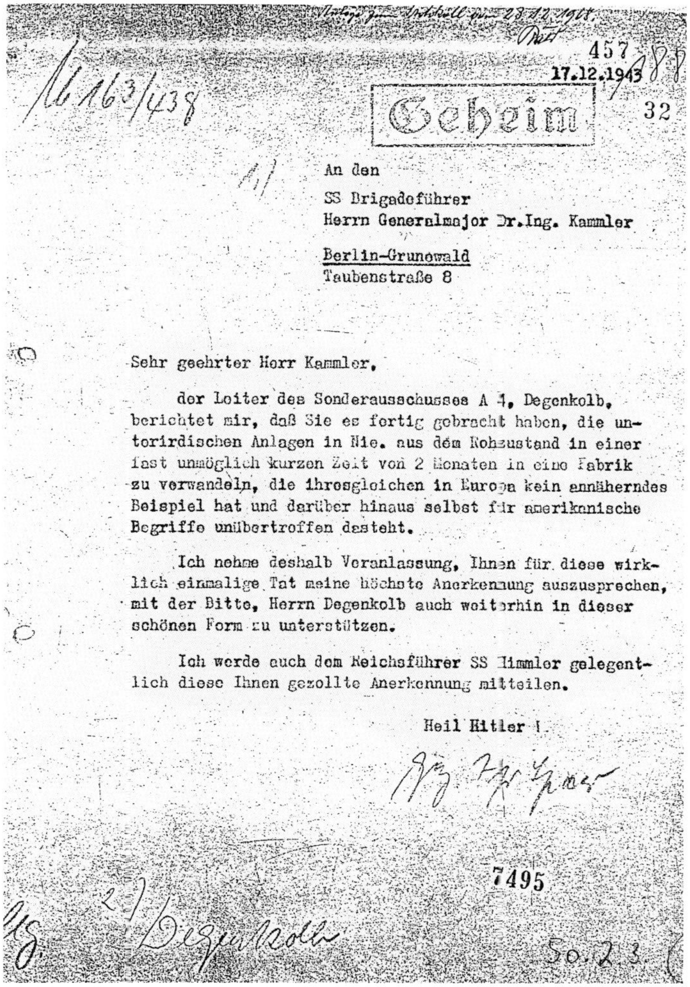

457

17.12.1943

Geheim

32

An den

SS Brigadeführer

Herrn Generalmajor Dr.Ing. Kammler

Berlin-Grunewald

Taubenstraße 8

Sehr geehrter Herr Kammler,

der Leiter des Sonderausschusses A 4, Degenkolb, berichtet mir, daß Sie es fertig gebracht haben, die unterirdischen Anlagen in Nie. aus dem Rohzustand in einer fast unmöglich kurzen Zeit von 2 Monaten in eine Fabrik zu verwandeln, die ihresgleichen in Europa kein annäherndes Beispiel hat und darüber hinaus selbst für amerikanische Begriffe unübertroffen dasteht.

Ich nehme deshalb Veranlassung, Ihnen für diese wirklich einmalige Tat meine höchste Anerkennung auszusprechen, mit der Bitte, Herrn Degenkolb auch weiterhin in dieser schönen Form zu unterstützen.

Ich werde auch dem Reichsführer SS Himmler gelegentlich diese Ihnen gezollte Anerkennung mitteilen.

Heil Hitler!

7495

7.1.4

7.1.5 Nur die Führungskräfte im Mittelwerk waren Deutsche, die Masse der Arbeiter ausländische Häftlinge. Im April 1944 rechnete man für die Produktion mit einer Soll-Zahl von 1600 Deutschen und 5600 Häftlingen, für die Verwaltung mit 940 Deutschen und 400 Häftlingen.
Fertigungsumfang und -aufwand A 4. Mittelwerksanteil Stand 1.5.1944
Mittelwerk GmbH, Büro Sawatzki, 19. April 1944 / Washington, National Air and Space Museum (Mikrofilm FE 694b)

7.1.6 Für den intensiven Schrift- und Reiseverkehr zwischen Peenemünde und dem Mittelwerk wurden besondere Sicherheitsvorkehrungen eingeführt, um die Verbindung zwischen beiden Einrichtungen verborgen zu halten.
Anordnung betr. Schriftverkehr, Dienstreisen und Versand nach dem Mittelwerk
Heimat-Artillerie-Park 11 (Oberst Zanssen), 22. Oktober 1943 / Washington, National Air and Space Museum (Mikrofilm FE 694a)

7.1.7 Peenemünde war für die Fertigungsaufsicht im Mittelwerk verantwortlich, das heißt für die Qualitätskontrolle der zugelieferten Teile und der Montagearbeit. Änderungen des Verfahrens mussten mit Wernher von Braun abgesprochen werden.
Aktenvermerk über die Besprechung am 12.4.1944 im Mittelwerk betr. Neuorganisation der Fertigungsaufsicht
Arbeitsausschuss Serie (Direktor Sawatzki), 16. April 1944 / Washington, National Air and Space Museum (Mikrofilm FE 694a)

7.1.8 »Einsatz französischer Arbeiter im Mittelwerk nur bei Einkleidung möglich«: Für die Produktion von Rudermaschinen sollten Geräte und Arbeiter aus Saarbrücken und Frankreich in das Mittelwerk verlegt werden. In verdeckter Form wurde hier in Gegenwart Dornbergers und von Brauns darüber diskutiert, französische Arbeiter de facto zu KZ-Häftlingen zu machen.
Niederschrift über die Besprechung am 6.5.1944 im Büro Generaldirektor Rickhey, u. a. betr. Zuweisung weiterer Häftlinge für das Mittelwerk und Verlagerung von Produktionszweigen aus Frankreich
Mittelwerk, 6. Mai 1944 / Washington, National Air and Space Museum (Mikrofilm FE 694b)

7.1.9 Wernher von Braun selbst wählte im KZ Buchenwald geeignete Häftlinge für spezielle Entwicklungsarbeiten im Mittelwerk aus und versuchte, dienstwillige Spezialisten durch Vergünstigungen anzuspornen.
Mitteilung über Auswahl von Häftlingen in Buchenwald und Bitte um Steigerung der Motivation eines französischen Physikers durch geeignete Erleichterungen
von Braun an Direktor Sawatzki, 15. August 1944 / München, Deutsches Museum, Archiv (GD 638.8.2)

7.2 Die Produktion der A 4

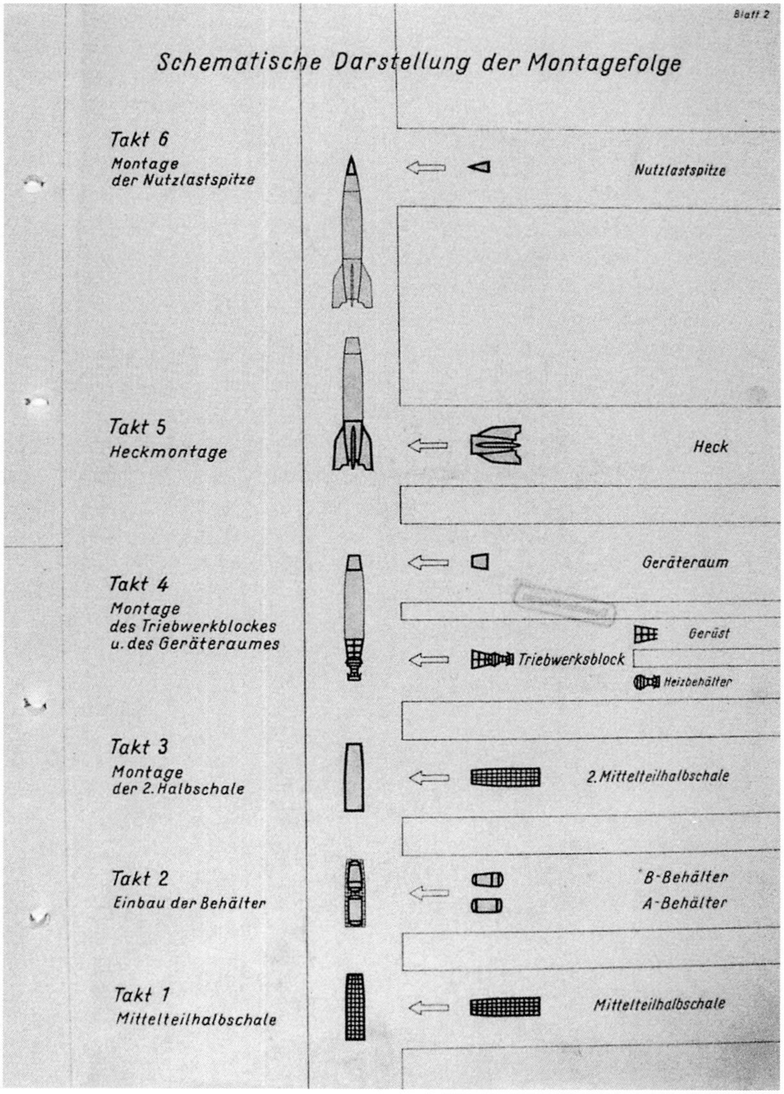

7.2.3

7.2.1 Die leiterförmige Stollenanlage im Kohnstein wurde durch zwei Fahrstollen erschlossen, in denen die Raketen auf Loren transportiert werden konnten. Die Werkstätten in den Querstollen ermöglichten die Arbeit im Taktverfahren.
Grundriss des Stollensystems im Kohnstein, um 1990 / Nordhausen, Gedenkstätte Mittelbau-Dora, Archiv

7.2.2 Zum Schutz gegen Luftangriffe wurden die Eingänge der beiden Fahrstollen gut getarnt.
Eingang zu einem Fahrstollen des Mittelwerks mit KZ-Häftlingen und Bewacher
Foto Hanns Hubmann, 1944 / Berlin, Bildarchiv Preußischer Kulturbesitz (W II 439 a)

7.2.3 Vom Entwicklungswerk war eine Montage der Raketen in sechs Taktschritten vorgesehen worden.
Schematische Darstellung der Montagefolge
Bl. 2 der Broschüre: Das Gerät F, 1943/44 / München, Deutsches Museum, Archiv (FA-Peen, Blaue Serie, 70/3)

7.2.4 Im Mittelwerk wurde die Produktion in 13 Takte gegliedert und in Schichtarbeit durchgeführt.
Schichttafel im Mittelwerk
Foto, 22. März 1945 / Nordhausen, Gedenkstätte Mittelbau-Dora, Archiv (IV MW 43-45)

7.2.6

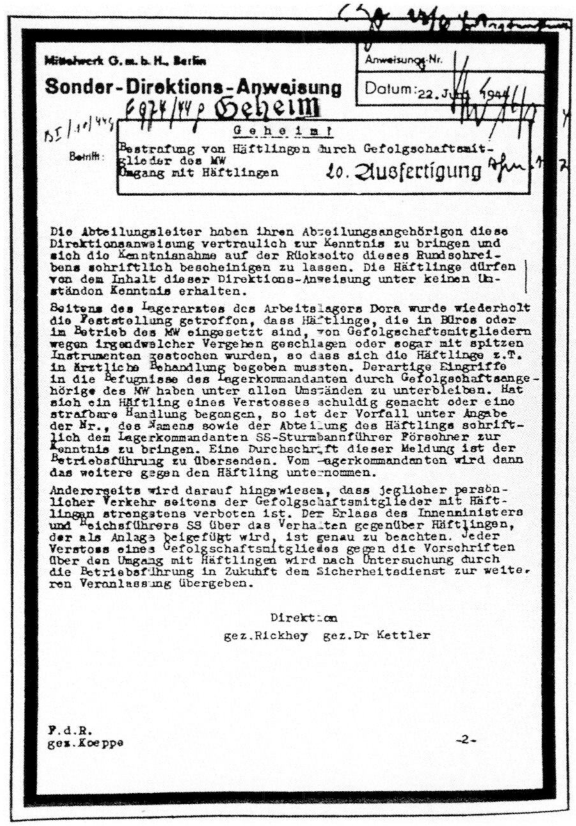

Mittelwerk G. m. b. H., Berlin

Sonder-Direktions-Anweisung

6974/44 p Geheim

Anweisungs-Nr.

Datum: 22. Juni 1944

BS / 11 / 445

Geheim!

Betrifft: Bestrafung von Häftlingen durch Gefolgschaftsmitglieder des MW
Umgang mit Häftlingen

20. Ausfertigung

Die Abteilungsleiter haben ihren Abteilungsangehörigen diese Direktionsanweisung vertraulich zur Kenntnis zu bringen und sich die Kenntnisnahme auf der Rückseite dieses Rundschreibens schriftlich bescheinigen zu lassen. Die Häftlinge dürfen von dem Inhalt dieser Direktions-Anweisung unter keinen Umständen Kenntnis erhalten.

Seitens des Lagerarztes des Arbeitslagers Dora wurde wiederholt die Feststellung getroffen, dass Häftlinge, die in Büros oder im Betrieb des MW eingesetzt sind, von Gefolgschaftsmitgliedern wegen irgendwelcher Vergehen geschlagen oder sogar mit spitzen Instrumenten gestochen wurden, so dass sich die Häftlinge z.T. in ärztliche Behandlung begeben mussten. Derartige Eingriffe in die Befugnisse des Lagerkommandanten durch Gefolgschaftsangehörige des MW haben unter allen Umständen zu unterbleiben. Hat sich ein Häftling eines Verstosses schuldig gemacht oder eine strafbare Handlung begangen, so ist der Vorfall unter Angabe der Nr., des Namens sowie der Abteilung des Häftlings schriftlich dem Lagerkommandanten SS-Sturmbannführer Förschner zur Kenntnis zu bringen. Eine Durchschrift dieser Meldung ist der Betriebsführung zu übersenden. Vom Lagerkommandanten wird dann das weitere gegen den Häftling unternommen.

Andererseits wird darauf hingewiesen, dass jeglicher persönlicher Verkehr seitens der Gefolgschaftsmitglieder mit Häftlingen strengstens verboten ist. Der Erlass des Innenministers und Reichsführers SS über das Verhalten gegenüber Häftlingen, der als Anlage beigefügt wird, ist genau zu beachten. Jeder Verstoss eines Gefolgschaftsmitgliedes gegen die Vorschriften über den Umgang mit Häftlingen wird nach Untersuchung durch die Betriebsführung in Zukunft dem Sicherheitsdienst zur weiteren Veranlassung übergeben.

Direktion

gez. Rickhey gez. Dr Kettler

F.d.R.
gez. Koeppe

-2-

7.2.7

7.2.5 978 Arbeitsstunden erforderte die Montage einer Rakete. Im Mai 1944 wurden für 900 Stück monatlich 4006 Häftlinge und 539 Angestellte veranschlagt.
Fertigungsaufwand A 4
Anlage 2 zur Niederschrift über die Besprechung am 6.5.1944 im Büro Generaldirektor Rickhey / Washington, National Air and Space Museum (Mikrofilm FE 694b)

7.2.6 Geschönte Wirklichkeit: Der Propagandafotograf zeigte den Schichtwechsel, bei dem deutsche Arbeiter in den Stollen strömen.
Deutsche Schichtarbeiter vor dem Stollen
Foto Hanns Hubmann, 1944 / Berlin, Bildarchiv Preußischer Kulturbesitz (W II 439 a)

7.2.7 Bittere Realität: Die Werksdirektion sah sich 1944 dazu genötigt, gegen Misshandlung der Häftlinge durch deutsche Mitarbeiter des Mittelwerks einzuschreiten.
Sonder-Direktions-Anweisung betr. Bestrafung von Häftlingen durch Gefolgschaftsmitglieder des MW
Mittelwerk GmbH, 22. Juni 1944 / Nordhausen, Gedenkstätte Mittelbau-Dora, Archiv

7.2.8 Die einrückenden US-Truppen fanden in den Stollen eine Geisterfabrik vor, in der die Produktion nur kurzfristig unterbrochen zu sein schien.
Stollen im Mittelwerk, Rakete mit GI
Foto, 1945 / London, Imperial War Museum (OWIL G 4336)

7.2.9 Im Schutt der 1948 gesprengten Stollen des Kohnstein blieben Werkzeuge der Häftlinge, aber auch Instrumente der Unterdrückung erhalten.
Produktionsschrott, Werkzeuge und ein Schlagstock aus dem Mittelwerk
Werkzeug: 15 Werkzeugmarken, Holzhammerkopf, Kegelreibahle, Spiralbohrer / Leihgaben der Gedenkstätte Mittelbau-Dora, Nordhausen

7.3 Das KZ Dora

7.3.3

7.3.1 Die KZ-Häftlinge für die Produktion im Kohnstein kamen aus dem Lager Buchenwald. Als die Außenstelle »Dora« 1944 zu einem selbständigen Lager erhoben wurde, betrug die Sollstärke 32 532 Mann – überwiegend Polen und russische Zivilarbeiter.
Bericht zur Übergabe der »Dora«-Betriebe als selbständiges Konzentrationslager am 28. Oktober 1944 (Personalstand bei Selbständigkeitserklärung des KZ Mittelbau-Dora) / Nürnberg, Staatsarchiv (NO-2317)

7.3.2 Die Disziplin im Lager und an der Arbeitsstätte wurde mit einem Schreckensregime aufrechterhalten. Im März 1945 wurden 162 Mann hingerichtet – darunter 133 Russen. Aus Abschreckungsgründen wurden mehrere Erhängungen vor versammelter Belegschaft im Stollen vorgenommen.
Hinrichtungen von Gefangenen im KZ Dora im März 1945
Liste, erstellt im April 1945 von ehemaligen Häftlingen / Washington, National Archives (M-1079, Roll 1, Bl. 737)

7.3.3 Eine trostlose Ansammlung von Baracken hinter einem grellweißen Appellplatz: Das Lager Dora war eigens für die unterirdische Rüstungsproduktion angelegt worden.
Blick über Arrestzellenbau und Appellplatz
Foto, 1945 / Nordhausen, Gedenkstätte Mittelbau-Dora, Archiv (IV KZ Mittelbau-Dora)

7.3.4

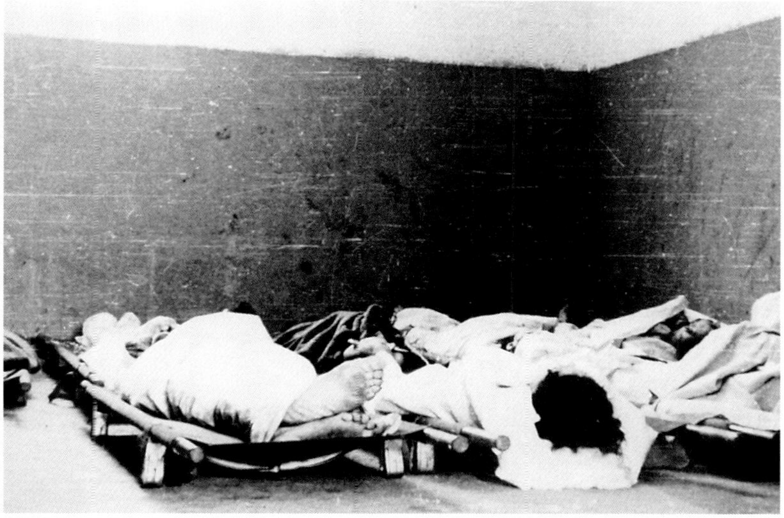

7.3.6

7.3.4 Das Lagerareal von Dora war durch einen Elektrozaun und Wachtürme gesichert.
Blick am Elektrozaun entlang
Foto, wohl 1945 / Nordhausen, Gedenkstätte Mittelbau-Dora, Archiv

7.3.5 In den letzten Monaten, als das Lager Dora zusätzlich Häftlinge aus evakuierten Lagern im Osten aufnehmen musste, starben Tausende an Unterernährung und Entkräftung.
*Karteikarte »Abgang durch Tod« für Ernest Jalband, *1902, gestorben an Herz- und allgemeiner Körperschwäche am 22. Februar 1945*
Außenlager Ellrich, 22. Februar 1945 / Washington, National Archives (M-1079, Roll 11)

7.3.6 »Ausgang nur durch den Schornstein«, drohte ein SS-Mann seinen Häftlingen an: Bei der Besetzung durch die US-Truppen warteten noch die letzten Leichen im Krematorium auf ihre Verbrennung.
Leichenkammer des Krematoriums im Lager Dora nach der Befreiung
Foto, April 1945 / Nordhausen, Gedenkstätte Mittelbau-Dora, Archiv (IV KZ Mittelbau-Dora)

7.3.7 Die Zusammenstellung von Häftlingen unterschiedlicher Nationalität in einem Lager hatte System: Die Solidarität des Einzelnen galt vor allem seinen Landsleuten; zur nationalitätenübergreifenden Kooperation gegen die Unterdrücker kam es nur selten.
Häftlingslisten der Außenkommandos von Dora
Fotos von Häftlingen in Dora / Nordhausen, Gedenkstätte Mittelbau-Dora, Archiv

7.3.8 Unter den Bedingungen des Lagers waren armseligste Utensilien überlebensnotwendige Kostbarkeiten.
Persönliche Utensilien von Häftlingen in Dora:
Häftlingsmarke Nr. 73025 für Henryk Zientra
Häftlingsanzug Nr. 31552
Holzschuhe mit Lederoberteil bzw. mit Stoffriemen
Essnapf und Esslöffel
Holzkreuz
Aluminiumflugzeug E 16
Lagergeld (Wert 0,05 RM; 0,10 RM; 10,00 RM) / Leihgaben der Gedenkstätte Mittelbau-Dora, Nordhausen

7.3.9 Einige Häftlinge trugen unter der Kleidung Zementsäcke von den Bauarbeiten im Stollen, um sich vor der Kälte im Berg zu schützen.
Zementsack-Fragmente aus den Stollen des Mittelwerks / Leihgabe der Gedenkstätte Mittelbau-Dora, Nordhausen

7.3.10 *Isolatorkörper vom elektrischen Lagerzaun in Dora / Leihgabe der Gedenkstätte Mittelbau-Dora, Nordhausen*

7.4 Andere Verlagerungsorte und Zulieferer

7.4.1

7.4.1 Angesichts der alliierten Luftüberlegenheit und der Zerstörungsgefahr für Produktionsstätten über Tage wurde die zunächst weit gestreute A-4-Fertigung immer stärker im Mittelwerk konzentriert.

Produktionsstätten und Produktionsverlagerung des A-4-Programms, um 1944
Karte, Entwurf: Jens Chr. Wagner, Weimar; Ausführung: Kartographie Peckmann, Ramsau

7.4.4 a

7.4.2 »In unserem oft belachten selbstlosen Idealismus«: Einem ironischen Brief Wernher von Brauns zufolge sahen er und seine Mannschaft mit Missvergnügen, wie das Mittelwerk dem Heer die Verfügungsgewalt über die Sauerstoffproduktion für die Raketen abnahm und fähige Mitarbeiter aus Peenemünde an sich zog.
Persönliches Schreiben von Brauns an Major Axter betr. Abstellung des Mitarbeiters Utpatel an das Mittelwerk im Zusammenhang mit dem Bau der Sauerstoff-Anlage Eber, 25. Oktober 1944 / Washington, National Air and Space Museum (Mikrofilm FE 694a)

7.4.3 Die Produktion der Bodengeräte für den Feldeinsatz der Raketen erfolgte unter der organisatorischen Verantwortung von Peenemünde in einem ehemaligen Eisenbahntunnel an der Ahr.
3 Fotos aus der Produktion der Bodengeräte im Werk »Rebstock«, 1943
a) Ausrüstung der Feuerleitpanzer
b) Arbeit an den Meillerwagen
c) Arbeit an den Gerätewagen / München, Deutsches Museum, Archiv (Peen-Bild, 1247/43, 1249/43, 1242/43)

7.4.4 Im Werk »Rebstock« an der Ahr erfolgte die Produktion durch zivile Arbeitskräfte.
3 Fotos von Zivilarbeitern im Werk »Rebstock«
a) bei der Gerätemontage
b) am Messgerät
c) Zahltag / München, Deutsches Museum, Archiv (Peen-Bild, 1236/43, 1239/43, 1235/43)

7.4.5 Mit der Zulieferung von Teilen für die Raketenproduktion war eine große Zahl von Firmen im gesamten Reichsgebiet beschäftigt.
Betriebe, die mit der Herstellung des Gerätes A 4 beschäftigt sind, mit Nachtrag I
Anlage zu einem Erlass vom 27. April 1943 / Freiburg i. B., Bundesarchiv / Militärarchiv (RH8/v.1959, Bl. 150-155)

7.4.6 Kurz vor dem geplanten Produktionsbeginn in Peenemünde wuchs die Zahl der einbezogenen Firmen rapide an.
Nachtrag IV zur Liste der Betriebe, die mit der Herstellung des Gerätes »A 4« beschäftigt sind.
Sonderausschuss A 4, 3.7.1943 / Freiburg i. B., Bundesarchiv / Militärarchiv (RH8/v.1254, Bl. 189-212)

8 Einschlag

An die Wirkung der Flügelbombe Fi 103 und der Rakete A 4 hatten Konstrukteure und deutsche Strategen hohe Erwartungen geknüpft. Als beide Waffen mit langer Verspätung im Sommer 1944 schließlich zum Einsatz kamen, konnten sie nur mehr den Propagandisten als Hoffnungsträger dienen. Die von Goebbels geprägte Bezeichnung »Vergeltungswaffen«, V 1 und V 2, gibt Aufschluss über die psychologischen Erwartungen an den Einsatz und das bewusste Herunterspielen der militärischen Wirkung. Denn seit langem war klar, dass beide Ferngeschosse wegen unpräziser Steuerung nicht zum punktgenauen Einsatz taugten und daher keine effektive Bekämpfung von Punktzielen wie Fabriken und Stützpunkten erlaubten. Dornberger nahm im Sommer 1943 für die nicht leitstrahlunterstützte Rakete eine Streuung von 15 x 15 Kilometern an; in der Praxis sollte die Ungenauigkeit noch größer sein.

Die strategischen Überlegungen für beide Waffen konzentrierten sich daher auf die psychologischen Folgen massierten Einsatzes bei der Bevölkerung beider Seiten. Schon ein Jahr vor der Fertigstellung der Rakete hatte Dornbergers Stellvertreter Georg Thom unter dem Eindruck der Bombenschäden in Westdeutschland und der übertriebenen Erwartungen an die neue Waffe in einer Denkschrift formuliert:

»Das Volk wird immer mehr von dieser vorläufig sagenhaften Waffe eine außergewöhnliche, schicksalswendende Wirkung erwarten.

Aber nicht nur vom Volke, sondern auch von der Führung ... werden neuerdings dem A 4 eine Aufmerksamkeit zugewandt, an der nur das eine zu kritisieren ist: daß sie leider sehr spät kommt, daß sie zum Teil auch nur kommt, weil man nichts anderes mehr weiß, und schließlich, weil man sich klar ist, daß die zerstörten Städte auf das Volk eine stärkere Propaganda ausüben, als manche Zeitungs- und Rundfunkintellektuellen. ...

Durch A 4 können den Luftgangstern weder entscheidende Niederlagen noch Verluste bei ihren Terrorangriffen zugefügt werden. Durch A 4 können Luftangriffe nicht abgeschlagen und auch nicht *unmittelbar* unterbunden werden. Zu erhoffen, aber vorläufig nicht zu beweisen, bleibt eine *mittelbare* Wirkung durch eine geschickte *politische* Ausnutzung des Einsatzes dem Feind gegenüber – unter Ausschaltung aller falschen Propagandamaßnahmen. Auf diese fällt bei den kaltschnäuzigen Gegnern niemand mehr herein, sie werden nur die Sprache der rohen Gewalt verstehen. ...

A 4 ist der grobe Keil auf einen groben Klotz! A 4 ist nicht Abwehr, sondern Angriff – es ist Terror gegen Terror!

... Wer sich gegen die Zahlen des sogenannten Degenkolb-Programms sträubt, der ist sich selber nicht klar darüber, was er eigentlich will. Der sieht in dem A 4 nur eine technische Entwicklung, die umwälzende Zukunftsaufgaben erfüllen wird, er sieht aber nicht die nackten Erfordernisse des Terrorkrieges. Solche Leute müssen einige Zeit in die Städte des Westens geschickt werden. Entweder wollen wir wirklich auf alle Terrorangriffe mit Terror antworten, oder wir haben mit A 4 an dem Rand der Weltgeschichte herumgepinselt.«[1]

Nicht anders lauteten die Überlegungen, die im Frühjahr 1944 für die »moralische Terrorwirkung« anhaltenden Störfeuers mit dem »FZG 76«, wie die Tarnbezeichnung für die Fi 103 lautete, angestellt wurden:

»Welche Wirkung verspricht man sich vom FZG 76, eine militärisch vernichtende oder eine terrorisierende? Welche Wirkung kann im gegenwärtigen, d.h. unvollendeten Entwicklungsstand erreicht werden? ....

Um militärische Ziele bekämpfen zu können, muß die Wirkung eine zerstörende und nicht nur eine störende sein. Diese zerstörende Wirkung aber läßt sich nur mit einer größeren Treffergenauigkeit erreichen. ....

Wenn die beabsichtigte Wirkung eine moralisch terrorisierende sein soll, ist es unerheblich, wieviel Häuser, gewerbliche Anlagen pp. zerstört oder beschädigt werden. Ausschlaggebend allein ist die Auswirkung auf die Bevölkerung.

.... Wird ... die Beschießung auch nur mit einer ganz geringen Zahl von Geschützen, aber mit kurzen Feuerpausen von 5–15 Minuten ... tage- oder wochenlang durchgeführt, so ist die Wirkung ... unzweifelhaft die, daß nach bestimmter Zeit die Bevölkerung des Hauptzieles die seelische Belastung nicht länger aushält, mehr oder weniger geordnet oder panikartig abwandert, und sich durch keinerlei behördliche Maßnahmen halten läßt.

Ist das erreicht, so ist die Bekämpfung des Hauptzieles als erfüllt anzusehen.«[2]

Terror und Gegenterror, Entsetzen und Hoffnung – die Propagandafunktion der Waffe trat vor ihre zerstörerische Wirkung. Die britische Zivilbevölkerung sollte demoralisiert, ihr Widerstandswille gebrochen, das deutsche Volk hingegen bestärkt werden im Glauben an den Endsieg dank deutschem Erfindergeist. Die »Vergeltungswaffen« der letzten Kriegsmonate hatten so zwei Gruppen von Opfern: die Getroffenen und Getöteten dort, die von der Propaganda hinters Licht Geführten hier. Kein Wunder, dass die Berichterstattung in der deutschsprachigen Presse – sowohl im Reich wie in den besetzten Gebieten – breiten Raum einnahm und vorzugsweise echte oder angebliche Berichte aus dem Hauptziel London zugrunde legte. Die deutsche Bevölkerung wurde nicht über die Leistungsfähigkeit der neuen Waffen informiert, sondern über die – übertriebenen – Befürchtungen der Engländer; wider besseren Wissens hielt das Propagandaministerium an seiner Praxis des Aufbauschens und Erweckens falscher Hoffnungen fest. Ein scharfsichtiger Beobachter wie Victor Klemperer in Dresden durchschaute die Meldungen über die V 1 von vornherein als Durchhalteparolen und kolportierte den Witz des britischen Rundfunks: V 1 bedeute nicht »Vergeltungs-«, sondern »Verzweiflungswaffe« (Nr. 8.10).

Als die ersten V 1 am 12./13. Juni 1944 auf London abgeschossen werden konnten, waren die Alliierten eben in der Normandie gelandet; als die ersten

V 2 am 7./8. September starteten, war ihr Ziel das bereits befreite Paris. Insgesamt etwa 22 000 V 1 und 3000 V 2 wurden bis März 1945 auf Städte in England, Belgien und Frankreich abgefeuert, doch längst nicht alle erreichten ihr Ziel. Gegen die V 1 setzten die Engländer verhältnismäßig effizient Jäger, Flak und Ballonsperren ein; immerhin band diese Abwehr erheblich mehr Kräfte als auf deutscher Seite beim Angriff eingesetzt waren. Gegen die V 2 gab es keine Abwehr. Wegen der geringen Treffsicherheit schlug freilich nicht einmal die Hälfte der 1269 auf London abgefeuerten Raketen im Stadtgebiet ein; die Wirkung war mit denen der alliierten Flächenbombardements in Deutschland nicht zu vergleichen. Obwohl allein im Hauptangriffsziel London durch V-Waffen-Beschuss über 8000 Menschen starben, wurde die britische Moral nicht entscheidend beeinträchtigt; der stetige Vormarsch in Frankreich rückte den Sieg der Alliierten in greifbare Nähe. Militärisch blieben die »Vergeltungswaffen« Marginalien, und nicht ohne Grund erklärte Rüstungsminister Albert Speer das aufwendigste Projekt der deutschen Rüstung nach dem Krieg zu ihrem sinnlosesten, »eine einzige Fehlinvestition«.

Solche zu späten Überlegungen zur Irrationalität der deutschen Vergeltung können nicht daran vorbeiführen, dass die dafür verwendeten Waffen lange zuvor als Offensivwaffen geplant waren und nur als solche eingesetzt werden konnten. Es war der Mechanismus von Prävention, Schlag und Gegenschlag, dessen Folgen als Terror diffamiert wurden und »Gegenterror« hervorriefen, der nicht nur London, Paris und Antwerpen verheerte, sondern auch deutsche Städte in Trümmer sinken ließ – und nicht zuletzt das »Schlangennest« Peenemünde.

Aufstieg und Fall von Peenemünde haben nicht einmal ein Jahrzehnt in Anspruch genommen. Die Furie des Krieges hat den Ort, von dem die vermeintlich entscheidende Waffe ausging, nicht verschont. Seine Ruinen geben heute Anlass zum Nachdenken über den Sinn vermeintlich unbesiegbarer Waffen und über die Verantwortung der Wissenschaft. Die Reste der Prüfstände und die Trümmer der Zerstörung sind Metaphern für Aufstieg und Einschlag, für die technologischen Zukunftshoffnungen der Ingenieure und für die bitteren Folgen des Krieges, für den die Raketen von Peenemünde bestimmt waren. Sie zeigen das Janusgesicht der Rakete.

[1] Georg Thom, *Voraussetzungen und Vorschläge für den Einsatz A 4* (vgl. Kat. Nr. 8.1).
[2] Werner Dahms, *Grundsätzliche Fragen über den Einsatz von FZG 76* (vgl. Kat. Nr. 8.2).

8.1 »Terror gegen Terror«: Im Sommer 1943 erschien die Fernrakete A 4 (V 2) als eines der letzten militärischen Mittel, »sich der erdrückenden Terrormaßnahmen der Luftgegner zu erwehren«. Mit der Offensivwaffe konnte allerdings nur die Bevölkerung im Feindesland terrorisiert werden.
Voraussetzungen und Vorschläge für den Einsatz A 4. Denkschrift auf Grund von Erfahrungen während einer Dienstreise im Artois und anschließender Rückfahrt durch die zerstörten Städte Westdeutschlands (Auszug)
Georg Thom, 28. Juni 1943 / Freiburg i. B., Bundesarchiv / Militärarchiv (RH 8 II 3730)

8.2 Auch die Strategie der Flugbombe Fi 103 (V 1) konnte mangels Zielgenauigkeit nur auf den Terror gegenüber der Bevölkerung setzen.
Grundsätzliche Fragen über den Einsatz von FZG 76 (Auszug)
Werner Dahms, 9. März 1944 / Freiburg i. B., Bundesarchiv / Militärarchiv (ex 8A 2835)

8.3 »Die Bomben fallen ohn' Unterlass …«: Deutsche Propaganda-Poesie sollte den Eindruck erwecken, ganz England werde im Trommelfeuer der »Vergeltungswaffen« in Trümmer und Asche fallen.
Es geht eine Trommel durch Engelland …
Gedicht von Gustav-Adolf von Ehrenkrook, wohl 1944

8.4 Psychologische Kriegführung nach beiden Seiten: Die deutsche Propaganda griff mit Vorliebe übertriebene Befürchtungen der Gegenseite auf, um die eigenen Wunderwaffen zu Hoffnungsträgern zu stilisieren.
V 1 – Kurs London. So haben sie sich die Vergeltung gedacht
Berliner Illustrierte Zeitung, Jg. 53, Nr. 32, 10. August 1944 / München, Institut für Zeitgeschichte

Nummer 32 10. August 1944
Copr. 1944 Deutscher Verlag
53. Jahrgang Preis 20 Pfennig
Berliner Illustrierte Zeitung

V1-Kurs London

Eine deutsche Geheimwaffe lüftet ihr Geheimnis.
Von einer starken Preßluftanlage gestartet, von einem hochentwickelten Raketenantrieb in rasender Geschwindigkeit vorwärtsbewegt, flog die „Flügelbombe" dröhnend und flammend gegen die Insel, unerreichbar für feindliche Jäger. Im Krachen ihrer Detonationen und mit der ungeheuren Sprengkraft ihrer Dynamitladung beweist diese revolutionierende Schöpfung unserer Luftrüstung, daß die Vergeltung keine Propagandaparole war, sondern eine unabwendbare Realität ist.
Aufnahme: Willi Ruge

8.4

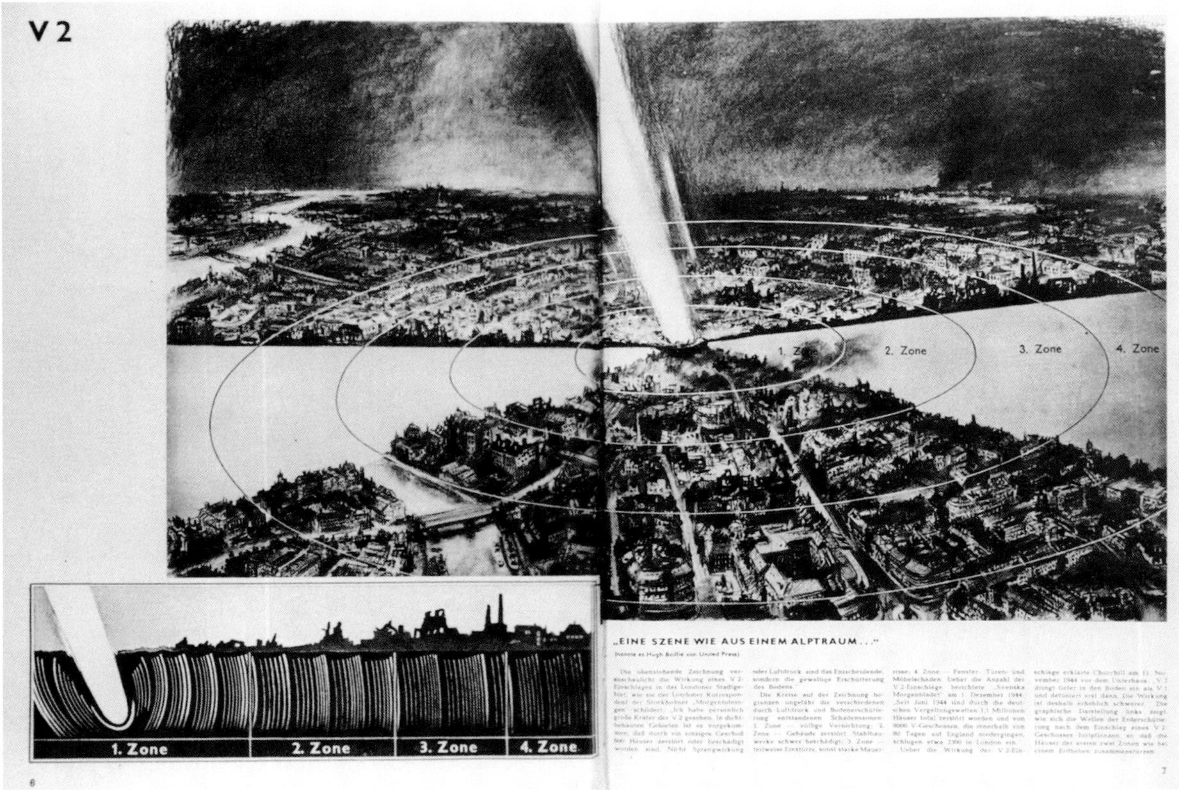

8.5

8.5 Inferno aus der Luft: Noch 1945 spiegelte die deutsche Presse eine Zerstörungskraft der V 2 vor, die der eines Erdbebens gleichkam.
V 2 – Wie es England sieht und erlebt
Signal extra, Sonderheft der Zeitschrift Signal, Januar/Februar 1945 / München, Institut für Zeitgeschichte

Der Neue Tag
Tageszeitung für Böhmen und Mähren
PRAG, Samstag, den 11. November 1944

V 2 erzwingt ein Geständnis

Bericht Churchills über die neue deutsche Waffe

DEUTSCHE ZEITUNG
in den Niederlanden

Nur erst Auftakt der Schläge gegen England

Englische Abwehr noch völlig ratlos

Krakauer Zeitung
REICHSAUSGABE
Montag, 26. Juni 1944

London gibt die schweren Auswirkungen des ständigen Einsatzes der Waffe „V 1" zu

Der neue „Panther"

Ganze Strassen in London verschwunden

Ein amerikanischer Offizier über die Wirkung der V-Waffen

Bericht unseres Korrespondenten

8.6

8.6 Vergeltungswaffen 1: Groß aufgemachte Berichte in Tageszeitungen des deutschen Herrschaftsgebiets vermittelten ab dem 17. Juni 1944 den Eindruck, Deutschland setze jetzt mit der V 1 eine Waffe ein, auf die England keine Antwort wisse.
Berichte aus deutschsprachigen Zeitungen über den Einsatz der V 1 / Essen, Archiv Günter Brittinger

8.7 Vergeltungswaffen 2: Erst nach zwei Monaten Raketenbeschuss informierten der deutsche Wehrmachtsbericht und die britische Seite ab dem 8. November 1944 über den Einsatz der V 2. Eine neue Propagandaoffensive wurde nicht mehr gestartet.
Berichte aus deutschsprachigen Zeitungen über den Einsatz der V 2 / Essen, Archiv Günter Brittinger

8.8 Start in Peenemünde: Die britische Presse bemühte sich den Eindruck zu erwecken, die Behörden hätten die Bedrohung durch die deutschen Raketen gut im Griff.
The launching of V-2 rocket bombs: An official photograph, and its explanation.
The Illustrated London News, 2. Dezember 1944 / Koblenz, Bundesarchiv (Fotoslg. Peenemünde, Bild 183, R 65 626 – 628)

8.9 Die britische Öffentlichkeit reagierte nach den Erfahrungen mit dem deutschen »Blitz« der Jahre 1940 und 1941 sehr viel gelassener auf die neuen Waffen, als die deutschen Strategen gehofft hatten.
D. J. Clough, V. 1. The story of Hitler's first secret weapon. V. 2. Secret weapon 2.
(Sammlungen von Presseberichten über die V-Waffen, 1944/1945) / London, Imperial War Museum (92/49/1)

8.10 Der Zeitzeuge Victor Klemperer reagierte auf die offensichtlich übertriebenen Meldungen der deutschen Presse mit ironischer Skepsis und erkannte die Absicht der Propaganda, den deutschen Durchhaltewillen zu stärken.
Notizen von Victor Klemperer, Dresden, über die Darstellung von V 1 in den deutschen Medien
Victor Klemperer, Tagebücher, Einträge zum 19. und 28. Juni, 19. Juli 1944

8.11 Fazit eines Hauptverantwortlichen zur deutschen Fernrakete: »eine einzige Fehlinvestition«.
Betrachtung von Rüstungsminister Albert Speer über das Fernraketenprojekt
Albert Speer, Erinnerungen, Berlin 1969

Kapitel 9 und 10 der Ausstellung enthalten die beiden Zeitleisten zur Stellung Peenemündes in der NS-Zeit und zur Entwicklung nach 1945. Beide sind in diesem Band ab Seite 307 abgedruckt.

11 Kriegsbeute Raketenwissen

1945 bedeutete zwar das vorläufige Ende für die deutsche Raketenentwicklung, aber keine Stunde Null für die Raketentechnik. Seit 1943 hatten die Alliierten gezielt Informationen über die deutschen Raketenwaffen gesammelt und eine gute Vorstellung vom Potential der technischen Neuentwicklung gewonnen. Nun trachteten sie danach, die vielfältigen Technologien in die Hand zu bekommen. In Peenemünde und bei seinen Zulieferern waren Tausende von Vorrichtungen und Verfahren entwickelt worden, die für den erfolgreichen Flug einer Großrakete notwendig sind, beispielsweise Geräte und Verfahren zur Flugführung und Flugsteuerung. Alle vier Siegermächte wollten das deutsche Raketenwissen für die rasche Entwicklung eigener Waffensysteme nutzen. An die Stelle alliierter Kooperation trat sehr bald die Konkurrenz um Leistung und Einführungstermine der Waffen.

Den Alliierten boten sich unterschiedliche Möglichkeiten zur Aneignung dieses Wissens. Sie konnten in ihren jeweiligen Besatzungszonen Geräte, Maschinen und Unterlagen zusammentragen. Sie begriffen aber schnell, dass diese Beute ohne das Sachwissen der deutschen Experten nur mühsam zu verstehen wäre und die Geräte kaum zu beherrschen sein würden. Neben den Versuch, möglichst viele Raketen, Raketenteile und Produktionsunterlagen zusammenzubringen, trat daher eine intensiv betriebene Kopfjagd auf möglichst hochrangige Spezialisten, die für die jeweilige Siegermacht verpflichtet werden sollten.

Bei diesem Vorhaben waren die USA in dreifacher Hinsicht begünstigt. Bei ihrem Vorstoß an die Elbe trafen die Amerikaner im April 1945 auf die unzerstörte unterirdische Raketenfabrik der Mittelwerke und konnten sich hier, ehe Thüringen Mitte 1945 in die sowjetische Besatzungszone eingegliedert wurde, in großem Umfang an Material und Maschinen bedienen. Die US-Army fand weiterhin das in einem Stollen im Harz versteckte Archiv von Peenemünde mit Tonnen von Akten, wissenschaftlichen Untersuchungen und Konstruktionszeichnungen. Schließlich stellte sich in den Bayerischen Alpen der Kern der Peenemünder Ingenieure zusammen mit Wernher von Braun und Walter Dornberger den Amerikanern.

Die Russen fanden Peenemünde fast ausgeräumt vor und konnten nach der Übernahme des Raumes Nordhausen auch dort nur noch eine Nachlese halten. Allerdings hatten die Amerikaner ein Reparaturwerk übersehen, das bedeutendes Material lieferte. Und auf der Suche nach ihren Familien kehrten immer mehr Ingenieure in den Harz zurück und ließen sich anwerben.

Frankreich hatte das Glück, am Bodensee die Strukturen des einst geplanten Produktionsstandortes Zeppelinwerke weitgehend intakt vorzufinden. Zu dem noch greifbaren Personal hinzu warb man in der amerikanischen Zone weitere Spezialisten an.

Am wenigsten begünstigt waren die Briten, die in ihrer Zone allerdings andere militärtaugliche Technologien wie den Walter-Antrieb erbeuteten. Da die britischen Spezialisten aber eine präzise Vorstellung vom Nutzen der Raketen hatten, suchten sie die Kooperation insbesondere mit den Amerikanern und organisierten schließlich die »Operation Backfire« als Dokumentation deutscher Raketenerfahrung.

Bei dieser Aneignung deutscher Waffentechnik und deutscher Fachleute ging es nicht allein um die Übernahme fortschrittlicher Technologien. Zumindest für Amerikaner und Briten zeichnete sich schon vor Kriegsende eine unerhörte Perspektive ab, die die beiden Hauptprobleme der deutschen Rakete – die geringe Treffsicherheit und das Missverhältnis zwischen den Kosten des Trägers und der Explosivkraft des Sprengkopfs – in den Hintergrund treten ließ. Die Kombination von Rakete und Atombombe würde eine neue Waffe hervorbringen, die das strategische Denken ebenso umwälzen müsste wie die Machtverhältnisse auf dem Globus.

Später wurde der Sachverstand deutscher Raketenexperten auch genutzt, um neue Raketen zu entwickeln.

11.1 Begehrte Experten

Nach Kriegsende warben die vier Siegermächte um Raketenexperten. Jeder der vier Staaten verpflichtete deutsche Techniker und band sie in seine eigene Raketenentwicklung ein. Drei der vier Alliierten richteten zunächst Forschungsstellen in Deutschland ein, in denen deutsche Raketentechniker Peenemünder Entwicklungen für die Siegermächte rekonstruierten.

Bei der Anwerbung der Experten standen die Alliierten im Wettbewerb. Für die Deutschen zählte die langfristige berufliche Perspektive, aber auch die kurzfristige Verbesserung der Situation für sich und ihre Familien. Viele Arbeitsverträge kamen durch Vermittlung ehemaliger Kollegen zustande. Alle vier Staaten waren an einer langfristigen Zusammenarbeit interessiert. Sie holten die Deutschen mit unterschiedlichen Methoden ins Land. Politische und moralische Probleme der Zusammenarbeit mit den ehemaligen Feinden wurden rasch verdrängt.

11.1.1a 1946: Die russische Armee transportiert A 4 / V 2-Raketen aus Nordhausen ab.
Foto / Berlin, Archiv Jürgen Ast

11.1.1b 1946: In Lehesten in Thüringen führt die russische Armee Triebwerksversuche an erbeuteten Raketen durch.
Foto / Berlin, Archiv Jürgen Ast

11.1.1c 1947: Ein Transport mit erbeuteten Raketen trifft in Kapustin Jar in der Sowjetunion ein.
Foto / Berlin, Archiv Jürgen Ast

11.1.1d 1947: Eine erbeutete A 4 / V 2-Rakete wird zum Startplatz in Kapustin Jar in der Sowjetunion gebracht.
Foto / Berlin, Archiv Jürgen Ast

11.1.2 – 11.1.4
Bei der Übernahme der Raketenfabriken war eine große Zahl technischer Einzelteile und Baugruppen zu identifizieren und ihr Zusammenhang zu rekonstruieren.
Entlüfter für flüssigen Sauerstoff (A-Stoff-Entlüfter A 4)
Zerstäuber für flüssigen Sauerstoff (A-Stoff-Zerstäuber)
Schubabschaltgerät »IG-1 ISA«
Hydraulischer Stellmotor für Luftruder des A 4

11.1.5 entfällt

11.1.6 *Schnittzeichnung der Rakete A 4 / V 2 von 1942 / München, Deutsches Museum, Archiv (BN 9206)*

11.2 Deutsche Raketenexperten in Großbritannien

Im Januar 1948 arbeiteten 124 Deutsche in britischen Rüstungsbetrieben. 38 davon waren bei den Behörden als Raketenspezialisten vermerkt. Die Deutschen arbeiteten in Großbritannien nicht als geschlossene Gruppe, sondern waren in mehreren Firmen auf eine ganze Reihe von Projekten verteilt.

Nach Kriegsende hatten die Briten in Deutschland mehrere Raketenprojekte durchgeführt. So arbeiteten 1946 in Trauen am ehemaligen Raketentechnischen Institut Sänger zehn deutsche Wissenschaftler an Raketenantrieben. Unter ihnen war der ehemalige Peenemünder Walter Riedel, der später nach England übersiedelte.

Ab 1946 bot man deutschen Technikern Arbeitsverträge in Großbritannien an. Die zunächst auf einige Monate befristeten Verträge wurden meist verlängert, und mehrere Dutzend Deutsche blieben auf Dauer in britischen Diensten. Nach 1945 gab es dort jedoch aus finanziellen Gründen kein großes Raketenprogramm. Der Einfluss der Deutschen auf diesem Sektor blieb entsprechend gering; größer war er im Bereich der Flugzeugentwicklung.

11.2.1 Deutsche Luftfahrt- und Aerodynamikspezialisten nach ihrer Ankunft in Farnborough im Oktober 1945. In der Mitte steht (mit Hut) E. Schmidt.
Foto
Farnborough, DERA (Defence Evaluation and Research Agency), vermittelt über Archiv Przybilski, Dresden

11.2.1

11.3 Deutsche Raketenexperten in Frankreich

Im ersten Jahrzehnt nach Kriegsende waren rund 500 deutsche Techniker in der französischen Luft- und Raumfahrtindustrie beschäftigt. Etwa 120 davon waren Raketenspezialisten aus Peenemünde oder aus Labors, die für Peenemünder Projekte geforscht hatten.

Frankreich hatte im Frühjahr 1946 in Emmendingen bei Freiburg i. B. eine Forschungsgruppe aus deutschen Raketentechnikern aufgebaut. Eine ihrer Aufgaben war der Entwurf des Windkanals für das geplante französische Raketenzentrum in Vernon.

Anfang 1947 nahmen die meisten der Deutschen dieser Gruppe das Angebot an, die Arbeiten in Frankreich fortzusetzen. Die größte Zahl von ihnen ging nach Vernon an das neu gegründete LRBA (Laboratoire de Recherches Balistiques et Aérodynamiques). Erfahrung und Kreativität der deutschen Experten trugen wesentlich dazu bei, dass Frankreich eine Raketenindustrie von Weltrang aufbauen konnte.

11.3.1 Die deutschen und französischen Mitglieder der Gruppe »Propulsion« (Antriebe) der LRBA im November 1958
Foto / Dresden, Archiv Przybilski

11.3.1

11.4 Deutsche Raketenexperten in den USA

Aufgrund der vereinbarten Aufteilung Deutschlands in Besatzungszonen hatten die Amerikaner keinen langfristigen Zugriff auf Produktionsanlagen der deutschen Rakete. Daher fiel bald der Entschluss zur Verlagerung der Beute in die Vereinigten Staaten.

Im Wettlauf um das Raketenwissen hingegen waren die Amerikaner sehr erfolgreich gewesen. In Mitteldeutschland fielen ihnen die Montagewerke und die technischen Unterlagen, in Bayern die meisten der Peenemünder Experten in die Hände. Viele ehemalige Peenemünder nahmen die angebotenen Arbeitsverträge gerne an. Allerdings untersagte ein amerikanisches Gesetz die Einwanderung von Deutschen, wenn diese in das nationalsozialistische Regime verstrickt gewesen waren. Deshalb wurden die Papiere einiger Raketenexperten für die Einreise »bereinigt«. Unter ihnen war Wernher von Braun, der führende Mann der Raketenentwicklung. Die geheime Aktion trug den Decknamen »Paperclip«.

Die Deutschen kamen zunächst als geschlossene Gruppe nach White Sands und wirkten dort an der Rekonstruktion der A 4 / V 2 mit. Als die amerikanische Armee ab 1950 eigene Raketen entwickeln ließ, wurden die deutschen Experten in die Projekte einbezogen. In den sechziger und siebziger Jahren bekleideten ehemalige Peenemünder führende Positionen bei der Entwicklung der Trägerrakete *Saturn* durch die NASA.

11.4.1 Gruppenfoto der ehemaligen Peenemünder, die 1946 im Rahmen der Aktion »Paperclip« in die USA gebracht worden waren. Wernher von Braun steht in der ersten Reihe.
Foto / Washington, National Air and Space Museum

11.4.1

11.5 Deutsche Raketenexperten in der UdSSR

Mit den von ihnen angeworbenen Fachleuten gründete die UdSSR zunächst in Deutschland mehrere Forschungsstellen. Im Mittelpunkt standen die so genannten Zentralwerke in Nordhausen, wo im Oktober 1946 bereits 5000 deutsche Arbeitskräfte tätig waren. Direktor des Werks war Helmut Gröttrup, ein ehemaliger Mitarbeiter von Brauns.

Aufgrund von Pressionen der anderen Alliierten zwang man die 175 leitenden Techniker des Werkes im Oktober 1946 überraschend, mitsamt ihren Familien auf unbestimmte Zeit in die UdSSR zu übersiedeln und dort ihr Wissen in die Raketenentwicklung einzubringen. Die Deutschen erhielten Entwicklungsaufgaben, blieben aber als Gruppe isoliert und wurden nicht langfristig in die Raketenforschung der UdSSR eingebunden. Zwischen 1951 und 1953 durften sie die Sowjetunion wieder verlassen.

Mit Hilfe einer anfänglich sehr engen Kooperation deutscher und sowjetischer Experten beim Nachbau gelang es der UdSSR, sich das deutsche Raketenwissen rasch anzueignen und es effektiv in eine eigene Raketenentwicklung einzubringen.

11.5.1 Deutsche Raketenexperten in der UdSSR. Die Aufnahme entstand 1947 während der Erprobung erbeuteter A 4 / V 2-Raketen in Kapustin Jar. In der Mitte steht Helmut Gröttrup, der Leiter der Gruppe.
Foto / Dresden, Archiv Przybilski

11.5.1

11.6 Großbritannien: Kein Geld für Raketen

Britische Experten erkannten schon vor 1945 die Bedeutung der Rakete als neuartige Waffe, insbesondere in Verbindung mit der Atombombe. Für ein Programm zur Entwicklung eigener großer Raketen fehlten Großbritannien jedoch nach dem Krieg die finanziellen Mittel.

Während des Krieges hatte es im RAE Forschungszentrum (Royal Aircraft Establishment) in Farnborough Raketenprojekte gegeben. 1945 erforschte die britische Armee die Handhabung der A 4 / V 2-Rakete im Rahmen der »Operation Backfire«. Nach 1945 erwuchs daraus aber kein groß angelegtes Raketenprogramm, da der Krieg die finanziellen Reserven Großbritanniens erschöpft hatte. Die Entwicklung der Rakete *Blue Streak* stellte man 1960 ein. Stattdessen konzentrierte sich Großbritannien auf die Entwicklung von Flugzeugen.

11.7 Geheimunternehmen »Backfire«

1945 wurden bei Cuxhaven mit Hilfe deutscher Techniker A 4 / V 2-Raketen montiert und abgeschossen. Dabei entstand eine sehr sorgfältige Dokumentation der Rakete und ihrer Handhabung. Diese Aktion war ursprünglich als britisch-amerikanisches Projekt geplant. Als sich die Amerikaner aus der »Operation Backfire« zurückzogen, führte die britische Armee das Unternehmen allein durch.

Man hatte zunächst vorgehabt, erbeutete Raketen zu verschießen. Als sich herausstellte, dass keine kompletten Raketen zur Verfügung standen, mussten A 4 / V 2-Raketen aus Einzelteilen rekonstruiert werden. Zwei erfolgreiche Raketenstarts am 2. und am 4. Oktober 1945 lieferten die wissenschaftlichen Ergebnisse der »Operation Backfire«. Ein dritter Abschuss am 15. Oktober diente der Vorführung vor militärischen und politischen Beobachtern aus Großbritannien, aus Frankreich, den USA und der UdSSR sowie Vertretern der Presse. In die »Operation Backfire« waren knapp 600 Deutsche eingebunden. Zu ihnen gehörten rund 70 Techniker aus Peenemünde und 128 Soldaten der Division, die die A 4 / V 2 im Krieg verschossen hatte. Die Dokumentation der »Operation Backfire« umfasst Fotos, Filme und Berichte sowie Messungen des Flugverlaufs und deren Auswertung.

11.7.1

11.7.1 Kameramänner der britischen Armee filmen im Oktober 1945 in Cuxhaven Start und Flug einer A 4 / V 2.
Foto, 1945 / London, The Trustees of the Imperial War Museum (Foto HU-38059)

11.7.2 Am 15. Oktober 1945 startete die dritte und letzte A 4 / V 2-Rakete im Rahmen der »Operation Backfire«. Zuvor waren zwei Starts am 2. und am 4. Oktober 1945 erfolgreich verlaufen.
Foto, 15. Oktober 1945 / London, The Trustees of the Imperial War Museum (Foto BU-11265)

11.7.3 Bryan Langley, Kameramann der britischen Armee, hielt die »Operation Backfire« im Film fest. Für die Raketen-Aufnahmen war seine Newman-Sinclair-Kamera mit einem speziellen Winkelblock ausgestattet.
Foto, Oktober 1945 / London, The Trustees of the Imperial War Museum (Foto HU-38061)

11.7.4 Britische und amerikanische Offiziere plaudern nach dem Start der Rakete am 15. Oktober 1945. Die Gruppe der Offiziere umfasst von links nach rechts: General Evettes (GB), General Cameron (GB), Dr. Theodore von Kármán (USA), General Lunn (GB).
Foto, 15. Oktober 1945 / London, The Trustees of the Imperial War Museum (Foto BU-11267)

11.7.2

11.7.5

11.7.5 General Cameron, der britische Leiter der »Operation Backfire«, spricht mit sowjetischen Offizieren, die den Start am 15. Oktober 1945 beobachtet hatten. Von links nach rechts: General Cameron, ein unbekannter Dolmetscher, W. P. Gluschko, General A. J. Solokow (mit Brille), F. A. Tjulin, J. A. Pobedonostzew, S. P. Koroljow (verdeckt).
Foto, 15. Oktober 1945 / London, The Trustees of the Imperial War Museum (Foto BU-11268)

11.7.6 Die Vorgehensweise der deutschen Soldaten beim Abschuss der Raketen wurde in Cuxhaven Schritt für Schritt nachgestellt. Hier sieht man das Aufrichten des so genannten Strabo-Krans, der zum Umladen der Rakete benötigt wurde.
Foto, 8. Oktober 1945 / London, The Trustees of the Imperial War Museum (Foto BU-11186)

11.7.7 Bei der »Operation Backfire« kam die originale Ausrüstung der deutschen Soldaten noch einmal zum Einsatz. Hier wird die Rakete vom Transportwagen (Vidal-Wagen) auf den Starthilfewagen (Meiller-Wagen) umgeladen.
Foto, Oktober 1945 / London, The Trustees of the Imperial War Museum (Foto BU-11191)

11.7.8 Unmittelbar vor dem Start musste die Rakete mit vier verschiedenen Treibstoffen betankt werden. Hier wird der Schlauch zum Einbringen des so genannten T-Stoffs (Gemisch aus Wasserstoffperoxyd und Wasser) am Starthilfewagen angebracht.
Foto, Oktober 1945 / London, The Trustees of the Imperial War Museum (Foto BU-11025)

11.7.9 Diese Aufnahme zeigt das Einpumpen des so genannten T-Stoffs. Rechts im Bild der Tankwagen, links im Hintergrund die Rakete auf dem Starttisch.
Foto, Oktober 1945 / London, The Trustees of the Imperial War Museum (Foto BU-11017)

11.7.10 Kurz vor dem Start wurden am Fuß der Rakete die Strahlruder aus Graphit montiert.
Foto, Oktober 1945 / London, The Trustees of the Imperial War Museum (Foto BU-10991)

11.7.11 Der dritte Raketenstart im Rahmen der »Operation Backfire« am 15. Oktober 1945 diente der Vorführung der Aktion. Militärische und politische Beobachter aus den überseeischen britischen Gebieten, aus Frankreich, den USA und der UdSSR sowie Vertreter der Presse beobachteten den Start.
Foto, 15. Oktober 1945 / London, The Trustees of the Imperial War Museum (Foto BU-11262)

11.7.12 Der Film *The German A 4 Rocket (Die deutsche A-4-Rakete)* wurde von der britischen Armee im Herbst 1945 im Rahmen der »Operation Backfire« erstellt. Er zeigt Schritt für Schritt die Startvorbereitungen und den Abschuss der Rakete.
Filmausschnitte / London, The Trustees of the Imperial War Museum (Film AMY 687)

11.7.13 Report zur »Operation Backfire«. In fünf Bänden sind Aufbau und Funktionsweise der A 4 / V 2, die Vorbereitungen zum Abschuss der Rakete sowie Verlauf und Organisation der Operation ausführlich beschrieben.
Reproduktion / London, The Trustees of the Imperial War Museum

11.7.11

11.7.14 – 11.7.23
Titelseiten und Inhaltsverzeichnisse der fünf Berichtsbände
Band 1, »Scope & Organisation of the Operation«, beschreibt Ziele und Organisation der »Operation Backfire«
Band 2, »Technical Report«, beschreibt den Aufbau der Rakete und die Funktionsweise ihrer Einzelteile
Band 3, »Field Procedure«, dokumentiert den Abschuss der Raketen unter Kriegsbedingungen
Band 4, »Description of Equipments and Special Vehicles«, befasst sich mit der Ausrüstung, die beim Abschuss der Raketen zur Verwendung kam
Band 5, »Recording and Analysis of the Trajectory«, enthält Messungen und Aufzeichnungen zur Flugbahn sowie deren Auswertung.
London, The Trustees of the Imperial War Museum

11.7.24 In der Zusammenfassung des Reports zur »Operation Backfire« formulierte General Cameron, der Leiter der Operation, klarsichtig die Zukunft der Raketen als Träger für Atombomben:
»Wenn der explosive Inhalt des Sprengkopfes durch eine Atombombe ersetzt werden kann, entsteht eine Waffe mit ungeheurer Zerstörungskraft. ... Was die Zukunft auch bringen mag, die A 4 ist schon heute eine kriegstaugliche Waffe. Selbst wenn Großbritannien und die USA diese Waffe nicht verwenden wollen, müssen sie unter allen Umständen in der Lage sein, sie abzuwehren. Moderne und wirksame Gegenmaßnahmen setzen aber eine Entwicklung der Waffe selbst voraus.«
Band 1, S. 27 des Backfire-Reports / London, The Trustees of the Imperial War Museum

11.7.25 In der Einleitung des Reports skizzierte General Cameron Ziele und Ablauf der Aktion. Das Schreiben ist adressiert an die Auftraggeber, das britische Kriegsministerium und den Kommandierenden der amerikanischen Streitkräfte in Deutschland.
Band 1, Seite 1 des Backfire-Reports / London, The Trustees of the Imperial War Museum

11.7.26 – 11.7.31
Sechs Details aus dem Backfire-Report
Einsatzplan der deutschen Mitwirkenden beim Abschuss vom 2. Oktober 1945
(Bd. 1, Tafel A)
Flugverlauf der Raketen und die Lage der Radarstationen in Dänemark
(Bd. 1, Abb. 4)
Beschreibung des Ventils im Sauerstofftank
(Bd. 2, S. 47)
Zeichnung zur Brennstoffzuführung der Rakete
(Bd. 2, Abb. 6)
Übersicht zum Aufbau der A 4 / V 2
(Bd. 3, Abb. 1)
Die letzten Handgriffe vor dem Start der Rakete
(Bd. 3, S. 67) / London, The Trustees of the Imperial War Museum

12 USA und UdSSR im Wettstreit der Raketen

Im »Kalten Krieg« standen sich USA und UdSSR feindlich gegenüber. Beide Staaten entwickelten aus der A 4 / V 2 Langstreckenraketen, die als Träger für Atomsprengköpfe dienen sollten. Die Leistungsfähigkeit neu entwickelter Raketen wurde in der zivilen Raumfahrt öffentlich vorgeführt.

Die Raketen bildeten ein neues Element des strategischen Gleichgewichts. Wegen ihrer minimalen Vorwarnzeiten waren sie in Verbindung mit der enormen Vernichtungskraft der Atombombe eine neuartige Waffe, gegen die es keine wirksame Abwehr gab. Raketen ermöglichten auch erstmals die Stationierung von Satelliten in Erdumlaufbahnen. Die ersten dieser »künstlichen Monde« dienten der Spionage.

Es kam zu einem Raketenwettstreit zwischen den USA und der UdSSR. Auf beiden Seiten waren dabei militärische und zivile Projekte eng verknüpft. Erfolge in der Raumfahrt galten als Ausdruck technischer und wirtschaftlicher Stärke, als Bestätigung der Leistungsfähigkeit des jeweiligen politischen Systems. Raketen wurden damit zu wirkungsmächtigen Propagandainstrumenten für die Weltöffentlichkeit. Zunächst gelang es der UdSSR mehrfach, entscheidende Ziele zuerst zu erreichen – spektakuläre Beispiele waren der erste Satellit und der erste Mensch im All. Das Mondlandeprogramm der USA beendete diese einseitige Erfolgsserie.

12.1 Amerikas Raketen vor 1945

Der Bau von Raketen galt in den USA zunächst nicht als nationales Anliegen. Deshalb standen zahlreiche Projekte miteinander im Wettbewerb. Die Zersplitterung der Mittel verhinderte eine effektive Entwicklung.

Die Erkenntnisse des amerikanischen Raketenpioniers Robert Goddard fanden keinen direkten Eingang in die Praxis des Raketenbaus. In den vierziger Jahren vergaben Armee, Luftwaffe und Marine der USA unabhängig voneinander Aufträge zur Entwicklung von Raketen. Fachleute für diese Projekte gab es im Umfeld der American Rocket Society und am California Institut of Technology, einem Universitäts-Institut. Das später berühmt gewordene JPL (Jet Propulsion Laboratory) beispielsweise entstand 1944 zur Entwicklung einer Lenkrakete für die US-Army. 1947 gab es in den USA 28 Programme zur Entwicklung von Raketen.

12.1.1 Mitglieder einer Raketen-Forschungsgruppe am California Institute of Technology mit ihrem Mentor Theodore von Kármán im August 1941. Von links nach rechts: Clark Millikan, Martin Summfield, Theodore von Kármán, Frank J. Malina, Homer Boushey.
Foto / Pasadena, California Institute of Technology Archives

12.2 Russlands Raketen vor 1945

Die frühen Erfolge sowjetischer Raketenteams verebbten in den vierziger Jahren infolge von Machtkämpfen und politischem Terror. Der Raketenpionier Konstantin E. Ziolkowski hatte schon um 1900 grundlegende Theorien zur Flüssigkeitsrakete entwickelt. In den dreißiger Jahren entstanden zwei Gesellschaften zum Bau von Raketen. In Moskau arbeitete die Gruppe MosGIRD um Friedrich A. Zander, zu der auch der spätere Raketenkonstrukteur Sergej P. Koroljow gehörte (MosGIRD = Moskauer Gruppe zum Studium von Reaktionsbewegungen). In Leningrad experimentierte Walentin P. Gluschko, der später berühmte Entwickler von Triebwerken, bei einer Gruppe namens GDL (Labor für Gasdynamik). 1933 wurden die beiden Gruppen zu einem Institut namens RNII zusammen geschlossen (RNII = Wissenschaftliches Forschungsinstitut für Reaktions-Antriebe). Politik und Militär zeigten jedoch wenig Interesse an der Raketenentwicklung und überließen das neue Institut zunächst sich selbst. Machtkämpfe zwischen den beiden Gruppen behinderten die Entwicklungsarbeit.

Ende der dreißiger Jahre wurden in der Sowjetunion aus politischen Gründen Tausende von Wissenschaftlern interniert oder gar hingerichtet. Darunter waren auch vier führende Raketenforscher. Dies brachte die Arbeiten an der Flüssigkeitsrakete für einige Jahre zum Erliegen.

12.2.1 Mitglieder der Gruppe MosGIRD im Jahr 1931. Von links nach rechts stehend: N. Parowina, J. Fortikow, F. Zander; sitzend: S. Koroljow, unbekannte Person, B. Tscheranowskij, J. Pobedonostzew, unbekannte Person.
Foto / Kaluga, Archiv Tanja Jelnina

12.3 Die Atombombe

Seit 1945 verfügt die Menschheit über so genannte Atombomben, die auf dem Prinzip der Kernspaltung beruhen. Durch die Verbindung von Atombombe und Rakete entstand ab 1953 eine neuartige strategische Waffe, die nuklear bestückte Fernrakete.

Im Jahr 1939 war es deutschen Forschern erstmals gelungen, im Laborversuch Atomkerne zu spalten und dabei Energie freizusetzen. 1941 starteten die USA ein 1,5 Milliarden Dollar teures Forschungsprogramm zur Entwicklung von Atombomben. Die Auslöschung der japanischen Städte Hiroshima und Nagasaki im August 1945 führte der Welt die Zerstörungskraft dieser neuen Waffen drastisch vor Augen. Bis 1949 gelang es der Sowjetunion, ebenfalls Atombomben zu bauen.

Für den Transport durch Raketen waren Atombomben aufgrund ihres hohen Gewichts zunächst wenig geeignet. Dies änderte sich 1953, als sowohl in den USA als auch in der UdSSR die so genannte Wasserstoffbombe erstmals erfolgreich getestet wurde. Sie war bald so leicht, dass die damaligen Raketen sie ins Ziel bringen konnten.

12.3.1

12.3.1 Rauchpilz der Atombombe »Little Boy« am 6. August 1945 über Hiroshima/Japan. *Foto / München, Deutsches Museum, Archiv (BN 41882)*

12.4 Rakete R-1

Die Mittelstreckenrakete R-1 war die erste Raketenwaffe der UdSSR. Es handelte sich um einen vereinfachten Nachbau der deutschen A 4 / V 2. Die R-1 konnte 850 Kilogramm Nutzlast 270 Kilometer weit tragen. Im Oktober 1948 wurde die erste Rakete dieses Typs erfolgreich gestartet.

Mit einer Sonderform der R-1, der R-1A mit abtrennbarem Kopf, führte man ab Oktober 1949 geophysikalische Untersuchungen durch. Dabei stieg die Rakete 100 Kilometer hoch in die Atmosphäre. Ab November 1950 war die R-1 Bestandteil der Bewaffnung der UdSSR. 1953 wurde sie von einer Rakete namens R-11 abgelöst, die von mobilen Startbasen aus verschossen werden konnte.

12.4.1

12.4.1 R-1-Rakete auf dem Starttisch. Die Verwandtschaft mit der A 4 / V 2 ist deutlich zu erkennen.
Foto / Kaluga, Archiv Tanja Jelnina

12.5 Rakete *Bumper-WAC*

Die US-Armee untersuchte nach 1945 mit Hilfe der angeworbenen deutschen Spezialisten die Eignung der A 4 / V 2 als Waffe. Dabei entstand 1948 die erste zweistufige Rakete der Welt.

Die Rakete *Bumper-WAC* (*WAC* = Without Any Control) bestand aus einer A 4 / V 2 als erster und einer kleinen Rakete namens WAC-Corporal als zweiter Stufe. Diese Kombination wurde 1948 im Auftrag der US-Army entwickelt und getestet. Jeder der acht durchgeführten Versuche kostete rund 500 000 Dollar. Bei acht Flügen der *Bumper-WAC* wurden Höhenforschungen durchgeführt. Dabei wurde 1950 mit 350 Kilometern Flughöhe ein Weltrekord aufgestellt. Das erklärte Ziel der Versuche war jedoch nicht die Erforschung der Atmosphäre, sondern die Ermittlung des Flugverhaltens von zweistufigen Raketen im Hinblick auf die Entwicklung taktischer Raketenwaffen.

12.5.1

12.5.1 Start einer *Bumper-WAC Corporal* im Jahr 1949. Diese Kombination aus einer A 4 / V 2 und einer WAC-Corporal war die erste zweistufige Rakete der Welt.
Foto / München, Deutsches Museum, Archiv (BN R1520-9)

12.6 Rakete R-5

Die erste Langstreckenrakete der UdSSR basierte auf der A 4 / V 2. Sie wurde ab 1950 entwickelt und war ab 1955 einsatzbereit. Ab 1956 konnte sie einen Atomsprengkopf tragen und wurde damit zur ersten atomaren Langstreckenrakete weltweit. Die Existenz dieser Waffe mit strategischer Bedeutung forderte die USA zur Entwicklung einer entsprechenden Rakete heraus.

Die einstufige R-5 konnte 1,4 Tonnen Nutzlast 1200 Kilometer weit tragen. Der erste erfolgreiche Start einer R-5 erfolgte im März 1953. 1955 wurde erstmals eine R-5 mit Atomsprengkopf getestet. Danach wurde diese modifizierte Rakete mit der Bezeichnung R-5M in die Bewaffnung der UdSSR aufgenommen. Die R-5 war unter der Leitung von Sergej P. Koroljow konstruiert worden. Das Triebwerk RD-103 hatte Walentin P. Gluschko entwickelt.

12.6.1

12.6.1 R-5 am Starttisch
Foto, um 1955 / Kaluga, Archiv Tanja Jelnina

12.7 Rakete *Redstone*

Die *Redstone* war die erste amerikanische Rakete mit Atomsprengkopf und die erste einsatzfähige atomare Mittelstreckenrakete weltweit. Wernher von Braun hatte sie von 1950 bis 1953 für die US-Armee entwickelt. Dies war der erste Raketenauftrag, den von Braun in den USA erhielt.

Die *Redstone* konnte eine Nutzlast von drei Tonnen 320 Kilometer weit tragen. Technisch gesehen war sie eine Weiterentwicklung der A 4 / V 2. Im Gegensatz zum deutschen Vorbild war jedoch der Sprengkopf abtrennbar. Modifizierte *Redstone*-Atomraketen wurden ab 1958 in Europa stationiert.

Ab 1956 entwickelte von Braun aus der *Redstone* die mehrstufige Rakete *Jupiter*. Diese war ab 1958 einsatzbereit. *Jupiter*-Raketen trugen 1958 den ersten amerikanischen Satelliten *Explorer* und 1961 den ersten amerikanischen Astronauten Alan Shepard ins All.

12.7.1

12.7.1 Start einer *Redstone* vom Raketenflugplatz in White Sands
Foto, um 1960 / Washington, National Air and Space Museum, Smithsonian Institution (SI Neg.Nr. A-4075-D)

12.8 *Sputnik*, der erste Satellit

Der erste künstliche Satellit versetzte die Welt in helle Aufregung. Mit dem Start des *Sputnik* am 4. Oktober 1957 demonstrierte die UdSSR, dass sie über starke Raketen und zuverlässige Technik verfügte. Dies war für die amerikanischen Politiker keine Überraschung, für die westliche Öffentlichkeit aber ein Schock.

Sputnik I bestand aus einer Aluminiumkugel mit vier Antennen. Sie wog knapp 84 Kilogramm und enthielt Batterien und einen Sender. Das Signal des Senders lieferte Daten über die genaue Flugbahn und erbrachte erste Erfahrungen zur Verständigung mit Raumsonden. Das »Piep-Piep« *Sputniks* konnten auch Radioamateure empfangen, was die öffentliche Aufregung um diesen Satelliten verstärkte. *Sputnik I* umkreiste die Erde 92 Tage lang und verglühte beim Wiedereintritt in die Atmosphäre. Im November 1957 startete *Sputnik II*, im Mai 1958 *Sputnik III*. Als Trägerrakete für das *Sputnik*-Programm diente die Rakete R-7.

12.8.1

Süddeutsche Zeitung

NEUESTE NACHRICHTEN AUS POLITIK · KULTUR · WIRTSCHAFT

München, Dienstag, 8. Oktober 1957 Nummer 241 M

Die Politik bemächtigt sich des Satelliten

Westliche Zeitungen entdecken die militärische Bedeutung des sowjetischen Erdtrabanten / Verhärtung der politischen Gegensätze als Folge des Moskauer Prestigegewinns befürchtet

(SZ) Das große Weltereignis, der Abschuß des ersten sowjetischen Erdsatelliten, hat in den westlichen Ländern einen nachhaltigen Eindruck hinterlassen. Die neuerwachten Fortschrittshoffnungen werden aber fast völlig zurückgedrängt von der Furcht vor einer Verschärfung der militärischen und politischen Situation angesichts dieses großen Erfolges der Sowjetunion. In den Pressekommentaren wird überdies die Erwartung ausgesprochen, daß die USA gemeinsam mit Großbritannien alles daransetzen, um den Vorsprung der Sowjets aufzuholen.

Von unserem Korrespondenten Curt Geyer

London, 7. Oktober

Das Erscheinen des russischen Erdsatelliten hat eine doppelte Wirkung in England gehabt. Auf der einen Seite hat es alle Anhänger der Idee künftiger Raumschiffahrten in Ekstase versetzt und die Phantasie der breiten Masse auf das stärkste angefeuert. Auf der anderen Seite hat es politisch-militärische Befürchtungen und das Gefühl eines gewaltigen Prestigeverlustes hervorgerufen. Ein Blick in die englischen Zeitungen zeigt, daß beide Wirkungen nahezu bis zur Hysterie gesteigert sind. Mit dem ersten Gefühl verbunden ist die Erwägung, die in dem Leitartikel der *Daily Mail* enthalten ist, daß nämlich die internationalen Streitigkeiten anfangen, kleinlich zu erscheinen und daß die Welt eins ist. Andererseits meint das Blatt, daß der Wettlauf um die Rakete nun erst recht aufgenommen werden müsse. Die *Times* drückt es so aus: Bewunderung und Dankbarkeit für den technisch-wissenschaftlichen Fortschritt, aber auch Furcht.

Es gibt nur wenige, die von dem Gefühl eines großen technischen Abenteuers nicht erfaßt sind. Zu den wenigen gehört der Oxforder Historiker Taylor, der in einer Fernsehdiskussion fragte: „Was wollen wir im Raum? Wir wissen, was er ist und daß er leer ist. Was wollen wir auf dem Mond, von dem wir wissen, daß er eine Wüste ist. Wozu die Absicht, den Raum unter Kontrolle zu nehmen, wozu die Beherrschungsabsicht?" Wozu der unabhängige Politiker Brown trocken bemerkte: „Darf ich dazu sagen, daß jemand anderer bereits die Kontrolle über den Raum ausübt", womit er selbstverständlich nicht eine irdische Großmacht meinte. Die vorhandene Erregung wird jedenfalls durch die Zeitungen gesteigert. Im *Daily Express* steht über der zweiten Seite in Telegrammstreifenschrift mehrfach wiederholt: „Das Raumzeitalter ist da, das Raumzeitalter ist da ..." Der *Daily Herald* veranstaltet ein Preisausschreiben um den besten Namen für den Satelliten.

Das Gefühl eines Prestigeverlustes verbunden mit Furcht tritt aber stärker in den Vordergrund. Es wird genährt durch die Überlegung, daß die vorhergehenden russischen Ankündigungen über den Besitz der interkontinentalen Rakete ernst genommen werden müssen und daß Rußland im Wettlauf um das Beförderungsmittel für die Wasserstoffbombe einen erheblichen Vorsprung errungen oder, wie die englische Presse sagt, das Rennen gewonnen hat. Der *Daily Herald* schreibt: „Die Staatsmänner und Militärs des Westens sind in Verwirrung

(Fortsetzung auf Seite 2, Spalte 3)

SPUTNIK, *der sowjetische Satellit, der seit Freitagabend um die Erde kreist, ist das Tagesgespräch auf der ganzen Welt. Die Funksignale des roten Mondes werden gut gehört; über die optische Beobachtung liegen indes keine zuverlässigen Angaben vor. In vielen Ländern versuchen Amateur-Astronomen, mit Gläsern und Fernrohren bewaffnet, den Erdsatelliten zu entdecken. (Siehe „Streiflicht".)* Photo: dpa

Der künstliche Mond rast weiter um die Erde

Geschwindigkeit fast unverändert / USA planen Trabanten mit Fernsehkamera

Hamburg (dpa)

Funkstationen in aller Welt verfolgen weiterhin die Signale des ersten sowjetischen Erdsatelliten, der bis Montagabend rund 40mal die Erde umkreist hat. Die Geschwindigkeit des künstlichen Mondes, die etwa 29 000 Kilometer

Mehrere Observatorien in der Sowjetunion haben nach einer Meldung von Radio Moskau am Sonntag die Bahn des Trabanten verfolgen können. Auch das Observatorium in Cambridge im amerikanischen Staate Massachusetts berichtete, daß Dr. Gordon Little von der geophy-

den Satelliten in den Weltraum geschossen haben. Möglicherweise kreise auch diese dritte Stufe jetzt in geringerer Höhe als der künstliche Mond um die Erdkugel. Diese Vermutung wurde am Montagabend von Radio Moskau bestätigt. Im australischen Staat Victoria soll der

12.8.1 *Westdeutsche Zeitungsberichte zum Satelliten Sputnik / München, Deutsches Museum, Archiv (BN 26769)*

12.8.2

12.8.2 Anlässlich des Starts von *Sputnik I* brachte die UdSSR eine Briefmarke heraus.
Foto / Kaluga, Archiv Tanja Jelnina

12.8.3 Nachbildung von *Sputnik I*, dem ersten künstlichen Satelliten. Das Original umkreiste 1957 die Erde 92 Tage lang und verglühte beim Wiedereintritt in die Atmosphäre.
Herstellung: Berlin, Modellbau Götze, 2001

12.9 Satellit *Explorer*

Explorer war die amerikanische Antwort auf den sowjetischen *Sputnik*. Dieser erste erfolgreiche US-Satellit startete am 31. Januar 1958 ins All. Einen Monat zuvor war ein groß angekündigter Startversuch gescheitert, was dem Ansehen der USA schweren Schaden zugefügt hatte.

In den USA experimentierten die Marine und das Heer mit eigenen Raketen. Nach dem Erfolg von *Sputnik* hatte man zunächst beschlossen, einen kleinen Satelliten mit der neuentwickelten Marine-Rakete *Vanguard* ins All zu bringen. Die technisch unausgereifte *Vanguard* explodierte auf dem Starttisch. Danach kam Wernher von Braun zum Zuge, der für das Heer die Raketen *Redstone* und *Jupiter* entwickelt hatte. Der Erfolg von *Explorer* machte Wernher von Braun in den USA zum Helden. *Explorer 1* und *Explorer 3* (März 1958) erforschten die Atmosphäre. Dabei entdeckte man einen Gürtel aus kosmischer Strahlung rund um die Erde, der nach dem amerikanischen Wissenschaftler Van Allen benannt wurde. Trägerrakete des *Explorer*-Programms war die Mehrstufenrakete *Jupiter C*. Sie basierte auf der *Redstone*-Rakete und stand damit in der Tradition der A 4 / V 2.

12.9.1 Start der *Jupiter-C*, die den ersten amerikanischen Satelliten *Explorer* ins All bringt.
Foto, 31. Januar 1958 / Detroit, Chrysler Historic Foundation, vermittelt vom National Air und Space Museum, Smithsonian Institution

12.9.2 Pressekonferenz zum Start des ersten amerikanischen Satelliten *Explorer*. William Pickering, James van Allen und Wernher von Braun (v. l.) halten ein Modell des Satelliten in die Höhe.
Foto, 31. Januar 1958 / Washington, National Air and Space Administration (Foto MSFC-00285), vermittelt vom National Air und Space Museum, Smithsonian Institution

12.9.1

12.9.2

12.10 Rakete R-7

Die R-7 war die erste einsatzfähige Interkontinentalrakete der Welt und gleichzeitig das »Arbeitspferd« der sowjetischen Raumfahrt. Sie wurde ab 1954 entwickelt und war ab August 1957 für zivile Zwecke einsatzbereit. Die Stationierung als militärische ballistische Waffe war jedoch erst 1960 möglich.

Als Langstreckenrakete trug die R-7 fünf Tonnen Last 8800 Kilometer weit. Als Trägerrakete diente sie für die Programme *Sputnik* (1957), *Wostok* (ab 1961), *Molnija* (ab 1965) sowie *Sojus* (ab 1966) und ist in modifizierter Form noch im Jahr 2000 im Einsatz. Spektakuläre Missionen der R-7 waren der Start des ersten Satelliten *Sputnik* (1957) und die Raumfahrt des ersten Kosmonauten Juri Gagarin (1961).

Die militärische Nutzung wurde durch technische Probleme beim Wiedereintritt in die Erdatmosphäre bis 1960 verzögert. Zwischen 1960 und 1968 wurden einige R-7 als Waffen stationiert. Aufgrund der sehr langen Startvorbereitungszeit und der relativ kurzen Gefechtsbereitschaft ersetzte das Militär sie baldmöglichst durch die Rakete R-9. Die R-7 entstand unter der Leitung von Sergej P. Koroljow. Die Triebwerke entwickelte Walentin P. Gluschko.

12.10.1

12.10.1 Eine R-7-Rakete wird für den Start vorbereitet.
Foto, um 1970 / Kaluga, Archiv Tanja Jelnina

12.11 Rakete *Atlas*

Atlas war die erste Interkontinentalrakete der USA und gleichzeitig eine Trägerrakete der amerikanischen Raumfahrt. Sie wurde ab 1954 im Auftrag der US-Luftwaffe entwickelt und war ab Dezember 1958 einsatzbereit.

Als Langstreckenrakete trug *Atlas* zwei Tonnen Last 10 000 Kilometer weit. Als Trägerrakete diente sie unter anderem für das *Mercury*-Programm (ab 1961). Den ersten öffentlichen Auftritt hatte die *Atlas*-Rakete im Dezember 1958. Sie brachte einen Sender ins All, der einen Gruß des amerikanischen Präsidenten Eisenhower zur Erde funkte. Spektakuläre *Atlas*-Missionen waren die ersten bemannten Raumflüge Amerikas. 1962 startete John Glenn mit einer *Atlas* zur Erdumkreisung. Als Interkontinentalrakete war *Atlas* von 1959 bis 1965 stationiert, auch in Europa.

12.11.1 Ausgemusterte *Atlas*-Raketen warten auf ihre neue Verwendung als Trägerraketen
Foto, 2. Oktober 1966 / Sunnyvale, Lockheed Corporation, vermittelt vom National Air and Space Museum, Smithsonian Institution

12.11.1

12.12 Der erste Mensch im All

Der Kosmonaut Juri Gagarin flog als erster Mensch ins Weltall. Er umkreiste am 12. April 1961 in einem *Wostok*-Raumschiff die Erde. Dieser Raumflug fand weltweit große Beachtung.

Eine R-7 brachte die Raumkapsel *Wostok-1* mit Gagarin ins All. In einer Höhe zwischen 181 und 327 Kilometern umkreiste er einmal die Erde und kehrte nach 108 Minuten zur Erde zurück. Juri Gagarin sah als erster Mensch die Erde aus dem Weltraum. Sein Flug führte über den Pazifik, Südamerika, Afrika und das Mittelmeer. Nach seiner Rückkehr wurde Gagarin in der UdSSR als Held gefeiert. Der neuerliche Erfolg der Sowjetunion forderte die USA heraus. Präsident Kennedy reagierte mit seiner berühmt gewordenen Rede, in der er eine bemannte amerikanische Mondlandung vor 1970 ankündigte.

12.12.1

12.12.1 Kosmonaut Juri Gagarin, der erste Raumfahrer der Menschheit, und Sergej Koroljow, der Konstrukteur der zugehörigen Rakete.
Foto, 1961 / Kaluga, Archiv Tanja Jelnina

12.13 Die ersten Amerikaner im All

Einige Wochen nach dem erfolgreichen Raumflug des Russen Juri Gagarin starteten amerikanische Astronauten zu Flügen ins All. Auch in den USA wurden die ersten Raumfahrer als Helden gefeiert.

Am 5. Mai 1961 brachte ein fünfzehn Minuten langer Raketenflug Alan Shepard als ersten Amerikaner ins All und wieder zurück zur Erde. Als Trägerrakete diente eine *Redstone*. Am 20. Februar 1962 umkreiste John Glenn dreimal die Erde. Dieser Flug dauerte fünf Stunden. Trägerrakete war eine *Atlas*. Beide Flüge erfolgten im Rahmen des *Mercury*-Programms. Dies war das erste Raumfahrtprogramm der 1958 gegründeten NASA (National Aeronautics and Space Administration). Die NASA vereinte alle zivilen Raumfahrtprojekte der USA unter einem Dach.

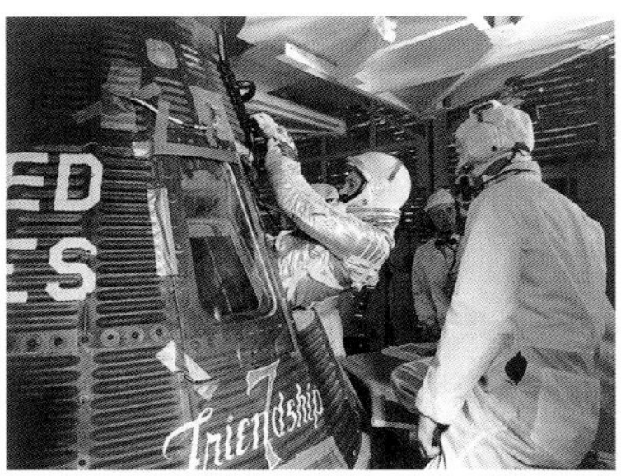

12.13.2

12.13.1 Der amerikanische Präsident John F. Kennedy verleiht dem ersten Astronauten der USA, Alan Shepard, den Verdienstorden der NASA.
Foto, Mai 1961 / NASA Digital Image Collection

12.13.2 Der Astronaut John Glenn besteigt die Raumkapsel, mit der er als erster Amerikaner die Erde umkreisen wird.
Foto, 20. Februar 1962 / NASA Digital Image Collection

12.13.1

12.14 Rakete N-1

Ab 1964 entwickelte die UdSSR die gewaltige Trägerrakete N-1, die als Transportmittel für den Flug zum Mond dienen sollte. Auf den ersten Fehlstart im Februar 1969 folgten weitere Fehlschläge: Keine der zehn gebauten N-1 startete erfolgreich.

Die N-1 scheiterte an mangelnder Unterstützung durch Politik und Militär, die sich zu wenig für dieses überwiegend zivile Projekt interessierten. Nach der Mondlandung der amerikanischen Astronauten im Juli 1969 verlor das N-1-Programm jegliche Priorität und wurde 1974 eingestellt. Die sechs noch nicht gestarteten N-1 wurden demontiert. Die N-1 war für die Beförderung von 95 Tonnen Nutzlast ausgelegt. Der Antrieb erfolgte mit insgesamt 42 baugleichen Einzeltriebwerken. 30 davon bildeten die erste Antriebsstufe; die zweite Stufe umfasste acht, die dritte Stufe vier Triebwerke. Als Treibstoff dienten Sauerstoff und Kerosin. Die Konstruktion der N-1 erfolgte unter der Leitung von Sergej P. Koroljow. Die Triebwerke hatte N. D. Kusnezow entwickelt.

12.14.1

12.14.1 Zwei N-1-Raketen auf dem Startplatz in Baikonur. Die gewaltigen Raketen wurden am Startplatz montiert. Die Teile einer N-1 füllten 165 Eisenbahnwaggons.
Foto / Kaluga, Archiv Tanja Jelnina

12.14.2 Schnittzeichnung N-1. Eine Besonderheit dieser Rakete waren die kugelförmigen Treibstofftanks.
Foto / Kaluga, Archiv Tanja Jelnina

12.15 Rakete *Saturn V*

12.15.1 Die *Saturn V*, die das Raumschiff *Apollo 10* ins All tragen wird, wartet im Kennedy Space Center auf den Start
Foto, Mai 1969 / NASA Digital Image Collection

12.15.2 Montage von J2-Triebwerken, die für die Rakete *Saturn V* bestimmt sind, bei der amerikanischen Firma Rocketdyne
Foto / München, Deutsches Museum, Archiv (Foto 43399)

Die *Saturn V* wurde entwickelt, um Astronauten zum Mond zu befördern. Sie ist bis heute die größte und stärkste in den USA gebaute Rakete. Die Technik der *Saturn V* bildete einen Schlusspunkt der in Peenemünde begonnenen technischen Entwicklung.

16 *Saturn-V*-Raketen wurden gebaut und 13 davon gestartet. Sie dienten als Trägerraketen für die Missionen *Apollo 4, 6* und *8-17* sowie für den Transport der Raumstation *Skylab* ins All. Mit der *Saturn-V*-Rakete konnten 130 Tonnen Nutzlast befördert werden. Die fünf Triebwerke der ersten Stufe verbrannten Sauerstoff und Kerosin. In den fünf Triebwerken der zweiten und dem einzelnen Triebwerk der dritten Stufe wurde ein Gemisch aus Sauerstoff und Wasserstoff gezündet. Die Konstruktion der Rakete erfolgte unter der Leitung Wernher von Brauns. Die Triebwerke wurden bei der Firma Rocketdyne entwickelt. Drei Exemplare der *Saturn V* sind heute in Museen ausgestellt.

12.15.2

12.16 Das Mond-Programm der UdSSR

Die UdSSR verfolgte in den sechziger Jahren den ehrgeizigen Plan, als erste Nation der Welt Menschen zum Mond zu bringen. Die Mondlandung war ursprünglich für Ende 1968 vorgesehen. Der Auftakt des sowjetischen Mond-Programms war sehr erfolgreich. 1959 lieferte eine Raumsonde die ersten Bilder von der Mond-Rückseite. Ab 1964 wurde eine bemannte Mondlandung systematisch vorbereitet.

Die sowjetischen Konstrukteure entwickelten nicht nur die Rakete N-1, sondern auch ein Mondraumschiff und ein Mondlandefahrzeug. Kosmonauten erprobten Koppelmanöver und Weltraumspaziergänge im Rahmen der Programme *Wostok*, *Woschod* und *Sojus*. Die Konkurrenz mit dem amerikanischen *Apollo*-Programm spornte beide Seiten an. So bewegten 1968 sowjetische Pläne einer Mondumkreisung mit der unbemannten Mission *Zond-5* die NASA dazu, den bemannten Flug von *Apollo 8* ebenfalls um den Mond zu schicken. Ursprünglich hätte *Apollo 8* Manöver im Erdorbit ausführen sollen. Die Mondlandung wurde zur Schicksalsfrage der sowjetischen Nation erklärt. Dennoch erhielt das Mond-Programm in der UdSSR nie die Dringlichkeit, die das *Apollo*-Programm in den USA besaß.

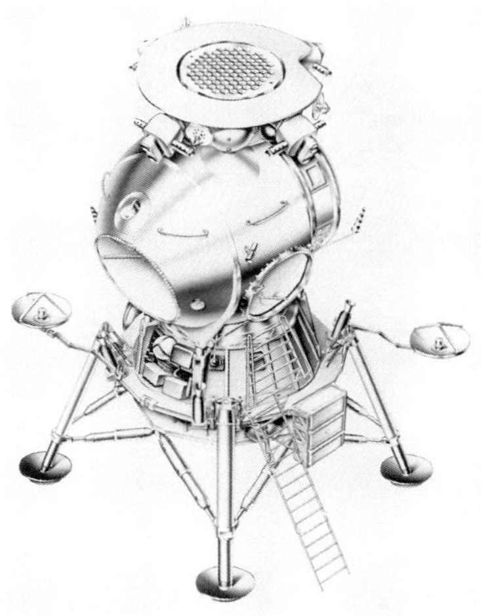

12.16.1

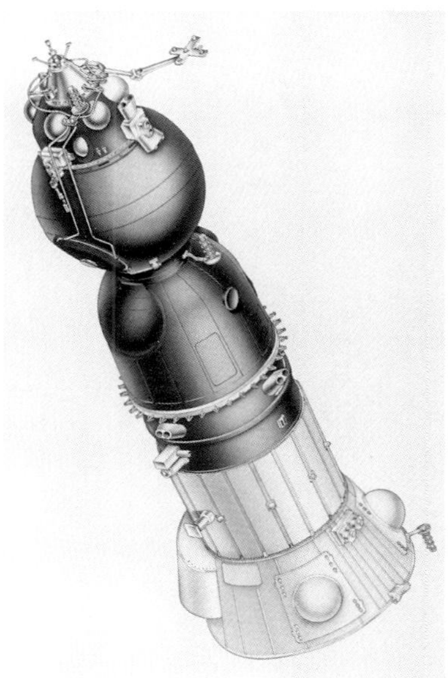

12.16.2

12.16.1 Mondlandefahrzeug LK (Mond-Lander) des sowjetischen Mond-Programms. Das Raumfahrzeug war 5,2 Meter hoch, 5,5 Tonnen schwer und verfügte über eigene Triebwerke für die geplante Landung auf dem Mond.
Foto / Dresden, Archiv Przybilski

12.16.2 Das Mondraumschiff *LOK* (Mond-Orbital-Raumschiff) sollte während der geplanten Mondlandung den Mond umkreisen. Es wurde in der sowjetischen Raumfahrt auch für andere Missionen verwendet.
Foto / Dresden, Archiv Przybilski

12.17 *Apollo*, das Mond-Programm der USA

12.17.1 Der amerikanische Präsident John F. Kennedy am 25. Mai 1961 bei seiner berühmt gewordenen »Mondfahrt-Rede«. Mit dem ersten bemannten Raumflug hatte die Sowjetunion im April 1961 erneut einen Propagandasieg in der Weltraumfahrt errungen. Als Antwort darauf kündigte Kennedy an, dass sein Land den Rückstand aufholen und vor der UdSSR Menschen zum Mond bringen werde:
»Ich glaube, unsere Nation sollte sich das Ziel setzen, noch vor dem Ende dieses Jahrzehnts einen Menschen auf dem Mond landen zu lassen und ihn sicher zur Erde zurückzubringen. Kein anderes Raumfahrtvorhaben unserer Zeit wird erregender sein, eindrucksvoller für die Menschheit und bedeutender für die Erforschung der Tiefe des Raumes, und keines wird so schwierig und kostspielig zu bewältigen sein.«
(John F. Kennedy, 25. Mai 1961)
Foto / München, Deutsches Museum, Archiv (BN R5484-12)

12.17.2 Astronaut Edwin Aldrin auf dem Mond. Im Hintergrund ist die Raumfähre der Mission *Apollo 11* zu sehen, daneben die amerikanische Flagge.
Foto, 20. Juli 1969 / NASA Digital Image Collection

Der Wettlauf zum Mond war ein Schaukampf um die Führungsrolle in der Welt. Mit dem *Apollo*-Programm gewannen die USA diesen Kampf. Zwischen Juli 1969 und Ende 1972 betraten amerikanische Astronauten sechsmal den Mond.

Die Erfolge der UdSSR in der Weltraumfahrt und der damit verbundene Prestigegewinn veranlassten 1961 den amerikanischen Präsidenten Kennedy, den Wettlauf zum Mond öffentlich anzukündigen und einen Sieg der USA vorherzusagen. Das Mond-Programm der USA erhielt daraufhin hohe Dringlichkeit. Insgesamt wurden rund 24 Milliarden Dollar investiert. 420 000 Menschen waren direkt und indirekt daran beteiligt. Die Mission *Apollo 8* von 1968, bei der drei Astronauten den Mond umrundeten, bedeutete einen Durchbruch gegenüber der sowjetischen Konkurrenz. Die Mondlandung am 20. Juli 1969 *(Apollo 11)* beendete den Wettlauf für die USA erfolgreich. Nach 1969 verebbte dort die Begeisterung für die Raumfahrt. Das *Apollo*-Programm wurde gekürzt und 1972 schließlich eingestellt.

12.17.1

12.17.2

12.18 Sowjetische Raketenwaffen

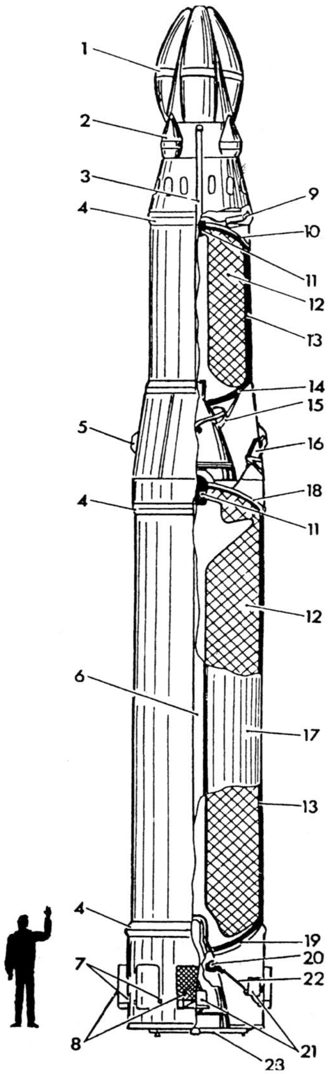

12.18.1

12.18.1 Die sowjetische Mittelstreckenrakete RSD-10 *Pionier* wurde im Westen unter dem Namen SS-20 bekannt.
Schnittbild / Kaluga, Archiv Tanja Jelnina

Die sowjetische Raketenrüstung rückte 1962 ins Licht der Weltöffentlichkeit, als 43 atomar bestückte R-12-Raketen auf Kuba stationiert wurden. Die dadurch ausgelöste »Kuba-Krise« hätte beinahe zum Atomkrieg geführt. Seitdem hat die UdSSR Dutzende weiterer Raketenwaffen entwickelt. Ein Beispiel sind die so genannten SS-20 oder *Pionier*-Raketen, die als Gegenstück zur amerikanischen *Pershing II* galten. Sie waren von 1976 bis 1991 Teil der sowjetischen Bewaffnung.

Die Raketenbewaffnungen von USA und UdSSR sind ähnlich aufgebaut. Die Raketen sind Teil einer aufwendigen Kriegsmaschine, die für das System der Abschreckung benötigt wird. Dabei werden Raketenwaffen ständig in Alarmbereitschaft gehalten. Verbunkerte oder mobile Abschussrampen erschweren ihre Bekämpfung am Boden. Dieses System erfordert eine kostspielige Infrastruktur für Unterhalt und Verwaltung, ein krisensicheres Kommunikationsnetz für Entscheidungen und Startbefehle sowie aufwendige Sicherheitsvorrichtungen. Die Gesamtkosten der sowjetischen Raketenbewaffnung sind nicht bekannt. Man kann jedoch annehmen, dass sie mit vier bis fünf Billionen Dollar in einer ähnlichen Größenordnung liegen, wie sie für die USA für die Jahre von 1945 bis 1995 errechnet worden ist.

12.19 Amerikanische Raketenwaffen

In Deutschland wurde die *Pershing II* zum Symbol der Raketenrüstung, als die Stationierung dieses Systems 1982/83 öffentliche Kritik erfuhr. Die *Pershing* ist jedoch nur ein Beispiel für die Vielzahl der Raketenwaffen, die in den USA seit den sechziger Jahren entwickelt worden ist.

Weitere Beispiele amerikanischer Raketen sind *Minuteman* und *Polaris*, deren Kennzeichen eine extrem kurze Startvorbereitungszeit ist. Diese erreichte man durch die Verwendung lagerfähiger Treibstoffe. Obwohl alle Raketenwaffen als »Enkel« der A 4 / V 2 anzusehen sind, hat sich ihre technische Ausstattung weit von diesem Ursprung entfernt. Die Fortschritte betreffen die kurze Startvorbereitungszeit, die Mehrstufigkeit, eine präzise Steuerung, die Abtrennbarkeit des Raketenkopfes sowie die Ausstattung einer Trägerrakete mit mehreren Sprengköpfen. Atomar bestückte Kurz- und Mittelstreckenraketen spielen eine Rolle für die so genannte Strategie der flexiblen Reaktion. Dabei wird mit der Möglichkeit eines begrenzten Atomkriegs gerechnet.

12.19.1 *Pershing II* in Abschussstellung. Aufnahme am 30. Oktober 1987 während des Manövers »Carbon Archer« in Deutschland
Foto / Castrop-Rauxel, Thomas Pflaum/AGON/VISUM

12.19.2 *Pershing-II*-Raketen in Mutlangen. Mit der Aufstellung der zielgenauen Mittelstreckenrakete *Pershing II* sollte das Rüstungsdefizit der Nato gegenüber der sowjetischen SS-20 zumindest teilweise ausgeglichen werden.
Foto, um 1985 / Privatbesitz

12.19.2

12.20 Die ersten Satelliten

Sputnik, der erste künstliche Satellit, versetzte 1957 die Welt in Aufregung. Von weit größerer Bedeutung aber waren die geheimen Aufklärungssatelliten, mit denen ab 1960 die USA, ab 1962 auch die UdSSR die Erde beobachteten. Diese Satelliten lieferten Millionen von Bildern von der gesamten Erdoberfläche. Dadurch erhielten die beiden Supermächte USA und UdSSR Informationen, die eine genaue Einschätzung der militärischen Stärke der Gegenseite erlaubten. Dieses Wissen trug schließlich wesentlich zur Entspannung der politischen Situation bei.

Ein technisches Merkmal der ersten Aufklärungssatelliten war, dass sie ihre Aufnahmen nicht per Funk übermitteln konnten. Die damalige Technik lieferte hierfür nicht die gewünschte Auflösung. Stattdessen wurden belichtete Filme zur Erdoberfläche zurück gebracht.

»Die Kontrolle des Weltraums wird in den nächsten zehn Jahren entschieden. Wenn die Sowjets den Weltraum kontrollieren, können sie auch die Erde kontrollieren; so wie in den vergangenen Jahrhunderten diejenige Nation die Kontinente beherrschte, die die Meere kontrollierte.« (John F. Kennedy, 1960)

Aufklärungssatellit *Corona*

Corona war das erste »Auge im Weltraum«, der erste Aufklärungssatellit der USA. *Corona*-Satelliten starteten zwischen 1960 und 1972 zu 145 Missionen. Von jeder Mission kehrte eine kleine Kapsel mit Filmen zur Erde zurück. Nach dem Eintritt in die Erdatmosphäre wurde sie mit Fallschirmen abgebremst und von einem Flugzeug eingefangen.

Aufklärungssatellit *Zenit-2*

Zenit-2 war der erste Aufklärungssatellit der UdSSR. Zwischen 1962 und 1970 fanden 80 Flüge von *Zenit-2* statt. Für *Zenit-2* wurde die Raumkapsel des *Wostok*-Programms verwendet. Die ganze Kapsel einschließlich der Kameras kehrte zur Erde zurück.

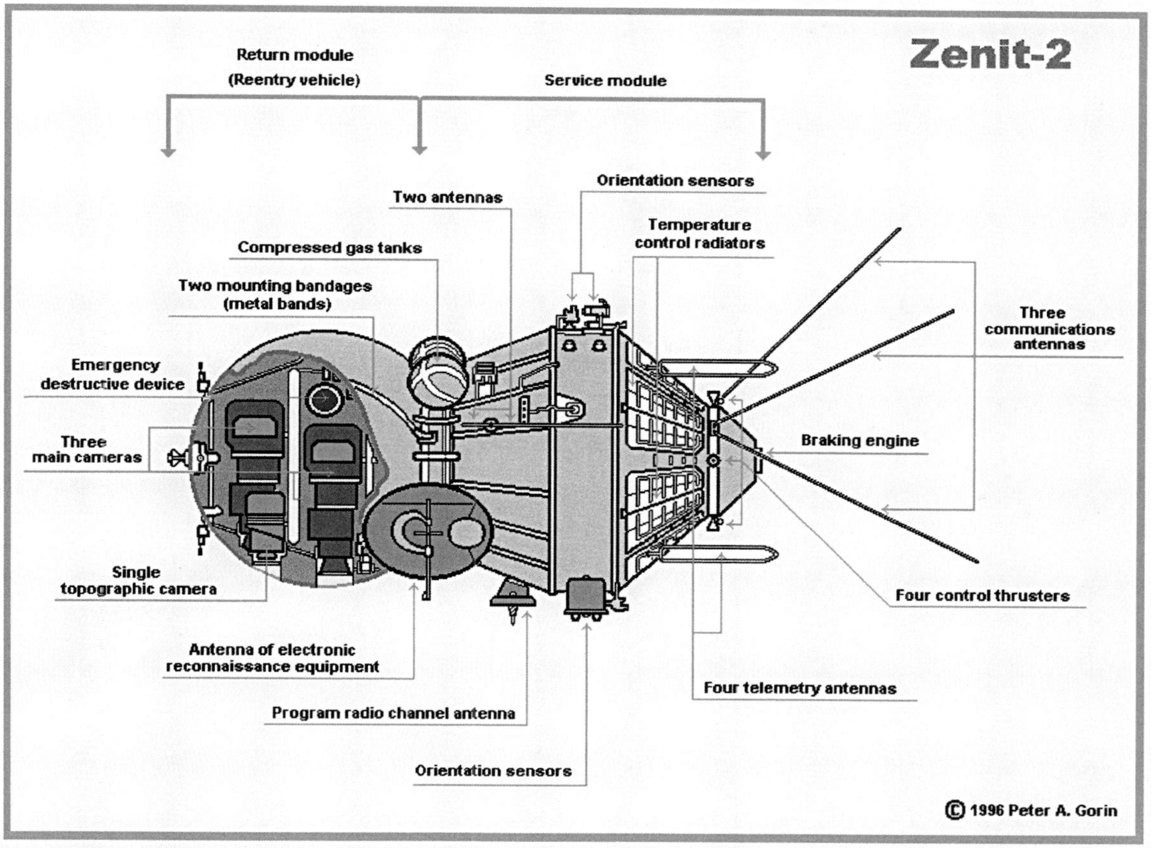

12.20.5

12.20.1 Silhouette des amerikanischen *Corona*-Aufklärungssatelliten

12.20.2 Silhouette des sowjetischen *Zenit-2*-Aufklärungssatelliten

12.20.3 Ein F ugzeug (C-119) der amerikanischen Luftwaffe fängt das »Bucket« (engl. Eimer) ein. *Foto, Dezember 1960 / Vienna USA, Archiv D. Day*

12.20.4 Die Wiedereintrittskapsel eines *Corona*-Satelliten am Fallschirm *Foto, um 1960 / Vienna, USA, Archiv D. Day*

12.20.5 Zeichnung des Satelliten *Zenit-2 / Williamsburg, USA, Archiv P.A. Gorin*

12.20.6 Silhouette des ersten amerikanischen Aufklärungssatelliten *Corona*. Satelliten dieses Typs lieferten von 1960 bis 1972 »Spionagefotos« von der Erde. / *Vienna, USA, Archiv D. Day*

12.20.7 Silhouette des ersten sowjetischen Aufklärungssatelliten *Zenit-2*. Satelliten dieses Typs lieferten von 1962 bis 1970 »Spionagefotos« von der Erde. / *Williamsburg, USA, Archiv P.A. Gorin*

13 Raketenmacht Frankreich

Nach 1945 unterstrich Frankreich seinen Anspruch auf eine Weltmachtstellung. Dazu gehörte neben der Verfügungsgewalt über Atombomben die Entwicklung eigener Raketen für Militär und Raumfahrt. Die Erfolge im Raketenprogramm machten Frankreich zu einer treibenden Kraft in der europäischen Raumfahrt.

1945 untersuchten französische Raketenexperten die A 4 / V 2. Ab 1946 ließ Frankreichs Armee Raketenwaffen entwickeln. Eine zentrale Rolle spielte dabei das »Arsenal de l'Aéronautique« in Châtillon, aus dem später die Firma »Aérospatiale Missiles« hervorging. Zum Zentrum der Raumfahrt Frankreichs wurde ein Institut in Vernon. Es war 1946 als LRBA (Laboratoire de Recherches Balistiques et Aérodynamiques) gegründet worden und wurde später unter dem Namen SEP bekannt (Société Européenne de Propulsion). Grundlage der französischen Erfolge im Raketenbau war die Entwicklung einfacher und zuverlässiger Technik. Dabei wurden die Forschungsergebnisse von Peenemünde effektiv verwertet.

13.1 Forschungsrakete *Véronique*

In den fünfziger Jahren entstand in Frankreich die Forschungsrakete *Véronique*. Sie absolvierte in verschiedenen Ausführungen 84 erfolgreiche Flüge. Dabei wurden wissenschaftliche Messungen und Experimente durchgeführt.

Der Name *Véronique* entstand als Wortspiel aus Vernon (Ortsname des Raketenzentrums) und électronique (elektronisch). Die *Véronique* war von einfacher und zuverlässiger Konstruktion. Sie hatte nur eine Brennstufe und verwendete flüssige Treibstoffe. Ihre Technik basierte auf der Peenemünder *Wasserfall*-Rakete. 1952 gelang der Start der ersten *Véronique*. Sie war 6,5 Meter lang, konnte 60 Kilogramm Last tragen und erreichte eine Höhe von 70 Kilometern. Die letzte *Véronique* (1975) maß 11,5 Meter und brachte 100 Kilogramm Last auf 325 Kilometer Höhe. Mit der *Véronique* wurde nicht nur die Atmosphäre erforscht, sondern auch die Wirkung der Schwerelosigkeit auf Säugetiere untersucht. Nacheinander flogen drei Ratten, zwei Katzen und zwei Affen mit.

13.1.2

13.1.1 Triebwerk einer *Véronique*
München, Deutsches Museum

13.1.2 Start einer der ersten *Véronique*-Raketen zu Beginn der fünfziger Jahre. Deutlich ist die Aufstiegssteuerung zu erkennen, die der deutsche Raketenspezialist Wolfgang Pilz entworfen hatte.
Foto / Vernon, Archiv Snecma

13.1.3 Startvorbereitungen für eine *Véronique*-Rakete der sechziger Jahre
Foto / Vernon, Archiv Snecma

13.1.4 Textbuch zu einer Schallplatte des französischen Kinderhörspiels *Colargol et le cerf-volant (Colargol und der fliegende Hirsch)*. Der erste »Astronaut« Frankreichs, die Ratte Hector, begleitet in diesem Abenteuer den Helden Colargol ins Weltall.
Reproduktion / Paris, Privatsammlung E. Rothmund

13.1.5 Textbuch zu einer Schallplatte des Kinderhörspiels *Colargol sur la lune (Colargol auf dem Mond)*
Reproduktion / Paris, Privatsammlung E. Rothmund

13.2 Flugzeugtriebwerk *SEPR 84*

Frankreich arbeitete in den Jahrzehnten nach dem zweiten Weltkrieg intensiv an der Entwicklung von Raketenantrieben für Flugzeuge. Zu einem technischen und wirtschaftlichen Erfolg wurde das *SEPR 84*, der Zusatzantrieb für das Jagdflugzeug *Mirage*.

Der Name SEPR steht für das Institut, an dem das Triebwerk entwickelt wurde: Société d'Etude de la Propulsion par Réaction. Ab 1953 arbeitete man in Frankreich an einem neuen Kampfflugzeug, das später den Namen *Mirage* (Luftspiegelung) erhielt. Es sollte rasch in Höhen von rund 15 000 Metern aufsteigen können. Deshalb wurde es zusätzlich zu seinem konventionellen Strahltriebwerk mit dem Raketentriebwerk *SEPR 84* ausgestattet.

Im November 1956 flog die erste *Mirage* mit einem *SEPR-84*-Antrieb, aus dem in den folgenden Jahren das *SEPR 841* und das *SEPR 844* entwickelt wurden. Alle Triebwerke der *SEPR-84*-Serie verbrannten flüssige Treibstoffe. Sie lieferten einen Schub von wahlweise 750 oder 1500 Kilogramm und konnten während eines Fluges zwei Mal gezündet werden. Von den Triebwerken *SEPR 841/844* wurden 275 Exemplare gebaut und in Frankreich, Libyen, Pakistan, Südafrika, Spanien und der Schweiz eingesetzt. Diese 275 Triebwerke absolvierten insgesamt über 10 000 Flüge.

13.2.1 Fotomontage zum Steigflug einer *Mirage*
Foto, um 1965 / Vernon, Archiv Snecma

13.2.2 Fertigung der Raketentriebwerke *SEPR 844* für das Jagdflugzeug *Mirage* bei SEPR (Société d'Etude de la Propulsion par Réaction) in Villaroche.
Foto, um 1970 / Vernon, Archiv Snecma

13.2.2

13.2.1

13.3 Triebwerk *Viking*

Viking war ein sehr erfolgreicher Raketenantrieb der zivilen Raumfahrt. Er wurde in den sechziger Jahren in Frankreich entwickelt und in verschiedenen Variationen mehr als tausendmal eingesetzt. Von 1973 an diente *Viking* als Antrieb der europäischen Rakete *Ariane*.

Das robuste *Viking*-Triebwerk verbrannte flüssige Treibstoffe und entwickelte in seiner stärksten Version einen Schub von 60 Tonnen. Seine Konstruktion stand in der technischen Tradition der A 4 / V 2-Rakete. Konstrukteur des *Viking* war der »Peenemünder« Heinz Bringer, der seit 1947 in Frankreich arbeitete.

Viking-Triebwerke wurden in mehreren Größen gebaut. Sie waren für eine Brenndauer von 125 bis 210 Sekunden ausgelegt und setzen bis zu 275 Kilogramm Treibstoff je Sekunde um. Das entsprach einem Gesamtverbrauch von 35 bis 60 Tonnen pro Start. Dabei wurde eine maximale Brenntemperatur von 3000°C erreicht. Das *Viking*-Triebwerk arbeitete zuverlässig und preisgünstig. Es trug maßgeblich zum Erfolg der europäischen Rakete *Ariane* bei.

13.3.1

13.3.1 Das *Viking*-Triebwerk und sein Konstrukteur Heinz Bringer. *Foto, um 1970 / Vernon, Archiv Snecma*

13.3.2 Eine *Ariane* 4 (Version AR 40) startet. Man sieht, wie sich ein Ring aus Isolierplatten löst, die bis zum Start die Tanks der zweiten Antriebsstufe vor Wärme schützten. *Foto / Paris, Arianespace*

14 Raketenschacher

Raketen sind heute ein gewichtiger Faktor der Rüstungspolitik. Diese Politik gleicht einem strategischen Spiel, zu dem die Spielzüge »Tarnen« und »Täuschen« gehören. Wer sind die Spieler? Was gibt es zu gewinnen? Wie viele Raketenwaffen mit Atomsprengköpfen gibt es auf der Welt? Werden bald alle Staaten über Raketenwaffen verfügen? Immer noch gibt es Staaten, die ihren Einfluss in der Weltpolitik mit Hilfe von Raketen vergrößern möchten.

Raketenwaffen haben mit ihrem tödlichen Potential nicht nur die strategischen Überlegungen der Mächte verändert. Sie werfen auch eine Reihe von grundsätzlichen und neuartigen Fragen auf: Gefährden sie den Fortbestand der Menschheit? Oder sichern sie den Frieden? Wie stabil ist das »Gleichgewicht des Schreckens«? Wie groß ist die Gefahr eines versehentlich ausgelösten Atomkriegs? Fragen, auf die es keine einfachen Antworten gibt.

Raketenwaffen mit ihren kurzen Vorwarnzeiten erzwingen die Entscheidung über Krieg und Frieden, über Sein und Nichtsein binnen Minuten. Sie stellen damit auch neue Fragen an demokratisch verfasste Gesellschaften: Kann eine einzelne Nation in der Rüstungsspirale mithalten? Wer entscheidet in einer Demokratie über Krieg und Frieden? Welchen Einfluss hat die Friedensbewegung auf die Rüstungspolitik? Fragen, die an die Strukturen unserer Gesellschaften rühren.

14.1 Raketen heute

Nach der Logik der Abschreckungspolitik bauten die verfeindeten Supermächte USA und UdSSR gewaltige Arsenale von atombestückten Raketen auf, deren Zerstörungskraft ausreichen würde, um jeden Erdbewohner mehrfach zu töten. Selbst nach den vereinbarten Rüstungsbeschränkungen ist der Overkill noch gewaltig und bindet enorme wirtschaftliche Ressourcen.

Heute verfügen aber nicht nur die Siegermächte des Zweiten Weltkriegs über strategische Raketen mit Atomsprengköpfen. Da solche Waffen das regional- und weltpolitische Gewicht eines Staats erheblich steigern, streben insbesondere Regime in geopolitischen Konfrontationssituationen nach einem solchen Drohpotential – China und Nordkorea, Indien und Pakistan, der Irak und neuerdings der Iran. Alle internationalen Versuche zur Verhinderung der Weitergabe der entsprechenden Technologien blieben fruchtlos.

Das friedenssichernde »Gleichgewicht des Schreckens« funktioniert aber nur zwischen den Supermächten. Kleine Arsenale strategischer Waffen können den Gegner zu einem Präventivschlag herausfordern und zum Einsatz von Atomwaffen führen, deren Folgen auch am Konflikt unbeteiligte Mächte zu tragen hätten. Die Welt ist durch die Vermehrung der Raketen daher nicht sicherer geworden. Die Hoffnung aus den Anfängen der Raketendiskussion, die Existenz einer überlegenen Waffe würde den Weltfrieden erzwingen und die Rüstungsspirale stoppen, hat sich als Illusion erwiesen.

14.1.1 Raketen für Rüstung und Raumfahrt sind heute über die ganze nördliche Hemisphäre verteilt. Das gewaltige Zerstörungspotential ihrer Sprengköpfe bedroht den Fortbestand der Erde.
Raketenkarte 2000: Verfügbare Raketen für Rüstung und Raumfahrt
Entwurf: Anita Kuisle, München
Ausführung: Kartographie Peckmann, Ramsau
Siehe S. 286 f.

12.19.1

Raketen 2000

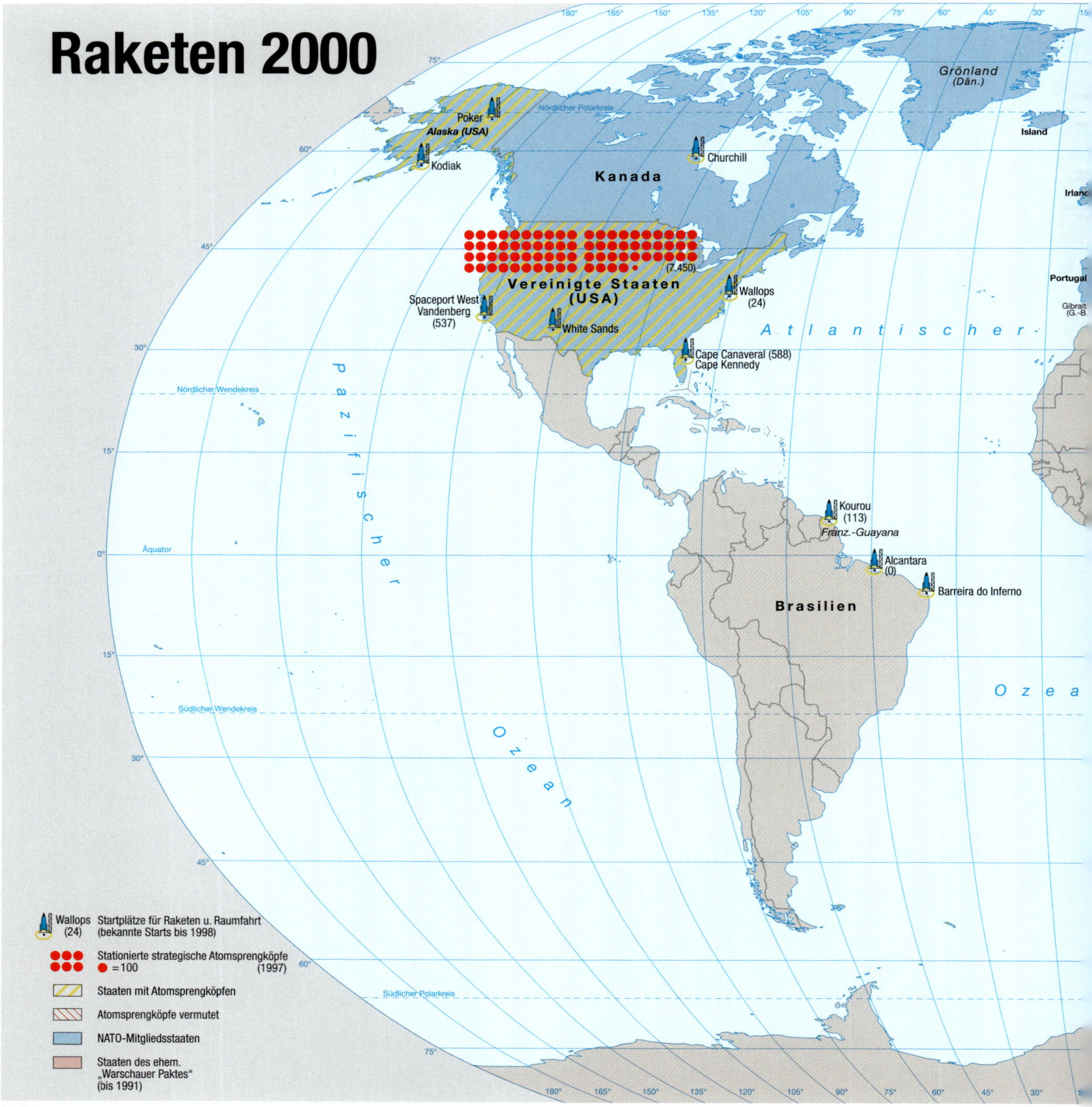

14.1.1

Verfügbare Raketen für Rüstung und Raumfahrt

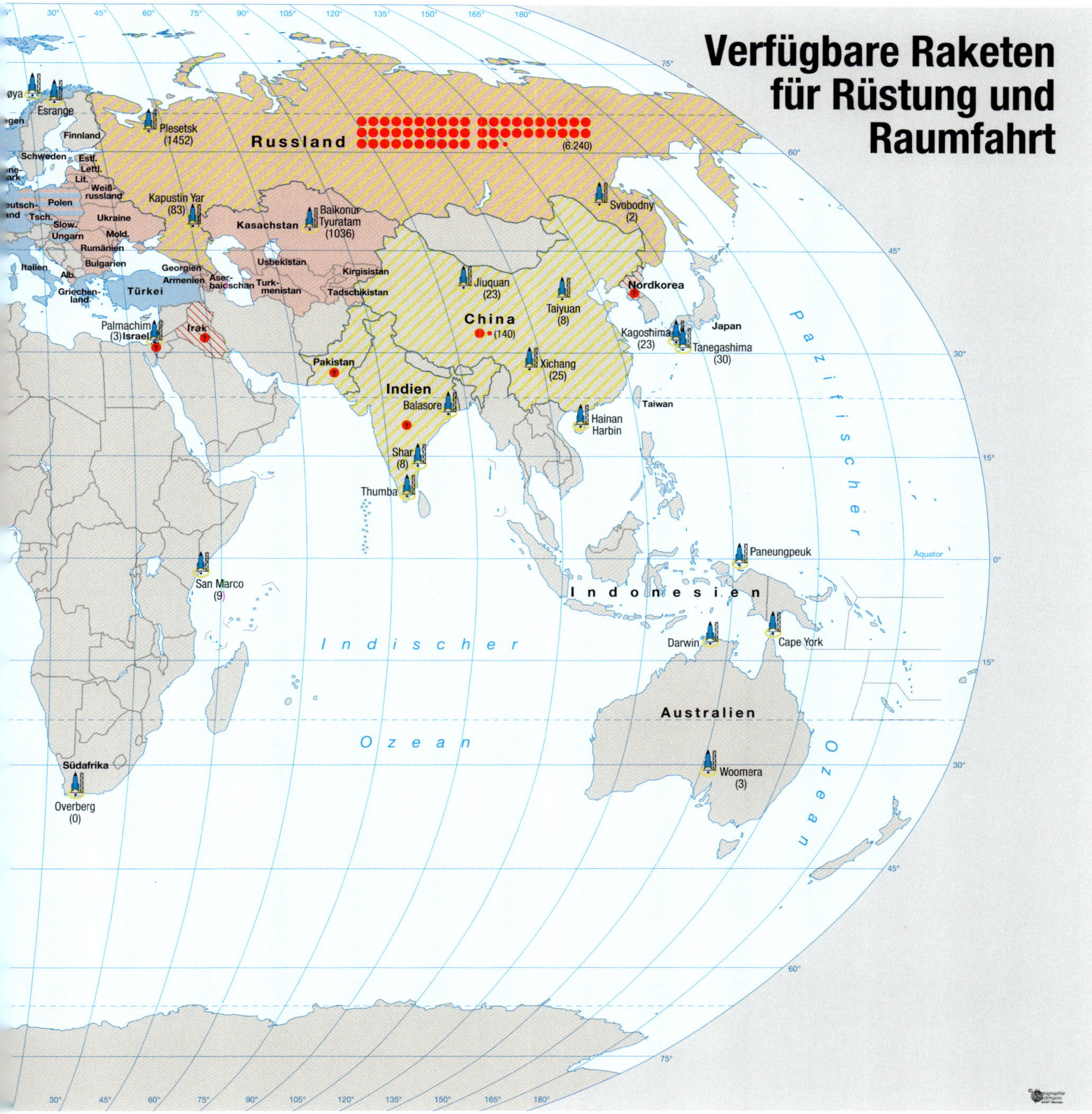

14.2 Geteilte Welt

14.2.1 Schulatlas der Deutschen Demokratischen Republik. Die Schulkinder lernten zwischen den sozialistischen und den nichtsozialistischen Staaten der Erde zu unterscheiden.
Schulatlas / DDR, 1977

14.2.2 Raketen und Satelliten zieren diesen Malkasten aus der Deutschen Demokratischen Republik der siebziger Jahre.

In der Zeit des »Kalten Krieges« war die Welt in zwei Machtblöcke unterteilt, deren Politik von den USA und von der UdSSR bestimmt wurde. Beide Blöcke warben um die Gunst der jungen Nationen in Afrika und Asien. Nur wenige Staaten der Erde blieben blockfrei.

Die russische Revolution hatte nach dem Ersten Weltkrieg zur Gründung der UdSSR und damit zum ersten »Staats-Sozialismus« geführt. Aus Furcht vor einer gewaltsamen Ausbreitung der neuen Lehre schlossen sich westliche Demokratien 1949 zum Militärbündnis NATO (North Atlantic Treaty Organisation = Nordatlantikpakt) zusammen. Im Gegenzug entstand 1955 ein Bündnis der sozialistischen Staaten Europas, der so genannte Warschauer Pakt, der bis 1991 bestand.

Im Kalten Krieg standen sich die beiden Bündnisse hoch bewaffnet gegenüber. Atomar bestückte Raketen spielten dabei eine gewichtige Rolle. Langstreckenraketen zielten direkt ins Land des Gegners, Kurz- und Mittelstreckenraketen wurden für die »flexible Reaktion« bereit gehalten.

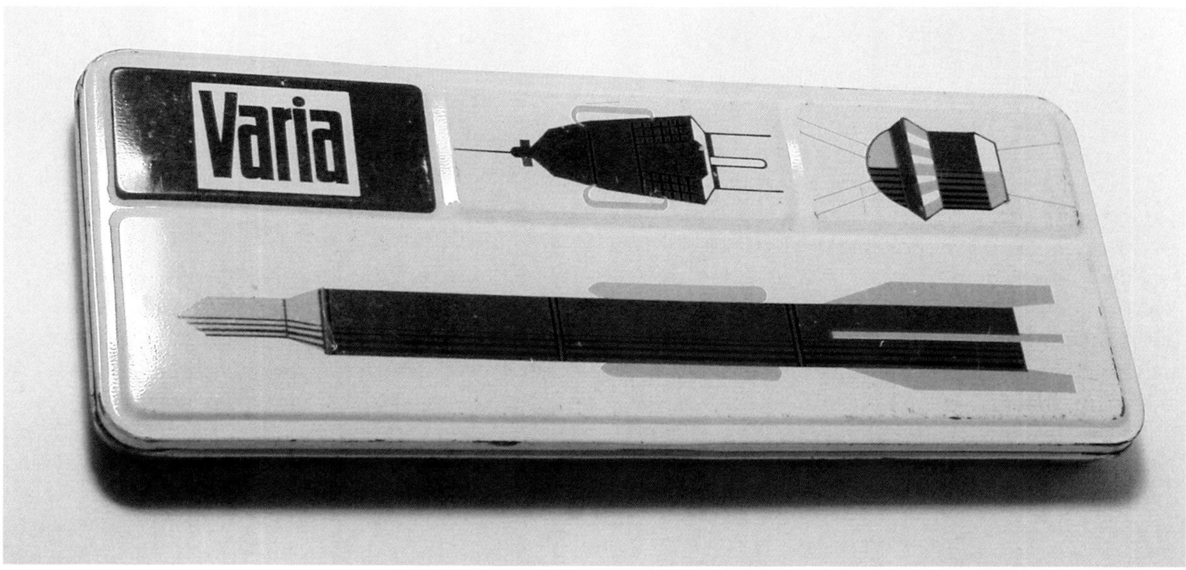

14.2.2

14.3 Friedensbewegung Ost: Schwerter zu Pflugscharen

Angesichts des »NATO-Doppelbeschlusses« von 1979 erstarkte in der DDR eine christlich geprägte Friedensbewegung. Sie berief sich auf die Bibel und die Tradition des Humanismus. »Schwerter zu Pflugscharen« war der biblische Leitspruch, mit dem die Kirchen in der DDR seit 1980 auf die Unfriedlichkeit der sowjetischen Militärdoktrin hinwiesen.

»Frieden schaffen ohne Waffen« war seit 1980 eines der Schlagworte kirchlicher Friedensarbeit in West- und Ostdeutschland. So lautete 1982 auch die Überschrift des »Berliner Appells«. Diesen Aufruf verfassten christliche und marxistische Intellektuelle in der Sorge um einen drohenden Atomkrieg in Europa. Sie berührten darin auch das Tabu der Deutschen Frage.

Zahlreiche andere Bewegungen »von unten« schlossen sich dem Protest gegen die wachsende Militarisierung der DDR-Gesellschaft an. Die DDR-Regierung sah darin nur eine Opposition gegen die eigene Politik, konnte die Bewegung aber nicht unterdrücken.

14.3.5

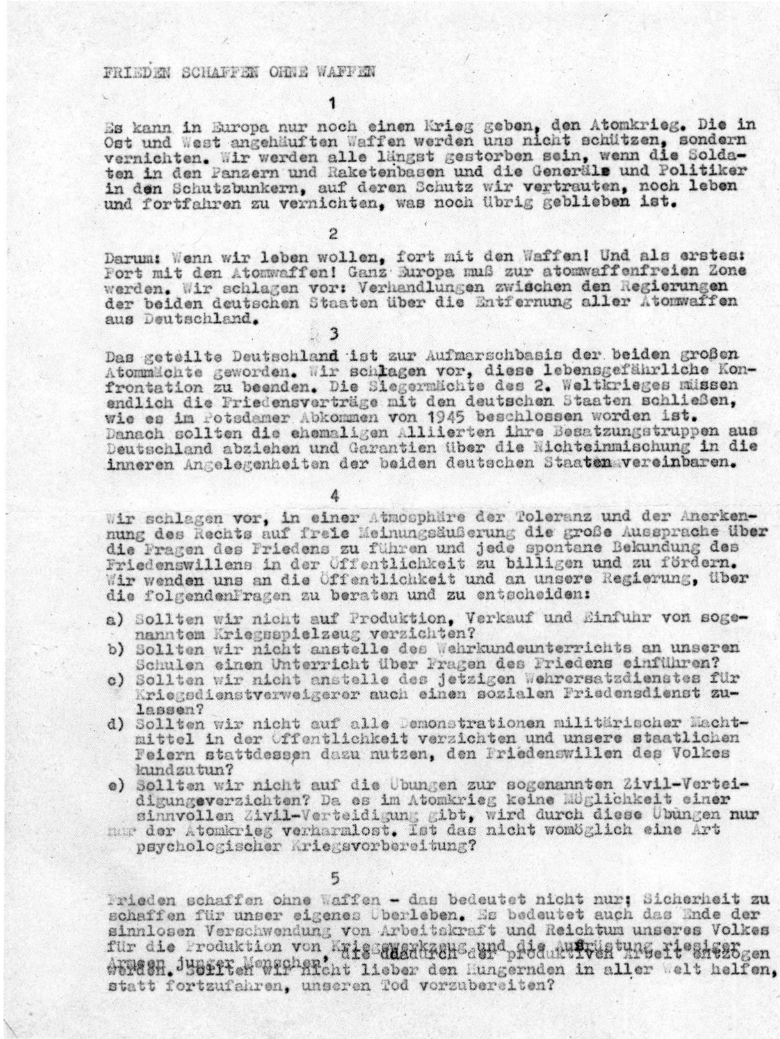

FRIEDEN SCHAFFEN OHNE WAFFEN

1

Es kann in Europa nur noch einen Krieg geben, den Atomkrieg. Die in Ost und West angehäuften Waffen werden uns nicht schützen, sondern vernichten. Wir werden alle längst gestorben sein, wenn die Soldaten in den Panzern und Raketenbasen und die Generäle und Politiker in den Schutzbunkern, auf deren Schutz wir vertrauten, noch leben und fortfahren zu vernichten, was noch übrig geblieben ist.

2

Darum: Wenn wir leben wollen, fort mit den Waffen! Und als erstes: Fort mit den Atomwaffen! Ganz Europa muß zur atomwaffenfreien Zone werden. Wir schlagen vor: Verhandlungen zwischen den Regierungen der beiden deutschen Staaten über die Entfernung aller Atomwaffen aus Deutschland.

3

Das geteilte Deutschland ist zur Aufmarschbasis der beiden großen Atommächte geworden. Wir schlagen vor, diese lebensgefährliche Konfrontation zu beenden. Die Siegermächte des 2. Weltkrieges müssen endlich die Friedensverträge mit den deutschen Staaten schließen, wie es im Potsdamer Abkommen von 1945 beschlossen worden ist. Danach sollten die ehemaligen Alliierten ihre Besatzungstruppen aus Deutschland abziehen und Garantien über die Nichteinmischung in die inneren Angelegenheiten der beiden deutschen Staaten vereinbaren.

4

Wir schlagen vor, in einer Atmosphäre der Toleranz und der Anerkennung des Rechts auf freie Meinungsäußerung die große Aussprache über die Fragen des Friedens zu führen und jede spontane Bekundung des Friedenswillens in der Öffentlichkeit zu billigen und zu fördern. Wir wenden uns an die Öffentlichkeit und an unsere Regierung, über die folgendenFragen zu beraten und zu entscheiden:

a) Sollten wir nicht auf Produktion, Verkauf und Einfuhr von sogenanntem Kriegsspielzeug verzichten?
b) Sollten wir nicht anstelle des Wehrkundeunterrichts an unseren Schulen einen Unterricht über Fragen des Friedens einführen?
c) Sollten wir nicht anstelle des jetzigen Wehrersatzdienstes für Kriegsdienstverweigerer auch einen sozialen Friedensdienst zulassen?
d) Sollten wir nicht auf alle Demonstrationen militärischer Machtmittel in der Öffentlichkeit verzichten und unsere staatlichen Feiern stattdessen dazu nutzen, den Friedenswillen des Volkes kundzutun?
e) Sollten wir nicht auf die Übungen zur sogenannten Zivil-Verteidigungeverzichten? Da es im Atomkrieg keine Möglichkeit einer sinnvollen Zivil-Verteidigung gibt, wird durch diese Übungen nur nur der Atomkrieg verharmlost. Ist das nicht womöglich eine Art psychologischer Kriegsvorbereitung?

5

Frieden schaffen ohne Waffen - das bedeutet nicht nur: Sicherheit zu schaffen für unser eigenes Überleben. Es bedeutet auch das Ende der sinnlosen Verschwendung von Arbeitskraft und Reichtum unseres Volkes für die Produktion von Kriegswerkzeug und die Aufrüstung riesiger Armeen junger Menschen, die dadurch der produktiven Arbeit entzogen werden. Sollten wir nicht lieber den Hungernden in aller Welt helfen, statt fortzufahren, unseren Tod vorzubereiten?

14.3.3

14.3.1 Aufnäher »Schwerter zu Pflugscharen«, 1981. Das Tragen dieses Aufnähers wurde wegen seines Bekenntnischarakters bald für staatsgefährdend erklärt und mit Gewalt zu unterdrücken versucht.
Evangelisch-Lutherische Landeskirche Mecklenburgs

14.3.2 Das Bildmotiv für »Schwerter zu Pflugscharen« zitierte das »Denkmal für den Frieden in der Welt«, das die UdSSR der UNO in New York geschenkt hatte. Zur Erläuterung der Herkunft wurde in der DDR ein Foto hergestellt und verteilt.
Kopie des Fotos von 1983 / Berlin, Matthias-Domaschk-Archiv (Dok. 1557)

14.3.3 »Frieden schaffen ohne Waffen«: Im so genannten Berliner Appell vom 7. Februar 1982 schrieben Robert Havemann und Rainer Eppelmann: »Die in Europa in Ost und West aufgehäuften Waffen werden uns nicht schützen, sondern töten. Das ist ihre einzige Bestimmung.«
Kopie des »Berliner Appells« / Berlin, Matthias-Domaschk-Archiv (Dok. 3708/7)

R o s t o c k e r   A p p e l l

Mit Entsetzen haben wir, die Unterzeichneten, Christen und Nichtchristen, die Mitteilung des Nationalen Verteidigungsrates der DDR vom 25.Oktober 1983 zur geplanten Aufstellung sowjetischer Raketenkomplexe operativ-taktischer Bestimmung aufgenommen.
Ausgehend von unserer christlichen und humanistischen Grundeinstellung und von der Tatsache, daß von deutschem Boden nie wieder ein Krieg ausgehen darf, sind wir der festen Überzeugung,

-daß mit der geplanten Aufstellung dieser Raketen die Gefahr eines Krieges für das deutsche Volk nicht verringert sondern vergrößert wird,

-daß es für uns und unsere Kinder unerträglich ist, künftig mit den atomaren Vernichtungssystemen auch im eigenen Land leben zu müssen

-daß mit dieser angekündigten Maßnahme der bis zu diesem Zeitpunkt für so wertvoll gehaltene schwedische Vorschlag einer atomwaffenfreien Zone in Mitteleuropa fallengelassen worden ist.

Deswegen protestieren wir ganz entschieden gegen die vom Nationalen Verteidigungsrat beschlossene Maßnahme.

Wir befinden uns damit im voller Übereinstimmung mit dem Beschluß der Bundessynode der evangelischen Kirchen in der DDR vom 2o.September 1983, in dem die Regierung der DDR gebeten wurde, innerhalb des Warschauer Vertrages darauf hinzuwirken, daß keine atomaren Kurzstreckenraketen auf dem Gebiet der DDR stationiert werden, weder während der noch laufenden Genfer Verhandlungen noch zu einem späteren Zeitpunkt.

Wir fordern den Verteidigungsrat der DDR auf, den gefaßten Beschluß unverzüglich aufzuheben.

Wir bitten alle, die sich n i c h t mit der immer wahrscheinlicher werdenden Vernichtung des Lebens, hier und anderswo, abfinden wollen, sich diesem Appell anzuschließen und ihn, unterschrieben, an den Vorsitzenden des Verteidigungsrates der DDR, Erich Honecker, zu schicken.

Es steht zu viel auf dem Spiel, als daß wir die Entscheidung über Leben und Tod nur den Politikern und Militärs überlassen dürfen.

Rostock, den 11.November 1983

14.3.4

14.3.4 Die Entscheidung der DDR von 1983, in Reaktion auf die Pershing II der NATO auf ihrem Territorium sowjetische Atomraketen zu stationieren, löste auch in Rostock Proteste aus. Die Autoren des Appells vom 11. November 1983 sind unbekannt.
Kopie des »Rostocker Appells« / Berlin, Matthias-Domaschk-Archiv (Dok. 1589)

14.3.5 Demonstration der Friedensgemeinschaft Jena im Rahmen einer offiziellen Kampfdemonstration zum 38. Jahrestag der Bombardierung Jenas. Die Teilnehmer wurden von linientreuen »Genossen« an den Rand gedrängt, ihre pazifistischen Plakate zerstört.
Foto, 8. März 1983 / Berlin, Matthias-Domaschk-Archiv (Foto Bernd Albrecht)

14.4 Die Anzahl der Raketenwaffen

Von 1945 bis 1986 nahm die Anzahl der Atomraketen beständig zu. Seitdem reduziert sich ihre Menge aufgrund von Abrüstungsverträgen, die zwischen den USA und der UdSSR geschlossen wurden. Trotzdem ist die Zahl der weltweit vorhandenen Raketenwaffen noch enorm hoch.

Als Maß für die Raketenrüstung dient die Anzahl der atomaren Sprengköpfe. Über deren Menge gibt es keine offiziell bestätigten Angaben. Die hier genannten Zahlen beruhen auf Schätzungen amerikanischer Wissenschaftler.

Von 1945 bis 2000 wurden weltweit etwa 128 000 Atomsprengköpfe gefertigt. 98 Prozent dieser Produktion entfielen auf die USA und die UdSSR. Seit 1961 verhandeln die beiden Supermächte über Raketenwaffen. Mit Verträgen von 1972, 1979, 1987 und 1991 gelang es, die Anzahl der einsatzfähigen Raketenwaffen zu begrenzen. Ein Motiv für diese Begrenzung waren die enormen Kosten, die der laufende Unterhalt einsatzfähiger Raketenwaffen erfordert. Die angehäuften Atomwaffen könnten die Menschheit mehrfach auslöschen. Auch nach der Erfüllung der laufenden Abrüstungsverträge verbleibt ein atomares Arsenal, das in seiner Sprengkraft der Wirkung von rund 200 Kilogramm TNT je Erdeinwohner entspricht. (TNT ist ein hochwirksamer militärischer Sprengstoff herkömmlicher Art.)

14.4.1 Anzahl der weltweit bekannten Atomsprengköpfe. Die Zahlen umfassen die Summe der aktiv stationierten Waffen, der Waffen in Reserve und der ausgemusterten Sprengköpfe, die auf ihre Verschrottung warten.
Quelle: 2000, The Bulletin of the Atomic Scientists

14.4.2 »Die Russen einfach totrüsten«. Die USA und die UdSSR, personifiziert durch Präsident Reagan und Generalsekretär Breschnew, befinden sich in einem selbstmörderischen Wettlauf. Sie sind bereits zu Skeletten abgemagert.
Karikatur von Luis Murschetz, 1981 / München, Luis Murschetz

14.4.2

14.5 Friedensbewegung West: Nonviolence or Nonexistence

In einer Zeit, wo ... gelenkte Raketen Straßen des Todes durch die Stratosphäre ziehen, kann niemand einen Krieg gewinnen. Heute gibt es keine Wahl mehr zwischen Gewalt und Gewaltlosigkeit. Es gibt nur noch Gewaltlosigkeit oder Nichtsein!« Martin Luther King formulierte 1963 diesen Grundsatz der Friedensbewegung.

Die Aufstellung atomarer Mittelstreckenraketen in der Bundesrepublik aktivierte die evangelische Kirche und die traditionelle Friedensbewegung. Ziviler Ungehorsam und gewaltfreie Blockaden sollten ab 1982 die atomare »Nachrüstung« in Deutschland verhindern. Zum Symbol der Friedensbewegung West wurde 1983 Mutlangen: Der erste Aufstellungsort der Mittelstrecken-Atomrakete *Pershing II* wurde in regelmäßigen Abständen gewaltfrei blockiert. Für ihre Überzeugung gingen viele Blockierer ins Gefängnis.

14.5.2

14.5.1 Auch im Westen Deutschlands spielten die Kirchen in den Anfängen der Friedensbewegung eine entscheidende Rolle.
Halstuch zum Evangelischen Kirchentag 1982 / Neuendettelsau, Privatsammlung Anna Beltinger

14.5.2 Sitzblockade in Mutlangen 1984. Mit Sitzblockaden wurde die US-Armee am Zugang zum *Pershing-II*-Depot Mutlangen gehindert.
Foto, 7. Dezember 1984 / Castrop-Rauxel, Thomas Pflaum/AGON/Visum

14.5.3 Aussagen amerikanischer Strategen dienten der Friedensbewegung als Argumente in ihrem Kampf gegen Massenvernichtungsmittel. Hier wird eine Aussage des US-Verteidigungsministers Robert McNamara von 1963 in einem Faltblatt der Friedensbewegung gegen Atomwaffen zitiert.
Faltblatt der Friedensbewegung, um 1988 / Neuendettelsau, Privatsammlung Anna Beltinger

14.5.4 Auch nach dem Abzug der *Pershing II* versuchte die Friedensbewegung darauf aufmerksam zu machen, dass neue Rüstungsrunden den Frieden immer wieder gefährden.
Faltblatt der Friedensbewegung, um 1990 / Neuendettelsau, Privatsammlung Anna Beltinger

14.6 Schutz vor Raketenwaffen?

14.6.1 »Hab ich einen Schreck gekriegt. Ich dachte, das wären russische ...« Cartoon von Erich Rauschenbach, 1984
aus: Wo kann man denn hier pinkeln?, Eichborn Verlag 1984

14.6.2 Cartoon von Erich Rauschenbach, 1984
aus: Wo kann man denn hier pinkeln?, Eichborn Verlag 1984

14.6.3 Cartoon von André Franquin, 1989
aus: Schwarze Gedanken, alpha comic verlag 1989

14.6.4 In den achtziger Jahren brachte der amerikanische Präsident Reagan mit einer »Strategic Defense Initiative« (SDI) die Raketenabwehr in die öffentliche Diskussion. In Europa waren kritische Wissenschaftler der Meinung, dass der geplante »Schutzschild« für Europa in Wahrheit eine tödliche Bedrohung darstellte.
Flugblatt von 1985 / Neuendettelsau, Privatsammlung Anna Beltinger

Raketenwaffen bewegen sich mit mehrfacher Überschallgeschwindigkeit. Gegen einen Angriff mit Raketen gibt es deshalb bis heute keinen Schutz. Wenn es gelingt, eine wirksame Raketenabwehr zu entwickeln, müssen die Machtverhältnisse auf der Erde neu ausgehandelt werden.

Ziel der Rüstungspolitik war ab etwa 1950 eine Patt-Situation in der Bewaffnung. Dieses »Gleichgewicht des Schreckens« beruhte auf der Erkenntnis, dass im Falle eines Raketenangriffs sofort ein Gegenschlag erfolgen würde. In der Konsequenz wären das angegriffene wie das angreifende Land verwüstet. Sobald eine Partei über eine wirksame Raketenabwehr verfügt, ist dieses Gleichgewicht gestört.

In den USA und der UdSSR arbeitete man seit den fünfziger Jahren an der Entwicklung von Raketenabwehrsystemen. Die Realisierung scheiterte an technischen und finanziellen Problemen. 1972 vereinbarten die beiden Supermächte im Rahmen des SALT-I-Vertrages (Strategic Arms Limitation Talks), keine wirksame Raketenabwehr zu installieren. Dieser Vertrag ist bis heute in Kraft.

Trotzdem wurde weiter an der Entwicklung von »Raketen-Schilden« gearbeitet. Ein Grund dafür ist die Eigendynamik, die eine Rüstungsindustrie entfaltet, wenn sie auf die Erwirtschaftung von Gewinnen ausgerichtet ist. Auf SDI (Strategic Defense Initiative) der achtziger Jahre folgte in den USA im Jahr 2001 die Diskussion über ein NMD-System (National Missile Defence).

Hab ich einen Schreck gekriegt – ich dachte, das wären russische...

14.6.1

15 Im Schatten der Rakete

Zwei Dinge erfüllen das Gemüt mit immer neuer und zunehmender Bewunderung und Ehrfurcht, je öfter und anhaltender sich das Nachdenken damit beschäftigt: Der bestirnte Himmel über mir, und das moralische Gesetz in mir.« (Immanuel Kant, *Kritik der praktischen Vernunft*, 1788)

Kant verknüpfte in dieser Aussage sichtbare und unsichtbare Welten, die erhabene Unendlichkeit der Schöpfung und das moralische Gesetz, das den Menschen vom Tier unterscheidet. Auch das Thema Rakete verbindet die Faszination der Sternenwelt mit ethischen Überlegungen, die die Verwendung dieses janusköpfigen Geräts voraussetzen oder doch nach sich ziehen sollte.

Wozu nutzt der Mensch die Rakete? Trägt sie zum Himmel oder führt sie die Hölle herbei? – Wie kamen die Menschen, die mit der Rakete von Peenemünde zu tun hatten, mit dieser Frage zurecht? Haben sie überhaupt nachgedacht über die Folgen ihres Tuns?

Manche von ihnen konnten sich frei entscheiden, die meisten aber mussten sich in eine Situation fügen. Gewissensfragen stellten sich nur wenige. Die Rakete von Peenemünde hatte viele Gesichter. Jeder sah das »Gerät« aus seinem Blickwinkel: Die Techniker, die am erfolgreichen Aufstieg beteiligt waren, urteilten anders als Menschen, die vom Einschlag betroffen wurden. Die Pioniere, die von der Eroberung des Himmels träumten, hatten andere Erwartungen als Menschen, die mit der Waffe ihr Vaterland verteidigen wollten. Wiederum anders die Häftlinge, die unter Zwang an der Herstellung einer Waffe mitarbeiten mussten, die auch gegen ihre Heimatländer gerichtet wurde.

Wir leben noch immer im Schatten der Rakete. Nach welchem moralischen Gesetz regeln wir heute den Umgang mit diesem »Gerät«?

Exemplarische Lebensläufe von Menschen, die in Peenemünde lebten und arbeiteten, verdeutlichen diese Zusammenhänge und Probleme. Rekonstruierte Spinde im ehemaligen Umkleideraum des Kraftwerks stellen Materialien zu folgenden Gruppen einander gegenüber:

Opposition und Widerstand – Kommandostruktur,
Die Gegner in England – Ingenieure im Werk Ost,
Fremdarbeiter – Techniker und Piloten im Werk West,
KZ-Häftlinge – Vor- und Mitarbeiter.

Aus diesen acht Gruppen wird hier nur jeweils eine Biographie vorgestellt.

15.1 Opposition und Widerstand

Der Holländer Johannes ter Morsche und seine Zinnowitzer Frau gehörten zu der oppositionellen Gruppe im Sperrgebiet von Peenemünde, die sich unter anderem um katholische Zwangsarbeiter aus Holland und Polen kümmerte.

Johannes ter Morsche
holländischer Maurer, Kommunist

1894	geboren in Almelo/Niederlande; Ausbildung als Weber
nach 1920	Eintritt in die Kommunistische Partei der Niederlande
1929	Eheschließung mit Margarethe Böttcher (aus Zinnowitz), 2 Kinder
1941	Übersiedlung nach Zinnowitz nach der deutschen Besetzung der Niederlande; Bauarbeiter
um 1942	Kontakt mit dem katholischen Geistlichen von Zinnowitz, Kurat Leonhard Berger, und weiteren Gegnern des NS-Regimes: Abhören westlicher Sender und Diskussionen über den Kriegsverlauf, Unterstützung von Zwangsarbeitern
1943, 3./4. Febr.	Verhaftung des Freundeskreises im Zusammenhang mit dem »Fall Stettin« eine Woche später Verhaftung der Ehefrau wegen Wühlarbeit und Anstiftung von Fremdarbeitern zur Sabotage durch den Volksgerichtshof zum Tode verurteilt, die Ehefrau zu Zuchthaus
1944, 24. Januar	hingerichtet im Zuchthaus Brandenburg

1968	die Gemeinde Zinnowitz benennt die Waldstraße zu Ehren des Widerstands in Johannes-ter-Morsche-Straße um
1994	die Gemeinde Zinnowitz benennt die Johannes-ter-Morsche-Straße zurück in Waldstraße
1999	Anbringung einer Tafel zur Erinnerung an Johannes ter Morsche am Haus Waldstraße 12

15.2 Kommandostruktur

Walter Dornberger war beim Heereswaffenamt der Reichswehr verantwortlich für die Entwicklung der Flüssigkeitsraketen. Er glaubte, mit der Rakete eine technologische Revolution zu bewirken. In seinen Memoiren gab er aber unumwunden zu, dass die Raketenentwicklung in Peenemünde primär militärische Zwecke verfolgte.

Walter Dornberger
Chef der Raketenentwicklung des Heeres

1895, 6. Sept.	geboren in Gießen; Vater: Apotheker
1902 – 1914	Realgymnasium in Gießen
1914, 6. August	Fahnenjunker; Einsatz bei der Artillerie an der Westfront
1918 – 1920	Kriegsgefangenschaft, danach Reichswehr-Offizier
1926 – 1930	Studienoffizier an der Technischen Hochschule Berlin; 1930 Diplom-Ingenieur
1931 – 1934	Referent für Raketenentwicklung im Heereswaffenamt (Ballistik- und Munitionsabteilung)
1934 – 1936	Chef einer der ersten Feststoffraketenbatterien des Heeres in Königsbrück
1935	Ernennung zum Dr.-Ing. e. h. der TU Berlin für seine Beiträge zur Raketenentwicklung
1936 – 1943	Chef der Raketenabteilung des Heereswaffenamtes; 1943 auch Kommandeur der Heeresanstalt Peenemünde
1939/41/43	Vorträge vor Adolf Hitler über die Entwicklung von Flüssigkeitsraketen in Peenemünde
1943, 1. Juni	Beförderung zum Generalmajor
1943 – 1945	Beauftragter zur besonderen Verwendung Heer; zuständig für Training und Logistik der V-2-Einheiten; mehrere Besuche im Mittelwerk bei Nordhausen und anderen Betrieben, in denen KZ-Häftlinge arbeiteten
1944, Dezember	Ritterkreuz als Auszeichnung nach dem Einsatz des A 4 / V 2 an der Westfront
1945, 2. Mai	in Reutte/Tirol in US-Gefangenschaft
1945 – 1947	Kriegsgefangenschaft in Großbritannien
1947 – 1950	im Rahmen des Projekts »Paperclip« auf dem US-Luftwaffenstützpunkt Wright Field in Dayton/Ohio
1950 – 1965	Berater, Manager und Vizepräsident (1960) der Bell Aircraft in Buffalo/New York; verantwortlich für militärische Raketenflugzeugentwicklung
1966 – 1980	Ruhestand in Mexiko
1980, 26. Juni	gestorben bei einem Besuch in Süddeutschland

15.3 Die Gegner in England

Dank seiner Fähigkeit, sich als Physiker in neuartige Waffenentwicklungen hineinzudenken, gelang es Reginald V. Jones, unbekannte Objekte auf Luftaufnahmen von Peenemünde als deutsche Fernraketen zu identifizieren.

Reginald V. Jones
Aufklärungsspezialist des britischen Luftfahrtministeriums

1911	geboren Studium der Physik in Oxford; Verleihung des Doktortitels für Physik 1943
1939	Eintritt in die wissenschaftliche Abteilung des Intelligence Service des britischen Luftfahrtministeriums (1943 Chef), betreibt die Verwendung wissenschaftlicher Erkenntnisse für militärische Zwecke
1940	arbeitet an der Störung von Funkleitstrahlen, die für die Lenkung deutscher Bomber in der Luftschlacht um England benutzt werden entwickelt das System »Window«, mit dem die deutsche Radarortung alliierter Bomber durch Abwurf von Aluminiumstreifen gestört wird
1943, Mitte Juni	identifiziert (in Konkurrenz mit der Zentralen Luftbildauswertung) auf britischen Luftaufnahmen von Peenemünde vom 12. Juni 1943 die Rakete A 4
1943, 29. Juni	D. Sandys und R. V. Jones überzeugen Churchill und die Mitglieder des War Cabinet von der Existenz der deutschen Raketen; Beschluss zum Bombenangriff auf Peenemünde in nächster Zukunft
1944	beteiligt sich an der Desinformationskampagne der Alliierten zur Verschleierung von Ort und Datum der Landung auf dem Kontinent
nach 1945	Professor für Physik in Aberdeen/Schottland zahlreiche Auszeichnungen

15.4 Ingenieure im Werk Ost

Arthur Rudoph war für den Bau der Rakete in Peenemünde und später im Mittelwerk verantwortlich. Für eine effektive Serienfertigung in Peenemünde empfahl er den Einsatz von KZ-Häftlingen. – Wegen seiner Mitverantwortung für die Behandlung der Häftlinge im Mittelwerk wurde ab 1982 in den USA ein Ermittlungsverfahren gegen ihn durchgeführt; der möglichen Ausbürgerung kam Rudolph durch die Rückkehr nach Deutschland zuvor.

Arthur Rudolph
Leiter der Serienfertigung des A 4 in Peenemünde und im Mittelwerk

1906, 9. Nov.	Geboren in Stepferhausen/Thüringen; Vater: Landwirt
1928 – 1930	Ingenieurausbildung an der Betriebsfachschule Berlin
1930, Mai	Ingenieur bei der AG für Industriegasverwertung des Unternehmers Paul Heylandt; Assistent Max Valiers bei dessen letzten Raketenversuchen
1930 – 1931	Ingenieur bei der Entwicklung des Heylandt'schen Raketenautos
1931, 1. Juni	Eintritt in die NSDAP (Mitglieds-Nr. 562 007); auch SA-Reserve und NS-Kraftfahrerkorps
1932 – 1934	arbeitslos bzw. selbständiger Erfinder, Entwicklung eines Raketentriebwerks für das Heereswaffenamt, getestet in Kummersdorf im August 1934
1934 –1937	Ingenieur im Flüssigkeitsraketenprogramm des Heereswaffenamtes in Kummersdorf, hauptverantwortlich für Fertigung und Betriebsplanung
1937 – 1939	Oberingenieur in Peenemünde
1939 – 1943	Chefingenieur der Fertigungsstelle Peenemünde für die Serienfertigung des A 4 (später »Versuchsserienwerk«)
1943, 12. April	Besichtigung des Einsatzes von KZ-Häftlingen bei den Heinkel-Werken in Oranienburg; empfiehlt den Einsatz von KZ-Häftlingen bei der Raketenfertigung
1943, September	leitender Angestellter der Mittelwerke GmbH in Nordhausen; verantwortlich für die Fertigung unter Einsatz von Häftlingen
1945, Mai	in Bayern in US-Gefangenschaft
1945, Herbst	Teilnahme an der britischen »Operation Backfire«
1945 – 1950	mit circa 120 Peenemündern in Fort Bliss, Texas (»Project Paperclip«)
1950 – 1961	Entwicklungsingenieur und Projektleiter im Flüssigkeits-Raketenprogramm der US-Armee in Huntsville/Alabama
1954, 11. Nov.	Erwerb der US-Staatsbürgerschaft
1961 – 1974	Projektmanager der *Saturn V*, der *Apollo*-Mondrakete, bei der NASA
1974 – 1984	Ruhestand in Kalifornien
nach 1982	Ermittlungsverfahren der US-Justiz wegen Kriegsverbrechen in Mittelbau-Dora 1943 – 1945
1984	Aufgabe der US-Staatsbürgerschaft, um eine Ausbürgerung zu vermeiden; Rückkehr nach Deutschland
1989	Einstellung deutscher Ermittlungen wegen mangelnder Beweise für den Mord an KZ-Häftlingen; Rückerhalt der deutschen Staatsbürgerschaft
1996, 1. Januar	gestorben in Hamburg

15.5 Fremd-Arbeiter

Der Pole Leon Dropek wurde wegen vermeintlicher Zugehörigkeit zu einer militärischen Organisation 1940 zur Zwangsarbeit nach Peenemünde verschleppt. Mit Hilfe einer Deutschen gelang ihm 1942 die Flucht.

Leon Dropek
polnischer Zwangsarbeiter in Peenemünde

1918, 18. Juni	geboren in Feldkamp, Krs. Wreschen, Bez. Posen Vater: Zimmermann, im 1. Weltkrieg Feldwebel im dt. Heer Abitur an der kaufmännischen Schule; Studium an der Kunstakademie in Posen/Poznán
vor 1939	Leiter der Kreiskanzlei des Jägervereins in Wreschen / Wrzesnia
1940, 28. Juni	Festnahme durch die deutsche Polizei wegen Mitgliedschaft in einer vermeintlich militärischen Organisation
1940, Sommer	mit einer Gruppe von ca. 400 Polen zur Zwangsarbeit nach Peenemünde verbracht; Unterbringung im »Polenlager« nahe dem Hafen Karlshagen Arbeit im Tiefbau bei der Fa. Dyckerhoff & Widmann, später als Hausdiener in der Kantine Kerl
1942, 30. Januar	Flucht nach Polen mit Unterstützung einer polnischstämmigen Deutschen Bauleiter beim Aufbau der Ostbahn
nach 1945	Betriebsleiter in der Volksrepublik Polen lebt als Rentner in Wierchomla Wielka

15.6 Techniker und Piloten im Werk West

Botho Stüwe kam von der Luftwaffe nach Peenemünde-West und war dort als Messtechniker auf den Gebieten Fernmelde-, Hochfrequenz- und Fernlenktechnik sowie Akustik an unterschiedlichen Entwicklungen beteiligt.

Botho Stüwe
Ingenieur-Soldat, Messtechniker

1919, 18. Dez.	geboren in Berlin-Neukölln; Vater: städtischer Beamter
1925 – 1937	Schulbesuch in Berlin, Volksschule und Realgymnasium
1937 – 1940	Ausbildung auf feinmechanischem und nachrichtentechnischem Gebiet; danach Besuch und Abschluss der Ingenieurschule Gauß, Berlin
1940, Oktober	eingezogen zu den Luftnachrichten der Luftwaffe; Ausbildung als Bodenfunker und Bordfunker
1941, Mai	auf Anweisung des RLM zu einer technischen Überprüfung an die Fliegertechnische Schule, Gießen, kommandiert
1941, 1. Juni	Versetzung zur Versuchsstelle der Luftwaffe Peenemünde-West; bei der Fachgruppe E4 als Ingenieur-Soldat tätig (Nachwuchs für das Ingenieur-Korps der Luftwaffe)
1942, Jan. – Juni	kommandiert zur Erprobung der Fernlenkbombe »Fritz X« in Foggia (Italien)
ab 1943, August	kommandiert zur Erprobungsstelle Jesau (Ostpreußen)
1944, Juli	Rückkehr nach Peenemünde; Erprobung von automatischen Zündern bis zum Ende der E-Stelle im Frühjahr 1945
1945, April	Versetzung zur Erprobungsstelle Wesermünde
1945, 5. Mai	nach der Kapitulation Internierung durch britische Truppen
1949	Tätigkeit in der Industrie, zunächst in der Rundfunktechnik
ab 1950	bei der Firma Siemens, Nürnberg, als Konstrukteur auf feinwerktechnischem Gebiet; zuletzt als Oberingenieur im Siemens-Forschungszentrum Erlangen an der Entwicklung der Brennstoffzelle beteiligt
1985	Ruhestand
1995	Veröffentlichung von: *Peenemünde-West. Die Erprobungsstelle der Luftwaffe*

15.7 KZ-Häftlinge

Ein Häftling, dem es trotz allem gelang, seine Mitgefangenen zum Lachen zu bringen und der dadurch ihren Überlebenswillen stärkte: Marcel Mathieu entkam nur knapp dem Tode in der Boelcke-Kaserne Nordhausen. Bei seiner Rückkehr nach Frankreich im April 1945 wog er noch 27 Kilo.

Marcel Mathieu
Häftling Nr. 14546 in Peenemünde und Dora

1922	geboren in Lothringen als Student Tätigkeit in der Résistance
1942	festgenommen unter dem Vorwurf, »gegen den Schutz des Reiches« gearbeitet zu haben
1943, Juni	Deportation nach Buchenwald
1943, Juli	Verlegung in das Konzentrationslager Peenemünde zur Raketenfertigung
1943, August	nach dem britischen Luftangriff auf Peenemünde Verlegung in die Stollen des Mittelwerks bei Nordhausen lebt und arbeitet von August 1943 bis März 1944 im Stollen; beschäftigt bei der Einstellung von Messgeräten
1944, August	Verlegung in das Außenlager Harzungen
1945, März	wegen Schwäche Verlegung in die Boelcke-Kaserne in Nordhausen Mathieu gelingt die Flucht in die Wälder
1945, 11. April	Befreiung durch amerikanische Truppen Rückkehr nach Frankreich

15.8 Vor- und Mitarbeiter

Der spätere Bundespräsident Heinrich Lübke arbeitete während des »Dritten Reichs« als Vermessungsingenieur und betreute für das Büro Albert Speers Bauten in der Heeresversuchsanstalt Peenemünde.

Heinrich Lübke
Bauleiter in Peenemünde

1894	geboren in Enkhausen (Sauerland)
1921	Studienabschluss als Landvermessungs- und Kulturingenieur Angestellter der »Siedlungsplanungsstelle der Provinz Westfalen« Geschäftsführer der »Deutschen Bauernschaft e. V.« im Vorstand mehrerer landwirtschaftlicher Verbände und Gesellschaften für die Interessen von Kleinbauern und Pächtern tätig
1932	für das »Zentrum« Wahl zum Abgeordneten im preußischen Landtag
1934/35	Untersuchungshaft unter dem Vorwurf, öffentliche Mittel veruntreut bzw. für politische Zwecke verwendet zu haben
1939	Vermessungsingenieur im Architekturbüro Schlempp, Berlin
1940	Dienstverpflichtung des Büros; als »Baugruppe Schlempp« dem Generalinspekteur für die Reichshauptstadt Albert Speer unterstellt für das Büro Speer Übernahme von Bauleitungsaufgaben in Peenemünde, insbesondere beim Bau von Unterkünften
1946–1949	Landtagsabgeordneter (CDU) in Nordrhein-Westfalen
1947–1952	Minister für Ernährung und Landwirtschaft in Nordrhein-Westfalen
1949–1959	mit Unterbrechung Mitglied des Bundestages schließlich Bundesminister für Ernährung und Landwirtschaft
1959–1969	Bundespräsident der Bundesrepublik Deutschland
1972	verstorben

16 Der Blaue Planet

Die Wahrnehmung unseres Planeten verändert sich mit zunehmender räumlicher Entfernung. Irdische Probleme und Beschränkungen treten zurück hinter der Faszination, die die Erde als Ganzes in ihrer Schönheit und ihrer Einsamkeit im All auslöst. Der Blick aus dem Weltall zeigt ergreifende Naturschauspiele, welche die Grenzen der Länder und Kontinente überschreiten. Kriege und Konflikte verlieren »von oben« an Bedeutung, hingegen wächst das Bewusstsein für Gemeinsamkeiten zwischen den Völkern. So werden die Rakete und die Stationen im Weltraum zu Instrumenten der Verständigung über die Verantwortung der Menschen für die Bewahrung ihres verletzlichen Heimatplaneten.

In der Ausstellung sind die folgenden Aussagen von Astronauten und Theoretikern der Raumfahrt zu hören:

Sigmund Jähn
(26.August – 3. September 1978, *Sojus 33 / Salut 6 / Sojus 29*)
»In dem tiefen Schwarz, das uns außerhalb des Raumschiffes umgab, zeigte sich ein schmaler, sichelförmiger Spalt im zarten Türkis. Von Sekunde zu Sekunde dehnte sich diese Sichel aus und leuchtete in durchsichtigem Blau, das sich schnell verfärbte und vergrößerte – nicht zu einem Regenbogen, sondern zu einem strahlenden Halbkreis. So weit das Rund der Erde zu sehen war, wurde es nun von einer immer breiteren, faszinierenden Aureole umspannt. Schnell färbte sich der Bogen an seinem oberen Rand rötlich. Es gab ein Feuerwerk von Strahlen, aus dem schließlich an der hellsten Stelle die Sonne – viel, viel schneller als auf der Erde – unter dem Horizont hervorbrach ...«

Ulf Merbold
(28. November – 8.Dezember 1983, *Space Shuttle*-Mission STS-9 und weitere)
»Über der Krümmung des Horizonts streckt sich der pechschwarze unendliche Weltraum. Darunter aber leuchtet unser Heimatplanet in den Farben Weiß und Blau ... Das Blau rührt von den großen Ozeanen, das Weiß von den Wolken her ... Um den Horizont zieht sich ein königsblauer Saum von geradezu hinreißender Schönheit. Er ist hauchdünn und wird von der irdischen Atmosphäre, der Lufthülle gebildet ... Die Sonne erstrahlt als gleißender Stern. Vom Weltraum aus gesehen, steht sie mitten im Schwarz ... Das tiefe Schwarz des Weltraums und die gleißende Sonne bilden den extremsten Gegensatz, den ich je gesehen habe.«

Al-Saud, Sultan bin Salman bin Abdulaziz
(17. – 24. Juni 1985, *Space Shuttle*-Mission STS-51G)
»Am ersten Tag deutete jeder auf sein Land. Am dritten oder vierten Tag zeigte jeder auf seinen Kontinent. Ab dem fünften Tag achteten wir auch nicht mehr auf die Kontinente. Wir sahen nur noch die Erde als den einen, ganzen Planeten.«

Juri Alexejewitsch Gagarin
(12. April 1961, *Wostok*)
»Die Erde erscheint als Kugel, wenn man auf den Horizont blickt. Der Horizont bietet ein sehr mannigfaltiges und sehr schönes Bild. Man kann den in seiner Schönheit ungewöhnlichen Übergang von der beleuchteten Oberfläche der Erde zum völlig schwarzen Himmel sehen, auf dem die Sterne sichtbar sind. Dieser Übergang ist sehr fein, wie ein Häutchen, das wie ein Gürtel den Erdball umgibt. Es ist von zarthellblauer Farbe. Dieser ganze Übergang von Hellblau zu Schwarz ist ungewöhnlich leicht und schön. Es fällt schwer, dies mit Worten wiederzugeben …«

Thomas Patten Stafford
(4. – 18. Dezember 1965, *Gemini 7* und weitere)
»Die weißen Wolkenwirbel und die endlosen Blautöne des Ozeans lassen das Summen der Bordgeräte, das Krächzen des Funkgeräts und sogar die eigenen Atemgeräusche verschwinden. Nichts, kein Wind, keine Kühle, kein Geruch, sagt dir, dass du mit der Erde verbunden bist. Du hast einen fast leidenschaftslosen Standort – entrückt, olympisch – und doch so ergreifend, dass du es kaum glauben magst, wie eng deine Gefühle mit jenen rauen Weiten verbunden sind, die unten gleichmäßig dahinziehen.«

Hermann Oberth
»Der Blick aus dem All auf unsere Erde zeigt uns, was für ein kleines, kostbares und zerbrechliches Juwel in unsere Hand gegeben ist. Die Bedrohung der Erde kommt heute nicht aus einem kosmischen Ungleichgewicht, sie kommt in erster Linie aus den dunklen Kräften in uns selbst – gepaart mit unserem technischen Können!«

9 Zeitleiste zu Ausstellungsabschnitt I
Peenemünde im Dritten Reich

Die Zeitleiste zur politisch-militärischen Einbindung von Peenemünde und seinen Ablegern stellt Propagandamaterial des »Dritten Reichs« und Fotos der Wirklichkeit bewusst gegeneinander: Schöner Schein und Verführung gegen Fakten, die oft verklärt worden sind.

Eine Gegenüberstellung der wichtigsten Daten von Rüstungspolitik und Weltkrieg und von Entwicklung, Produktion und Einsatz der Raketen belegt die Einbindung Peenemündes in das System der nationalsozialistischen Kriegsplanung.

In der Erinnerung vieler Beteiligter war Peenemünde vor allem ein Laboratorium für die Weltraumfahrt. Die Reichswehr sei Geldgeber für eine Entwicklung gewesen, die nur dem Fortschritt der Technik gegolten habe. Selbst Walter Dornberger, der für das Raketenprogramm verantwortliche Offizier, sprach nach dem Krieg vom Militär als »Sponsor«.

Für die ungeheuren Investitionen des »Dritten Reichs« in das Raketenprogramm und in die Anlagen von Peenemünde gab jedoch allein die Überzeugung den Ausschlag, die Rakete könne als unüberwindbare Waffe dienen. Ohne fanatischen Glauben an die Kriegswichtigkeit wäre die Entwicklungsarbeit bei Kriegsbeginn eingestellt worden und in Peenemünde nie eine V 2 gestartet.

Politische Geschichte vor 1930

1918, 11. November
Ende des Ersten Weltkriegs durch Waffenstillstand zwischen dem Deutschen Reich und den Westmächten.

1919, 29. April
Gründung des **Völkerbundes** als internationales Instrument für Frieden und Sicherheit.

1919, 28. Juni
Friedensvertrag von Versailles: u. a. wird die Höchststärke der deutschen Truppen auf 119 000 Mann festgelegt; ebenso eine Überwachung der Abrüstung; Verbot schwerer Waffen; Reparationen auf 42 Jahre.

1925, 1. Dezember
Vertrag von Locarno: Die Unverletzlichkeit der deutschen Westgrenze wird garantiert, das Rheinland entmilitarisiert. Deutschland verpflichtet sich, keine Änderung der polnischen Grenze mit Gewalt zu versuchen und wird in den Völkerbund aufgenommen.

Militärische Geschichte vor 1930

1923
Der Physiker Hermann Oberth veröffentlicht **Die Rakete zu den Planetenräumen,** eine der ersten wissenschaftlichen Untersuchungen zur Technik und Perspektive der Raumfahrt, und löst damit eine Welle populären Interesses an Raumfahrt und Raketentechnik aus.

1924
Der Publizist Max Valier beginnt mit der Propagierung des Raumfahrtgedankens durch Bücher, Vorträge und Schau-Experimente.

1927
Gründung des **Vereins für Raumschiffahrt** in Breslau. Oberth und Valier sind Mitglieder. Die Vereinszeitschrift *Die Rakete* (1927-29) verbreitet den Raumfahrtgedanken im In- und Ausland.

1926, 24. April
Freundschafts- und Neutralitätsvertrag des Deutschen Reichs mit der Sowjetunion.

1929, 25. Oktober
Schwarzer Freitag: Zusammenbruch der Börsenkurse in New York. Beginn der Weltwirtschaftskrise, in der die bisher bedeutungslosen Nationalsozialisten an Gewicht gewinnen.

1930

30. Juni
Abschluss der Räumung des seit 1919 von französischen Truppen besetzten Rheinlands.

14. September
Reichstagswahlen: spektakulärer Anstieg der NSDAP auf 18,3 % der Stimmen.

Jahresende
4,4 Millionen Arbeitslose in Deutschland.

1931

März/Mai
Ein deutsch-österreichischer Zollunionsplan scheitert am Druck Frankreichs auf Österreich und dem Zusammenbruch der Österreichischen Kreditanstalt.

1928
Max Valier und Fritz von Opel propagieren die Raketentechnik durch öffentliche Vorführung von Raketenautos.

1929
Hermann Oberth veröffentlicht **Wege zur Raumschiffahrt**.

1929, Herbst
Oberth übernimmt den Vorsitz des **Vereins für Raumschiffahrt**; Berlin wird neues Aktivitätszentrum.

1929, 15. Oktober
Uraufführung von **Frau im Mond,** eines utopischen Films von Fritz Lang über eine Mondreise mittels Raumschiff. Zu Werbezwecken plant Oberth im Auftrag der Ufa den Start einer Flüssigkeitsrakete, scheitert jedoch an technischen Schwierigkeiten.

1929 Dezember
Das Heereswaffenamt erhält die Genehmigung zur Erforschung der militärischen Verwendbarkeit von Flüssigkeitsraketen.

1930

Frühjahr
Das Heereswaffenamt beginnt mit systematischer Bestandsaufnahme der privaten Raketenforschung. Dipl.-Ing. Walter Dornberger nimmt Kontakt mit den einzelnen Erfindergruppen auf.

17. Mai
Max Valier stirbt infolge der Explosion eines Flüssigkeitsraketenmotors.

23. Juli
Die Chemisch-Technische Reichsanstalt Berlin prüft und bestätigt die Leistung von Oberths Kegeldüse für Flüssigkeitstriebwerke.

27. September
Rudolf Nebel und Klaus Riedel eröffnen mit verdeckter Unterstützung des Heereswaffenamtes den **Raketenflugplatz** Berlin-Tegel als private Forschungsstelle. Zu ihnen stößt der Student Wernher von Braun.

1931

14. März
Start der ersten deutschen Flüssigkeitsrakete durch Johannes Winkler in Dessau, der sich vom Verein für Raumschiffahrt gelöst hat.

13. Juli
Mit dem Zusammenbruch der **Darmstädter und Nationalbank** und anderen Firmenkonkursen erreicht die Wirtschaftskrise in Deutschland einen Höhepunkt.

11. Oktober
Bildung der **Harzburger Front** (rechtskonservatives Bündnis von NSDAP, Deutschnationaler Volkspartei und Stahlhelm).

Jahresende
5,66 Millionen Arbeitslose in Deutschland.

1932

2. Februar
Eröffnung der Internationalen Abrüstungskonferenz in Genf. Deutschland fordert »nach der eigenen Entwaffnung die allgemeine Abrüstung«.

25. Februar
Einbürgerung des staatenlosen Adolf Hitler durch die Regierung von Braunschweig, an der die NSDAP beteiligt ist.

16. Juni
Konferenz von Lausanne: Ende der deutschen Reparationen; Ablösung der Reparationsschuld gegen eine einmalige Abfindung von 3 Milliarden Reichsmark.

31. Juli
Reichstagswahl: Die NSDAP wird mit 36,9 % der Stimmen stärkste Partei im Reichstag.

1933

30. Januar
Adolf Hitler wird vom Reichspräsidenten von Hindenburg zum Reichskanzler ernannt und bildet mit den rechtskonservativen Verbündeten der **Harzburger Front** die Regierung. Der Tag wird später als **Machtübernahme** der Nationalsozialisten gefeiert.

5. März
Reichstagwahl nach dem den Kommunisten zugeschriebenen **Reichstagsbrand** vom 27. Februar: Die NSDAP erhält 43,9 % der Stimmen, die Regierungsparteien eine knappe absolute Mehrheit.

23. März
Gesetz zur Behebung der Not von Volk und Reich; »Ermächtigungsgesetz«: Die Reichsregierung kann von der Verfassung abweichende Gesetze erlassen.

15. April
Reinhold Tiling, der mit Rückendeckung durch die deutsche Marine Feststoffraketen entwickelt, führt am Dümmersee den ersten Start einer Postrakete in Deutschland durch.

Mit öffentlichen Vorführungen auf dem Raketenflugplatz suchen Nebel, Riedel und von Braun finanzielle Unterstützung für ihr Vorhaben.

1932

22. Juni
Misslungene Raketen-Vorführung Nebels vor dem Heereswaffenamt in Kummersdorf bei Berlin. Das Heereswaffenamt bricht die Kontakte mit Nebel ab und konzentriert sich in der Folge auf eigene Entwicklung in Kummersdorf unter Walter Dornberger.

1. Dezember
Wernher von Braun wird vom Heereswaffenamt unter Vertrag genommen.

21. Dezember
Kummersdorf: erster, fehlgeschlagener Brennversuch mit einem Raketentriebwerk von Brauns.

1933

Kummersdorf: erfolgreiche Versuche mit Raketentriebwerken und Entwicklung des **Aggregats 1 (A 1)** durch Wernher von Braun.

11. Juni
Die spektakuläre Ankündigung Nebels, in Magdeburg eine bemannte Rakete zu starten, endet mit dem Fehlstart eines kleineren Modells.

19. September
Letzter Raketenstart der Gruppe um Rudolf Nebel. Die Wehrmacht versagt in der Folge den auf Publizität angewiesenen privaten Raketenforschern jegliche Unterstützung, um die Entwicklungen in Deutschland geheim zu halten.

1. April
Beginn des reichsweiten Boykotts jüdischer Geschäfte.

14. Juli
Gesetz gegen die Neubildung von Parteien: Die NSDAP wird zur einzigen Partei in Deutschland.

14. Oktober
Deutschland verlässt die Internationale Abrüstungskonferenz, da der vorgesehene Rüstungsausgleich um vier Jahre verschoben werden soll; Austritt aus dem Völkerbund.

12. November
Reichstagswahl als Plebiszit über den Austritt aus dem Völkerbund: die Einheitsliste der NSDAP erhält 92 % der Stimmen.

18. Dezember
Memorandum der Reichsregierung zur Abrüstung: Forderung nach Rüstungsstopp und deutscher Aufrüstung auf 300 000 Mann.

1934

26. Januar
Nichtangriffspakt zwischen Deutschland und Polen auf zehn Jahre.

30. Januar
Gesetz über den Neuaufbau des Reiches: Die Hoheitsrechte der Länder gehen auf das Reich über; die Länderparlamente werden aufgehoben.

Juni
Ablehnung eines französischen Vorschlags für einen kollektiven Nichtangriffspakt in Osteuropa einschließlich Deutschlands mit französischer Garantie durch Hitler.

30. Juni
so genannter **Röhm-Putsch**: Hitler lässt die Spitze der SA und innerparteiliche Gegner unter dem Vorwand eines Putschversuches ermorden.

2. August
Tod des Reichspräsidenten von Hindenburg. Die Ämter von Reichspräsident und Reichskanzler werden vereinigt; der »Führer und Reichskanzler Adolf Hitler« wird Reichsoberhaupt und Regierungschef.

1. November
Einrichtung einer Dienststelle zur Forcierung der deutschen Wehrwirtschaft im Reichswehrministerium.

1934

Jahresanfang
Auflösung des **Vereins für Raumschiffahrt.**

19./20. Dezember
Das in Kummersdorf entwickelte **Aggregat 2** (**A 2**; Schubkraft 300 kg) wird erfolgreich auf Borkum erprobt, da der Einschlag von Raketen der erreichten Größe in besiedelten Gebieten zu gefährlich erscheint.

1935

13. Januar
Volksabstimmung im Saarland: 91 % stimmen für die Rückkehr ins Deutsche Reich.

9. März
Bekanntgabe des Aufbaus der Luftwaffe.

16. März
Gesetz über den Aufbau der Wehrmacht: einseitige Aufhebung der Rüstungsbeschränkungen des Versailler Vertrages; Wiedereinführung der allgemeinen Wehrpflicht (Planung: Ausbau der Reichswehr auf 580 000 Mann bis 1939).

18. Juni
Flottenabkommen mit Großbritannien: deutsche Flottenstärke bis zu 35 % der britischen; das britische Ausscheren aus der Front der Gegner deutscher Aufrüstung ist ein Erfolg der Revisionspolitik Hitlers.

26. Juni
Einführung der Arbeitsdienstpflicht **(Reichsarbeitsdienst)**, zunächst nur für Männer.

15. September
Nürnberger Gesetze: Juden verlieren alle staatsbürgerlichen Rechte; jede öffentliche Anstellung erfordert den Nachweis »arischer« Abstammung; Ehen zwischen Ariern und Juden werden verboten.

1936

7. März
Kündigung des **Locarno-Vertrages** von 1925 und Einmarsch der Wehrmacht in das entmilitarisierte Rheinland; Wiederherstellung der vollen militärischen Souveränität Deutschlands.

29. März
Reichstagswahl: Hitlers Politik wird mit 99 % der Stimmen gebilligt.

25./26. Juli
Beginn der militärischen Unterstützung General Francos im Spanischen Bürgerkrieg **(Legion Condor)**.

24. August
Einführung des zweijährigen Militärdienstes.

1935

Beginn der Entwicklung des **Aggregats 3** (**A 3**; Schubkraft 1,5 Tonnen, aktive Steuerung).

27. Juni
Bündnis zwischen Heereswaffenamt und Luftwaffe zur Entwicklung raketengetriebener Jagdflugzeuge; Pläne für eine gemeinsame **Raketenversuchsanstalt**.

Jahresende
Wernher von Braun findet Peenemünde als Ort für eine größere Versuchsanstalt. Die Entwicklung von Bauplänen beginnt.

1936

März
Der Oberbefehlshaber des Heeres inspiziert die Raketenentwicklung in Kummersdorf und sagt die Finanzierung einer neuen Versuchsstelle zu. Auftrag zur Triebwerksentwicklung für das **Aggregat 4** (**A 4**; Schubkraft 25 Tonnen), das eine 1 Tonne Sprengstoff über 250 km tragen soll.

1. April
Zusage der Luftwaffe zur Beteiligung an der **Versuchsanstalt Peenemünde** (Erprobungsstelle »Werk West«). Ankauf des Wolgaster Stadtwalds bei Peenemünde als Areal.

August
Baubeginn in Peenemünde.

18. Oktober
Verordnung zur Durchführung des **Vierjahresplanes**, der die Aufrüstung Deutschlands vollenden soll; Göring wird Beauftragter.

25. Oktober
Vertrag zwischen Deutschland und Italien; Beginn der **Achse Berlin-Rom:** Verabredung eines einheitlichen Vorgehens im Spanischen Bürgerkrieg mit Unterstützung der Rebellen unter General Franco.

25. November
Antikominternpakt (gegen die Kommunistische Internationale) zwischen Deutschland und Japan.

1937

30. Januar
Widerruf der deutschen Unterschrift unter die Kriegsschuld-Erklärung im Versailler Vertrag.

26. April
Bombardierung der baskischen Stadt Guernica durch deutsche Flieger.

24. Juni
Die Tschechoslowakei wird als mögliches Kriegsziel benannt.

September
Wehrmachts-Manöver in Pommern zur Erprobung der Blitzkriegs-Strategie.

5. November
Hitler gibt den Oberbefehlshabern der Wehrmachtsteile bekannt, dass er die Frage der deutschen Raumnot mit Gewalt lösen wolle.

6. November
Beitritt Italiens zum Antikominternpakt.

1938

4. Februar
Hitler übernimmt das Reichskriegsministerium und bildet ein Oberkommando der Wehrmacht.

12./13. März
Einmarsch der Wehrmacht in Österreich; Anschluss Österreichs an das Deutsche Reich.

1937

Mai
Erste Werkstätten in Peenemünde bezugsfertig. Die Stamm-Mannschaft wird von Kummersdorf nach Peenemünde verlegt. Wernher von Braun wird technischer Direktor des Entwicklungswerks des Heeres (»Werk Ost«).

Juni
Die Heinkel He-112 mit dem in Kummersdorf entwickelten Raketentriebwerk fliegt in Neuhardenberg.

Juli
Die ersten Wohnungen der Siedlung Karlshagen sind bezugsfertig.

4.-11. Dezember
Vier Versuchsmuster der Rakete **A 3** starten auf der Greifswalder Oie; Fehlschlag wegen zu schwacher Steuerung.

1938

1. April
Organisatorische Trennung von Heeresversuchsanstalt und Erprobungsstelle der Luftwaffe.

Herbst
Eine neue Testreihe mit der Versuchsrakete **A 5** erreicht maximale Weiten von 18 km und Gipfelhöhen von 8-12 km. Das Triebwerk ist aber nicht leistungsfähig genug für den Überschallbereich.

Juni
Einrichtung der **Organisation Todt**, staatliche Bauorganisation für die Errichtung militärischer Anlagen.

22. Juni
Verordnung zur Einführung der Dienstverpflichtung für Zivilisten.

29./30. September
Münchener Abkommen über die Abtretung deutsch besiedelter Randgebiete durch die Tschechoslowakei. Der britische Premier Chamberlain spricht von »Peace for our time«.

1. Oktober
Besetzung des Sudetenlandes durch die Wehrmacht.

9. November
So genannte **Reichskristallnacht**: Goebbels nutzt die Ermordung eines deutschen Diplomaten in Paris durch einen Juden zum organisierten Pogrom. Zerstörung der Synagogen, endgültige Ausschaltung der Juden aus dem Wirtschaftsleben.

1939

15./16. März
Besetzung der Tschechoslowakei durch die Wehrmacht unter Bruch des Münchener Abkommens; Gründung des **Protektorats Böhmen und Mähren.**

31. März
Britisch-französische Garantieerklärung für die Unabhängigkeit Polens.

22. Mai
Bündnispakt zwischen Deutschem Reich und Italien **(Stahlpakt)**.

23. August
Nichtangriffs-Pakt zwischen Deutschem Reich und Sowjetunion. Ein geheimes Zusatzabkommen regelt die geplante Aufteilung Polens und der baltischen Staaten.

25. August
Beistandspakt zwischen Großbritannien und Polen.

1. September
Überfall der Wehrmacht auf Polen; Beginn des Zweiten Weltkriegs.

21. November
Befehl zum Bau der **Fertigungsstelle (»Werk Süd«)** für die Serienfertigung des noch in Entwicklung befindlichen **A 4** samt großzügig bemessener Infrastruktur (Eisenbahn, Kraftwerke, Sauerstoffwerke, Großsiedlung).

1939

Januar
Die Planungsarbeiten für die Fertigungsstelle beginnen. Die Insel Usedom wird bis Zempin und Wolgast in das Sperrgebiet einbezogen.

15. Mai
Die Heinkel He-176, das erste Raketenflugzeug der Welt, fliegt in Peenemünde-West.

5. September
Von Brauchitsch, Oberbefehlshaber des Heeres, erklärt das Vorhaben Peenemünde für besonders dringlich. Serienreife des **A 4** geplant für 1941.

September
Zur Lösung der vielfältigen physikalischen und chemischen Probleme kooperiert die Entwicklungsabteilung seit Kriegsbeginn verstärkt mit Technischen Hochschulen.

6. Dezember
Baubeginn für das Kraftwerk Peenemünde (ans Netz gegangen 22. November 1942).

3. September
Polens Verbündete Frankreich und Großbritannien erklären dem Deutschen Reich den Krieg.

1. Oktober
Die letzten polnischen Truppen legen die Waffen nieder.

25. Oktober
Der von Deutschland beanspruchte Teil Polens wird zum Generalgouvernement erklärt. Erste Zwangsverpflichtungen von Polen zum Arbeitseinsatz in Deutschland.

1940

22./23. Februar
Fritz Todt wird Reichsminister für Bewaffnung und Munition: Beginn einer neuen Rüstungsorganisation im Einvernehmen mit der Wirtschaft.

9. April
Deutscher Überfall zur Besetzung Dänemarks und Norwegens durch die Wehrmacht.

10. Mai
Beginn der Offensive im Westen: Überfall der Wehrmacht auf die Niederlande, Belgien und Luxemburg, um die französische Maginot-Linie zu umgehen.

Mai/Juni
Die britischen Truppen gehen auf einen Brückenkopf um Dünkirchen zurück und können nach England evakuiert werden. Die Niederlande werden einem Reichskommissar unterstellt, Belgien einer Militärverwaltung, Luxemburg wird dem Reich angeschlossen.

22. Juni
Waffenstillstand mit Frankreich. Der Norden und die Atlantikküste werden besetzt.

8. August
Beginn der Luftschlacht um England zur Vorbereitung einer deutschen Landung. Die Luftwaffe bombardiert London, wichtige Häfen und Industriezentren, kann aber die Royal Air Force nicht ausschalten.

27. September
Dreimächtepakt zwischen Deutschland, Italien und Japan.

12. Oktober
Die geplante und mehrfach verschobene Landung in England (Unternehmen **Seelöwe**) wird aufgegeben.

1940

Wechselnde Einstufungen der Dringlichkeit verzögern den geplanten großzügigen Ausbau der Raketenversuchsanstalt, insbesondere der Anlagen für die Serienfertigung.

21. März
Erster Brennversuch mit dem Triebwerk von 25 Tonnen Schub für das **A 4**.

29. Juli
Erster Entwurf einer zweistufigen interkontinentalen Rakete, die New York erreichen soll.

1. September
Übernahme der Bauleitung für Peenemünde durch Albert Speer, Generalinspekteur für die Reichshauptstadt Berlin.

Oktober
Die Endkonstruktion des **A 4** beginnt.
Aufnahme des elektrischen Werkbahnbetriebes.

1941

6. Februar
Zur Unterstützung italienischer Truppen in Nordafrika wird das Deutsche Afrikakorps unter General Rommel aufgestellt.

6. April
Angriff der Wehrmacht auf Jugoslawien und Griechenland zur Unterstützung der italienischen Truppen.

17./21. April
Kapitulation der jugoslawischen und der griechischen Armee.

21. Mai
Letzter großer Luftangriff auf London, dann Verlegung der Luftwaffe an die künftige Ostfront.

22. Juni
Überfall der Wehrmacht auf die Sowjetunion. Die deutsche Blitzkriegs-Strategie versagt in der Weite des Landes. Der Angriff bleibt im Winter vor Moskau stecken.

7. Dezember
Der Überfall der Japaner auf den US-Stützpunkt Pearl Harbour im Pazifik eröffnet den Krieg zwischen Japan und den USA.

11. Dezember
Kriegserklärung Deutschlands und Italiens an die USA.

19. Dezember
Hitler übernimmt den Oberbefehl über das Heer.

1942

8. Februar
Nach dem Tode Fritz Todts wird Albert Speer Reichsminister für Bewaffnung und Munition und stärkt die Rolle der Privatindustrie in der Rüstungswirtschaft.

März
Beginn einer britischen Luftoffensive gegen Fabrikstädte und U-Boot-Basen in Deutschland, seit Sommer unter US-Beteiligung.

21. März
Gauleiter Fritz Sauckel wird »Generalbevollmächtigter für den Arbeitseinsatz« von Fremdarbeitern aus den von Deutschland besetzten Gebieten, die die Wehrwirtschaft stützen sollen. Die Zahl der Fremdarbeiter erreicht eine Höhe von ca. 7,5 Millionen.

1941

10. August
Erster Start des Raketenjägers Messerschmitt Me 163 A in Peenemünde.

20. August
Hitler gibt dem **Vorhaben Peenemünde** nach Vortrag Dornbergers die höchste Dringlichkeitsstufe. Die geplante Fertigungsstelle (»Werk Süd«) wird zum **Versuchsserienwerk** umgewidmet; die Fertigung der gewünschten hohen Stückzahl soll in Industriebetrieben erfolgen.

3. September
In Verhandlungen mit der Luftschiffbau Zeppelin GmbH wird Friedrichshafen als zweiter Produktionsstandort für das **A 4** vereinbart.

29. Oktober
Peenemünde erstellt Unterlagen für die Entwicklung einer Flugzeugabwehr-Rakete.

November
Zur Deckung des Personalbedarfs richtet das Heer das **Versuchskommando Nord** ein: Aus den Feldtruppen werden Techniker nach Peenemünde beordert und gemäß ihrer zivilen Qualifikation eingesetzt.

1942

25. Februar
Erstes Versuchsmuster des **A 4** steht fertig auf Prüfstand VII (bei Brennversuch zerstört).

4. Juni
Erstes Versuchsschießen mit Raketen von getauchtem U-Boot aus.

5. Juni
Die Fieseler Werke AG übernehmen den Bau der Flugbombe **Fi 103** (der späteren **V 1**).

8. Juli
Überlegungen, das **A 4** für die Stratosphären-Forschung zu verwenden, um bessere Daten für die Flugbahnberechnung zu erhalten.

28. Juni
Beginn einer deutschen Doppeloffensive im Osten zur Erreichung der Wolga bei Stalingrad und der Einnahme der Erdölfelder im Kaukasus.

23. Oktober
Nach erfolglosem Durchbruchsversuch des Deutschen Afrikakorps bei El Alamein zwingt der britische Gegenangriff General Rommel zum Rückzug.

19. November
Eine sowjetische Offensive bei Stalingrad führt zur Einkesselung der deutschen 6. Armee.

1943

14. Januar
Konferenz von Casablanca: Großbritannien und die USA verlangen die bedingungslose Kapitulation Deutschlands und Japans.

2. Februar
Kapitulation der Reste der deutschen 6. Armee bei Stalingrad.

18. Februar
Joseph Goebbels verkündet den »Totalen Krieg«, um im Inland alle Kräfte zu mobilisieren.

13. Mai
Kapitulation der letzten deutschen Truppen in Nordafrika.

10. Juli
Landung alliierter Truppen auf Sizilien.

13. Juli
Abbruch der deutschen Offensive bei Kursk, um Truppen für die italienische Front freizumachen. Die Initiative im Osten geht endgültig auf die Sowjetunion über.

3. September
Nach dem Rücktritt Mussolinis und dem Zusammenbruch des faschistischen Systems schließt die neue italienische Regierung einen Sonderwaffenstillstand mit den Alliierten, die in Kalabrien das Festland betreten. Besetzung Norditaliens und Roms durch deutsche Truppen.

28. November
Konferenz von Teheran: Die Alliierten stimmen ihre militärischen Pläne für das Jahr 1944 ab und beschließen die Aufteilung Deutschlands.

18. September
Beschluss zur Entwicklung einer Flugabwehr-(Fla-)Rakete in Zusammenarbeit von Heer und Luftwaffe (ab 1943 **Wasserfall**).

3. Oktober
Erster erfolgreicher Start einer **A-4**-Rakete (der späteren **V 2**).

24. Dezember
Erprobung der Flugbombe **Fi 103** in der Erprobungsstelle der Luftwaffe in Peenemünde-West.

1943

Ende März
Die Rax-Werke in Wiener Neustadt werden als dritter Produktionsstandort für das **A 4** vorgesehen, um die von der militärischen Führung gewünschten hohen Stückzahlen zu realisieren.

April
Für die Serienfertigung des **A 4** in Peenemünde fordert die Heeresversuchsanstalt KZ-Häftlinge an.

Mai, Juni
Aufklärungsaufnahmen der Royal Air Force; Vorbereitung zur Bombardierung Peenemündes.

26. Mai
Vergleichsschießen zwischen **A 4** und Flugbombe **Fi 103**. Das teure **A 4** erweist sich als überlegen. Beide Geräte sollen gebaut werden.

1. Juni
Die Heeresversuchsanstalt (»Werk Ost«) erhält die Tarnbezeichnung **Heimat-Artillerie-Park 11, Karlshagen.**

7. Juli
Dornberger und von Braun unterrichten Hitler über den Stand der Raketenentwicklung. Hitler gibt dem **A-4-Programm** die höchste Dringlichkeitsstufe.

August
Einrichtung einer Fernraketen-Truppenschule mit Versuchsbatterie 444 in Köslin (heute Koszalin, Polen).

17./18. August
Nächtlicher Luftangriff der Royal Air Force auf die Anlagen von Peenemünde. Ca. 750 Menschen kommen ums Leben, darunter 500-600 ausländische Zwangsarbeiter.

1944

4. Juni
Alliierte Truppen besetzen Rom.

6. Juni
Landung der alliierten Truppen in der Normandie.

20. Juli
Der Attentatsversuch einer Widerstandgruppe um von Stauffenberg auf Hitler schlägt fehl. Die Verwicklung hoher Wehrmachtsoffiziere schwächt die Stellung des Heeres zugunsten der SS.

1. August
In deutschen Konzentrationslagern sind 524 277 In- und Ausländer inhaftiert.

25. August
Einzug der amerikanischen und französischen Truppen in Paris

25. August
Umschwung in Rumänien: Kriegserklärung an das bisher verbündete Deutschland.

3./4. September
Einnahme von Brüssel und Antwerpen durch die Alliierten.

18./26. August
Beschluss zur Verlagerung der Raketenproduktion in eine unterirdische Fabrik im Kohnstein bei Nordhausen in Thüringen, die mit KZ-Häftlingen betrieben werden soll.

28. August
Häftlinge aus dem KZ Buchenwald richten das Außenlager »Dora« ein und beginnen mit dem Stollenausbau im Kohnstein für die reichseigene **Mittelwerk GmbH.**

September
Beschluss zur Verlagerung der Raketenentwicklung nach Ebensee in den österreichischen Alpen. Die Verlagerung kommt infolge mehrfacher Verzögerungen nicht zustande.

25. November
Aufnahme des Erprobungsschießens des **A 4** auf dem Truppenübungsplatz der Waffen-SS bei Blizna im von Deutschland besetzten Polen.

Dezember
Aufstellung der ersten Fernraketenbatterie.

1944

1. Januar
Aufnahme der Serienfertigung der **A-4**-Rakete im **Mittelwerk**.

29. Februar
Erster Start einer Fla-Rakete **Wasserfall** in Peenemünde.

16. Mai
Die Wehrmachtführung entscheidet, Mitte Juni das Fernfeuer gegen England zu eröffnen.

15. Juni
Erster massierter Einsatz der Flugbombe **Fi 103** gegen England aus Stellungen an der Westfront. Die Nazi-Propaganda führt den Begriff **Vergeltungswaffe** ein.

18. Juli, 4. u. 25. August
Luftangriffe auf Peenemünde durch Bomber der US-Air Force.

1. August
Privatisierung der Heeresversuchsanstalt als **Elektromechanische Werke GmbH**, dadurch Stärkung der Machtstellung des Rüstungsministeriums.

25. September
Aufstellung des **Deutschen Volkssturmes** zur letzten Verteidigung angesichts der unmittelbaren Bedrohung der Vorkriegsgrenzen Deutschlands durch die Alliierten.

8. August
Als Sonderbevollmächtigter Himmlers, des neuen Chefs der Heeresrüstung, übernimmt SS-Brigadeführer Hans Kammler die Vorbereitung zum Einsatz des **A 4 / V 2**.

7./8. September
Erster Fronteinsatz mit **A 4 / V 2**-Raketen gegen Paris und London aus mobilen Stellungen an der Westfront.

September
Befehl zur beschleunigten Entwicklung der geflügelten Version **A 4 b**, um das Zurückweichen der Westfront durch höhere Schussweiten zu kompensieren.

Spätherbst
Beginn der Verlegung von Peenemünder Betriebsteilen in die Nähe des Mittelwerks.

8. November
Der Wehrmachtsbericht meldet mit zweimonatiger Verspätung den Fronteinsatz von **A 4 / V 2**-Raketen.

Dezember
Dornberger, von Braun und Georg Rickhey, der Generaldirektor des Mittelwerks, erhalten für ihre Verdienste um die **Vergeltungswaffe** das Ritterkreuz zum Kriegsverdienstkreuz.

1945

30. Januar
Sowjetische Truppen erreichen die Oder.

4./11. Februar
Konferenz von Jalta: Die Allierten verhandeln u. a. über die künftigen Besatzungszonen, über Gebietsabtretungen und totale Entwaffnung Deutschlands.

7. März
US-Truppen überschreiten bei Remagen den Rhein.

30. April
Selbstmord Hitlers im Bunker der Berliner Reichskanzlei.

2. Mai
Kapitulation der Reichshauptstadt Berlin.

9. Mai
Bedingungslose Gesamtkapitulation des Deutschen Reiches.

1945

24. Januar
Erster und letzter fast erfolgreicher Start einer **A-4-b**-Rakete.

31. Januar
Angesichts der näher rückenden Ostfront befiehlt Kammler die Verlagerung der Versuchsanstalten nach Mitteldeutschland.

8. Februar
Neun sowjetische KZ-Häftlinge fliehen mit einem Bomber der Luftwaffe vom Flugplatz Peenemünde.

14. Februar
Letzter Start einer **A 4 / V 2** in Peenemünde.

27. März
Letzter Einsatz einer **A 4 / V 2** gegen London.

30. März
Letzter Einsatz einer Flugbombe **Fi 103 / V 1** gegen Antwerpen.

17. Juli
Beginn der Potsdamer Konferenz: Die Alliierten beschließen über die künftige Politik in Deutschland.

20. November
Beginn der Nürnberger Prozesse gegen Kriegsverbrecher in der deutschen Führung.

1.–6. April
Etwa 500 Peenemünder Raketenexperten verlassen den Raum des Mittelwerkes in Richtung »Alpenfestung«.

Anfang April
Die Arbeiten im Mittelwerk werden eingestellt. Beginn der Todesmärsche aus dem KZ Dora-Mittelbau.

11. April
Die 3. US-Panzerdivision besetzt Nordhausen und befreit das KZ Dora-Mittelbau.

2. Mai
Von Braun und Dornberger nehmen in Reutte (Tirol) Kontakt zur anrückenden US-Armee auf.

4. Mai
Sowjetische Soldaten erreichen kampflos Peenemünde.

22. Mai
Die US-Armee lässt aus dem Mittelwerk etwa 100 **A 4 / V 2**-Raketen als Kriegsbeute in die USA transportieren.

Ende September
Die USA übernehmen Wernher von Braun und die erste Gruppe Peenemünder Raketenforscher zur Weiterentwicklung der V 2 für ihr Waffenprogramm.

1.–15. Oktober
Die Britische Armee verschießt mit Unterstützung deutscher Fachleute bei Cuxhaven drei **A 4 / V 2** (»Operation Backfire«).

Mitte Oktober
Sowjetische Raketenfachleute erkunden die Peenemünder Anlagen und legen Dokumentationen zur Weiterführung der **A 4 / V 2**-Produktion an. Im Zentralwerk in Nordthüringen arbeiten 5000 deutsche Fachleute an Raketen für die UdSSR.

10 Zeitleiste zu Ausstellungsabschnitt II
Die Erben von Peenemünde

Diese Zeitleiste stellt die im zweiten Ausstellungsabschnitt vermittelten Inhalte in den Zusammenhang des öffentlichen Lebens in der zweiten Hälfte des 20. Jahrhunderts.

Für die Jahre 1945 bis 2001 werden zu drei verschiedenen Themenbereichen herausragende Entwicklungen und Ereignisse benannt:

Das Thema »Kriege im Frieden« (in der Ausstellung auf Metalltafeln) erinnert an die politischen Auseinandersetzungen des Kalten Krieges und an die zahlreichen militärischen Konflikte, die während dieser Zeit in vielen Teilen der Welt stattgefunden haben.

Das Thema »Reflexionen der NS-Zeit« (in der Ausstellung auf Holztafeln) veranschaulicht, dass diese Jahrzehnte in vielfältiger Weise sowohl absichtlich als auch ungewollt immer wieder durch die zurückliegende Zeit der nationalsozialistischen Herrschaft geprägt wurden.

Das Thema »Zeitgeschichte« (in der Ausstellung auf Glastafeln) stellt einen Kontext zu wichtigen Daten aus allen Bereichen der Kulturgeschichte her.

1945

Deutschland kapituliert
Mit der bedingungslosen Kapitulation der deutschen Wehrmacht vom 8. Mai 1945 ist der Endpunkt einer Entwicklung erreicht, die mit der so genannten Machtergreifung durch die Nationalsozialisten am 30. Januar 1933 begonnen hat: Der Zweite Weltkrieg ist in Europa zu Ende.

Konferenz von Potsdam
Am 17. Juli 1945 treffen sich in Potsdam die Siegermächte des Zweiten Weltkriegs, um über die Neuordnung Europas und das künftige Schicksal Deutschlands zu beraten.
Die übrigen Verhandlungspartner billigen die von den Sowjets in den deutschen Gebieten östlich von Oder und Neiße eingerichtete polnische Verwaltung und die Verschiebung Polens um rund 200 Kilometer nach Westen. Die *Überführung* von etwa fünf Millionen Deutschen, die sich zu diesem Zeitpunkt noch östlich der Oder-Neiße-Linie befinden, wird beschlossen. Tatsächlich ist die brutale Vertreibung längst im Gange und wird von den Westalliierten geduldet.

Nürnberger Prozesse
Am 20. November 1945 beginnen die Nürnberger Prozesse gegen die Hauptkriegsverbrecher. Sie dauern fast ein Jahr. 12 der 24 Hauptkriegsverbrecher werden zum Tode verurteilt und hingerichtet.

Käfer
1945 läuft die Serienfertigung des Volkswagenmodells Käfer an. Der erste Käfer verfügt über einen luftgekühlten Vierzylinder Boxermotor mit 1131 cm³ Hubraum und 25 PS Leistung. Weltweit werden bis 2003 mehr als 21 Millionen Stück hergestellt.

1946

SED
Durch den zwangsweisen Zusammenschluss von SPD und KPD in der sowjetischen Besatzungszone entsteht am 21./22. April 1946 in Berlin die Sozialistische Einheitspartei Deutschlands (SED). 150 000 Mitglieder, zumeist ehemalige Sozialdemokraten, die sich gegen die Stalinisierung der SED zur Wehr setzen, werden in den Jahren 1950 und 1951 aus der SED ausgeschlossen. Mitte 1988 hat die SED mehr als 2,3 Millionen Mitglieder.

1948

Israel
Am 14. Mai 1948 wird der unabhängige Staat Israel ausgerufen.

Deutsche Mark
Am 20. Juni 1948 wird in der englischen, in der amerikanischen und in der französischen Besatzungszone sowie im Westsektor von Berlin die Deutsche Mark *eingeführt.*
Am 24. Juni 1948 wird in der sowjetischen Zone die ebenfalls Deutsche Mark *genannte neue Währung eingeführt.*

Luftbrücke
Mit der Berlin-Blockade vom 24. Juni 1948 bis zum 12. Mai 1949 sperrt die sowjetische Besatzungsmacht alle Land- und Wasserwege, die von den Westsektoren Berlins in den Ostsektor der Stadt und in die sowjetische Besatzungszone führen. Der Versuch der UdSSR, mittels dieser Blockade ganz Berlin unter ihre Kontrolle zu bringen, scheitert am Widerstandswillen der Westmächte und der Bevölkerung von West-Berlin, die durch amerikanische und britische Flugzeuge mit Lebensmitteln, Industriegütern und Kohle versorgt wird. Auf der Luftbrücke werden mit fast 200 000 Flügen 1,5 Millionen Tonnen Güter eingeflogen.

Brecht in Berlin
berlin, eine radierung churchills nach einer idee hitlers.
berlin, der schutthaufen bei potsdam.
notiert der aus den USA nach Europa zurückgekehrte Bertold Brecht unter dem 27. Oktober 1948 in sein Arbeitsjournal. Ein Jahr später gründet er mit Helene Weigel in Ost-Berlin das Berliner Ensemble. Brecht feiert hier Höhepunkte der deutschen Theatergeschichte. Ohne sich den offiziellen Dogmen zu unterwerfen, übt er als überzeugter Marxist selten offene Kritik an der DDR.

1949

Zwei Staaten in Deutschland
Am 8. Mai 1949 beschließt der Parlamentarische Rat das Grundgesetz der Bundesrepublik als provisorische Verfassung. Die Parlamente von zehn der elf Länder ratifizieren das Grundgesetz. Bayern lehnt es ab, weil aus Sicht des Freistaates den Ländern zu wenig Kompetenzen zufallen. Das Grundgesetz tritt am 24. Mai 1949 in Kraft. Bonn wird vorläufige Hauptstadt. Theodor Heuss (FDP) wird zum ersten Bundespräsidenten gewählt.
Am 7. Oktober 1949 wird die DDR ausgerufen. Wilhelm Pieck wird zum ersten Präsidenten der DDR gewählt, Otto Grotewohl zum Ministerpräsidenten.
Die Teilung Deutschlands ist damit besiegelt.

1984
George Orwells Roman *Nineteen Eighty-Four* erscheint 1949, in deutscher Sprache unter dem Titel *1984* erstmals 1950. Das Buch entstand unter dem Eindruck des Nationalsozialismus, des Stalinismus und der Wirtschaftspolitik der Industriestaaten während des Zweiten Weltkriegs.
Fünfzig Jahre später verwirklicht der Sender RTL die Schreckensvision Orwells mit seiner Sendung *Big Brother*. Die Zuschauer ermöglichen eine Realisierung von Orwells Szenario, indem sich Millionen Deutscher als freiwillige Big Brothers betätigen.

***Entartete Kunst* rehabilitiert**
Die im September und Oktober 1949 im Münchener Haus der Kunst gezeigte Ausstellung *Der Blaue Reiter – München und die Kunst des 20. Jahrhunderts, der Weg von 1908 bis 1914* rehabilitiert in der Zeit des Nationalsozialismus als *entartet* diffamierte Künstler in einem Haus, das einer der Vorzeigeorte nationalsozialistischer Kultur werden sollte.

1950

Korea-Krieg
Nach dem Zweiten Weltkrieg hatten die Sowjetunion und die USA Korea in zwei Zonen aufgeteilt. Am 25. Juni 1950 marschieren nordkoreanische Truppen in das westlich orientierte Südkorea ein. Der Westen fürchtet den Beginn einer weltweiten Ausbreitung des Kommunismus. Der UN-Sicherheitsrat erklärt Nordkorea in Abwesenheit des sowjetischen Vertreters zum Aggressor.
Der Korea-Krieg wird zwischen Nordkorea und China auf der einen Seite sowie Südkorea, den USA und Truppen weiterer UN-Staaten auf der anderen Seite geführt. Nach wechselvollem Verlauf des Kriegs schließen beide Seiten 1953 einen Waffenstillstand. Er legt den 38. Breitengrad als Demarkationslinie zwischen Nord- und Südkorea fest, in etwa die Grenzlinie vor Ausbruch des Konflikts.

In der zu dieser Zeit stattfindenden Debatte um die Wiederbewaffnung der Bundesrepublik Deutschland wird der Korea-Krieg zu einem wichtigen Argument.

Oder-Neiße-Grenze
Die DDR bestätigt die Oder-Neiße-Grenze im *Abkommen vom 6. Juli 1950 zwischen der Deutschen Demokratischen Republik und der Republik Polen über die Markierung der festgelegten und bestehenden deutsch-polnischen Staatsgrenze (Görlitzer Abkommen).*
Das Abkommen wird ohne Rücksprache mit der Bundesrepublik Deutschland geschlossen und erweist sich fortan als Konfliktpunkt der Wiedervereinigungsdebatte.

Internierungslager
Die Sowjetische Kontrollkommission in der DDR entlässt 1950 fast 30 000 Häftlinge, die als Nazi- und Kriegsverbrecher inhaftiert worden sind, aus den Sowjetischen Internierungslagern in Bautzen, Buchenwald und Sachsenhausen. Etwa die Hälfte der Inhaftierten wird freigelassen, die anderen gelangen zur weiteren Verbüßung ihrer Strafen unter die Verantwortung des Innenministeriums der DDR, 649 Lagerinsassen werden in die Sowjetunion deportiert.

Schwarzwaldmädel
In Stuttgart wird am 7. September 1950 der Film Schwarzwaldmädel *uraufgeführt. Sonja Ziemann spielt das Mädel, Rudolf Prack den Maler aus der Großstadt. 14 Millionen Zuschauer machen den Film zum größten Erfolg der Nachkriegszeit. Der Film ist die erste deutsche Farbproduktion.*

1951

Der Untertan
Der 1951 in der DDR produzierte Film *Der Untertan* von Wolfgang Staudte nach dem Roman von Heinrich Mann darf in der Bundesrepublik zunächst nicht öffentlich aufgeführt werden, da er wegen seiner aktuellen Bezüge verdächtigt wird, zu viel DDR-Propaganda zu vermitteln. Erst 1957 wird der Film mit Schnittauflagen auch dem bundesdeutschen Publikum gezeigt.

Kein Gedicht nach Auschwitz
Nach Auschwitz ein Gedicht zu schreiben, ist barbarisch,* erklärt Theodor W. Adorno 1951 in seinem Aufsatz *Kulturkritik und Gesellschaft.

Micky Maus
Seit 1951 ist die Micky Maus *das auflagenstärkste deutsche Comic-Heft.*

1952

Sieben Jahre später
Ingeborg Bachmann, *Früher Mittag*

... Wo Deutschlands Himmel die Erde schwärzt,
sucht ein enthaupteter Engel ein Grab für den Haß
und reicht dir die Schüssel des Herzens.

Eine Handvoll Schmerz verliert sich über den Hügel.

Sieben Jahre später
Fällt es dir wieder ein,
am Brunnen vor dem Tore,
blick nicht zu tief hinein,
die Augen gehen dir über.

Sieben Jahre später,
in einem Totenhaus,
trinken die Henker von gestern
den goldenen Becher aus.
Die Augen täten dir sinken. ...

(Erstveröffentlichung unter dem Titel *Sieben Jahre später* in einer Hörfunkaufnahme des NWDR Hannover vom 3.11.1952)

Olympisches Gold
Die Bobfahrer Anderl Ostler und Lorenz Nieberl gewinnen 1952 bei den Olympischen Winterspielen in Oslo die erste olympische Goldmedaille für Deutschland nach dem Krieg.

Stalinnoten
Am 10. März 1952 legt Stalin den drei Westalliierten ein Angebot für die Wiedervereinigung Deutschlands bei gleichzeitiger Neutralisierung vor. Deutschland solle die Gelegenheit bekommen, *sich als unabhängiger, demokratischer, friedliebender Staat zu entwickeln*. In einer weiteren Note vom 9. April 1952 bietet er zusätzlich freie gesamtdeutsche Wahlen an.
Moskau scheint bereit zu sein, die DDR und die SED fallen zu lassen, wenn dadurch die Einbindung der Bundesrepublik in ein westliches Verteidigungsbündnis verhindert werden kann. Bundeskanzler Adenauer lehnt die Vorschläge Stalins jedoch als einen *Fetzen Papier* ab. Der Bundesregierung wird später wiederholt vorgeworfen, leichtfertig eine Chance zur Überwindung der deutschen Teilung vertan zu haben.

Bezirke statt Länder
Die Länder in der DDR werden 1952 aufgelöst, weil sie als potentielle Machtfaktoren dem System des totalitären Stalinismus im Wege stehen.

LPG
24 Neubauern der Gemeinde Merxleben gründen 1952 die erste LPG, nachdem die SED im Juli 1952 auf ihrer zweiten Parteikonferenz beschlossen hat, im Rahmen des Aufbaus des Sozialismus in der DDR auch die Kollektivierung der Bauernschaft in Angriff zu nehmen. Die meisten Bauern wollen ihre angestammte Betriebsform jedoch nicht aufgeben und lehnen es ab, in eine Landwirtschaftliche Produktionsgenossenschaft (LPG) einzutreten. Die Kollektivierung kommt deshalb nur schleppend voran. Ab 1958 übt die SED mit verstärkter Agitation und mit Drohungen Druck auf die sich weigernden Bauern aus.

Entschädigung für Israel
Am 10. September 1952 unterzeichnen Bundeskanzler Adenauer und der israelische Außenminister Moshe Scharett das *Luxemburger Abkommen.* Die Bundesrepublik sichert darin dem Staat Israel und der Dachorganisation der Juden in der Diaspora eine Globalentschädigung zu.
In der DDR wird die Frage nach Wiedergutmachung an Israel nicht gestellt. Das SED-Regime erklärt sich aufgrund seines Selbstverständnisses als *antifaschistischer* Staat für unzuständig, da man mit der Vergangenheit vollständig gebrochen habe.

1953

17. Juni 1953
Von Juni 1952 bis Mai 1953 fliehen über 300 000 Menschen aus der DDR. Die tiefgreifende wirtschaftliche, politische und gesellschaftliche Krise ist unübersehbar. Die SED-Führung will ihr im Mai 1953 mit einem Gesetz zur Erhöhung der Arbeitsnormen um 10,3 Prozent begegnen.
Am 15. und 16. Juni 1953 kommt es auf den Baustellen in Ost-Berlin zu Protestaktionen. Schließlich geht es nicht mehr allein um eine Rücknahme der Normerhöhung: 10 000 Demonstranten fordern freie Wahlen. Am 17. Juni erfasst der Aufstand über 400 Orte und rund 600 Betriebe, landesweit beteiligen sich mehr als eine halbe Million Menschen. Mit Hilfe der Volkspolizei schlägt das sowjetische Militär die Erhebung blutig nieder. Ungefähr 50 Demonstranten und sechs Polizisten werden getötet.
Die SED betreibt in der Folge des von ihr als *faschistischer Putschversuch* bezeichneten Aufstands eine Politik, die ihre Macht noch stärker absichern soll: Es folgen umfassende Verhaftungswellen gegen *Rädelsführer* und *Provokateure*, Todesurteile und zahlreiche lange Haftstrafen werden verhängt.
Etwa 20 Angehörige der Volkspolizei und 40 Soldaten der Roten Armee werden standrechtlich erschossen, weil sie sich weigerten, auf die Demonstranten zu schießen.
Für den Westen zeigt sich im Aufstand der Freiheitswille der DDR-Bevölkerung. Bereits am 4. August 1953 wird das *Gesetz über den Tag der deutschen Einheit*, das den 17. Juni zum gesetzlichen Feiertag erklärt, verkündet.

1954

Fußball-Weltmeister
Die westdeutsche Presse ist euphorisch, nachdem die Mannschaft der Bundesrepublik am 5. Juli 1954 mit einem 3:2 Sieg im Endspiel gegen Ungarn in Bern die Fußball-Weltmeisterschaft gewonnen hat.
In den Überschwang der Gefühle mischen sich nationalistische Töne. Bundespräsident Heuss weist am 20. Juli 1954 auf der Großveranstaltung zu Ehren der WM-Mannschaft im Berliner Olympiastadion vor 80 000 Menschen darauf hin, dass *gutes Kicken* noch keine *gute Politik* sei. *Aus Ihrem erfreulichen Sieg haben manche Leute ein Politikum gemacht. Wir wollen die echten Werte nicht verschieben lassen. Der Sinn des Sports ist Fairness, und Sie alle haben fair gespielt, ebenso wie ihre Gegner.*

Jugendweihe
Das Politbüro der SED führt 1954 die Jugendweihe für Schüler der achten Klasse als Übergang zum Erwachsenenleben ein. Die Feier dient zur politisch-ideologischen Schulung der jungen Menschen und tritt in Konkurrenz zur kirchlichen Konfirmation oder Firmung. Wer sich der Jugendweihe widersetzt, muss mit beruflichen Nachteilen rechnen.
In den achtziger Jahren nehmen etwa 97 Prozent der Schüler an der Jugendweihe teil. In den Feierveranstaltungen legen die Vierzehnjährigen ein Gelöbnis ab und verpflichten sich auf die allseitige Stärkung und das Wohl des sozialistischen Vaterlandes.

1955

Bundeswehr
Im Kalten Krieg wird der Ruf nach einem deutschen Wehrbeitrag in der Auseinandersetzung zwischen Ost und West immer lauter. Aufgrund der Pariser Verträge von 1954, die den künftigen Status der Bundesrepublik festlegen, tritt die Bundesrepublik nach heftigen politischen Kontroversen 1955 der NATO und der Westeuropäischen Union (WEU) bei. Im Gegenzug endet mit der Aufhebung des Besatzungsstatuts das Besatzungsregime in der Bundesrepublik. Noch im selben Jahr wird die Bundeswehr gegründet, am 1. Januar 1956 rücken die ersten Freiwilligen ein. Am 7. Juli 1956 verabschiedet der Deutsche Bundestag nach heftiger Debatte die Einfüh-

rung der allgemeinen Wehrpflicht. Erstmals in der deutschen Geschichte untersteht die Armee fortan der politischen Führung und der parlamentarischen Kontrolle. Die Befehls- und Kommandogewalt ist in die Strukturen des westlichen Verteidigungsbündnisses eingebunden und liegt im Frieden beim Bundesverteidigungsminister, im Verteidigungsfall beim Bundeskanzler.

1956

Nationale Volksarmee

Die DDR gehört am 14. Mai 1955 zu den Unterzeichnerstaaten des Warschauer *Vertrages über Freundschaft, Zusammenarbeit und gegenseitigen Beistand*. Vier Monate später schließt die DDR mit der Sowjetunion einen Vertrag über gegenseitige Beziehungen. Die Hohe Kommission der UdSSR in Deutschland wird aufgelöst, die DDR erhält formal ihre Souveränität. Am 18. Januar 1956 verabschiedet die Volkskammer das *Gesetz über die Schaffung der Nationalen Volksarmee und des Ministeriums für Nationale Verteidigung*. Die bereits existierenden Streitkräfte werden enttarnt. Die Aufstellung der NVA beginnt im März 1956 mit Freiwilligen. Trotz großem Propagandaaufwand erzielt der massive gesellschaftliche Druck zur *freiwilligen Selbstverpflichtung* auf Dauer jedoch nicht den gewünschten Erfolg. Als nach dem Bau der Mauer die Fluchtgefahr gebannt ist, führt die SED 1962 die Wehrpflicht ein.

Die Einheiten der NVA stehen vollständig unter dem Oberbefehl des militärischen Bündnisses mit Albanien, Bulgarien, der Tschechoslowakei, Polen, Rumänien, Ungarn und der UdSSR.

Nach der Wiedervereinigung 1990 wird die NVA in die Bundeswehr integriert, aber nur ein kleiner Teil ihrer 173 000 Soldaten übernommen.

Dokumenta I

1956 findet in Kassel die erste Dokumenta *als Forum internationaler Gegenwartskunst statt. Deutlich wird vor allem die Abwendung von der figurativen Malerei zugunsten der gegenstandslosen Kunst.*

Ungarnaufstand

Der ungarische Volksaufstand vom 23. Oktober bis zum 4. November 1956 wird von sowjetischen Truppen gewaltsam niedergeschlagen. Der Versuch einer unabhängigen ungarischen Politik auf der Basis des Sozialismus und der Gleichheit aller Staaten und der Einführung wirtschaftlicher Reformen und freier Wahlen ist damit gescheitert. Die DDR-Regierung begrüßt das Eingreifen der Sowjetunion als *Unterdrückung der Konterrevolution*.

1957

Nukleare Aufrüstung

Im April 1957 spricht sich Bundeskanzler Adenauer dafür aus, die Bundeswehr mit Atomraketen auszurüsten. Das *Göttinger Manifest* der bedeutendsten deutschen Naturwissenschaftler, darunter die Nobelpreisträger Otto Hahn, Werner Heisenberg und Max Born, ist der Anfang eines massiven öffentlichen Protestes gegen dieses Vorhaben.

Nach heftiger Debatte beschließt die parlamentarische Mehrheit im Deutschen Bundestag eine Einführung von Trägersystemen für Nuklearwaffen, die Waffen selbst unterstehen den Streitkräften der USA.

Sputnik

Im Oktober 1957 gelingt es der Sowjetunion, einen künstlichen Satelliten in eine Erdumlaufbahn zu schießen. *Sputnik 1* schockiert den Westen. In fieberhafter Eile bemühen sich die Amerikaner, den russischen Vorsprung im Weltraum aufzuholen.

Trabant

Das Sachsenring-Automobilwerk Zwickau nimmt 1957 die Produktion des Kleinwagens Trabant *auf. Der erste Trabbi verfügt über eine Duroplastkarosserie mit Stahlblechgerippe und einen luftgekühlten Zweitakt-Ottomotor mit 594,5 cm³ Hubraum und 26 PS Leistung. Bis zur Einstellung der Produktion 1991 werden insgesamt 3,69 Millionen Fahrzeuge gebaut.*

Urlaub in Italien

3,5 Millionen Touristen aus der Bundesrepublik Deutschland besuchen 1957 die italienischen Badeorte. Urlaub ist das neue Statussymbol.

1958

Erfassung von NS-Verbrechen

Im November 1958 errichten die Länder in Ludwigsburg die *Zentrale Stelle der Landesjustizverwaltung zur Aufklärung nationalsozialistischer Verbrechen*. Erstmals seit dem Nürnberger Tribunal werden dort in großem Umfang nationalsozialistische Verbrechen erfasst.

In der Bundesrepublik wird die nationalsozialistische Vergangenheit bis zum Ende der fünfziger Jahre nur halbherzig aufgearbeitet. Die Konsolidierung des neuen Staates und dessen Westintegration stehen in der Zeit des Kalten Kriegs im Vordergrund der Politik. Die nationalsozialistische Vergangenheit wird darüber verdrängt. Sie rückt erst wieder in den Blickpunkt, als mit der Eröffnung einer Synagoge in Köln im November 1959 eine Welle antisemitischer Schmierereien beginnt. Hakenkreuze und antijüdische Parolen auf jüdischen Friedhöfen führen vor Augen, dass die Vergangenheit die Deutschen eingeholt hat.

Nackt unter Wölfen
Bruno Apitz, der acht Jahre in Buchenwald interniert war, veröffentlicht 1958 den Roman *Nackt unter Wölfen*, der die Ereignisse der letzten Wochen vor der Befreiung des Konzentrationslagers schildert. Das Werk wird mit Übersetzungen in 28 Sprachen der erste Welt-Bestseller der DDR-Literatur. 1963 entsteht eine Verfilmung von Frank Beyer.

1959

Mutmaßungen über Jakob
Der Roman *Mutmaßungen über Jakob* von Uwe Johnson erscheint 1959.
Johnsons bewusst kompliziert geschriebenes und schwierig zu lesendes Buch ist eine Aufforderung zu einem Denkprozess, zu *Mutmaßungen* und zur Wahrheitsfindung über das geteilte Deutschland und die Konsequenzen, die die Menschen auf beiden Seiten aus dieser Situation ziehen können. In der DDR geschrieben und in der Bundesrepublik im Jahr der Übersiedlung seines Autors dorthin erschienen, ist der Roman in der Bewertung der politischen und gesellschaftlichen Verhältnisse der beiden deutschen Staaten ebenso vielschichtig wie in seiner Erzählstruktur.

Sandmännchen
Das Sandmännchen *wird 1959 die beliebte Hauptperson im* Abendgruß *des DDR-Fernsehens. Ab 1962 findet es im Westen populäre Nachahmer.*

1961

Erster Mensch im All
Am 12. April 1961 umkreist Jurij Gagarin (UdSSR) in der Raumkapsel *Wostok 1* als erster Mensch die Erde.

Mauerbau
Vom September 1949 bis zum August 1961 verlassen 2,7 Millionen Menschen die DDR. Allein vom 1. bis zum 13. August 1961 fliehen ca. 47 000. Da es sich zumeist um jüngere und beruflich qualifizierte Personen handelt, hat die Fluchtwelle verheerende Auswirkungen auf die Wirtschaft und die Versorgung der DDR. Am 13. August 1961 errichten Bautrupps die Berliner Mauer und schließen damit die innerdeutsche Grenze. Die Entscheidung ist von der SED im Einvernehmen mit Moskau getroffen worden. Die Reaktion der Alliierten ist zurückhaltend: Sie wollen keinen Krieg provozieren. Eher symbolisch lässt der amerikanische Präsident 1500 US-Soldaten nach Berlin verlegen.

Wehrdienstverweigerung im Westen
1961 beginnen in den Bodelschwinghschen Anstalten in Bethel 28 junge Männer, die von dem Grundrecht der Wehrdienstverweigerung Gebrauch gemacht haben, als erste Zivildienstleistende der deutschen Geschichte ihren Dienst.

Eichmann-Prozess
Am 15. Dezember 1961 wird Adolf Eichmann in Jerusalem wegen Verbrechen gegen das jüdische Volk zum Tode verurteilt und am 1. Juni 1962 hingerichtet. Eichmann leitete seit 1939 das *Referat für Judenangelegenheiten* des Reichssicherheitshauptamtes und organisierte von 1941 bis 1945 die Judentransporte in die Vernichtungslager der besetzten Ostgebiete. Eichmann setzte äußerst gewissenhaft und mitleidslos die 1941 beschlossene *Endlösung der Judenfrage* in die Praxis um. Als relativ unbekanntem Schreibtischtäter gelang ihm 1946 die Flucht nach Argentinien. 1960 spürte ihn der israelische Geheimdienst auf und entführte ihn nach Israel, um ihn dort vor Gericht zu stellen.
Die Verhaftung Adolf Eichmanns und der gegen ihn geführte Prozess rückten das nationalsozialistische Erbe Deutschlands weltweit wieder in das Bewusstsein.

1962

Erster Amerikaner im All
Am 20. Februar 1962 findet mit John H. Glenn der erste bemannte US-amerikanische Raumflug statt.

Kubakrise
Der Bau von Abschussbasen für sowjetische Mittelstreckenraketen mit Nuklearsprengköpfen auf Kuba löst im Juni 1962 eine bedrohliche Konfrontation zwischen den USA und der UdSSR aus. Erst nach intensiven Bemühungen zur Beilegung des Konflikts auf verschiedenen Ebenen erklärt sich N. S. Chruschtschow am 28. Oktober 1962 zum Abbau der Abschussbasen und der Raketen bereit.
Neben dem Mauerbau war die Kubakrise einer der Höhepunkte des Kalten Krieges.

Mauertote
Am 18. Juni 1962 wird der DDR-Grenzsoldat Reinhold Huhn von einem westdeutschen Fluchthelfer erschossen. Er wird vom SED-Regime als Held des *Kampfes gegen den Westen* inszeniert und dient als Vorwand für den weiteren Ausbau der Mauer.
Am 17. August 1962 wird der achtzehnjährige Ost-Berliner Bauarbeiter Peter Fechter bei einem Fluchtversuch an der Berliner Mauer von DDR-Grenzposten angeschossen. Er verblutet an der Grenze vor den Augen Westberliner Zuschauer. Weder DDR-Volkspolizisten noch amerikanische Soldaten kommen ihm zu Hilfe.
Bis 1989 sterben mindestens 191 Menschen bei dem Versuch, die Sperranlagen zu überwinden. Erst im April 1989 schränkt die DDR-Staatsführung den Schießbefehl auf fahnenflüchtige Soldaten ein.

1963

Auschwitz-Prozess
1963 beginnt in Frankfurt am Main der erste Auschwitz-Prozess gegen 20 Aufseher und Angehörige der Lagerverwaltung des Vernichtungslagers. Sechs der Angeklagten erhalten lebenslange Haftstrafen, der Adjutant des Lagerkommandanten wird zu 14 Jahren Zuchthaus verurteilt. Einzelne Freisprüche und niedrige Strafen rufen in der Weltöffentlichkeit Widerspruch hervor, weil die Urteile teilweise im krassen Gegensatz zum Vorgefallenen stehen.
Die Medien berichten ausführlich von den 183 Verhandlungstagen. Die Deutschen, die vom Schatten des Dritten Reichs eingeholt werden, reagieren unterschiedlich. Manche sind bestürzt und verlangen rückhaltlose Aufklärung, harte Bestrafung der Täter und die Verfolgung noch nicht gefasster Verbrecher. Andere sprechen von *Nestbeschmutzung* und fordern einen *Schlußstrich* unter die nationalsozialistische Vergangenheit. In diesem Zusammenhang entsteht die *Auschwitz-Lüge,* die behauptet, die Verbrechen der Nationalsozialisten an Juden, Polen, Russen, Zigeunern und Geisteskranken seien eine Erfindung der Siegermächte.

Der geteilte Himmel
***Der geteilte Himmel* von Christa Wolf erscheint 1963. Der Roman erzählt die Geschichte der Studentin Rita, die in den Ferien in einem Waggonwerk arbeitet, um den Alltag in der Produktion kennen zu lernen. Dort trifft sie Manfred, einen Chemiker, der vergeblich gegen die Bürokratie ankämpft, schließlich resigniert die DDR verlässt und nach West-Berlin zieht. Vierzig Pfennig bezahlt Rita für eine Hin- und Rückfahrt zum Zoologischen Garten, um ihn dort zu besuchen. *Für vierzig Pfennig hielt sie zwei verschiedene Leben in der Hand.* Sie entscheidet sich freiwillig und bewusst für das Leben in der DDR.**
Christa Wolfs Roman ist ein korrigierendes Gegenbild zu Johnsons *Mutmaßungen über Jakob.* 1964 wird *Der geteilte Himmel* von Konrad Wolf verfilmt. Christa Wolf bekennt sich 1993 dazu, von 1959 bis 1962 Inoffizielle Mitarbeiterin (IM) des Ministeriums für Staatssicherheit gewesen zu sein.

Der Stellvertreter
Das Drama *Der Stellvertreter* von Rolf Hochhuth wird 1963 uraufgeführt.
Das Werk wirft Papst Pius XII. vor, sich nicht mutig genug gegen die nationalsozialistischen Verbrechen gestellt zu haben, und löst eine leidenschaftliche Debatte über den Nationalsozialismus und dessen mangelnde Aufarbeitung durch die Nachkriegsgesellschaft aus.

Eichmann in Jerusalem
1963 erscheint in englischer Sprache Hannah Arendts Buch *Eichmann in Jerusalem,* 1964 unter demselben Titel auf Deutsch, erst 2000 auf Hebräisch.
Der von ihr entwickelte Begriff von der *Banalität des Bösen* ermöglicht eine neue Sicht der Zeit des Nationalsozialismus und ruft neue Kontroversen hervor.

Passierscheinabkommen
Zu Weihnachten 1963 nutzen mehr als 1,2 Millionen West-Berliner auf der Grundlage des Passierscheinabkommens die Möglichkeit, zum ersten Mal seit dem Mauerbau wieder ihre Verwandten in Ost-Berlin zu besuchen.

1964

Mephisto-Prozeß
Am 31. März 1964 erhebt der Adoptivsohn und Erbe von Gustaf Gründgens Klage gegen die Absicht der Nymphenburger Verlagshandlung, Klaus Manns 1936 erschienenen Roman *Mephisto. Roman einer Karriere* erneut zu publizieren. Er sieht seinen Vater in diesem Werk als Günstling und Nutznießer des nationalsozialistischen Regimes desavouiert. Der Rechtsstreit wird 1971 letztinstanzlich durch das Bundesverfassungsgericht zugunsten des Erben entschieden. Unter Missachtung der künstlerischen Aspekte von Fiktion und Stilisierung wird das Verbot der Verbreitung damit begründet, dass die *Allgemeinheit ... nicht daran interessiert (sei), ein falsches Bild über die Theaterverhältnisse nach 1933 aus der Sicht eines Emigranten zu erhalten.*
Der Ost-Berliner Aufbau-Verlag verlegte den Roman bereits 1956.

Vietnamkrieg
Eine Resolution des amerikanischen Kongresses vom 7. August 1964 erteilt dem Präsidenten Lyndon B. Johnson praktisch uneingeschränkte Vollmacht zur Kriegführung in

Vietnam. Seit diesem Zeitpunkt greifen die USA unmittelbar militärisch in den Vietnamkrieg ein, während sie vorher nur Militärhilfe für Südvietnam geleistet haben. Am 13. Mai 1968 beginnen in Paris Waffenstillstandsgespräche, ab Januar 1973 ziehen sich die amerikanischen Bodentruppen zurück. Im Rahmen einer Großoffensive erobern daraufhin Truppen Nordvietnams ganz Südvietnam, das am 30. April 1975 kapituliert. Der Vietnamkrieg ruft heftige Proteste vor allem der Studenten in den USA und in Westeuropa hervor. Sie verstehen ihren Widerstand als Beitrag zum internationalen Klassenkampf der Dritten Welt gegen Kapitalismus und Imperialismus.

Wehrdienstverweigerung im Osten
Wer in der DDR den Dienst an der Waffe ablehnt, kann auf Initiative der Kirchen seit 1964 einen waffenlosen Dienst als *Bausoldat* in Baueinheiten der NVA absolvieren. Die Möglichkeit stellt eine Ausnahme im Ostblock dar.

Minirock
Die Modeschöpferin Mary Quant stellt 1964 den Minirock vor, der eine Revolution in der Damenmode einleitet.

1967

Demonstrationen gegen den Schah
Am 2. Juni 1967 wird in West-Berlin der Student Benno Ohnesorg bei Demonstrationen gegen den Staatsbesuch des iranischen Kaiserpaares von der Polizei erschossen.

1968

Studentenbewegung
Rudi Dutschke wird am 11. April 1968 bei einem Attentat schwer verletzt. Als führender intellektueller Kopf der westdeutschen Studentenbewegung und Organisator von Demonstrationen gegen das Establishment, *die Notstandsgesetze und den Vietnamkrieg strebt Dutschke nach einem unabhängigen deutschen Weg zum Sozialismus. Das Attentat löst tagelange studentische Proteste in zahlreichen Städten der Bundesrepublik aus. Dutschke stirbt 1979 unerwartet an den Spätfolgen des Attentats.*

Notstandsgesetze
Am 30. Mai 1968 werden nach langen und heftigen gesellschaftlichen Auseinandersetzungen die Notstandsgesetze mit der nötigen Zweidrittelmehrheit im Deutschen Bundestag verabschiedet. Sie erlauben unter anderem die Einschränkung des Brief-, Post- und Fernmeldegeheimnisses sowie den Einsatz der Bundeswehr bei politischen Unruhen im Innern.
Die Proteste gegen die Notstandsgesetze werden vor allem von der Außerparlamentarischen Opposition (APO) *getragen. Die APO geht mit ihrer Kritik an Entwicklungen in Gesellschaft und Politik direkt in die Öffentlichkeit, weil sie sich von den im Deutschen Bundestag vertretenen Parteien nicht repräsentiert sieht. Ihre Versuche der Einflussnahme sind scheinbar gescheitert, werden jedoch der Ausgangspunkt von Veränderungen, die die Gesellschaft in den nächsten Jahrzehnten prägen.*

Zwei Olympiamannschaften
Bei den Olympischen Spielen in Mexiko stellen sich 1968 erstmals zwei deutsche Mannschaften dem Wettbewerb. Mit der Olympiamannschaft bricht eine der letzten gemeinsamen Institutionen der beiden deutschen Staaten auseinander.

Prager Frühling
Am 21. August 1968 marschieren Truppen der UdSSR und der sozialistischen Länder Europas mit Ausnahme Rumäniens in die Tschechoslowakei ein und beenden damit gewaltsam den als *Prager Frühling* bekannt gewordenen Versuch eines *Sozialismus mit menschlichem Antlitz*, der im Januar mit der Wahl Alexander Dubceks zum Ersten Sekretär der tschechoslowakischen KP begonnen hat.

1969

Mondlandung
Am 21. Juli 1969 betreten Neil A. Armstrong und Edwin E. Aldrin als erste Menschen die Mondoberfläche.

Woodstock
Bei Woodstock im Staat New York wird vom 15. bis zum 17. August 1969 ein Freiluft-Rock-Festival mit bis zu 500 000 Zuhörern und 32 Bands und Interpreten veranstaltet. Wegen des friedlichen Verlaufs der Veranstaltung wird der Name zum Synonym für eine ganze Generation, die auf kulturell-politische Erneuerung hofft.

1970

Innerdeutscher Dialog
Am 19. März 1970 trifft Bundeskanzler Willy Brandt in Erfurt mit dem Ministerpräsidenten der DDR Willi Stoph zusammen. Seit der gescheiterten Ministerpräsidentenkonferenz in München 1947 ist dies der erste Versuch, auf höchster politischer Ebene den innerdeutschen Dialog aufzunehmen. Am 21. Mai 1970 kommt Willi Stoph zum Gegenbesuch nach Kassel.

Rote-Armee-Fraktion
Gewalt gegen Sachen *wurde schon während der Studentenrevolte als legitimes Mittel angesehen, um Änderungen des etablierten Systems herbeizuführen. Am 14. Mai 1970 wird bei der gewaltsamen Befreiung Andreas Baaders aus dem Gefängnis erstmals Gewalt gegen Menschen ausgeübt. Die Tat gilt als Geburtsstunde der* Roten-Armee-Fraktion (RAF).

Bis 1994 fallen 40 Menschen linksterroristischen Anschlägen zum Opfer. Bei ihren Aktionen orientiert sich die RAF an Konzepten der südamerikanischen Stadtguerilla, entwickelt für den revolutionären Kampf gegen Militärdiktaturen. Staat, Wirtschaft und Gesellschaft sollen durch Kampftechniken wie Erschießung, Entführung und Sabotage erschüttert werden.

Kniefall Brandts

Am 7. Dezember 1970 fällt Bundeskanzler Brandt vor dem Denkmal für die Opfer des Aufstandes im Warschauer Ghetto auf die Knie.
Bei einer Umfrage halten 41 % der Bundesbürger diese Geste für angemessen, 48 % für übertrieben, 11 % haben keine Meinung.

1971

Friedensnobelpreis

Am 20. Oktober 1971 erhält Willy Brandt den Friedensnobelpreis in Anerkennung seiner Verdienste um die Ost-West-Entspannung, die sich vor allem im deutsch-sowjetischen Vertrag vom 12. August 1970 (*Moskauer Vertrag*) und im deutsch-polnischen Vertrag vom 7. Dezember 1970 (*Warschauer Vertrag*) niedergeschlagen haben.

McDonald's

Am 4. Dezember 1971 eröffnet in München das erste McDonald's *Restaurant in Deutschland. Am 21. Dezember 1990 hält* McDonald's *in Plauen Einzug in die neuen Bundesländer.*

1972

Palästinakonflikt in Deutschland

1972 überfallen während der Olympischen Spiele in München palästinensische Terroristen das Quartier der israelischen Mannschaft, ermorden zwei Sportler und nehmen neun Geiseln. Bei einem Befreiungsversuch kommen alle Geiseln, fünf Attentäter und ein Polizist ums Leben.

Die Grenzen des Wachstums

1972 legen Mitarbeiter des Massachusetts Institute of Technology den vom Club of Rome angeregten Bericht Die Grenzen des Wachstums *vor. Spätestens seit diesem Zeitpunkt ist es unübersehbar, dass die westeuropäischen Industriegesellschaften ihre Denkgewohnheiten, Verhaltensweisen und Gesellschaftsstrukturen radikal verändern müssen.*

Grundlagenvertrag

Am 21. Dezember 1972 unterzeichnen die Staatssekretäre Egon Bahr für die Bundesrepublik und Michael Kohl für die DDR den *Vertrag über die Grundlagen der Beziehungen zwischen der Bundesrepublik Deutschland und der Deutschen Demokratischen Republik.*
Die Vertragspartner bestätigen die Unverletzlichkeit der bestehenden Grenze zwischen beiden deutschen Staaten. Sie wollen *normale gutnachbarschaftliche Beziehungen zueinander auf der Grundlage der Gleichberechtigung* entwickeln und sich dabei leiten lassen von Prinzipien der *souveränen Gleichheit aller Staaten, der Achtung der Unabhängigkeit, Selbständigkeit und territorialen Integrität, dem Selbstbestimmungsrecht, der Wahrung der Menschenrechte.* Vereinbart wird außerdem die Einrichtung von *ständigen Vertretungen.*
Die Opposition im Deutschen Bundestag lehnt den Vertrag ab, auch die Regierung hat keine Illusionen. Egon Bahr sagt nach der Unterzeichnung: *Bisher hatten wir keine Beziehungen, jetzt werden wir schlechte haben – und das ist der Fortschritt.*

1973

UNO-Mitgliedschaft

Am 18. September 1973 nehmen die Vereinten Nationen die DDR und die Bundesrepublik Deutschland als 133. und 134. Mitglied auf.

1975

KSZE

Am 1. August 1975 wird die Schlussakte der KSZE (Konferenz für Sicherheit und Zusammenarbeit in Europa) in Helsinki unterzeichnet. Die Bundesrepublik Deutschland und die DDR gehören zu den Unterzeichnerstaaten.

Anti-Atomkraft-Bewegung

1975 wird in der südbadischen Gemeinde Wyhl der Bauplatz eines Kernkraftwerkes der erste Ort massiver Proteste von Umweltschützern und Kernkraftgegnern aus ganz Deutschland. Bereits in Wyhl kommt es bei der Räumung des Bauplatzes zu gewaltsamen Auseinandersetzungen zwischen Kernkraftgegnern und der Polizei.
1976 folgen massive Protestaktionen am Bauplatz des Kernkraftwerkes Brokdorf an der Unterelbe und 1979 am geplanten nuklearen Entsorgungszentrum mit Wiederaufbereitungsanlage und Endlager für abgebrannte Brennstäbe im niedersächsischen Gorleben.

1976

Biermann
Wolf Biermann erfährt am 16. November 1976 während einer Tournee durch die Bundesrepublik von seiner Ausbürgerung aus der DDR. Am nächsten Tag solidarisieren sich zahlreiche DDR-Künstler mit ihm und fordern die Regierung öffentlich auf, diese Maßnahme zu revidieren. Es ist der erste offene Protest in der DDR seit dem 17. Juni 1953.

Emma
Alice Schwarzer gründet 1976 die feministische Zeitschrift Emma *als Sprachrohr der Frauenbewegung.*

1977

Wernher von Braun tot
Am 16. Juni 1977 stirbt Wernher von Braun im Alter von 65 Jahren an einem Krebsleiden.

Deutscher Herbst
Am 5. September 1977 wird der Arbeitgeberpräsident Hanns-Martin Schleyer entführt, die RAF fordert im Austausch für ihn die Freilassung von elf inhaftierten Gesinnungsgenossen. Am 13. Oktober 1977 folgt die Entführung der Lufthansa-Maschine Landshut *in die somalische Hauptstadt Mogadischu. Nach dem Scheitern der Entführung begehen Andreas Baader, Gudrun Ensslin und Jan-Carl Raspe im Gefängnis Selbstmord, die Leiche Schleyers wird am nächsten Tag gefunden.*

Bahro
Der ostdeutsche Journalist Rudolf Bahro veröffentlicht in Köln die Studie *Die Alternative*, in der er von einer marxistischen Position aus Kritik am wirtschaftlichen und politischen System der DDR übt. Bahro wird 1978 wegen nachrichtendienstlicher Tätigkeit verurteilt und inhaftiert und reist 1979 in die Bundesrepublik Deutschland aus.

1978

Der erste Deutsche im All – ein Bürger der DDR.
So jubelt *Neues Deutschland*, als der Offizier der NVA Sigmund Jähn am 26. August 1978 an Bord der *Sojus 33* ins All fliegt - zusammen mit dem sowjetischen Kommandeur Valerij Bykowski. Am Tag danach docken sie an der Orbitalstation *Salut 6* an.
Nach seiner Rückkehr wird Jähn gefeiert wie kaum ein zweiter. In Moskau heftet ihm Breschnew die Medaille *Held der Sowjetunion* an die Brust. Das Protokoll der organisierten Jubeltour kommt allerdings ins Wanken, als Jähn in seinem Geburtsort Morgenröthe-Rautenkranz eintrifft: Freunde und Verwandte bereiten ihm einen spontanen Empfang, bei dem die sozialistischen Hymnen vom *Wer hat Dich Du deutscher Wald?* des Gesangsvereins verdrängt werden.

1979

Islamische Revolution
Am 1. Februar 1979 kehrt Ayatollah Khomeini aus dem Pariser Exil nach Teheran zurück.

Friedensbewegung
Die Friedensbewegung, die für Abrüstung und friedliche Methoden der Konfliktbewältigung kämpft, hat ihren Höhepunkt Anfang der achtziger Jahre, als sie gegen den Nato-Doppelbeschluss von 1979 protestiert. Dieser sieht für den Fall erfolgloser Verhandlungen über den Abbau der neuen sowjetischen SS-20-Raketen zur Erhaltung des strategischen Gleichgewichts die Stationierung amerikanischer Mittelstreckenraketen vom Typ *Cruise Missile* und *Pershing II* vor. In der locker organisierten Friedensbewegung finden sich Vertreter fast aller gesellschaftlichen Gruppen und politischer Richtungen zusammen. Sie bilden Menschenketten und blockieren militärische Einrichtungen. An der größten Demonstration in Bonn nehmen etwa 350 000 Bürger teil. Auch in der DDR gibt es eine Friedensbewegung. Vorwiegend kirchliche Gruppen schließen sich unter dem biblischen Motto *Schwerter zu Pflugscharen* zusammen, um für Abrüstung und Frieden zu demonstrieren. Das SED-Regime unterdrückt diesen Protest, da er sich von der offiziellen Friedenspropaganda der DDR-Staatsführung absetzt.

Afghanistan
Sowjetische Truppen rücken 1979 zur Unterstützung der neuen Machthaber in Afghanistan ein.

Holocaust
Mit der Ausstrahlung der amerikanischen Serie *Holocaust* 1979 im westdeutschen Fernsehen beginnt eine erneute intensive öffentliche Beschäftigung mit dem Nationalsozialismus.

1980

Solidarność
Nach einer Streikwelle im Juli und August 1980 konstituiert sich die Solidarność als Dachorganisation unabhängiger polnischer Gewerkschaften.

Die Grünen
Regionale Wählerlisten der Grünen *und Landesparteien, die vor allem aus Bürgerinitiativen der Umweltschutzbewegung entstanden und bei Kommunal- und Landtagswahlen teilweise erfolgreich angetreten sind, schließen sich 1980 mit anderen Protestgruppen zur Bundespartei* Die Grünen *zusammen.*

1981

Politische Attentate
1981 werden politisch motivierte Attentate auf Papst Johannes Paul II., den amerikanischen Präsidenten Ronald Reagan und den ägyptischen Staatspräsidenten Sadat (gest. 6.10.1981) verübt.

Schmidt in der DDR
Am 11. Dezember 1981 reist Bundeskanzler Schmidt zu einem dreitägigen Besuch in die DDR. Während die politischen Gespräche mit Staats- und Parteichef Honecker in einer entspannten Atmosphäre stattfinden, trifft Schmidt bei seinem Besuch der Ernst-Barlach-Gedenkstätte in Güstrow auf eine Stadt, die die Sicherheitskräfte der DDR in eine Festung verwandelt haben. Weil das Regime Sympathiebezeugungen befürchtet, dürfen die Bewohner ihre Häuser nicht verlassen.

1982

Falkland-Krieg
Argentinien besetzt 1982 die britischen Falklandinseln. Es kommt zum Krieg, den Großbritannien gewinnt.

1983

Merbold
Ulf Merbold kommt als erster Westdeutscher 1983 und nochmals 1992 mit der Spacelab-Mission ins All.

SDI
Der amerikanische Präsident Ronald Reagan initiiert 1983 den Aufbau eines Abwehrsystems gegen Interkontinentalraketen im Weltraum. Die *Strategic Defense Initiative (SDI)* soll das größte Rüstungsprojekt der Militärgeschichte werden.

Hitler-Tagebücher
Die Illustrierte *Stern* erregt 1983 großes Aufsehen mit der Nachricht, Hitlers Tagebücher entdeckt zu haben. Während erste Kommentatoren bereits behaupten, die Geschichte müsse neu geschrieben werden, werden die Bücher als Fälschung enttarnt.

1985

Bitburg
Heftige Proteste löst der Besuch Helmut Kohls und Ronald Reagans am 5. Mai 1985 auf dem Soldatenfriedhof Bitburg im Anschluss an einen Besuch im ehemaligen Konzentrationslager Bergen-Belsen aus, da in Bitburg auch Angehörige der Waffen-SS begraben sind.

Weizsäcker-Rede
Am 8. Mai 1985 macht Richard von Weizsäcker in einer Rede vor dem Deutschen Bundestag deutlich, dass der 8. Mai 1945 ein Tag der Befreiung gewesen sei und vom Tag der nationalsozialistischen Machtergreifung am 30. Januar 1933 nicht getrennt betrachtet werden dürfe. Damit tritt der Bundespräsident allen Forderungen, einen Schlussstrich unter die deutsche Vergangenheit zu ziehen, entgegen.

1986

Tschernobyl
Am 26. April 1986 ereignet sich im Kernkraftwerk Tschernobyl das bisher folgenschwerste Reaktorunglück.

Deutsche Annäherung
Die DDR und die Bundesrepublik Deutschland unterzeichnen im Mai 1986 ein Kulturabkommen. Im selben Jahr wird die erste deutsch-deutsche Städtepartnerschaft zwischen Saarlouis und Eisenhüttenstadt vereinbart. Bis Ende 1989 kommen 60 weitere hinzu.

Historikerstreit
1986 entzündet sich eine neue Diskussion um die deutsche Vergangenheit an den Thesen des Historikers Ernst Nolte, der Parallelen zwischen den Verbrechen während der Zeit des Nationalsozialismus und den Verbrechen Stalins aufzeigt. Im folgenden Historikerstreit, der bis dahin größten publizistischen Kontroverse um den Nationalsozialismus, geht es um das politische Selbstverständnis der Deutschen und deren Erinnerung an die Judenvernichtung als Konstituierung ihrer eigenen Identität.

1987

Zwei deutsche Staaten
Im September 1987 besucht Erich Honecker die Bundesrepublik. Honecker wird von Helmut Kohl mit allen Ehren empfangen: zwei deutsche Staaten, zwei Fahnen, zwei Staatssymbole. Beide Seiten gehen davon aus, dass es zwei deutsche Staaten gibt, die viele praktische Fragen miteinander zu regeln haben.

1988

Jenninger
Die Gedenkstunde im Deutschen Bundestag aus Anlass des 50. Jahrestages der Reichspogromnacht führt 1988 zum Rücktritt des Bundestagspräsidenten Philipp Jenninger. Sein Versuch, die Faszination des Nationalsozialismus zu erklären, lässt den Eindruck aufkommen, er wolle die Gewalttaten rechtfertigen.

1989

Montags-Demonstrationen
Seit September 1989 entwickeln sich aus den Friedensgebeten in der Nikolaikirche in Leipzig Protestkundgebungen gegen das SED-Regime. Obwohl der Staat zunächst mit harten Strafen reagiert, wächst die Zahl der Demonstranten unaufhaltsam.
Zwei Tage nach der 40-Jahr-Feier der DDR versammeln sich am 9. Oktober 1989 mehr als 70 000 Menschen, um ihrer Forderung nach Reformen und Reisefreiheit Ausdruck zu geben. Die Polizei schreitet nicht ein, die Demonstration bleibt friedlich. Zuvor hatte die Führung der Sowjet-Armee in der DDR signalisiert, dass sie nicht wie beim Aufstand von 1953 zugunsten der Staats- und Parteiführung der DDR eingreifen würde. Bis zum 13. November steigt die Zahl der protestierenden Menschen auf etwa 200 000.

Erste Öffnung des Eisernen Vorhangs
Am 11. September 1989 zerschneiden ungarische Soldaten den Stacheldraht an der Grenze, sechs Grenzübergänge nach Österreich werden geöffnet. 15 000 DDR-Bürger kommen in den nächsten Tagen in die Bundesrepublik, 7000 Flüchtlinge, die sich in der Prager Botschaft der Bundesrepublik Deutschland verschanzt haben, können in den Westen ausreisen und passieren unkontrolliert das Gebiet der DDR.

40 Jahre DDR
Die DDR feiert am 7. Oktober den 40. Jahrestag ihrer Gründung. Unter den Gästen ist der russische Staats- und Parteichef Michail Gorbatschow. Er fordert zu Reformen auf und kommentiert das unflexible Verhalten der Staatsführung der DDR mit den Worten *Wer zu spät kommt, den bestraft das Leben.*

Grenzöffnung
Am 9. November 1989 um 18.57 Uhr öffnet die Staats- und Parteiführung der DDR die Grenzen zur Bundesrepublik Deutschland und zu West-Berlin.

Biermann-Konzert
Am 1. Dezember gibt der Liedermacher Wolf Biermann 13 Jahre nach seiner Ausbürgerung aus der DDR in Leipzig vor 4000 Zuhörern ein Konzert.

1990

Währungsunion
Mit der Währungs-, Wirtschafts- und Sozialunion übernimmt die DDR zum Stichtag 1. Juli 1990 große Teile der Wirtschafts- und Rechtsordnung der Bundesrepublik Deutschland. Die DM ist nun alleiniges Zahlungsmittel.

Die mauer
Reiner Kunze, *Die mauer. Zum 3. Oktober 1990*

Als wir sie schleiften, ahnten wir nicht,
wie hoch sie ist
in uns

Wir hatten uns gewöhnt
an ihren horizont

Und an die windstille

In ihrem schatten warfen
alle keinen schatten

Nun stehen wir entblößt
jeder entschuldigung

(*Ein tag auf dieser erde. Gedichte*, Frankfurt am Main 1998)

Am 23. August 1990 beschließt die Volkskammer mit 294 von 400 Stimmen den Beitritt der DDR zum Geltungsbereich des Grundgesetzes gemäß Artikel 23 Grundgesetz zum 3. Oktober 1990.

Souveränität
Am 2. Oktober 1990 beenden die Besatzungsmächte mit festlichem Zeremoniell ihre Präsenz in Berlin. Ab 3. Oktober 1990 gilt uneingeschränkt das Grundgesetz.

Zwei-Plus-Vier
Die vier Siegermächte des Zweiten Weltkriegs verlangen die endgültige Anerkennung der polnischen Westgrenze als Voraussetzung für ihre Zustimmung zur Wiedervereinigung. In den *Zwei-Plus-Vier-Gesprächen* verpflichtet sich Deutschland, bald nach der Vereinigung einen Grenzvertrag mit Polen abzuschließen.
Am 14. November 1990 gibt die Bundesregierung unter starkem Protest der Heimatvertriebenen die Ansprüche auf die ehemals deutschen Gebiete östlich von Oder und Neiße endgültig auf.

1991

Golfkrieg
Im August 1990 lässt der irakische Diktator Saddam Hussein seine Armee in Kuwait einmarschieren und erklärt das Nachbarland zu einer irakischen Provinz. Die Vereinten Nationen verurteilen die Aggression Husseins. Unter Führung der USA entsteht ein breites Bündnis westlicher Staaten und arabischer Länder gegen den Irak. China und die Sowjetunion decken das Vorgehen dieser Allianz.
Nachdem ein Ultimatum für den Abzug aus Kuwait verstrichen ist, beginnt im Januar 1991 der Angriff der Alliierten auf die irakischen Stellungen in Kuwait und den Irak. Husseins Versuche, durch Raketenangriffe auf israelische Städte auch Israel in den Krieg zu ziehen und das westlich-arabische Bündnis zu sprengen, scheitern. Ende Februar 1991 wird Kuwait befreit, Anfang März wird der Irak zu einem Waffenstillstand gezwungen.
Im Gegensatz zu Frankreich und Großbritannien war Deutschland nicht unmittelbar an dem militärischen Einsatz beteiligt, unterstützte aber den Krieg politisch und finanziell.

Hauptstadt Berlin
Nach einer leidenschaftlich geführten Debatte stimmt der Deutsche Bundestag am 20. Juni 1991 mit 338 gegen 320 Abgeordnete für die Hauptstadt Berlin als Parlaments- und Regierungssitz. Nach dem Beschluss bleiben sieben Bundesministerien in Bonn und errichten einen zweiten Dienstsitz in Berlin. Bald darauf setzen die Planungen für den Ausbau Berlins und den Umzug an die Spree ein.

World Wide Web
Im Dezember 1991 wird das World Wide Web im Internet von Mitarbeitern des Kernforschungszentrums CERN in Genf erstmals öffentlich vorgestellt.

1992

Bosnien-Krieg
Unmittelbar nach der internationalen Anerkennung als souveräner Staat bricht im April 1992 in Bosnien-Herzegowina mit dem Ziel der so genannten ethnischen Säuberung ein Krieg aus, der zu unvorstellbaren Gräueltaten führt. Mindestens 200 000 Menschen kommen ums Leben, über 50 % der Gebäude werden zerstört.
Erst am 14. Dezember 1995 unterzeichnen die Präsidenten der drei beteiligten Länder Bosnien-Herzegowina, Kroatien und Serbien einen Friedensvertrag, der die gegenseitige Anerkennung zwischen der Bundesrepublik Jugoslawien und Bosnien-Herzegowina einschließt.

Surfen
Die Bibliothekarin Jean Armour Polly prägt 1992 mit dem Titel ihres Buches Surfing the Internet: An Introduction, *einem der ersten allgemeinverständlichen Texte über das Internet, den Begriff* Surfen im Internet.

1993

Schindlers Liste
Steven Spielbergs Kinofilm *Schindlers Liste,* ausgezeichnet mit sieben Oscars (u. a. für die beste Regie und den besten Film), löst 1993 eine breite gesellschaftliche Diskussion über den Holocaust aus. Der Film erzählt die Geschichte des Fabrikanten Oskar Schindler, der Juden bei sich arbeiten ließ, um sie vor der Ermordung in Vernichtungslagern zu retten.

Neue Wache
Seit 1993 ist die *Neue Wache* in Berlin *Unter den Linden* die *Zentrale Gedenkstätte der Bundesrepublik Deutschland für die Opfer des Krieges und der Gewaltherrschaft*. Ihr umfassender Gedenkanspruch ist ebenso umstritten wie die Aufstellung eines vierfach vergrößerten Abgusses einer Pietà von Käthe Kollwitz in der Mitte des Raumes.

Harburger Mahnmal gegen Faschismus
Am 10. November 1993 wird das *Harburger Mahnmal gegen Faschismus* von Jochen Gerz und Esther Shalev-Gerz vollständig im Boden versenkt. Seit 1986 haben sich auf der 12 Meter hohen Bleisäule 60 000 Menschen durch ihre Unterschrift der Mahnung zur Wachsamkeit angeschlossen oder Kommentare dazu abgegeben. Das Objekt soll ein Denkanstoß auf Zeit bleiben und verschwindet deshalb, nachdem seine Oberfläche vollständig für Meinungsäußerungen verbraucht worden ist, aus den Blickfeld. Sichtbar bleibt nur der dem Konzept zugrundeliegende Satz *Nichts kann auf Dauer an unserer Stelle sich gegen das Unrecht erheben.*

1994

Auslandseinsätze der Bundeswehr
Am 12. Juli 1994 entscheidet das Bundesverfassungsgericht, dass die verfassungsrechtliche Grundlage für eine Beteiligung deutscher Streitkräfte an militärischen Operationen der Vereinten Nationen gegeben sei. Jeder einzelne Einsatz der Bundeswehr bedarf allerdings der Zustimmung der einfachen Mehrheit des Parlaments.

1995

Wehrmachts-Ausstellung
Vom 5. März bis zum 14. April 1995 hat die Ausstellung des Hamburger Instituts für Sozialforschung *Vernichtungskrieg. Verbrechen der Wehrmacht 1941 bis 1944* in Hamburg ihre erste Station.
Die Ausstellung zeigt auf, dass nicht allein die SS, sondern auch die Wehrmacht Kriegsverbrechen begangen hat und in die rassistische Vernichtungspolitik des nationalsozialistischen Regimes verstrickt war. Sie sorgt für eine erregte öffentliche Diskussion um die Verbrechen des nationalsozialistischen Kriegs und den Umgang der Gesellschaft mit diesem Teil der deutschen Vergangenheit. Niemals zuvor hat die westdeutsche Öffentlichkeit derart engagiert und andauernd über ihre Vergangenheit gestritten.

Klemperer
1995 erscheinen nach langer Editionsarbeit unter dem Titel *Ich will Zeugnis ablegen bis zum letzten* die Tagebücher des Dresdener Romanistikprofessors Victor Klemperer aus den Jahren von 1933 bis 1945. Als Jude hatte er, teilweise im Versteck, die nationalsozialistische Gewaltherrschaft überlebt. Seine Aufzeichnungen werden Vorlage für einen zwölfteiligen Film, der im Herbst 1999 von der ARD ausgestrahlt wird.

1996

Hitlers willige Vollstrecker
Wie schwierig der Umgang mit der deutschen Vergangenheit auch nach Jahrzehnten noch ist, zeigt die Kontroverse um das 1996 erschienene Buch *Hitlers willige Vollstrecker*. Der amerikanische Wissenschaftler Daniel Goldhagen stellt darin die These auf, dass der Antisemitismus in Deutschland weit verbreitet und der entscheidende Grund für die Judenvernichtung war. Deswegen würden fast alle Deutschen unmittelbare Schuld am Holocaust tragen.

1997

Raubgold
Ein Bericht der US-Regierung vom 7. Mai 1997 wirft der Schweiz vor, durch die Annahme von so genanntem Raubgold der *Hauptbankier des Nazi-Regimes* gewesen zu sein. Die Schweiz habe damit indirekt zur Verlängerung des Zweiten Weltkriegs beigetragen. Die Schweiz weist die Vorwürfe zurück, räumt allerdings ein, dass die Kritik an einigen Finanztransaktionen berechtigt sei.

Ende des Regierungsbunkers
Am 8. Dezember 1997 beschließt das Bundeskabinett, den Regierungsbunker unter den Ahrweinbergen bei Bonn, die so genannte Dienststelle Marienthal, aufzulösen und zur kommerziellen Verwertung freizugeben. An dieser Stelle befand sich das Außenwerk *Rebstock* der Heeresversuchsanstalt Peenemünde.

1998

Auflösung der RAF
Vor fast 28 Jahren, am 14. Mai 1970, entstand in einer Befreiungsaktion die RAF: Heute beenden wir dieses Projekt.
Aus der Auflösungserklärung der RAF vom März 1998.

Walser / Bubis
Am 11. Oktober 1998 wird dem Schriftsteller Martin Walser der Friedenspreis des deutschen Buchhandels verliehen. In seiner Dankesrede bemerkt Walser zur gesellschaftlichen Erinnerung an die nationalsozialistische Judenverfolgung, *dass öfter nicht mehr das Gedenken, das Nichtvergessendürfen das Motiv ist, sondern die Instrumentalisierung unserer Schande zu gegenwärtigen Zwecken.* Der Vorsitzende des Zentralrats der Juden, Ignatz Bubis, wirft Walser daraufhin vor, er sei ein *geistiger Brandstifter*. Nach einem Gespräch mit Walser nimmt Bubis den Vorwurf zurück.

1999

Euro
In den Ländern der Europäischen Währungsunion wird am 1. Januar 1999 der Euro offiziell eingeführt. Jeder hat die Möglichkeit, Überweisungen und elektronische Bankgeschäfte in Euro zu tätigen. Die Euro-Scheine und -Münzen kommen am 1. Januar 2002 in Umlauf.

Kosovo-Krieg

Am 24. März 1999 starten die ersten Kampfflugzeuge der NATO zum Feindflug im Kosovo-Krieg. Insgesamt sind an dem bis Juni dauernden Einsatz rund 1500 Flugzeuge, darunter 14 Tornados der Bundeswehr beteiligt. Mehr als 10 000 Bomben werden auf jugoslawische Ziele abgeworfen.
Parallel zum Krieg auf dem Schlachtfeld bricht der erste eigentliche Cyberkrieg im Internet aus: Militärische Hacker bekämpfen elektronisch feindliche Informationssammlungen, die Informationsoffiziere beider Seiten nutzen das Internet als Medium der Information und der bewussten Desinformation.

Denkmal für die ermordeten Juden

Am 25. Juni 1999 beschließt der Deutsche Bundestag mehrheitlich, dass die Bundesrepublik Deutschland in Berlin ein Denkmal für die ermordeten Juden Europas errichtet. Standort des Denkmals wird Berlin-Mitte sein, südlich des Brandenburger Tores in den ehemaligen Ministergärten.
Am 27. Januar 2000 findet in Anwesenheit des Bundespräsidenten, des Bundeskanzlers und der Berliner Kultursenatorin die symbolische Grundsteinlegung auf dem Gelände statt.

Publizieren im Internet

Die Biographie Monica Lewinskys von Andrew Morton wird 1999 in den USA als erstes Buch simultan auf Papier und als elektronisches Medium im Internet publiziert.

2000

Entschädigung für NS-Zwangsarbeiter

Am 23. März 2000 kommt es bei den Verhandlungen über die Entschädigung von NS-Zwangsarbeitern nach zähem Ringen endlich zu einer Einigung: 8,25 Milliarden Mark werden für die Entschädigung der Zwangsarbeiter, 200 Millionen für Verwaltung und Administration, knapp eine Milliarde Mark für die Regulierung von Vermögensschäden und 700 Millionen Mark für einen Zukunftsfonds, der sich in den ersten Jahren primär den sozialen Bedürfnissen der NS-Opfer widmen soll, zur Verfügung gestellt.

Holocaust-Industrie

Im Juli 2000 veröffentlicht der amerikanische Politologe Norman Finkelstein sein Buch *The Holocaust Industry – Reflections on the Exploitation of Jewish Suffering*. Finkelstein vertritt darin die These, das Vermächtnis des jüdischen Leidens und das historische Ereignis des nationalsozialistischen Völkermordes an den Juden werde von einer amerikanisch-jüdischen Elite zur Förderung ihrer eigenen Zwecke missbraucht. Eine *Holocaust-Industrie* vermarkte und missbrauche das Andenken der Opfer. Trotz heftiger Kontroversen erscheint das Werk im Februar 2001 auch in deutscher Sprache.

Wagner in Israel

Unter dem Protest der Dachorganisation der Holocaust-Überlebenden spielt das Symphonieorchester von Rishon Lezion im Oktober 2000 zum ersten Mal in Israel öffentlich Musik von Richard Wagner.

Virenkatastrophe

Mit dem Virus I love you *bricht im Jahr 2000 die größte Virenkatastrophe aller Zeiten über das Internet herein. Nach dem ersten Tag der Verbreitung haben 47 Millionen Menschen das Virus erhalten, 1,9 Millionen die Datei geöffnet. Verspätete Züge, nichtausgeführte Zahlungen, nur in Notausgaben erscheinende Zeitungen und der weltweit auf 6,7 Milliarden Dollar bezifferte Schaden machen deutlich, dass das Internet zum Rückgrat der Informationsgesellschaft geworden ist.*

2001

Frauen in der Bundeswehr

Nachdem im Oktober 2000 eine Grundgesetzänderung die erforderliche Rechtsgrundlage geschaffen hat, rücken am 1. Januar 2001 zum ersten Mal in der Geschichte der Bundeswehr Frauen zum Dienst an der Waffe ein. 244 Soldatinnen treten bei Heer, Luftwaffe und Marine an.

Teil III: Dokumente

Hermann Oberth

1929 erörterte Hermann Oberth die militärische Verwendbarkeit seiner Rakete als Träger von Giftgasen und brachte Argumente vor, die auf eine Strategie der Abschreckung hinausliefen. Wegen der unvollkommenen Steuerungseinrichtung hielt er den militärischen Einsatz aber für vorläufig unmöglich.

Das Raketengeschoß

Hiermit komme ich nun auf eine Sache zu sprechen, über die man nicht viel redet, an die man aber um so mehr zu denken scheint. Man hat schon von verschiedenster Seite bei mir angefragt, ob ich eine Rakete für möglich halte, die so 2000-3000 kg Blausäure oder sonst ein Giftgas im Kriegsfalle in die feindlichen Städte oder Stellungen zu tragen in der Lage sei.

Ich persönlich wäre dem Zustandekommen einer solchen Waffe nicht ganz abgeneigt. Und zwar gerade, weil ich die Gerechtigkeit und den Frieden wünsche.

1.) Bei der heutigen Kriegstechnik ist es ja meist so, daß diejenigen, die den Krieg erklären oder die Regierung zur Kriegserklärung veranlassen, selbst weit vom Schuß bleiben (Ehre den Ausnahmen!), und ich glaube, es würde sicher nicht so leicht zu Kriegen kommen, wenn die Betreffenden wüßten: »Der erste, den es trifft, bist du selbst.« Und sie *wären* die ersten. Der Feind würde natürlich lieber Raketen sparen, und sich an die Regierungen und Finanziers des feindlichen Landes selbst halten, ohne welche das betreffende Volk in kurzer Zeit eine führerlose und den Frieden wünschende Masse wäre. Jedenfalls würde der Feind nicht Millionen von Raketen auf die in den Schützengräben weit verteilte und meist noch mit Gasmasken ausgerüstete Armee verschwenden. Ebenso würde er seine Raketen lieber gegen die Munitionsfabriken, Eisenbahnknotenpunkte usw. schicken.

Ein Kommunist hat mir hier entgegengehalten, eine Krähe hacke der andern die Augen nicht aus, und die 200-300 Leute, die nach Rathenau die Welt beherrschen sollen, würden sich doch nicht gegenseitig umbringen. Es sei doch auch sicher, daß sie sich, falls irgendwo eine Revolution ausbrach, gegenseitig noch stets Hilfe gewährt hätten. – Ich bin nicht genügend Politiker, um über diesen Ausspruch ein Urteil abgeben zu können. Doch ich für meinen Teil glaube jedenfalls nicht, daß die Solidarität der Führenden (wenn überhaupt eine solche da ist) sie daran hindern könnte, sich selbst wechselseitig umzubringen. Das mag ja noch sein, daß führende Kreise eine Revolution in ähnlich regierten Ländern, von wo sie auch auf ihr eigenes übergreifen könnte, nicht gerne sehen. In unserm Falle aber handelt es sich ja nicht um eine Revolutionsgefahr, sondern nur um die Vermehrung ihrer eigenen Macht.

Man hat mir auch entgegengehalten, eine solche Waffe könne gemäß der Genfer Konvention nicht gebraucht werden. Ich glaube aber, die Erfahrung hat zur Genüge gelehrt, daß sich Staaten sehr wenig um die Genfer Konvention kümmern, wenn sie nur selbst im Besitze einer durch das Völkerrecht nicht gestatteten Waffe sind. (Deutschland allenfalls ausgenommen, aber auch das nur sehr »allenfalls«. Der deutsche Reichskanzler selbst war es, der 1914 die Worte sprach: »Verträge sind Fetzen Papier, wenn es sich um Sein und Nichtsein eines Volkes handelt.«)

2.) Zudem hat schon John C. Livens nachgewiesen, daß der Krieg mit Metallwaffen keineswegs *humaner* ist als der Gaskrieg.

a) Beim Angriff feindlicher Armeen hat man beim letzteren mehr Gelegenheit, die feindlichen Soldaten nur zu betäuben.

b) Der Gaskrieg verursacht weniger Wunden und Schmerzen als der Waffenkrieg und macht weniger Invaliden. Die meisten Gase machen überhaupt niemanden zum lebenslänglichen Krüppel.

c) Ein Gaskrieg wird vermutlich sehr rasch entschieden sein. Er wird den Völkern weniger Entbehrungen auferlegen als ein Stellungskrieg, und es werden der kürzeren Dauer wegen auch nicht so viel[e] Werte vernichtet werden und nicht soviel[e] Menschen zugrunde gehen.

3.) Wie ich die politische Situation heute sehe, besteht eine gewisse Wahrscheinlichkeit, daß es in 10-20 Jahren zu einem neuen Weltkrieg kommt, wobei die Westmächte (Frankreich, England, Amerika, vielleicht auch Deutschland und Skandinavien) auf der einen Seite und Rußland, Japan, China und eventuell Indien auf der anderen Seite kämpfen werden. Dabei würde es bei den bisherigen Methoden der Kriegführung für die mitteleuropäischen Staaten nur die Wahl geben, sich einer der beiden Parteien anzuschließen und damit ihnen als Aufmarschgebiet und Kriegsschauplatz zu dienen, denn um neutral zu bleiben und sich beide Parteien vom Leibe zu halten, dazu sind sie zu schwach. (Zu dieser Ansicht kam ich auf Grund des Studiums der Hefte für Geopolitik.)

Um nun die betroffenen Staaten vor diesem Schicksal zu retten, scheint es mir nun nur ein Mittel zu geben, nämlich den Krieg auf eine Basis zu stellen, auf der man zur Kriegführung überhaupt keine Armee und kein Aufmarschgebiet mehr braucht. – Ein solches Mittel wäre nun zum Beispiel das Raketenprojektil, sei es weil die mitteleuropäischen Staaten es selbst besitzen, so daß die anderen sich fürchten, ihre Neutralität zu verletzen; sei es auch nur, daß die kriegführenden Parteien es selbst besitzen und damit ihre Streitigkeiten bereits ausgetragen haben, bevor ihre Armeen überhaupt aufmarschiert und zum Schuß gekommen sind.

4.) Ich wünsche diese Waffe, weil ich den Frieden wünsche. Den Krieg kann man meines Erachtens nur dadurch verhindern, daß man Waffen schafft, vor denen die Allgemeinheit Respekt hat und mit denen sie nicht Bekanntschaft machen will.

Nun hängt der Kriegführung mit Feuerwaffen leider eine gewisse Romantik an. (Die heutige Generation hat nun allerdings vom verflossenen Weltkrieg genug. Die kommende aber wird den Krieg nur noch aus den Büchern und Kinostücken kennen und wieder in der Stimmung zum Kriegführen sein.) Nun ist es aber zweierlei, ob man auf einem edeln Pferde oder auf einem meisterhaften Aeroplan den Feind angreift und sich dabei Tapferkeitsmedaillen verdient und Heldentaten verrichtet, oder ob man zu Hause in irgendeinem Keller wartet, ob das feindliche Giftgas wohl eindringen wird oder nicht. Diese Form der Kriegführung entbehrt jeder Romantik und wird daher nicht gepriesen und nicht gewünscht werden.

5.) Außerdem würde ich auch die Verdrängung der heutigen kostspieligen Armeen durch den immerhin billigeren und nicht so viele Leute von einer produktiven Arbeit fernhaltenden Raketenbau nur begrüßen.

Im übrigen muß ich aber auf solche Anfragen immer wieder antworten, daß ich selbst vorderhand die Verwendung meiner Rakete als Ferngeschoß für *ausgeschlossen* halte. Wenn auch ein großes Gasgeschoß lange nicht so genau treffen muß wie ein Schrapnell oder eine Granate, so ist heute die Feinmechanik doch *noch nicht in der Lage, die Steuerapparate in der nötigen Exaktheit* auszuführen. Die Sache läßt sich, glaube ich, überhaupt nicht mehr durch Vervollkommnung der bisherigen Methoden erreichen, sondern es müßten da gänzlich neue Erfindungen gemacht werden, was die Exaktheit der Stromzählung und der Kreiseleinstellung anbetrifft. Selbst wenn das Problem einer exakten Aufnahme der Beschleunigungskomponenten schon restlos gelöst wäre, so muß doch noch immer der ganze Beschleunigungsanzeiger an einem Kreisel befestigt werden, und ich werde froh sein, wenn ich auf Schußweiten von 1000-2000 km bei Fernraketen eine Treffsicherheit von 10-20 km erreichen kann.

Man hat mir hier entgegengehalten, daß heute doch schon Kreiselkompasse existierten, die sich genauer einstellen lassen (z. B. der Anschützsche) und daß große Werke mit der fabrikmäßigen Herstellung von Kreiselkompassen in großem Maßstabe beschäftigt sind. Die wirtschaftlichen Erfolge dieser Industrie ermöglichen ihr die Einrichtung von gut ausgestatteten Fabrikslaboratorien und die Besoldung tüchtiger Kräfte, die sich Verbesserungen auf diesem Gebiete ausschließlich widmen können.

Wer außerhalb dieser Kreise steht und daher nur einen kleinen Bruchteil seiner Zeit auf das Studium des Kreiselkompasses verwenden kann, vermag darin nicht leicht den Wettbewerb mit den Fachmännern aufzunehmen. Es fehlt auch mir die Kenntnis vieler Einzelheiten und praktischer Erfahrungen, die damit gemacht wurden. Ich vermag daher nicht anzugeben, ob und auf Grund welcher physikalischer Gesetze sich hinreichend exakte Steuerkreisel bauen ließen. Ich kann da auch nichts erfinden, weil mir die nötigen Vorkenntnisse fehlen. Ich kann nur so viel mit Sicherheit sagen, daß sich der hier beschriebene Steuerkreisel für derartige Genauigkeiten jedenfalls nicht eignet. Ich halte also vorderhand meine Rakete für artilleristische Zwecke für ungeeignet.

Möglich, daß es in 1-2 Jahrzehnten anders sein wird. Ich möchte das, wie gesagt, wünschen.

Aus: Hermann Oberth, *Wege zur Raumschiffahrt* (3. Aufl. von *Die Rakete zu den Planetenräumen*), München und Berlin 1929, S. 202-205

Walter Dornberger

In einer Denkschrift von 1944 verteidigte Dornberger die Raketenentwicklung des Heereswaffenamtes gegen latente Vorwürfe, das Militär hätte diese Arbeiten besser Privatleuten und der Industrie überlassen. Bei aller Polemik gibt sein Text die Binnensicht des Militärs und die rein militärische Zielsetzung der Raketenbauer unübertroffen wieder.

Denkschrift. Die Eigenentwicklung des Heeres-Waffenamtes auf dem Raketengebiet in den Jahren 1930 – 1943
[Broschüre, 1944]

Allgemeines
In der Geschichte der Technik ist es eine allgemein bekannte Tatsache, daß um die Anerkennung wirklich großer, umwälzender Erfindungen und Entwicklungen hart gekämpft werden mußte. Eine ebenso bekannte Tatsache ist es, daß wirklich große Erfindungen nicht als der plötzliche Gedankenblitz eines Einzelnen anzusehen sind. Die Voraussetzungen mußten nach Zeit und technischem Fortschritt gegeben sein. So kommt es, daß viele Erfindungen fast gleichzeitig in vielen Staaten der Welt gemacht wurden. Jahrzehnte, sogar Jahrhunderte lang tobte dann der Kampf, wer nun eigentlich den ersten Erfindergedanken gehabt hat. Diese Kämpfe sind für den technischen Fortschritt der Menschheit ohne Belang. Es kommt nicht darauf an, wer erstmalig den Gedanken einer umwälzenden technischen Neuerung gefaßt hat; denn dann wären Menschen wie Jules Verne die großen Erfinder. Es kommt vielmehr darauf an, wer als erster die Tatkraft und den unbeirrbaren Glauben gehabt hat, um einen neuen technischen Gedanken in die Tat umzusetzen. Durch diese Tat erst wird der wirkliche technische Fortschritt gebracht.

Aus der Geschichte der Technik geht weiter hervor, daß alle, die zur Tat schritten, während der technischen Entwicklungszeit mit Zweifel, Mißtrauen, Spott und beinahe Bedauern angesehen wurden. Von dem Augenblick an aber, wo ihre Tat sich durchzusetzen schien, stehen Hunderte und Tausende auf, die mit großer Beredsamkeit den Beweis zu erbringen suchen, daß die Gedanken gestohlen, die Tat nicht ihnen, sondern nur der Vorarbeit anderer zu danken ist. Sie suchen nachzuweisen, daß es überhaupt keine Tat gewesen ist, sondern daß sich alles von ganz allein und einfach ergeben hat. Alles hätte viel schneller und besser vollbracht werden können, wenn nicht der nichtskönnende Erfinder und Entwickler, sondern er, der Schreiber, die Durchführung in die Hand genommen hätte. Es ist müßig, sich in Streitigkeiten mit derartigen Menschen einzulassen. Sie verkennen die Schwierigkeiten, die sich jedem technischen Fortschritt hemmend entgegenstellen und erkennen nur die umwälzenden Gedanken und Erfindung der Vergangenheit an; die der Gegenwart werden von ihnen grundsätzlich abgelehnt. Wenn diese Besserwisser und Besserkönner selbst wirklich so tüchtig sind, warum haben sie dann nicht selbst den Mut und die Fähigkeit zur Tat aufgebracht? Jeder wirklich tüchtige Mensch findet den Weg dazu. Es ist klar und selbstverständlich, daß in der Technik der erste in die Tat umgesetzte Erfindergedanke nicht vollständig, nicht das Endziel der Arbeit sein kann. Fehler sind gemacht worden. Schwierigkeiten sind noch nicht restlos behoben. Komplizierte Hilfsmittel sind noch nicht durch einfache ersetzt worden und überhaupt macht das erste Neugeschaffene noch nicht den Eindruck des Vollkommenen, in sich Abgerundeten und Abgeschlossenen. Hier setzt dann wieder die Kritik der anderen ein. In Kleinigkeiten sind sie groß; darin sehen sie ihre Lebensaufgabe. Das Große, das Einmalige, das Entscheidende hat zurückzutreten; es ist nicht so wichtig.

Moderne technische Maschinen sind in ihrer Vollendung nun einmal nicht die Erstlingsarbeit eines einzelnen Erfinders; sie sind das Produkt jahrelanger intensivster Arbeit einer Fülle hochwertiger Techniker und Ingenieure. Das unsterbliche Verdienst ganz großer, einmaliger Erfinder in der Technik ist, daß sie den ersten Beweis durch die Tat erbracht haben und hierdurch dem Schaffen ihrer Mitarbeiter und der Technik überhaupt neue Wege und neue Arbeitsgebiete erschlossen haben. Beim Anblick der modernsten, tausende von PS leistenden Dieselmaschinen sollte man nie vergessen, welche Arbeit, welcher unerschütterlicher Glaube und Mut dazu gehörten, damit die erste in Augsburg erbaute Dieselmaschine überhaupt den ersten Arbeitshub leistete. Und wie sah diese Maschine im Vergleich zu den heutigen aus? Es ist müßig sich zu streiten, ob Diesel seinen Motor dem Otto-Motor oder dem Gasmotor nachempfunden hat. Das Einmalige in der Tat Diesels ist, daß er erstmalig einen Motor, der eine wesentliche Verbesserung aller bisherigen bedeutete, zum Laufen gebracht und damit der modernen Kraftmaschinentechnik eine neue, umwälzende Maschine geschenkt hat.

In der Geschichte der Technik gibt es nur drei wirklich große Erfindungen von solcher Bedeutung, daß sie Jahrtausende der Menschheitsgeschichte entscheidend beeinflußt haben oder beeinflussen werden. Hierzu zähle ich das Rad. Mit ihm hat die Menschheit die Erde erobert. Mit der Schraube eroberte sie das Wasser und die Luft. Wir stehen jetzt an der Wende eines neuen Zeitabschnittes in der Geschichte der Menschheit, der Eroberung des Alls, des Weltenraumes, des Vorstoßes zu den Sternen. Die Voraussetzung hierfür gibt die dritte große Erfindung: der Strahlantrieb.

Es ist von jeher ein Traum der Menschheit gewesen, zu den Sternen vorzustoßen. Wer als erster nun im Strahlantrieb das Mittel hierzu klar erkannt hat, weiß ich nicht. Ich habe auch nicht die Absicht, mich mit irgend wem darüber zu streiten. Der Strahlantrieb ist tausende von Jahren alt. Schon lange vor Christi Geburt beschäftigten sich die Chinesen mit Pulver-Raketen. Wer als erster den Gedanken der alleinigen Verwendbarkeit der Flüssigkeitsrakete für diesen Zweck gehabt hat, weiß ich auch nicht. Ich weiß nur eines, daß alle diese Gedanken solange Wunschträume blieben, bis der technische Fortschritt die Voraussetzungen für ihre Verwirklichung geschaffen hat. Dies sind: die billige Massenherstellung des Leichtmetalls, die Großherstellung, Lagerungs- und Transportmöglichkeit flüssigen Sauerstoffs oder gleichwertiger Sauerstoffträger und die Schaffung hochwertiger elektrischer Geräte.

Diese Voraussetzungen schienen um die zweite Hälfte der 20-iger [sic!] Jahre des 20. Jahrhunderts gegeben. Es nimmt also deshalb nicht Wunder, wenn sich – mit dieser Zeit beginnend – in allen Kulturländern Wissenschaftler, Industrien, Presse, Rundfunk und Film mit diesem Problem beschäftigten. Namen tauchten auf und verschwanden. Großer Aktivität folgte nach kurzer Zeit betretenes Schweigen. Die Flut der Patente häufte sich. Meinung stand gegen Meinung. Zukunftsfreudigste Hoffnung wurde abgelöst durch schwärzesten Pessimismus. Aber zur Tat, zur wirklich entscheidenden Tat, zum Beweis, zum erstmaligen Vorstoß in den Raum kam es nicht. Mögen mangelnde Geldmittel, unvollkommene technische Konstruktionen, Scheu vor langer, mühevoller Entwicklungsarbeit schuld gewesen sein, jedenfalls wurde es langsam stiller und ruhiger um die emsige Geschäftigkeit.

Nur wenige machten sich durch ihre *Pionierarbeit* einen Namen. Sie werden in der Geschichte der Rakete unvergessen sein. Ich nenne von deutschen Erfindern

a) auf dem Gebiet der **Pulverrakete:**

Friedrich Wilhelm Sander,
dem es erstmalig nach langer Zwischenpause in der Geschichte der Raketenentwicklung gelang, 10 cm Pulverraketen mit Schwarzpulver in Stahlhüllen gepreßt herzustellen. Er hatte eine kleine Fabrik zur Herstellung von Rettungsraketen für Schiffbrüchige in Wesermünde.

Fritz v. Opel und *E. A. Volkart,*
die mit Sander und Max Valier zusammen die ersten Versuche mit von Pulverraketen getriebenen Kraftwagen auf Straße und Schiene durchführten.

R. Tiling
und sein Bruder, die flügelstabilisierte Pulverraketen bis in Höhen von 8 km zum Steigen brachten. Nach dem Tode von R. Tiling führte sein Bruder diese Arbeiten fort;

b) auf dem Gebiet der **Flüssigkeitsrakete**:

der Siebenbürger Sachse *Professor Oberth,*
der in dem ersten großen wissenschaftlichen Werk »Wege zur Raumschiffahrt« theoretische Abhandlungen über die Möglichkeit der Raumschiffahrt verfaßt und Wege zu ihrer Verwirklichung gewiesen hat.

Max Valier
einer der vom Gedanken der Flüssigkeitsrakete Besessenen, der in unermüdlicher Arbeit teilweise zusammen mit der Heylandt GmbH., Berlin-Britz, die ersten Triebwerke für den Flüssigkeitsraketen-Antrieb geschaffen und im Jahre 1931 einer Explosion bei einem Versuch zum Opfer fiel.

Johannes Winkler,
der im Jahre 1930 mehrere Flüssigkeitsraketen baute, die jedoch nicht zum Erfolg führten und der dann bei Junkers, Dessau, sich mit der Lösung von Teilaufgaben auf dem Strahlantriebgebiet beschäftigte.

Rudolf Nebel
und sein Kreis, der auf dem Raketenflugplatz Berlin in den Jahren 1930 – 1934 durch die ersten gelunge-

nen Abschüsse kleiner Flüssigkeitsraketen viel von sich reden machte.

Hellmuth Walter,
Kiel, der seit 1932 grundlegende Entwicklungen auf dem Gebiet der Heranziehung hochprozentiger Wasserstoff-Superoxyde für den Strahlantrieb mit Erfolg durchführte.

Eugen Sänger,
Wien, der wissenschaftlich fundierte Versuche mit dem Triebwerk von Hochdruck-Flüssigkeitsraketen unternahm.

Im Ausland:

Professor Ziolkowski,
der in Rußland auf gleichem Gebiet tätig war und als Wissenschaftler grundlegende Arbeiten veröffentlichte.

Professor Goddard,
der in den USA, unterstützt durch private Mittel der Guggenheimstiftung arbeitete und durch gelungene Versuche sich einen Namen in der Raketenentwicklung und -Literatur machte.

Dazu kam eine Fülle mehr oder weniger bedeutender Erfinder und Literaten. Ihr Wirken war zum größten Teil nur von kurzer Dauer. Es soll und kann nicht bestritten werden, daß ein Teil von ihnen auch manch guten Gedanken gehabt oder sogar Verbesserungen eines Teilproblems der Gesamt-Raketenentwicklung vorgeschlagen hat. Ein entscheidender Erfolg blieb ihnen allen versagt.

Wie war nun die Lage in Deutschland 1930, als das Heeres-Waffenamt die Raketenentwicklung aufgriff und warum nahm es diese Entwicklung in eigene Hand?

Durch den Versailler Vertrag war Deutschlands Rüstung beschränkt. Es durften nur bestimmte, festgesetzte Waffen bei bestimmten Firmen gefertigt werden. Der Pazifismus stand in höchster Blüte. Deutsche Rüstungsfirmen hatten Zweigbetriebe in allen Ländern Europas. Die internationale Verflechtung der Großindustrie war so ausgebaut, daß es in vielen Fällen kaum möglich war, irgendeine geheime Waffenentwicklung zu betreiben, ohne daß durch diese Beziehungen, durch Patente oder Literatur das Ausland Kenntnis davon bekam. Das Heeres-Waffenamt war trotzdem ständig auf der Suche nach neuen, die Bestimmungen des Vertrages umgehenden Waffenentwicklungen.

Als um die 30-iger [sic!] Jahre die Raketen-Literatur wieder auflebte und Versuche die angebliche Brauchbarkeit der Rakete bewiesen, griff das Heeres-Waffenamt, besonders die ballistische- und Munitionsabteilung unter dem späteren General d. Art. Becker, zusammen mit der späteren Forschungsabteilung diesen Gedanken auf. Nach Vortrag beim Reichswehrminister wurde Ende 1929 entschieden, Versuche einzuleiten, um die Möglichkeit einer Verwendung des Strahlantriebes für Kriegszwecke zu untersuchen. Aus alten Akten und aus der Literatur wurde bei den im Jahre 1864 zuletzt unternommenen Pulverraketenversuchen angefangen. Die Arbeiten des Schweden Fritz Unger, der im Jahre 1904 mit der Firma Krupp zusammen Versuche mit Pulverraketen durchgeführt hatte, wurden herangezogen.

Es gab damals keine deutsche Raketenindustrie, d. h. keine Firma, die unter Verwendung des Strahlantriebes eine komplette Waffe oder Munition in eigenem Betrieb herstellen konnte. Fast während 10 Jahren mußten alle Einzelteile bei verschiedenen Firmen entwickelt und an dritter Stelle zusammengesetzt werden. Es hat jahrelang Arbeit und Mühe der Fachabteilung des Heeres-Waffenamts (WA Prüf 11) gekostet, um die Bildung einer deutschen Pulver-Raketenindustrie durch Zusammenschluß interessierter Fachfirmen zu erzielen und so die Weiterentwicklung fruchtbringender auf breitere Basis zu stellen. Das einzige Werk, das 1929 Pulverraketen herstellte, war die Fabrik *Fr. W. Sander* in Wesermünde. Mit dieser wurden von dem ballistischen Referat, seinerzeit *Hauptmann v. Horstig,* Verbindung aufgenommen. Es mußte festgestellt werden, daß keinerlei wissenschaftliche Unterlagen über Leistung, Temperaturabhängigkeit sowie über Schußergebnisse vorlagen. Die Schußweite reichte bei weitem nicht aus, wenn man die bisher hergestellte Pulverrakete als Unterlage für eine Waffe verwenden wollte. Sander stellte sich sofort in den Dienst der Sache. Ausgehend von seinen 2,7 und 9 cm Raketen wurden mit ihm die ersten für Schießzwecke verwendeten Schwarzpulverraketen entwickelt. Die *Firma Eisfeld, Silberhütte-Anhalt,* die vor dem Weltkrieg Leuchtraketen größeren Kalibers für Kriegszwecke gefertigt hatte, lehnte das Pressen von Schwarzpulver in Stahlhüllen zunächst aus Furcht vor Explosionen bei der Herstellung ab. Das Pressen des Schwarzpulvers in Kupferhüllen mußte aus Rohstoffmangel der Ablehnung verfallen.

Die Tätigkeit des Heeres-Waffenamtes erstreckte sich in den ersten Jahren der Entwicklung auf die Stellung von Forderungen, Aufstellung konstruktiver Vorschläge und die Prüfung der gelieferten Raketen. Hierzu wurde in Kummersdorf von Hauptmann v. Horstig, dem ich im Frühjahr 1930 als Hilfs-Referent zugeteilt wurde, der erste größere Raketenprüfstand gebaut, mit dem Raketen bis zu 21 cm Kaliber geprüft werden konnten. Hier begann ein eingehendes Studium der Eigenschaften und der Leistungsfähigkeit von Raketentreibsätzen. Die Kapazität der Firma Sander genügte nicht. Um die Entwicklung auf breite Basis zu stellen, wurde auch die Schwarzpulverfabrik *Hamm der Dynamit AG.*, vorm. *Alfred Nobel,* unter Leitung des hervorragenden Fachmannes *Dir. Hölz* zur Mitarbeit herangezogen. Mit Raketen von *R. Tiling,* der im Gegensatz zu allen Anderen stabilisierte Stufenraketen baute, wurden Versuche gemacht, die jedoch wegen ungenügender Lagerbeständigkeit und zu großer Streuung nach jahrelangen Versuchen wieder eingestellt werden mußten.

Es waren also in den ersten Jahren der Entwicklung alle Schwarzpulverfabriken Deutschlands für die Entwicklung der Pulverrakete eingesetzt.

Parallel dazu liefen Versuche, rauchloses Pulver als Treibpulver zu verwenden. Die Versuche mußten jedoch bald nach Ansicht der Industrie als aussichtslos aufgegeben werden. Bemüht hatten sich hier besonders die Firmen *Wasag* und *Dynamit AG., vorm. Alfred Nobel.*

Auf dem Flüssigkeitsraketen-Gebiet fand das ballistische Referat eine Lage vor, deren Durcheinander nicht mehr überboten werden konnte. Mit dieser Entwicklung befaßte sich kein deutsches Industrieunternehmen. Einzelne Erfinder arbeiteten mit ihren Mitarbeitern ohne finanziellen Rückhalt, jeder für sich. Sie waren gezwungen durch großsprecherische Reklamevorführungen und Zeitungsartikel Geld zu bekommen. Diese in ihren Behauptungen meist übertriebenen Zeitungsartikel riefen den Widerspruch von Hochschul-Professoren und Wissenschaftlern hervor. Eine ununterbrochene Befehdung der einzelnen Erfinder untereinander war an der Tagesordnung. Jeder bekämpfte jeden. Aus dem Streben heraus, möglichst bald die Richtigkeit seiner Idee nachzuweisen, wurden kleine Raketen zusammengebastelt und unter Hinzuziehung der Presse in aller Öffentlichkeit gestartet. Es fehlte bis zum Jahre 1932 jede gründliche, wissenschaftliche Forschungs- und Entwicklungsarbeit. So war es z. B. nicht möglich vom Raketenflugplatz Berlin bis Mitte 1932 auch nur ein bei Versuchen aufgenommenes Leistungsdiagramm zu erhalten. Das Heeres-Waffenamt war zunächst gezwungen, mit den einzelnen Erfindergruppen Verbindung aufzunehmen, um durch finanzielle Förderung zu einem ersten Erfolg zu kommen, der einen Ausblick auf die Zukunftsmöglichkeiten bieten konnte. Zwei Jahre lang versuchte das Heeres-Waffenamt, auf diesem Gebiet Grundlagen in die Hand zu bekommen. Die Arbeiten kamen nicht vorwärts. Die Geheimhaltung war gefährdet. Das Heeres-Waffenamt mußte sich daher entschließen, auf dem Schießplatz Kummersdorf eine eigene Versuchsstelle für Flüssigkeitsraketen zu errichten. Maßgebend war hierfür die Geheimhaltung und der Wunsch, sich baldigst von der Möglichkeit der Verwendung des Flüssigkeitsstrahlantriebes für Kriegszwecke zu überzeugen. Die Leitung der Arbeiten wurde dem neugeschaffenen Referat für Sondergeräte unter meiner Führung übertragen. Es gelang zunächst, drei Kräfte heranzuziehen, die schon über eine gewisse Erfahrung verfügten. Dies waren

Freiherr von Braun

vom Raketenflugplatz Berlin und die derzeitigen

Ob.-Ing. Riedel

und

Ob.-Ing. Rudolph

die zunächst mit M. Valier bei der Firma Heylandt G.m.b.H. zusammen gearbeitet hatten. Die beiden letzteren waren nach dem Tode des M. Valier infolge der Einstellung der Versuche bei Heylandt ohne Beschäftigung. In kurzer Zeit wurden dann in Kummersdorf Prüfstände erstellt, und Anlagen geschaffen, mit denen es erstmalig möglich war, systematisch grundlegende Triebwerksentwicklungen für Flüssigkeitsraketen überhaupt durchzuführen. Unterstützt wurden diese Arbeiten durch die Arbeiten der Forschungsabteilung des Heeres-Waffenamtes auf eigenen Anlagen.

Welches Ziel verfolgte das Heeres-Waffenamt mit seinen Arbeiten?

a) **bei der Pulverrakete:**

Es sollte die Brauchbarkeit der Pulverrakete für Kriegszwecke nachgewiesen, ihre Leistung studiert und ihre Beschaffung eingeleitet werden. Als Ziel war gestellt: Die Schaffung einer leichten, mit geringsten Mitteln herzustellenden Waffe, mit der es möglich sein sollte, Raketen mit möglichst großer Nutzlast im schlagartigen Feuerüberfall auf nicht zu große Flächenziele bis zu Entfernungen von 6-7 km zu verschießen

b) **bei der Flüssigkeitsrakete:**

Nachweis ihrer Eignung für Fernkampfzwecke, Konstruktion und Bau erster Versuchsmuster. Die Beschaffung sollte in der Industrie erfolgen. Bei der Flüssigkeitsrakete steckte die Entwicklung noch ganz in den Kinderschuhen. Es handelte sich zunächst einmal darum, die Gesetze des Flüssigkeitsstrahlantriebes zu bestätigen, die Betriebssicherheit zu gewährleisten, der theoretischen Leistung in der Praxis möglichst nachzukommen und ein erstes Gerät zu schaffen, das als Versuchsmuster für weittragende Fernraketen dienen konnte. Es mußte ganz von vorne angefangen werden.

Entscheidend für das Arbeiten des Heeres-Waffenamtes war, daß Deutschland – trotz des Versailler Vertrages – durch Zusammenfassung der tüchtigsten auf diesem neuen technischen Gebiet tätigen Kräfte einen Rüstungsvorsprung bekam, den die anderen Staaten der Welt sobald nicht einholen konnten. Dieser Rüstungsvorsprung konnte unter den damaligen Verhältnissen und erst recht während der Aufrüstung nach der Machtergreifung des Führers nur unter strengster Geheimhaltung erlangt werden. Diese war jedoch nur gewährleistet, wenn die Versuche in vollkommener Abgeschiedenheit auf einem militärischen Platz durchgeführt wurden und die beteiligten Firmen und Erfindergruppen auf besondere Geheimhaltung verpflichtet wurden. Während dies bei den Pulverraketen gelang, mußte das Heeres-Waffenamt auf dem Flüssigkeitsraketengebiet bald die Aussichtslosigkeit erkennen, auch die selbständigen Erfindergruppen zum Schweigen zu bewegen. Es sah sich daher gezwungen, in den nächsten Jahren durch Entzug der Hilfsgelder und Verwarnung durch die Staatspolizei den unbelehrbaren Erfindern die Arbeitsmöglichkeiten zu nehmen und durch Heranziehung von wirklichen Fachleuten selbst erst einmal die Grundlagen für eine stetige, gewissenhafte Lösung des Antriebsproblems der Flüssigkeitsrakete zu schaffen. Daß dies nicht ohne Härten abging und mancher üppig in das Kraut geschossene Sprößling fallen mußte, war im Interesse der Staatssicherheit und des Rüstungsvorsprunges unvermeidlich.

Zu dem Zeitpunkt der Aufnahme der eigenen Entwicklung von Raketen für Kriegszwecke:
Pulver-Raketen ab Herbst 1929,
Flüssigkeits-Raketen ab Herbst 1932,
kam es in erster Linie darauf an, das vorhandene Material zu sichten und nur die Erfinder zur Mitarbeit heranzuziehen, deren bisherige Arbeit die Gewißheit ernsthaften Schaffens gab. Die Spreu mußte vom Weizen getrennt werden. Die Geldmittel des Heeres-Waffenamtes waren zunächst sehr beschränkt. Bald jedoch stellte sich besonders auf dem Flüssigkeitsraketengebiet heraus, daß zur Schaffung einer wirklich einsatzfähigen Großrakete Jahre der Entwicklung und ungeheure Summen notwendig sein würden. Diese Mittel konnten infolge des mangelnden Interesses der in Frage kommenden Industrie, diese Entwicklung aufzunehmen, nur der Staat geben. Es wäre zwecklos gewesen, an vielen Stellen nur mit halben Maßnahmen zu helfen. Es konnte zunächst nur eine Entwicklungsstelle geben, die in großzügigster Weise mit Geld und sonstigen materiellen Hilfsmitteln ausgestattet wurde. Jedes künstliche Großziehen mehrerer Entwicklungsstätten mußte über kurz oder lang zwangsweise zu ungeheuren Ausgaben aus der Staatskasse führen. Die Aufgabe war daher, alle brauchbaren Kräfte heranzuziehen und sie an einer Stelle zur Schaffung der ersten Großrakete einzusetzen.

[Es folgen Aussagen über die Einstellung des HWA gegenüber Erfindern und Industrie, eine Beschreibung der Leistungen des HWA auf dem Raketengebiet und eine Laudatio der Fachkräfte, deren sich das HWA bediente.]

München, Deutsches Museum, Archiv (FA-Peen, Blaue Serie, 72/3)

Godomar Schubert

1939 beschrieb Ministerialrat Schubert die 1938 entworfenen Pläne zum Ausbau Peenemündes zur Produktionsstätte der Raketen. Damit sollte sich Peenemünde zu einem gigantischen militärindustriellen Komplex entwickeln, der bis vor die Tore von Zinnowitz reichte. Geplant war die Produktion von 500 Raketen jährlich bei Einschichtbetrieb, von 1000 Raketen im Kriegsfall.

Die Fertigungsstelle Peenemünde
Vortrag anlässlich der Abteilungschefvorführung am 7. Juni 1939

[...]
Ende November 1938 erteilte der Oberbefehlshaber des Heeres den Befehl, die Zeit der Entwicklung der Geräte, die auf etwa 4 Jahre geschätzt wurde, gleich schon dazu zu benutzen, eine Fertigungsstelle für jährlich 500 Stück in einer Schicht einzurichten und hierzu die Heeresversuchsstelle entsprechend auszubauen. Zur Durchführung dieses Befehls wurde Anfang Januar 1939 bei Prüf 11 die Gruppe VI eingerichtet, die mir unterstellt wurde. Im Februar 1939 wurde vom Herrn Amtsgruppenchef und dem Herrn Amtschef die zur Durchführung des Vorhabens erforderliche Organisation und das inzwischen von Prüf 11 ausgearbeitete Programm für die Errichtung der neuen Heeresfertigungsstelle Peenemünde genehmigt, über die ich im folgenden kurz zu berichten die Ehre habe.

Nach der Dringlichkeit gliedert sich das Gesamtvorhaben in folgende Teilprojekte:

1.) Errichtung einer Baracken-Siedlung für 4000 Bauarbeiter,

2.) Eindeichung des Geländes und Grundwasserabsenkung,

3.) Ausführung der Gleis- und Strassenanlagen und der Umzäunung,

4.) Errichtung des Hafens für den Bau des Kraftwerkes und der Fernheizung,

5.) Errichtung der Großsiedlung für 4000 Arbeiter und 700 Angestellte,

6.) Errichtung der eigentlichen Fertigungsstelle mit den Prüfständen.

Bevor ich auf die Einzelheiten eingehe, möchte ich nur kurz einige Schwierigkeiten erwähnen, die zu überwinden sind. Die größte ist der hohe Grundwasserstand, der für den Luftschutz besondere Maßnahmen und zusätzliche Kosten für die Gründung der Gebäude erfordert. Auch die Trinkwasserversorgung ist bei den vorliegenden Wasserverhältnissen nicht einfach. Dann bietet auch die Beförderung der Arbeiter von der Großsiedlung nach dem Werk und zurück beträchtliche Schwierigkeiten, die nur mit einer elektrischen Schnellbahn zu überwinden sind. Auch die Gefährdung der ganzen Anlage bei Fliegerangriffen ist groß; Vorkehrungen zur Verteidigung müssen noch überlegt werden.

Wenn wir nun das eigentliche Werk betrachten, so ist ersichtlich, dass vor allem Wert auf räumliche Auseinanderziehung, soweit es das verfügbare Gelände gestattete, gelegt wurde; ferner ist für die Fertigung ein guter Arbeitsfluß angestrebt worden; dann sind alle lebenswichtigen Teile der Anlage mindestens doppelt, teilweise dreifach, vorhanden; schließlich wurden von vornherein auch die etwa erforderlich werdenden Nebenbetriebe gleich mit vorgesehen.

Dass den Forderungen nach Schönheit der Arbeit, sozialen Einrichtungen, dass ferner den Vorschriften der Gewerbeaufsichtsbehörden nachgekommen wurde, dass moderne Nachrichtenübermittlung eingerichtet und allen Einrichtungen, die für die Sicherheit, den Feuerschutz, Luftschutz – aktiv und passiv –, den schnellen Transport, die Betriebs- und Unkostenüberwachung usw. erforderlich sind, in besonders weitgehendem Maße Rechnung getragen wurde, ist wie bei allen neueren Bauten der Wehrmacht, so auch für dieses Werk, selbstverständlich.

Die Fertigungsstelle wird völlig von der Versuchsstelle getrennt und abgezäunt. Der Zugang zur Versuchsstelle erfolgt nach Passieren der Hauptwache auf einer Umgehungsstraße und einer zweigleisigen Umgehungsbahn. Am Eingang der Fertigungsstelle liegt die Materialniederlage mit allen Einrichtungen zur Prüfung der Werkstoffe und für deren Zuschnitt, daneben der Ölkeller. Dann folgen Garage, Tankanlage, Notstromanlage, Feuerwache nebst dem ersten Bunker für den aktiven Luftschutz, dann das Verwaltungsgebäude mit Zentralküche und Gemeinschaftssaal, Lehrlingswerkstatt für 200 Lehrlinge und 200 Umschüler mit eigenem Sportplatz und Ausgang zum Strand. Die grossen Fertigungshallen, von denen jede etwa 120 x 240 m messen wird, für die mechanische Bearbeitung der Teile, sind dreifach vorhanden. Jede Halle erhält ein eigenes Gefolgschaftshaus mit Wohlfahrtsräumen, Wärmküche, Speisesaal für die Belegschaft der Fertigungshalle. Dieses Prinzip, alle sozialen und Wohlfahrtseinrichtungen in ein besonderes Gefolgschaftshaus zu legen, ist grundsätzlich überall durchgeführt. Wie die Luftschutzräume eingerichtet werden, wird noch abhängig sein von der Baugrunduntersuchung. Falls erforderlich, erhält jede Halle eine Anzahl von Schutztürmen. Die hier im Plan noch angegebene Bloxalanlage wird in 3 Teile aufgelöst und in jeder Fertigungshalle untergebracht. Am Ende des Fertigungsganges liegt die Fertigungsniederlage, in der die Geräte niedergelegt und zum Versand fertig gemacht werden. Es folgt eine Instandsetzungswerkstatt, in der sämtliche Vorrichtungen, Werkzeuge und Lehren hergestellt werden und in der auch die verschiedenen Fahrzeuge instand gehalten werden. Die Acetylen-Anlage ist in zwei Hälften aufgeteilt. Der Holzbetrieb mit Trockenkammern und Holzlager, Gießerei und Presserei, die Heizzentrale – gleichzeitig als Treibhaus ausgebildet, die zentrale Elektrizitätsbetriebswache, die bombensicher ausgeführt wird, dann drei Montage-Hallen mit den zugehörigen Meßhäusern, Spirituslagern, gehören weiterhin zu den geplanten Bauten. Zur Erzeugung von Sauerstoff sind 2 Anlagen für eine Jahresleistung von je 7500 t vorgesehen. Im Schutzgebiet liegen die drei Prüfstände mit den Beobachtungsbunkern und den zugehörigen Meß- und Beobachtungseinrichtungen und den Kühlwasserpumpen.

An der Peene liegt das Kraftwerk mit Hafen mit automatischer Bekohlungs- und Entaschungsanlage, Wasserreinigung, Feuerlöschpumpen und Fernheizung. Der Hafen dient dem Kohletransport, ferner als Liegeplatz für die Sicherheitsschiffe, für die auch eine Slipanlage vorgesehen wird, auch ist Platz für einige Sportboote vorgesehen. Das Kraftwerk soll später auch die Versorgung der schon bestehenden Versuchsstelle mit Strom und Heizung übernehmen, im gewissen Umfange auch die Anlagen der Luft mit Strom versorgen. Das ganze Gelände wird zum Schutz gegen Hochwasser und auch zum Schutz gegen Sicht mit einem 4 m hohen Deich, mit einem Zaun darauf, versehen; auf dem Deich wird ein Schöpfwerk untergebracht zur Grundwasserabsenkung.

Das Arbeiterbarackenlager ist bereits im Bau, es bleibt nach Beendigung der Bauarbeiten zur Unterbringung der 2. Schicht für den Mob.-Fall erhalten. Es hat eigene Wohlfahrtseinrichtungen, [eine] Küche, Wascheinrichtungen und [ein] eigenes Heizwerk. Eine Kläranlage sorgt für die Beseitigung der Abwässer, die teilweise landwirtschaftlich verwertet werden, da beabsichtigt ist, die grossen Flächen um die Prüfstände zur Viehhaltung zu benutzen.

Für die grosse Siedlung hat ein Wettbewerb unter zwei Architekten und eine Begutachtung durch Professor Speer stattgefunden. Sie wird nicht als Siedlung, sondern als Stadt ausgebaut und erhält alle erforderlichen Gebäude, Schulen, Krankenhaus, Lehrlingsheim, Gemeinschaftshalle, Kino, Theater, Geschäftsstrasse, Schwimmbad, Sportplatz usw. Der Verkehr zum Werk erfolgt durch eine elektrische Schnellbahn, da die Forderung gestellt werden muss, morgens innerhalb 1 Stunde 4000 Arbeiter und 700 Angestellte hin und abends in der gleichen Zeit zurückzubefördern. Für das gesamte Bauvorhaben ist eine Zeit von nur 4 Jahren in Aussicht genommen, eine Zeit, die nur innezuhalten ist, wenn wir bei der Dringlichkeit entsprechende Unterstützung bei allen maßgeblichen Stellen finden, was wir hoffen.

Freiburg i. B., Bundesarchiv / Militärarchiv (Bestand: RH 8 /V. 1206)

Walter Dornberger

1941 stoppte Dornberger die Peenemünder Untersuchungen über geflügelte Raketen zugunsten der raschen Entwicklung einer reinen Rakete für den baldigen militärischen Einsatz. Der Auftrag laute, »in kürzester Zeit ein frontverwendungsfähiges Aggregat mit einer Schußweite von 270 km beschaffungsreif zu entwickeln.«

Betr.: Entwicklungsgrundsätze
(Schreiben an die Heeresversuchsanstalt Peenemünde, Berlin, 13. November 1941)

Aus der letzten Rücksprache mit Dr. von Braun ersehe ich, daß immer noch Meinungsverschiedenheiten über das Ziel, den Gang und die Art der Entwicklung in Peenemünde bestehen. Ich lege daher nachfolgend noch einmal die Grundsätze für die Entwicklung in Peenemünde fest, die ich nunmehr in eigenem Interesse zu beachten dringend ersuche:

1.) Der Auftrag für die HVP lautet:

In kürzester Zeit ein frontverwendungsfähiges Aggregat mit einer Schußweite von 270 km beschaffungsreif zu entwickeln, Nutzlast 1 to. Dies ist am schnellsten möglich durch das mit O_2-Spiritus angetriebene A 4, das zu Beschaffungszwecken so einfach wie möglich unter Berücksichtigung der für die Vereinfachungsmaßnahmen noch zur Verfügung stehenden Zeit zu gestalten ist. Bei der Beschaffung wird es sich um eine Höchststückzahl von nur 5000 Geräten pro Jahr handeln, bedingt durch fehlende Rohstoffe für das Antriebsmittel.

2.) Da jedoch die Ausstoßforderung wesentlich höher liegt und die Schußweite des A 4 für den gedachten Zweck nicht ausreicht, ist das A 4 einsatzmäßig zunächst nur als Zwischenlösung zur Beschießung nahe liegender Ziele anzusehen. Die vordringlichste Entwicklung neben dem A 4 ist ein Gerät mit mindestens 450 km Schußweite. Bei diesem in größeren Stückzahlen in die Beschaffung zu gebenden Gerät kommt es darauf an, durch Verwendung von Betriebsstoffen, die in genügender Menge vorhanden sind, von Materialien, deren Rohstoffe im wesentlichen gesichert sind, sowie Einrichtungen, die auf das Einfachstmaß zugeschnitten sind, die Grundlagen für die Massenherstellung zu schaffen.

3.) Bei diesem Gerät zu 2.) ist zu entscheiden, ob [eine] reinrassige Rakete, Typ A 5 oder A 4, oder [ein] Flossengeschoß genommen werden soll. *Ich entscheide: Reinrassige Rakete, Typ A 5 oder A 4.*

Was kommt am schnellsten zum Tragen, über wessen Flug liegen die besten Ergebnisse vor und welche Konstruktion bedingt den geringsten Aufwand?

a) Bei der ganzen Flüssigkeitsraketenentwicklung ist bisher allein die *Form des A 5* flugtechnisch untersucht worden und hat sich bewährt. Die Verwendung bei großen Geschwindigkeiten ist nach WK-Versuchen gewährleistet. Falls die jetzige Form des A 4 nicht ausreicht und die Stabilität nicht genügt, muß eben die Bauart geändert und stabiler gemacht werden. Gleichzeitig muß der Schub und die Nutzlast erhöht werden, um die geforderte Schußweite bei voller Betriebssicherheit und eine dem Aufwand entsprechende Wirkung am Ziel zu erreichen. Ein weiterer Vorteil ist der, daß die Leitstrahleinrichtung nur für die Brennzeit gefordert wird, was nach dem derzeitigen Stand der Entwicklungen ohne weiteres möglich ist. Dies bedeutet eine wesentliche Erleichterung für die ganze Ballistik.

b) *Das Flossengeschoß* selbst ist noch eine vollständig ungeklärte Angelegenheit. In den im Juli dem Führer vorgelegten Entwürfen wird noch eine Steighöhe von über 100 km angegeben. Jetzt soll das Gerät die Luftschicht der Erde nicht übersteigen. Zum Flug in der Luftschicht der Erde verwendet man nach allen Berechnungen zweckmäßiger statt eines reinrassigen Flüssigkeitsraketenantriebs einen Luftstrahlantrieb, der wirtschaftlicher arbeitet. Dieser Luftstrahlantrieb fällt aber nicht in unser Arbeitsgebiet, sondern in das Arbeitsgebiet des RLM. Diese Entwicklung kommt beim RLM seit Jahren nicht weiter. Die Flugeigenschaften eines Flossengeschosses sind bisher nur theoretisch untersucht, praktisch jedoch noch nicht. Die Steuerung durch Leitstrahl nach der Seite muß während des ganzen Fluges erfolgen. Das ist zur Zeit noch nicht mit hinreichender Genauigkeit möglich. Der Aufwand wird größer sein wie zu a). Das Problem der Erreichung einer bestimmten Entfernung ist noch in keiner Weise so geklärt, daß man von einer Lösung sprechen kann.

4.) Ich verkenne nicht die Schwierigkeit der Konstruktion einer reinrassigen Rakete mit 450 km Schußweite bezüglich ihrer Stabilität und Festigkeit. Ich sehe aber in ihrer Entwicklung den nächsten Weg um zum Ziel zu kommen.

Hinter den beiden Entwicklungen: A 4 mit 270 km Schußweite und neues Gerät mit 450 km Schußweite auf der Basis der reinrassigen Rakete, hat alles andere rücksichtslos zurückzutreten.

5.) Die Entwicklung von *Flossengeschossen* kann die Zukunft bedeuten, aber nur die Zukunft. Im augenblicklichen Zeitpunkt und bei der vorliegenden Dringlichkeit kann nur das Bewährte in Frage kommen und nicht ein Traum, der noch sehr weit von seiner Verwirklichung entfernt ist. Wenn später einmal, nach dem Kriege, sich herausstellt, daß durch Anbringung von Flossen die Möglichkeit besteht, die Schußweite unserer Geräte mit der erforderlichen Genauigkeit zu steigern, so bestehen dann keine Bedenken mehr, diese Entwicklung für uns aufzugreifen. Jetzt aber ist diese Entwicklung radikal zurückzustellen. Wir verlieren sonst unsere Arbeitskraft in einer Doppelentwicklung mit dem RLM, während wir später die Erfahrungen des RLM für uns ausnutzen können.

6.) Ich ersuche dringend darum, die gesamte Arbeitskraft der HVP nunmehr endgültig in die Aufgabe der Entwicklung reinrassiger Flüssigkeitsraketen zu stecken und nicht immer neue Probleme aufzugreifen, die an sich sehr schön und vielleicht auch vorteilhafter sein können, aber in der uns gegebenen Zeit für den gegebenen Zweck nicht zum Tragen kommen können.

Abdruck nach Mikrofilm: Washington, National Air and Space Museum (FE 342)

Walter Dornberger

Ein Unfall kurz vor dem geplanten Erststart des A 4 veranlasste Dornberger 1942, den seines Erachtens zu sehr mit Zukunftsprojekten beschäftigten Peenemünder Ingenieuren den Zweck ihrer Tätigkeit noch einmal einzuschärfen: »Wir sind eine militärische Dienststelle mit der klaren *Aufgabe der Entwicklung und Massenbeschaffung des A 4 in kürzester Zeit.*« (in der Ausstellung Objekt 4.1.3)

Betr.: Panne A 4
(Schreiben an die Heeresanstalt Peenemünde, Berlin, 5. Februar 1942)

Aus den beiden Vorgängen über die Panne bei Prüfstand I ist ersichtlich, daß

1.) wieder einmal ein unwiederbringlicher Zeitverlust vor Abgabe des ersten Schusses eingetreten ist,

2.) eine klare Schuld dem Arbeitsvorgehen der HAP zuzuschreiben ist.

Ich bin nach wie vor der festen Überzeugung, daß das A 4 eines Tages entwickelt sein wird und einsatzbereit gemacht werden kann. Durch diesen Rückschlag darf die Arbeitsfreude nicht leiden. Wir müssen auch diesen Rückschlag überwinden. Andrerseits wäre es aber unklug, die Augen vor Fehlern, die nun einmal gemacht sind, zu verschließen. Es muß alles daran gesetzt werden, daß auf Grund unserer langjährigen Erfahrungen diese Fehler auf ein Mindestmaß reduziert werden.

Zu 1.): Ich hoffe, daß sich alle Herren in Peenemünde darüber klar sind, daß die derzeitigen Arbeiten am A 4 entscheidend für unsere ganze Entwicklung und unsere Existenz sind. Wir können von unseren vorgesetzten Stellen nicht verlangen, daß sie auf unsere Behauptungen und unsere Hoffnungen noch etwas geben. Nur der Erfolg entscheidet im militärischen Leben. Wenn wir nicht in kürzester Zeit zum Schuß kommen und praktisch den Nachweis unserer Behauptung erbringen, ist mit einem rücksichtslosen Nachlassen jeder Unterstützung von oben zu rechnen. Diese Aussicht muß die HAP anspornen, unter Wahrung der äußersten Sorgfalt alles daran zu setzen, diesen Rückschlag durch Zusammenarbeit und Zusammenfassung aller Kräfte zu überwinden. Es ist unsinnig, ein Gerät – auch das erste Versuchsgerät – zu erproben, wenn nicht schon auf den Prüfstandbetrieb und die Massenfertigung Rücksicht genommen wird. Der Gedanke des fliegenden Laboratoriums, der wochenlangen Erprobung und Montage auf den Prüfständen muß raus. Der Wehrmacht nützt ein Versuchsgerät, was in monatelanger Arbeit von Spezialisten so hingebügelt ist, daß es schließlich fliegt, gar nichts. Auf Einsparung der Kräfte bei Erprobung und Start muß schon bei Einleitung der Entwicklung Rücksicht genommen werden.

In dieser Richtung fällt auch der von Dr. v. Braun mir am 4.2.42 vorgetragene Wunsch, wenn es zu Einsparungsmaßnahmen kommt, das VW still zu legen und dafür die Entwicklung mit umsomehr Leuten aufzufüllen und weiter zu treiben. Nicht die Masse der Leute ist entscheidend für eine gelungene Konstruktion, sondern die klar vorausschauende Überlegung eines einzelnen überragenden Kopfes. Ein klarer Kopf, der vorausdenken kann, kann Hunderte von Arbeitskräften ersetzen. Bei unserer Entwicklung und der uns für den Einsatz gestellten Aufgabe handelt es sich darum, das Gerät in möglichst großer Stückzahl unter Einsparung möglichst vieler Kräfte möglichst bald einsatzbereit herauszubringen. An einzelnen Versuchs-Spitzenleistungen – mögen sie wissenschaftlich noch so interessant sein – besteht militärisch absolut kein Interesse. Entweder wir kommen ab Anfang 1943 mit Einsatzgeräten zum Tragen, oder wir geben die ganze Angelegenheit auf und wenden unsere Arbeitskraft kriegswichtigeren Aufgaben zu. Ein Rückgriff auf den so beliebten Gedanken des Rüstungsvorsprungs oder Entwicklungsvorsprungs hat nur dann seine Berechtigung in der augenblicklichen Lage, wenn er in absehbarer Zeit und noch in diesem Kriege der Verwirklichung nahe gebracht werden kann. Also entweder Entwicklung + Massenfertigung oder rücksichtslose Einstellung jeder weiteren Arbeit auf diesem Gebiet.

Die Ideen des Raketenflugplatzes Berlin, d. h. der propagandistischen Auswertung einer Idee um Geld und Vollmachten zu bekommen und um ein praktisch für die Massenbeschaffung nicht brauchbares einmaliges Versuchsgerät zu bauen, müssen nunmehr langsam aus den Köpfen der leitenden Angestellten der HAP verschwinden. Wir sind eine militärische Dienststelle mit der klaren *Aufgabe der Entwicklung und Massenbeschaffung des A 4 in kürzester Zeit.*

Zu 2.): Aus dem Entwurf der Vorschläge für Umbauten am A 4 (Bb.Nr. 136/42 g.Kdos.) ersehe ich, daß bei der Konstruktion des A 4 den oben ausgeführten Gedanken nicht Rechnung getragen worden ist. Sonst wäre eine derartige Fülle von Änderungen nicht schon vor dem ersten Brennversuch in Vorschlag gebracht worden. Die ganze Konstruktion ist scheinbar so erfolgt, als ob Hunderte von Leuten wochenlang Zeit hätten, rauf und runter an dem auf dem Prüfstand aufgehängten Aggregat Ventile einzustellen, Montagearbeiten durchzuführen, Kabel umzuverlegen und überhaupt herumzufummeln. Es fehlt die Zusammenarbeit zwischen der Versuchsabteilung, die bei der praktischen Erprobung unserer Entwicklung auf den Prüfständen die meisten Erfahrungen hat, und dem TB [Technischen Bureau]. Es muß doch den leitenden Herren des Konstruktionsbüros sowie den leitenden Herrn der Versuchsabteilung allmählich einmal unsere Aufgabe klar geworden sein. Das Ziel ist und bleibt die Massenbeschaffung. Wie ist es dann möglich, daß derartige, für die Erprobung unmögliche Konstruktionen herauskommen?

Es gibt unter Berücksichtigung der Erprobung bei der späteren Massenfertigung doch nur 2 Stellen, an die auf dem Prüfstand noch herangegangen werden kann. Einmal die Stelle zwischen den Tanks und Ofen und dann die Steuerungsmaschinenspitze. An diese beiden Stellen müssen – durch Fenster in der Schale erreichbar – alle eventuell noch einzustellenden Ventile, Leitungen und Zubehörteile herangeführt werden. Das muß sich doch einmal jemand klar machen.

Wenn nun gesagt wird, es sei wegen der Kürze des Termins keine Möglichkeit vorhanden gewesen, eine Heckattrappe zu bauen und den Einbau durchzuknautschen, so muß ich das ablehnen. Bei einer derartig starken Belegschaft wie Peenemünde muß es durch richtigen Arbeitseinsatz ohne weiteres möglich sein, die für derartige Arbeiten erforderlichen Kräfte frei zu machen. Wenn es möglich ist, eine Holzattrappe mit allen vorläufigen Einbauten für einen neuen 80 to Tank binnen 2 Monaten herzustellen, so ist das in Peenemünde auch möglich. Entweder die leitenden Herren sind sich ihrer Aufgabe nicht bewußt, oder es wird nach Versagen der Konstruktion krampfhaft nach Gründen gesucht. Für die Massenbeschaffung gültige Überlegungen haben die Richtschnur schon bei Entwürfen und Projekten des ganzen Gerätes zu sein.

Es wird mir doch keiner einreden können, daß, wenn diese Gesichtspunkte berücksichtigt worden wären und nach Aufstellung der Projekte und Zusammenstellungszeichnungen eine gemeinsame Aussprache zwischen dem TB und der Versuchsabteilung unter Leitung der TA stattgefunden hätte, so viel[e] nachträgliche Änderungen notwendig gewesen wären. Entweder es gibt jahrelange Erfahrungen, die ausgenutzt und ausgewertet werden, oder man fängt jede Entwicklung von vorn an und verliert entsprechend Zeit. Das kann man unter normalen Friedensverhältnissen, wenn man an keine Zeit gebunden ist, machen. Im Kriege kommt es auf klare Disposition und vorherige Überlegung an, wenn man nicht hinten runter rutschen will.

Ich ersuche nunmehr dringend darum, in Zukunft so zu verfahren. Der Krieg wartet nicht auf uns. Und wenn wir uns dieser Forderung verschließen, werden unsere vorgesetzten militärischen Dienststellen über unsere Arbeit nur das eine Urteil fällen: »Zu spät!«.

Ich ersuche, dieses Schreiben allen leitenden Angestellten bekannt zu geben.

München, Deutsches Museum, Archiv (FA-Peen, Blaue Serie, 64/6)

Walter Dornberger

Für den – missglückten – Raketenstart vom 12. Juni 1942 hatte Dornberger eine Rede vorbereitet, in der er die Bedeutung der Raketentechnik für die »Überlegenheit militärischer, wirtschaftlicher und damit politischer Art« Deutschlands beschwor. Zugleich erhob er Forderungen zur Sicherstellung des Fronteinsatzes ab Herbst 1943 (in der Ausstellung Objekt 1.9).

Vortrag des Abteilungschef[s] Wa Prüf 11 gelegentlich des ersten Versuchsschiessens mit A 4 am 12. Juni 1942 in Peenemünde
Berlin, den 9. Juni 1942

Wenn ich am heutigen Tage kurz über die Ziele der Entwicklung unserer Fernrakete sprechen soll, so sei mir ein kurzer Rückblick gestattet. Ich betrachte diese Entwicklung, die im Heere auf Anregung des verstorbenen Generals der Artillerie, Becker, durch mich eingeleitet und seit nunmehr neun Jahren durch meine Abteilung geführt wird, als eine der bedeutendsten und umwälzendsten Erfindungen der Neuzeit. Ihre Bedeutung ist gleichzusetzen etwa der Erfindung des Rades, damit des Wagens, des Kraftwagens und der Eisenbahn, die zur Eroberung der Erde beigetragen haben, gleichzusetzen der Erfindung des Propellers, damit des Luftschiffes und des Flugzeuges, die die Luft eroberten. In der Rakete nun ist die Möglichkeit gegeben, über Erde und Luft hinaus den Weltenraum *zunächst* als Verbindungsweg zwischen den Kontinenten zu benutzen; erreichen wir doch schon bei unserem Gerät A 4 eine Schusshöhe von über 100 km. Auf dem Wege zu dem dermaleinst mit unbedingter Sicherheit kommenden Raumschiff ist die Peenemünder Entwicklung ein erster Schritt. Wenn ich das Ziel nennen soll, das durchaus im Bereich der technischen Möglichkeiten liegt und in absehbarer Zeit – sagen wir in 6 bis 10 Jahren – zu erreichen ist, so ist dies eine Verbindung von Europa nach Amerika in kürzester Zeit, also eine Reise von Deutschland nach Amerika in 30 Minuten. Welche Möglichkeiten sich damit für Verkehr und Handel ergeben, ist garnicht abzuschätzen.

Es ist klar, dass eine derartige Entwicklung dem Staate, der zuerst damit fertig wird, eine solche Überlegenheit militärischer, wirtschaftlicher und damit politischer Art geben wird, die man einfach als umwälzend bezeichnen muss. Klar ist aber auch, dass in einem Kriege wie heute die Entwicklung hundertprozentig auf die militärische Einsatzmöglichkeit abgestellt werden muss, alles andere hat Zeit bis später.

Der Weg, den wir bis zum augenblicklichen Stand der Entwicklung zurückgelegt haben, war hart und schwer. Es hat des Opfermutes, des nie erlahmenden Glaubens, grossen technischen Könnens und der immer gern gewährten Hilfe unserer unmittelbaren Vorgesetzten bedurft, um überhaupt so weit zu kommen. Es kommt jetzt bei dieser Entwicklung nicht mehr darauf an, Ideen zu haben, neue Projekte zu entwerfen und sogenannte Neuerungen oder Verwendungszwecke vorzuschlagen, sondern nur eingehende, wissenschaftlich gründliche Arbeit in Verbindung mit den erforderlichen Einrichtungen kann die Entwicklung rasch vorwärts bringen. Es ist klar, dass die Flüssigkeitsraketenentwicklung nicht eine Deutschland allein vorbehaltene Entwicklung ist, alle Staaten beschäftigen sich damit, und je mehr in Presse, Rundfunk und Literatur das Arbeitsgebiet zum Teil in phantastischen Erzählungen behandelt wird, umso mehr beschäftigen sich alle »Auch-Erfinder« mit diesen Gedanken. Die Gedanken kommen in Form von Vorschlägen, Erfinderangeboten und Projekten an die oberen Stellen des Staates und der Wehrmacht; die meisten behandeln nur eine Problemstellung, es wird mit den unglaublichsten Zahlen und Daten herumjongliert. Die Erfinder, die alle nur auf theoretischen Überlegungen fussen, erwecken den Eindruck, als ob unsere praktische, dem Aussenstehenden so langsam vorwärtsschreitende Arbeit in Peenemünde längst überholt sei und dass wir die rückständigsten Leute auf diesem Gebiet überhaupt seien. Dem ist aber Gott sei Dank nicht so. Wenn Sie heute die hiesigen Anlagen gesehen haben oder noch sehen werden, so werden Sie einen Eindruck davon bekommen, was zur Durchziehung eines derartigen Problems alles nötig ist, und welche unendliche Arbeit geleistet werden muss, um diese Entwicklung in einem ersten Ziel zum Abschluss, zur Massenfertigung und damit zum Einsatz zu bringen. Bedenken Sie, dass wir heute erst im neunten

Jahr der Entwicklung stehen und dass man heute schon von uns die Massenbeschaffung von Geräten mit 270 km Schußweite verlangt. Wie lange hat demgegenüber die Entwicklung der Motoren [hs., unleserlich], des Kraftwagens oder des Flugzeuges gedauert. Seien Sie versichert, dass alle Vorschläge eingehend geprüft, wenn sie brauchbar sind auch verfolgt werden, aber dass es uns in erster Linie einmal darauf ankommt, schnellstmöglich mit einem Gerät wie dem A 4 zum Abschluss zu kommen, und dass alles andere, auch wenn es noch so erfolgversprechend erscheint, zurücktreten muss. Entscheidend für uns bleibt der geforderte Einsatz des Gerätes A 4 und der Zeitbedarf, der für die Aufnahme einer neuen Entwicklung benötigt wird.

Es ist klar, dass wir hier in der Heeresanstalt Peenemünde nicht glauben, am Ende der technischen Entwicklung der Fernrakete zu sein, oder uns einbilden das Beste, was überhaupt möglich ist, geschaffen zu haben; die Technik bleibt nicht stehen. Der Stand unserer Entwicklung lässt sich am besten mit dem Stand der Automobilindustrie um das Jahr 1900 vergleichen. Auch wir suchen nach neuen besseren Antriebsmitteln, wir wollen weg vom Flüssig-Sauerstoff und Spiritus. Aber alle diese anderen sogenannten viel besseren Antriebsmittel bieten noch derartige Schwierigkeiten in der Behandlung und einwandfreien Verwendung, dass wir zuversichtlich sagen können, dass das, was augenblicklich hier in der HAP fertig ist, schneller einsatz- und verwendungsbereit gemacht werden kann als alles andere.

Was wir zunächst anstreben ist ein Gerät mit 1 to Nutzlast, das auf eine Entfernung von 270 km bei durchaus tragbarer Streuung fliegt; dies Gerät ist in dem A 4 gefunden. Die Vorbereitung und Einleitung der Massenfertigung sowie die Klärung der Einsatzbedingungen – Fahrzeug- und Transporttankbeschaffung und ihre Organisation – ist das nächste Ziel. Wir hoffen mit der Entwicklung, die infolge der Spar- und Umstellungsmassnahmen, der Arbeitseinsatz- und Transportfragen immerwieder gehemmt wird, bis Ende dieses Jahres fertig zu sein. Die fabrikatorischen Vorbereitungen für die Massenfertigung sind in Arbeit. Vorgesehen ist ein maximaler Ausstoss von 1000 Geräten pro Monat, der ab Mitte 1943 aller Voraussicht nach anlaufen kann, so dass dann mit einem Einsatz ab Herbst 1943 zu rechnen ist.

Unbedingte Voraussetzungen für diesen Termin sind jedoch folgende:

1.) Grundsätzliche endgültige Einstufung des A 4-Programms mit eigener Bezeichnung in das Schwerpunktsprogramm.

2.) Genehmigung durch den Führer, dass alle Massnahmen durchgeführt werden können.

3.) Restlose Unterstützung in allen Arbeitseinsatzfragen durch den Reichskommissar, Gauleiter Sauckel. Diese Unterstützung muss sich nicht nur auf die eigentlichen Betriebsarbeiter und Angestellten, sondern auch auf das Personal der Bauleitung erstrecken. Bis jetzt ist uns auf dem Gebiete des Arbeitseinsatzes von den zuständigen Behörden die geringste Unterstützung zuteil geworden; nur dadurch, dass wir die Ermächtigung bekamen, Soldaten aus der Front zu einem Versuchskommando Nord zusammenzufassen und im Betrieb der Heeresanstalt Peenemünde zunächst einzusetzen, ist es uns gelungen über diese grundsätzliche Schwierigkeit, jedenfalls zu einem grossen Teil, wegzukommen. Da jedoch diese Soldaten als Stamm für aufzustellende Spezialformationen mit dem Gerät A 4 gelten sollen, muss rechtzeitig für Ersatz durch freie Arbeiter Sorge getragen werden. Hier muss die Unterstützung des Gauleiters Sauckel einsetzen. Die Schwierigkeiten bei uns sind wesentlich größer als bei der Industrie. Die Beschäftigung ausländischer Arbeiter im Entwicklungswerk ist nicht tragbar. Im Versuchsserienwerk ist reine Montage. Ferner finden täglich sowohl durch Heer wie Luft[waffe] Versuche statt, die durch ihr charakteristisches Geräusch sofort allen Zuhörern verraten, was hier gespielt wird. Und solange Peenemünde die Keimzelle und der einzige Platz dieser Art in Deutschland ist, ist die Gefahr durch Fliegerangriff die ganze Entwicklung und Fertigung zu stoppen, doppelt groß.

4.) Rohstoff- und kontingentsmässig volle Belieferung und Stetigkeit in der Belieferung. Eine Planung ist unmöglich, wenn die Zuteilungen von Quartal zu Quartal bis zu 70% schwanken.

5.) Klärung der Transportschwierigkeiten. Die Anlieferung der Baumaterialien und der Werkstoffe muss unter allen Umständen gewährleistet sein.

6.) Heranschaffung einer Anzahl Fertigungskonstrukteure möglichst aus der Flugzeugindustrie, Arbeitsvorbereiter und Vorrichtungskonstrukteure. Gerade diese Fachleute fehlen uns jetzt, wo es die Vorbereitungen für die Massenherstellung zu treffen gilt, in erster Linie. Wenn das Reichsministerium der Luftfahrt es irgendwie ermöglichen könnte, dass uns aus jedem Flugzeugwerk vielleicht nur 2 bis 3 Angestellte dieser Fachrichtungen auf die Dauer von 1/2 Jahr zur Verfügung gestellt werden könnten, wäre uns entscheidend geholfen, während eine Belastung der Flugzeugindustrie bestimmt nicht eintreten würde.

7.) Hilfe bei der Heranholung eines Fachmannes aus der Industrie für die Nachbauleitung..., der mit Fragen der Massenbeschaffung grosser Geräte, möglichst Flugzeuge, Kraftfahrzeuge oder ähnl. vertraut ist und der hier die Abstimmung der Fertigung bei den Einzelfirmen mit der Montage in den beiden Zusammenbauwerken HAP und LZ Friedrichshafen steuern soll. Es muss sich hier die Möglichkeit schaffen lassen, dass wir einen solchen Spitzenkönner der Industrie auch bezahlen können, mit Tariflohn ist da nichts zu machen.

8.) Vor allen Dingen aber Vermeidung des ständigen Wechsels der Arbeitskräfte. Die Zahl der Geheimnisträger ist jetzt schon zu groß, die der Spezialisten, da es ja keine Fachleute und keine Industrie auf unserm Arbeitsgebiet gibt, zu klein. Ein Wechsel durch Einziehen zur Wehrmacht ist nur schwer tragbar. Kann die HAP nicht wie das Mineralölprogramm und der Bergbau vor Einziehen der Kräfte gesperrt werden.

9.) Ferner muss uns die Möglichkeit gegeben werden, Kräfte nach Bedarf einzustellen. Wir sind eine im Aufbau begriffene Anlage. Die Fabrikationsräume und maschinellen Einrichtungen werden erst erstellt, die Belegschaft dazu muss erst herangeholt werden. Die Stärke der Belegschaft muss sich nach dem unbedingt notwendigen Bedarf richten.

10.) Was für die Einstufung des Vorhabens A 4 in die Dringlichkeitsstufe, für die Herstellung und den Arbeitseinsatz gilt, muss auch für die Eingruppierung des Bauvorhabens als solches in die Wehrkreisrangliste gelten.

Wenn diese Forderungen auch nur zu 80% erfüllt werden können, so werden wir die vorgesehenen Termine halten können.

Es ist beabsichtigt, aus den Soldaten des Versuchskommandos Nord bis Ende dieses Jahres eine Versuchsbatterie als Stamm für die aufzustellenden Formationen sowie als Versuchstruppe in unmittelbarer Anlehnung an die Heeresanstalt Peenemünde aufzustellen. Solange das Gerät noch in seinem derzeitigen Entwicklungsstand eine derart technisch komplizierte Angelegenheit ist, ist es zweckmässig, die Versuchstruppe aus Leuten, die sich bei der Heeresanstalt Peenemünde eingearbeitet haben, zu nehmen, erst später kann man an die Aufstellung fremder Truppen an anderen Standorten denken, die durch Angehörige des Versuchskommandos Nord als Gerippe unterstützt werden.

Der Einsatz der Geräte A 4 ist derart gedacht, dass die kleinste selbständige Einheit eine Batterie ist, die mit allem Notwendigen ausgerüstet, im beweglichen Einsatz längs der Küste von Brest bis Holland, Südengland, London und weiter bis zu Entfernungen von 270 km im Einzel- und Massenfeuer, unabhängig von der Tageszeit und unabhängig vom Wetter, unter Feuer nehmen kann. Eine Störung der Leitstrahl- und Steuerungseinrichtungen durch Feindeinwirkung ist weitgehend ausgeschaltet. Durch diese Art des Einsatzes kann eine starke Entlastung der Luftwaffe eintreten und damit ein Sparen mit dem fliegerischen Personal. Die moralische und tatsächliche Wirkung des Schiessens wird, da es ununterbrochen, ohne Fliegeralarm stattfindet, in Städten und derartigen großflächigen und stark besiedelten Zielen geradezu ungeheuer sein.

Als weiteres Ziel der Entwicklung ist die Konstruktion und Massenreifmachung eines Gerätes vorgesehen – des A 8 – bei dem statt Sauerstoff-Spiritus-Antrieb zu Salpetersäure-Benzol übergegangen werden soll. Die Schussweite dieses Gerätes ist mit 450 km bei 1 to Nutzlast, bzw. 270 km bei 3 to Nutzlast vorgesehen. Der Abschluss dieser Entwicklung wird jedoch nicht vor 2 bis 3 Jahren möglich sein.

Als weiteres Entwicklungsziel ist vorgesehen, die Endgeschwindigkeit derartiger Geschosse und damit ihre Auftreffenergie auszunutzen und durch Anbringung von Tragflossen die Schussweiten zu steigern. Derartige Entwicklungen versprechen, falls es gelingt, die entsprechenden Leitstrahleinrichtungen bis zu diesen Schussweiten exakt herauszubekommen, Schussweitensteigerungen von weiteren 60 bis 80%. Derartige Entwicklungen sind sowohl für das Gerät A 4 wie A 8 vorgesehen.

Die Krönung unserer Arbeit in den nächsten 10 Jahren soll das Amerika-Gerät sein, das als Zweistufenrakete gebaut wird und die Entfernung Deutschland-Amerika in ca. 30 Minuten zurücklegen soll.

Wenn ich Ihnen heute vielleicht phantastisch erscheinende Zahlen genannt habe, so beruhen sie doch auf der eingehenden Kenntnis der augenblicklichen technischen Möglichkeiten und wenn eine solche Entwicklung theoretisch und wissenschaftlich fundiert ist, dann muß es auch einen Weg zu der praktischen Durchführung geben.

München, Deutsches Museum, Archiv (FA-Peen, Blaue Serie, 64/6)

Walter Dornberger

Die von Rüstungsminister Speer berufene »Kommission für Fernschießen« sollte im Frühjahr 1943 entscheiden, welches Waffenprojekt erfolgversprechender sei: die Rakete des Heeres oder die Flugbombe der Luftwaffe. Die Entscheidung fiel am 26. Mai 1943 in Peenemünde nach einem Versuchsschießen. In seinem Vortrag vor der Kommission versuchte Dornberger die Erfolgsaussichten der Rakete ins rechte Licht zu rücken und – angesichts der drohenden Übernahme Peenemündes durch die Rüstungsindustrie – die eigene Entwicklungstätigkeit des Heeres zu rechtfertigen.

Vortrag vor der Kommission für Fernschießen am 3. März 1943 in Peenemünde

1.) Allgemeines.

Die Flüssigkeitsrakete mit großer Leistung gibt uns die Möglichkeit, durch ihr Vordringen in den und durch die Zurücklegung von fast 90% ihres Weges im praktisch luftleeren Raum, Schußweiten und Streuungen zu erreichen, die für Geschütze und für an atmosphärische Bedingungen gebundene Fluggeräte unmöglich sind.

Das ist der grundlegende Vorteil und das grundlegend Neue bei der Flüssigkeitsrakete.

Bei der Aufnahme der Entwicklung im Jahre 1932 war von uns diese Möglichkeit klar erkannt worden. Auf Grund von Berechnungen wurden daher die Forderungen für ein *erstes* einsatzfähiges Kriegsgerät fixiert, für das A4. Es sollte eine Nutzlast von 1 to über eine Entfernung von 270 km mit möglichst geringer Streuung geschossen werden.

Wenn man überlegt, daß seit Aufnahme der Entwicklung erst 10 Jahre vergangen sind,

daß diese Entwicklung aus Geheimhaltungsgründen nur einem kleinen Teil Eingeweihter bekannt gegeben werden konnte,

daß Fachkräfte überhaupt nicht vorhanden waren und erst herangebildet werden mußten,

daß bis auf die Unterstützung durch die obersten Heeresdienststellen und den jetzigen Rm.f.Bew. u.Mun. als Bauleitung uns durch Dringlichkeitsstufen, Rohstoffzuteilung und besonders durch Zuweisung geeigneter Arbeitskräfte überhaupt nicht geholfen wurde, und man besonders die Entwicklungszeiten von Torpedos oder Flugzeugen zum Vergleich heranzieht,

so dürfte die von einer *Dienststelle des Heeres* geleistete Arbeit wohl einmalig in der Geschichte der modernen Technik sein.

»Der Flüssigkeitsstrahlantrieb und seine Beherrschung ist in der Geschichte der Technik umwälzend und wird auf die Kriegsführung der ganzen Welt revolutionierend wirken.« So urteilte der Führer im Jahre 1941 nach einem Vortrag im Hauptquartier.

In der Flüssigkeitsrakete hat der Mensch neben Wasser, Erde und Luft nunmehr auch den Weltenraum erobert.

Es ist leicht, nach Jahren der Entwicklung an der oder der Maßnahme Kritik zu üben. Wir würden heute, wenn wir von vorn anfangen würden und so erfahren wie heute wären, auch vieles anders machen. Als wir jedoch begonnen haben, betraten wir technisches Neuland und mußten weit in die Zukunft vorausschauend planen und auch einmal falsch planen. Jede einzelne Erfahrung mußte erst selbst gesammelt werden. Es gab eben keine Vorgänge. Der Vorteil unserer Planung ist jetzt, daß wir in unmittelbarem Anschluß an die Entwicklung sofort mit der Fertigung anfangen können und nicht erst Jahre bis zum Anlauf dieses technisch vollkommen neuen Gerätes nötig haben.

2.) Wie kam es zum Gerät A4?

Nachdem die ersten Versuche auf dem Versuchsplatz Kummersdorf die Grundlagen für den Antrieb geschaffen hatten und das erste Gerät A 2 im Jahre 1934 in Borkum geflogen war, wurde das Gerät A 4 projektiert. Bald (1935) stellte sich jedoch heraus, daß die Anlagen auf dem Versuchsplatz Kummersdorf zu klein waren und wir uns eine neue Anlage mit Schießmöglichkeit für Entfernungen bis zu 500 km Entfernung suchen mußten. Als einzig wirklich brauchbare Stelle kam in ganz Deutschland nur Peenemünde auf Usecom in Frage.

Wenn man uns jetzt den Vorwurf macht, daß wir ausgerechnet nach Peenemünde gingen, da dieses im luftgefährdeten Gebiet liegt, dann kann man nur folgendes sagen:

Damals gab es noch keine Flugzeuge, die, vom Westen aufsteigend, mit entsprechender Bombenlast so weit fliegen konnten, auch Polen und Rußland waren noch nicht nach Osten zurückgedrängt.

Um die Zeit bis zur Erstellung der Anlage nicht nutzlos vergehen zu lassen, wurde ein Versuchsträger A5 in Kummersdorf entwickelt und hier in Peenemünde in den allerersten Anlagen fertiggestellt und erprobt. Er hatte die Aufgabe, Erfahrungen beim Schießen mit Flüssigkeitsraketen zu sammeln, Steuermaschinentypen und Funkkommandoanlagen auszuprobieren und uns überhaupt erst einmal den Umgang mit solchen Geräten zu ermöglichen. Es war ein Gerät von 6 m Länge, 75 cm Durchmesser, hatte 1,5 to Schubleistung während 45 Sekunden und erreichte Geschwindigkeiten, die um 280 m/sec lagen. Eine Nutzlast war nicht vorgesehen. In den Jahren 1938 – 1941 wurden auf der Greifswalder Oie ca. 70 Versuchsgeräte zum Teil mehrmals verschossen. Die Geräte konnten am Fallschirm wieder geborgen werden. Uns kam es darauf an, die beim Flug auftretenden Erscheinungen festzulegen, durch kleine, mitfliegende Kinoapparate das Verhalten des Gerätes während des Fluges aufzuzeichnen und die Ergebnisse auszuwerten.

Ich führe dieses deshalb an, weil ja die Kommission auch über die Erfolgsaussichten und den Stand der Entwicklung berichten soll, und bedaure, daß von einem Besuch des Windkanals Abstand genommen wurde, denn gerade die eingehenden und gründlichen vorherigen Versuche im Windkanal haben bei uns den Glauben an den Erfolg zur Gewißheit werden lassen und überhaupt erst die Grundlage zur Weiterarbeit gegeben. In diesem größten Überschallgeschwindigkeitskanal der Welt, der Geschwindigkeiten bis zu 1500 m/sec zuläßt, wurde neben anderem für das A4 gemessen:

a) die Stauwärme, entscheidend für die Materialauswahl der Hülle. Bei Geschwindigkeiten von 1500 m/sec treten Stautemperaturen bis zu 600° auf,

b) die Stabilität,

c) die Flossenform,

d) die Ausweitung des Gasstrahles im luftleeren Raum, die maßgebend für die Form der Flossen ist,

e) Dreikomponentenmessungen,

f) Rudermomente und Rollmomente,

g) Druckverteilungsmessungen über dem gesamten Rumpf und auf den Flossen.

Diese Messungen waren von geradezu grundlegender Bedeutung für den Konstrukteur und Statiker.

Die ganze Formgebung des Gerätes und seiner Einzelteile durch den Windkanal haben dem Konstrukteur und Statiker ebenso wie dem Steuerungsfachmann und Ballistiker erst die Unterlagen gegeben, auf denen aufbauend wir grundsätzliche Änderungen an dem Gerät nach dem Bau des ersten Versuchsmusters nicht mehr nötig hatten. Diese bis ins kleinste gehende Forschung und Untersuchung ist für die Ballistik freifliegender Körper und damit für die Beurteilung der Erfolgsaussichten eines solchen Gerätes ebenso entscheidend wie die Konstruktion des Gerätes selbst.

Daß diese Unterlagen wohl hier erstmalig in einer 100 %igen Vollendung geschaffen wurden, gibt uns die Gewißheit des Erfolges. Als schlagenden Beweis für die unerläßliche und erfolgreiche Arbeit eines derartigen Kanals möchte ich hier nur anführen, daß im Windkanal flügelstabilisierte Treibspiegelgeschosse für unsere großkalibrigen Geschütze entworfen wurden, und daß durch die Granaten, die auf Grund dieser Unterlagen gebaut wurden, eine Schußweitensteigerung von über 60 % bei einwandfreiem Flug auf Anhieb erreicht wurde. Ich möchte also nur abschließend bemerken, daß bezüglich der Vorbereitung unseres Gerätes alles getan wurde, was überhaupt möglich war, und wir voller Zuversicht dem ersten Schießen und damit dem späteren Einsatz der Geräte entgegen sehen konnten.

Im Juli 1942 war es endlich so weit, daß das erste Gerät A 4 abgeschossen werden konnte. Sie haben die Ergebnisse der ersten Schießen im Film gesehen. Inzwischen sind noch 8 Geräte verschossen worden, von denen 4, die nicht durch Bedienungsfehler beim Start zu Bruch gingen oder durch irgendwelche Zufälligkeiten nicht grundsätzlicher Art nicht zum Erfolg kamen, betrieblich einwandfrei arbeiteten. Die Schüsse wurden noch ohne Leitstrahl und ohne Brennschlußabschaltung abgegeben und lagen in einer Entfernung von 150 bis 196 km und in einem Streifen von ca. 4 km Breite. Wir wollten mit den ersten Schüssen zunächst erst einmal den einwandfreien und drallfreien Flug erreichen, um dann durch Aufschalten des bei dem A 5 entwickelten Leitstrahls und der Brennschlußkommandoeinrichtungen auf Erreichen bestimmter Treffbilder und zur Schußtafel zu kommen. Das ist unsere Aufgabe bis zum Herbst dieses Jahres. Man muß bedenken, daß jetzt erst 11 Freiflugversuche stattgefunden haben, bei denen wir die Handhabung des Gerätes lernten, aber die uns jetzt schon bewiesen haben, daß die von uns angegebenen Werte von 270 km mit 1 to Nutzlast ohne Schwierigkeiten zu erreichen sind. Wie wir im einzelnen die Streuung nach Breite und Länge werden drücken können – ich sage ausdrücklich können und nicht müssen, denn gegen Ziele wie London brauchen wir die große Treffgenauigkeit nicht – wird Ihnen Dr. von Braun nachher vortragen. Was das bis jetzt erreichte Ergebnis bei einer technisch vollkommen neuen Waffe bedeutet, wird jeder Fachmann aus der Waffenindustrie beurteilen können.

München, Deutsches Museum, Archiv (FA-Peen, Blaue Serie, 64/6)

Walter Dornberger

Diesen stark redigierten Text entwarf Dornberger offenbar für detaillierte Ausführungen vor der »Kommission für Fernschießen« im Frühjahr 1943. Er zeigt die Fülle der Probleme, die vor dem Feldeinsatz der Rakete zu lösen waren, aber auch den fortgeschrittenen Stand der Vorbereitungen.

Planungen und Vorbereitungen für den Einsatz des Gerätes A 4
(März 1943)

Organisation.
Nach Herausgabe des Führerbefehls, daß das Gerät A4 in Großfertigung gehen soll und für den Einsatz neben der motorisierten Formation eine Bunkeranlage an der Kanalküste vorzusehen ist, sind die Planungen und Vorbereitungen für die Großserie ebenso wie die Vorbereitungen für den Einsatz selbst wesentlich vorwärts gekommen.
Als *Montagestätten* sind vorgesehen:

1.) das Versuchsserienwerk der Heeresanstalt Peenemünde,

2.) Luftschiffbau Zeppelin, Friedrichshafen,

mit einem Höchstausstoß von monatlich je 250 Geräten. = 6000 Geräte/anno.

Als dritte, Ausweichmontagestelle, soll steigerbar bis 12 000 per Jahr ein Werk im Generalgouvernement erkundet werden. Dies ist umsomehr nötig, da sowohl Peenemünde als auch Friedrichshafen neuerdings im luftgefährdeten Gebiet liegen. Die Vorbereitungen für die Großfertigung sind so weit getroffen, daß zur Zeit ca. 80 % der Fertigungsunterlagen fertig sind, 18 % in ca. 3-4 Monaten, die restlichen 2 % im Laufe des nächsten halben Jahres. Dabei ist zu berücksichtigen, daß grundsätzliche Änderungen in der Konstruktion aller Voraussicht nach nicht mehr auftreten werden und die fehlenden Prozent der Unterlagen den Anlauf der Fertigung nicht behindern werden. Engpaß ist noch der Vorrichtungsbau, dessen Fertigstellung zur Zeit mit ca. 40 % anzusetzen ist.

Durch Schaffung einer *Technischen Direktion Serie* bei der HAP und deren Besetzung durch einen Fachmann der Großindustrie sind auch hier wesentliche Fortschritte zu verzeichnen und mit dem Abschluß der Planungsarbeiten, Freimachung von Kapazität und Sicherstellung der notwendigen Arbeitskräfte in wenigen Monaten zu rechnen. Hinzukommt, daß durch Schaffung eines »*Sonderausschusses A4*« des Reichsministers für Bewaffnung und Munition und Ernennung des Herrn Dir. Degenkolb, Führer des Hauptausschusses »Schienenfahrzeuge«, zum Führer dieses Sonderausschusses nunmehr das A4-Programm den notwendigen Rückhalt beim Reichsminister für Bewaffnung und Munition und gegenüber der Industrie erhalten hat.

Planung und Gesamtausstoß.
Die Fertigung der 0-Serie und der Großserie ist so geplant, daß fast die gesamte Einzelteilfertigung und ein Großteil der Teilmontage in die Industrie verlagert ist und nur die reine Montage des Gesamtgerätes und die Abnahmeprüfungen in den Montagewerken vorgenommen werden. Die erforderlichen Prüfeinrichtungen werden im Versuchsserienwerk der HAP und bei LZ Friedrichshafen in Oberraderach zur Zeit erstellt. Mit ihrer Fertigstellung ist ab Mitte des Jahres 1943 zu rechnen.

Der Ausstoß der einzelnen Werke beginnt im Herbst diesen Jahres mit ungefähr 20 Stück pro Monat und steigt bis Januar 1944 auf ca. 100 Geräte pro Monat und erreicht ab Juli 1944 einen monatlichen Ausstoß von 250 Geräten pro Werk. Es kann also mit einem vorläufigen Endgesamtausstoß pro Monat von 500 Geräten gerechnet werden. Wir hoffen, dass durch Eingreifen des Sonderausschusses A4 der Stückausstoß sich noch früher erreichen lässt.

Beschränkung der Höchstzahl.
Maßgebend für die Beschränkung auf 500 Geräte pro Monat war neben dem Engpaß elektrotechnische[r] Einrichtungen der Mangel an *Treibstoffen.* Das Gerät wird durch Flüssig-Sauerstoff und Spiritus angetrieben. Der Bedarf pro Gerät beträgt von jedem Treibstoff ca. 4 to. *Sauerstoff* war in Deutschland in diesen Mengen nicht verfügbar. Es mußten daher eigene Sauerstofferzeugungsanlagen geplant und errichtet werden. Als Rohstoff für die Sauerstofferzeugung kommt lediglich

die Luft in Frage. Zu ihrer Verflüssigung wird nur elektrischer Strom benötigt.

In Peenemünde selbst können ca. 2500 moto Flüssig-O_2 hergestellt werden. Für Oberraderach ist eine O_2-Anlage im Bau mit 1700 moto. Ihre Fertigstellung erfolgt im Herbst 1943.

Für den *Einsatz* selbst mußten 2 weitere O_2-Anlagen erkundet, bestellt und eingerichtet werden. Um den Verdampfungsverlust bei langen Transporten zu vermeiden und um möglichst nahe an den voraussichtlichen Einsatzort heranzukommen, sollte eine Anlage in Lüttich, eine zweite Anlage in Stenay errichtet werden. Die Erstellung der Anlagen läuft zur Zeit. Jede Anlage hat 1500 moto Leistung. Maßgebend für die Festlegung war neben gutem Straßen-, Bahn- und Wasseranschluß die *Energieversorgung*.

Die Anlage Lüttich soll bereits im Spätherbst 1943 in Betrieb genommen werden. Bauvolumenmäßig – die Instandsetzung der vorhandenen Fabrikhallen erfolgt durch die OT [Organisation Todt] – und energiemäßig sind die Anlagen klar. Eine dritte Erzeugungsanlage von 1500 moto als Reserveanlage ist bestellt. Über ihren Stand ist jedoch noch keine Entscheidung getroffen.

Jede Anlage von 1500 moto ermöglicht einschließlich Verdampfungsverlust den fortlaufenden Abschuß von 10-12 Geräten pro Tag. Der Transport des Flüssig-Sauerstoffes erfolgt von den Anlagen aus durch 27 000-l-Spezial-O_2-Tankwagen per Eisenbahn bis zur Front, wo eine Umfüllung auf die Kesselwagen der motorisierten Truppe bzw. in die Behälter des Bunkers erfolgt. Von den O_2-Kesselwagen sind 56 Stück in Auftrag gegeben und werden noch in diesem Jahre zur Auslieferung kommen. Eine Steigerung des Ausstoßes um 500 Geräte monatl. auf 1000 Geräte per Monat erfordert 3 neue O_2-Anlagen a 1500 moto.

Ebenso wie der Sauerstoff ist der *Spiritus* ein Engpaß, der einen größeren Ausstoß als 1000 Stück pro Monat nicht ermöglichte. Zurückzuführen war dieser Engpaß auf die schlechten Kartoffelernten der letzten Jahre. Eine Umstellung auf Methanol, wie vom OKW/Wi Rü Amt gefordert, wäre möglich gewesen. Die Untersuchungen mußten aber eingestellt werden, da inzwischen Methanol Engpaß geworden ist und Spiritus wieder zur Verfügung steht. Der Transport des Spiritus erfolgt in großen eingeführten Kesselwagen der Reichsbahn bis zur Front.

Die übrigen Treibstoffe bilden keinen Engpaß und stehen in der erforderlichen Menge zur Verfügung.

Lagerung der Geräte.
Nachdem so der Anlauf der Großserie geplant und gesichert ist, mußte für die Lagerung der Geräte vor ihrem Verschuß Sorge getragen werden.

Derartige Geräte bedürfen für ihre Lagerung großer Räume und besonderer Einrichtungen.

In Peenemünde selbst ist eine Lagerung für 150 Geräte vorgesehen. Durch Verhandlungen mit der Fz Jn wurde sichergestellt, daß ab Herbst 1943 2000 Geräte in Deutschland an 2–3 Stellen, je zu 8 Stück zusammengefaßt, gelagert werden können. Die Verhandlungen wurden dahin zum Abschluß gebracht, daß die Fz Jn für die Bereitstellung der Lagerräume, Gleisanschluß und Wartung zu sorgen habe, während die Lagerböcke von der HAP entwickelt und die Unterlagen zur Beschaffung an die Fz Jn übergeben werden. Schwierigkeiten dürften hier nicht zu erwarten sein. Die Lagerung erfolgt in einer Schutzhülle ohne Nutzlast auf Rollenböcken. Die Nutzlast wird getrennt gelagert.

Frontlager, Pufferlager.
Schwierigkeiten ergaben sich anfangs für die Lagerung der Geräte an der Front.

Die Forderungen an ein derartiges Lager sind: Förderbahnanschluß, Trockenheit, Möglichkeit der Kontrolle der elektrischen Geräteeinrichtungen sowie die Möglichkeit der Montage der Nutzlast an das Gerät.

Zuständig für die Lagerung im besetzten Westen ist hier nicht mehr die Fz Jn, sondern die O.Qu's bei den Militärbefehlshabern.

Wie die Erkundung ergeben hat, stehen für die Lagerung freie Hallen im Einsatzraum nicht zur Verfügung. Andrerseits muß in der Nähe der voraussichtlichen Einsatzstellen ein Pufferlager geschaffen werden, in dem die erforderlichen Munitionsarbeiten und die Verladung auf die Truppenfahrzeuge vorgenommen werden können. Der Transport auf der Eisenbahn erfolgt auf offenen Rungenwagen auf Vollbahngleis. Am Ort des Pufferlagers oder Frontlagers erfolgt mit Hilfe eines einfachen Bockkrans, wie er auf jedem Bahnhof vorhanden ist, entweder die Umladung auf den Transportwagen der Truppe oder auf die Rollenböcke des Lagers, von wo aus die Geräte auf Feldbahngleis in die Lagerräume gefahren werden. Das Frontlager wird zweckmäßig im Einsatzraum errichtet, um die Wege der Truppenfahrzeuge möglichst abzukürzen und um das Gerät nicht allzu langen Fahrten auf schlechten Straßen auszusetzen.

Die Erkundung möglicher Lagerorte hat nun ergeben, daß im Einsatzraum Nordwestfrankreich genügend große Höhlen in unmittelbarer Nähe von Vollbahnanschlüssen vorhanden sind. Ihre Erkundung durch Dienststellen des Oberbefehlshabers West ist eingeleitet. Die örtlichen Einrichtungen, wie Förderbahn und Belüftung, werden durch die OT geschaffen, nach einem an die O Qus herausgegangenen Befehl dürften auch hier keine Schwierigkeiten mehr zu erwarten sein. Insgesamt ist eine Lagerung von ca. 500 Geräten im Einsatzraum geplant.

Einsatz allgemein.
Unter der Annahme, daß als Hauptziel London, und daneben, soweit vom Festlande aus zu erreichen, Südostengland mit seinen vielen Hafenstädten als Zielpunkte in Frage kommen, wurde das Gebiet von Cherbourg und des Artois von Boulogne bis Calais als Einsatzraum bestimmt und erkundet.

Da damit zu rechnen ist, daß der Gegner nach Auftreten dieser neuen Waffe alles daran setzen wird, die Feuerstellung durch Luftangriffe zu vernichten, kamen nur 2 Lösungen für den Einsatz in Frage:

1.) Einsatz durch eine *vollmotorisierte Formation*, die nach kurzer Tätigkeit die Feuerstellung wechseln kann,

2.) Einsatz aus einem *Bunker*, der allen Luftangriffen standhalten muß.

Der Einsatz von der *Eisenbahn* aus mußte wegen der verhältnismäßig geringen Beweglichkeit zunächst zurücktreten.

Ferner mußte die Anzahl der für den Einsatz vorzusehenden Formationen abhängig von der Zahl der überhaupt gefertigten und damit zum Einsatz kommenden Geräte gemacht werden.

Es wurde daher festgelegt:

1.) Aufstellung 1 Abteilung (mot) mit einer täglichen *normalen Schußzahl* von 27 Geräten bzw. 108 Geräten bei 24stündigem Schießen im *Ersteinsatz,*

2.) Errichtung eines Bunkers mit einer Höchstschußzahl von 36 Geräten pro Tag.

Die *Forderung des Führers,* daß für den Ersteinsatz ein *Masseneinsatz* in Frage kommt, wurde überprüft.

Einer möglichen *einmaligen* größeren Schußzahl von 12 Schuß eines sogenannten A4-Nestes bei Durchführung des Schießens durch eine FR-Batterie (mot) stehen technische Schwierigkeiten, wie

Fertigung von Stromversorgungswagen,
Bedienungs- und Prüfpulten,
Treibstoffhortung,
Mangel an ausgebildetem Personal und
Mangel an Fahrzeugen und elektrischen Leitungen

gegenüber, [so] daß der Aufwand sich nicht lohnt und davon Abstand genommen werden mußte.

Für den *Ersteinsatz* stehen mithin bei einer Aufstellung
1 Abteilung (mot)
und Errichtung eines Bunkers zur Verfügung und können innerhalb der ersten 24 Stunden verschossen werden:

108 Schuß durch die mot-Abteilung,
36 Schuß durch den Bunker.

[Das Mittelstück des Textes beschäftigt sich mit den motorisierten Stellungen, dem Bunker und der Einsatztruppe. Auf seinen Abdruck wurde wegen der offenbar unvollendeten Redaktion durch Dornberger verzichtet. Das hier folgende Stück wurde separat geschrieben, bildet dem Inhalt zufolge aber den Schluss des gesamten Manuskripts.]

Zusammenfassung der Vor– und Nachteile.
Ich fasse noch einmal den Stand der Entwicklung und der Vorbereitungen für den Einsatz sowie die Vor– und Nachteile des Gerätes A4 zusammen:

1.) Ein Nachteil ist die Beschränkung auf zunächst 6000 Geräte pro Jahr = 500 Geräte pro Monat. Der Ausstoß ist steigerungsfähig mit den vorhandenen Anlagen nach Errichtung weiterer drei O_2-Anlagen auf 1000 Geräte pro Monat. Dann Engpaß Spiritus.

2.) Die Verdampfungsverluste des Flüssig-O_2 sind unangenehm und müssen bei der Planung berücksichtigt werden. Dies ist geschehen durch die Errichtung der für den Einsatz vorgesehenen Anlagen im Westen, wodurch die Fahrzeiten für die Transportwagen wesentlich herabgesetzt wurden. Für einen eventuellen Einsatz im Osten müßte auf die Anlagen in Deutschland zurückgegriffen werden.

3.) Ein Nachteil ist die zur Zeit noch hohe Arbeitsstundenzahl pro Gerät. Hierüber wird im einzelnen Dir. Stahlknecht noch vortragen. Diese hohe Arbeitsstundenzahl wird sich bei den späteren Baureihen durch Vereinfachung insbesondere des Antriebsofens wesentlich herabsetzen lassen. Zunächst mußte der Anlauf mit dem derzeitigen Stand der Entwicklung erfolgen.

4.) Die Abnahme erfordert umfangreiche Prüfanlagen, die jedoch für einen Ausstoß bis 12000 Geräte pro Jahr bis Spätherbst 1943 fertiggestellt sind.

5.) A 4 ist keine Massenfeuerwaffe. Die Höchstschußzahl beträgt nach dem derzeitigen Stand der Entwicklung und der Planung der Einsatztruppe für die motorisierte Abteilung 27 Schuß pro Tag, für den vorgesehenen Bunker 36 Schuß pro Tag. Soll mehr geschossen werden, müssen mehr Abteilungen aufgestellt werden.

Diesen Nachteilen stehen entscheidende Vorteile gegenüber:

1.) Das Schießen ist bei jeder Wetterlage möglich, bei Tag und Nacht, bei Nebel und Regen.

2.) Es können Ziele bis 270 km Entfernung mit 1 to Nutzlast, bei 180 km mit ca. 2 to Nutzlast erreicht werden. Bei einer Auftreffgeschwindigkeit von 800 m/sec können auch U-Bahn-Tunnels und starke Luftschutzbunker durchschlagen werden.

3.) Ohne Leitstrahl ist das Gerät für Flächenschießen geeignet. Mit Leitstrahl können auch Ziele geringer Ausdehnung wie Hafenanlagen und Industriegebiete unter Feuer genommen werden.

4.) Das Schießen erfolgt ohne daß beim Gegner Fliegeralarm gegeben werden kann.

5.) Gegen das Gerät gibt es während des Fluges keine Abwehr.

6.) Der Einsatz ist an allen Fronten möglich.

7.) Der Bodenaufwand und die Bodenorganisation sind sehr gering.

8.) Die Feuerstellung läßt sich sehr leicht tarnen.

9.) Durch die volle Motorisierung der Truppe ist schneller Stellungswechsel in jedem Gelände möglich.

10.) Kein Aufwand in der Feuerstellung. Schießen erfolgt vom Starttisch. Kein Geschütz, keine Startbahn, keine Bauten und vorbereitende Einrichtungen.

11.) Die erforderlichen Spezialfahrzeuge – Gerätetransportwagen der Truppe und O_2-Transportwagen – ebenso wie alle Fahrzeuge für das zunächst aufzustellende Regiment von 2 Abteilungen werden noch in diesem Jahre ausgeliefert.

12.) In gleicher Weise sind die Leitstrahleinrichtungen, insgesamt 5 bewegliche Leitstrahlsender (davon 1 Reserve), bis Spätherbst 1943 ausgeliefert.

13.) Durch Einsatzstab werden bis Mitte des Jahres die Lagerung der Geräte im Einsatzraum, die vorbereitende Vermessung der Feuerstellung und Vollendung [?] des Planmaterials beendet.

14.) Lagerung der Geräte (bis 2000 Stück) in der Heimat ist sichergestellt.

15.) Die Spezialisten der Truppe sind bis zum Herbst 1943 voll ausgebildet.

16.) Die Truppe selbst wird bis zum Herbst aufgestellt, 1 Regiment = 2 Abteilungen.

17.) Der Einsatz kann daher Ende 1943 erfolgen.

18.) Der Transport der Geräte erfolgt auf offenen Rungenwagen der Eisenbahn bis in den Einsatzraum, keine Sondermaßnahmen erforderlich.

19.) Der Transport von Flüssig-O_2 erfolgt mit 27 000 l O_2-Eisenbahnwagen, von denen 56 Stück bis Ende 1943 ausgeliefert sind.

20.) Die Treibstoffe für den Einsatz von 6000 Geräten pro Jahr sind ab Spätherbst 1943 sichergestellt.

21.) Die Entwicklung selbst ist bis auf unwesentliche, den Anlauf der Fertigung nicht behindernde Einzelheiten, abgeschlossen. Selbstverständlich werden wir noch genügend Schwierigkeiten bei Anlauf der Vorserie und Großserie haben, aber die werden bis Herbst 1943 behoben sein.

22.) Die Großfertigung kann nach dem derzeitigen Stand der Entwicklung anlaufen. Vereinfachungsmaßnahmen werden bei den einzelnen Baureihen berücksichtigt.

23.) Die elektrischen Inneneinrichtungen bedeuten keinen grundlegenden Engpaß. Sie sind untergebracht.

24.) Werkzeugmaschinen und Vorrichtungen bis zum Spätherbst 1943 sichergestellt.

25.) Die Kapazitäten sind also vorbereitet und stehen, wenn nicht anders entschieden wird, zur Verfügung. 2 Montagewerke laufen Ende 1943 an. Die Teilefertigung bei der Industrie ist bis auf wenige Einzelheiten für 6000 Geräte pro Jahr untergebracht.

26.) Entscheidend ist, daß die Leistungen durch die bisherigen Versuchsschießen bewiesen sind. Erreicht mit schwereren Geräten als das Einsatzgerät selbst 196 km.

27.) Bei Einsatz in der vorgesehenen Planung reicht die Aufstellung von 2 Abteilungen = 1 Regiment aus.

28.) Neben der tatsächlichen Wirkung ist mit großer moralischer Wirkung zu rechnen, denn seit langen Jahren wird in der englischen Literatur als größter Schrecken für einen Zukunftskrieg für die Bevölkerung der Einsatz großer Fernraketen an die Wand gemalt.

29.) Wir wissen, daß die Amerikaner mit Hochdruck an Flüssigkeitsraketen arbeiten und daß sie 1939 2 bis 3 Jahre in der Entwicklung hinter uns waren. Soll dieser augenblickliche Rüstungsvorsprung dadurch, daß die Fertigung nicht anlaufen soll, verloren gehen? Jetzt aufgegebene Zeit ist nie wieder einzuholen. Die 3341 Unteroffiziere und Mannschaften des Versuchskommandos Nord, die zum größten Teil k. v. sind und nur deshalb im Betrieb gehalten werden konnten, weil sie als Stamm und Spezialisten für die Einsatztruppe dienen sollten, d. h. die derzeitigen Fachhandwerker und Ingenieure im Betrieb, werden bei Verschiebung des Einsatzes und des Anlaufs der Fertigung auf Grund der Unruh-Aktion nicht mehr zu halten sein.

30.) Sollen wir mit dieser bedeutenden neuen technischen Waffe wieder zu spät kommen wie bei den Pulverraketen? Nur weil ihre Bedeutung nicht genügend und rechtzeitig erkannt worden ist?

Andere Entwicklungen und Zukunftsabsichten.
Abschließend möchte ich noch auf weitere, zur Zeit bei der Heeresanstalt Peenemünde betriebene Entwicklungen und Zukunftsabsichten kurz hinweisen:

1.) Flak-Flüssigkeitsrakete.
Sie soll Flugzeuge in 50 km Entfernung und 20 km Höhe mit Sicherheit vernichten. Leitstrahlverfahren. Übergang zu Salpetersäure und Visol als Treibmittel. Erste Versuchsgeräte Anfang 1944.

2.) A8.
Schußweitensteigerung des A4 auf 450 km durch Anbringung von Flossen.

3.) A9.
Übergang zu Salpetersäure-Visol-Geräten und noch größeren Schußweiten.

4.) A10.
Amerika-Projekt mit 4500 km Schußweite. Flugzeit 30 Minuten.

Die Entwicklung dieser Geräte soll besonders nach Anlauf der Fertigung der Geräte A4 und die dadurch erfolgende Freimachung von Entwicklungskapazität bei der HAP mit Hochdruck weiterlaufen.

[Der nachfolgende Rest des Textes wurde durch eine gleichfalls gestrichene handschriftliche Passage ersetzt, die fast unleserlich ist.]

Hautefeuille, *Constructions spéciales*, S. 32 f. zitiert eine offenbar vollständige Fassung vom 9. März 1943, im Bundesarchiv/Militärarchiv Freiburg, RH 8 (V) 1213.

München, Deutsches Museum, Archiv (FA-Peen, Blaue Serie, 64/6)

Michel Fliecx

Michel Fliecx, Jahrgang 1924, wurde Ostern 1943 verhaftet, weil er zusammen mit einigen Kameraden über Spanien nach Nordafrika wollte. Bis zur Befreiung durch die Briten im April 1945 war er Häftling in den Lagern Buchenwald, Peenemünde, Mittelbau-Dora und Bergen-Belsen.

Peenemünde

... Der Transport nimmt Richtung auf Berlin. Wir fahren durch Leipzig. Dann werden wir eine ganze Nacht lang auf einem Nebengleis abgestellt. Am Morgen fahren wir wieder los. Bald kommen die Vorstädte von Berlin. Nirgends eine Spur von Bombardierung. Bereits in Leipzig: riesige Gebäudekomplexe, sicher Fabriken, ohne einen einzigen Kratzer, ein Flugplatz ohne Sprengtrichter – und in Berlin auch nichts. Doch: ungefähr hundert kaputte Wagen in einer Ecke. Zwar wagt keiner von uns seine Gedanken mitzuteilen, doch ist die Enttäuschung auf allen Gesichtern zu lesen.

...

Die Landschaft ist eintönig. Ich peile je nach Sonnenstand die Fahrtrichtung; ich befürchte, dass wir nach Osten abbiegen beziehungsweise nach Polen mit seinem schlechten Ruf. Aber doch nicht, wir fahren unbeirrbar Richtung Norden. Langer Halt in Pasewalk, mitten im Kiefernwald.

Gegen Abend sehen wir allmählich Buchten und Fischkutter: Die See ist nicht weit. Wir verbringen wieder eine Nacht auf einem Abstellgleis. Dann am Morgen die Ankunft nach einer weiteren kurzen Fahrt. Wir steigen an einer Haltestelle neben einer asphaltierten Straße aus. Überall Kiefern. Wir stehen zuerst in Reihen auf dem Bahnsteig, überqueren dann die Straße und betreten den Wald unter der Aufsicht eines mächtigen Begleitkommandos. Nach einer mit elektrischem Stacheldraht eingezäunten Wiese stoßen wir gleich auf eine große, aus Zement gebaute Fabrik, die mit dieser Tarnfarbe angestrichen ist, die in Peenemünde der herrschende Geruch bleiben wird. Es ist übrigens eigenartig, wie jedes meiner Lager mit einem bestimmten Geruch verbunden bleibt. Peenemünde mit dieser Tarnfarbe und dem frisch geschnittenen Tannenholz, das irgendwann Kopfweh verursacht. Dora mit dem russischen Tabak, dem »Friss oder stirb«, wie wir ihn nannten. Belsen mit dem üblen Geruch von Schmutz, von Staub und Tod.

Wir gehen an dem Gebäude vorbei, dann hinein. Wir sind in der geheimnisvollsten Fabrik Deutschlands: dem Forschungszentrum und den Laboratorien der V 2.

Am Nachmittag richten wir uns ein. Alles ist neu und sauber. Wir sind hundert bis hundertfünfzig [Mann] pro Raum. Dreistöckige Bettgestelle mit soliden Strohmatratzen. Jeder hat sein Bett und zwei Decken. Es wird sofort nach den besten Plätzen gesucht. Michel und ich finden zwei Betten auf der oberen Etage. Dann reden wir mit den anderen Häftlingen, die schon vor einem Monat ebenfalls aus Buchenwald hierher gebracht wurden, um das Lager zu organisieren. Hundertfünfzig Russen und fünfzig deutsche Berufsverbrecher.

Ich frage: »Was ist das hier für eine Fabrik?« – »Dort wird eine furchtbare Geheimwaffe gebaut.« – »Ach so! welche?« – »Das werden Sie schon morgen in der Fabrik sehen.«

Wir haben alle den gleichen Gedanken: An einem solchen Ort werden wir bald Besuch von der RAF [Royal Air Force] bekommen. Bis dahin sind wir hier gut aufgehoben, es ist sauber. Wir haben schöne Waschbecken aus Steingut sowie Fußbäder ebenfalls aus Steingut und für die Reinigung Soda nach Belieben.

Die Lebensmittel reichen in etwa. An einem Tag: mittags ein Liter Suppe; abends ein halber Laib Brot, eine Packung Margarine für zwanzig Mann und eine Scheibe Wurst oder ein Löffel Marmelade. Am anderen Tag: mittags ein Liter Suppe; abends ein Drittel Laib Brot, Margarine und etwas zum Belegen und wieder ein Liter von der Mittagssuppe. Es geht einigermaßen. Wir haben trotzdem Hunger.

Wir sind insgesamt sechshundert [Mann]; sorgfältig eingeschlossen in einem Quartier, das uns im Erdgeschoss der Fabrik vorbehalten ist. Der Älteste ist ein Deutscher, ein politischer Häftling, übrigens auch der einzige. Die Organisation (Lebensmittelverteilung, Lazarett, Blockchef) wird von den Berufsverbrechern übernommen. Etwa fünfzig SS-Leute sind zur Wache eingeteilt. Die einen, die »Posten«, beschränken sich auf Wachdienst auf den Wachtürmen und auf die Begleitung beim Arbeitsdienst außerhalb; die anderen, alle Unteroffiziere, sind für die Arbeitsüberwachung und den Appell zuständig.

Der Kommandant ist ein Sturmführer (besonderer Dienstgrad der Waffen-SS) von circa dreißig Jahren, ein hübscher Bursche, der mit uns anständig umgeht, außer wenn er betrunken ist. So zum Beispiel an dem Tag, wo wir sechshundert [Mann] beim Appell stehen und er uns befiehlt, ins Quartier zurückzugehen, und gleich darauf anbrüllt, wir sollen sofort wieder herausgehen: »Schnell, schnell, Saubande!«

Freudig erregt über unsere Konfusion und über das Chaos, das sich im schmalen Gang entwickelt, schlägt er wahllos mit einem Stock um sich. Vor mir fällt eine Gruppe, ich trete darauf, jemand schreit dabei, was soll's, ich gehe weiter. Der Kommandant ist hinter mir. Wohl der Meinung, es gehe nicht schnell genug, zieht er seine Pistole und schießt wie ein Irrer. Eine unbeschreibliche Panik bricht aus. Dann sagt er etwas beruhigt: »Halt! Alle wieder zurück in den Block.« Daraufhin entfernt er sich wieder ganz friedlich; für heute hat er seinen Spaß gehabt.

An einem anderen Tag fehlt einer beim Appell. Man sucht ihn eine ganze Viertelstunde und findet ihn schließlich: Er ist in einer Ecke eingeschlafen. Der Kommandant höchstpersönlich holt ihn mit einem Knüppel heraus und schlägt ihn bestialisch; der Kerl will abhauen, kriegt aber den Knüppel zwischen die Beine und fällt der vollen Länge nach hin. Ich bin davon überzeugt, dass sich weder ein französischer noch ein englischer oder ein amerikanischer Offizier die Blöße zu einem solchen entwürdigenden Spektakel gegeben hätte.

Appell am Tag nach unserer Ankunft.

Es wird nach Mechanikern, Monteuren, Drehern und ähnlichem gefragt, also nach allen Qualifikationen, die in einer Fabrik nützlich sein können. Zum Schluss bleibt eine kleine Gruppe übrig. Die meisten von uns sind Studenten und haben von solchen Berufen keine Ahnung. Ich sehe es kommen: Wir werden mit den Drecksarbeiten beauftragt. Ein deutscher Zivilist kommt zu uns. Er macht einen komplett idiotischen Eindruck und trägt das NS-Abzeichen. Er fragt: »Kann einer deutsch sprechen?« – »Ja, ich.« – »Gut, ich brauche fünf Mann, nehmen Sie die vier, die hinter Ihnen stehen, und kommen Sie.« Ich gebe meinen Kameraden ein entsprechendes Zeichen. Michel ist leider nicht dabei.

Wir gehen zur Fabrik, sie ist weitläufig und dank der großen Fenster schön hell. Ihre Maße betragen 20 Meter in der Höhe, 250 Meter in der Länge und 70 in der Breite. Es ist übrigens mehr eine Montagehalle als eine richtige Fabrik, da die Teile hier schon vorgefertigt ankommen.

Es ist O.K.! Wir haben einen guten Platz. Wir arbeiten im Lagerraum für Kleinteile (Bolzen, Schrauben, Muttern, Nieten und so weiter). Erste Aufgabe: alles in Ordnung bringen. Dort sind zwei deutsche Schreiner, die Bretter zusammenstellen, um Kästen zu bauen.

...

Die Tage sind nicht anstrengend. Wir arbeiten von sieben bis zwölf und von halb eins bis halb sechs. Dann, bis zur Suppe, um sieben, kann man sich auf dem Bett ausruhen, sich waschen oder, wenn das Wetter schön ist, sich unter die Kiefern legen, die zwischen der Fabrik und dem elektrischen Stacheldraht einen Streifen von hundert Metern bilden.

...

Die Zivilarbeiter ihrerseits kümmern sich nicht darum, ob wir arbeiten oder nicht. In dieser Hinsicht sind sie ziemlich leicht zu nehmen: Oft halten die Kumpel von der Montage für sie Wache, während sie im unteren Teil der aufgerichteten Rakete V 2 schlafen! Sie scheinen sich nicht sonderlich für die neue Waffe zu begeistern. Schon in der ersten Woche sehen wir die Versuche mit einer seltsamen Maschine: Ein Flugzeug mit gebogenen Flügeln, die an Schwalben erinnern, dreht sich mit einem wahnsinnigen Krach und dunklen Rauchschwaden am Himmel. Es fliegt mit schwindelerregendem Tempo: fünfzehnhundert [Kilometer] pro Stunde vielleicht. Wir spüren oft beim Starten dieses Geräts den Boden vibrieren, obwohl der Flugplatz drei Kilometer entfernt liegt. »Drin sitzt ein Pilot« sagen die einen. »Nein, es ist funkgesteuert«, sagen die anderen. Niemand weiß es jedoch genau.

Hier bauen wir die V 2.

Was ist die V 2? Es war in den Zeitungen viel davon die Rede und sie hat den Engländern Angst eingejagt, die trotzdem keine Kommentare abgegeben haben, um den Feind nicht zu ermutigen. Die V 2 ist ein riesiger Lufttorpedo von circa vierzehn Metern Länge, 1,70 Metern Durchmesser und mit vier kleinen Flügeln am Ende, in denen Steuerungsgeräte untergebracht sind. Antriebstechnik: eine Zusammensetzung aus Sauerstoff und einer Alkoholart, die mir unbekannt ist. Die Lenkung ist nicht per Funk gesteuert, wie viele glauben, sondern durch zwei beim Abflug eingestellte Kreisel, die dann auf die Steuerungsgeräte einwirken. Das Funkgerät hat einen Empfänger, der beim Empfang des Signals aus der Ultrakurzwellen-Station die Bombe zum Platzen bringt, wenn man sich so ausdrücken darf. Darauf beschränkt sich die Rolle des Funkgeräts in der V 2.

Anfangs wollte keiner von uns daran glauben, dass diese riesige Masse ohne wesentliche Tragfläche fliegen könne. Hier übrigens die Meinung der Ingenieure, mit denen Roger im August 1943 zu tun hatte:

»Als ich in Peenemünde zum ersten Mal das Arbeitszimmer der Ingenieure betrat, lernte ich Dr. Fuchs kennen, der etwas französisch sprechen konnte. Obwohl ich Häftlingskleidung trug und von den Nazis als besonders gefährlich für Deutschland eingestuft war, gab er mir gleich die Hand und stellte mich seinen Kollegen vor, als ob ich ein Zivilist gewesen wäre. Unter ihnen war auch Oberth, der Erfinder der V 2. In einer Unterhaltung, die ich einmal mit Fuchs hatte, sagte er mir: ›Ich wünsche den Sieg der Alliierten, sonst ist es mit der deutschen Kultur vorbei.‹

Und ein anderes Mal, nachdem er mich gefragt hatte, ob wir misshandelt werden, und ich zustimmend geantwortet hatte: ›Nur Mut, es ist zwar eine schlimme Zeit, aber sie geht bald vorüber.‹

Ich wurde von allen gleichberechtigt behandelt und kannte zu dieser Zeit die Ergebnisse der Versuche mit der V 2. Im August 1943 hatte sie bei einer Reichweite von 300 Kilometern einen Präzisionsradius von lediglich fünfzig Kilometern! Meine Arbeit bestand darin, die Kreisel zu kontrollieren; ich konnte dabei feststellen, dass die meisten entweder fehlerhaft oder schlecht eingestellt waren. Da nach meiner Kontrolle keine weitere mehr stattfand, brauche ich nicht zu sagen, dass zum Schluss mehr fehlerhafte in die Fabrik zurückgingen, als ursprünglich bei mir angekommen waren.«

…

Abends, manchmal, nachdem ich mit der Elektroinstallation fertig bin, gehe ich vor Einbruch der Dunkelheit zur Fabrik. Von einem Ende zum anderen läuft ein Holzsteg. Eine Wache ist dort mit einer 37er Kanone postiert. In der Ferne ist die Ostsee zu sehen. Das Ufer liegt zwar in der Nähe, circa 800 Meter entfernt, wird jedoch durch die Kiefern verdeckt, die sich von der Fabrik bis zum Wasser erstrecken. Unsere beiden Gebäude bilden das Versuchsserienwerk Süd. Nur unser Gebäude ist mit elektrischem Stacheldraht umzäunt und von der SS bewacht.

Auf der anderen Seite: viele Bahngleise, eine große Kaserne, ein Dorf, vermutlich Peenemünde. Die Kameraden, die die Tarnnetze auf das Dach legen, haben mir erzählt, es gebe in Richtung See zweihundert Meter von unserer Fabrik entfernt noch eine zweite. Beim ersten Mal sehe ich gar nichts trotz aller Anstrengung. Erst beim zweiten Versuch entdecke ich diese Fabrik, die genau so groß ist wie unsere. Man muss schon gestehen, dass diese gottverdammten Deutschen eine besondere Begabung für Tarnung haben. Man sieht absolut nichts. Man muss es wirklich wissen. Die Mauern haben die Farbe der Bäume, so dass die Tarnnetze auf dem Dach, die mit allerlei Tannen-Geäst gespickt sind, die Illusion perfekt machen. Ab und zu haben wir Alarm; gleich sind alle drin, und eine dichte Rauchwolke verbreitet sich um die Fabrik.

…

Eines Nachts lasse ich mich wieder beim Schlafen erwischen. Dieses Mal wird meine Nummer notiert und am Morgen in der Kantine, während ich den Saft trinke, sehe ich den Kommandanten den Raum betreten und höre ihn die Nummer 4707 rufen.

…

Er bringt mich zum Lagerführer: »Hast du heute Nacht geschlafen?« – »Ja, ich war müde.« – »Was denn? müde? Du hast nichts zu tun! Du kriegst gleich etwas auf den Hintern und wechselst zukünftig das Kommando. Dummkopf!« Dann lege ich mich bäuchlings auf den Tisch, Füße auf dem Boden. Es ist Harry Baur, der prügeln soll. Schlecht erwischt. Und die Veranstaltung wird wohl eine Weile dauern, da der Kommandant neben mir Platz genommen hat, damit er mehr von dem Spektakel mitbekommt. Weder ein Knüppel noch ein »Gummi« ist in Sicht. Aber egal, zu meinen Ehren wird ein Besen umfunktioniert.

Es hat zwar nicht lange gedauert, aber ich habe es zu spüren bekommen. Nur drei Schläge. Ich habe mindestens fünfzehn erwartet. Warum der Kommandant die Prozedur so bald gestoppt hat, weiß ich nicht. Dieses Schwein von Harry Baur hat mich aber gut zugerichtet: Er hat den Besenstiel mit beiden Händen gehalten und mit aller Kraft drei Mal geschlagen. Es brennt.

Man öffnet mir die Tür und ich darf schlafen gehen. Ich untersuche den Tatort: Drei rotviolette Striemen sind schon zu sehen. Ich bin trotzdem halbwegs gut davongekommen. Schlimmer für mich ist allerdings, dass ich meine Stelle verloren habe und nun einer Kehrerkolonne des Erdgeschosses zugeteilt bin. Genau da taucht an einem Vormittag eine Delegation von höheren Dienstgraden der Wehrmacht und der SS unter der Leitung von General Dornberger, dem obersten Chef von Peenemünde, auf, der uns alle grüßt, zum Ärger seines Gefolges.

Dann bekomme ich einen idiotischen Job: Mit Hammer und Meißel schlage ich Löcher in den Fußboden der Fabrik. Und der Zement ist sehr hart! Aber man sitzt wenigstens, das ist die Hauptsache. Leider sind wir im Mittelteil der Fabrik, mitten im Wirkungsbereich von »Schnurrbart«. Man muss die ganze Zeit hämmern, allerdings nicht sehr heftig, denn es gibt verschiedene Arten zu hämmern. Nun habe ich tagsüber Dienst. Am Eingang der Fabrik stehen inzwischen fünf riesige Torpedos, die V 2. Wie soll das fliegen können? Diese Frage scheint sich der Ingenieur Baal, dieser Taugenichts von der SA, zu stellen und sitzt stundenlang nachdenklich und Pfeife rauchend vor einem Motor der V 2. Er stellt sich sicher schon vor, wie London und England in Trümmern liegen, die Engländer um Gnade bitten, Moskau in Flammen steht, die Russen in Panik in die letzte Ecke ihrer Steppen fliehen, New York ohne Wolkenkratzer und die Amerikaner auf den Knien. In der Tat sind die Pläne für die Interkontinentalraketen A 5 schon fertig.

Am 18. August wache ich morgens gegen 1.30 Uhr auf. Im Schlafsaal flüstern meine Kameraden. Ich erkundige mich. »Was ist los?« – »Hast du nicht gehört? Alarm!« – »Na, umso besser. Sie fliegen vermutlich nach Stettin, sie werden ganz schön was abbekommen.«

Nach einigen Minuten hört man das Brummen von Flugzeugen. Ich versuche wieder einzuschlafen. Und plötzlich hören wir den Einschlag von Bomben in einiger Entfernung. Dann ergreift mich eine panische Angst: »Es ist so weit, denke ich, sie haben uns ausgemacht, sie werden uns vernichten.«

Ich habe schon von der amerikanischen »Flächenbombardierung« gehört; sie werden vermutlich hier auch so vorgehen. Ich versuche, mich zur Vernunft zu bringen: Ihr Geheimdienst hat ihnen sicher mitgeteilt, dass hier politische Gefangene festgehalten werden. Es ist aber ein schwaches Argument. Denn was wiegt das Leben von sechshundert Häftlingen im Vergleich mit der Gefahr, die diese wahnsinnige Waffe für Abertausende von Menschen darstellt! Die Angst steigt umso mehr, je näher die Bomben fallen. Ich steige aus meinem Bett, um mich hinter einem Zementpfeiler in Sicherheit zu bringen. Seit einer Weile ist kein Strom mehr da und man hört in der Dunkelheit den Kommandanten schreien, wir sollen da bleiben und nicht in die Luftschutzbunker gehen. Dabei bieten sie Platz genug und können etwas aushalten: Decken von 2,10 Metern Stahlbeton und Mauern von 80 Zentimetern ebenfalls aus Stahlbeton; riesige Panzertüren und innen mehrere Abteile, die auch mit Panzertüren voneinander getrennt werden können. In jedem dieser Luftschutzbunker befinden sich Handpumpen für die Luftzirkulation. Ich liege flach auf dem Zementboden und spüre jeden Bombeneinschlag; das Ganze ist auf Sand gebaut und leitet sowohl Lärm als auch Erschütterungen vorzüglich. Diese Bomben hören sich beim Aufschlagen wie riesige Hammerschläge an und explodieren gleich danach. Ich rufe Michel zu mir.

Plötzlich fällt es auf uns mit einem furchtbaren Krach. Gerade in diesem Augenblick werde ich wieder völlig klar im Kopf. Blitzartig sehe ich vor mir einen großen Lichtschein, ich höre das Klirren von zerbrochenen Flaschen, sehe Backsteine, die überall herumfliegen, spüre, wie Betten über meinem Kopf zusammenkrachen. Im Raum herrscht ein großes Durcheinander; jeder möchte heraus, aber bis zur Tür ist es schwierig.

Der Angriff ist vorbei.

Man hört nur die Schreie der Verwundeten und das Knistern des Feuers. Eine andere Bombe ist auf die Kantine gefallen und hat mehrere unserer Kameraden getötet. Der Gang ist übersät mit Schutt und Verwundeten, auf die man tritt, ohne sie zu sehen. In vollem Besitz meiner Sinne gehe ich mit Michel hinaus. Im Nahrungsmittel-Lager ist das Klauen von Brot und Zigaretten im Gange. Ich denke, es ist ihnen freigestellt, wenn sie lieber unter den Bomben bleiben wollen; ich für meinen Teil verlasse lieber die Fabrik. Durch einen Mauerspalt sieht man nach draußen; die Leuchtraketen verbreiten so viel Licht wie am helllichten Tage. Wir wagen uns durch diesen provisorischen Ausgang, nachdem wir zuerst auf einen neuen Angriff in der Nähe gewartet haben. Da die Flugzeuge sich inzwischen entfernt haben, eilen wir zur Straße und verschwinden in den Wald. Ich bin barfuß, trage nur Hemd und Hose. Michel ist auch barfuß und hat zwar seine Jacke, trägt jedoch nur seine Unterhose. Unser Ziel ist klar: uns so weit wie möglich von der Fabrik zu entfernen und ans Meer zu gehen, ans Meer, das leuchtet und zu den Piloten sagt: »Hier habt ihr nichts zu zerstören«. Wir haben das Glück, auf einen Wachturm zu stoßen, an dessen Fuß eine Bombe explodiert ist. Der Wachturm hat ausgedient. Nur ein gähnender Trichter und ein paar kaputte Bretter sind übrig geblieben, und auf der Erde der elektrische Stacheldraht mit seinen kleinen blauen Funken, die sehr nützlich sind, damit man sich nicht in den Tod begibt. Dann kehren die Flieger wieder zurück und werfen hier und da einige Geschosse. In einem Loch versteckt, hören wir, wie die Splitter die Äste der Kiefern niederreißen, und eine brennende Masse prasselt über uns herunter. Es ist der letzte Alarm. Erst dann bemerken wir, dass wir an den Füßen verletzt sind. Es ist nicht sehr schlimm, tut aber trotzdem ziemlich weh.

In der Ferne schnarren die Flieger und werfen ununterbrochen ihre explosive Ladung ab. Die Erde ächzt, öffnet sich blitzartig und spuckt Erdbrocken, Trümmer, Menschenteile in den Himmel. In der ganzen Gegend herrscht eine riesige Feuersbrunst, die von den fliegenden Ungeheuern da oben noch geschürt wird. Bewegt denke ich an die befreundeten Alliierten, die nur einige hundert Meter von uns sind, aber eben in der Luft, und ich bedaure wieder schwer, dass ich die Truppen des Generals De Gaulle nicht erreichen konnte.

Wir überqueren das Bahngleis in der Nähe des Lagers. Auf einem kleinen Pfad, ungefähr einen Kilometer von der Fabrik entfernt, treffen wir auf zwei SS-Leute. Sie scheinen an dieser Begegnung keine große Freude zu finden; wir übrigens auch nicht. Es sind vermutlich Posten der Wachtürme, die sich vorsichtshalber in Sicherheit gebracht haben. Werden sie uns der Flucht beschuldigen? Daran ist wahrhaftig kaum zu denken, angezogen wie wir sind, kahl geschoren, mit blutigen Füßen, ohne Geld und ohne eine Ahnung unserer Position. Sie zwingen uns ziemlich brutal, mitzukommen: »Retour, nach Lager.«

Auf dem Weg kommen wir zu einer kleinen Anhöhe. Von dort ist die brennende und von allen Seiten zerstörte Fabrik zu sehen. Etwas links davon steht auch die riesige Kaserne in Brand, deren Dach zusammengebrochen ist und durch deren Fenster Flammen schlagen. Noch weiter links das Dorf Peenemünde: ein einziges Flammenmeer von mehreren Hektaren. Zwischen uns und diesem Schauspiel erheben sich im Gegenlicht die reglosen, verbrannten und verkrüppelten Gestalten der kleinen hässlichen pommerschen Kiefern.

Unsere beiden SS-Leute hatten wohl einen solchen Anblick nicht erwartet. Der eine scheint besonders getroffen: »Krieg ... verfluchte Scheiße!«

Wir halten kurz. Dann gehen wir wieder in Richtung Fabrik, nachdem der Luftangriff weiterzieht. Sie lassen uns durch ein Loch im Stacheldraht hinein und nehmen selbst eine andere Richtung; so wie wir wollen sie offensichtlich die Begegnung nicht an die große Glocke hängen. Vom Waldesrand betrachten unsere Kameraden das Feuer. Einige von ihnen versuchen in der Fabrik, Kleidung und Lebensmittel zu retten. Ich kehre in unseren Schlafsaal, der nicht brennt, zurück. In diesem Chaos finde ich meine Jacke nicht mehr, nehme einfach eine andere und reiße die Nummer aus. Michel macht das Gleiche mit einer Hose. Auf allen Vieren greifen wir uns ein paar Schuhe unter den Betten; nun sind wir ausstaffiert. Dann höre ich innerhalb der Fabrik Schreie und manchmal Schläge. Es kommt sicher aus dem Nahrungsmittel-Lager; im Dunkeln gehe ich vorsichtig hin. Im Lichtschein von Kerzen sorgen alle Berufsverbrecher für Zucht und Ordnung. Verbrecher, Mörder, Betrüger und Diebe vertreten plötzlich Gesetz und Autorität. Seltsam. Sie stopfen sich mit Brot voll, rauchen eine Zigarette nach der anderen und schlagen mit riesigen Stöcken und schallendem Gelächter die armseligen Schatten, die sich zu nähern versuchen. Angewidert gehe ich wieder in den Schlafsaal.

In einer Ecke sitzt eine Gruppe Kameraden auf unversehrten Betten und diskutiert: »Sch...! Was haben wir abgekriegt!« – »In unserem Raum haben wir Glück gehabt. Habt ihr die Einschlaglöcher gesehen? Eine Bombe auf jeder Seite und jede nicht einmal zwanzig Meter entfernt. Zum Glück waren es nicht welche von zwei Tonnen!« – »Es ist trotzdem besser so wegen ihrer dreckigen Erfindung. Mensch Leute, morgen müssen wir aufpassen, sie werden nicht gut zu sprechen sein. Ich sehe schon Baal hin und her rennen und seinen Motor mit einem Teelöffel suchen! Es ist die Rache für den Schlag, den er mir von ›Schnurrbart‹ hat geben lassen!« – »Ach, diese Engländer, die sind doch ganz schön stark!« – »Wieso?« – »Habt ihr nicht gesehen? Die erste Bombe ist genau auf die Stromzentrale der Fabrik gefallen.« – »Du spinnst! Meinst du, sie haben es absichtlich gemacht? Wenn sie so stark gewesen wären, meinst du, sie hätten so viele Bomben einfach so ins Grüne gestreut? Da sind zehn mal mehr im Wald als in der Fabrik.« – »Übrigens, der Älteste wurde in der Kantine getötet, zusammen mit dem Übersetzer. Ich frage mich, wer ihn vertreten wird. Die Berufsverbrecher fangen schon an, die Zähne zu zeigen, und wenn sie das Sagen haben, werden wir nichts zu lachen haben.« – »Der Kommandant ist auf jeden Fall das letzte Schwein; wenn er uns zu den Luftschutzbunkern gelassen hätte, wäre keiner gestorben. Er war sonst immer relativ kulant zu uns.« – »Ja, aber jetzt ist die Fabrik kaputt, verstehst du, wir werden nicht mehr gebraucht, wir können für sie keine wichtige Arbeit mehr übernehmen, wir sind wieder irgendwelche Handlanger.« Zu müde, um die Diskussion weiter zu verfolgen, schlafe ich ein.

Ich werde von der frischen Luft geweckt, der Tag bricht an. Im trostlosen Morgengrauen suchen einige irgendwelche Sachen in den Trümmern. Auf der anderen Straßenseite liegen zahlreiche Verwundete auf Decken. In einer Ecke Tote. Relativ wenige übrigens: achtzehn.

Die SS-Leute tauchen langsam wieder auf und informieren sich über Schäden und Verluste. Sie sehen schlecht aus und sind offensichtlich von diesem Bombenangriff seelisch getroffen; aber keiner von ihnen würde darüber ein Wort verlieren.

Später werde ich die genaue Bilanz der Bombardierung, die von sechshundert englischen Flugzeugen durchgeführt wurde, erfahren. Man zählt für die gesamte Inselbevölkerung (15 000 Einwohner) tausend Tote, davon 150 Fachingenieure. Außerdem wurden alle wesentlichen Installationen, die zur Fabrikation der Geheimwaffen dienten, außer Betrieb gesetzt.

Innerhalb der Fabrik herrscht ein großes Durcheinander, die Mauern sind zum Teil zerstört und Schutt bedeckt den Boden. Das Dach ist kaputt, die Maschinen schwer geschädigt. Einige der Brückenkräne sind auf den Boden heruntergekracht, während die anderen entweder unbrauchbar gemacht oder in Stücke gerissen wurden. Auf den ersten Blick sind die Schäden zwar nicht riesig, sie genügen jedoch, um die Deutschen dazu zu bringen, die Fabrik aufzugeben.

»Was werden sie jetzt mit uns machen?« Das ist die Frage, die sich jeder stellt. Die Fabrik ist zerstört, kann nicht so schnell wieder aufgebaut werden. Vielleicht werden wir wieder abtransportiert.

Bis Mittag werden wir in Frieden gelassen. Dann wird Suppe von einem Lastwagen gebracht. Das hatten wir nicht erwartet. Und nun beginnt das Leben, das in den nächsten zwei Monaten unseres wird. Alle Berufsverbrecher haben sich selbst zum Kapo oder zum Vorarbeiter ernannt. Der Lagerführer wurde von ihnen gewählt. Es handelt sich um Miska, der vorher Kapo der Dreher war. Mit seinem echten Mephisto-Gesicht hat er nicht weniger als siebzehn Verurteilungen vorzuweisen. Er hält uns zuerst einen kleinen Vortrag: »Wer mir nicht gehorcht, wird geschlagen. Ich habe das Recht über Leben und Tod. Heute Nachmittag fängt das Wegräumen an. Nach der Suppe werden die Arbeitskompanien zusammengestellt und wehe dem, der faulenzt.«

Dann beginnt die lang erwartete Nahrungsmittel-Verteilung. Jeder von uns bekommt einen halben Liter Suppe trotz des angeordneten ganzen Liters. Den Überschuss nehmen sich die Berufsverbrecher. Nach der Verteilung füllen sie sich mehrmals ihre Schüsseln nach und fressen bis zur Erstickung, während wir ausgehungert und voller Hass zusehen. Als sie fertig sind, steht Miska auf und ruft zur Versammlung auf. Erst in diesem Augenblick begreifen manche, dass Arbeiten angesagt ist, und das lässt wenig Freude aufkommen. Einige versuchen, sich in den Trümmern zu verstecken, andere im Lazarett oder im Wald. Die Berufsverbrecher kreisen schnell unsere Truppe ein und treiben uns mit heftigen Schlägen die Straße hinunter. Diese Sportart gefällt ihnen anscheinend sehr gut, denn sie wird sich in Zukunft oft wiederholen.

Später in den anderen Lagern werde ich oft an die Zeit vor der Bombardierung in Peenemünde denken, und sie wird mir wunderbar vorkommen. Es war trotzdem besser so, denn die Bombardierung konnte die Serienproduktion der V 2 um vier bis fünf Monate verzögern.

Erst nach diesem Tag fangen wir wirklich an zu leiden: Das richtige KZ-Leben beginnt. Da die Schlafsäle zerstört sind, lassen sie uns in den Luftschutzkellern übernachten. Die erste Nacht verbringen wir zu 57 [Mann] in einem einzigen Raum des Luftschutzkellers 14. Raummaße: vier mal vier Meter, Höhe 2,50 Meter. Das macht 40 Kubikmeter Luftraum. Wenn man noch den Umfang des Mittelpfeilers und der Lüftungsanlage berücksichtigt, bleiben nur noch 35 Kubikmeter. Und das für eine Dauer von fast 12 Stunden. Tür und Fenster sind geschlossen; nach einer Stunde bekommen wir keine Luft mehr. Wir versuchen zuerst der Reihe nach, dann jeweils zu zweit die Pumpe in Gang zu bringen, aber die Anstrengung ist zu groß im Vergleich zum schwachen Ergebnis. Zusammengepfercht wie wir sind, kriegen wir die Wut. Im Dunkeln ist es ein wildes Durcheinander von Beinen, Schlägen und Schreien.

…

Wenn der Lärm zu laut wird, geht die Tür auf und ein frischer Luftzug kommt herein, leider aber auch der Führer des Luftschutzkellers mit seinem Knüppel. Er bringt das Ganze wieder zur Ruhe, indem er von einem Körper auf den nächsten springt – wir sind so eng aneinander gepresst, dass der Fußboden nicht mehr zu sehen ist – und wild in die Menge hinein haut: »Ruhe, Saubande, ich kriege auch keine Luft!«

Dieser Schuft! Sie sind ein halbes Dutzend und teilen sich einen Raum am Eingang des Luftschutzkellers, der fast so groß ist wie unserer. Außerdem dürfen sie die Tür auflassen. Es ist pure Bosheit von ihnen, dass sie uns dermaßen einschließen. Ich bin sicher, dass sie keinen entsprechenden Befehl der SS bekommen haben.

Für die Latrinen muss man an die Tür klopfen und darf dann hinaus, um sein Bedürfnis zu verrichten. Wenn man zurückkommt, findet man seinen Platz nicht mehr. Dies hat anfangs so heftige Streitereien verursacht, dass inzwischen jeder bis zum Morgen zurückhält.

Irgendwann hält es ein Belgier nicht mehr aus, macht das Fenster auf und verdrückt sich an die frische Luft. Einige Kumpel folgen ihm. Kurz danach hört man im Gang lautes Rennen und drei von ihnen klettern schnell durch das Fenster herein und legen sich sofort wieder hin: Der Belgier ist nicht dabei. Von draußen hört man furchtbare Schreie, Schläge, Brüllen. Der Unglückliche ist vermutlich auf Berufsverbrecher gestoßen, die ebenfalls frische Luft schnappen wollten, und die, wütend dabei ertappt zu werden, ihm nun eine Tracht Prügel verpassen. Am nächsten Morgen liegt er im Lazarett mit geschwollenem, gelb-blau-rotem Gesicht, geschundenen Gliedern sowie verletzten Genitalien. Das ist es also, was uns bei jedem Vergehen erwartet. Man wird sich auch in Zukunft schon sehr schlau verhalten müssen.

In den ersten Tagen werde ich gleich einem Kommando zugeteilt und muss barfuß und trotz meiner Wunde Bretter durch den Schutt tragen. Ich bin dem Kapo leider unsympathisch. Es ist natürlich ein Berufsverbrecher, der einen völlig degenerierten Eindruck macht und unter einer Kehlkopfentzündung leidet. Er verfolgt mich einen ganzen Vormittag mit dem Knüppel. Die Nägel aus den Brettern reißen meine Haut auf und der Papierverband ist schon längst in den Schutt gefallen. Die Wunde an meinem Fuß blutet. Ich zeige es ihm, um ihn milder zu stimmen. »Scheiße!« antwortet er, »Los, schneller!«

In der Fabrik habe ich ein Stück schwarzen Stoffs aufgehoben, der früher während der Nachtwache zur Tarnung der Fabrikfenster diente, und aus dem ich mir eine Weste machen möchte, wie viele von uns es auch tun. Der Stoff ist sowieso verloren. Der Kapo sieht es: »Was ist das?« – »Ein Stück Leinen, es hält warm.« – »Sabotage! Arbeite einfach, wenn du frierst, das wärmt noch besser. Nun los, in Stellung.«

Im Klartext heißt das: Bück dich, damit ich dich verhauen kann. Ein Vorarbeiter hält mich fest, während er mich mit einem Elektrokabel auf den Hintern schlägt. Zum Glück ist er vermutlich von den vielen Schlägen, die er seit dem Morgen verteilt hat, müde, denn er hört schon nach zehn Schlägen auf. Zum Schluss noch ein Hieb auf den Kopf, um mir richtig klar zu machen, dass ich ihm ausgeliefert bin, und dass ich noch Glück habe, nicht totgeschlagen zu werden. Da er schätzt, dass ich nicht mehr gehen kann, überlässt er mich einem bösen Kapo eines anderen Kommandos. Dort braucht man nicht zu gehen, man steht aber nebeneinander angekettet, um den Schutt aus dem Gang zu schaufeln. Der Kapo läuft die ganze Zeit hin und her und haut regelmäßig seinen Gummiknüppel auf die doch arbeitenden Männer. Jeder Schlag wird von einem energischen »Los« unterstützt. Das ist die »normale Behandlung«. Es gibt auch die »Sonderbehandlung« für denjenigen, der das Tempo etwas reduziert; er nimmt ihn dann beiseite und bricht ihm halb die Knochen. Die wachhabenden SS-Leute können über so gute Vorarbeiter zufrieden sein. Ihre Arbeit ist gleich erledigt.

Es ist Michel gelungen, sich im Lazarett unterbringen zu lassen. In der Pause gehe ich auch dorthin zu Reynold, dem Krankenpfleger, einem Berufsverbrecher, der vor einigen Jahren seine Braut erwürgt hat. Er hat trotzdem ein gutes Herz und teilt mich für leichtere Aufgaben ein. Dieser ausgesprochene Rohling pflegt mich mit einer außerordentlichen Sanftheit. Bevor ich hinausgehe, klaue ich noch zwei Papierverbände, draußen mache ich mir daraus eine riesige Binde und schleppe dann anschließend entsprechend das Bein.

...

In dieser Zeit essen wir unregelmäßig: Wir bekommen an einem Tag einen halben Laib trockenen Brotes, am nächsten ein Brot für sechs, ein halbes Pfund Margarine und ein Pfund Wurst. An einem anderen Tag ein ganzes Brot und 25 Gramm Margarine. Wir werden mit alten Nahrungsbeständen versorgt, die in den Trümmern der Insel gefunden wurden. Auf dieser Weise ist eine regelmäßige Ernährung natürlich nicht zu erwarten. Irgendwann bleiben wir 36 Stunden ohne Versorgung. Die Suppen sind eher dünn, und es ist schwierig etwas zu »organisieren« – wie man hier zu sagen pflegt, um unsere heimlichen Versuche zu beschreiben, Nahrungsmittel zu besorgen.

Der Kommandant, der sich früher ganz gut um uns kümmerte, lässt uns links liegen: Wir sind uninteressant geworden. Die Berufsverbrecher machen mit uns, was sie wollen.

An einem Sonntagnachmittag holen sie alle unter dem Vorwand des Abtransports aus den Luftschutzkellern heraus und schicken uns in Fünferreihen auf die Straße. Dort durchsuchen sie unsere armseligen Lumpen und lassen uns mit unseren Sachen in der Hand nackt stehen. Alles, was wir gefunden oder fabriziert hatten, wird uns abgenommen oder beschlagnahmt. Während wir nackt dastehen, packt sie ein Anfall von Wahnsinn, wohl verursacht durch den Brennspiritus, den sie irgendwo gefunden und – wie auch den Desinfektionsalkohol des Lazaretts – in großen Mengen geschluckt haben.

Sie rennen mit Eisenstangen oder Stöcken hinter uns her, werfen Steine nach uns oder peitschen uns mit Gürteln aus. Einige SS-Leute stehen dabei und schütteln sich vor Lachen. Einer der Berufsverbrecher, der Oberkrankenpfleger, ist noch erregter als die anderen und bekommt fast einen epileptischen Anfall. Jede Beschreibung versagt vor diesen Verbrechern, die mit ihren kahlen Schädeln alle Zeichen von einer durch Alkohol verstärkten Bestialität und Grausamkeit zeigen. Sie sind einfach abscheulich. Der finstere Streich geht schließlich vorüber. Einige Kameraden bluten im Gesicht. Wir dürfen uns wieder anziehen und in den Luftschutzkeller gehen. Wir werden also nicht abtransportiert.

Und noch ein schöner Sonntag in Peenemünde:

Der Kommandant bekommt plötzlich wieder Interesse an uns, allerdings nur, um uns auf der Straße vor den SS-Unterkünften zwei Stunden lang Manöver machen zu lassen. Dann hält er uns einen kleinen Vortrag: »Einige von euren Kameraden haben Brennspiritus und Sikkativ aus der Fabrik geklaut. Sie haben es getrunken. Ihr werdet sie gleich sehen. Es soll euch eine Lehre sein!«

Dann dürfen wir in Fünfergruppen an einer Leiter vorbeiziehen, an die ein Berufsverbrecher, der Lagerfriseur, mit Händen und Füßen aufgehängt ist. Er schäumt, verdreht die Augen und krümmt sich, bis sein Kopf zur Seite rollt. Die anderen sind schon tot, so dass wir sie nicht zu sehen bekommen. Der hier stirbt eine Stunde später.

...

Ich lande schließlich in der Abteilung, die Backsteine reinigen soll. Kranke und Leichtverwundete sitzen in der Sonne, während sie die noch brauchbaren Backsteine stapeln, die sie von Zementresten befreit haben. Es ist eine ruhige Geschichte, ich kann dort bleiben.

...

Ich mache diese Arbeit noch ein paar Tage und werde dann an einem Morgen dem Strand-Kommando zugeteilt. Es geht dabei aber leider nicht ums Baden oder Sich-Sonnen. In der Nähe des Ufers sind Bomben gefallen und haben die Wasserleitung beschädigt, die zwei Meter tief im Sand verläuft. Das ist auch der Grund, weswegen wir im Lager kein Wasser haben; wir trinken lediglich den dünnen Faden, der aus einer kaputten Leitung kommt, oder nebenan aus dem Bombentrichter, der sich mit dem Wasser aus der zerstörten Leitung gefüllt hat. Man sagt aber, es gebe Leichen auf dem Grund. Dort wurde auf jeden Fall schon ein abgetrennter Fuß gefunden.

Die Stelle liegt einen Kilometer vom Lager entfernt. Im Gleichschritt und in SS-Begleitung machen wir uns auf den Weg. Wir gehen durch Peenemünde: kein einziges Haus, das nicht gebrannt hat oder das nicht dem Erdboden gleich gemacht wurde! In diesem Dorf von fünfzehnhundert Seelen ist nichts übrig geblieben. Und fast alle zehn Meter säumen Bombentrichter den Weg. Am Zielort angekommen, müssen wir einen Durchstich graben und die riesigen gusseisernen Leitungen herausholen – zu zehnt ein Rohr, das wir zweihundert Meter weiter transportieren müssen. Bei jedem Schritt versinken wir mit unseren nackten Füßen in dem weichen Sand. Der Kapo brüllt und schlägt um sich; es ist Reynold, der frühere Krankenpfleger, der seine neue Aufgabe erstaunlich gut beherrscht. Die Arbeit ist eine Plage. Am Abend bin ich völlig erledigt.

Aber meine Entscheidung hilft mir weiter: Morgen sehen sie mich nicht wieder. Beim Appell der Kommandos werde ich mich in die Reihen desjenigen Kommandos einschleichen, das in einer kleinen Werkstatt arbeitet, wo die intakten und funktionsfähigen Maschinen untergebracht wurden. Da sie keine Zeit haben werden mich zu suchen, werden sie als Ersatz den Erstbesten nehmen.

In der Zwischenzeit hat sich unsere Lage etwas gebessert: Einige zusätzliche Luftschutzkeller wurden zu unserer Verfügung gestellt, so dass sich nur noch etwa dreißig Mann einen Raum teilen, was zwar nicht ideal ist, aber immerhin besser als vorher; wir können zumindest schlafen.

Ab und zu werden wir zur Desinfektion geschickt. Wir ziehen uns aus und rennen bis zum Waschraum am anderen Ende der Fabrik. Dort ist eine Wanne aufgestellt, gefüllt mit brauner Flüssigkeit, die angeblich ein Desinfektionsmittel sein soll. Die sechshundert Leute müssen da durch, zu zweit oder zu dritt auf einmal. Dem Unglücklichen, der unten ist, vergeht gleich der Appetit, so hungrig er auch sein mag: Die dreckigen Füße, die Hintern, die eiternden Wunden, all das ist nicht gerade appetitlich, [zumal] wenn man sich in die Brühe begeben soll, in der sie gewaschen wurden.

…

Unser Luftschutzkeller hat den Vorteil, in der Nähe desjenigen zu liegen, in dem die Verteilung der Lebensmittel stattfindet und die »Creme« des Lagers wohnt. Wenn es Nachschub gibt, wissen wir es zuerst, und so kriege ich abends fast immer eine volle Schüssel zusätzlich. Wenn »Schälen« angesagt ist, wird immer aus unserem Luftschutzkeller rekrutiert. Ich bin jedes Mal dabei. Eine Stunde lang werden Kartoffeln für die Küche der SS geschält. Als Lohn bekommen wir eine Zusatzportion Suppe.

…

Eines Tages kommt eine gute Nachricht: »Schnurrbart«, der zum Kommando für Bomben-Entschärfung gehört, ist selbst Opfer einer Explosion geworden. Nur verwundet soll er fürchterlich geschrieen und nach seiner Mutter gerufen haben. Der Kommandant sagte dann vor allen Häftlingen, er sei der Waffen-SS unwürdig.

…

Wir sind erst seit drei Monaten in Deutschland und Michel ist schon tot. Ich mache nun allein weiter. Wie viel Zeit habe ich noch? Welche Schicksalsprüfungen erwarten mich noch? Wenn ich heil davonkomme, werde ich mich nur halb freuen können. Denn ich werde die Freude nicht mehr mit meinem treuen und vertrauensvollen Freund teilen können, der mit mir zusammen davon geträumt hatte, in einer Panzerdivision von Leclerc zu kämpfen.

Wenn man dem Gerede glauben möchte, soll der Krieg in zwei Wochen vorbei sein. Schon zwanzig Mal war es zu vernehmen: »Aus sicherer Quelle [wissen wir]« – »Ein SS-Mann hat behauptet« – «Ein Kumpel hat in der Zeitung gelesen«, dass die Alliierten gelandet sind. – Man kann aber nicht mehr nachvollziehen, wie das Gerede seinen Anfang genommen hat. Viele fallen herein! Sie lassen sich heute eine wunderbare Nachricht andrehen, die schon morgen dementiert wird, und der Unglückliche, der daran geglaubt hat, ist niedergeschlagen. Die Worte von Pétain kommen mir dann wieder in Erinnerung: »Ich hasse die Lügen, die uns so viel Leid gebracht haben.« In diesem Fall bekommen diese Worte wirklich einen Sinn. Ich habe etliche Leute erlebt, die sich ständig von einer falschen Meldung zur nächsten haben schaukeln lassen. Sie erinnerten mich an Schiffbrüchige, die sich verzweifelt an Wrackteile klammern, die dann unter dem Gewicht versinken. Eine enttäuschende Fata Morgana, die einen in Depression verfallen lässt, sobald sie verschwindet. Zusammen mit der Nachricht rückt alles fast greifbar nah, was einem lieb und teuer ist: das Zuhause, die Vergnügungen, die man sich verspricht: »Ach, Leute, bald werden wir entlassen!« Wenn man am nächsten Tag seinen Fehler bemerkt, wird das Trugbild der bevorstehenden Heimkehr von düsteren Bildern abgelöst: der Stacheldraht, die Wachtürme im Regen, die Wachposten in ihrer dunkelgrünen Uniform, die im Scheinwerferlicht regungslos stehen, die Schreie, das ständige Schlafbedürfnis, der Hunger, der Schlamm, die Scheiße, der Tod.

Ich habe schnell begriffen, dass eine naive optimistische Reaktion bei jeder angeblichen »Nachricht« zur tödlichen Gefahr für den Häftling werden kann. Dieses Wechselbad von Höhen und Tiefen kann seelisch auf die Dauer fatale Folgen haben. Man glaubt zum Schluss an gar nichts mehr; man verliert die Hoffnung. Und wer die Hoffnung verliert, ist selbst verloren. Ich war immer eher pessimistisch, was die Dauer des Krieges angeht, ich habe aber nie die Hoffnung verloren und das war es schließlich, was mich in Dora und Belsen gerettet hat.

Ich glaube, ich habe die Kriegsereignisse immer richtig eingeschätzt, manchmal sogar unterschätzt, wo sie doch günstig standen. So war ich auch niemals enttäuscht. Es ist eine Methode wie jede andere. Ich lasse eine Nachricht erst dann gelten, wenn ich sie selbst in der Zeitung gelesen habe. In Peenemünde konnten wir ab und zu die *Pommersche Zeitung* bekommen, und da ich genügend Deutsch kann, um eine Meldung zu lesen, vertraue ich nur auf das, was ich auch persönlich gelesen habe.

Ich bin aber auch nicht immer ganz frei von depressiven Anfällen. Zum Beispiel konnte ich nicht umhin, mir düstere Gedanken zu machen, nachdem ich in Belsen eines Tages gelesen hatte, dass die Deutschen schon angefangen hätten, die V 2 nach England zu schicken. Es dauert jedoch nicht lange. Ich denke, dass eine Art Instinkt uns dazu bringt, den richtigen Wert einer Nachricht einzuschätzen.

Und das, obwohl das Verhalten unserer Wachposten deprimierend und entmutigend ist! Immer die gleiche Disziplin, immer die gleiche Grausamkeit uns gegenüber, immer diese im Chor skandierten Lieder, die so exaltierend beim Marschieren wirken.

Die einen sagen: »Ihr werdet schon sehen, wenn das Ganze zu Ende geht, werden sie alle so sanft wie die Lämmer!« Ich habe nie daran geglaubt und ich habe Recht behalten: In Belsen werden sie sogar noch vor dem britischen Funkwagen auf uns schießen. Andere versuchen, den Fortgang des Krieges an der Laune der SS abzulesen. ...

Manchmal stimmt es, aber meistens gibt es keinen Zusammenhang. Man darf aber auch nicht vergessen, dass die SS eine besondere Mentalität hat. Sie glaubt bis zum Schluss an den Führer, betrachtet die Niederlagen lediglich als momentane Rückschläge und ist sicher, dass das Reich irgendwann den Siegeszug antreten wird. Wann? Wie? Womit? Das weiß sie zwar nicht, ist aber – in ihrem mystischen Glauben an die Übermacht Hitlers – trotzdem davon überzeugt. Und hatte sie dabei ganz Unrecht? Die V 1 und V 2 werden bald fertig sein. Und Deutschland arbeitet mit Leidenschaft an der Atombombe .... Heute kann man ruhig sagen, es hat wenig dazu gefehlt, dass die Nazis dieses außerordentliche Gerät zum ersten Mal einsetzten.

Der tatsächliche »Wendepunkt« für den Krieg war aber vielleicht die Bombardierung von Peenemünde. Die englischen Piloten haben an diesem Tag das Geheimlabor völlig zerstört, das Forschungspersonal getötet, uns dabei wie durch ein Wunder verschont, sie haben dadurch die Produktion der V 2 um fast sechs Monate verzögert und, vielleicht ohne es richtig zu ahnen, die Welt vor der Sklaverei unter der Diktatur Hitlers gerettet.

Aus: Michel Fliecx, *Pour Délit d'Espérance. Deux ans à Buchenwald, Peenemünde, Dora, Belsen*, Evreux 1946
Aus dem Französischen von Annie Bardon

Leon Dropek

Leon Dropek, Jahrgang 1918, war von Juni 1940 bis zum Januar 1942, als ihm die Flucht in die Heimat gelang, Häftling in Peenemünde. Die im Text geschilderte Misshandlung hat bei ihm zu einem dauerhaften Hörschaden geführt. Im Lauf der Jahre ist er auf diesem Ohr völlig taub geworden.

Erinnerungen an Peenemünde

Im Juni 1940 wurde ich in Wrzesnia auf der Straße verhaftet. Während der Untersuchung sagte der Gendarmerieoffizier zynisch: »Du bist doch am Westen interessiert, also ermöglichen wir Deutsche dir eine unmittelbare Berührung mit dem Westen.« Mir war klar, ich wurde festgenommen, weil ich dem polnischen West-Verein angehörte und Vorsitzender des Schützenvereins war.

...

Danach brachte mich ein bewaffneter Gendarm zum Bahnhof; dort stand ein Zug mit circa zwanzig alten preußischen Waggons bereit. Die Waggons waren bis zum Rand mit Schicksalsgenossen voll gestopft, dazu kam noch ich. Der Zug fuhr ab, alle Männer hatten Tränen in den Augen und Angstgefühle. Keiner von uns wusste, wohin die Reise geht, was uns erwartet, ob wir jemals in unsere Heimat zurückkehren, ob die Mütter und Väter ihre Söhne wieder sehen werden, ob Männer zu ihren Ehefrauen und Kindern zurückkommen werden.

...

Wir stellten uns das Deutsche Reich nach zehn Monaten totalem Krieg schlimm vor. Enttäuschung – in allen Orten von Frankfurt/Oder, Pasewalk, Stettin bis Swinemünde war vom Krieg nichts zu sehen. Überall herrschte Ordnung und Sauberkeit, Blumen und Rabatten schmückten die Bahnhöfe. Die Menschen waren gut gekleidet, viele Frauen waren berufstätig, was bedeuten sollte, der deutsche Mann war für »höhere Ziele« geschaffen.

In Zinnowitz stiegen wir in einen Zug mit der Aufschrift »Versuchsstelle Peenemünde 1« ein. Da ich die deutsche Sprache einigermaßen gut beherrschte, bekam ich große Angst. Mit wem oder womit wurden hier Versuche angestellt? Beim Umsteigen nutzte ich die kleine Pause, um auf die Landkarte, die sich im Bahnhof befand, zu schauen und mich zu vergewissern, wo wir uns befanden. Die Feststellung, dass wir uns auf der Insel Usedom befanden, war entsetzlich, da ich mich in Gedanken mit Flucht beschäftigt hatte. Der Zug fuhr langsam nach Westen über Heringsdorf, Koserow, Trassenheide bis zum Endziel Karlshagen.

In Vierergruppen führte man uns circa einen Kilometer weit auf einer neuen Betonstraße zu Baracken, die mit Maschen- und Stacheldraht eingezäunt waren. Wir wurden frontal zur Lagerführung auf dem Sandstrand der Ostsee aufgestellt (es gab dort keine befestigte Straße). Ein mittelgroßer, schlanker Mann mit kleinen Augen trat heraus und hielt eine Rede. Er sprach über die Macht des Dritten Reichs, den baldigen Sieg in Europa und über unsere Bereitschaft, Arbeit zu leisten zum Wohle und zur Stärkung des Dritten Reichs. Für die »aufbauende« Rede des Lagerführers Bauer hatte man zwei Dolmetscher herbeigeholt, die aus Lodz stammten und nicht gerade polnische Namen trugen – Pfeffer und Schrod – und sich uns gegenüber nicht sehr lobenswert verhielten.

Endlich erfuhren wir, dass wir uns im Polenlager Peenemünde 2 auf Usedom befanden. Der Abend nahte, die Dolmetscher wurden zum Lagerführer gerufen, wir standen immer noch dort und schauten auf die vorbeigehenden Polen, die uns ihrem Äußeren und ihrem Gesichtsausdruck nach nichts Gutes versprachen. Der Dolmetscher Pfeffer erinnerte uns noch einmal mit lauter Stimme daran, dass das Ansprechen deutscher Frauen streng untersagt war. Sollte es zu einem solchen Vorfall kommen, drohte dem Polen die Todesstrafe durch Erhängen. Der zweite Dolmetscher teilte jedem von uns fünf Leinenstücke mit einem gelben »P« vor violettem Hintergrund aus. Diese für uns stolze Polen entwürdigenden Merkmale sollten vorne rechts an unsere Kleidung fest angenäht werden.

...

Nach der ganzen Zeremonie führte man uns durch die Waldschneise zu unseren Baracken. Ich war verblüfft. In dem großen Kiefernwald standen wunderschöne, wie

Schmuckstücke anmutende Baracken fast an die Bäume angelehnt. Dort wohnten die Deutschen, die in Peenemünde beschäftigt waren. Das erste Lager befand sich noch im Bau, aber das, was schon zu sehen war, weckte in mir totale Begeisterung. Die Baracken waren mit weißer Lackfarbe gestrichen, die Fenster- und Türrahmen waren rot. Das dunkle Grün der Bäume, die dicken, braunen Stämme der Kiefern im Hintergrund machten auf mich einen fesselnden Eindruck. Innen eine Pracht und Komfort. Es waren Achtbettzimmer mit Dusche, Bad, Warmwasser, Zentralheizung, die Bettwäsche weiß wie Schnee. Diese Idylle dauerte sechs Wochen an. Ich bin überzeugt, dass das als Propaganda für ausländische Missionen in Deutschland gedacht war.

Am zweiten Tag stellte man uns zur »Auktion« im deutschen Lager der Hauptlagerführung vor. Zum Markt kamen dickbäuchige Männer mit Zigarren, die uns sorgfältig betrachteten und uns nach unseren Berufen fragten. Große Nachfrage hatten Handwerks- und Bauberufe. Die Nichthandwerker wurden verhöhnt, ausgelacht und von einem Käufer zum anderen geschickt. Als ein Bekannter, der kein Deutsch sprach, seinen Beruf in deutscher Sprache mit »Unteroffizier« angab, wurde er so verspottet und ausgelacht, dass es traurig war zu hören, wie unwürdig man über einen polnischen Unteroffizier redete. Von Beruf bin ich Ökonom. Ich wusste, dass ich keinem dieser Sklavenhändler nützlich sein würde. Von zuhause her kannte ich mich ein wenig im Zimmermannsberuf aus und sagte, ich bin ein Zimmermann. Trotzdem wollte mich keiner haben. Uns, die Restlichen, die Ungewollten, holte die Firma Dyckerhoff-Widmann zum Schaufeln im Tiefbau. Wir wurden in fünfzehn Gruppen eingeteilt, in jeder Gruppe war ein deutscher Meister – ein »Aufpasser«. Meine Gruppe »betreute« ein Meister namens Neuhardt. Er informierte uns, dass wir morgen, das heißt am dritten Tag unseres Aufenthalts auf der Insel, um 5.00 Uhr morgens vor der Lagerführung stehen müssen und er uns geschlossen zur Arbeitsstelle führt. Jeden Tag führte man uns an der Wache vorbei, die Meister meldeten die Anzahl, alles wurde geprüft, auf dem Rückweg das gleiche, die angegebene Zahl musste stimmen, es durfte keiner auf dem streng bewachten Gelände bleiben. Auch Züge mit deutschen Beschäftigten wurden genauestens kontrolliert.

Peenemünde war ein Bauplatz. Viele Firmen waren vertreten, sogar eine Gartenbaufirma, alle hatten spezielle Aufgaben. Auf mich und ich glaube auf alle Polen machte die Insel Usedom einen neutralen, vom Krieg nicht betroffenen Eindruck. Wir sahen zum ersten Mal eine solche Vielfalt von Baumaschinen und Geräten, dass uns klar wurde, wie rückständig Polen auf diesem Gebiet war. Bagger, Planierraupen, Betonmaschinen, Stampfmaschinen, Kräne, Dampf- und elektrische Bahnen, stapelweise Holz- und Eisenbaumaterial, ... Schienen, Kies, Sand, Steine, Pflastersteine, Torf und vieles mehr zeugten von einer stabilen Wirtschaft. Ganze Wohngebiete wurden gebaut, im typisch deutschen Stil mit festen Zufahrtsstraßen, neu erbauten Gleisen, Kanalisation, Hochspannungsleitungen, einem Hafen an der Peenemündung und Ausschachtungen für die Fundamente des unterirdischen Rüstungswerkes, das hier entstehen sollte.

Der Zug »Versuchsstelle Peenemünde 1« – voll mit Deutschen, die Abzeichen an den Mützen trugen – fuhr durch den belebten Bauplatz hinter dem Zaun, [ein Ort,] den zu betreten bei Todesstrafe verboten war. Für mich war es ein großes Geheimnis, warum so viele Menschen jeden Tag streng bewacht hinter diesen Zaun bis zum Ende der Insel fuhren.

Der Gruppe von Neuhardt, der ich angehörte, teilte man Tiefbauarbeiten für Pfeiler einer entstehenden Fabrik zu. Mit Angst um meine körperliche Kraft nahm ich den Spaten, mit dem ich über zehn Stunden Sand schaufeln sollte.

Mein Arbeitsgenosse Stanislaw Kuzma, älter als ich, versuchte mich zu trösten und sagte: »Du hältst das durch, mach's wie ich dir sage.« Wir buddelten eine Grube von fünf mal fünf Metern. Nach drei Tagen waren zwei Arbeiter um die Hälfte tiefer als wir. Kuzma gab ihnen Ratschläge (die der Aufpasser nicht verstand), sie sollten so weitermachen. Der Aufpasser ahnte etwas, sprang in den Graben, entriss dem Kuzma den Spaten und schlug mit dem Metallteil ganz gleich wohin. Kuzma riss den Kopf zur Seite, nur so entkam er einer Spaltung seines Schädels. Aufgrund der Schläge wurde er ohnmächtig, voller Blut und mit Schlüsselbeinbruch kam er ins Krankenhaus. Meine Angst kann ich gar nicht beschreiben. Der aufgebrachte Neuhardt drohte mir mit der Faust und sagte: »Mit deinem Lehrer haben wir Ordnung gemacht.« Seine Rache verfolgte mich. Nach zehn Stunden mörderischer Arbeit kehrten wir erschöpft in unsere bescheidene Unterkunft zurück. Wir eilten zum polnischen Lager, wo sich die Küche und Kantine befanden, erhielten für unsere Bons eine miese Portion Essen, kauften für den nächsten Tag Frühstück und Mittagessen ein; das dauerte oft zwei Stunden.

Saubere Bettwäsche konnten wir tauschen, nachdem die schmutzige abgegeben wurde. Es gab keine organisierte Sabotage, aber die Betten haben wir, ob nötig oder nicht, jeden Tag gewechselt. Wir legten uns mit Absicht mit den schmutzigen Sachen in die Betten, nur damit sie gewaschen werden mussten. Den Rekord im Bettwäschewechseln schlug Jozef Grajek, Schmied von Beruf. Da an seinen Sachen buchstäblich das Öl herunterlief, sahen auch die Betten dementsprechend aus. Auf diese Art konnten wir uns für das Unrecht und Leid, das unserem Vaterland, den vertriebenen Menschen durch die »Übermenschen« des Dritten Reichs zugefügt wurden, ein wenig rächen.

Nach den Misshandlungen an Kuzma wurde ich das Opfer des unmenschlichen Verhaltens Neuhardts. Beim Abtragen von Heidekraut erhöhte Neuhardt meinen Haufen um fünfzig Prozent über die festgesetzte Norm. Die letzen Stunden waren unerträglich, die Arme und Beine wollten nicht mehr wegen der Überanstrengung. Das Gleiche wiederholte sich beim Schleppen von Eisenrohren mit doppelter Blende. Die Rohre (acht Meter lang, Durchmesser sechzig Zentimeter) wurden durch die Torfwiese zur Peene gezogen und circa fünfzig Meter vom Peeneufer entfernt aufgestellt. Um diese Arbeit zu verrichten, mussten wir uns nackt ausziehen (Anfang September herrscht an der Ostsee quälende Kälte), die Rohre ziehen und aufrichten – es gab wirklich keine andere Möglichkeit. Als wir aus dem Schlamm herauskamen, ähnelten wir Schwarzen. Diese Sklavenarbeit [zu beobachten] wurde von den Übermenschen voll genossen.

Mit der idyllischen Unterkunft war es nach sechs Wochen vorbei. Wir wurden in alten Baracken auf dem polnischen Gebiet untergebracht, sie waren voller Flöhe und Wanzen. Hier sah es so aus: 14-Bettzimmer ohne Bettwäsche, nur zwei alte Decken, geheizt wurde mit Kohleofen, ein Waschraum mit nur kaltem Wasser befand sich in der nächsten Baracke. Der Beschluss der Lagerleitung war uns klar, wir hatten keine Sonderrechte gegenüber den anderen, wir waren auch nur Söhne Polens. Nach dem Buch von Adolf Hitler *Mein Kampf* sollten wir alle ausgerottet werden.

…

Ich trug mich mit dem Gedanken, die Insel irgendwie zu verlassen. Das Schicksal war mir gnädig. Meine Deutschkenntnisse halfen mir. Ich belauschte ein Gespräch zwischen Neuhardt und einem Meister, dass zwei Baggerarbeiter benötigt wurden. Ich meldete mich sofort, Neuhardt war einverstanden, mit mir kam ein Pole aus Lodz – fünf Jahre älter als ich – Feliks Lesniewski. Wir waren die kleinste polnische Gruppe, die auf das streng bewachte Gebiet geführt wurde. Wir baggerten in der Waldschneise im schlammigen Gebiet in Richtung Peene. Unsere Aufgabe war es auch, spezielle Matten unter den Bagger zu legen, damit er nicht im Schlamm versinkt. Die Arbeit war nicht leicht, aber der neue Meister war menschlich. In wenigen Tagen erreichten wir das Ziel. In einem gerodeten Waldstück von etwa 500 Metern Durchmesser begann das Baggern eines Grabens mit gleichzeitiger Aufschüttung. Der Graben füllte sich sofort mit Wasser. Die Arbeit war für sechs Monate geplant. Die veränderte Arbeitsweise verbesserte meine Verfassung. Der Weg zur Arbeit betrug fünf Kilometer hin und fünf zurück, also war ich dreizehn Stunden unterwegs, dazu kamen das Warten in der Kantine und das Einkaufen. Zum Schlafen blieb wenig Zeit. Freie Sonnabende oder Sonntage gab es nicht. Trotzdem hatte ich eine erträgliche Umgebung und einen guten Freund gefunden – Feliks. Am Bagger arbeiteten fünf Deutsche, der Meister und wir zwei Polen. Alle waren menschlich, wir waren ein gutes Team. Der Meister unterhielt sich gerne mit mir. Er fragte mich über die Familie aus, über verschiedene Preise, vor allem von Lebensmitteln und so weiter. Den September-Feldzug [von 1939] sprach er nie an, dazu war er viel zu taktvoll, denn ihm war bewusst, dass das ein unangenehmes Thema für mich war. Wie die Deutschen den wahrnahmen, erfuhr ich aus den speziellen Berichten »Feldzug in Polen« und »Sieg im Westen«. Viel später, als ich mich schon mehr getraut habe, berichtete ich dem Meister sehr feinfühlig von dem Verhalten der Deutschen in Polen, unter anderem von den mit Polen und Juden überfüllten Gefängnissen, von Erschießungen und Schlägen bei jeder Gelegenheit, von der Vertreibung und Beraubung und so weiter. Seine Reaktion war kurz: »Das ist nicht wahr.« Dieses Thema war für mich tabu. Ich erzählte auch nicht, dass meine ganze Familie, Eltern und Großeltern von den Deutschen beraubt und ausgesiedelt wurden. Meine verheiratete Schwester wurde nach Deutschland ausgesiedelt. Ich hielt mich bewusst zurück, denn aufgrund solcher Aussagen würde mich die Gestapo als potentiellen Verbrecher gegenüber dem deutschen Volk beurteilen. Auf diesem Gebiet war ich schlau, durchtrieben und vorsichtig, es durfte kein Verdacht auf mich fallen.

Als ich noch auf der alten Arbeitsstelle war, bemerkte ich zwischen den hohen Kiefern nach einer Detonation am Himmel einen Gegenstand, der sich mit hoher Geschwindigkeit Richtung Osten bewegte und hinter sich einen milchigen Streifen aus Abgasen herzog. Dieses Vorkommnis weckte verständliche Neugier unter den Deutschen. Die Polen diskutierten untereinander, was das wohl sein könnte, was sogar die Deutschen schockierte. An der neuen Arbeitsstelle war der Horizont breiter, so dass der »künstliche Komet« – so nannten wir das Unbekannte – über uns hinwegflog. Der Meister klatschte in die Hände, sprang vor Freude und rief, dass das der Test der neuen Waffe sei, von der der Führer sprach. In harmlosen Gesprächen informierte er mich ohne es zu merken, dass sich an der Spitze der Insel eine Versuchsstation befindet, die neue Waffen produzieren soll. Uns wurde klar, aus welchem Grund die überfüllten Züge mit der Aufschrift »Versuchsstelle Peenemünde 1« fuhren und warum die übergenaue Bewachung der Arbeiter stattfand.

An einem Tag während der Mittagspause ging ich aus dem Wald auf eine große Wiese und näherte mich der Raketenabschussvorrichtung auf circa 500 Meter. Ich war bestimmt der einzige Pole, der von dieser Entfernung aus beobachten konnte, was die Deutschen so akribisch bewachten. Meine Beobachtungen analysierten wir im Zimmer und kamen zu der Schlussfolgerung, dass sich an der Spitze der Insel kein U-Boot-Stützpunkt befand. Unser Meister prahlte in den Gesprächen, dass nach der Weiterentwicklung der Waffe London mit drei Geschossen vernichtet werden könne. Die Sprengkraft wird so ungeheure Ausmaße haben, dass im Umkreis von 20 Kilometern kein Vogel einen Platz zum Sitzen finden wird. Er verwechselte die »Rakete V 1« mit der fieberhaften Vorbereitung einer Atombombe.

Die Raketen flogen unregelmäßig, jedoch jede Woche weiter. Nach jedem erfolgreichen Flug summte der Meister das bekannte Lied »Wir fahren gen England«.

Feliks Lesniewski war immer ein richtiger Patriot. In Polen teilte er das Schicksal der Arbeitslosen. Er war aus Überzeugung Kommunist. Das erzählte er mir, nachdem wir uns näher kennen gelernt und er Vertrauen zu mir gefasst hatte. Während des September-Feldzugs traf er mit sowjetischen Soldaten zusammen, über die er nur gut sprach. Er brachte mir die »Internationale« bei.

Das Leben im Lager wurde immer schwieriger. Aus unbekannten Gründen brannte im Oktober 1940 die Kantine ab. Nicht durch die Bombenangriffe der Alliierten.

Die täglichen Übungen der Luftstreitkräfte in Swinemünde und Stettin, die den Himmel mit Scheinwerfern beleuchteten und beim Anflug feindlicher Bomber sofort erloschen, waren das einzige Zeichen dafür, dass sich irgendetwas tat.

Das Essen wurde uns aus dem deutschen Lager gebracht, sauer, aufgewärmt, einfach ekelhaft. Den Briefen, die wir von zu Hause erhielten, konnten wir zwischen den Zeilen Hiobsbotschaften aus unserer unglücklichen Heimat entnehmen. Unter diesen Bedingungen suchten wir uns Beschäftigungen, um die täglichen Sorgen für einen Moment zu vergessen. Der eine flickte seine Sachen, der andere schrieb einen Brief an die Mutter oder Ehefrau, der nächste las die Zeitung, die übrigen spielten Karten. Nachtruhe war um 22.00 Uhr. An einem Abend, es war fünf Minuten nach 22.00 Uhr, wollten die Kameraden ihre Kartenrunde zu Ende spielen. Da stürzte der Lagerführer Bauer herein mit seiner Lederpeitsche, an deren Ende eine Bleikugel befestigt war, und schlug grausam auf uns ein. Wir versuchten zu fliehen. An der Tür erwischte mich ein kräftiger Schlag auf die Hand, ich hatte ein Gefühl, als wäre sie abgeschnitten worden. Wie verkrochen uns in der Dunkelheit zwischen den Baracken. Der »Henker« erwischte einen von uns, führte ihn zur Lagerleitung und prügelte unbeschreiblich auf ihn ein. Danach befahl er ihm, uns alle so schnell als möglich zur Lagerleitung zu holen. Der Unglückliche flehte uns an, schnellstens dorthin zu kommen. Sollte es nicht klappen, drohte ihm noch schärfere Strafe. Nach kurzer Beratung schlüpften wir in unsere Sachen und standen gemeinsam um Mitternacht vor dem »Henker«. Er wartete auf uns in Begleitung von vier deutschen Mädchen, die in der Kantine arbeiteten. Wir stellten uns in einer Reihe vor ihm auf, ich als Letzter. Ich dachte, nach jeden Hieb würden seine Schläge schwächer, aber ich irrte. Jeden Einzelnen fragte er: »Warum warst du nach 22.00 Uhr noch auf?« Bevor die Antwort kam, schlug er zu. Die Richtigkeit der Schläge bewerteten die Mädchen mit Beifall. Ich schaute mit Schrecken auf meine zehn polnischen Brüder und wartete auf das gleiche Schicksal. In meinem Kopf war nur ein Gedanke: dem Verbrecher die Gurgel durchzubeißen; doch im letzten Moment siegte der Verstand. Als ich dran war, kam die gleiche Frage und ich antwortete: »Meine Kameraden entschuldigen sich, aber Sie schlagen sowieso zu.« In diesem Moment schlug er mit einem Marmoraschenbecher mit solcher Wucht auf mein rechtes Ohr, dass ich das Bewusstsein verlor. Die

Kameraden trugen mich in unsere Stube, wo ich sechs Stunden bewusstlos lag. Man erzählte mir später, dass dieser Vorfall von den Mädchen den größten Beifall bekam. Von dieser Zeit an trug ich mich mit eigenen, stillen Gedanken, irgendwie von hier ohne Rücksicht auf Verluste wegzukommen. Es wurde Dezember [1940]. Die Gesellschaft von meinem Mitgefangenen Stefan Chlebowski konnte ich nicht mehr ertragen. Ich wurde mit Mühe in eine andere Baracke verlegt.

Die Arbeitszeit auf dem Feld war vom Auf- und Untergang der Sonne abhängig. Mich betraf das nicht, denn der Bagger konnte auch mit Licht arbeiten. Von morgens früh bis tief in die Nacht hinein wurde gearbeitet. Die schlechte Bekleidung, die klägliche Ernährung und die quälende Kälte machten mich mürbe. Ich beschloss, eine Krankheit zu simulieren, aber welche …? Mir kam eine Idee. Als ich am Abend mit Feliks Kiefernstämme schleppte, fiel ich hin und simulierte eine Verrenkung des rechten Beins. Alle Versuche, mich aufrecht zu stellen, blieben ohne Erfolg. Der Meister wurde unruhig, setzte mich aufs Fahrrad und brachte mich zum Arzt, der sich circa fünf Kilometer entfernt von der Arbeitsstelle befand. An Ort und Stelle konnte mir keiner helfen – wir waren alleine. Während ich auf dem Fahrrad saß und der Meister mich durch die Wache schob, dachte ich mit Erstaunen, dass er doch auch ein Mensch ist. Danach überlegte ich, ob mir dieses Experiment gelingen würde. Ich empfand Achtung für diesen Mann, der mir als mein Vorgesetzter Mitgefühl zeigte. Zwei gegensätzliche Pole – Henker und Sanitäter. Ein Arbeitsunfall wurde hier bevorzugt behandelt, die lange Schlange der Deutschen machte uns Platz. Der Meister berichtete über den Unfall, verabschiedete sich von den Ärzten und ging raus. Dort habe ich ihn zum letzten Mal gesehen. Aus dem polnischen Lager kamen zwei Männer und trugen mich ins Krankenzimmer. Ein kleiner Raum mit zwölf Doppelstockbetten, neun davon waren belegt, ich war der Zehnte. Vom Sehen her kannte ich alle, aber getraut habe ich keinem. In den ersten drei Tagen bemühten sich alle, mir zu helfen. Danach konnte ich schon mit einem Stock vom Zimmer bis zur Kantine gehen. Jeden Nachmittag kam ein deutscher Sanitäter und stellte die Frage: »Gesund oder krank?« Ich war immer »krank«. Er schaute mich immer wieder mürrisch an und gab mir zu verstehen, dass er nicht an meine Krankheit glaubte, schrieb mich aber weiter krank. Ein gutmütiger Mensch. Das Simulieren war auch nicht immer leicht. An einem Tag habe ich vergessen zu hinken und die anderen wurden darauf aufmerksam. Seitdem bewegte ich mich mit zwei Stützen, um nicht wieder aufzufallen und Aufsehen zu erregen. Vor Weihnachten wurde der Lagerführer Braun versetzt. Manche Firmen schickten verdiente Arbeiter mit guter Beurteilung in den Urlaub. 500 Personen verbrachten die Feiertage im Lager, ohne es zu wollen. Heiligabend trafen wir uns alle freiwillig in der Kantine, um einen Tannenbaum, an dem eine Kerze brannte. Es war ein trauriger Abend, 500 Männer schluchzten wehmütig, als jemand das erste Weihnachtslied anstimmte. Der Lagerführer trat ein, schaute und suchte nach dem Grund dieser großen Zusammenkunft. Er verstand von den Liedern nur die Worte »Jesus Christus«, sagte daraufhin, dass es gut sei und verließ den Raum. Uns blieb nur der Weg ins Lager zurück, um unsere müden Körper auf die Pritschen zu legen.

Einen Tag nach Weihnachten um 10.00 Uhr fuhr ein Auto vor, ein dicker rabenschwarzer Mann trat ohne Gruß ein und fragte, wer sich in Küchenarbeit auskennt und in der deutschen Kantine arbeiten möchte. Von zehn anwesenden Männern konnten zwei Deutsch und wir beide meldeten uns. Der zweite Mann war ihm zu alt und er musste gehen. Er fragte mich nach dem Grund meiner Krankheit und über meine sonstigen Kenntnisse aus. Ich habe gelogen, ohne rot zu werden (ich sei Koch bei der polnischen Armee gewesen und sei auch schon wieder gesund!). So fuhren wir zu dieser wunderschönen Kantine.

Ein riesengroßes Gebäude, einstöckig und mit einem Spitzdach, mit zwei parallelen Flügeln und einem großen Speisesaal. Das Gebäude stand neben den schönen Baracken, in denen wir in den ersten sechs Wochen gewohnt hatten, deren größter Teil sich damals noch im Bau befand. Jetzt war alles fertig. Aus der ersten Schneedecke streckten sich vor Kälte zusammengezogene nicht aufgeblühte Rosen neben sechzigjährigen Kiefern. An den schneefreien Stellen sah man den braunen Torf, dort sollten die gepflanzten Rosen im Sommer besonders betont werden. Der erste Schnee, leichter Frost, geschmackvoll verteilte Baracken zwischen den stolzen Kiefern und das dominierende Gebäude der Kantine – die Landschaft schien wie verzaubert.

Ich wurde in einen großen Raum im rechten Flügel des Erdgeschosses geführt. Das war die Küche. »Oh, so ein hübscher Pole!« wurde ich von einer älteren, korpulenten Frau in meiner Muttersprache begrüßt. Ich war angenehm überrascht und fragte sie, woher sie ihre Polnischkenntnisse habe. Wir unterhielten uns. Der Mann, der mich hergebracht hatte, war der Geschäftsführer Richard Kerl, der Bruder des Chefs Ernst Kerl. Die Frau hieß Makowitz, sie war verantwortlich für das gesamte Küchenpersonal. Es waren 60 Personen, davon fünf Polen. Das Kompliment von Frau Makowitz stimmte mich froh. Ich bemühte mich, immer sauber, frisch rasiert, mit sauberen Händen und kurzen Fingernägeln anzutreten. Als Nichtraucher waren meine Finger nicht gelb, mein »P« war immer ordentlich befestigt, gewaschen und gebügelt.

»Hier musst du arbeiten, dafür bekommst du auch gutes Essen«, sagte Frau Makowitz. (Im polnischen Lager war das Essen ungenießbar.) Ich sollte die Kartoffelschälmaschine bedienen und in der Küche helfen. Die Herren Maurer – Oberkoch – und Reischadt waren mir angenehm. Diesen Tag sollte ich in meinen Erinnerungen mit goldenen Buchstaben eintragen. Die verdammte Firma Dyckerhoff-Widmann, in der sich wie ein böser Geist die Beurteilung der Gestapo hinter mir herzog, durfte ich verlassen. Die schwere Arbeit und der Hunger waren vorbei. Wie überall betrug die Arbeitszeit zehn Stunden, wir hatten einen freien Tag in der Woche. Das Personal erhielt fünf Mahlzeiten am Tag, wir Polen durften nicht mit den Übermenschen an einem Tisch sitzen. An dieser Arbeit lag mir persönlich sehr viel, denn auf der Insel gab es für Polen keine bessere. Durch mein höfliches Auftreten und meine Ausgeglichenheit fand ich Sympathie auch bei den anderen.

Zu Frau Makowitz und den Köchen war ich nett und freundlich, zu den deutschen Mädchen sehr distanziert und offiziell, denn das satanische Lachen während meiner Misshandlung durch Bauer verfolgte mich und weckte unangenehme Erinnerungen. Im Allgemeinen war ich beliebt. Zum Personal gehörten 30 deutsche Frauen, die neben meinem Raum Kartoffeln schälten. Da ich meine Pflicht gut erfüllen wollte, ließ ich die Kartoffeln solange in der Schälmaschine, bis aus 100 Kilogramm 30 geworden waren. Die Frauen waren zufrieden, sie brauchten nicht nachzubessern und ich hatte die Gelegenheit, in kurzer Zeit die Wirtschaft des Feindes zu ruinieren. Unter den älteren Frauen, die in der Mehrzahl von der Insel Wollin kamen, begegnete ich Maria Piglowska aus Wolgast. Sie war über 60 Jahre alt, Witwe mit einem Sohn, der in Peenemünde arbeitete. Frau Piglowska hatte die deutsche Staatsangehörigkeit, war aber polnischer Nationalität, Analphabetin, sprach gut polnisch. Da sie Vertrauen zu mir hatte, unterhielten wir uns oft. Sie wollte auch Fragen von mir beantwortet haben, unter anderem was sie machen könnte, um ihren Sohn mit einer Polin zu verheiraten oder ob sie ihre Schwester in Polen besuchen sollte. Einen Rat bezüglich der Heirat konnte ich nicht geben, da ihr Sohn eine Uniform mit Hakenkreuz trug. Was den Besuch betraf, sah ich kein Problem, als deutsche Bürgerin durfte sie nach Polen reisen. Um sie vor Überraschungen zu warnen, erzählte ich ihr von den Verbrechen und Gewalttaten der Deutschen in Polen. Ihre Antwort war eindeutig: »Das ist nicht wahr, die Deutschen tun so etwas nicht.« Im Februar 1941 bekam sie Urlaub und fuhr in den Warthegau. Sie kehrte früher als erwartet zur Arbeit zurück. Sie weinte und sagte, dass alles wahr sei. Folgende Episode hatte sie erlebt: Als sie bei einer ihrer Schwestern ein paar Tage verbrachte, wollte sie auch die andere Schwester im nächsten Dorf besuchen. In ihrer Abwesenheit wurde die Schwester, bei der sie zuerst gewesen war, nach Deutschland gebracht. Das Haus der Schwester und das gesamte Gepäck von Frau Piglowska – einer Deutschen – wurde ausgeraubt und vernichtet. Die Deutsche Piglowska kehrte nach Wolgast zurück wie ein »preußischer Offizier«, ohne Gepäck, ohne persönliche Habe.

...

Einmal pfiff ich, ohne darüber nachzudenken, die »Internationale«. Ein Deutscher namens Karl, der als Installateur in der Zentralheizung tätig war, stürzte in heller Aufregung herein, drohte mir und fragte: »Weißt du, was du gepfiffen hast?« Ich bemerkte sofort meinen Fehler und antwortete: »Ein ganz einfaches polnisches Liedchen.« Er zeigte mir einen Vogel, um zu beweisen, dass er so dumm nicht sei. Er kam auf mich zu und sagte mit leiser Stimme: »Das war die ›Internationale‹, die Hymne der Kommunisten!« Ich stritt ab, dass ich ein Kommunist wäre – das war die Wahrheit. Das Elend und die Ungerechtigkeit in Polen und gegen die polnischen Arbeiter lagen mir am Herzen, nicht dagegen die Ideologie der Kommunisten. Karl schaute sich um und flüsterte, dass er ein Kommunist sei. Karl war 30 Jahre alt, stammte aus Dresden, erzählte mir im Vertrauen von der Kundgebung der Kommunisten in Dresden und dem Widerstand der Polizei. Diese Probleme waren mir fremd, ich fühlte mich als Analphabet in solchen Gesprächen. Er war trotzdem davon überzeugt, dass ich ein Kommunist sei. Im Rahmen seiner Möglichkeiten versuchte er mir zu helfen, ich nutzte sein Angebot und kaufte Zigaretten für meine Kameraden.

In Bezug auf die Raketenabschussvorrichtung sagte er, es sei eine Masse von Arbeitern, ein ganzer Stab von zivilen und militärischen Wissenschaftlern, die fieberhaft dort arbeiten würden. Das erworbene Wissen wurde im polnischen Lager mit vertrauten Personen beredet und auf verschiedenste Art und Weise nach Polen gebracht. Karl traf ich über drei Monate jeden Tag. Unsere herzliche Beziehung, sein Hilfsangebot, das ich zu dieser Zeit nicht benötigte, bemerkte Frau Hedwig Hackbardt. Sie war die Vorgesetzte der Beschäftigten im Kellergeschoss. Sie war jung, klein, schlank, dunkelhaarig, mit gepflegtem Äußeren, verheiratet, kinderlos, 26 Jahre alt. Sie wohnte in Zinnowitz, fuhr jeden Tag, wie ihr Mann, der im Versuchsgebiet beschäftigt war, zur Arbeit, jedoch fuhren sie nicht immer gemeinsam. Ihr Mann arbeitete im Schichtdienst, denn die fieberhafte Arbeit war Tag und Nacht im Gange. Sie war mir gegenüber sehr offiziell, die bekannten scharfen Bedingungen der Nazis zum Erhalt einer sauberen Rasse, die überaus harten Strafen auch für Deutsche machten ihr verständlicherweise Angst. Bei nachgewiesenem Geschlechtsverkehr zwischen einem Polen und einer Deutschen wurde der Pole gehängt, und der Frau wurde der Kopf kahl geschoren. Auf Brust und Rücken brachte man eine Tafel mit der Aufschrift »Ich liebe einen Polen« an, und dann ließ man sie von einem Gendarm durch die Straßen führen.

Das Eis wurde gebrochen, als Hedwig Hackbardt meine herzliche Beziehung zu Karl, Frau Piglowska und zu Frau Makowitz bemerkte. Anfangs waren unsere Gespräche ganz harmlos, später auch schon politisch, aber natürlich sehr vorsichtig. Meine Behauptung, die Deutschen seien die Tyrannen des 20. Jahrhunderts, wurde mit Skepsis und Zweifel aufgenommen. Um meine Argumente zu bekräftigen, nannte ich als Beispiel Frau Piglowska – ein deutsches Opfer und eine Kronzeugin der Nazityrannei. Hedwigs Mann war beim Überfall auf Polen dabei gewesen, von ihm erfuhr sie, wie die Wehrmacht auf übelste Weise das polnische Volk behandelte. Als ich ihr von meiner Misshandlung durch den Lagerführer Bauer erzählte, weinte sie heimlich. Mit der Zeit zeigte sie so viel Herzlichkeit und Verständnis, dass ich ihr grenzenlos vertraute und meinen Plan erwähnte, irgendwie von der Insel wegzukommen. Ich arbeitete im deutschen Lager, wohnte aber im polnischen. Selbst satt, musste ich hier mit ansehen, wie das Brot in sieben kleine Schnitten geteilt wurde. Ich wollte die Ausbeuter hassen, mit aller Kraft.

Die Zeit wurde für alle unruhig. Flieger der Alliierten flogen von Zeit zu Zeit über uns, was Angst und Panik unter den Deutschen hervorrief. Häufig verbrachten sie ganze Nächte im Bunker, am Morgen ging die Arbeit normal weiter. Wir dagegen verspürten bei jedem Fliegeralarm, bei jeder Bombardierung des Dritten Reichs eine deutliche Erleichterung. In den Baracken fraßen uns die Wanzen bei lebendigem Leibe auf. Wegen des verdammten Juckreizes konnte keiner von uns einschlafen. Eines Tages standen wir nach der Arbeit vor verschlossenen Türen. Für 24 Stunden wurden die Baracken dicht gemacht wegen einer Desinfektion. Es hat sich keiner darum gekümmert, wo wir die Nacht verbrachten, am nächsten Morgen mussten wir pflichtgemäß zur Arbeit erscheinen. Nach der Desinfektion waren alle krank. Alle ohne Ausnahme waren von starken Kopfschmerzen betroffen und spuckten Blut; Teile der persönlichen Gegenstände und der Bekleidung waren ebenfalls in Mitleidenschaft gezogen worden.

Im Juni 1941 fielen die ersten Bomben der RAF [Royal Air Force] auf Peenemünde 1. Die Abwürfe waren ungenau, beschädigt wurden die Flugzeughallen und manche Gebäude. Die Versuchsstelle wurde nicht getroffen. Die Deutschen wurden selbstverständlich nervös und schöpften Verdacht über die erfolglose Geheimhaltung. Verdächtigt wurden alle Polen, ihre Kenntnisse über Peenemünde 1 den Alliierten übergeben zu haben. Als Vergeltung wurde beschlossen, die Qualität des Essens noch weiter zu verschlechtern. Einen leisen, aber erfolgreichen Kampf führten wir in der Küche. Alle Reste und Abfälle sollten in das polnische Lager gefahren werden. Wir warfen aber alles in Behälter, die ein Bauer täglich abholte, dafür versorgte er uns mit frischem Obst. Richard Kerl befahl persönlich, die schon vor drei Tagen gekochten Pellkartoffeln (sie waren schon sauer geworden) wieder aufzuwärmen und den Polen zu geben. Da begann der »Krieg« mit dem Oberkoch Maurer, der auf unsere Bitten und unser Zureden hin anordnete, diese »Sauerei« wegzuwerfen und frische Kartoffeln zu kochen.

Der multinationale Charakter der Insel verstärkte sich noch mehr. Zu den 4000 Deutschen, 1000 Polen, 200 französischen und jugoslawischen Gefangenen brachte man im Sommer [1941] noch 800 Zivilisten aus Italien, später noch 500 Ukrainer. Die Italiener wurden in den schönen Baracken im deutschen Lager untergebracht. Den linken Flügel der Kantine mit der schon eingerichteten Gastronomie teilte man den Italienern zu, den Speisesaal und das Büfett benutzten sie gemeinsam mit den Deutschen. Diese Art der Kaderpolitik gefiel den Deutschen nicht, denn sie waren junge Männer bis zu 50 Jahren, gesund, begabt, fähig als Waffenträger, nicht als Spatenträger. Die südländischen Traditionen und Bräuche, ihre Verweichlichung und das Aussehen der »Freunde« stimmte die Deutschen feindselig gegen sie. Zu allem Übel wurde auch noch eine nationale Küche betrieben. Jeden Tag gab es herrlich weißes Weizenbrot, Makkaroni, Spaghetti und jeden Sonnabend eine Flasche Wein für zwei Personen. Im Vergleich zur deutschen Küche in Kriegszeiten war das eine königliche Versorgung. Die Gier, deutsches Geld zu besitzen, schlug alle Rekorde. Um an Geld zu kommen, verkauften die Italiener sogar ihre eigene Garderobe, es ging sogar so weit, dass sie im kalten Herbst gekleidet wie im italienischen Hochsommer zur Arbeit erschienen. Als vermeintliches »Kulturvolk« benahmen sie sich keineswegs vorbildlich. Sie sammelten weggeworfene Zigarettenkippen auf. Viele stürzten sich gleichzeitig auf eine Kippe, prügelten sich, es kam bis zum Verdrehen der Hände oder gar zu Fingerbrüchen. Zu uns Polen hatten sie eine gute Einstellung. Die Deutschen hassten sie. Da wir dringend alle möglichen Sachen brauchten, handelten wir mit ihnen. Eine negative Einstellung zu Mussolinis Politik merkte man in allen gesellschaftlichen Schichten, sogar bei den Reichen. Auf unsere Frage, warum sie nicht für Italien kämpften, antworteten sie: »Morgen, ... morgen, ...morgen.«

...

Zwei Wochen vor Weihnachten ging das Gerücht um, die Italiener fahren am 20. Dezember nach Hause, um die Feiertage in ihrer Heimat zu verbringen. Der 20. Dezember begann sehr fröhlich. Als die Italiener jedoch erfuhren, dass die Abreise nicht stattfinden würde, verweigerten sie die Arbeit, versammelten sich in der Kantine, tranken Bier und sangen italienische Lieder – »O sole mio« und ähnliches. Die Deutschen verhielten sich unsicher. Ich wollte unbedingt Zeuge dieser »freundschaftlichen Auseinandersetzung« sein und meldete mich am Büffet, um Flaschen zum Abtransport vorzubereiten. Von dort hatte ich eine gute Übersicht. Etwa um 10.00 Uhr fuhren drei Autos mit bewaffneten Soldaten vor. Alle Ausgänge wurden sofort mit deutscher Gründlichkeit abgesperrt. Auf die singenden Italiener wurde mit Karabinerkolben und Knüppeln eingeschlagen. Im Saal brachen Panik und ein wildes Durcheinander aus. Jemand kam auf die Idee, aus dem Fenster zu springen. Vom hohen Erdgeschoss sprangen sie auf die Pflastersteine und erlitten dabei ernste Verletzungen bis hin zu Knochenbrüchen. Die schlimm verletzten, verprügelten und blutenden Italiener schleppte man in die Autos und fuhr davon. Die nur leicht Verletzten meldeten sich unverzüglich zur Arbeit, von den Deutschen ausgelacht und verspottet. Der so fröhlich begonnene Tag endete sehr traurig. Am nächsten Tag wurde der italienische Botschafter als Gast mit wahrer Judasfreundlichkeit aufgenommen.

Das war mein zweites Weihnachten im Lager und mein drittes außerhalb meiner Familie. Ich hatte Dienst, war beschäftigt, gewöhnte mich auch an den Extratisch und hoffte, dass es die letzten Feiertage unter solchen Bedingungen sein würden. Das deutsche Personal erhielt Geschenke in Form von Süßigkeiten, die Polen waren von der Liste gestrichen worden. Angenehm überrascht war ich, als ich am Feierabend in den Taschen meiner Jacke Süßigkeiten entdeckte. Das war Hedwig Hackbardt gewesen. Es bewegte mich sehr, dass eine Deutsche ihre Geschenke, die rationiert waren, mit einem Polen geteilt hatte. Bedanken konnte ich mich nicht, denn sie fuhr in den Weihnachtsurlaub. Der Krieg mit Russland begann, zu dem erhofften Sieg nach sechs Wochen kam es nicht. Maurer sprach mich irgendwann mit den Worten an: »Leo, du bist ein schöner Deutscher.« Ich zeigte auf mein »P« und sagte, dass ich glücklich sei, als Pole geboren zu sein. Oft wurde mir im Büro vorgeschlagen, die Volksliste zu unterschreiben. Ich lehnte ab, denn ich konnte nicht anders handeln. Man zeigte mir die *Pommersche Zeitung*, in der Europa mit den neuen Grenzen des Dritten Reichs aufgezeichnet war. Auf dieser Karte erkannte ich Polen als einen Teil Deutschlands, mit Berlin in der Mitte, im Westen die Grenze zu Holland. Preußen und Litauen grenzten ans Schwarze Meer. Der Beamte legte die Zeitung zur Seite und sagte: »Jetzt kennst du den Grund für dieses ehrenhafte Angebot.«

Hedwig kehrte aus dem Urlaub zurück, jetzt konnte ich mich für die nette Aufmerksamkeit bedanken. Ich traf Vorbereitungen zu einer erfolgreichen Flucht. Hedwig sollte mir helfen, indem sie mir eine Fahrkarte von Karlshagen bis Zinnowitz und weiter mit dem Eilzug über Berlin bis nach Posen löste. Ich musste ihr schwören, dass ich sie auch bei schlimmster Folter nicht verraten würde. Ende Januar, Anfang Februar 1942 war ein günstiger Zeitpunkt, denn nach Weihnachten nahmen die Fluchtversuche ab, wodurch die Gestapo nicht so wachsam war. Über die Versuchsstelle erfuhr ich nichts mehr. Inspekteure von Peenemünde 1 waren oft Gäste von Ernst Kerl in der Kantine. Gute Beziehungen dienten beiden Seiten. Kerl schützte seine Kumpel, dafür holten sie ganze Autoladungen Lebensmittel weg. Ich trug oft die Pakete, so auch für Wernher von Braun, von dem ich 20 Pfennig Belohnung erhielt.

Es war kalt, die Temperatur zeigte minus 20 Grad Celsius, bekleidet mit einem Regenmantel und mit einer Fischermütze mit Möwenabzeichen verließ ich am 30. Januar [1942] um 5.00 Uhr früh das Lager Peenemünde 2. Am Bahnhof wartete Hedwig. Unbemerkt gab sie mir die Fahrkarten und entfernte sich schnell, zitternd vor Kälte und Angst. Glücklich kam ich in Berlin an. Während ich die Fahrpläne studierte, hörte ich eine Durchsage, der Militärzug von Berlin nach Warschau über Posen stehe bereit. Ich überzeugte mich, ob auch Zivilisten mitfuhren, und sprang auf. Der Zug war nicht geheizt, die Fenster waren zugefroren. Im Abteil saßen sechs in ihre Militärmäntel eingehüllte Soldaten. Mit mir war noch eine Frau eingestiegen. An Gesprächen beteiligte ich mich nicht, ich täuschte vor zu schlafen. Um 3.00 Uhr morgens erreichten wir Posen. Während der Fahrt wurden wir nicht kontrolliert. Ganz plötzlich kamen mir halsbrecherische Gedanken: aussteigen oder weiterfahren? Ich beschloss, um meine Familie und Bekannten nicht zu gefährden, weiterzufahren – ohne Fahrkarte und mit Angst im Nacken. Am Grenzübergang Kutno um 6.00 Uhr morgens stieg ich aus dem Zug, nutzte die Dunkelheit und versteckte mich auf der anderen Seite zwischen den Güterwaggons. Von hier aus konnte ich beobachten, was im Zug vor sich ging. Nach der Grenz- und Zollkontrolle, kurz vor der Abfahrt stieg ich wieder ein. Die Soldaten schliefen. Kurz vor Warschau begannen wir, miteinander zu reden. Sie merkten sofort, dass ich ein Pole war. Sie fragten mich mit großer Neugier über Russland aus, denn sie fuhren an die Ostfront. Da ich keine Ahnung hatte, konnte ich ihnen keine Antwort geben. Am 31. Januar 1942 um 10.20 Uhr stieg ich sicher in Warschau aus dem Zug.

…

Ein brutaler Feind – der uns und anderen [zahlreiche] materielle und kulturelle Errungenschaften des Jahrhunderts zerstörte – pflanzte während des Krieges zu Hause Rosen im Wald. Über verschiedene Kanäle erreichten uns Nachrichten über den aktuellen Stand der Wunderwaffe. Unter den 1000 Polen befanden sich unterschiedliche Persönlichkeiten, gleichgültige, intelligente und auch Witzbolde. Beobachtungen von der Insel konnten leicht in die Heimat gelangen. Einige liberale Baufirmen erlaubten verdienten Arbeitern mit guter Beurteilung, ihren Urlaub im Reich sowie in den polnischen Gebieten zu verbringen. Es fällt mir nach so vielen Jahren schwer zu sagen, mit wem ich oder wer mit mir über diese Beobachtungen diskutiert hat. Über diese Ereignisse unterhielt man sich eher wie beiläufig, um kein Misstrauen zu erwecken. Wie ich schon erwähnte, war ich der einzige Pole, der von der Abschussvorrichtung 500 Meter entfernt war. Ich lokalisierte den Ort und diskutierte mit Menschen, die dort gearbeitet haben. Ich war Zeuge einer Konferenz im Versammlungssaal der Kantine, wo Wissenschaftler und Militärbeauftragte sich trafen. Diese wertvollen Nachrichten überbrachte ich ins polnische Lager.

Im okkupierten Polen erhielt ich eine Kennkarte und brauchte mich nicht mehr zu verstecken. In Roswadowo war ich Bauleiter beim Aufbau der Ostbahn. Unter den Beschäftigten waren 90 Prozent Partisanen, die verschiedenen konspirativen Organisationen angehörten. Einer von ihnen war ein ehemaliger Feldwebel der polnischen Armee, der der konspirativen Organisation Landes-Armee angehörte. Sein Name war Stanislaw Zimochocki. Alle von mir erwähnten Informationen übermittelte er seinen Vorgesetzten. Mir versicherte er, dass sie sehr nützlich und von großer Bedeutung seien. Ich lebe noch heute in der festen Überzeugung, dass ich meine Pflicht gegenüber dem gemeinsamen Feind erfüllt habe.

Ich war auch nie ein Feind des deutschen Volkes. Aber vielleicht gehe ich in die Geschichte als einer der Verteidiger Londons ein.

Aufgezeichnet von Leon Dropek, Piwniczna Zdrój, Januar 1974
Aus dem Polnischen von Charlota Guski und Stephanie Kleidt

Auswahlbibliographie

William J. Aalmans, *A booklet with a brief history of the ›Dora‹-Nordhausen Labor-Concentration Camps and Information of the Nordhausen War Crimes Case of USA vs. Andrae et al.*, Dachau 1947

Ulrich Albrecht/Andreas Heinemann-Grüder/Arend Wellmann, *Die Spezialisten. Deutsche Naturwissenschaftler und Techniker in der Sowjetunion nach 1945*, Berlin 1992

Werner Albring, *Gorodomlia. Deutsche Raketenforscher in Rußland*, hg. von Hermann Vinke, Hamburg/Zürich 1991

Bohdan Arct, *Polacy w walce z bronia V*, Warzawa 1972

Walter Bartel, *Wehrwirtschaftsführer, Geheimwaffen, KZ. Gutachten über Rolle und Bedeutung des KZ Dora-Mittelbau und die Funktion der SS bei der A 4-Produktion*, Frankfurt/Main 1970 (Schriftenreihe des Präsidiums der Vereinigung der Verfolgten des Nazi-Regimes, Heft 13)

Hans Barth, *Hermann Oberth. Leben, Werk und Auswirkung auf die spätere Raumfahrtentwicklung*, Feucht 1985

Hans Barth, *Hermann Oberth. Vater der Raumfahrt*, Esslingen/München 1991

Michel Bar-Zohar, *Die Jagd auf die deutschen Wissenschaftler (1940 – 1960)*, Berlin 1966

Heinrich Beauvais/Theodor Benecke, *Flugerprobungsstellen bis 1945. Johannisthal, Lipezk, Rechlin, Travemünde, Tarnewitz, Peenemünde-West*, Bonn 1998

Theodor Benecke/A. W. Quick (Hg.), *History of German Guided Missile Development. AGARD First Guided Missile Seminar, Munich, Germany, April 1956*, Braunschweig 1957

Erik Bergaust, *Wernher von Braun. Ein unglaubliches Leben*, Düsseldorf/Wien 1976

V. H. Bilek/J. D. McPhilimy, *Production and Dispositions of German A 4 (V 2) Rockets. Staff Study Nr. A-55-2167-N1, DCC Nr. ATI-18315*, March 1948, Headquarter Air Material Command, Wright Field, Dayton, Ohio

Volkhard Bode/Gerhard Kaiser, *Raketenspuren. Peenemünde 1936 – 2000. Eine historische Reportage*, Berlin 1995

Horst Boog, *Die deutsche Luftwaffenführung 1935 – 1945*, Stuttgart 1982

Horst Boog (Hg.), *Luftkriegführung im Zweiten Weltkrieg. Ein internationaler Vergleich.* Mit einem Beitrag von Willi A. Boelcke, Herford u. a. 1993

Helga Bories-Sawala, *Franzosen im »Reichseinsatz«. Deportation, Zwangsarbeit, Alltag. Erfahrungen und Erinnerungen von Kriegsgefangenen und Zivilarbeitern*, o. O. 1996

Manfred Bornemann, *Geheimprojekt Mittelbau. Die Geschichte der deutschen V-Waffen-Werke*, München 1971

Manfred Bornemann, *Chronik des Lagers Ellrich 1944/45. Ein vergessenes Lager wird neu entdeckt*, Nordhausen 1992

Manfred Bornemann, *Aktiver und passiver Widerstand im KZ Dora und im Mittelwerk. Eine Studie über den Widerstand im KZ Mittelbau-Dora*, Berlin/Bonn 1994 (Schriftenreihe der KZ-Gedenkstätte Mittelbau-Dora Nordhausen 1994,2)

Manfred Bornemann, *Geheimprojekt Mittelbau. Vom zentralen Öllager des Deutschen Reiches zur größten Raketenfabrik im Zweiten Weltkrieg*, Bonn 1994

Hanna Bornholdt (Hg.), *Inselkoller. Entwicklungskonzepte für Peenemünde*, Technische Universität Berlin, Fakultät VII (Architektur, Umwelt, Gesellschaft), Berlin 2002

Tom Bower, *The Paperclip Conspiracy. The Battle for the Spoils and Secrets of Nazi Germany*, London 1987

Udo Breger, *Kohnstein, Dora und die V 2*, Ostheim/Rhön 1992

Werner Buedeler, *Geschichte der Raumfahrt*, Künzelsau u. a., 2. Auflage 1982

Conrad C. Crane, *Bombs, cities and civilians. American airpower strategy in World War II*, Lawrence, Kansas 1993

Welley Frank Craven/James Lea Cate (Hg.), *The Army Air Forces in World War II*, Vol. 3, Europe. Argument to V-E Day January 1944 to May 1945, Chicago 1951

Detlev Creyd/August Meyer, *Zwangsarbeit für die Wunderwaffen in Südniedersachsen 1943 – 1945*, Bd. 1, Braunschweig 1993

Guido De Maeseneer, *Peenemünde. The extraordinary story of Hitler's secret weapons V-1 and V-2*, Vancouver 2001

David H. De Vorkin, *Science With a Vengeance. How the Military Created the U.S. Space Sciences After World War II*, New York/Berlin/Heidelberg 1992

Götz Dieckmann/Peter Hochmuth, *KZ Dora-Mittelbau. Produktionsstätte der V-Waffen. Kampffront gegen faschistischen Terror und Rüstungsproduktion*, [Nordhausen] 1971

Axel Dietrich, *Peenemünde. Geburtsort der Raumfahrt. Wegweiser durch das Historisch-Technische Informationszentrum und Umgebung*, Peenemünde, 2. Auflage 1993

Axel Dietrich, *Peenemünde im Wandel der Zeit*, Peenemünde, 6. Auflage 1993

Fred Dittmann/Jürgen Michels, *Größter Geheimwaffenproduzent des Dritten Reiches*, Kelbra 1992

Walter Dornberger, *V-2. Der Schuß ins Weltall*, Esslingen 1952 (spätere Ausgaben unter dem Titel: *Peenemünde. Die Geschichte der V-Waffen*)

Leonhardt Eckardt/Heiner Gehring, *Flugscheiben über Peenemünde? Von den ersten Entwürfen Andreas J. Epps bis zur Flugscheibe des Wernher von Braun*, Schleusingen 2001

Rainer Eisfeld, *Die unmenschliche Fabrik. V 2-Produktion und KZ Mittelbau-Dora*, Erfurt 1993

Rainer Eisfeld, *Mondsüchtig. Wernher von Braun und die Geburt der Raumfahrt aus dem Geist der Barbarei*, Reinbek bei Hamburg 1996

Joachim Engelmann, *Geheime Waffenschmiede Peenemünde. V 2, Wasserfall, Schmetterling*, Friedberg 1979

Joachim Engelmann, *V 2. Aufbruch zur Raumfahrt*, Friedberg 1993

Joachim Engelmann, *V 1. Die fliegende Bombe Fi 103*, Peenemünde 1997

Johannes Erichsen/Bernhard M. Hoppe/Dirk Zache (Hg.), *Peenemünde. Facetten eines historischen Ortes*, Schwerin 1999

Ilse Essers, *Max Valier. Ein Vorkämpfer der Weltraumfahrt 1895 – 1930*, Düsseldorf 1968 (Technikgeschichte in Einzeldarstellungen, Bd. 5)

Angela Fiedermann/Torsten Heß/Markus Jaeger, *Das Konzentrationslager Mittelbau-Dora. Ein historischer Abriß*, Berlin/Bonn 1993

Wolfgang Fleischer, *Die Heeresversuchsstelle Kummersdorf (NZ). Maus, Tiger, Panther, Lux. Raketen und andere Waffen der Wehrmacht bei der Erprobung*, Friedberg 1996

Thomas Franklin (Pseudonym für Hugh McInnish), *An American in Exile. The Story of Arthur Rudolph*, Huntsville, Alabama 1987

Marsha Freeman, *How we got the Moon. The Story of the German Space Pioneers*, Washington 1993 (deutsch: *Hin zu neuen Welten - die Geschichte der deutschen Raumfahrtpioniere*, Wiesbaden 1996)

Florian Freund, *Arbeitslager Zement. Das Konzentrationslager Ebensee und die Raketenrüstung*, Wien 1989 (Industrie, Zwangsarbeit und Konzentrationslager in Österreich, 2)

Jozef Garlinski, *Deutschlands letzte Waffen im 2. Weltkrieg. Der Untergrundkrieg gegen die V 1 und die V 2*, Stuttgart 1981

Heinz Gartmann, *The Men Behind the Space Rockets* (übersetzt von Eustace Wareing und Michael Glenny), New York 1956

John Gimbel, *Science, Technology and Reparations. Exploitation and Plunder in Postwar Germany*, Stanford, California 1990

Olaf Groehler, *Bombenkrieg gegen Deutschland*, Berlin 1990

Irmgard Gröttrup, *Die Besessenen und die Mächtigen. Im Schatten der roten Rakete*, Stuttgart 1958

Martin Guntau (Hg.), *Maschinen, Schiffe und Raketen. Technikentwicklung in Mecklenburg-Vorpommern*, Rostock 1995

Karl Werner Günzel, *Raketenforscher Klaus Riedel. Bild-Dokumente zur Minimum-Rakete Mirak – Start-Versuch in Bernstadt/Sa.* o. O. 1984

Karl Werner Günzel, *Die fliegenden Flüssigkeitsraketen. Raketenpionier Klaus Riedel, Versuchsgelände Bernstadt/Oberlausitz und Raketenflugplatz Berlin. Von den Anfängen der Raketentechnik*, Holzminden [1988/89]

Franz Halder, *Kriegstagebuch*, hg. von Hans-Adolf Jacobsen, 3 Bände, Stuttgart 1962 – 1964

Hans Hartl, *Hermann Oberth. Vorkämpfer der Weltraumfahrt*, Hannover 1958

Roland Hautefeuille, *Constructions spéciales. Histoire de la construction par l'»organisation TODT« dans le Pas de Calais et le Cotentin, des neufs grands sites protégés, pour le tir des V1, V2, V3 et la production d'oxygène liquide (1943 – 1944)*, Paris 1995

Klaus Hein (Hg.), *Plädoyer zu Peenemünde. Entschuldigung, Buße, Bekennen*, Peenemünde 1994

Klaus Hein (Hg.), *Streit wegen Peenemünde. Essays, Vorträge, Statements, Verse, Aufzeichnungen vorgetragen und notiert in der Kapelle Peenemünde 1994*, Peenemünde 1995

Klaus Hein, *Deutschland, dein Peenemünde. Eine Bilanz. Ein deutsches Lesebuch*, Peenemünde 2002

Wilhelm Hellmold, *Die V1. Eine Dokumentation*, München 1988

Philip Henshall, *Hitler's Rocket Sites*, London 1985

Ulrich Herbert, *Fremdarbeiter. Politik und Praxis des »Ausländer-Einsatzes« in der Kriegswirtschaft des Dritten Reiches*, Berlin/Bonn 1985

Philipp Hertel, *Der Arbeitseinsatz ausländischer Zivilarbeiter*, Stuttgart 1942

Torsten Heß (Hg.), *Zwangsarbeit und die unterirdische Verlagerung von Rüstungsindustrie. Vorträge*, Berlin/Bonn 1994 (Schriftenreihe der Gedenkstätte Mittelbau-Dora, 1994,3)

Torsten Heß/Thomas A. Seidel (Hg.), *Vernichtung durch Fortschritt am Beispiel der Raketenproduktion im Konzentrationslager Mittelbau*, Berlin/Bonn 1995 (Schriftenreihe der KZ-Gedenkstätte Mittelbau-Dora und des Kuratoriums Schloß Ettersburg/Weimar)

Andreas Hillgruber (Hg.), *Kriegstagebuch des Oberkommandos der Wehrmacht (Wehrmachtführungsstab)*, Bd. 2, Frankfurt/Main 1963

F. H. Hinsley u. a., *British Intelligence in the Second World War. Its Influence on Strategy and Operations*, 3 vols. in 4, London 1979 – 1988

Hochschule Wismar (Hg.), *Peenemünde. Studienarbeiten im Studiengang Innenarchitektur Sommersemester 2001*, Wismar 2002

Heinz-Dieter Hölsken, *Die V-Waffen. Entstehung – Propaganda – Kriegseinsatz*, Stuttgart 1984

Heinz-Dieter Hölsken, *V-Missiles of the Third Reich. The V-1 and V-2*, Sturbridge, Massachusetts 1994

Heinz Horeis (Hg.), *Rolf Engel. Raketenbauer der ersten Stunde*, München 1992

Humboldt-Gesellschaft für Wissenschaft, Kunst und Bildung (Hg.), *Wernher von Braun. Seine Beziehung zur Humboldt-Gesellschaft*, Mannheim 1980 (Ensemble 6)

Linda Hunt, *Secret Agenda. The United States Government, Nazi Scientists and Project Paperclip. 1945 – 1990*, New York 1991

Dieter K. Huzel, *Von Peenemünde nach Canaveral*, Berlin 1994

David Irving, *Die Geheimwaffen des Dritten Reiches*, Gütersloh 1963

Karl Heinz Jahnke, *Marie ter Morsche kann ihren Vater nicht vergessen. Widerstand gegen Hitlers V-Waffen in Zinnowitz und Peenemünde 1942/43*, Rostock 2001

August Jochen u. a., *Herrenmensch und Arbeitervölker. Ausländische Arbeiter und Deutsche 1939 – 1945*, Berlin 1986 (Beiträge zur nationalsozialistischen Gesundheits- und Sozialpolitik, Bd. 3)

Uli Jungblut, *Hitlers Geheimwaffen im Westerwald. Zum Einsatz der V-Waffen gegen Ende des Zweiten Weltkrieges*, Montabaur, Westerburg 1996 (Geschichts-Beiträge zum Westerwald, Bd. 2)

Jürgen Michels, *Peenemünde und seine Erben in Ost und West. Entwicklung und Weg deutscher Geheimwaffen*, Bonn 1997

Manfred Jurleit, *Strahljäger Me 262. Die Technikgeschichte*, o. O. 1992

Manfred Kanetzki, *MiGs über Peenemünde. Die Geschichte des Jagdfliegergeschwaders 9 »Heinrich Rau« und der Zieldarstellungskette 33*, Diepholz 2001

Wolf Keilig, *Das Deutsche Heer 1939 – 1945. Gliederung – Einsatz – Stellenbesetzung*, Bad Nauheim 1956 ff.

Gregory P. Kennedy, *Vengeance Weapon 2. The V-2 Guided Missile*, Washington 1983

Wladyslaw Kisielewski, *W walce z V1 i V2 [Im Kampf mit der V1 und der V2]*, Warszawa 1975

Ernst Klee/Otto Merk, *Damals in Peenemünde. An der Geburtsstätte der Weltraumfahrt*, Oldenburg/Hamburg 1963

Heinrich Klein, *Vom Geschoß zum Feuerpfeil. Der große Umbruch der Waffentechnik in Deutschland 1900 – 1970*, Neckargemünd 1977

Wolfgang Knauft, *»Fall Stettin« ferngesteuert*, Berlin 1994

Bernd Kuhlmann, *Peenemünde. Das Raketenzentrum und seine Werkbahn*, Berlin 2003

Hans Küppers/Rudolf Bannier, *Die Einsatzbedingungen der Ostarbeiter sowie der sowjet-russischen Kriegsgefangenen*, Berlin 1942

Franz Kurowski, *Unternehmen Paperclip*, München 1982

Ralf Lang, *Italienische »Fremdarbeiter« im nationalsozialistischen Deutschland 1937 – 1945*, Frankfurt/Main 1996 (Europäische Hochschulschriften, Reihe 3, Geschichte und ihre Hilfswissenschaften, Bd. 689)

Clarence G. Lasby, *Project Paperclip. German Scientists and the Cold War*, New York 1971

Yves Le Maner/André Sellier, *Bilder aus Dora. Zwangsarbeit im Raketentunnel 1943 – 1945*, Berlin 2001

Milton Lehmann, *Robbert H. Goddard. Pioneer of Space Research* (Nachdruck von *This High Man*, 1963), New York 1988

Alan J. Levine, *The Strategic Bombing of Germany, 1940 – 1945*, Westport, Connecticut/London 1992

Norman Longmate, *Hitler's Rockets. The Story of the V-2's*, London 1985

Karl-Heinz Ludwig, *Technik und Ingenieure im Dritten Reich*, Königstein, Taunus/Düsseldorf 1979

Rudolf Lusar, *Die deutschen Waffen und Geheimwaffen des Zweiten Weltkrieges und ihre Weiterentwicklung*, München 1971

Julius Mader, *Das Geheimnis von Huntsville*, Berlin 1963

Kurt Magnus, *Raketensklaven. Deutsche Forscher hinter rotem Stacheldraht*, Stuttgart 1993

Gianfranco Mattiello/Wolfgang Vogt, *Deutsche Kriegsgefangenen- und Internierteneinrichtungen 1939 – 1945*, 2 Bde., Koblenz 1986

Hugh Wray McCann/David C. Smith/David L. Matthews, *The Search for Johnny Nicholas*, London 1982

Walter A. McDougall, *... the Heavens and the Earth. A Political History of the Space Age*, New York 1985

James McGovern, *Spezialisten und Spione. Amerika erobert Hitlers Wunderwaffen*, Gütersloh 1964 (amerikanische Originalausgabe: *Crossbow and Overcast*, New York 1964)

Kurt Mehner/Reinhard Teuber (Hg.), *Die deutsche Luftwaffe 1939 – 1945*, Norderstedt 1996 (Schriftenreihe Führung und Truppe, 2)

Martin Middlebrook, *The Peenemünde raid. 17–18 August 1943*, London 2000

Rudolf Morsey, *Heinrich Lübke. Eine politische Biographie*, Paderborn/München/Wien/Zürich 1996

Williamson Murray, *German Military Effectiveness*, Baltimore 1992

Roy Conyers Nesbit, *Eyes of the RAF. A history of photo-reconnaissance*, Stroud 1996

Michael J. Neufeld, *The Rocket and the Reich. Peenemünde and the Coming of the Ballistic Missile Era*, New York 1995 (deutsch: *Die Rakete und das Reich*, Berlin 1997)

Frederick I. Ordway/Mitchell R. Sharpe, *The Rocket Team*, New York 1979

Frederick I. Ordway/Ernst Stuhlinger, *Wernher von Braun Aufbruch in den Weltraum. Die Biographie*, Esslingen/München 1992

Erhard Pachaly/Kurt Pelny, *KZ Mittelbau-Dora – Terror und Widerstand*, Weimar-Buchenwald 1987 (Buchenwaldhefte 28)

Erhard Pachaly/Kurt Pelny, *Konzentrationslager Mittelbau-Dora. Zum antifaschistischen Widerstandskampf im KZ Dora 1943 bis 1945*, Berlin 1990

Kurt Pelny/Manfred Weisshaupt, *Geheimwaffen im Kohnstein*, Nordhausen 1964

Bertrand Perz, *Projekt Quarz. Steyr-Daimler-Puch und das Konzentrationslager Melk*, Wien 1991 (Industrie, Zwangsarbeit und Konzentrationslager in Österreich, 3)

Dennis Piszkiewicz, *The Nazi Rocketiers. Dreams of Space and Crimes of War*, o. O. 1995

Hans Joachim Polte, *Militärgeschichtlicher Reiseführer Peenemünde*, hg. von Klaus Rohde, Berlin/Bonn/Hamburg 1995

Michael Preute, *Der Bunker. Eine Reise in die Bonner Unterwelt*, Köln 1989

Prora-Zentrum e. V. (Hg.), *Nicht nur Prora ... Erinnerungsorte Mare Balticum. Alt Rehse, Prora, Peenemünde.* Ausstellungszeitung, Prora 2003

Prosecution Staff, *Nordhausen War Crimes Case, The Dora-Nordhausen War Crimes Trail*, o. O. 1947

Willy Radinger/Walter Schick, *Me 262. Entwicklung, Erprobung und Fertigung des ersten einsatzfähigen Düsenjägers der Welt*, Planegg 1992

Boris Rauschenbach, *Hermann Oberth 1894 – 1989. Über die Erde hinaus. Eine Biographie*, Wiesbaden 1995

Gerhard Reisig, *Raketenforschung in Deutschland. Wie die Menschen das All eroberten*, München 1997

Rudolf Riedel, *Pionierdienst*, Berlin 1963

Karl Ries/Wolfgang Dietrich, *Fliegerhorste und Einsatzhäfen der Luftwaffe. Planskizzen 1933 – 1945*, Stuttgart 1996

Karlheinz Rohrwild, *Die Geschichte der UFA-Rakete*, Feucht 1994

Joachim H. Rudeck, *Peenemünde 1942 bis 1945. Die Projekte »Ursel« und »Schwimmweste« und deren Folgen*, Rostock 2002

Bernd Ruland, *Wernher von Braun. Mein Leben für die Raumfahrt*, Offenburg 1969

Ralf Schabel, *Die Illusion der Wunderwaffen. Die Rolle der Düsenflugzeuge und Flugabwehrraketen in der Rüstungspolitik des Dritten Reiches*, München 1994 (Beiträge zur Militärgeschichte, 13)

Walter Schick/Ingolf Meyer, *Geheimprojekte der Luftwaffe. Jagdflugzeuge 1939 – 1945*, Stuttgart 1994

Bärbel Schrader/Jürgen Schebera, *Die »goldenen« zwanziger Jahre. Kunst und Kultur in der Weimarer Republik*, Wien/Köln/Graz 1987

Gerhard Schreiber, *Die italienischen Militärinternierten im deutschen Machtbereich 1943 – 1945*, München 1990 (Beiträge zur Militärgeschichte, 28)

Gisela Schröter/Jens Tromke, *Kompendium über ehemalige Außenlager des KZ Dora vor dessen organisatorischer Verselbständigung vom Stammlager Buchenwald*, Weimar-Buchenwald 1993

Peter Schubert, *Geschichte der Luft- und Raumfahrt in Mecklenburg und Vorpommern*, Rostock 1999

Eva Seeber, *Zwangsarbeiter in der faschistischen Kriegswirtschaft. Die Deportation und Ausbeutung polnischer Bürger unter besonderer Berücksichtigung der Lage der Arbeiter aus dem sogenannten Generalgouvernement*, Berlin 1964 (Schriftenreihe des Instituts für Geschichte der europäischen Volksdemokratien an der Karl-Marx-Universität Leipzig, Bd. 3)

André Sellier, *Zwangsarbeit im Raketentunnel. Geschichte des Lagers Dora*, Lüneburg 2000

Christopher Simpson, *Blowback. America's Recruitment of Nazis and Its Effects on the Cold War*, New York 1988

Wolfgang Späte, *Top Secret Bird. The Luftwaffe's Me-163 Comet* (übersetzt von Richard E. Moore), Missoula 1989

Thomas Stamm-Kuhlmann/Reinhard Wolf (Hg.), *Raketenrüstung und internationale Sicherheit von 1942 bis heute*, Stuttgart 2004 (Historische Mitteilungen der Ranke-Gesellschaft, Beiheft)

Alfred Streim, *Sowjetische Gefangene in Hitlers Vernichtungskrieg. Berichte und Dokumente 1941 – 1945*, Heidelberg 1982

Christian Streit, *Keine Kameraden. Die Wehrmacht und die sowjetischen Kriegsgefangenen 1941 – 1945*, Stuttgart 1978

Ernst Stuhlinger (Hg.), *From Peenemünde to outer space. Commemorating the fiftieth birthday of Wernher von Braun*, March 23, 1962, Huntsville o. J.

Ernst Stuhlinger (Hg.), *Astronautical engineering and science from Peenemünde to planetary space. Honoring the 50. birthday of Wernher von Braun*, New York 1963

Botho Stüwe, *Peenemünde-West. Die Erprobungsstelle der Luftwaffe für geheime Fernlenkwaffen und deren Entwicklungsgeschichte*, Esslingen 1995

Harald Tresp, *Peenemünde. Menschen, Technik und ihre Erben*, Illertissen 1992

Harald Tresp, *Bomben auf Peenemünde. »Operation Hydra«, 17./18.8.1943 vor 50 Jahren*, Peenemünde 1993

Helmuth Trischler, *Luft- und Raumfahrtforschung in Deutschland 1900 – 1970. Politische Geschichte einer Wissenschaft*, Frankfurt/Main 1992

Jens-Christian Wagner (Hg.), *Das KZ Mittelbau-Dora. Katalog zur historischen Ausstellung in der KZ-Gedenkstätte Mittelbau-Dora*, Göttingen 2001

Bob Ward, *Wernher von Braun anekdotisch*, Esslingen 1972

Charles Webster/Noble Frankland, *The Strategic Air Offensive against Germany 1939 – 1945*, vol. II, London 1961

Peter P. Wegener, *The Peenemünde wind tunnels. A memoir*, New Haven 1996

Martin Weinmann (Hg.), *Das nationalsozialistische Lagersystem [CCP]*, Frankfurt/Main 1990

Kenneth P. Werell, *The Evolution of the Cruise Missile*, Maxwell AFB, Ala 1985

Johannes Weyer, *Wernher von Braun*, Reinbek bei Hamburg 1999

Hans Walter Wichert (Hg.), *Decknamenverzeichnis deutscher unterirdischer Bauten des Zweiten Weltkrieges*, Marsberg [1993/94]

Frank H. Winter, *Prelude to the Space Age. The Rocket Societys. 1924 – 1940*, Washington 1983

Frank H. Winter, *Rockets into Space*, Cambridge, Massachusetts/London 1990

Frank H. Winter/Michael J. Neufeld, *Heylandt's Rocket Cars and the V-2. A Little Known Chapter in Rocket History, IAA-92-0185*, paper presented at 43rd Congress of the International Astronautical Federation, Washington 1992

Richard Anthony Young, *The Flying Bomb*, New York 1978

Dirk Zabel, *Der Siedlungsbau im Nationalsozialismus. Dargestellt am Beispiel der Wissenschaftlersiedlung Karlshagen der Heeresversuchsanstalt (HVA) Peenemünde (1936 – 1945)*, Greifswald 1994

Die Autoren

Dr. Johannes Erichsen
Jahrgang 1946
Studium der Kunstgeschichte, Geschichte und Archäologie in Köln
Museumsdirektor bei der Bayerischen Verwaltung der staatlichen Schlösser, Gärten und Seen in München
1996/97 Leiter der »Projektgruppe Peenemünde« beim Kreis Ostvorpommern
Zahlreiche Ausstellungskataloge und zugehörige wissenschaftliche Aufsätze zu Themen der bayerischen Geschichte und zur Kunst Cranachs, Veröffentlichungen zur Architekturgeschichte und -theorie von der Renaissance bis zum Spätbarock

Dr. Bernhard M. Hoppe
Jahrgang 1959
Studium der Germanistik, Theologie, Philosophie und Erziehungswissenschaften in München
Referatsleiter für Museen, Gedenkstätten, Bibliotheken und Bildende Kunst im Ministerium für Bildung, Wissenschaft und Kultur des Landes Mecklenburg-Vorpommern in Schwerin; Lehrbeauftragter für Gedenkstättenpädagogik am Fachbereich Soziale Arbeit der Hochschule Mittweida (FH)
Zahlreiche Veröffentlichungen zu kulturgeschichtlichen und kulturpolitischen Themen mit Schwerpunkt zu Fragen der Erinnerungskultur und der Notwendigkeit des Erinnerns als öffentlicher Aufgabe und bürgerschaftlichem Engagement

Dr. Michael J. Neufeld
Jahrgang 1951
Studium der europäischen Geschichte der Neuzeit in Calgary/Kanada, Vancouver/Kanada und Baltimore, Maryland/USA
Kurator am National Air and Space Museum, Smithsonian Institution in Washington, DC
Spezialgebiete: deutsche Raketen- und Luftfahrttechnik, Zweiter Weltkrieg, Holocaust und strategische Bombardierung, amerikanische Weltraum- und Raketengeschichte seit 1945; Veröffentlichungen u. a.: *The Rocket and the Reich. Peenemünde and the Coming of the Ballistic Missile Era*, 1995 (*»Die Rakete und das Reich«*, 1997); zur Zeit Arbeit an einer ausführlichen wissenschaftlichen Biographie über Wernher von Braun

Prof. Dr. Thomas Stamm-Kuhlmann
Jahrgang 1953
Studium der Geschichte und Germanistik in Bonn und in Michigan/USA
Professor für Allgemeine Geschichte der Neuesten Zeit an der Universität Greifswald
Veröffentlichungen u. a.: *König in Preußens großer Zeit. Friedrich Wilhelm III., der Melancholiker auf dem Thron*, 1992; *Die Hohenzollern*, 1995; *Karl August von Hardenberg, Tagebücher und autobiographische Aufzeichnungen 1750 – 1822*, 2000; *Raketenrüstung und internationale Sicherheit von 1942 bis heute*, 2004

Dr. Matthias Uhl
Jahrgang 1970
Studium der Geschichte, Politikwissenschaften und Osteuropäischen Geschichte in Halle und Moskau
Wissenschaftlicher Mitarbeiter an der Berliner Abteilung des Instituts für Zeitgeschichte am Projekt »Die sowjetische Militär- und Sicherheitspolitik während der zweiten Berlinkrise 1958 – 1962«
Veröffentlichungen u. a.: *Stalins V-2. Der Technologietransfer der deutschen Fernlenkwaffentechnik in die UdSSR und der Aufbau der sowjetischen Raketenindustrie 1945 bis 1959*, 2001; *Ulbricht, Chruschtschow und die Mauer. Eine Dokumentation*, 2003

Dr. Jens-Christian Wagner
Jahrgang 1966
Studium der Mittleren und Neueren Geschichte, Geographie und Romanischen Philologie in Göttingen und Santiago de Chile
Leiter der KZ-Gedenkstätte Mittelbau-Dora
Veröffentlichungen u. a.: *Produktion des Todes. Das KZ Mittelbau-Dora*, 2001; *Das KZ Mittelbau-Dora. Katalog zur historischen Ausstellung in der KZ-Gedenkstätte Mittelbau-Dora*, 2001; *Zwangsarbeit für Forschungseinrichtungen der Kaiser-Wilhelm-Gesellschaft 1939 – 1945. Ein Überblick*, 2003

Prof. Dr. Reinhard Wolf
Jahrgang 1960
Studium der Politikwissenschaft, Neueren Geschichte und Philosophie in München
Professor für Internationale Politik und Regionalstudien an der Universität Greifswald
Forschungsschwerpunkte u. a.: internationale Wirtschaftsbeziehungen, deutsche Außen- und Sicherheitspolitik, Europäische Integration; zahlreiche Veröffentlichungen zur Rüstungskontrolle und anderen Fragen der internationalen Sicherheit

Dirk Matthias Zache, M. A.
Jahrgang 1963
Studium der Kunstgeschichte, Kunstdidaktik und Denkmalpflege in Bamberg
Direktor des Historisch-Technischen Informationszentrums / Museum Peenemünde
Zahlreiche Veröffentlichungen sowie Beiträge in Rundfunk und Fernsehen zum Thema Peenemünde

Dank

Rat und Hilfe gewährten:

Dr. Elsbeth Andre, Schwerin
Anna Beltinger, Neuendettelsau
Mathias Joachim Blochwitz, Berlin
Volkhard Bode, Berlin
Kurt Bornträger, Ahrweiler
Prof. Dr. Günter Brittinger, Essen
Dwayne Day, Vienna USA
Dominique Deschamps, Paris
Deutsches Rundfunkarchiv, Frankfurt/Main
Matthias Domaschk-Archiv, Berlin
Leon Dropek, Piwniczna Zdrój
Albert Feiber, München
Bernd Fleischer, Dresden
Martin Frauenheim, Hagen a.T.W.
Hanns-Peter Frentz, Berlin
Dr. Wilhelm Füßl, München
Monika Gehm, Anklam
Prof. Dr. Günter Gottmann, Berlin
Elisabeth Guder, Dettum
Reiner Hudalla, Celle
Karl Heinz Ingenhaag, München
Tanja Jelnina, Kaluga
Uwe und Ralf Kaim, Kummersdorf
Dr. Gerhard Kaiser, Berlin
Stephanie Kleidt, München
Dr. Cornelia Klose, Nordhausen
Dr. Matthias Knopp, München
Ruth Kraft, Zeuthen
Dr. Anthony Kuszewski, El Paso/Texas
Dr. Dieter Lange, Nübbel
Dr. Klaus A. Lankheit, München
Dr. Eva A. Mayring, München
Hellmut Niethammer, Stuttgart
Ostdeutsche Sparkassenstiftung, Berlin
Enno Pauls, Vallendar
Peenewerft, Wolgast
Walter Petzold, Berlin
Pyrotechnik Silberhütte GmbH, Silberhütte/Harz
Günter Rein, Bad Doberan
Karlheinz Rohrwild, Nürnberg
Christophe Rothmund, Paris
Dr. Erna Roth-Oberth, Feucht
Herbert Studtrucker, München
Botho Stüwe, Fürth
Ingrid Thom-Damm, Düsseldorf
Harald Tresp, Zempin
Dr. Helmuth Trischler, München
Vision-Verlag Berlin GmbH, Schulzendorf
Barbara Waibel, Friedrichshafen
Peter P. Wegener, Branford
Patricia Werner, Berlin
Frank Winter, Washington
Gerhard Zanssen, Hamburg

Der wissenschaftliche Beirat des Museums Peenemünde:

Ulrich Adam, Mitglied des Deutschen Bundestags, Greifswald
Tilo Braune, Staatssekretär im Bundesministerium für Verkehr, Bau und Wohnungswesen, Berlin
Dr. Christoph Ehmann, Staatssekretär a.D., Berlin (Vorsitzender)
Dr. Johannes Erichsen, Bayerische Verwaltung der staatlichen Schlösser, Gärten und Seen, München
Bernd Fischer, Tourismusverband Mecklenburg-Vorpommern, Rostock
Dr. Peter Fischer, Zentralrat der Juden in Deutschland, Berlin
Dirk Handorf, Landesamt für Denkmalpflege des Landes Mecklenburg-Vorpommern, Schwerin
Dipl.-Ing. Werner Heinzerling, Deutsches Museum München
Dr. Manfred Hiltner, Staatssekretär im Ministerium für Bildung, Wissenschaft und Kultur des Landes Mecklenburg-Vorpommern, Schwerin
Dr. Bernhard M. Hoppe, Ministerium für Bildung, Wissenschaft und Kultur des Landes Mecklenburg-Vorpommern, Schwerin
Günter Koch, Bürgermeister der Gemeinde Peenemünde
Siegfried Krause, Amtsverwaltung An der Peenemündung, Karlshagen
Max Mayer, Bonn
Walter Mews, Wirtschaftsministerium des Landes Mecklenburg-Vorpommern, Schwerin
Dr. Michael Neufeld, Smithsonian Institution – National Air and Space Museum, Washington D.C.
Brigitte Rabe, Landkreis Ostvorpommern, Anklam
Volkmar Schmidt, Förderverein Peenemünde, Peenemünde
Prof. Dr. Thomas Stamm-Kuhlmann, Ernst-Moritz-Arndt Universität Greifswald – Historisches Institut
Prof. Dr. Dr. Holger Steinle, Deutsches Technikmuseum Berlin
Dr. Barbara Syrbe, Landrätin des Landkreises Ostvorpommern, Anklam
Dr. Jens-Christian Wagner, KZ-Gedenkstätte Mittelbau-Dora, Nordhausen
Dirk Zache, M.A., Historisch-Technisches Informationszentrum Peenemünde

Übersichtsplan der Anlagen von Peenemünde

1 V-1-Rampen
2 Werk West
3 Konzentrationslager
4 Nordhafen
5 Flak Versuchsstelle
6 Kraftwerk (heute: Museum)
7 Hafen
8 Sauerstoffwerk
9 Prüfstand XI
10 Raketenbunker
11 Prüfstand X
12 Prüfstand VII
13 Prüfstand I
14 Prüfstand VIII
15 Prüfstand IX
16 Prüfstand II
17 Prüfstand IV
18 Prüfstand III
19 Prüfstand V
20 Prüfstand VI
21 Werk Ost
22 Versuchsserienwerk
23 Wohnsiedlung
24 Versuchskommando Nord
25 Erweiterung
26 Lager Trassenheide

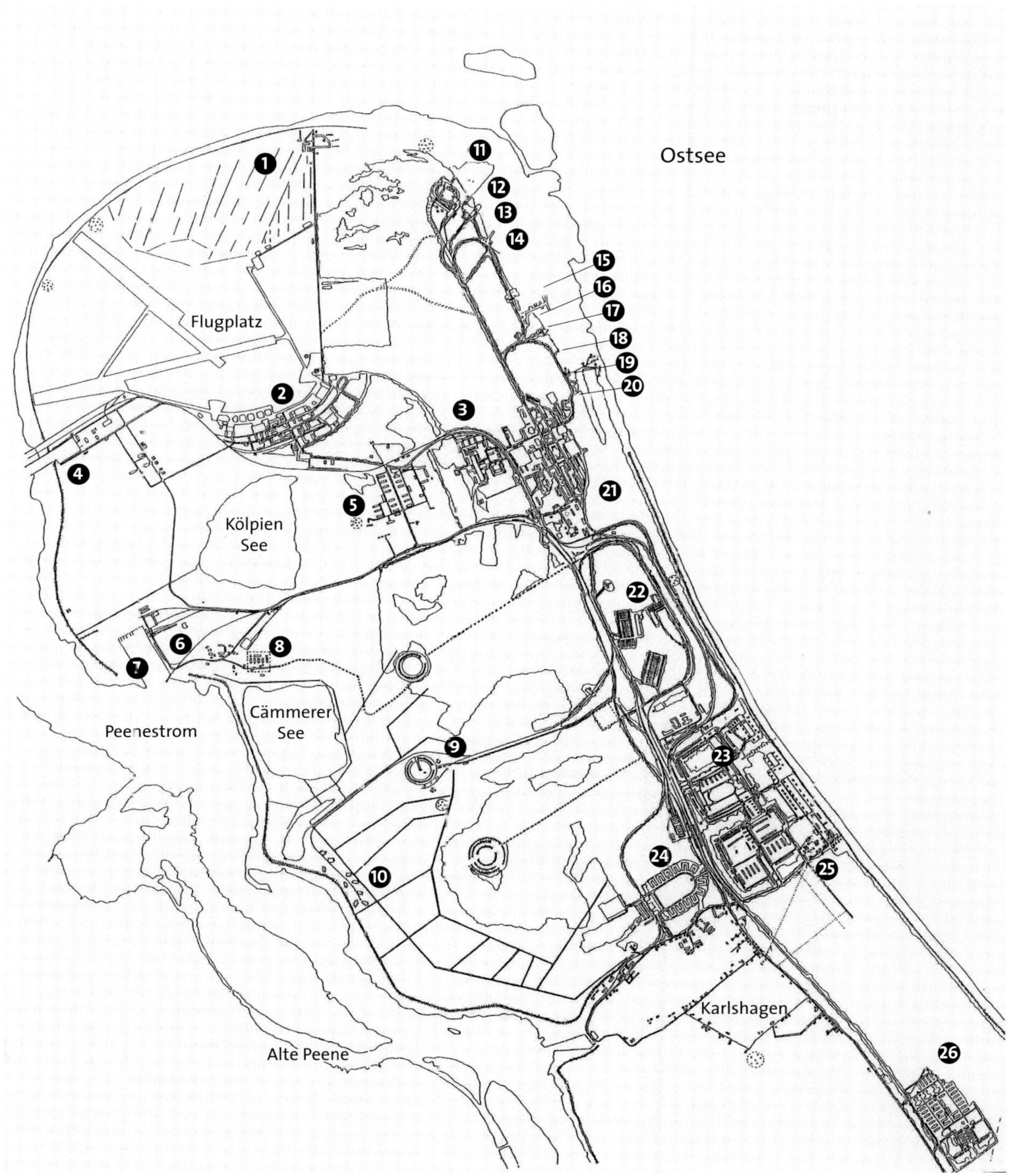
Ostsee
Flugplatz
Kölpien
See
Cämmerer
See
Peenestrom
Alte Peene
Karlshagen
1
2
3
4
5
6
7
8
9
10
11
12
13
14
15
16
17
18
19
20
21
22
23
24
25
26

Bildnachweis

in [Klammern]: nach Aufnahmen der Herausgeber

Bildarchiv SPK, Berlin
204, 232 l., 235 l.

Bundesarchiv/Militärarchiv Freiburg i. B.
164, 172, 195 r., 214 l. [165 o., 216, 221]

Deutsches Museum, München
Umschlagvorderseite großes Bild und kleine Bilder M. l. und M. r., 27, 36, 40, 122 r., 131, 138 l., 171, 177, 179, 182, 185 o. l., 182, 225, 228, 260, 262, 265 l., 272, 274
[125, 126, 132, 148, 160, 161, 167, 174, 178, 180, 185 u. l., 185 o. r., 186, 188 r., 190, 193 o., 194 l., 194 r., 195 l., 197, 198, 203, 209 u. l., 209 u. r., 220 l., 220 r., 234, 239]

Matthias Domaschk-Archiv, Berlin
289, 290, 291

Martin Fraunheim, Hagen a. T. W.
141 l.

Gedenkstätte Mittelbau-Dora, Nordhausen
118 M., 233, 235 r., 236, 237 l., 237 r.

P. A. Gorin, Williamsburg
279

Hermann-Oberth-Raumfahrt-Museum, Feucht
30, 31, 138 r. [122 l., 134, 145, 150, 151, 153, 157, 189]

Imperial War Museum, London
Umschlagvorderseite o. r., 118 l., 118 r., 226, 229, 254, 255, 256, 257

Institut für Zeitgeschichte, München
200, 243, 244

Archiv Tanja Jelnina, Kaluga
155, 156 l., 261, 263, 265 r., 267, 269, 271, 276

Luis Murschetz, München
292

Museum Peenemünde / Dirk Zache
Umschlagvorderseite o. l., 2, 6, 53, 54, 55, 56, 57, 58, 59, 61, 63, 64, 65, 67, 69, 112 o., 127, 128, 135, 141 r., 142, 152, 165 u., 166, 173 l., 173 r., 176, 183, 184, 185 u. r., 188 l., 193 u., 205, 207, 209 o., 213 u., 215 o., 215 u., 217 l., 217 r., 227 u. l., 232 r., 238, 286, 288

NASA Digital Image Collection
270 l., 270 r., 275

National Air and Space Museum, Washington
80, 81, 82, 83, 84, 85, 156 r., 251, 264, 266 l., 266 r., 268

Thomas Pflaum/AGON/Visum
285, 293

Privatbesitz, verschiedener
10, 88, 92, 94, 113 u., 114 u., 130, 144, 146, 213 o., 219, 227, 241, 277, 295

Archiv Olaf Przybilski, Dresden
249, 250, 252, 273

Public Record Office, London
227 o.

SNECMA, Vernon
281, 282 l., 282 r., 283

Archiv Botho Stüwe, Fürth
39, 114 o., 202, 214 r., 218

Ullstein Bilderdienst, Berlin
112 u., 113 o., 113 M.

Lektorat: Cornelia Kruse, Berlin
Gestaltung: Dorén + Köster, Berlin
Satz und Repro: Mega-Satz-Service, Berlin
Druck: H. Heenemann, Berlin
Bindung: Lüderitz & Bauer, Berlin

Printed in Germany
ISBN 3-89479-127-6